1 ENOCH

RESOURCES FOR BIBLICAL STUDY

Editor
Davina C. Lopez, New Testament

Number 110

1 ENOCH

An Ethiopic Reader's Edition

Vladimir Olivero

SBL PRESS

Atlanta

Copyright © 2025 by SBL Press

All rights reserved. No part of this work may be reproduced or transmitted in any form or by any means, electronic or mechanical, including photocopying and recording, or by means of any information storage or retrieval system, except as may be expressly permitted by the 1976 Copyright Act or in writing from the publisher. Requests for permission should be addressed in writing to the Rights and Permissions Office, SBL Press, 825 Houston Mill Road, Atlanta, GA 30329 USA.

Library of Congress Control Number: 2025943207

Cover photo: page from 1 Enoch in Rylands Ethiopic MS 23, the manuscript used in this edition, held at The John Rylands Research Institute and Library. Image licensed under a Creative Commons Attribution-Non-Commercial 4.0 International License (CC BY-NC 4.0). https://www.digitalcollections.manchester.ac.uk/view/MS-ETHIOPIC-00023/5.

Contents

Abbreviations vii

Introduction 1

Text 23

Lexicon and Concordance 221

Abbreviations

Grammar

1	first person
2	second person
3	third person
acc	accusative
adj	adjective
adv	adverb
c	common
CD	causative formed from D stem
CG	causative formed from G stem
CGt	reflexive of CG stem
CL	causative formed from L stem
CLt	reflexive of CL stem
conj	conjunction
D	intensive stem
Dt	reflexive of D stem
G	*Grundstamm* (basic stem)
Gt	reflexive of G stem
f	feminine
L	lengthened stem
Lt	reflexive of L stem
impf	imperfect
impv	imperative
inf	infinitive
intr	intransitive
juss	jussive
m	masculine
n	noun
perf	perfect

pl   plural
prep   preposition
s   singular
tr   transitive

Additional Abbreviations

1 En.	1 Enoch
BeO	*Bibbia e Oriente*
BM Orient.	Oriental Manuscript collection in the British Museum
BnF Éth.	Ethiopis manuscript collection in the Bibliothèque nationale in Paris
Bodl. Bruce	Ethiopic manuscript collection by James Bruce in the Bodleian Library
Bodl. Or.	Oriental manuscript collection in the Bodleian Library
BSOAS	*Bulletin of the School of Oriental and African Studies*
CEJL	Commentaries on the Early Jewish Literature
EMML	Ethiopian Manuscript Microfilm Library
JJS	*Journal of Jewish Studies*
JSJSup	Supplements to the Journal for the Study of Judaism
JSP	*Journal for the Study of the Pseudepigrapha*
JSS	*Journal of Semitic Studies*
LANE	Languages of the Ancient Near East
Orient. Rüpp.	Oriental manuscript collection by Eduard Rüppel in Stadtbibliothek in Frankfurt
P.Oxy.	Oxyrhynchus Papyrus
Rylands Ethiopic MS	Ethiopic manuscript in the John Rylands Library at the University of Manchester
THB	Textual History of the Bible
TUGAL	Texte und Untersuchungen zur Geschichte der altchristlichen Literatur
Vat. Et.	Ethiopic manuscript collection in the Vatican Library

Introduction

The book of 1 Enoch is one of the most remarkable literary products of Second Temple Judaism. Attributed to Enoch, the great-grandfather of Noah, the text provides details about how some early Jews understood the cosmos, angels, the corruption of humanity, and coming judgment. It is considered noncanonical by most Jewish and Christian communities today, but its influence can be seen throughout Second Temple Judaism and early Christianity. It therefore provides an interesting glimpse into the development of Jewish and Christian eschatology.

Most students come to 1 Enoch via an English translation. Indeed, its complicated textual history (discussed below) leaves the text largely inaccessible in its original languages to all but the most advanced scholars. This reader intends to change that. With the tools provided in this volume, intermediate students of Ethiopic can now access 1 Enoch in one of its primary languages, thereby gaining not only greater facility in Geʿez but preparing themselves for more advanced textual study of this important text across its various witnesses. While teaching Geʿez, I noticed that transitioning from sentence-based exercises to actual texts, and 1 Enoch in particular, often proved challenging for students, who would spend a lot of time looking up new words in lexicons and trying to remember the details of verb conjugations. The information contained in the footnotes and in the lexicon at the end of the reader aims to speed up this rather laborious process and enable students to cover larger portions of text, which is crucial to slowly build an intuitive feel for Geʿez.

Contents of 1 Enoch

First Enoch is a collection or anthology of apocalyptic traditions, whose composition spans a period running from the fourth–third centuries BCE to the first century CE. It consists of 108 chapters, divided, in its pentateuchal structure, into five major sections and two appendixes (see Nickelsburg 2001):

- Book of Watchers (chs. 1–36): This section presents an account of the rebellion and sin of the Watchers, or Sons of God, preceded and followed by visions, oracles, and prophetic journeys that reveal the nature of the eschatological judgment against the Watchers and the evil ones and the final salvation of the chosen and righteous ones.
- Book of Parables / Similitudes (chs. 37–71): This section of 1 Enoch is divided into three parables (chs. 38–44; 45–57; 58–69) preceded by an introduction (ch. 37) and followed by a conclusion (chs. 70–71). It reports Enoch's visions and journeys to the heavenly realm.
- Book of the Luminaries / Astronomical Book (chs. 72–82): This booklet discusses celestial phenomena and contains geographical descriptions. The portions dedicated to the sun and the moon reveal two calendars, a solar year of 364 days and a lunar year of 354 days.
- The Dream Visions / Book of Dreams (chs. 83–90): Two dream visions appear, one about the final judgment (chs. 83–84) and the other (chs. 85–90) consisting of an allegorical account of the history of the world, from creation to the final judgment, the construction of the New Jerusalem, and the resurrection of the dead. Chapters 85–90 constitute a smaller unit within the Book of Dreams also known as Animal Apocalypse.
- The Epistle of Enoch (chs. 91–105): Enoch's words are addressed both to his children and to future generations and convey his exhortation to the righteous to trust in God's final judgment. Portions of chapters 91 and 93 contain the so-called Apocalypse of Weeks, an account of world history divided into ten periods described as weeks.

Appendixes

- The Birth of Noah (chs. 106–107): After his birth, Noah's salvific role during the flood is predicted by Enoch.
- Another Book of Enoch (ch. 108): The text ends with a summary of the key themes contained in 1 Enoch.

The Languages and Textual Witnesses of 1 Enoch

The book of 1 Enoch is primarily preserved in three languages: Aramaic, Greek, and Geʻez.[1]

Aramaic

Most scholars today agree that 1 Enoch was originally composed in Aramaic. However, only a few fragments discovered at Qumran survive of the original Aramaic composition. Joseph T. Milik's (1976, 5) initial claim was that 50 percent of the Book of Watchers, 30 percent of the Astronomical Book, 26 percent of the Book of Dreams, and 18 percent of the Epistle of Enoch had survived in Aramaic. These percentages were calculated according to the number of verses attested in the fragments, regardless of their very poor status of preservation. Furthermore, Milik extensively reconstructed the missing text, giving the false impression that much more had been brought to light than what we really have (see Ullendorff and Knibb 1977). Overall, in fact, only 196 verses have been identified among the damaged Qumran fragments. One should bear in mind, however, that in many instances only a few letters are preserved rather than full verses. Thus, according to a more rigorous assessment of the evidence and considering the number of attested letters, the Qumran fragments contain about 5 percent of the Aramaic text of 1 Enoch (Knibb 1978, 2:12). 4QEn^a (4Q201) and 4QEn^b (4Q202) contain portions of the Book of Watchers (1 En. 1–36). 4QEn^c (4Q204) preserves fragments of the Book of Watchers, the Book of Dreams (1 En. 83–90), and the Epistle of Enoch (1 En. 91–105). 4QEn^d (4Q205) and 4QEn^e (4Q206) transmit both the Book of Watchers and the Book of Dreams. Another early Jewish text, the Book of Giants, was copied alongside portions of the Enochic corpus in 4QEn^c (4Q204) and 4QEn^e (4Q206). All of this speaks to the fluidity and complexity of the literary traditions that were later organized into the collection known as 1 Enoch. The Book of Parables (1 En. 37–71) does not appear among any of the Aramaic Qumran fragments, and the Astronomical Book (1 En. 72–82) appears to have still circulated on its

---

1. Additional fragments and quotations are attested in Syriac, Latin, and Coptic. We will not discuss these witnesses here, due to the secondary nature of the evidence. For more information, see Harkins 2020, Herms 2020b, and Burns 2020.

own at this stage (see 4QEnastr^a ar; 4QEnastr^b ar; 4QEnastr^c ar; 4QEnastr^d ar).[2]

Greek

The Aramaic original was translated into Greek before the turn of the era.[3] The Greek translation survives in a handful of witnesses and quotations, which often differ somewhat from each other. Furthermore, it should be borne in mind that the *Vorlage* of the Geʿez version is not represented by any of the surviving Greek fragments.[4]

Most of the Book of Watchers (1 En. 1.1–32.6) is preserved by the fifth–sixth-century CE Codex Panopolitanus (or Gizeh Papyrus) hailing from Akhmim (Egypt), where it was discovered in a burial in 1886. The codex also contains excerpts from the Gospel of Peter and the Apocalypse of Peter, texts that likewise deal with the eschaton, followed by 1 En. 19.3–21.9 (Panopolitanus^1) and then by 1 En. 1.1–32.6a (Panopolitanus^2). Three additional excerpts of the Book of Watchers (1 En. 6.1–9.4; 8.4–10.14; 15.8–16.1) are found in the *Ekloge chronographias* of Syncellus (early ninth century CE), who employed as his sources the chronographic works of Pandorus and Annianus (both fifth century CE). Finally, fragments and excerpts of 1 En. 72–107 are found in the P.Oxy. 2069 (1 En. 77.8–78.8[?]; 85.10–86.2; 87.1–3), Codex Vaticanus Gr. 1809 (89.42–49), and the Chester Beatty-Michigan Papyrus (97.6–107.3).

Geʿez

The entirety of 1 Enoch has only been preserved in Geʿez. Most notably, the Book of Parables (1 En. 37–71) remains to this day unattested in Aramaic and Greek, and we can access it only in its Ethiopic translation. Compared

---

2. For detailed lists of the surviving fragments from Qumran with their content see Milik 1986, 6; Larson 1995, 13–15; Coblentz Bautsch 2020a, 287–302.

3. This Greek translation then became the source text for versions in other languages, including, besides Geʿez, Syriac, Latin, and Coptic. Milik (1976, 367–407) provides Aramaic-Greek-Ethiopic, Greek-Aramaic, and Ethiopic-Aramaic glossaries at the end of his edition. An important revision of the Aramaic-Greek and Greek-Aramaic glossaries was later published by Stuckenbruck (1990). Insightful remarks in this regard can also be found in two articles by Barr (1978; 1979).

4. Nickelsburg 2001, 12–14; Del Verme 2008; Coblentz Bautsch 2020b; Ehrenrook 2020; Assefa 2020; Herms 2020a.

to the Aramaic and Greek witnesses, the Ethiopic witnesses to 1 Enoch are abundant, the oldest of which dates back to the fourteenth–fifteenth century. So far, fifty-eight manuscripts have been used in editions and translations of Ethiopic 1 Enoch, while at least some more thirty manuscripts are known to exist (Erho and Stuckenbruck 2013, 118–120; 32–33). The fact that the text achieved authoritative status in the Ethiopian Orthodox Tewahedo Church likely contributed to this state of preservation (Stuckenbruck and Erho 2020). Regardless, the abundance of Ethiopic evidence makes the study of Geʿez vital to the study of 1 Enoch.

Manuscripts and Critical Editions

Prior to 1770, little was known about 1 Enoch in the West. Quotations and allusions appear in the New Testament and early Christian writings (e.g., the Epistle of Jude and the Epistle of Barnabas), as well as in church fathers like Clement of Alexandria. However, 1 Enoch itself was largely lost to the Western world. That changed, however, in 1773, when the Ethiopic version of 1 Enoch reached Europe. In March of that year, James Bruce, a Scottish explorer who had been traveling in Africa, arrived in France bearing four manuscripts written in Geʿez that later entered the collections of the Bibliothèque nationale in Paris (BnF Éth. 49), of the Bodleian Library in Oxford (Bodl. Bruce 74 and Bodl. Or. 531), and of the Vatican Library (Vat. Et. 71) (see Boccaccini 2018; Hessayon 2023a). During the course of the nineteenth century and the first half of the twentieth century, more than thirty manuscripts containing 1 Enoch made it to Europe and, in a couple of cases, to the United States. Most of these manuscripts are now kept at the British Library and at the Bibliothèque nationale.[5] In the second half of the twentieth century, the Ethiopian Manuscript Microfilm Library project was launched, with the goal of photographing the manuscripts in situ. Since the 1970s, dozens of new copies of 1 Enoch have been photographed, digitized, and thus made available to the scholarly community.

In 1775, the Italian orientalist Agostino Antonio Giorgi produced the first Latin translation of the Ethiopian Book of Watchers. This translation was based on the manuscript Bruce donated to Pope Clement XIV (Vat. Et. 71) and consisted mostly of extracts from 1 En. 6–7.[6] Meanwhile in Paris,

---

5. For more details, see Erho and Stuckenbruck 2013.
6. Giorgi likely consulted Syncellus's Greek excerpts during the translation process.

by early 1774, Carl Gottfried Woide fully had transcribed the manuscript donated by Bruce to Louis XV of France (BnF Éth. 49) while also drafting a Latin translation of 1 En. 1.1–3; 2.1–3; 14.1–4; 18.1–12; 18.13–15. Around the same time, Bruce himself attempted a French translation based on the two manuscripts that later entered the Bodleian collections (Hessayon 2023a, 232, 240). In 1800, A. I. Silvestre de Sacy embarked on a partial Latin translation of 1 Enoch (1 En. 1.1–16.3; 22.5–7; 32.1–6) based on the same manuscript (BnF Éth. 49).[7] However, one had to wait until 1821, almost fifty years after Bruce returned to Europe, for the publication of the first complete translation of the Ethiopic book of Enoch. This translation was into English by Richard Laurence, who consulted Bodl. Or. 531 (one of Bruce's manuscripts, which made its way to the Bodleian Library in Oxford) and Woide's transcript of BnF Éth. 49 (Hessayon 2023b, 263 n. 28). Then in 1838, Laurence published a transcription of the Ethiopic text of Bodl. Or. 531.

A few years later, in 1851, August Dillmann issued the first critical edition of 1 Enoch, for which he consulted Bruce's two manuscripts kept at the Bodleian Library (Bodl. Bruce 74 and Bodl. Or. 531), a copy found at the Stadtbibliothek in Frankfurt (Orient. Rüpp. 2.1) that had been brought from Ethiopia by Eduard Rüppell in 1834, and the two Curzon manuscripts (of uncertain provenance and named after Robert Curzon, who likely purchased them in the late 1830s / early 1840s) now at the British Library (BM Orient. 8822 and 8823).[8] While more translations into European languages were produced after Dillmann's *editio princeps*, the first decade of the twentieth century saw the publication of two very important critical editions by Johannes Paul Flemming (1902) and Robert Henry Charles (1906), who had both previously published a translation of 1 Enoch into German (1901) and English (1893), respectively. For their critical editions, Flemming had access to twenty-six manuscripts and made direct use of fourteen, whereas Charles knew of twenty-eight manuscripts and drew on readings contained in twenty-two exemplars. Furthermore, Charles provided more textual variants than Flemming (see Knibb 1978, 2:4).

Flemming (1902, ix) categorized the copies available to him into two groups: Group I consisted of six manuscripts containing an earlier recension, while Group II consisted of nine manuscripts containing a more

---

7. This copy later entered the collection of the Bibliothèque nationale.
8. See Erho and Stuckenbruck 2013, 94–96.

recent recension. Group I, observed Flemming, tended to agree with the Greek fragmentary witnesses against their counterparts in Group II. He therefore based both his translation and edition on the manuscripts belonging to Group I. Charles, too, grouped the Enochic manuscripts into two families, alpha and beta. The former corresponded precisely to Flemming's Group I, whereas the latter overlapped to some extent with Flemming's Group II, although Charles (1906, xxi–xiv) included seventeen rather than just nine manuscripts. According to both scholars, manuscript BM Orient. 485, which belonged to the Magdala batch, represented the best witness of Group I / alpha.[9]

Charles's edition constitutes the last published critical edition of 1 Enoch to this day. More recent translations and commentaries, however, have been published, such as those by Siegbert Uhlig (1984), George W. E. Nickelsburg (2001), George W. E. Nickelsburg and James C. VanderKam (2004), and Loren T. Stuckenbruck (2007), to name a few. These rely on a higher number of Ethiopic manuscripts and also eclectically take into account the Aramaic and Greek fragments along with their daughter versions. It should also be mentioned that Alexander McCarron (2025) has recently published a monograph that contains the critical text with translation of the Enochic theophany in the Book of Watchers (1 En. 1.1–9).

The Reader

The present Ge'ez reader is based on an eighteenth-century manuscript known as Rylands Ethiopic MS 23. Now housed in the John Rylands Library at the University of Manchester, it is not clear when this manuscript was brought to Europe. The Bibliotheca Lindesiana likely purchased it during the second half of the nineteenth century, before selling it to Enriquetta Augustina Rylands in 1901 (Erho and Stuckenbruck 2013, 104–5). It contains the complete Ethiopic text of 1 Enoch, and it reflects the later recension of the Ethiopic text, corresponding to Flemming's and Charles's Group II/beta and serving as an early witness to what later became the standard text of Ethiopic 1 Enoch. A product of sixteenth- and seventeenth-century scribes, the so-called standard text presents a grammatically more acceptable language and less awkward or difficult readings

---

9. For the Ethiopic manuscripts coming from the fortress of Magdala, see Erho and Stuckenbruck 2013, 99–102.

(Knibb 1978, 2:28, 32). In 1978, Michael Knibb chose Rylands Ethiopic MS 23 as the base for his translation of 1 Enoch. Knibb's two-volume edition presents photographed snippets of Rylands Ethiopic MS 23 on each page with a collation of all the Ethiopic manuscripts known to him in the first apparatus and the divergences between the Greek and the Ethiopic texts in the second apparatus. Compared to Charles's eclectic edition, Knibb includes in the first apparatus two additional Ethiopic witnesses, the important Ṭana 9 (EMML 8292) and Ullendorff (Erho and Stuckenbruck 2013, 110–13). The present reader follows Rylands Ethiopic MS 23 as it is presented in Knibb's edition.[10]

The selection of Rylands Ethiopic MS 23 as the base text for the present Ethiopic reader comes with two important advantages. First, students can study the text of an actual manuscript with all of its orthographic peculiarities. For those who have only recently started reading and translating Geʿez, it is customary to do so through sentences and exercises in which all the orthographic irregularities are normalized.[11] However, the sources do not always present a standardized orthography, nor do they lack morphological or syntactic asperities. This reader of 1 Enoch, therefore, functions as a bridge between the adapted sentences and excerpts utilized in textbooks and the actual texts that one finds in manuscripts.

The following examples, collected from the first fourteen chapters of 1 Enoch, illustrate the most common orthographic irregularities that the students may encounter.

Consonants Mistakenly Dropped Due to Careless Copying

∅ for አ
ትዛዘሙ for ትአዛዘሙ (2.1)

∅ for ስ
ዐለት for ስአለት (13.4)

---

10. More specifically, the text reproduced follows Knibb's Ryl², that is, the readings that correspond to the text corrected by second hands.

11. On this topic, see Bausi 2016.

Gutturals Used Interchangeably as Orthographic Variants

According to the traditional pronunciation, in fact, ሀ, ሐ, and ኀ have merged into [h]. Likewise, አ and ዐ show the same behaviors in identical contexts (Mittwoch 1926, 11–13).

    አ for ዐ
        የአርብ for የዐርብ (2.1)
        የአርፍ for ያዐርፍ (2.3)
        አቢይ for ዐቢይ (6.3)
        ስብአታተ for ስብዐታተ (7.1)
        ርስአት for ርስዐት (8.2)
        ስብአት for ስብዐት (8.3)
        ስብአተ for ስብዐተ (9.7)
        አጽፉ for ዐጽፉ (14.20)

    አ for ኀ
        ረአይት for ረኀይት (7.4)
        አሳት for ኀሣት (7.5)
        ረአይተ for ረኀይተ (9.9)
        ስብአ for ስብኀ (10.12)

    አ for ዕ
        መዋአለ for መዋዕለ (11.2)
        ስአለትክሙ for ስዕለትክሙ (14.4)

    ዐ for አ
        ራዕየ for ራአየ (1.2)

    ኀ for አ
        ኀይድዕ for አይድዕ (12.4)
        ኀረፍተ for አረፍተ (14.10)

    ኀ for አ
        እንግድኀ for እንግድአ (8.1)

    ዕ for አ
        ዕመት for አመት (7.2)
        ዕብን for አብን (8.1)

አዕባነ for አእባነ (10.5; 14.10 [2x])
ይስዕሉ for ይስአሉ (12.6)
ይዕሥርh for ይእሥርh (13.1)
ስዕለት for ስእለት (13.2)
ተስዕሉኒ for ተስአሉኒ (13.4)
ስዕሎቶሙ for ስእሎቶሙ (13.4, 6, 7)
ይስዕሉ for ይስአሉ (13.6)
ራዕየ for ራእየ (13.8)
ስዕለተከሙ for ስእለተከሙ (14.4)
ራዕይየ for ራእይየ (14.4)
ስዕለትከሙ for ስእለትከሙ (14.7)
ዕቀርብ for እቀርብ (14.9)
ዕብነ for እብነ (14.9)
ማዕከሎሙ for ማእከሎሙ (14.11)

ህ for ሐ
   በሊሆተ for በሊኆተ (10.5)

ህ for ሕ
   ላህያት for ላሕያት (6.1)
   ተኮህሎተ for ተኮሕሎተ (8.1)
   ይላሀው for ይላሕዉ (13.9)

ሐ for ህ
   መሐርያን for መህርያን (7.1)
   መሐረ for መህረ (8.3 [3x]; 9.6)
   መሐሮ for መህሮ (10.3)
   መሐሩ for መህሩ (10.7)
   መሐርh for መህርh (13.2)

ሐ for ኀ
   ትጉሐነ for ትጉኀነ (12.3)

ሐ for ኅ
   ጽራሐቲሆሙ for ጽራኅቲሆሙ (9.2)
   ጸርሐት for ጸርኅት (9.2)

ሑ for ኁ
   ጸርሑ for ጸርኁ (8.4)

ይጸርሑ for ይጸርኍ (9.10)

ሕ for ኀ
   አሕልቆሙ for አኀልቆሙ (10.20)

ኃ for ሀ / ሐ
   ይትኃጕል for ይትሀጕል / ይትሐጕል (1.7; 10.2)
   ኃሤት for ሐሤት (5.9; 10.19)
   ኃበይቶሙ for ሐበይቶሙ (6.8)
   አግኃደ for አግሀደ (9.6)
   ትትኃጕል for ትትሀጕል / ትትሐጕል (10.2)
   ኢይትኃጕሉ for ኢይትሀጕሉ / ኢይትሐጕሉ (10.7)
   ኃጕሎሙ for ሀጕሎሙ / ሐጕሎሙ (10.12)
   ኃጕላ for ሀጕላ / ሐጕላ (12.6)
   ኃጕላ for ሀጕላ / ሐጕላ (14.6)

ኃ for ሃ / ሓ
   ይትኃጕሉ for ይትሃጕሉ / ይትሓጕሉ (10.9)

ኀ for ሀ / ሐ
   ኀጕላተ for ሀጕላተ / ሐጕላተ (8.4)
   አኀጕሎሙ for አሀጕሎሙ / አሐጕሎሙ (10.9, 13)
   አኀጕል for አሀጕል / አሐጕል (10.16)
   ኀኰጽ for ሕኰጽ (14.15)
   ኢይርኀቆ for ኢይርሕቆ (14.23)

Sibilants and Laterals Used Interchangeably as Orthographic Variants

These variations are due to the traditional pronunciation of Classical Ethiopic, in which the sounds of the laterals ፀ and ጸ and of the sibilants ሰ and ሠ have merged.[12]

ፀ for ጸ
   ሩፀተ for ሩጸተ (8.3)
   ይትአፀዉ for ይትአጸዉ (10.13)

---

12. See Mittwoch 1926, 11; Tropper and Hasselbach-Andee 2021, 29.

ፓ for ጸ
   ፓማ for ጸማ (8.3)
   ፓዕC for ጸዕC (10.13, 22)

ዐ for ጽ
   ሕኑዐ for ሕኑጽ (14.10, 15)

ሰ for ሣ
   ሰሕት for ሣሕት (13.2)

ሳ for ሣ
   አሳት for ዓሣት (7.5)

ሥ for ስ
   ምሥጢረ for ምስጢረ (10.7)
   ሥርየት for ስርየት (13.6)

ጸ for ፀ
   ዕጸው for ዕፀው (10.19)

ጺ for ጒ
   ወጺአ for ወጒአ (9.10)

ጽ for ዐ
   ይወጽአ for ይወዐአ (1.3)
   ጽርፈት for ዐርፈት (13.2)

Different Orders of the Same Letter Used Interchangeably

This interchange, which usually takes place with the first and the fourth orders, relatively frequently occurs in concomitance with guttural sounds, given that in such cases, according to the traditional pronunciation, *ä* (first order) was pronounced as *a* (fourth order) (Mittwoch 1926, 14).

አ for ኣ
   አአምሮ for ኣአምሮ (14.3)

ኣ for አ
   ኣመሂ for አመ (5.8)

በእንቲአሆሙ for በእንቲአሆሙ (10.10)
አንስት for አንስት (10.11)
አንስት for አንስት (12.4 [2x])

ዓ for ዐ
 ዓቢይ for ዐቢይ (1.3, 5, 8.2; 10.1; 12.2; 13.1; 14.1, 2, 10, 19, 20, 22)
 የዓቅበሙ for የዐቅበሙ (1.8)
 ዓቢያተ for ዐቢያተ (5.4)
 ዓበይተ for ዐበይተ (7.2)
 ድርዓ for ድርዐ (8.1)
 ዓመq for ዐመq (9.1, 6, 9, 10; 10.20)
 ዓባይ for ዐባይ (10.6)
 ዓቢየ for ዐቢየ (12.4)
 ዓረስ for ዐረስ (13.7)
 ኢተዓርኩ for ኢተዐርኩ (14.5)
 ይጼውዓኒ for ይጼውዐኒ (14.8)
 የዓውዳ for የዐውዳ (14.9)
 ዓውደ for ዐውደ (14.12)
 ፍግዓ for ፍግዐ (14.13)
 የዓቢ for የዐቢ (14.15)
 ይፀዓዱ for ይፀዐዱ (14.20)
 ዓውዱ for ዐውዱ (14.22 [2x])

ሀ for ሃ
 ላዕሌሀ for ላዕሌሃ (4.1)

ሃ for ሀ
 ፍርሃት for ፍርሀት (1.5; 13.3; 14.13)
 ያፍርሃኒ for ያፍርሀኒ (14.9)

ሐ for ሑ
 ሐዊርየ for ሑዊርየ (13.3)

ሑ for ሐ
 ፀሑይ for ፀሐይ (4.1 [2x]); 14.18, 20)
 ፍሥሑ for ፍሥሐ (10.16)
 ጸሑፌ፡ for ጸሐፌ፡ (12.4)

ኃ for ኀ
 ኃይሉ for ኀይሉ (1.4)
 ኃጤአት for ኀጢአት (6.3; 10.8, 20, 22; 12.5; 13.2)
 ብዙኃ for ብዙኀ (9.1)
 ኃደጉ for ኀደጉ (12.4)
 ኃሲፅ for ኀሲፅ (13.1)
 ኃፍረተ for ኀፍረተ (13.5)
 ኑኃተ for ኑኀተ (13.6)
 አኃዚኂ for አኀዚኂ (14.13)

ፀ for ፃ
 ይፀዓዱ for ይፃዓዱ (14.20)

ከ for ካ
 ተዝከረ for ተዝካረ (13.7)

ሰ for ሳ
 አበሰሆሙ for አበሳሆሙ (13.5)

ጸ for ፃ
 ጸማሆሙ for ፃማሆሙ (11.1)

ጣ for ጠ
 ፈጣረ for ፈጠረ (14.3)

ዉ for ዊ
 ይላሁዉ for ይላሕዊ (13.9)

ዘ for ዛ
 ትእዘዘ for ትእዛዘ (5.4)

Second, this reader does not aspire to be a tool for textual criticism. However, by reproducing the text of Rylands Ethiopic MS 23, this reader can be a step toward further text critical study. Whenever our manuscript contains corrupt or unclear readings, students interested in comparing different copies can resort to Knibb's critical apparatus and translation for a better understanding of the passage in question.

In order to facilitate access to the Ethiopic text, all verbs and nouns are provided with a translation in notes to the text. Furthermore, all verbs are parsed. The other parts of speech, unless they rarely occur in 1 Enoch, are usually not translated or explained in the notes. The translations are based on Knibb's English version of Rylands Ethiopic MS 23, although other versions and commentaries have been consulted. They are therefore contextual. At the end of the book, readers will find a lexicon largely based on Wolf Leslau's *Comparative Dictionary of Geʿez* (1991). The lexicon provides the range of translations available for each word as well as a list of passages in which the term occurs. This allows readers to compare the translations provided in the notes with other available options and study how the terms are used throughout the text. The only two elements not listed in the concordance are the conjunction ወ- (*wa-*) "and" and the pronominal suffixes. Of course, as evidenced by Knibb's critical apparatus, other manuscripts may present different readings at certain points, thus changing the number and place of attestations of a specific entry.

This reader has therefore more than one audience in mind: students in the process of learning the language or who have already covered the basics of the grammar and want to embark on reading the sources; scholars who studied Geʿez in the past and are now a little rusty but still want or need to work on 1 Enoch; and those whose research the concordance will speed up.

Given that 1 Enoch is one of the texts that, in my experience, most students want to start reading as soon as they have covered the basics of the grammar, it is only fitting to briefly describe some of the challenges that may be encountered when first approaching the Ethiopic version of 1 Enoch.

First of all, students should pay attention to the so-called sentence particles. These may be overlooked by beginners because they usually occur as enclitic elements attached to the end of words (see Dillmann 1907, §§168.1.4, 5; Tropper-Hasselbach 2021, §4.5.8; Lambdin 1978, §51.4). Their correct identification contributes to the understanding of the logical connections between different parts of a given text.

A good example is the common enclitic particle is -ሰ.[13] In Rylands Ethiopic MS 23, it occurs thirty-four times (see Lexicon and Concordance). Its distribution in 1 Enoch roughly corresponds to that of Gen 1–20, as outlined by Stefan Weninger (2015, 323–34). Most remarkably, it is never found after a verb. It is attested fourteen times after nouns, twelve times

---

13. Other enclitic particles to which the students should pay attention are -ዝ, -ሁ, -ሙ, and -ኒ (see Lexicon and Concordance).

after independent or suffixed personal pronouns, four times after adverbs and conjunctions, three times after adjectives, and once after a numeral.[14] Unlike Gen 1–20, it does not occur in 1 Enoch after personal names and demonstrative pronouns.

Second, with regards to the syntax of the verb, there are two features that deserve special attention: perfective participles and compound tenses. The former is infrequently attested in 1 Enoch, mostly in chapters 13 and 19 in the Book of Watchers.[15] As expected, it always precedes the verb of the main clause, and it expresses anteriority. When the subject is expressed by a noun, it precedes the perfective participle twice (13.1; 19.2) and follows it once (19.1). When the direct object is expressed, it precedes the perfective participle once (19.1) and follows it once (19.2). The perfective participle is preceded by the partitive እምኔሁ in 32.3 and is embedded in a relative clause.

As for compound tenses, verbal constructions with ሀሎ / ሀሎ + imperfect or jussive are fairly frequently attested.[16] Their distribution is quite interesting, and it increases remarkably toward the end of 1 Enoch, with the highest concentration in the Epistle of Enoch. They occur twice in the Book of Watchers, three times in the Book of Parables, once in the Astronomical Book, once in the Book of Dreams, eleven times in the Epistle of Enoch, once in the Birth of Noah, and three times in the Final Book by Enoch.[17] The compound ሀሎ / ሀሎ + imperfect (or imperfect + ሀሎ / ሀሎ) is found in the following passages: 1 En. 10.2 (ይመጽእ ፡ ሀሎ); 52.2 (ይከውን ፡ ሀሎ); 52.9 (ይትከሐዱ ፡ ወይትጒኃሉ ፡ ሀለዉ); 82.16 (ሀለዉ ፡ ያስተርእዩ); 83.7 (ትስጠም ፡ ሀለዎት); 98.7 (ይጸሐፍ ፡ ሀሎ); 99.2 (ሀለዉ ፡ ይትከየዱ); 100.11 (ሀለዉ ... ይትከልዑ); 104.7 (ይጽሐፉ ፡ ሀለዉ); 106.18 (ሀለዎት ፡ ትትፈጸም); 108.3 (ሀሎ ... ይደምስስ); 108.6

---

14. After nouns: 1 En. 1.8; 5.7; 17.17; 14.20; 18.7; 22.13; 24.3; 24.4; 54.8; 89.23; 89.28; 89.50; 90.11; 101.9; after independent or suffixed personal pronouns: 1 En. 4.1 (2x); 5.4; 5.7; 7.2; 14.22; 14.25; 15.4; 15.6; 16.3; 96.3; 108.3; after adverbs and conjunctions: 1 En. 16.4; 25.2; 50.5; 104.11; after adjectives: 1 En. 15.7; 18.8; 90.6; after a numeral: 1 En. 18.7.

15. 1 En. 13.1, 3, 7; 19.1 (2x), 2; 32.3; 74.10; 89.77; 107.3. The awkward syntax in 19.2 derives, according to Knibb, from a corrupt Greek *Vorlage*.

16. While the verb forms that make up these periphrastic constructions are separately parsed in the footnotes, they should not be translated as such.

17. Book of Watchers: 1 En. 1.1; 10.2; Book of Parables: 1 En. 52.2, 9; 55.4; Astronomical Book: 1 En. 82.16; Book of Dreams: 1 En. 83.7; Epistle of Enoch: 1 En. 97.3; 98.7, 12; 99.2; 100.8, 11; 101.1; 104.5 (2x), 6, 7; Birth of Noah: 1 En. 106.18; Final Book by Enoch: 1 En. 108.3, 6, 7.

(ሀለዉ ፡ ይትገበሩ). Depending on the context, it usually conveys the idea of an action that is going to take place in the imminent future. The compound ሀለወ / ሀሎ + (dative) object suffix + jussive (or jussive + ሀለወ / ሀሎ + [dative] object suffix) occurs in 55.4 (ትርአይዎ ፡ ሀለዉከሙ); 97.3 (ትግበሩ ፡ ሀለዉከሙ); 98.12 (ሀለዉከሙ ፡ ትትወሀቡ); 101.1 (ሀለዉከሙ ፡ ትግበሩ); 104.6 (ሀለዉከሙ … ትኩኑ). The much rarer construction ሀለወ / ሀሎ + jussive is attested in 1.1 (ሀለዉ ፡ ይኩኑ); 100.8 (ሀለወ ፡ ይርከብሙ); 104.5 (ሀለዉከሙ ፡ ትግበሩ); 104.5 (ትትኃብኡ ፡ ሀለዉከሙ); 108.7 (ሀሎ ፡ ይብጽሐሙ).[18] The compound forms with the jussive may express intention, wish, obligation, or a future action.

Finally, variation in word order may at times be puzzling, above all when a sentence particle is not attached to the fronted element. Among the many reasons behind word order variation, one can detect different structures, as in 1 En. 5.9, where the verbs and the subjects form a chiasmus:

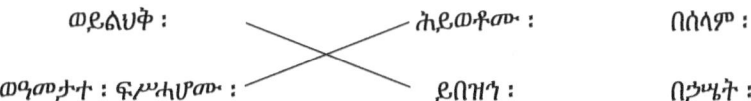

Or in 1 En. 7.2, where the chiastic structure is given by the disposition of the verbs and the objects:

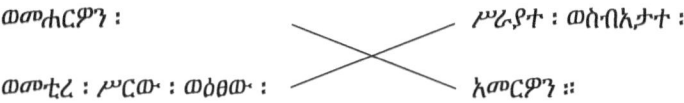

How to Use the Notes

The verbs are parsed according to stem, tense/mood, person, gender, and number, for example:

---

18. The occurrence in 104:5 (ትትኃብኡ ፡ ሀለዉከሙ) could also be an instance of imperfect + ሀለወ / ሀሎ. However, being immediately preceded by the compound ሀለወ / ሀሎ + jussive and followed by ሀለወ / ሀሎ + (dative) object suffix + jussive in v. 6, ትትኃብኡ is better understood as jussive than imperfect. It is remarkable in that the jussive precedes ሀለወ / ሀሎ, the only documented occurrence of this word order in the grammars (see Dillmann 1907, §89). For more examples of the uncommon ሀለወ / ሀሎ + jussive construction, see Dillmann 1907, §89; Tropper and Hasselbach 2021, §5.4.5.5; and Weninger 2001, §3.7.

ሀለዉ. = ሀሎ / ሀለወ : *D perf 3mpl*, to be, exist
ይሬኢ. = ርእየ : *G impf 3ms*, to see
ይኩኑ = ኮነ : *G juss 3mpl*, to be
ይደነግፁ· = ደነፀ : *G impf 3mpl*, to be terrified

Whether a verb is quadriliteral or quinqueliteral is not indicated. The terminology follows Joseph Tropper and Rebecca Hasselbach-Andee's (2021) *Classical Ethiopic* grammar, which at times differs from Thomas O. Lambdin's (1978) popular *Introduction to Classical Ethiopic*. For instance, I have preferred *jussive* to Lambdin's *subjunctive*. In one instance, however, I have followed Lambdin over Tropper and Hasselbach-Andee for practical reasons: in the analysis of the short prefix conjugation of ብህለ (*bəhla*) "to say" used for past actions, I regularly parse the conjugation as *perfect*, for example,[19]

ይቤ = ብህለ : *G perf 3ms*, to say

As mentioned above, readers should not be surprised to find orthographic conventions that differ from those of the standardized form of the language taught in grammars and reproduced in critical editions. In such cases, the lexical form is introduced by an asterisk followed by the form of the verb or noun as usually found in the lexicons. Furthermore, the normalized form of the verb found in the text is provided between parentheses, for example,

ዓቢይ = *ዐቢይ : big, great
ይወጽእ = *ወፅአ : *G impf 3ms*, to come out, go forth (ይወፅእ)

Finally, if the form of the verb found in the text presents an unexpected morphology, the parsing of the corrected form found between parentheses is also introduced by an asterisk, for example,

ይትጋጐል = *ተህጕለ / ተሐጕለ : *Gt impf 3ms*, to perish, be destroyed (ይትህጐል)

In this specific instance, besides presenting ጓ instead of ሀ or ሐ, as usually found in the lexicons, this verb also looks like a Lt stem rather than

---

19. For a detailed discussion, see Tropper and Hasselbach-Andee 2021, 162–64.

the expected Gt. The verb is therefore parsed according to the latter form, which also appears between brackets.

Bibliography

Assefa, Daniel. 2020. "5.5.1 Greek." Pages 343–49 in *Baruch/Jeremiah, Daniel (Additions), Ecclesiasticus/Ben Sira, Enoch, Eshter (Additions), Ezra*. Vol. 2B of *The Deuterocanonical Scriptures*. Edited by Frank Feder and Matthias Henze. THB 2B. Brill.

Barr, James. 1978. "Aramaic-Greek Notes on the Book of Enoch (I)." *JSS* 23:184–98.

———. 1979. "Aramaic-Greek Notes on the Book of Enoch (II)." *JSS* 24:179–92.

Bausi, Alessandro. 2016. "On Editing and Normalizing Ethiopic Texts." Pages 43–102 in *150 Years after Dillmann's Lexicon: Perspectives and Challenges of Gəʿəz Studies*. Edited by Alessandro Bausi. Harrassowitz.

Boccaccini, Gabriele. 2018. "James Bruce's 'Fourth' Manuscript: Solving the Mystery of the Provenance of the Roman Enoch Manuscript (Vet. et. 71)." *JSP* 27: 237–63.

Burns, Dylan M. 2020. "5.6.4. Coptic." Pages 362–64 in *Baruch/Jeremiah, Daniel (Additions), Ecclesiasticus/Ben Sira, Enoch, Eshter (Additions), Ezra*. Vol. 2B of *The Deuterocanonical Scriptures*. Edited by Frank Feder and Matthias Henze. THB 2B. Brill.

Charles, Robert Henry. 1893. *The Book of Enoch: Translated from Professor Dillmann's Ethiopic Text, Emended and Revised in Accordance with Hitherto Uncollated Ethiopic Mss. and with the Gizeh and Other Greek and Latin Fragments Which Are Here Published in Full*. Clarendon.

———. 1906. *The Ethiopic Version of the Book of Enoch*. Clarendon.

Coblentz Bautsch, Kelley. 2020a. "5.1.1. Textual History of *1 Enoch*." Pages 287–302 in *Baruch/Jeremiah, Daniel (Additions), Ecclesiasticus/Ben Sira, Enoch, Eshter (Additions), Ezra*. Vol. 2B of *The Deuterocanonical Scriptures*. Edited by Frank Feder and Matthias Henze. THB 2B. Brill.

———. 2020b. "5.2.1 Greek." Pages 308–18 in *Baruch/Jeremiah, Daniel (Additions), Ecclesiasticus/Ben Sira, Enoch, Eshter (Additions), Ezra*. Vol. 2B of *The Deuterocanonical Scriptures*. Edited by Frank Feder and Matthias Henze. THB 2B. Brill.

Del Verme, Luca Arcari e Marcello. 2008. "Il papiro Gizeh: Un testimone della traduzione enochica greca e altri testi ad esso connessi." *BeO* 50:3–80.

Dillmann, August. 1851. *Liber Henoch Aethiopice*. Vogelii.

———. 1907. *Ethiopic Grammar*. 2nd ed. William & Norgate.

Ehrenkrook, Jason von. 2020. "5.4.1 Greek." Pages 331–34 in *Baruch/Jeremiah, Daniel (Additions), Ecclesiasticus/Ben Sira, Enoch, Eshter (Additions), Ezra*. Vol. 2B of *The Deuterocanonical Scriptures*. Edited by Frank Feder and Matthias Henze. THB 2B. Brill.

Erho, Ted M., and Loren T. Stuckenbruck. 2013. "A Manuscript History of Ethiopic Enoch." *JSP* 23:87–133.

Flemming, Johannes Paul. 1901. *Das Buch Henoch*. Hinrichs.

———. 1902. *Das Buch Henoch äthiopischer Text*. TUGAL 22.1. Hinrichs

Harkins, Angela Kim. 2020. "5.2.3. Syriac." Pages 327–30 in *Baruch/Jeremiah, Daniel (Additions), Ecclesiasticus/Ben Sira, Enoch, Eshter (Additions), Ezra*. Vol. 2B of *The Deuterocanonical Scriptures*. Edited by Frank Feder and Matthias Henze. THB 2B. Brill.

Hessayon, Ariel. 2023a. "James Bruce and His Copies of Ethiopic Enoch." Pages 209–57 in *Rediscovering Enoch? The Antediluvian Past from the Fifteenth to Nineteenth Centuries*. Edited by Ariel Hessayon, Annette Yoshiko Reed, and Gabriele Boccaccini. Studia in Veteris Testamenti Pseudoepigrapha 27. Brill.

———. 2023b. "A 'Rich and Unparalleled Collection': The Afterlives of James Bruce's Manuscripts and Drawings." Pages 258–75 in *Rediscovering Enoch? The Antediluvian Past from the Fifteenth to Nineteenth Centuries*. Edited by Ariel Hessayon, Annette Yoshiko Reed, and Gabriele Boccaccini. Studia in Veteris Testamenti Pseudoepigrapha 27. Brill.

Herms, Ron. 2020a. "5.6.1. Greek." Pages 355–58 in *Baruch/Jeremiah, Daniel (Additions), Ecclesiasticus/Ben Sira, Enoch, Eshter (Additions), Ezra*. Vol. 2B of *The Deuterocanonical Scriptures*. Edited by Frank Feder and Matthias Henze. THB 2B. Brill.

———. 2020b. "5.6.3. Latin." Pages 360–62 in *Baruch/Jeremiah, Daniel (Additions), Ecclesiasticus/Ben Sira, Enoch, Eshter (Additions), Ezra*. Vol. 2B of *The Deuterocanonical Scriptures*. Edited by Frank Feder and Matthias Henze. THB 2B. Brill.

Knibb, Michael A. 1978. *The Ethiopic Book of Enoch: A New Edition in the Light of the Aramaic Dead Sea Fragments*. 2 vols. Clarendon.

Lambdin, Thomas Odin. 1978. *Introduction to Classical Ethiopic (Ge'ez)*. Scholars Press.

Larson, Erik W. 1995. "The Translation of Enoch: from Aramaic into Greek." PhD diss., New York University.

Leslau, Wolf. 1991. *Comparative Dictionary of Geʿez (Classical Ethiopic): Geʿez-English / English-Geʿez with an Index of the Semitic Roots.* Harrassowitz.
McCarron, Alexander. 2025. *Textual Evolution and Growth of the Enochic Theophany in the Book of the Watchers 1.1–9.* JSJSup 219. Brill.
Milik, Joseph T. 1976. *The Books of Enoch: Aramaic Fragments of Qumrân Cave 4.* Clarendon.
Mittwoch, Eugen. 1926. *Abessinische Studien.* Vol. 1 of *Die Traditionelle Aussprache des Äthiopischen.* De Gruyter.
Nickelsburg, George W. E. 2001. *1 Enoch 1. A Commentary on the Book of 1 Enoch, Chapters 1–36; 81–108.* Hermeneia. Fortress.
Nickelsburg, George W. E., and James C. VanderKam. 2004. *1 Enoch: A New Translation.* Fortress.
Stuckenbruck, Loren T. 1990. "Revision of Aramaic-Greek and Greek-Aramaic Glossaries in the Books of Enoch - Aramaic Fragments of Qumrân Cave 4 by J. T. Milik." *JJS* 41:13–48.
———. 2007. *1 Enoch 91–108.* CEJL. De Gruyter.
Stuckenbruck, Loren T., and Ted Ehro. 2020. "5.1.2. Ethiopic of *1 Enoch.*" Pages 302–08 in *Baruch/Jeremiah, Daniel (Additions), Ecclesiasticus/Ben Sira, Enoch, Eshter (Additions), Ezra.* Vol. 2B of *The Deuterocanonical Scriptures.* Edited by Frank Feder and Matthias Henze. THB 2B. Brill.
Tropper, Josef, and Rebecca Hasselbach-Andee. 2021. *Classical Ethiopic: A Grammar of Geʿez.* LANE 10. Eisenbrauns.
Uhlig, Siegbert. 1984. *Jüdische Schriften Aus Hellenistisch-Römischer Zeit.* Vol. 5 of *Das Äthiopische Henochbuch.* Gütersloher Verlagshaus.
Ullendorff, Edward, and Michael A. Knibb. 1977. Review of *The Book of Enoch: Aramaic Fragments from Qumrân Cave 4*, by J. T. Milik. *BSOAS* 40:601–2.
Weninger, Stefan. 2001. *Das Verbalsystem des Altäthiopischen.* Harrassowitz.
———. 2015. "Zur Funktion altäthiopischer Diskurspartikeln: -ke und -(ə)ssä." Pages 323–34 in *Neue Beiträge zur Semitistik: Fünftes Treffen der Arbeitsgemeinschaft Semitistik in der Deutschen Morgenländischen Gesellschaft vom 15.–17. Februar 2012 an der Universität Basel.* Edited by Viktor Golinets, Hanna Jenni, Hans-Peter Mathys, and Samuel Sarasin. Ugarit-Verlag.

1

1 ቃለ[a] ፡ በረከት[b] ፡ ዘሄኖክ ፡ ዘከመ ፡ ባረከ[c] ፡ ኅሩያነ[d] ፡ ወጻድቃነ[e] ፡ እለ ፡ ሀለዉ[f] ፡ ይኩኑ[g] ፡ በዕለተ[h] ፡ ምንዳቤ[i] ፡ ለአሰስሎ[j] ፡ ኩሉ ፡ እኩያን[k] ፡ ወረሲዓን[l] ፡ 2 ወአውሥአ[a] ፡ ሄኖክ ፡ ወይቤ[b] ፡ ብእሲ[c] ፡ ጻድቅ[d] ፡ ዘአምነበ ፡ እግዚአብሔር[e] ፡ እንዘ ፡ አዕይንቲሁ[f] ፡ ክሡታት[g] ፡ ወሬኢ[h] ፡ ራዕየ[i] ፡ ቅዱሰ[j] ፡ ዘበሰማያት[k] ፡ ዘአርአዩኒ[l] ፡ መላእክት[m] ፡ ወሰማዕኩ[n] ፡ እምኔቤሆሙ ፡ ኩሎ ፡ ወአእመርኩ[o] ፡ አነ ፡ ዘእሬኢ[p] ፡ ወአኮ ፡ ለዝ ፡ ትውልድ[q] ፡ አላ ፡ ለዘ ፡ ይመጽኡ[r] ፡ ትውልድ[s] ፡ ርሑቃን ፡ 3 በእንተ ፡ ኅሩያን[a] ፡ እቤ[b] ፡ ወአውሣእኩ[c] ፡ በእንቲአሆሙ ፡ ምስለ[d] ፡ ዘይወጽእ[e] ፡ ቅዱሰ ፡ ወዐቢይ[g] ፡ እማኅደሩ[h] ፡ 4 ወአምላከ[a] ፡ ዓለም[b] ፡ ወእምህየ ፡ ይኬይድ[c] ፡ ዲበ ፡ ሲና ፡ ደብር[d] ፡ ወያስተርኢ[e] ፡ በትዕይንቱ[f] ፡ ወያስተርኢ[g] ፡ በጽንዓ[h] ፡ ኃይሉ[i] ፡ እምሰማይ[j] ፡ 5 ወይፈርሁ[a] ፡ ኩሉ ፡ ወያድልቀልቁ[b] ፡ ትጉሃን[c] ፡ ወይነሥእሙ[d] ፡ ፍርሃት ፡ ወረዓድ[f] ፡ ዓቢይ[g] ፡ እስከ ፡ አጽናፈ[h] ፡ ምድር[i] ፡

1.1 [a] ቃል : word [b] በረከት : blessing [c] ባረከ : L perf 3ms, to bless [d] ኅሩይ : chosen [e] ጻድቅ : righteous [f] ሀሎ / ሀለወ : D perf 3mpl, to be, exist [g] ኮነ : G juss 3mpl, to be [h] ዕለት : day, time [i] ምንዳቤ : tribulation, distress [j] አሰሰለ : CD inf, to remove [k] እኩይ : wicked, evil [l] ረሲዕ : godless, impious 1.2 [a] አውሥአ : CG perf 3ms, to answer [b] ብህለ : G perf 3ms, to say [c] ብእሲ : man [d] ጻድቅ : righteous [e] እግዚአብሔር : Lord [f] ዐይን : eye [g] ከሡት : opened [h] ርእየ : G impf 3ms, to see [i] *ራእይ : vision [j] ቅዱስ : holy [k] ሰማይ : sky, heaven [l] አርአየ : CG perf 3mpl, to show [m] መልአክ : angel, chief [n] ሰምዐ : G perf 1cs, to hear [o] አእመረ : CG perf 1cs, to know, understand [p] ርእየ : G impf 1cs, to see [q] ትውልድ : generation [r] መጽአ : G impf 3mpl, to come [s] ትውልድ : generation [t] ርሑቅ : far, distant 1.3 [a] ኅሩይ : chosen [b] ብህለ : G perf 1cs, to say [c] አውሥአ : CG perf 1cs, to utter [d] ምስል : parable [e] *ወፅአ : G impf 3ms, to come out, go forth (ይመፅእ) [f] ቅዱስ : holy, saint [g] *ዐቢይ : big, great [h] ማኅደር : dwelling place 1.4 [a] አምላክ : God [b] ዓለም : eternity [c] ኬደ : G impf 3ms, to tread [d] ደብር : mountain [e] አስተርአየ : CGt impf 3ms, to appear [f] ትዕይንት : army [g] አስተርአየ : CGt impf 3ms, to appear [h] ጽንዕ : strength [i] *ኃይል : power [j] ሰማይ : sky, heaven 1.5 [a] ፈርሀ : G impf 3ms, to fear [b] አድለቀለቀ : C perf 3mpl, to shake [c] ትጉህ : watcher [d] ነሥአ : G impf 3ms, to seize [e] *ፍርሃት : fear, terror [f] ረዓድ / ረዐድ : trembling, tremor [g] *ዐቢይ : big, great [h] ጽንፍ : end, extremity [i] ምድር : earth

6 ወይደነግፁᵃ : አድባርᵇ : ነዋኃንᶜ : ወይቴሐቱᵈ : አውግርᵉ : ነዋኃትᶠ : ወይትመሰዉጽ : ከመ : መዓር : ግራʰ : እምላህቢⁱ :: 7 ወትሰጠምᵃ : ምድርᵇ : ወኵሉ : ዘውስተ : ምድርᶜ : ይትኃጐልᵈ : ወይከውንᵉ : ፍትሕᶠ : ላዕለ : ኵሉ : 8 ወላዕለ : ጻድቃንᵃ : ኵሎሙ : ለጻድቃንሰᵇ : ሰላመᶜ : ይገብርᵈ : ሎሙ : ወየዓቅቦሙᵉ : ለኅሩያንᶠ : ወይከውንᵍ : ሣህልʰ : ላዕሌሆሙ : ወይከውኑⁱ : ኵሎሙ : ዘአምላክʲ : ወሢርሐሙᵏ : ወይባርኩˡ : ወይሰርሑᵐ : ሎሙ : ብርሃንⁿ : አምላኮ : 9 ወናሁ : መጽአᵃ : በትእልፊትᵇ : ቅዱሳንᶜ : ከመ : ይግበርᵈ : ፍትሐᵉ : ላዕሌሆሙ : ወያሕጉሎሙᶠ : ለረሲዓን : ወይትዋቀሥʰ : ኵሎ : ዘሥጋⁱ : በእንተ : ኵሉ : ዘገብሩʲ : ወረስዩᵏ : ላዕሌሁ : ኃጥኣንˡ : ወረሲዓንᵐ ::

2

1 ጠይቁᵃ : ኵሎ : ዘውስተ : ሰማይᵇ : ግብረᶜ : እፎᵈ : ኢይመይጡᵉ : ፍናዊሆሙᶠ : ብርሃናትᵍ : ዘውስተ : ሰማይʰ : ከመ : ኵሉ : ይሠርቅⁱ : ወየአርብʲ : ሥሩዕᵏ : ኵሉ

1.6 ᵃ ደንገፀ : *G impf 3mpl*, to be terrified ᵇ ደብር : mountain ᶜ ነዋኅ / ነዊኅ : high ᵈ ተትሕት / ተተሐት : *Dt impf 3mpl*, to be made low ᵉ ወግር : hill ᶠ ነዋኅ / ነዊኅ : high ᵍ ተመስወ : *Gt impf 3mpl*, to be melted ʰ መዓር : ግራ : wax ⁱ ላህብ : flame **1.7** ᵃ ተሰጥመ : *Gt impf 3fs*, to be submerged, to sink ᵇ ምድር : earth ᶜ ምድር : earth **1.7** ᵈ*ተህጕለ / ተሐጕለ : *Gt impf 3ms*, to perish, be destroyed (ይትሀጐል) ᵉ ኮነ : *G impf 3ms*, to be ᶠ ፍትሕ : judgment **1.8** ᵃ ጻድቅ : righteous ᵇ ጻድቅ : righteous ᶜ ሰላም : peace ᵈ ገብረ : *G impf 3ms*, to make ᵉ*ዐቀበ : *G impf 3ms*, to protect (የዐቅበሙ) ᶠ ኅሩይ : chosen ᵍ ኮነ : *G impf 3ms*, to be ʰ ሣህል : grace, compassion ⁱ ኮነ : *G impf 3mpl*, to be ʲ አምላክ : God ᵏ ሠርሐ : *D impf 3mpl*, to prosper ˡ ተባርከ : *Lt impf 3mpl*, to be blessed ᵐ ብርሀ : *G impf 3ms*, to shine ⁿ ብርሃን : light ᵒ አምላክ : God **1.9** ᵃ ወጽአ : *G perf 3ms*, to come ᵇ ትእልፊት : myriads ᶜ ቅዱስ : holy, saint ᵈ ገብረ : *G juss 3ms*, to execute ᵉ ፍትሕ : judgment ᶠ አህጐለ / አሕጐለ : *C juss 3ms*, to destroy ᵍ ረሲዕ : godless, impious ʰ ተዋቀሠ : *Lt juss 3ms*, to contend ⁱ ሥጋ : flesh ʲ ገብረ : *G perf 3mpl*, to work ᵏ ረስየ : *D perf 3mpl*, to do ˡ ኃጥእ : sinner ᵐ ረሲዕ : godless, impious

2.1 ᵃ ጠየቀ : *D impv 2mpl*, to observe, contemplate ᵇ ሰማይ : sky, heaven ᶜ ግብር : work, deed ᵈ እፎ : how ᵉ ሜጠ : *G impf 3mpl*, to change ᶠ ፍኖት : path, course ᵍ ብርሃን : light ʰ ሰማይ : sky, heaven ⁱ ሠረቀ : *G impf 3ms*, to rise ʲ*ዐርበ / ዐረበ : *G impf 3ms*, to set (የዐርብ) ᵏ ሥሩዕ : in order, ordered

: በበዘመኑ፡l : ወኢይትዐዳዉ፡m : እምትዛዘሙ፡n :: 2 ርኢዋ፡a : ለምድር፡b : ወለብዉ፡c : እምግብር፡d : ዘይትገበር፡e : በላዕሊሃ : እምቀዳሚ፡f : እስከ : ተፈጻሜቱ፡g : ከመ : ኢይትመየጥ፡h : ኩሉ : ግብሩ፡i : ለአምላክ፡j : እንዘ : ያስተርኢ፡k :: 3 ርኢ፡ya : ለሐጋይ፡b : ወላረምት፡c : ከመ : ኩሉ : ምድር፡d : መልአት፡e : ማይ፡f : ወደመና፡g : ወጠል፡h : ወዝናም፡i : የአርፍ፡j : ላዕሌሃ ::

3

1 ጠየቁ፡a : ወርኢኩ፡b : ከመ : ኩሉ : ዕፀው፡c : ኤፎ፡d : ያስተርእዩ፡e : ከመ : ይቡስ፡f : ወኩሉ : አቆጽሊሆሙ፡g : ንጉፋት፡h : ዘእንበለ : ፲ወ፬ዕፀው፡j : ዘኢይትነገፉ፡k : አለ : ይፀንሑ፡l : እምብሉይ፡m : እስከ : ይመጽእ : ሐዲስ፡o : እምዒኤ፡p : ወእም፱፡q : ከረምት፡r ::

4

1 ወዳግመ፡a : ጠየቁ፡b : መዋዕለ፡c : ሐጋይ፡d : ከመ : ኮነ፡e : ፀሐይ፡f : ላዕሌሃ : በቅድሜሃ : አንትሙ፡s : ተኃሥሡ፡g : ምጽላለ፡h : ወጽላሎተ፡i : በእንተ : ዋዕይ፡j : ፀሐይ፡k : ምድር፡l :

2.1 l ዘመን : time   m ተዐደወ / ተዐድወ : *Gt impf 3mpl, to transgress (ይትዐደዉ.) n *ትእዛዝ : law **2.2** a ርእየ : G impv 2mpl, to see, consider b ምድር : earth c ለበወ : D impv 2mpl, to understand d ግብር : work e ተገብረ : Gt impf 3ms, to be done f ቀዳሚ : beginning g ተፍጻሜት : completion, end h ተመይጠ / ተጌጠ : Gt impf 3ms, to be changed i ግብር : work j አምላክ : God k አስተርአየ : CGt impf 3ms, to appear, become manifest **2.3** a ርእየ : G impv 2mpl, to see, consider b ሐጋይ : summer c ከረምት : winter d ምድር : earth, land e መልአ : G perf 3fs, to be filled with, be full f ማይ : water g ደመና : cloud h ጠል : dew i ዝናም : rain j *አዕረፈ : CG impf 3ms, to rest (ያዐርፍ)

3.1 a ጠየቀ : D perf 1cs, to observe, contemplate b ርእየ : G perf 1cs, to see c ዕፅ : tree d ኤፎ : how e አስተርአየ : CGt impf 3mpl, to appear f ይቡስ : dry g ቈጽል : leaf h ንጉፍ : stripped, cut off i ፲ወ፬ : 14 j ዕፅ : tree k ተነገፈ : Gt impf 3mpl, to lose leaves l ጸንሐ : G impf 3mpl, to remain m ብሉይ : old n መጽአ : G impf 3ms, to come o ሐዲስ : new p ዒኤ : 2 q ፱ : 3 r ከረምት : year::

4.1 a ዳግመ : again b ጠየቀ : D impv 2mpl, to observe, contemplate c መዋዕልት : day d ሐጋይ : summer e ኮነ : G perf 3ms, to be f *ፀሐይ : sun g ተኃሠሠ : Lt impv 2mpl, to seek h ምጽላል : shelter i ጽላሎት : shadow j ዋዕይ : heat k *ፀሐይ : sun l ምድር : earth

ትውዒም : እሙቀተn : ሐሩርo : ወአንትሙስ : ኢትክሉp : ከይዶታq : ለምድርr : ወኢኮከሐs : በእንተ : ዋዕይt ።

5

1 ጠየቃa : እጽb : ዕፀውc : በሐመልማለd : አቁጽለe : ይትከደኑf : ወይፈርዩg : ወለብዊh : በእንተ : ኩሉ : ወአእምሩi : በከመ : ገብረj : ለክሙ : ለአሎንቱ : ኩሎሙ : ዘሕያውk : ለዓለምl : 2 ወምግባሩa : ቅድሜሁ : ለለዓመትb : ዘይከውንc : ወኩሉ : ምግባሩd : ይትቀነዩe : ሎቱ : ወኢይትመየጡf : አላ : በከመ : ሠርዓg : አምላክh : ከመዝ : ይትገበርi : ኩሉ ።: 3 ወርእየa : እጽb : አብሕርትc : ወአፍላግd : ኅቡረ : ይፌጽሙf : ግብሮሙg : 4 አንትሙስ : ኢተዓገሥከሙa : ወኢገበርከሙb : ትእዛዘc : እግዚእd : አላ : ተዓደውከሙe : ወሐመይከሙf : ዓቢያተg : ወድሩካተh : ቃላተi : በአፍj : ርኩሳትk : ዘለአከሙ : ላዕለ : ዕበዩl : ዚአሁ : ይቡሳንm : ልብn : ኢትከውነክሙo : ሰላምp ።: 5 ወበእንተዝ : አንትሙ

4.1 m ውዕየ : G impf 3fs, to burn (intr.) n ሙቀት : heat o ሐሩር : intense heat p ክህለ : G impf 2mpl, to be able q ኬደ : G inf to tread r ምድር : earth s ኮከሐ : rock t ዋዕይ : heat

5.1 a ጠየቀ : D impv 2mpl, to observe, contemplate b እጽ : how c ዕፀ : tree d ሐመልማል : green color e ቄጽል : leaf f ተከድነ / ተከደነ : Gt impf 3mpl, to be covered g ፈርየ / ፈረየ : G impf 3mpl, to bear fruit h ለበወ : D impv 2mpl, to understand i አእመረ : CG impv 2mpl, to know, perceive j ገብረ : G perf 3ms, to make k ሕያው : alive, living l ዓለም : eternity **5.2** a ምግባር : work b ዓም : year c ከነ : G impf 3ms, to be d ምግባር : work e ተቀንየ : Gt impf 3mpl, to serve f ተመይጠ / ተሜጠ : Gt impf 3mpl, to be changed, to turn away (intr.) g ሠርዐ : *G perf 3ms to establish, decree (ሠርዐ) h አምላክ : God i ተገብረ : G impf 3ms, to be done, happen **5.3** a ርእየ : G impv 2mpl, to see, consider b እጽ : how c ባሕር : sea d ፈለግ : river e ኅቡረ : together f ፈጸም : D impf 3mpl, to finish, execute g ግብር : work, task **5.4** a ተዐገሠ : *Dt perf 2mpl, to persevere, endure (ተዐገሥከሙ) b ገብረ : G perf 2mpl, to observe, execute c *ትእዛዘ : law d እግዚእ : Lord e ተዐደወ / ተዐደወ : *Gt perf 2mpl, to transgress (ተዐደውከሙ) f ሐመየ : G perf 2mpl, to disparage, revile g *ዐቢይ : big, lofty h ድሩክ : hard i ቃል : word j አፍ : mouth k ርኩስ : unclean l ዕበይ : majesty m ይቡስ : dry n ልብ : heart o ከነ : G impf 3fs, to be p ሰላም : peace

: መዋዕሊክሙ:ᵃ : ትረግሙ:ᵇ : ወዓመታቲክሙ:ᶜ : ሕይወትክሙ:ᵈ : ተሐጕሉ:ᵉ : ወይበዝኅ:ᶠ :
መርገምግ : ዘላዓለም:ʰ : ወኢይከውነክሙ:ⁱ : ሣህል:ʲ : 6 በውእቱ : መዋዕልᵃ : ትሁቡ:ᵇ :
ሰላምᶜ : ዚአክሙ: በርግመት:ᵈ : ዘለዓለም:ᵉ : ለኵሉ : ጻድቃን:ᶠ : ወኪያክሙ: ይረግሙ:ᵍ
: ኃጥአንʰ : ዘልፈ:ⁱ : ወለክሙ: ጎብሪ:ʲ : ምስለ : ኃጥአንᵏ : 7 ወለኍሩያንስᵃ : ይከውንᵇ :
ብርሃንᶜ : ወፍሥሓᵈ : ወሰላምᵉ : ወእሙንቱ : ይወርሱፋ : ለምድርᵍ : ወለክሙስ : ረሲዓንʰ
: ይከውነክሙ:ⁱ : ርግመት:ʲ :: 8 ወአሜሃᵃ : ይትወሀቡ:ᵇ : ለኍሩያን : ጥበብᵈ : ወኵሎሙ:
እሎንቱ : የሐይዉᵉ : ወኢይደግሙ:ᶠ : አበሳᵍ : ኢበረሲዕʰ : ወኢበትዕቢትⁱ : አላ : ይገንዩʲ :
ዘበሙ : ጥበብᵏ : 9 ኢይደግሙ:ᵃ : አብሶᵇ : ወኢይትኴነኑ:ᶜ : ኵሎ : መዋዕለᵈ : ሕይወቶሙ:ᵉ
: ወኢይሞቱ:ᶠ : በመቅሠፍትᵍ : ወኢበመዓትʰ : አላ : ኍልቈⁱ : መዋዕለʲ : ሕይወቶሙᵏ :
ይፌጽሙ:ˡ : ወይልህቅᵐ : ሕይወቶሙ:ⁿ : በሰላምᵒ : ወዓመታቶፕ : ፍሥሐሆሙ:ᑫ : ይበዝኍ:ʳ
: በኃሤትˢ : ወበሰላምᵗ : ዘለዓለምᵘ : ውስተ : ኵሉ : መዋዕለᵛ : ሕይወቶሙ:ʷ ::

5.5 ᵃ መዋዕልት : day ᵇ ረገመ : *G impf 2mpl*, to curse ᶜ ዓም : year ᵈ ሕይወት : life
ᵉ አህጕለ / አሕጕለ : *CG, impf, 2mpl*, to destroy ᶠ በዝኅ : *G impf 3ms*, to increase
(intr.) ᵍ መርገም : curse ʰ ዓለም : eternity ⁱ ኮነ : *G impf 3ms*, to be ʲ ሣህል : grace,
compassion **5.6** ᵃ መዋዕልት : day ᵇ ወሀበ : *G impf 2mpl*, to give, deliver ᶜ ሰላም
: peace ᵈ ርግመት : curse ᵉ ዓለም : eternity ᶠ ጻድቅ : righteous ᵍ ረገመ : *G impf
3mpl*, to curse ʰ ኃጥእ : sinner ⁱ ዘልፈ : perpetually ʲ ኀቢረ : together ᵏ ኃጥእ :
sinner **5.7** ᵃ ኍሩይ : chosen ᵇ ኮነ : *G impf 3ms*, to be ᶜ ብርሃን : light ᵈ ፍሥሓ : joy
ᵉ ሰላም : peace ᶠ ወረሰ : *G impf 3mpl*, to inherit ᵍ ምድር : earth ʰ ረሲዕ : godless,
impious ⁱ ኮነ : *G impf 3ms*, to be ʲ ርግመት : curse **5.8** ᵃ *አመ : when ᵇ ተውህበ
: *Gt impf 3ms*, to be given ᶜ ኍሩይ : chosen ᵈ ጥበብ : wisdom, knowledge
ᵉ ሐይወ : *G impf 3mpl*, to live ᶠ ደገመ : *G impf 3mpl*, to repeat, do a second time
ᵍ አበሳ : transgression, sin ʰ *ርስዕ : forgetfulness, godlessness ⁱ ትዕቢት : pride,
haughtiness ʲ ገነየ : *G impf 3mpl*, to be humble ᵏ ጥበብ : wisdom, knowledge
5.9 ᵃ ደገመ : *G impf 3mpl*, to repeat, do a second time ᵇ አበሰ : *D inf*, to transgress, sin ᶜ ተኰነነ : *Dt impf 3mpl*, to be judged ᵈ መዋዕልት : day ᵉ ሕይወት : life
ᶠ ሞት : *G impf 3mpl*, to die ᵍ መቅሠፍት : punishment, anger ʰ መዓት : wrath,
calamity ⁱ ኍልቍ : number ʲ መዋዕልት : day ᵏ ሕይወት : life ˡ ፈጸመ : *D impf 3mpl*,
to complete ᵐ ልህቀ : *G impf 3ms*, to grow, grow old ⁿ ሕይወት : life ᵒ ሰላም
: peace ᵖ ዓም : year ᑫ *ፍሥሓ : joy ʳ በዝኅ : *G impf 3mpl*, to be numerous,
increase (intr.) ˢ *ሐሤት : gladness ᵗ ሰላም : peace ᵘ ዓለም : eternity ᵛ መዋዕልት : day
ʷ ሕይወት : life

6

1 ወኮነᵃ ፡ እምዘ ፡ በዝኁᵇ ፡ ውሉድᶜ ፡ ሰብእᵈ ፡ በእማንቱ ፡ መዋዕልᵉ ፡ ተወልዳᶠ ፡ ሎሙ ፡ አዋልድᵍ ፡ ሠናያትʰ ፡ ወላህያትⁱ ።   2 ወርእዩᵃ ፡ ኪያሆን ፡ መላእክትᵇ ፡ ውሉድ ፡ ሰማይትᵈ ፡ ወፈተውዎንᵉ ፡ ወይቤሉᶠ ፡ በበይናቲሆሙ ፡ ንዑᵍ ፡ ንኅረይʰ ፡ ለነ ፡ አንስተⁱ ፡ እምውሉደʲ ፡ ሰብእᵏ ፡ ወንለድˡ ፡ ለነ ፡ ውሉደᵐ ።   3 ወይቤሎሙᵃ ፡ ሰምያዛ ፡ ዘውእቱ ፡ መልአኮሙᵇ ፡ እፈርህᶜ ፡ ዮጊᵈ ፡ ኢትፈቅዱᵉ ፡ ይትገበርᶠ ፡ ዝንቱ ፡ ግብርᵍ ፡ ወእከውንʰ ፡ አነ ፡ ባሕቲትየ ፡ ፈዳይⁱ ፡ ለዛቲ ፡ ኃጢአትʲ ፡ ዐባይᵏ ።   4 ወአውሥኡᵃ ፡ ሎቱ ፡ ኵሎሙ ፡ ወይቤሉᵇ ፡ መሐላᶜ ፡ ንምሐልᵈ ፡ ኵልነ ፡ ወንትዋገዘᵉ ፡ በበይናቲነ ፡ ከመ ፡ ኢንሚጣᶠ ፡ ለዛቲ ፡ ምክርᵍ ፡ ወንግበራʰ ፡ ለዛቲ ፡ ምክርⁱ ፡ ግብሪʲ ።   5 አሜሃ ፡ መሐሉᵃ ፡ ኵሎሙ ፡ ኅቡሬᵇ ፡ ወአውገዙᶜ ፡ ኵሎሙ ፡ በበይናቲሆሙ ፡ ቦቱ ።   6 ወኮኑᵃ ፡ ኵሎሙ ፡ ፪፻ᵇ ፡ ወረዱᶜ ፡ ውስተ ፡ አርዲስ ፡ ዘውእቱ ፡ ድማሁᵈ ፡ ለደብርᵉ ፡ አርሞን ፡ ወጸውዕዎᶠ ፡ ለደብርᵍ ፡ አርሞን ፡ እስመ ፡ መሐሉʰ ፡ ቦቱ ፡ ወአወገዙⁱ ፡ በበናቲሆሙ ።   7 ወዝንቱ ፡ አስማቲሆሙᵃ ፡ ለመላእክቲሆሙᵇ

6.1 ᵃ ኮነ : *G perf 3ms,* to be ᵇ በዝኁ : *G perf 3mpl,* to be numerous, increase (intr.) ᶜ ወልድ : son ᵈ ብእሲ : man ᵉ መዓልት : day ᶠ ተወልደ : *Gt perf 3fpl,* to be born ᵍ ወለት : daughter ʰ ሠናይ : beautiful, fair ⁱ *ላሕይ : beautiful **6.2** ᵃ ርእየ : *G perf 3mpl,* to see ᵇ መልአክ : angel ᶜ ወልድ : son ᵈ ሰማይ : heaven ᵉ ፈተወ / ፈትወ : *G perf 3mpl,* to desire, covet ᶠ ብህለ : *G perf 3mpl,* to say ᵍ ነዑ : come! (masc. pl.) ʰ ኀርየ / ኀረየ : *G juss 1cpl,* to choose ⁱ ብእሲት : woman, wife ʲ ወልድ : son ᵏ ብእሲ : man ˡ ወለደ : *G juss 1cpl,* to give birth ᵐ ወልድ : son **6.3** ᵃ ብህለ : *G perf 3ms,* to say ᵇ መልአክ : chief, leader ᶜ ፈርሀ : *G impf 1cs,* to fear ᵈ ዮጊ : perhaps ᵉ ፈቀደ : *G impf 2mpl,* to wish, want ᶠ ተገብረ : *G juss 3ms,* to be done ᵍ ግብር : deed ʰ ኮነ : *G impf 1cs,* to be ⁱ ፈዳይ : guilty, responsible ʲ *ኃጢአት : sin ᵏ ዐቢይ : great **6.4** ᵃ አውሥአ : *CG perf 3mpl,* to answer ᵇ ብህለ : *G perf 3mpl,* to say ᶜ መሐለ : oath ᵈ መሐለ : *G juss 1cpl,* to swear ᵉ ተዋገዘ : *Lt juss 1cpl,* to bind each other by curse ᶠ ሜጠ : *G juss 1cpl,* to change, alter ᵍ ምክር : plan, decision ʰ ገብረ : *G juss 1cpl,* to do, carry out ⁱ ምክር : plan, decision ʲ ግብር : work, deed **6.5** ᵃ መሐለ : *G perf 3mpl,* to swear ᵇ ኅቡረ : together ᶜ አውገዘ : *CG perf 3mpl,* to curse **6.6** ᵃ ኮነ : *G perf 3mpl,* to be ᵇ ፪፻ : 200 ᶜ ወረደ : *G perf 3mpl,* to go down ᵈ ድማህ : summit ᵉ ደብር : mountain ᶠ ጸውዐ : *D perf 3mpl,* to call ᵍ ደብር : mountain ʰ መሐለ : *G perf 3mpl,* to swear ⁱ አውገዘ : *CG perf 3mpl,* to curse (አውገዙ) **6.7** ᵃ ስም : name ᵇ መልአክ : chief, leader

: ሰምያዛ : ዘውእቱ : መልአኮሙ·ᶜ : ኡራኪባራሜኤል : አኪቤኤል : ጣሚኤል : ራም·ኤል : ዳንኤል : ኤዜቅኤል : ሰራቁያል : አሳኤል : አርሞርስ : በጥረኤል : አናንኤ : ዘቄቤ : ሰምሳቄኤል : ሰርተኤል : ጡርኤል : ዮምያኤል : አራዝያል : 8 እሉ : እሙንቱ : ኃያቶሙ·ᵃ : ለ፪ᵇመላእክትᶜ ።

7

1 ወነሥእንᵃ : ኩሉ : ምስሌሆሙ : ወነሥኡᵇ : ሎሙ : አንስትያᶜ : ወኃረዩᵈ : ኩሉ : ለለ : ርእሱᵉ : አሐተᶠ : ወወጠኑᵍ : ይባኡʰ : ኀቤሆን : ወተደመሩⁱ : ምስሌሆን : ወመሐርዎንʲ : ሥራያተᵏ : ወስብአታተˡ : ወመቲረᵐ : ሥርውⁿ : ወፀውዐ° : አምርኅንፕ ። 2 ወእማንቱስ : ፀንሳᵃ : ወለዳᵇ : ረዓይተᶜ : ዓቢየተᵈ : ወቆሞሙᵉ : በበ፫ሺፀመትᵍ ። 3 እሉ : በልዑᵃ : ኩሎ : ፃምᵇ : ሰብእᶜ : እስከ : ስእንዎሙᵈ : ሴስዮተᵉ : ሰብእᶠ ። 4 ወተመይጡᵃ : ረአይትᵇ : ላዕሌሆሙ : ይብልዕዎሙᶜ : ለሰብእᵈ ። 5 ወወጠኑᵃ : የአብሱᵇ : በአዕዋፍᶜ : ወዲበ : አራዊትᵈ : ወበዘይተሐወሰ : ወበአሳትᶠ : ወሥጋሆሙᵍ : በበይናቲሆሙ : ተባልዑʰ : ወደሙⁱ : ስትዩʲ : እምኔሃ : 6 አሜሃ : ምድርᵃ : ሰከየቶሙᵇ : ለአማፅያንᶜ ።

6.7 ᶜ መልአክ : chief, leader **6.8** ᵃ *ሐባይ : chief ᵇ ፪፻ : 200 ᶜ መልአክ : angel

7.1 ᵃ ባዕድ : other ᵇ ነሥአ : G perf 3mpl, to take ᶜ አንስትያ / አንስቲያ : wives ᵈ ኀርየ / ኀረየ : G perf 3ms, to choose ᵉ ርእስ : -self ᶠ አሐቲ : one (fem.) ᵍ ወጠነ : G/D perf 3mpl, to begin ʰ ቦአ : G juss 3mpl, to go in, have intercourse ⁱ ተደመረ : Dt perf 3mpl, to be mingled, to have intercourse ʲ *መሀረ / ምህረ : G perf 3mpl, to teach (መሀርዎን) ᵏ ሥራይ : incantation, charm ˡ *ስብዐት : spell ᵐ መተረ : G inf, to cut off ⁿ ሥርው : root ° ዕፅ : tree ᵖ አምረ : D perf 3mpl, to show **7.2** ᵃ ፀንሰ : G perf 3fpl, to become pregnant, conceive ᵇ ወለደ : G perf 3fpl, to give birth ᶜ ረዓዪ : giant ᵈ *ዐቢይ : big, large ᵉ ቆም : height ᶠ ፫ሺ : 3000 ᵍ *እመት : cubit **7.3** ᵃ በልዐ : G perf 3mpl, to eat, devour ᵇ *ጻማ : labor ᶜ ብእሲ : man ᵈ ስእነ : G perf 3mpl, to be unable ᵉ ሴሰየ : L inf, to feed, sustain ᶠ ብእሲ : man **7.4** ᵃ ተመይጠ / ተሜጠ : Gt perf 3mpl, to turn (intr.) ᵇ *ረዓዪ : giant ᶜ በልዐ : G juss 3mpl, to eat, devour ᵈ ብእሲ : man **7.5** ᵃ ወጠነ : G/D perf 3mpl, to begin ᵇ አበሰ : D juss 3mpl, to sin ᶜ ዖፍ : bird ᵈ አርዌ : beast ᵉ ተሐውሰ / ተሐወሰ / ተሐሰ : Gt impf 3ms, to creep ᶠ *ዓሣ : fish ᵍ ሥጋ : flesh, meat ʰ ተባልዐ : Lt perf 3mpl, to devour one another ⁱ ደም : blood ʲ ስትየ : G perf 3mpl, to drink **7.6** ᵃ ምድር : earth ᵇ ሰከየ : G perf 3fs, to accuse, complain about ᶜ ዐማፂ / አማፂ : transgressor, lawless

8

1 ወአዛዝኤል ፡ መሐሮሙ·ᵃ ፡ ለሰብእᵇ ፡ ገቢረᶜ ፡ አስይፍትᵈ ፡ ወመጥባሕትᵉ ፡ ወወልታᶠ ፡ ወድርኅ ፡ እንገድዓᵍ ፡ ወአርአዮሙʰ ፡ ዘእምድኅሬሆሙ ፡ ወምግባሪሆሙⁱ ፡ አውቃፊተⁱ ፡ ወሰርጎᵏ ፡ ወተኩህሎተˡ ፡ ወአሠንዮᵐ ፡ ቀራንብትⁿ ፡ ወእብነ ፡ እምኵሉ ፡ ዕብንᵖ ፡ ከቡርᑫ ፡ ወኅሩይʳ ፡ ወኵሎ ፡ ጥምዐታተˢ ፡ ኅብርᵗ ፡ ወተዋላጠᵘ ፡ ዓለምᵛ ፡፡ 2 ወኮነᵃ ፡ ርስእትᵇ ፡ ዓቢይᶜ ፡ ወብዙኅᵈ ፡ ዘምዎᵉ ፡ ወስሕቱᶠ ፡ ወማሰነᵍ ፡ ኵሉ ፡ ፍናዊሆሙʰ ፡፡ 3 አሜዛረክ ፡ መሐረᵃ ፡ ኵሎ ፡ መሳብእያነᵇ ፡ ወመታርያነᶜ ፡ ሥርዋትᵈ ፡ አርማሮስ ፡ ፈትሐ ፡ ሰብአታተᶠ ፡ ወበረቀዓል ፡ ረአያነᵍ ፡ ከዋክብትʰ ፡ ወከከብኤል ፡ ትእምርታተⁱ ፡ ወጥምኤል ፡ መሐረʲ ፡ ርእየᵏ ፡ ከከብˡ ፡ ወአስራድኤል ፡ መሐረᵐ ፡ ሩፀተⁿ ፡ ወርኅ ፡፡ 4 ወበገኑሳተᵃ ፡ ሰብእᵇ ፡ ጸርሑᶜ ፡ ወበጽሐᵈ ፡ ቃሎሙᵉ ፡ ሰማየᶠ ፡፡

8.1 ᵃ *መሀረ / ምህረ : *G perf 3ms*, to teach (መሀሮሙ) ᵇ ብእሲ : man ᶜ ገቢረ : *G inf*, to make ᵈ ሰይፍ : sword ᵉ መጥባሕት : dagger, knife ᶠ ወልታ : shield ᵍ *ድርዐ : እንግድአ : breastplate ʰ አርአየ : *CG perf 3ms*, to show ⁱ ምግባር : work ʲ ወቅፍ : bracelet ᵏ ሰርጉ : ornament ˡ *ተኩሐለ / ተኮሐለ : *Gt inf*, to paint the eyelid with antimony (ተከሕሎተ) ᵐ አሠነየ : *CD inf*, to beautify, adorn ⁿ ቅርንብ : eyelash, eyelid ᵒ እብን : stone ᵖ *እብን : stone ᑫ ከቡር : precious ʳ ኅሩይ : chosen ˢ ጥምዐት : dye ᵗ ሕብር / ኅብር : color ᵘ ተውላጥ : exchange, alteration ᵛ ዓለም : world
8.2 ᵃ ኮነ : *G perf 3ms*, to be ᵇ *ርስዐት : forgetfulness, impiety ᶜ *ዐቢይ : great ᵈ ብዙኅ : much, abundant ᵉ ዘምዎ : fornication ᶠ ስሕተ : *G perf 3mpl*, to err, go astray ᵍ ማሰነ : *L perf 3fpl*, to be corrupt ʰ ፍኖት : way 8.3 ᵃ *መሀረ / ምህረ : *G perf 3ms*, to teach (መሀረ) ᵇ *መሳብዒ : one who casts spells ᶜ መታሪ : one who cuts off ᵈ ሥርው : root ᵉ ፈትሐ : *G perf 3ms*, to release ᶠ *ሰብዐት : spell ᵍ *ረአዪ : observer ʰ ከከብ : star ⁱ ትእምርት : sign, miracle ʲ *መሀረ / ምህረ : *G perf 3ms*, to teach (መሀረ) ᵏ ርእይ : seeing, observation ˡ ከከብ : star ᵐ *መሀረ / ምህረ : *G perf 3ms*, to teach (መሀረ) ⁿ *ሩፀት : course ᵒ ወርኅ : moon 8.4 ᵃ *ሀጕለት / ሕጕለት : destruction ᵇ ብእሲ : man ᶜ *ጸርዐ : *G perf 3mpl*, to cry out (ጸርኁ) ᵈ በጽሐ : *G perf 3ms*, to reach ᵉ ቃል : voice ᶠ ሰማይ : sky, heaven

9

1 ወአሜሃ : ሐወጹa : ሚካኤል : ወገብርኤል : ወሱርያል : ወኡርያን : እምሰማይb : ወርእዩc : ብዙኀd : ደመe : ዘይትከዐፍ : ቦዲበ : ምድርg : ወኵሎ : ዓመፃh : ዘይትገበርi : ቦዲበ : ምድርj 2 ወይቤሉa : በበይናቲሆሙ : ቃልb : ጽራሐቲሆሙc : ዕራቃd : ጸርሐትe : ምድርf :: እስከ : አንቀጸg : ሰማይh : 3 ወይእዜኒa : ለክሙ : አቅዱሳንb : ሰማይc : ይሰክዩd : ነፍሳተe : ሰብእf : እንዘ : ይብሉg : አብኡh : ለነ : ፍትሐi : ኀበ : ልዑልj : 4 ወይቤሉa : ለእግዚአሙb : ንጉሥc : እስመ : እግዚአሙd : ለአጋዕዝተe : ወአምላኩሙf : ለአማልክትg : ወንጉሠሙh : ለነገሥትi : ወመንበረj : ስብሐቲሁk : ውስተ : ኵሉ : ትውልደl : ዓለምm : ወስምከn : ቅዱሶo : ወስቡሕp : ውስተ : ኵሉ : ትውልደq : ዓለምr : ወቡሩክs : ወስቡሕt : 5 አንተ : ገበርከa : ኵሉ : ወሥልጣነb : ኵሉ : ምስሌከ : ወኵሉ : ክሡትc : ቅድሜከ : ወግሁድd : ወአንተ : ትሬኢe : ኵሉ : ወአልቦ : ዘይትከሀልf : ይትኀባእg : እምኔከ :: 6 ርኢኬa : ዘገብረb : አዛዝኤል : ዘከመ : መሐረc : ኵሉ : ዓመፃd : ቦዲበ : ምድርe : ወአግሀደf : ኀቡአተg

---

9.1 a ሐወጸ : *D perf 3mpl*, to glance, look b ሰማይ : sky, heaven c ርእየ : *G perf 3mpl*, to see d ብዙኀ : much e ደም : blood f ተክዐወ : *Gt impf 3ms*, to be poured, shed (ይትከዐው) g ምድር : earth h *ዐመፃ : iniquity i ተገብረ : *Gt impf 3ms*, to be done j ምድር : earth **9.2** a ብህለ : *G perf 3mpl*, to say b ቃል : voice, sound c *ጽራኅ : cry d ዕራቅ : bare, devoid e *ጸርኀ : *G perf 3fs*, to cry out (ጸርኀት) f ምድር : earth g አንቀጽ : gate h ሰማይ : heaven **9.3** a ይእዜ : now b ቅዱስ : holy c ሰማይ : heaven d ሰከየ : *G impf 3mpl*, to accuse, complain e ነፍስ : soul f ብእሲ : man g ብህለ : *G impf 3mpl*, to say h አብእ / አቦአ : *CG impv 2mpl*, to bring i ፍትሕ : suit, judgment j ልዑል : Most High **9.4** a ብህለ : *G perf 3mpl*, to say b እግዚእ : lord c ንጉሥ : king d እግዚእ : lord e አግዓዚ / አግዓዜ : master f አምላክ : God g አምላክ : God h ንጉሥ : king i ንጉሥ : king j መንበር : throne k ስብሐት : glory l ትውልድ : generation m ዓለም : eternity n ስም : name o ቅዱስ : holy p ስቡሕ : praised, glorious q ትውልድ : generation r ዓለም : eternity s ቡሩክ : blessed t ስቡሕ : praised, glorious **9.5** a ገብረ : *G perf 2ms*, to make b ሥልጣን : dominion, authority c ክሡት : revealed, manifest d ግሁድ : open, clear e ርእየ : *G impf 2ms*, to see f ተክህለ : *Gt impf 3ms*, to be possible (ይትከሀል) g ተኀብአ : *Gt juss 3ms*, to be hidden (ይትኀባእ) **9.6** a ርእየ : *G impv 2ms*, to see b ገብረ : *G perf 3ms*, to do c *መሀረ / ምሀረ : *G perf 3ms*, to teach (መሀረ) d *ዐመፃ : iniquity e ምድር : earth f *አግሀደ : *CG perf 3ms*, to reveal, expose (አግሀደ) g ኀቡእ : hidden

: ዓለም_h : አለ : ይትገበሪ_i : በሰማያት_j :: 7 ወአመረ_a : ሰብአታተ_b : ሰምያዛ : ዘእንተ : ወሀብኮ_c : ሥልጣነ_d : ይኩንን_e : አለ : ምስሌሁ : ኃቡረ_f :: 8 ወሐሩ_a : ኃበ : አዋልደ_b : ሰብእ_c : ኃቡረ_d : ወሰከቡ_e : ምስሌሆን : ምስለ : እልኩ : አንስት_f : ወረኩሰ_g : ወአግሃዱ_h : ሎን : እሎንተ : ኃጣውአ_i :: 9 አንስትኒ_a : ወለዳ_b : ረአይተ_c : ወበዝ : መልእት_d : ኩላ : ምድር_e : ደመ_f : ወዓመፃ :: 10 ወይእዜኒ_a : ናሁ : ይጸርሑ_b : ነፍሳት_c : እለ : ሞቱ_d : ወይሰክዩ_e : እስከ : አንቀጸ_f : ሰማይ_g : ወዓርጎ_h : ገዓሮሙ_i : ወኢይክሉ_j : ወጺአ_k : እምቅድመ : ገጽ_l : ዓመፃ_m : ዘይትገበር_n : በዲበ : ምድር_o :: 11 ወአንተ : ተአምር_a : ኩሎ : ዘእንበለ : ይኩን_b : ወአንተ : ተአምር_c : ዘንተ : ወዘዚአሆሙ : ወአልቦ : ዘተነግረነ_d : ወምንት : መፍትው_e : ንረስዮሙ_f : በእንተ : ዝንቱ ::

10

1 ወአሜሃ : ልዑል_a : ዓቢይ_b : ወቅዱስ : ተናገረ_d : ወፈነዎ_e : ለአርስየላልዩር : ኃበ : ወልደ_f : ላሜክ : ወይቤሎ_g : 2 በሎ_a : በስመ_b : ዚአየ : ኃባእ_c : ርእሰከ_d : ወአግህደ_e : ሎቱ :

9.6 ʰ ዓለም : eternity ⁱ ተገብረ : *Gt impf 3fpl*, to be made ʲ ሰማይ : heaven **9.7** ᵃ አመረ : *D perf 3ms*, to show, inform ᵇ *ስብዐት : spell ᶜ ወሀበ : *G perf 2ms*, to give ᵈ ሥልጣን : dominion, authority ᵉ ኩነነ : *D juss 3ms*, to judge ᶠ ኃቡረ : together **9.8** ᵃ ሐረ : *G perf 3mpl*, to go ᵇ ወለት : daughter ᶜ ብእሲ : man ᵈ ኃቡረ : together ᵉ ሰከበ / ሰከበ : *G perf 3mpl*, to lie down ᶠ ብእሲት : woman ᵍ ረኩሰ : *G perf 3mpl*, to be unclean, defiled ʰ አግደየ : *CG perf 3mpl*, to reveal, make manifest (አግሀዱ) ⁱ ኃጢአት : sin **9.9** ᵃ ብእሲት : woman ᵇ ወለደ : *G perf 3fpl*, to give birth ᶜ ረዓዳ : giant ᵈ መልአ : *G perf 3fs*, to be filled with ᵉ ምድር : earth ᶠ ደም : blood ᵍ ዐመፃ : iniquity **9.10** ᵃ ይእዜ : now ᵇ *ጸርኃ : *G impf 3mpl*, to cry out (ይጸርሑ) ᶜ ነፍስ : soul ᵈ ሞተ : *G perf 3mpl*, to die ᵉ ሰከየ : *G impf 3mpl*, to accuse, complain ᶠ አንቀጽ : gate ᵍ ሰማይ : heaven ʰ ዐርገ : *G perf 3ms*, to ascend, go up (ዐርገ) ⁱ ገዐር / ገዓር / ገአር : outcry, lamentation ʲ ክህለ : *G impf 3mpl*, to be able ᵏ *ወፅአ : *G inf*, to go out (ወጺአ) ˡ ገጽ : face, presence ᵐ *ዐመፃ : iniquity ⁿ ተገብረ : *Gt impf 3ms*, to be done ᵒ ምድር : earth **9.11** ᵃ አአመረ : *CG impf 2ms*, to know ᵇ ኮነ : *G juss 3ms*, to be ᶜ አአመረ : *CG impf 2ms*, to know ᵈ ነገረ : *G impf 2ms*, to tell ᵉ መፍትው : fitting, necessary ᶠ ረስየ : *D impf 1cpl*, to do

10.1 ᵃ ልዑል : Most High ᵇ *ዐቢይ : great ᶜ ቅዱስ : holy ᵈ ተናገረ : *Lt perf 3ms*, to speak (to) ᵉ ፈነወ : *D perf 3ms*, to send ᶠ ወልድ : son ᵍ ብህለ : *G perf 3ms*, to say **10.2** ᵃ ብህለ : *G impv 2ms*, to say ᵇ ስም : name ᶜ ኃብአ : *G impv 2ms*, to hide ᵈ ርእስ : -self ᵉ አግሀደ : *CG impv 2ms*, to reveal

ፍጻሜ[f] : ዘይመጽእ[g] : እስመ : ትትጐጐል[h] : ምድር[i] : ኩላ : ወማየ[j] : አይኅ[k] : ይመጽእ[l] : ሀሎ[m] : ዲበ : ኩላ : ምድር[n] : ወይትጐጐል[o] : ዘሀሎ[p] : ውስቴታ ። 3 ወይዜኒ[a] : መሐር[b] : ከመ : ይንፍጽ[c] : ወይንበር[d] : ዘርኡ[e] : ለኩሉ : ምድር ። 4 ወይቤሎ[a] : ካዕበ[b] : እግዚእ[c] : ለሩፋኤል : እስር[d] : ለአዛዝኤል : በእደዊሁ[e] : ወአገሪሁ[f] : ወዮጎ : ውስተ : ጽልመት[h] : ወአብቅዒ[i] : ለገዳም[j] : እንተ : ሀለወት[k] : በዱዳኤል : ወደዪ[l] : ህየ ። 5 ወደዪ[a] : ላዕሌሁ : አዕባነ[b] : ጠዋያተ[c] : ወበሊሀተ[d] : ወክድኖ[e] : ጽልመተ[f] : ወህየ : ይነድር[g] : ለዓለም[h] : ወክድኖ[i] : ለገጹ[j] : ከመ : ኢይርአይ[k] : ብርሃነ[l] ። 6 ወዕለተ[a] : ዐባይ[b] : እንተ : ኩነኔ[c] : ከመ : ይትፈነው[d] : ውስተ : ዋዕይ[e] : 7 ወአሕይዋ[a] : ለምድር[b] : እንተ : አማስኑ[c] : መላእክት[d] : ወሕይወታ[e] : ለምድር[f] : አይድዕ[g] : ከመ : አሕይዋ[h] : ለምድር[i] : ወኢይትጐጐሉ[j] : ኩሎሙ : ውሉደ[k] : ሰብእ[l] : ለምሥጢረ[m] : ኩሉ : ዘቀተሉ[n] : ትጉሃን[o] : ወመሐሩ[p] : ለውሉደሙ[q] ። 8 ወማስነት[a] : ኩላ : ምድር[b] : በትምህርት[c] : ግብሩ[d] : ለአዛዝኤል : ወላዕሌሁ : ጸሐፍ[e]

10.2 [f] ፍጻሜ : end [g] መጽእ : G impf 3ms, to come [h] *ተሀጉላ / ተሐጉላ : *Gt impf 3fs, to be destroyed (ትትጐጐል) [i] ምድር : earth [j] ማይ : water [k] አይኅ : flood [l] መጽእ : G impf 3ms, to come [m] ሀሎ / ሀለወ : D perf 3ms, to be [n] ምድር : earth [o] *ተሀጉላ / ተሐጉላ : *Gt impf 3ms, to be destroyed (ይትሀጉል) [p] ሀሎ / ሀለወ : D perf 3ms, to be, exist **10.3** [a] ይእዜ : now [b] *መሀረ / ምሀረ : G impv 2mps, to teach (መሀሮ) [c] ነፍጸ : G juss 3ms, to escape [d] ነበረ : G juss 3ms, to endure, live [e] ዘርእ : offspring [f] ምድር : earth **10.4** [a] ብህለ : G perf 3ms, to say [b] ካዕበ : furthermore [c] እግዚእ : Lord [d] አሰረ : G impv 2ms, to bind [e] እድ : hand [f] እግር : foot [g] ወደየ : G impv 2ms, to throw [h] ጽልመት : darkness [i] አብቀወ : CG impv 2ms, to split open [j] ገዳም : desert [k] ሀሎ / ሀለወ : D perf 3fs, to be [l] ወደየ : G impv 2ms, to throw **10.5** [a] ወደየ : G impv 2ms, to throw [b] *እብን : stone [c] ጠዋይ : jagged [d] *በሊኅ : sharp [e] ከደነ : G impv 2ms, to cover [f] ጽልመት : darkness [g] ነደረ : G juss 3ms, to stay [h] ዓለም : eternity [i] ከደነ : G impv 2ms, to cover [j] ገጽ : face [k] ርእየ : G juss 3ms, to see [l] ብርሃን : light **10.6** [a] ዕለት : day [b] *ዐቢይ : great [c] ኩነኔ : judgment [d] ተፈነወ : Dt juss 3ms, to be sent away [e] ዋዕይ : burning heat **10.7** [a] አሕየወ : CG impv 2ms, to restore, heal [b] ምድር : earth [c] አማሰነ : CL perf 3mpl, to ruin, corrupt [d] መልአክ : angel [e] ሕይወት : restoration, healing [f] ምድር : earth [g] አይድዐ : CG impv 2ms, to announce, proclaim [h] አሕየወ : CG juss 1cs, to restore, heal [i] ምድር : earth [j] *ተሀጉላ / ተሐጉላ : *Gt juss 3mpl, to be destroyed (ይትሀጉሉ) [k] ወልድ : son [l] ብእሲ : man [m] *ምስጢር : mystery [n] ቀተለ : G perf 3mpl, to kill [o] ትጉህ : watcher [p] *መሀረ / ምሀረ : G perf 3mpl, to teach (መሐሩ) [q] ወልድ : son **10.8** [a] ማሰነ : L perf 3fs, to be corrupt, ruined [b] ምድር : earth [c] ትምህርት : teaching [d] ግብር : work [e] ጸሐፈ : G impv 2ms, to write

1 Enoch 10.8–13

: ኵሎ ፡ ኃጢአተ[f] ።   9 ወለገብርኤል ፡ ይቤሎ[a] ፡ እግዚአብሔር[b] ፡ ሑርc ፡ ዲቤሆሙ ፡
ለመንዚራን[d] ፡ ወለምኵናን[e] ፡ ወዲበ ፡ ውሉደ[f] ፡ ዘማ[g] ፡ ወአጉሎሙ[h] ፡ ለውሉደ[i] ፡ ዘማ[j] ፡
ወለውሉደ[k] ፡ ትጉሃን[l] ፡ እምሰብእ[m] ፡ ወአውፅአሙ[n] ፡ ወፈንዎሙ[o] ፡ በበይናቲሆሙ ፡ እሙንቱ
: ወለሊሆሙ ፡ በቀትል[p] ፡ ይትሃጐሉ[q] ፡ እስመ ፡ ኑኃ[r] ፡ መዋዕል[s] ፡ አልቦሙ ።   10 ወኵሎሙ
: ይስእሉ[a] ፡ ወኢይከውን[b] ፡ ለአበዊሆሙ[c] ፡ በእንቲአሆሙ ፡ እስመ ፡ ይሴፈዉ[d] ፡ ሕይወተ[e]
: ዘለዓለም[f] ፡ ወከመ ፡ ይሕየዉ[g] ፡ ፭፻[h] ፡ አም(ሕይወተ)[i] ፡ ዖሆሙ ፡ ፭፻[j] ፡ ክራማተ[k] ።
11 ወለሚካኤል ፡ ይቤሎ[a] ፡ እግዚአብሔር[b] ፡ ሑርc ፡ አይድዕ[d] ፡ ለሰምያዛ ፡ ወለካልአን[e] ፡
እለ ፡ ምስሌሁ ፡ እለ ፡ ኃብሩ[f] ፡ ምስለ ፡ አንስት[g] ፡ ከመ ፡ ይማስኑ[h] ፡ ምስሌሆን ፡ በኵሉ
ርኵሶን[i] ፡ ዚአሆን ።   12 ሶበ ፡ ይትራገዙ[a] ፡ ኵሉ ፡ ውሉዶሙ[b] ፡ ወሶበ ፡ ይሬእዩc ፡ ኃጉሎሙ[d]
: ለፍቁራኒሆሙ[e] ፡ እስሮሙ[f] ፡ ለሰብአ[g] ፡ ትውልድ[h] ፡ በመትሕተ ፡ አውግሪ[i] ፡ ምድር[j] ፡ እስከ
: ዕለት[k] ፡ ኵነኔሆሙ[l] ፡ ወተፍጻሜቶሙ[m] ፡ እስከ ፡ ይትፌጸም[n] ፡ ኵነኔ[o] ፡ ዘለዓለም[p] ፡ ዓለም[q] ።
13 ወበእቱ ፡ መዋዕል[a] ፡ ይወስድዎሙ[b] ፡ ውስተ ፡ መትሕተc ፡ እሳት[d] ፡ በዐዕc ፡ ወበቤተ

10.8 [f] *ኃጢአት : sin **10.9** [a] ብህለ : G perf 3ms, to say [b] እግዚአብሔር : Lord [c] ሐረ : G impv 2ms, to go [d] መንዚር : bastard [e] ምኑን : despised, abominable [f] ወልድ : son [g] ዘማ : prostitute, adulteress [h] *አህጐለ / አሕጐለ : CG impv 2ms, to destroy (አህጕሎሙ) [i] ወልድ : son [j] ዘማ : prostitute, adulteress [k] ወልድ : son [l] ትጉህ : watcher [m] ብእሲ : man [n] አውፅአ : CG impv 2ms, to drive out [o] ፈነወ : D impv 2ms, to send [p] ቀትል : battle, war [q] *ተሃጐላ / ተሓጐላ : Lt juss 3mpl, to destroy on another (ይትሃጐሉ) [r] ኑኃ : length [s] መዓልት : day **10.10** [a] ሰአለ / ስአለ : G impf 3mpl, to petition [b] ኮነ : G impf 3mpl, to be [c] አብ : father [d] ተሰፈወ : Dt impf 3mpl, to hope [e] ሐይት : life [f] ዓለም : eternity [g] ሐየወ : G juss 3mpl, to live [h] ፭፻ : each and every one [i] ሕይወት : life [j] ፭፻ : 500 [k] ክራምት : year **10.11** [a] ብህለ : G perf 3ms, to say [b] እግዚአብሔር : Lord [c] ሐረ : G impv 2ms, to go [d] አይድዐ : CG impv 2ms, to inform [e] ካልእ : other, companion [f] ኃብረ / ጐብረ : *G perf 3ms, to be associated with, join (ኃብሩ) [g] ብእሲት : woman [h] ማስነ : L juss 3mpl, to be corrupt [i] ርኵስ : filth, impurity **10.12** [a] ተራገዘ : Lt impf 3mpl, to slaughter one another [b] ወልድ : son [c] ርእየ : G impf 3mpl, to see [d] *ሀጐለ / ሐጐለ : destruction [e] ፍቁር : beloved [f] አሰረ : G impv 2ms, to bind [g] *ሰብዓ : seventy [h] ትውልድ : generation [i] ወገር : hill [j] ምድር : earth [k] ዕለት : day [l] ኵነኔ : judgment [m] ተፍጻሜት : consummation, end [n] ተፈጸመ : Dt impf 3ms, to be accomplished, finished [o] ኵነኔ : judgment [p] ዓለም : eternity [q] ዓለም : eternity **10.13** [a] መዓልት : day [b] ወሰደ : G impf 3mpl, to lead away [c] መትሕት : abyss [d] እሳት : fire [e] *ፃዕር : torment, affliction

: ምቅሕᶠ : ይትአፀዉ፰ : ለዓለሙʰ : ዓለምⁱ :: 14 ወሰዒያᵃ : ይዉዒᵇ : ወይማስንᶜ : እምይእዜᵈ : ምስሌሆሙ· : ጐቡረᵉ : ይትአሰሩᶠ : እስከ : ተፍጻሜተ፰ : ትውልድʰ : ትውልድⁱ :: 15 ወአንጐሎሙ·ᵃ : ለኵሎሙ· : ነፍሳተᵇ : ተዉኔተᶜ : ወለውሉደሙ·ᵈ : ለትጉሃንᵉ : እስመ : ገፍዕዎሙ·ᶠ : ለሰብእ፰ :: 16 አኅጕልᵃ : ኵሎ : ግፍዓᵇ : እምገጽᶜ : ምድርᵈ : ወኵሎ : ምግባርᵉ : እኩይᶠ : የሓልቅ፰ : ወያስተርኢʰ : ተክለⁱ : ጽድቅʲ : ወርትዕᵏ : ወይከውን¹ : ለበረከትᵐ : ግብርⁿ : ጽድቅᵒ : ወርትዕᵖ : ለዓለምᵠ : በፍሥሓʳ : ይተክሉˢ : 17 ወይእዜኒᵃ : ኵሎሙ· : ጻድቃንᵇ : ይገንዩᶜ : ወይከውኑᵈ : ሕያወᵉ : እስከ : ይወልዱᶠ : 1ፐ፰ : ወኵሎ : መዋዕለʰ : ዉርዙቶሙ·ⁱ : ወሰንበተʲ : ዚአሆሙ· : ይፌጽሙ·ᵏ : በሰላም¹ :: 18 ወበእማንቱ : መዕልᵃ : ትትገበርᵇ : ኵላ : ምድርᶜ : በጽድቅᵈ : ወኵላንታየᵉ : ትተከል̣ᶠ : ዕፀወ፰ : ወትመልኣʰ : በረከትⁱ :: 19 ወኵሎ : ዕፀዋᵃ : ኃሤትᵇ : ይተከሉᶜ : ዲቤሃ : ወይተከሉᵈ : ዲቤሃ : አውያኔᵉ : ወወይንᶠ : ዘይተክል፰ : ዲቤሃ : ይገብርʰ : ፍሬⁱ : ለጽጋብʲ : ወኵሉ : ዘርእᵏ : ዘይዘራእ¹

10.13 ᶠ ቤት : ምቅሕ : prison ᵍ *ተዐጽወ / ተአጽወ : Gt impf 3mpl, to be shut, locked (ይትዐጸዉ) ʰ ዓለም : eternity ⁱ ዓለም : eternity **10.14** ᵃ ሶቤሃ : at that time, then ᵇ ውዕየ : G impf 3ms, to burn (intr.), be burnt ᶜ ማሰነ : L impf 3ms, to be destroyed, perish ᵈ ይእዜ : then ᵉ ኅቡረ : together ᶠ ተአሰረ : Gt impf 3mpl, to be bound, imprisoned ᵍ ተፍጻሜት : end ʰ ትውልድ : generation ⁱ ትውልድ : generation **10.15** ᵃ *አህጐለ / አኅጐለ : CG impv 2ms, to destroy (አህጕሎሙ·) ᵇ ነፍስ : soul ᶜ ተውኔት : lust ᵈ ወልድ : son ᵉ ትሩህ : watcher ᶠ ገፍዐ : G perf 3mpl, to oppress, harm ᵍ ብእሲ : man **10.16** ᵃ *አህጐለ / አኅጐለ : CG impv 2ms, to destroy (አኅጕል) ᵇ ግፍዕ : wrong ᶜ ገጽ : face ᵈ ምድር : earth ᵉ ምግባር : work ᶠ እኩይ : evil ᵍ ኀለቀ / ሐለቀ : G impf 3ms, to cease ʰ አስተርአየ : CGt impf 3ms, to appear ⁱ ተክል : plant, tree ʲ ጽድቅ : righteousness, justice ᵏ ርትዕ : truth ¹ ኮነ : G impf 3ms, to be ᵐ በረከት : blessing ⁿ ግብር : deed ᵒ ጽድቅ : righteousness, justice ᵖ ርትዕ : truth ᵠ ዓለም : eternity ʳ *ፍሥሓ : joy ˢ ተተክለ : Gt impf 3mpl, to be planted **10.17** ᵃ ይእዜ : now ᵇ ጻድቅ : righteous ᶜ ገነየ : G impf 3mpl, to humble oneself ᵈ ኮነ : G impf 3mpl, to be ᵉ ሕያው : alive ᶠ ወለደ : G impf 3mpl, to give birth ᵍ 1ፐ : 1000 ʰ መዓልት : day ⁱ ውርዙት : youth ʲ ሰንበት : sabbath ᵏ ፈጸመ : D impf 3mpl, to fulfill ¹ ሰላም : peace **10.18** ᵃ መዕልት : day ᵇ ተገብረ : Gt impf 3fs, to be worked ᶜ ምድር : earth ᵈ ጽድቅ : righteousness, justice ᵉ ኵላንታ : totality, entirety ᶠ ተተክለ : Gt impf 3fs, to be planted ᵍ ዕፅ : tree ʰ መልአ : G impf 3fs, to be filled with ⁱ በረከት : blessing **10.19** ᵃ *ዕፅ : tree ᵇ *ሐሤት : gladness ᶜ ተከለ : *G impf 3mpl, to plant (ይተክሉ) ᵈ ተከለ : G impf 3mpl, to plant ᵉ ወይን : vine ᶠ ወይን : vine ᵍ ተተክለ : Gt impf 3ms, to be planted ʰ ገብረ : G impf 3ms, to produce, yield ⁱ ፍሬ : fruit ʲ ጽጋብ : abundance ᵏ ዘርእ : seed ¹ ተዘርአ : Gt impf 3ms, to be sown

: ዲቤሃ : አሐቲᵐ : መስፈርትⁿ : ትገብርᵒ : እልፈᵖ : ወአሐቲᑫ : መስፈርተʳ : ኤልያስˢ : ትገብርᵗ : ፲ᵘምኪያዳተᵛ : ዘይትʷ ። 20 ወአንተ : አንጽሓᵃ : ለምድርᵇ : እምኩሉ : ግፍዕᶜ : ወእምኩሉ : ዓመፃᵈ : ወእምኩሉ : ኃጢአተᵉ : ወእምኩሉ : ረሲዕᶠ : ወእምኩሉ : ርኩስᵍ : ዘይትገበርʰ : በዲበ : ምድርⁱ : አሕልቆሙʲ : እምዲበ : ምድርᵏ ። 21 ወይኩኑᵃ : ኩሉ : ውሉድᵇ : ሰብእᶜ : ጻድቃንᵈ : ወይኩኑᵉ : ኩሎሙ : አሕዛብᶠ : ያምልከᵍ : ወይባርኩʰ : ኪያየ : ወኩሎሙ : ሊተ : ይስግዱⁱ ። 22 ወትነጽሕᵃ : ምድርᵇ : እምኩሉ : ሙስናᶜ : ወእምኩሉ : ኃጢአትᵈ : ወእምኩሉ : መቅሠፍተᵉ : ወእምኩሉ : ፃዕርᶠ : ወኢይደግምᵍ : ከመ : እፈኑʰ : ዲቤሃ : አይኅⁱ : ለትውልደʲ : ትውልድᵏ : ወእስከ : ለዓለምˡ ።

11

1 ወበአማንቱ : መዋዕልᵃ : እፈትሕᵇ : መዛግብተᶜ : በረከትᵈ : እለ : በሰማይᵉ : ከመ : አውርዶሙᶠ : ዲበ : ምድርᵍ : ዲበ : ግብሮሙʰ : ወዲበ : ጻማሆሙⁱ : ለውሉደʲ : ሰብእᵏ ።

10.19 ᵐ አሐቲ : one (fem.) ⁿ መስፈርት : measure ᵒ ገብረ : G impf 3fs, to produce, yield ᵖ እልፍ : one thousand ᑫ አሐቲ : one (fem.) ʳ መስፈርት : measure ˢ ኤልያስ : olive ᵗ ገብረ : G impf 3fs, to produce, yield ᵘ ፲ : 10 ᵛ ምኪያድ : bath ʷ ዘይት : olive oil **10.20** ᵃ አንጽሐ : CG impv 2ms, to purify, cleanse ᵇ ምድር : earth ᶜ ግፍዕ : wrong ᵈ *ዐመፃ : injustice, iniquity ᵉ *ኃጢአት : sin ᶠ ረሲዕ : impious ᵍ ርኩስ : impurity, abomination ʰ ተገብረ : G impf 3ms, to be done ⁱ ምድር : earth ʲ *አኅለቀ : G impv 2ms, to destroy (አኅልቆሙ) ᵏ ምድር : earth **10.21** ᵃ ኮነ : G juss 3mpl, to be ᵇ ወሉድ : son ᶜ ብእሲ : man ᵈ ጻድቅ : righteous ᵉ ኮነ : G juss 3mpl, to be ᶠ ሕዝብ : nation, people ᵍ አምለከ : *CG juss 3mpl, to worship God (ያምልኩ) ʰ ባረከ : L juss 3mpl, to bless ⁱ ሰገደ / ሰግደ : G juss 3mpl, to worship **10.22** ᵃ ነጽሐ : G impf 3fs, to be cleansed ᵇ ምድር : earth ᶜ ሙስና : corruption ᵈ *ኃጢአት : sin ᵉ መቅሠፍት : wrath ᶠ *ጻዕር : torment ᵍ ደገመ : G impf 1cs, to repeat, do a second time ʰ ፈነወ : D juss 1cs, to send ⁱ አይኅ : flood ʲ ትውልድ : generation ᵏ ትውልድ : generation ˡ ዓለም : eternity

11.1 ᵃ መዓልት : day ᵇ ፈትሐ : G impf 1cs, to open ᶜ መዝገብ : storehouse ᵈ በረከት : blessing ᵉ ሰማይ : sky, heaven ᶠ አውረደ : CG juss 1cs, to send down ᵍ ምድር : earth ʰ ግብር : work ⁱ *ጻማ : labor ʲ ወልድ : son ᵏ ብእሲ : man

1 Enoch 11.2–12.6

2 ሰላም፡ ወርትዕ፡ ሱቱፋነ፡ ይከውኑ፡ በኵሉ፡ መዋዕለ፡ ዓለም፡ ወበኵሉ፡ ትውልደ፡ ዓለም።

12

1 ወእምቅድመ፡ ኵሉ፡ ነገር፡ ተከብተ፡ ሄኖክ፡ ወአልቦ፡ ዘየአምሮ፡ እምውሉደ፡ ሰብእ፡ በቤ፡ ተከብተ፡ ወነበ፡ ሀሎ፡ ወምንተ፡ ኮነ። 2 ወኵሉ፡ ግብሩ፡ ምስለ፡ ቅዱሳን፡ ወምስለ፡ ትጉሃን፡ በመዋዕለ፡ ዚአሁ። 3 ወአነ፡ ሄኖክ፡ ኮንኩ፡ እባርክ፡ ለእግዚአ፡ ዓቢይ፡ ወለንጉሠ፡ ዓለም፡ ወናሁ፡ ትጉሃን፡ ይጼውዑኒ፡ ሊተ፡ ለሄኖክ፡ ጸሐፊ። ወይቤሉኒ። 4 ሄኖክ፡ ጸሐፌ፡ ጽድቅ፡ ሐር፡ ዓይድዕ፡ ለትጉሃነ፡ ሰማይ፡ እለ፡ ኃደጉ፡ ሰማየ፡ ልዑለ፡ ወምቅዋመ፡ ቅዱስ፡ ዘለዓለም፡ ወምስለ፡ አንስት፡ ማሰኑ፡ ወገብሩ፡ ዘከመ፡ ይገብሩ፡ ውሉደ፡ ሰብእ፡ ወነሥኡ፡ ሎሙ፡ አንስተ፡ ወማሰኑ፡ ዓቢየ፡ ሙስና፡ ቢደ፡ ምድር። 5 ወኢይከውን፡ ሎሙ፡ ቢደ፡ ምድር፡ ሰላም፡ ወኀድገተ፡ ኃጢአት። 6 እስመ፡ ኢይትፌሥሑ፡ በውሉዶሙ፡ ቀትለ፡ ፍቁሪሆሙ።

11.2 [a] ሰላም : peace [b] ርትዕ : truth [c] ሱቱፍ : companion [d] ኮነ : G impf 3mpl, to be [e] መዓልት : day [f] ዓለም : eternity [g] ትውልድ : generation [h] ዓለም : eternity

12.1 [a] ነገር : thing [b] ተከብት : Gt perf 3ms, to be hidden [c] አእመረ : CG impf 3ms, to know [d] ወልድ : son [e] ብእሲ : man [f] ተከብት : Gt perf 3ms, to be hidden [g] ሀሎ / ሀለወ : D perf 3ms, to be [h] ኮነ : G perf 3ms, to be **12.2** [a] ግብር : deed [b] ቅዱስ : holy [c] ትጉህ : watcher [d] መዓልት : day **12.3** [a] ኮነ : G perf 1cs, to be [b] ባረከ : L impf 1cs, to bless [c] እግዚእ : Lord [d] *ዐቢይ : great [e] ንጉሥ : king [f] ዓለም : eternity [g] *ትጉህ : watcher [h] ጸውዐ : D impf 3mpl, to call [i] ጸሐፊ : scribe [j] ብሀለ : G perf 3mpl, to say **12.4** [a] ጸሐፊ : scribe [b] ጽድቅ : righteousness, justice [c] ሐረ : G impv 2ms, to go [d] *አይድዐ : *CG impv 2ms, to inform (አይድዕ) [e] ትጉህ : watcher [f] ሰማይ : sky, heaven [g] ኀደገ : *G perf 3mpl, to abandon, leave (ኀደጉ) [h] ሰማይ : sky, heaven [i] ልዑል : high [j] ምቅዋም : place, position [k] ቅዱስ : holy [l] ዓለም : eternity [m] ብእሲት : woman [n] ማሰነ : L perf 3mpl, to be corrupt [o] ገብረ : G perf 3mpl, to do [p] ገብረ : G impf 3mpl, to do [q] ወልድ : son [r] ብእሲ : man [s] ነሥአ : G perf 3mpl, to take [t] ብእሲት : wife [u] ማሰነ : L perf 3mpl, to be corrupt [v] *ዐቢይ : great [w] ሙስና : corruption [x] ምድር : earth **12.5** [a] ኮነ : G impf 3ms, to be [b] ምድር : earth [c] ሰላም : peace [d] ኀድገት : forgiveness [e] *ኃጢአት : sin **12.6** [a] ተፈሥሐ : Dt impf 3mpl, to rejoice [b] ወልድ : son [c] ቀትል : slaughter [d] ፍቁር : beloved

፡ ይሬአየ[e] ፡ ወዲበ ፡ ኃጉል[f] ፡ ውሉዶሙ፤ ይግዕሩ[h] ፡ ወይስዕሉ[i] ፡ ለዓላም[j] ፡ ወኢይከውኑ[k] ፡ ሎሙ· ፡ ምሕረት[l] ፡ ወኢሰላም[m] ።

13

1 ወሄኖክ ፡ ኃሊፎ[a] ፡ ይቤሎ[b] ፡ ለአዛዝኤል ፡ ኢይከውነከ[c] ፡ ሰላም[d] ፡ ዓቢይ[e] ፡ ኵነኔ[f] ፡ ወፅአ ፡ ላዕሌከ ፡ ይዕሥርከ[h] ። 2 ወሰሕት[a] ፡ ወምሕረት[b] ፡ ወስዕለት[c] ፡ ኢይከውነከ[d] ፡ በእንተ ፡ ዘመሐርከ[e] ፡ ግፍዓ[f] ፡ ወበእንተ ፡ ኵሉ ፡ ምግባረ፤ ፡ ጽርፈት[h] ፡ ወግፍዕ[i] ፡ ወኃጢአት[j] ፡ ዘአርአይከ[k] ፡ ለውሉደ[l] ፡ ሰብእ[m] ። 3 አሜሃ ፡ ሐዊርያ[a] ፡ ነገርክዎሙ[b] ፡ ለኵሎሙ ፡ ኅቡረ[c] ፡ ወእሙንቱ ፡ ፈርሁ[d] ፡ ኵሎሙ· ፡ ፍርሃተ[e] ፡ ወረዓድ[f] ፡ ነሥአሙ፤ ። 4 ወተስዕሉኒ[a] ፡ ተዝካረ[b] ፡ ዕለተ[c] ፡ ከመ ፡ እጽሐፍ[d] ፡ ሎሙ· ፡ ከመ ፡ ይኩኖሙ·[e] ፡ ኃድገተ[f] ፡ ወከመ ፡ አነ ፡ አዕርግ[g] ፡ ተዝካረሁ[h] ፡ ስዕለቶሙ·[i] ፡ ኀበ ፡ እግዚአብሔር[j] ፡ ሰማየ[k] ። 5 እስመ ፡ ኢይክሉ·[a] ፡ እሙንቱ ፡ አምይእዜ ፡ ተናግሮ[b] ፡ ወኢያነሥኡ[c] ፡ አዕይንቲሆሙ·[d] ፡ ውስተ ፡ ሰማይ[e] ፡

12.6 [e] ርእየ : *G impf 3mpl*, to see [f] *ሀጉል / ሐጉል : destruction [g] ወልድ : son [h] ግዐረ / ገዐረ : *G impf 3mpl*, to wail, lament [i] *ስአለ / ስእለ : *G impf 3mpl*, to petition (ይስአሉ·) [j] ዓላም : eternity [k] ኮነ : *G impf 3ms*, to be [l] ምሕረት : mercy [m] ሰላም : peace

13.1 [a] ኀለፈ : **G act part*, to pass, cross over (ኀሊፎ) [b] ብህለ : *G perf 3ms*, to say [c] ኮነ : *G impf 3ms*, to be [d] ሰላም : peace [e] *ዐቢይ : great [f] ኵነኔ : sentence [g] ወፅአ : *G perf 3ms*, to come out [h] *አሠረ : *G juss 3ms*, to bind (ይአሥርከ) **13.2** [a] ሣሕት : rest [b] ምሕረት : mercy [c] *ስአለት : petition [d] ኮነ : *G impf 3ms*, to be [e] *መሀረ / ምህር : *G perf 2ms*, to teach (መሀርከ) [f] ግፍዕ : wrong [g] ምግባር : work [h] ፀርፈት : blasphemy [i] ግፍዕ : wrong [j] *ኀጢአት : sin [k] አርአየ : *CG perf 2ms*, to show [l] ወልድ : son [m] ብእሲ : man **13.3** [a] ሐረ : **G act part*, to go (ሐዊሮ) [b] ነገረ : *G perf 1cs*, to speak [c] ኅቡረ : together [d] ፈርሀ : *G perf 3mpl*, to fear [e] *ፍርሀት : fear [f] ረዓድ / ረዐድ : trembling [g] ነሥአ : *G perf 3ms*, to seize **13.4** [a] *ተሰአለ / ተሰእለ : *Gt perf 3mpl*, to ask (ተሰአሉ·ኒ) [b] ተዝካር : record [c] *ስአለት : petition [d] ጸሐፈ : *G juss 1cs*, to write [e] ኮነ : *G juss 3ms*, to be [f] ኃድገት : forgiveness [g] አዕረገ : *CG juss 1cs*, to take up [h] ተዝካር : record [i] *ስአለት : petition [j] እግዚአብሔር : Lord [k] ሰማይ : heaven **13.5** [a] ክህለ : *G impf 3mpl*, to be able [b] ተናገረ : *Lt inf*, to speak to [c] አንሥአ : *CG impf 3mpl*, to raise [d] ዐይን : eye [e] ሰማይ : heaven

1 Enoch 13.6–10

አምኃረተᶠ : አበሰሆሙ፮ : ዘተኩነኮሆ :: 6 ወአሜሃ : ጸሐፍኩᵃ : ተዝካሬᵇ : ስዕለቶሙ·ᶜ : ወአስተብቊዖቶሙ·ᵈ : በእንተ : መንፈሶሙ·ᵉ : ወለለ : ፩ᶠ : ምግባሮሙ፮ : ወበእንተ : ዘይሰዕሉʰ : ከመ : ይኩኖሙ·ⁱ : ሥርየተʲ : ወኑኃተᵏ :: 7 ወሐዊርያ : ነበርኩᵇ : ዲበ : ማያተᶜ : ዳን : በዳን : እንተ : ይአቲ : አምየማንᵈ : ዓረበᵉ : አርሞን : ወእነብብᶠ : ተዝከረ፮ : ስዕለቶሙ·ʰ : እስከ : ደቀስኩⁱ :: 8 ወናሁ : ሕልምᵃ : መጽአኒᵇ : ወራእይትᶜ : ዲቤየ : ወድቀᵈ : ወርኢኩᵉ : ራዕየᶠ : መቅሠፍት፮ : እንግርʰ : ለውሉደⁱ : ሰማይʲ : ወእዛለፎሙ·ᵏ : 9 ወነቂህያ : መጻእኩᵇ : ኀቤሆሙ· : ወኮሎሙ· : ጉቡአንᶜ : ይነብሩᵈ : እንዘ : ይላውዑᵉ : በኡብልስያኤል : ዘለወትᶠ : ማእከለ : ሱባኦስ : ወሴኔሰር : እንዘ : ግልቡባን፮ : ገጾሙ·ʰ :: 10 ወተናገርኩᵃ : በቅድሜሆሙ· : ኮሎ : ራእየትᵇ : ዘርኢኩᶜ : በንዋምᵈ : ወወጠንኩᵉ : እትናገርᶠ : ውእተ : ቃለ፮ : ጽድቅʰ : ወእዛልፎⁱ : ለትጉሃንʲ : ሰማይᵏ ::

13.5 ᶠ*ኀፍረት : shame ¹*አበሳ : sin ʰተኩነነ : Dt perf 3mpl, to be condemned 13.6 ᵃ ጸሐፈ : G perf 1cs, to write ᵇ ተዝከር : record ᶜ*ስእለት : petition ᵈ አስተብቊዓት : entreaty ᵉ መንፈስ : spirit ᶠ ፩ : 1 ¹ ምግባር : action, work ʰ ሰአለ / ስአለ : G impf 3mpl, to ask, petition (ይስአሉ) ⁱ ከነ : G juss 3ms, to be ʲ*ስርየት : atonement ᵏ*ኑኃት : forbearance 13.7 ᵃ ሐረ : G act part, to go ᵇ ነበረ : G perf 1cs, to sit ᶜ ማይ : water ᵈ የማን : south ᵉ*ዐረብ : west ᶠ ነበበ : G impf 1cs, to proclaim ¹*ተዝከር : record ʰ ስእለት : petition ⁱ ደቀሰ : D perf 1cs, to fall asleep 13.8 ᵃ ሕልም : dream ᵇ መጽአ : G perf 3ms, to come ᶜ ራእይ : vision ᵈ ወድቀ / ወደቀ : G perf 3mpl, to fall ᵉ ርእየ : G perf 1cs, to see ᶠ*ራእይ : vision ¹ መቅሠፍት : wrath ʰ ነገረ : G juss 1cs, to speak ⁱ ወልድ : son ʲ ሰማይ : heaven ᵏ ተዛለፈ : Lt juss 1cs, to reproach 13.9 ᵃ ነቅሀ : G act part, to wake up ᵇ መጽአ : G perf 1cs, to come ᶜ ጉቡእ : assembled ᵈ ነበረ : G impf 3mpl, to sit ᵉ*ላሐወ : *L impf 3mpl, to mourn, grieve (ይላሕዉ) ᶠ ሀሎ / ሀለወ : D perf 3fs, to be ¹ ግልቡብ : veiled, covered ʰ ገጽ : face 13.10 ᵃ ተነገረ : Lt perf 1cs, to speak to ᵇ ራእይ : vision ᶜ ርእየ : G perf 1cs, to see ᵈ ንዋም : sleep ᵉ ወጠነ : G/D perf 1cs, to begin ᶠ ተነገረ : Lt juss 1cs, to speak to ¹ ቃል : word ʰ ጽድቅ : righteousness, justice ⁱ ዘለፈ : G juss 1cs, to reproach ʲ ትጉህ : watcher ᵏ ሰማይ : heaven

14

1 ዝመጽሐፍ[a] : ቃለ[b] : ጽድቅ[c] : ወዘለፋ[d] : ትጉሃን[e] : እለ : እምዓለም[f] : በከመ : አዘዘ[g] : ቅዱስ[h] : ወዓቢይ[i] : በይእቲ : ራእይ[j] ። 2 አነ : ርኢኩ[a] : በንዋምየ[b] : ዘአነ : ይእዜ : እነግር[d] : በልሳነ[e] : ዘሥጋ[f] : ወበመንፈስየ[g] : ዘወሀበ[h] : ዓቢይ[i] : አፈ[j] : ለሰብእ[k] : ይትናገሩ[l] : ቦቱ : ወይለብዉ[m] : በልብ[n] ። 3 ከመ : ፈጠረ[a] : ወወሀበ[b] : ለሰብእ[c] : ይለብዉ[d] : ቃለ[e] : አእምሮ[f] : ወሊተኒ : ፈጠረ[g] : ወወሀበኒ[h] : እዘለፎሙ[i] : ለትጉሃን[j] : ውሉደ[k] : ሰማይ[l] ። 4 ወአነ : ሶዕለተከሙ[a] : ጸሐፍኩ[b] : ወበራዕይ[c] : ከመዝ : ያስተርኢ[d] : እስመ : ሶዕለትከሙ[e] : ኢትከውነክሙ[f] : ውስተ : ኩሉ : መዋዕለ[g] : ዓለም[h] : ወኩኔ[i] : ፍጽምት[j] : ላዕሌከሙ : ወኢይከውነክሙ[k] : ሰላም[l] ። 5 ወእምይእዜ[a] : ኢተዓርጉ[b] : ውስተ : ሰማይ[c] : እስከ : ኩሉ : ዓለም[d] : ወውስተ : ምድር[e] : ተነግረ[f] : ይእስርከሙ[g] : በኩሉ : መዋዕለ[h] : ዓለም[i] ። 6 ወእምቅድመ : ዝንቱ : ርኢከሙ[a] : ኅጉለ[b] : ውሉድከሙ[c] : ፍቁራን[d] : ወአልበከሙ : ጥራየሆሙ[e] : አለ : ይወድቁ[f] : ቅድሜከሙ : በሰይፍ[g] : 7 ወስዕለትከሙ[a] : በአንቲአሆሙ

14.1 [a] መጽሐፍ : book [b] ቃል : word [c] ጽድቅ : righteousness, justice [d] ዘለፋ : reproof, admonition [e] ትጉህ : watcher [f] ዓለም : eternity [g] አዘዘ : D perf 3ms, to command [h] ቅዱስ : holy [i] *ዐቢይ : great [j] ራእይ : vision **14.2** [a] ርእየ : G perf 1cs, to see [b] ንዋም : sleep [c] ይእዜ : now [d] ነገረ : G impf 1cs, to tell [e] ልሳን : tongue [f] ሥጋ : flesh [g] መንፈስ : breath [h] ወሀበ : G perf 3ms, to give [i] *ዐቢይ : great [j] አፍ : mouth [k] ብእሲ : man [l] ተናገረ : Lt juss 3mpl, to converse, communicate [m] ለበወ : D juss 3mpl, to understand [n] ልብ : heart **14.3** [a] ፈጠረ : G perf 3ms, to create (ፈጠረ) [b] ወሀበ : G perf 3ms, to give, appoint [c] ብእሲ : man [d] ለበወ : D juss 3mpl, to understand [e] ቃል : word [f] *አእምሮ / አእምሮት : knowledge [g] ፈጠረ : G perf 3ms, to create [h] ወሀበ : G perf 3ms, to give, appoint [i] ተዛለፈ : Lt juss 1cs, to reproach, accuse [j] ትጉህ : watcher [k] ወልድ : son [l] ሰማይ : heaven **14.4** [a] *ስእለት : petition [b] ጸሐፈ : G perf 1cs, to write [c] *ራእይ : vision [d] አስተርአየ : CGt impf 3ms, to appear [e] *ስእለት : petition [f] ኮነ : G impf 3fs, to be [g] መዓልት : day [h] ዓለም : eternity [i] ኩኔ : judgment [j] ፍጹም : complete [k] ኮነ : G impf 3ms, to be [l] ሰላም : peace **14.5** [a] ይእዜ : now [b] ዐርገ : *G impf 2mpl, to ascend, go up (ተዐርጉ) [c] ሰማይ : heaven [d] ዓለም : eternity [e] ምድር : earth [f] ተነግረ : Gt perf 3ms, to be declared [g] አሰረ : G juss 3ms, to bind [h] መዓልት : day [i] ዓለም : eternity **14.6** [a] ርእየ : G perf 2mpl, to see [b] *ሕጉል / ሐጉል : destruction [c] ወልድ : son [d] ፍቁር : beloved [e] ጥሪይ : possessions [f] ወድቀ / ወደቀ : G perf 3mpl, to fall [g] ሰይፍ : sword **14.7** [a] *ስእለት : petition

1 Enoch 14.7–13

፡ ኢይከውንᵇ ፡ በእንቲአከሙኒ ፡ ወአንትሙኒ ፡ እንዘ ፡ ትበከዩᶜ ፡ ወታስተበቍዑᵈ ፡
ወኢትትናገሩᵉ ፡ ወኢምንተኒ ፡ ቃለᶠ ፡ እምውስተ ፡ መጽሐፍᵍ ፡ ዘጸሐፍኩሁʰ ፡፡ 8 ወሊተ
፡ ራእይᵃ ፡ ከመዝ ፡ አስተርአየኒᵇ ፡ ናሁ ፡ ደመናትᶜ ፡ በራእይᵈ ፡ ይጼውዑኒᵉ ፡ ወጊሜᶠ ፡
ይጼውዓኒᵍ ፡ ወሩጸተʰ ፡ ከዋክብትⁱ ፡ ወመባርቅትʲ ፡ ያጔጕኡኒᵏ ፡ ወያዕዕቁኒˡ ፡ ወነፋሳትᵐ ፡
በራእይⁿ ፡ ያሰርሩኒᵒ ፡ ወያጔጕዑኒᵖ ፡ ወነሥኡኒᵠ ፡ ላዕለ ፡ ውስተ ፡ ሰማይʳ ፡፡ 9 ወእኩᵃ ፡
እስከ ፡ ዐቀርብᵇ ፡ ኀበ ፡ ጥቅምᶜ ፡ ዘሕንጽትᵈ ፡ በዕብነ ፡ በረድᵉ ፡ ወልሳነᶠ ፡ እሳትጘ ፡ የዓውዳʰ
፡ ወጠነⁱ ፡ ያፍርሃኒʲ ፡፡ 10 ወእኩᵃ ፡ ውስተ ፡ ልሳነᵇ ፡ እሳትᶜ ፡ ወቀረብኩᵈ ፡ ኀበ ፡ ቤትᵉ ፡
ዓቢይᶠ ፡ ዘሕኑጽᵍ ፡ በአዕባነ ፡ በረድʰ ፡ ወዓረፍተⁱ ፡ ውእቱ ፡ ቤትʲ ፡ ከመ ፡ ጸፍጸፈ ፡ ሰሌዳᵏ
፡ በአዕባነ ፡ ዘእምበረድˡ ፡ ወምድሩᵐ ፡ በረድⁿ ፡፡ 11 ጠፈሩᵃ ፡ ከመ ፡ ሩጸተᵇ ፡ ከዋክብትᶜ ፡
ወመባርቅትᵈ ፡ ወማዕከሎሙ ፡ ኪሩቤልᵉ ፡ ዘእሳትᶠ ፡ ወሰማዮሙᵍ ፡ ማይʰ ፡፡ 12 ወእሳትᵃ ፡
ዘይነድድᵇ ፡ በዓውደᶜ ፡ አረፍቱᵈ ፡ ወኖኁቱᵉ ፡ ይውዒᶠ ፡ በእሳትᵍ ፡፡ 13 ወእኩᵃ ፡ ውስተ ፡
ውእቱ ፡ ቤትᵇ ፡ ወምውቅᶜ ፡ ከመ ፡ እሳትᵈ ፡ ወቄርᵉ ፡ ከመ ፡ በረድᶠ ፡ ወኢምንትኒ ፡ ፍግዓጘ

14.7 ᵇ ኮነ : *G impf 3ms*, to be ᶜ በከየ : *G impf 2mpl*, to weep ᵈ አስተብቍዐ : *CGt impf 2mpl*, to supplicate ᵉ ተናገረ : *Lt impf 2mpl*, to speak ᶠ ቃል : word ᵍ መጽሐፍ : book ʰ ጸሐፈ : *G perf 1cs*, to write **14.8** ᵃ ራእይ : vision ᵇ አስተርአየ : *CGt perf 3ms*, to appear ᶜ ደመና : cloud ᵈ ራእይ : vision ᵉ ጸውዐ : *D impf 3mpl*, to call ᶠ ጊሜ : mist ᵍ ጸውዐ : *D impf 3mpl*, to call (ይጼውዑኒ) ʰ ሩጸት : course ⁱ ከዋክብ : star ʲ መብረቅ : lightning ᵏ አጕጕአ : *CD impf 3mpl*, to hasten ˡ አጽወቀ / አዕወቀ : *CG impf 3mpl*, to press, oppress ᵐ ነፋስ : wind ⁿ ራእይ : vision ᵒ አሰረረ : *CG impf 3mpl*, to cause to fly ᵖ አጕጕአ : *CD impf 3mpl*, to hasten ᵠ ነሥአ : *G perf 3mpl*, to lift ʳ ሰማይ : sky, heaven **14.9** ᵃ ቦአ : *G perf 1cs*, to proceed ᵇ ቀርበ / ቀረበ : *G impf 1cs*, to draw near, approach (አቀርብ) ᶜ ጥቅም : wall ᵈ ሐነጸ : built ᵉ *እብን : በረድ : hailstone ᶠ ልሳን : tongue ᵍ እሳት : fire ʰ ዖደ : *G impf 3ms*, to surround (የዐውዳ) ⁱ ወጠነ : *G/D perf 3ms*, to begin ʲ አፍርሀ : *CG juss 3ms*, to frighten (ያፍርሃኒ) **14.10** ᵃ ቦአ : *G perf 1cs*, to enter ᵇ ልሳን : tongue ᶜ እሳት : fire ᵈ ቀርበ / ቀረበ : *G perf 1cs*, to draw near, approach ᵉ ቤት : house ᶠ *ዐቢይ : big, large ᵍ *ሕኑጽ : built ʰ *እብን : በረድ : hailstone ⁱ *አረፍት : wall ʲ ቤት : house ᵏ ጸፍጸፈ : ሰሌዳ : mosaic ˡ *እብን : በረድ : hailstone ᵐ ምድር : floor ⁿ በረድ : snow **14.11** ᵃ ጠፈር : roof ᵇ ሩጸት : course ᶜ ከዋክብ : star ᵈ መብረቅ : lightning ᵉ ኪሩብ : Cherub ᶠ እሳት : fire ᵍ ሰማይ : heaven ʰ ማይ : water **14.12** ᵃ እሳት : fire ᵇ ነደ / ነደደ : *G impf 3ms*, to burn ᶜ *ዐውደ : around ᵈ አረፍት : wall ᵉ ኖኅት : door ᶠ ውዕየ : *G impf 3ms*, to burn (intr.) ᵍ እሳት : fire **14.13** ᵃ ቦአ : *G perf 1cs*, to enter ᵇ ቤት : house ᶜ ምውቅ : hot ᵈ እሳት : fire ᵉ ቄር : cold ᶠ በረድ : snow ᵍ ፍግዐ : pleasure

: ወሕይወትʰ : አልቦ : ውስቴቱ : ፍርሃትⁱ : ከደነነʲ : ወረዓድᵏ : አኀዘኒˡ : 14 ወእዘ :
እትሀወክᵃ : ወእርዕድᵇ : ወደቁᶜ : በገጽᵈ : ወእሬኢᵉ : ራእይᶠ :: 15 ወናሁ : ካልአᵃ : ቤትᵇ
: ዘየዐቢᶜ : እምዝኩ : ወኮሉ : ኖኅቱᵈ : ርኁተᵉ : በቅድሜየ : ወኅነጽᶠ : በልሳነᵍ : እሳትʰ :
16 ወበኩሉ : ይፈደፍድᵃ : በስብሐትᵇ : ወክብርᶜ : ወዐቢይᵈ : እስከ : ኢይክል : ዜንዎተከሙᶠ
: በእንተ : ስብሐቲሁᵍ : ወበእንተ : ዕበየʰ :: 17 ወምድሩሳᵃ : እሳትᵇ : ወመልዕልቴሁᶜ :
ምብረቅᵈ : ወምርዋጸ : ከዋክብትᶠ : ወጠፈሩኒᵍ : እሳትʰ : ዘይነድድⁱ :: 18 ወነጸርኩᵃ
: ወርኢኩᵇ : ውስቴቱ : መንበረᶜ : ሌዋለᵈ : ወራእየᵉ : ከመ : አስሐትያᶠ : ወከበቡᵍ :
ከመ : ፀሐይʰ : ዘያበርሁⁱ : ወቃለʲ : ኪሩቤልᵏ :: 19 ወእመትሕተ : መንበሩᵃ : ዓቢይᵇ :
ይወፅኡᶜ : አፍላገᵈ : እሳትᵉ : ዘይነድድᶠ : ወኢይክሉᵍ : ርእዮቶʰ :: 20 ወዓቢየᵃ : ስብሐትᵇ
: ይነብርᶜ : ላዕሌሁ : ወአጽፉሰᵈ : ዘይበርሁᵉ : እምፀሐይᶠ : ወይፀዐዱᵍ : እምኩሉ : በረድʰ ::
21 ወኢይክልᵃ : ወኢመኑሂ : እመላእክትᵇ : በዊአᶜ : ወራእየᵈ : ገጾᵉ : ለከቡርᶠ : ወስቡሕᵍ

14.13 ʰ ሕይወት : life ⁱ ፍርሀት : fear ʲ ከደነ : G perf 3ms, to cover ᵏ ረዓድ : trembling ˡ አኀዘ : G perf 3ms, to seize, take hold of (አኀዘኒ) **14.14** ᵃ ተሀውክ / ተሀወክ / ተሆክ : Gt impf 1cs, to be troubled ᵇ ርዕደ : G impf 1cs, to tremble, shake ᶜ ወድቀ / ወደቀ : G perf 1cs, to fall ᵈ ገጽ : face ᵉ ርእየ : G impf 1cs, to see ᶠ ራእይ : vision **14.15** ᵃ ካልእ : another ᵇ ቤት : house ᶜ ዐብየ : *G impf 3ms, to be bigger, larger (የዐቢ) ᵈ ኖኅት : door ᵉ ርኁው : open ᶠ *ሕኁጽ : built ᵍ ልሳን : tongue ʰ እሳት : fire **14.16** ᵃ ፈድፈደ : G impf 3ms, to excel ᵇ ስብሐት : glory ᶜ ክብር : splendor ᵈ ዕበይ : greatness, size ᵉ ክህለ : G impf 1cs, to be able ᶠ ዜነወ : G inf, to relate, describe ᵍ ስብሐት : glory ʰ ዕበይ : greatness, majesty **14.17** ᵃ ምድር : floor ᵇ እሳት : fire ᶜ መልዕልተ : above ᵈ መብረቅ : lightning ᵉ ምርዋጸ : course, orbit ᶠ ክክብ : star ᵍ ጠፈር : roof ʰ እሳት : fire ⁱ ነደ / ነደደ : G impf 3ms, to burn **14.18** ᵃ ነጸረ : D perf 1cs, to look ᵇ ርእየ : G perf 1cs, to see ᶜ መንበር : throne ᵈ ልዑል : elevated ᵉ ራእይ : appearance ᶠ አስሐትያ : ice ᵍ ክበብ : wheel ʰ *ፀሐይ : sun ⁱ አብርሀ : CG impf 3ms, to illuminate ʲ ቃል : voice, sound ᵏ ኪሩብ : Cherub **14.19** ᵃ መንበር : throne ᵇ *ዐቢይ : big, large ᶜ ወፅአ : G impf 3mpl, to go out ᵈ ፈለግ : river ᵉ እሳት : fire ᶠ ነደ / ነደደ : G impf 3ms, to burn ᵍ ክህለ : G impf 3mpl, to be able ʰ ርእየ : G inf, to see **14.20** ᵃ *ዐቢይ : great ᵇ ስብሐት : glory ᶜ ነበረ : G impf 3ms, to sit ᵈ *ዐጽፍ : mantle, raiment ᵉ በርሀ : G impf 3ms, to shine ᶠ *ፀሐይ : sun ᵍ *ጸዐደወ / ፀዐደወ : *L impf 3ms, to be white (ይፀዐዱ) ʰ በረድ : snow **14.21** ᵃ ክህለ : G impf 3ms, to be able ᵇ መልአክ : angel ᶜ በአ : G inf, to enter ᵈ ራእይ : appearance ᵉ ገጽ : face ᶠ ክቡር : honored, glorious ᵍ ስቡሕ : praised, glorious

: ኢይከልህ : ወኢመኑሂ : ዘሥጋⁱ : ይርአይʲ : ኪያሁ ። 22 እሳትᵃ : ዘይነድድᵇ : በዐውዱᶜ : ወእሳትᵈ : ዐቢይᵉ : ይቀውምᶠ : ቅድሜሁ : ወአልቦ : ዘይቀርብᵍ : ኀቤሁ : እምአለ : ዐውዱʰ : ትእልፊትⁱ : ትእልፊትʲ : ቅድሜሁ : ወውእቱስ : ኢይፈቅድᵏ : ምክርˡ ። 23 ቅዱስታᵃ : ወቅዱሳንᵇ : እለ : ይቀርቡᶜ : ኀቤሁ : ኢይርሕቁᵈ : ሌሊተᵉ : ወመዓልተᶠ : ወኢይትአተቱᵍ : እምኔሁ ። 24 ወአነ : ሀለውኩᵃ : እስከ : ዝንቱ : ዲበ : ገጽየᵇ : ግልባቤᶜ : እንዘ : እርዕድᵈ : ወእግዚኤᵉ : በአፉሁᶠ : ጸውዐኒᵍ : ወይቤለኒʰ : ቅረብⁱ : ዝየʲ : ሄኖክ : ወለቃልየᵏ : ቅዱስˡ ። 25 ወአንሥአኒᵃ : ወአቅረበኒᵇ : እስከ : ኆኅትᶜ : ወአንስ : ገጽየᵈ : ታሕተ : እኔጽርᶜ ።

15

1 ወአውሥአኒᵃ : ወይቤለኒᵇ : በቃሉᶜ : ስምዐᵈ : ኢትፍራህᵉ : ሄኖክ : ብእሲᶠ : ጻድቅᵍ : ወጸሐፌʰ : ጽድቅⁱ : ቅረብʲ : ዝየᵏ : ወስማዕˡ : ቃልየᵐ ። 2 ወሑርᵃ : በሎሙ : ለትጉኃንᵇ : ሰማይᶜ : እለ : ፈነዉከᵈ : ትስአልᵉ : በእንቲአሆሙ : አንትሙ : መፍትውᶠ : ትስአሉᵍ :

14.21 ʰ ከሀለ : *G impf 3ms*, to be able ⁱ ሥጋ : flesh ʲ ርአየ : *G juss 3ms*, to see **14.22** ᵃ እሳት : fire ᵇ ነደ / ነደደ : *G impf 3ms*, to burn ᶜ *ዐውድ- : around ᵈ እሳት : fire ᵉ *ዐቢይ : great ᶠ ቆመ : *G impf 3ms*, to stand ᵍ ቀርበ / ቀረበ : *G impf 3ms*, to draw near, approach ʰ *ዐውድ- : around ⁱ ትእልፊት : ten thousand ʲ ትእልፊት : ten thousand ᵏ ፈቀደ : *G impf 3ms*, to need ˡ ምክር : counsel, advice **14.23** ᵃ ቅዱስ : holy ᵇ ቅዱስ : holy ᶜ ቀርበ / ቀረበ : *G impf 3mpl*, to draw near, approach ᵈ *ርሕቀ : *G impf 3mpl*, to depart (ይርሕቁ) ᵉ ሌሊት : night ᶠ መዓልት : day ᵍ ተአተተ : *Gt impf 3mpl*, to depart **14.24** ᵃ ሀሎ / ሀለወ : *D perf 1cs*, to be ᵇ ገጽ : face ᶜ ግልባቤ : covering, veil ᵈ ርዕደ : *G impf 1cs*, to tremble ᵉ እግዚእ : Lord ᶠ አፍ : mouth ᵍ ጸውዐ : *D perf 3ms*, to call (ጸውዐኒ) ʰ ብህለ : *G perf 3ms*, to say ⁱ ቀርበ / ቀረበ : *G impv 2ms*, to draw near ʲ ዝየ : here ᵏ ቃል : word ˡ ቅዱስ : holy **14.25** ᵃ አንሥአ : *CG perf 3ms*, to raise, lift up ᵇ አቅረበ : *CG perf 3ms*, to bring near ᶜ ኆኅት : door ᵈ ገጽ : face ᵉ ነጸረ : *D impf 1cs*, to look

15.1 ᵃ አውሥአ : *CG perf 3ms*, to answer ᵇ ብህለ : *G perf 3ms*, to say ᶜ ቃል : voice ᵈ ሰምዐ : *G impv 2ms*, to hear ᵉ ፈርሀ : *G juss 2ms*, to fear ᶠ ብእሲ : man ᵍ ጻድቅ : righteous ʰ ጸሐፊ : scribe ⁱ ጽድቅ : righteousness, justice ʲ ቀርበ / ቀረበ : *G impv 2ms*, to draw near, approach ᵏ ዝየ : here ˡ ሰምዐ : *G impv 2ms*, to hear ᵐ ቃል : voice **15.2** ᵃ ሐረ : *G impv 2ms*, to go ᵇ ትጉህ : watcher ᶜ ሰማይ : heaven ᵈ ፈነወ : *D perf 3mpl*, to send ᵉ ሰአለ / ስአለ : *G juss 2ms*, to petition ᶠ መፍትው : necessary ᵍ ሰአለ / ስአለ : *G juss 2mpl*, to petition

1 Enoch 15.2-8

በእንተ ፡ ሰብእʰ ፡ አኮ ፡ ሰብእⁱ ፡ በእንቲአከሙ ። 3 በእንተ ፡ ምንት ፡ ኃደግሙᵃ ፡ ሰማየᵇ ፡ ልዑለᶜ ፡ ወቅዱሰᵈ ፡ ዘለዓለመᵉ ፡ ወምስለ ፡ አንስትᶠ ፡ ሰከብከሙᵍ ፡ ወምስለ ፡ አዋልደʰ ፡ ሰብእⁱ ፡ ረኵስከሙʲ ፡ ወነሣእከሙᵏ ፡ ለከሙ ፡ አንስተˡ ፡ ወከመ ፡ ውሉደᵐ ፡ ምድርⁿ ፡ ገበርከሙᵒ ፡ ወወለድከሙᵖ ፡ ውሉደ۹ ፡ ረአይተʳ ። 4 ወአንትሙስ ፡ መንፈሳውያንᵃ ፡ ቅዱሳንᵇ ፡ ሕያዋነᶜ ፡ ሕይወትᵈ ፡ ዘለዓለመᵉ ፡ በዲበ ፡ አንስትᶠ ፡ ረኵስከሙᵍ ፡ ወበደመʰ ፡ ሥጋⁱ ፡ አውለድከሙʲ ፡ ወበደመᵏ ፡ ሰብእˡ ፡ ፈተውከሙᵐ ፡ ወገበርከሙⁿ ፡ ከመ ፡ እሙንቱ ፡ ይገብሩᵒ ፡ ሥጋᵖ ፡ ወደመ۹ ፡ እለ ፡ እሙንቱ ፡ ይመውቱʳ ፡ ወይትጋጐሉˢ ። 5 ወበእንተዝ ፡ ወሀብኰሙᵃ ፡ አንስትያᵇ ፡ ከመ ፡ ይዝርኡᶜ ፡ ላዕሌሆን ፡ ወይትወለዱᵈ ፡ ውሉድᵉ ፡ በላዕሌሆን ፡ ከመ ፡ ከማሁ ፡ ይትገበርᶠ ፡ ግብርᵍ ፡ በዲበ ፡ ምድርʰ ፡ 6 ወአንትሙስ ፡ ቀዳሚᵃ ፡ ኮንከሙᵇ ፡ መንፈሳዊያነᶜ ፡ ሕያዋነᵈ ፡ ሕይወተᵉ ፡ ዘለዓለመᶠ ፡ ዘኢይመውቱᵍ ፡ ለኵሉ ፡ ትውልደʰ ፡ ዓለምⁱ ። 7 በእንተዝ ፡ ኢረሰይኩᵃ ፡ ለከሙ ፡ አንስቲያᵇ ፡ እስመ ፡ መንፈሳያንሰᶜ ፡ ውስተ ፡ ሰማይᵈ ፡ ማኀደሪሆሙᵉ ። 8 ወይእዜᵃ ፡ ረአይትᵇ ፡ እለ ፡ ተወልዱᶜ ፡ እምነፍስትᵈ

15.2 ʰ ብእሲ : man ⁱ ብእሲ : man **15.3** ᵃ ኃደገ : *G perf 2mpl*, to abandon, leave (ኃደግሙ) ᵇ ሰማይ : heaven ᶜ ልዑል : high ᵈ ቅዱስ : holy ᵉ ዓለም : eternity ᶠ ብእሲት : woman ᵍ ሰከበ / ሰከበ : *G perf 2mpl*, to lie down ʰ ወለት : daughter ⁱ ብእሲ : man ʲ ረኵሰ : *G perf 2mpl*, to become unclean ᵏ ነሥአ : *G perf 2mpl*, to take ˡ ብእሲት : wife ᵐ ወልድ : son ⁿ ምድር : earth ᵒ ገበረ : *G perf 2mpl*, to do ᵖ ወለደ : *G perf 2mpl*, to give birth ۹ ወልድ : son ʳ ረዓይ : giant **15.4** ᵃ መንፈሳዊ : spiritual ᵇ ቅዱስ : holy ᶜ ሕያው : living ᵈ ሕይወት : life ᵉ ዓለም : eternity ᶠ ብእሲት : woman ᵍ ረኵሰ : *G perf 2mpl*, to become unclean ʰ ደም : blood ⁱ ሥጋ : flesh ʲ አውለደ : *CG perf 2mpl*, to beget ᵏ ደም : blood ˡ ብእሲ : man ᵐ ፈተወ / ፈተወ : *G perf 2mpl*, to desire, covet ⁿ ገበረ : *G perf 2mpl*, to do, produce ᵒ ገበረ : *G impf 3mpl*, to do ᵖ ሥጋ : flesh ۹ ደም : blood ʳ ሞተ : *G impf 3mpl*, to die ˢ *ተሀጕለ / ተሐጕለ : *Gt impf 3mpl*, to perish, be destroyed (ይትሀጕሉ) **15.5** ᵃ ወሀበ : *G perf 1cs*, to give ᵇ አንስትያ / አንስቲያ : women, wives ᶜ ዘርአ : *G juss 3mpl*, to sow ᵈ ተወልደ : *Gt juss 3mpl*, to be born ᵉ ወልድ : son ᶠ ተገብረ : *Gt juss 3ms*, to be done ᵍ ግብር : word, deed ʰ ምድር : earth **15.6** ᵃ ቀዳሚ : formerly ᵇ ኮነ : *G perf 2mpl*, to be ᶜ መንፈሳዊ : spiritual ᵈ ሕያው : living ᵉ ሕይወት : life ᶠ ዓለም : eternity ᵍ ሞተ : *G impf 3ms*, to die ʰ ትውልድ : generation ⁱ ዓለም : world, eternity **15.7** ᵃ ረሰየ : *D perf 1cs*, to arrange, appoint ᵇ አንስትያ / አንስቲያ : women, wives ᶜ መንፈሳዊ : spiritual ᵈ ሰማይ : heaven ᵉ ማኀደር : dwelling place **15.8** ᵃ ይእዜ : now ᵇ *ረዓዪ : giant ᶜ ተወለደ : *Gt perf 3mpl*, to be born ᵈ ነፍስት : body

1 Enoch 15.8-12

: ወሥጋe : መናፍስተf : እኩያንg : ይሰመዩh : በዲበ : ምድርi : ወውስተ : ምድርj : ይከውንk : ማኀደሪሆሙl ። 9 ወነፍሳትa : እኩያንb : ወፅኡc : እምሥጋሆሙd : እስመ : እመልዕልተe : ተፈጥሩf : እምቅዱሳን፨ ትጉሃንh : ኮኑi : ቀዳሚቶሙj : ወቀዳሚk : መሠረትl : መንፈሰm : እኩዩn : ይከውኑo : በዲበ : ምድርp : ወመንፈሳ : እኩያንq : ይሰመዩs ። 10 ወመናፍስተa : ሰማይb : ውስተ : ሰማይc : ይከውንd : ማኀደሪሆሙe : ወመናፍስተf : ምድርg : እለ : ተወልዱh : በዲበ : ምድርi : ውስተ : ምድርj : ማኀደሪሆሙk ። 11 ወመንፈሰ : ረአይትb : ደመናተc : እለ : ይፍአኡd : ይማስኑe : ወይወድቁf : ወይትባአሱg : ወያደቅቅh : ዲበ : ምድርi : ወሐዘንj : ይገብሩk : ወኢምንተኒ : ዘይበልዑl : እክለm : ወኢይጻምኡn : ወኢይትዓወቁo : 12 ወኢይነሥኡa : አሎንቱ : ነፍሳትb : ዲበ : ውሉደ : ስብእd : ወዲበ : አንስተe : እስመ : ወፅኡf ።

15.8 e ሥጋ : flesh f መንፈስ : spirit g እኩይ : wicked, evil h ተሰምየ : Gt impf 3mpl, to be called i ምድር : earth j ምድር : earth k ኮነ : G impf 3ms, to be l ማኀደር : dwelling place **15.9** a ነፍስ : spirit, soul b እኩይ : wicked, evil c ወፅአ : G perf 3mpl, to come out d ሥጋ : flesh e መልዕልት : above f ተፈጥረ : Gt perf 3mpl, to be created g ቅዱስ : holy h ትጉህ : watcher i ኮነ : G perf 3mpl, to be j ቀዳሚት : beginning k ቀዳሚ : first l መሠረት : foundation m መንፈስ : spirit n እኩይ : wicked, evil o ኮነ : G impf 3mpl, to be p ምድር : earth q መንፈስ : spirit r እኩይ : wicked, evil s ተሰምየ : Gt impf 3mpl, to be called **15.10** a መንፈስ : spirit b ሰማይ : heaven c ሰማይ : heaven d ኮነ : G impf 3ms, to be e ማኀደር : dwelling place f መንፈስ : spirit g ምድር : earth h ተወልደ : Gt perf 3mpl, to be born i ምድር : earth j ምድር : earth k ማኀደር : dwelling place **15.11** a መንፈስ : spirit b *ረዓይ : giant c ደመና : cloud d *ነፍዐ : G impf 3mpl, to harm, do wrong (ይገፍዑ) e ማስነ : L impf 3mpl, to be corrupt f ወደቀ / ወደቀ : G perf 3mpl, to attack g ተበአሰ : Gt impf 3mpl, to fight with one another h አድቀቀ : CG impf 3mpl, to crush i ምድር : earth j ሐዘን : sadness, grief k ገብረ : G impf 3mpl, to produce, cause l በልዐ : G impf 3mpl, to eat m እክል : food n ጸምአ : G impf 3mpl, to be thirsty o *ተዐውቀ : *Gt impf 3mpl, to be known, noticed (ይትዐወቁ) **15.12** a ተንሥአ : Gt impf 3mpl, to rise up b ነፍስ : spirit, soul c ወልድ : son d ብእሲ : man e ብእሲት : woman f ወፅአ : G perf 3mpl, to come out

16

1 እም^a : መዋዕለ^b : ቀትል^c : ወሙስና^d : ወሞተ^e : ረአይትኒ^f : እንተ : ኀበ : ወፅኡ፰ : መናፍስት^h : እምነፍስትⁱ : ሥጋሆሙ^j : ለይኩን^k : ዘይማስን^l : ዘእንበለ : ኲነኔ^m : ከማሁ : ይማስኑⁿ : እስከ : ዕለተ^o : ተፍጻሜት^p : ዓባይ፱ : እምዓለም^r : ዓቢይ^s : ይትፌጸም^t : እምትጉሃን^u : ወረሲዓን^v ። 2 ወይእዜኒ^a : ለትጉሃን^b : እለ : ፈነዉከ^c : ትስአል^d : በእንቲአሆሙ : እለ : ቀዲሙ^e : በሰማይ^f : ሀለዉ፰ ። 3 ወይእዜ^a : አንትሙሰ : በሰማይ^b : ሀለውክሙ^c : ወኅቡአት^d : ዓዲ^e : ኢተከሥቱ^f : ለክሙ : ወምኑነ፰ : ምሥጢረ^h : አአመርክሙⁱ : ወዘንተ : ዜነውክሙ^j : ለአንስት^k : በጽንዕ^l : ልብክሙ^m : ወበዝኑ : ምሥጢርⁿ : ያበዝኆ : አንስት^p : ወሰብአ፱ : እኪተ^r : ዲበ : ምድር^s ። 4 በሎሙ^a : እንከሰ^b : አልብክሙ : ሰላም^c ።

17

1 ወነሥኡኒ^a : ውስተ : ፩^bመካን^c : ኀበ : ሀለዉ^d : ህየ : ከመ : እሳት^e : ዘይነድድ^f : ወሰበ : ይፈቅዱ፰ : ያስተርእዩ^h : ከመ : ሰብእⁱ ። 2 ወወሰደኒ^a : ውስተ : መካን^b : ዘዐውሎ^c :

16.1 ^a እም : at the time of, when   ^b መዋዕልት : day   ^c ቀትል : slaughter   ^d ሙስና : corruption, devastation   ^e ሞት : death   ^f *ረዓዪ : giant   ^g ወፅአ : G perf 3mpl, to go out   ^h መንፈስ : spirit   ⁱ ነፍስት : body   ^j ሥጋ : flesh   ^k ኮነ : G juss 3ms, to be   ^l ማሰነ : L impf 3ms, to perish   ^m ኲነኔ : judgment   ⁿ ማሰነ : L impf 3mpl, to perish   ^o ዕለት : day   ^p ተፍጻሜት : consummation   ^q *ዐቢይ : great   ^r ዓለም : age   ^s *ዐቢይ : great   ^t ተፈጸመ : Dt impf 3ms, to be accomplished   ^u ትጉህ : watcher   ^v ረሲዕ : impious   **16.2** ^a ይእዜ : now   ^b ትጉህ : watcher   ^c ፈነወ : D perf 3mpl, to send   ^d ሰአለ / ስአለ : G juss 2ms, to petition   ^e ቀዲሙ : formerly   ^f ሰማይ : heaven   ^g ሀሎ / ሀለወ : D perf 3mpl, to be   **16.3** ^a ይእዜ : now   ^b ሰማይ : heaven   ^c ሀሎ / ሀለወ : D perf 2mpl, to be   ^d ኅቡእ : hidden, secret   ^e ዓዲ : still   ^f ተከሥተ : Gt perf 3mpl, to be revealed   ^g ምኑን : worthless   ^h *ምስጢር : mystery   ⁱ አአመረ : CG perf 2mpl, to know   ^j ዜነወ : L perf 2mpl, to inform, tell   ^k ብእሲት : woman   ^l *ጽንዕ : hardness   ^m ልብ : heart   ⁿ *ምስጢር : mystery   ^o አብዝኀ : CG impf 3fpl, to increase (tr.)   ^p ብእሲት : woman   ^q ብእሲ : man   ^r እኩይ : evil   ^s ምድር : earth   **16.4** ^a ብሀለ : G impv 2ms, to say   ^b እንከ : therefore   ^c ሰላም : peace

17.1 ^a ነሥአ : G perf 3mpl, to take   ^b ፩ : 1   ^c መካን : place   ^d ሀሎ / ሀለወ : D perf 3mpl, to be   ^e እሳት : fire   ^f ነደ / ነደደ : G impf 3ms, to burn   ^g ፈቀደ : G impf 3mpl, to wish, want   ^h አስተርአየ : CGt impf 3mpl, to appear   ⁱ ብእሲ : man   **17.2** ^a ወሰደ : G perf 3ms, to lead   ^b መካን : place   ^c *ዐውሎ : tempest, whirlwind

ወውስተ ፡ ደብርd ፡ ዘከተማe ፡ ርእሱf ፡ ይበጽሕg ፡ እስከ ፡ ሰማይh ። 3 ወርኢኩa ፡ መካናተb ፡ ብሩሃነc ፡ ወነጐድጓድd ፡ ውስተ ፡ አጽናፍ ፡ ጎበ ፡ ዕመቁf ፡ ቀስተg ፡ እሳትh ፡ ወሐፀi ፡ ወምኩንጻቲሆሙj ፡ ወሰይፈk ፡ እሳትl ፡ ወመባርቅትm ፡ ኩሉ ። 4 ወነሥኡነa ፡ እስከ ፡ ማየb ፡ ሕይወትc ፡ ዘይትነገርd ፡ ወእስከ ፡ እሳተe ፡ ዓርብf ፡ ዘውእቱ ፡ ይእኅዝg ፡ ኩሎ ፡ ዕርበተh ፡ ፀሐይi ። 5 ወመጻእኩa ፡ እስከ ፡ ፈለግb ፡ እሳትc ፡ ዘይውኅዝd ፡ እሳቱe ፡ ከመ ፡ ማይf ፡ ወይትከዐውg ፡ ውስተ ፡ ባሕርh ፡ ዓቢይi ፡ ዘመንገለ ፡ ዓረብj ፡ 6 ወርኢኩa ፡ ኩሎ ፡ ዓቢይተb ፡ አፍላገc ፡ ወእስከ ፡ ዓቢይd ፡ ጽልመተe ፡ በጻሕኩf ፡ ወሐርኩg ፡ ጎበ ፡ ኩሉ ፡ ዘሥጋh ፡ ያንሱሱi ። 7 ወርኢኩa ፡ አድባረb ፡ ቆባራትc ፡ እለ ፡ ክረምትd ፡ ወምከዓወe ፡ ማይf ፡ ዘኩሉ ፡ ቀላይg ። 8 ወርኢኩa ፡ አፉሆሙb ፡ ለኩሎሙ ፡ አፍላገ ፡ ምድርd ፡ ወአፉሀe ፡ ለቀላይf ።

18

1 ወርኢኩa ፡ መዛግብተb ፡ ኩሉ ፡ ነፋሳትc ፡ ወርኢኩd ፡ ከመ ፡ በሙ ፡ አሰርገወe ፡ ኩሎ ፡ ፍጥረተf ፡ ወመሠረታቲሃg ፡ ለምድርh ፡ 2 ወርኢኩa ፡ ዕብነ ፡ ማእዘንተb ፡ ምድርc ፡

17.2 d ደብር : mountain e ከተማ : tip f ርእስ : summit g በጽሐ : *G impf 3ms*, to reach h ሰማይ : heaven **17.3** a ርእየ : *G perf 1cs*, to see b መካን : place c ብሩህ : bright, shining d ነጐድጓድ : clap of thunder e ጽንፍ : end, extremity f ዕመቅ : depth g ቀስት : bow h እሳት : fire i *ሐጽ : arrow j ምኩንጽ : quiver k ሰይፍ : sword l እሳት : fire m መብረቅ : lightning **17.4** a ነሥአ : *G perf 3mpl*, to take b ማይ : water c ሕይወት : life d ተነግረ : *Gt impf 3ms*, to be said e እሳት : fire f *ዐረብ : west g አኀዘ : *G impf 3ms*, to seize, take hole of h ዕርበት : setting (of the sun) i *ፀሐይ : sun **17.5** a መጽአ : *G perf 1cs*, to come b ፈለግ : river c እሳት : fire d ውሕዘ / ዉኅዘ : *G impf 3ms*, to flow e እሳት : fire f ማይ : water g ተከዐ : *Gt impf 3ms*, to be poured, pour out (intr.) h ባሕር : sea i *ዐቢይ : great j *ዐርብ : west **17.6** a ርእየ : *G perf 1cs*, to see b *ዐቢይ : great c ፈለግ : river d *ዐቢይ : big, great, large e ጽልመት : darkness f በጽሐ : *G perf 1cs*, to reach g ሐረ : *G perf 1cs*, to go h ሥጋ : flesh i አንሱሰወ : *CG impf 3ms*, to move, walk **17.7** a ርእየ : *G perf 1cs*, to see b ደብር : mountain c ቆቧር : gloom d ክረምት : winter e ምከዓው : place where something is poured out f ማይ : water g ቀላይ : abyss **17.8** a ርእየ : *G perf 1cs*, to see b አፍ : mouth c ፈለግ : river d ምድር : earth e አፍ : mouth f *ቀላይ : abyss

18.1 a ርእየ : *G perf 1cs*, to see b መዝገብ : storehouse c ነፋስ : wind d ርእየ : *G perf 1cs*, to see e አሰርገወ : *CG perf 3ms*, to adorn f ፍጥረት : creation g መሡረት : foundation h ምድር : earth **18.2** a ርእየ : *G perf 1cs*, to see b *እብን : ማእዘንት : cornerstone c ምድር : earth

1 Enoch 18.2–9

ወርኢኩ᎔ᵈ : ቅ̆ᵉነፋሳተᶠ : አለ : ይጸውርዋ፨ : ለምድርʰ : ወለጽንዓ : ሰማይⁱ ። 3 ወርኢኩᵃ : ከመ : ነፋሳትᵇ : ይረብብዎᶜ : ለልዕናᵈ : ሰማይᵉ : ወእሙንቱ : ይቀውሙ·ᶠ : ማዕከለ : ሰማይ፨ : ወምድርʰ : እሙንቱ : ውእቶሙ : ዐዕማዲⁱ : ሰማይʲ ። 4 ወርኢኩᵃ : ነፋሳተᵇ : አለ : ይመይጥዎᶜ : ለሰማይᵈ : አለ : የአርቡᵉ : ለከበበᶠ : ፀሐይ፨ : ወኮሎ : ከዋክብተʰ ። 5 ወርኢኩᵃ : ዘዲበ : ምድርᵇ : ነፋሳተᶜ : ዘያጸውሩᵈ : ደመናተ : ወርኢኩᶠ : ፍናወ፨ : መላእክትʰ : ርኢኩⁱ : ውስተ : ጽንፊʲ : ምድርᵏ : ጽንዓˡ : ዘሰማይᵐ : መልዕልተⁿ ። 6 ወኃለፍኩᵃ : መንገለ : አዜብᵇ : ወይነድርᶜ : መዓልተᵈ : ወሌሊተᵉ : ኀበ : ፰ᶠአድባር፨ : ዘእምእብንʰ : ከቡርⁱ : ፫ʲመንገለ : ጸሐⁱ : ወ፫ᵐመንገለ : አዜብᵐ ። 7 ወመንገለ : ጸባሕᵃ : ዘእምእብንᵇ : ኅብርᶜ : ወ፩ᵈስ : ዘእምእብንᵉ : ባሕርይᶠ : ወ፩፯ᵍ : ዘእምዕብንʰ : ፈውስⁱ : ወዘመንገለ : ዓዜብʲ : እምዕብንᵏ : ቀይሕˡ ። 8 ወማዕከላይሳᵃ : ይጐድአᵇ : እስከ : ሰማይᶜ : ከመ : መንበሩᵈ : ለእግዚአብሔርᵉ : ዘእምእብንᶠ : ጴካ፨ : ወድማሁʰ : ለመንበሩⁱ : ዘእምእብንʲ : ሰንፔርᵏ ። 9 ወእሳተᵃ : ዘይነድድᵇ : ርኢኩᶜ : ወዘሀሎᵈ : ውስተ

18.2 ᵈ ርእየ : *G perf 1cs*, to see   ᵉ ፬ : 4   ᶠ ነፋስ : wind   ፨ ጾረ : *G impf 3mpl*, to carry   ʰ ምድር : earth   ⁱ *ጽንዐ : ሰማይ : firmament   **18.3** ᵃ ርእየ : *G perf 1cs*, to see   ᵇ ነፋስ : wind   ᶜ ረበ / ረበበ : *G impf 3mpl*, to stretch   ᵈ ልዕልና : height   ᵉ ሰማይ : heaven   ᶠ ቆመ : *G impf 3mpl*, to stand   ፨ ሰማይ : heaven   ʰ ምድር : earth   ⁱ ዐዕድ : pillar   ʲ ሰማይ : heaven   **18.4** ᵃ ርእየ : *G perf 1cs*, to see   ᵇ ነፋስ : wind   ᶜ ሜጠ : *G impf 3mpl*, to turn   ᵈ ሰማይ : heaven   ᵉ *አዕረበ : *CG impf 3mpl*, to cause to set (ያዐርቡ)   ᶠ ከበበ : disk   ፨ ፀሐይ : sun   ʰ ከዐከበ : star   **18.5** ᵃ ርእየ : *G perf 1cs*, to see   ᵇ ምድር : earth   ᶜ ነፋስ : wind   ᵈ ጾረ : *G impf 3mpl*, to carry   ᵉ ደመና : cloud   ᶠ ርእየ : *G perf 1cs*, to see   ፨ ፍኖት : path   ʰ መልአክ : angel   ⁱ ርእየ : *G perf 1cs*, to see   ʲ ጽንፍ : end, extremity   ᵏ ምድር : earth   ˡ ጽንዕ : firmness, solidity   ᵐ ሰማይ : heaven   ⁿ መልዕልት : above   **18.6** ᵃ ኀለፈ : *G perf 1cs*, to pass, cross over (ኀለፍኩ)   ᵇ አዜብ : south   ᶜ ነደ / ነደደ : *G impf 3ms*, to burn   ᵈ መዓልት : day   ᵉ ሌሊት : night   ᶠ ፯ : 7   ፨ ደብር : mountain   ʰ እብን : stone   ⁱ ከቡር : precious   ʲ ፫ : 3   ᵏ *ጸባሕ : east   ˡ ፫ : 3   ᵐ አዜብ : south   **18.7** ᵃ *ጸባሕ : east   ᵇ እብን : stone   ᶜ ሕብር / ኅብር : color   ᵈ ፩ : 1   ᵉ እብን : stone   ᶠ ባሕርይ : pearl   ፨ ፩ : 1   ʰ *እብን : stone   ⁱ ፈውስ : medicine, remedy   ʲ *አዜብ : south   ᵏ *እብን : stone   ˡ ቀይሕ : red   **18.8** ᵃ *ማእከላይ : middle   ᵇ ጐድአ : *G impf 3ms*, to touch   ᶜ ሰማይ : sky, heaven   ᵈ መንበር : throne   ᵉ እግዚአብሔር : Lord   ᶠ እብን : stone   ፨ ጴካ : white marble, alabaster, antimony   ʰ ድማሁ : top   ⁱ መንበር : throne   ʲ እብን : stone   ᵏ ሰንፔር : sapphire   **18.9** ᵃ እሳት : fire   ᵇ ነደ / ነደደ : *G impf 3ms*, to burn   ᶜ ርእየ : *G perf 1cs*, to see   ᵈ ሀሎ / ሀለወ : *D perf 3ms*, to be

: ኵሉ : አድባርᵉ ፡፡ 10 ወርኢኩᵃ : ህየ : መካነᵇ : ማዕዱተ̈ᶜ : ለዓቢይᵈ : ምድርᵉ : ህየ : ይትጋብኡᶠ : ማያትᵍ ፡፡ 11 ወርኢኩᵃ : ንቅዐተᵇ : ምድርᶜ : ዕሙቀᵈ : በአዕማዲሁᵉ : ለእሳተᶠ : ሰማይᵍ : ወርኢኩʰ : በውስቴቶሙ : አዕማዲⁱ : ሰማይʲ : ዘአሳትᵏ : ዘይወርዱˡ : ወአልበሙ : ጐልቈᵐ : ወኢመንገለ : መልዕልትⁿ : ወኢመንገለ : ዕመቅ ፡፡ 12 ወዲበ : ውእቱ : ንቅዓትᵃ : ርኢኩᵇ : መካነᶜ : ወኢጸንዕ : ሰማይᵈ : ላዕሌሁ : ወኢመሡረተᵉ : ምድርᶠ : በታሕቱ : ወኢማይᵍ : አልቦ : ላዕሌሁ : ወኢአዕዋፍʰ : አለ : መካኒⁱ : ቢድውʲ : ውእቱ ፡፡ 13 ወግሩመᵃ : ርኢኩᵇ : በህየ : ፯ከዋክብተᵈ : ከመ : ዓቢይትᵉ : አድባርᶠ : ዘይነዱᵍ : ወከመ : መንፈስʰ : ዘይሴአለኒⁱ ፡፡ 14 ይቤᵃ : መልአክᵇ : ዝውእቱ : መካነᶜ : ተፍጻሜቱᵈ : ለሰማይᵉ : ወለምድርᶠ : ቤት : ሞቅሕᵍ : ኮነሙʰ : ዝንቱ : ለከዋክብትⁱ : ሰማይʲ : ወለኃይለᵏ : ሰማይˡ ፡፡ 15 ወከዋክብትᵃ : አለ : ያንኮረኵሩᵇ : ዲበ : እሳትᶜ : ወአሉ : ውእቶሙ : አለ : ኃለፉᵈ : ትእዛዘᵉ : እግዚአብሔርᶠ : እምቅድመ : ጸባሆሙᵍ : እስመ : ኢመጽኡʰ : በጊዜሆሙⁱ ፡፡ 16 ወተምዕዖሙᵃ : ወአሰሮሙᵇ : እስከ : ጊዜᶜ : ተፍጻሜቱᵈ : ኃጢአቶሙᵉ : በዓመተᶠ : ምሥጢርᵍ ፡፡

18.9 ᵉ ደብር : mountain **18.10** ᵃ ርእየ : *G perf 1cs*, to see ᵇ መካን : place ᶜ ማዕዱት : the opposite side ᵈ *ዐቢይ : great ᵉ ምድር : earth ᶠ ተጋብአ : *Lt impf 3mpl*, to be collected ᵍ ማይ : water **18.11** ᵃ ርእየ : *G perf 1cs*, to see ᵇ ንቅዐት : chasm ᶜ ምድር : earth ᵈ ዕሙቅ : deep ᵉ ዐምድ : pillar ᶠ እሳት : fire ᵍ ሰማይ : heaven ʰ ርእየ : *G perf 1cs*, to see ⁱ ዐምድ : pillar ʲ ሰማይ : heaven ᵏ እሳት : fire ˡ ወረደ : *G impf 3mpl*, to go down ᵐ ጐልቈ : number ⁿ መልዕልት : upper part, top ᵒ ዕመቅ : depth **18.12** ᵃ ንቅዐት : chasm ᵇ ርእየ : *G perf 1cs*, to see ᶜ መካን : place ᵈ *ጸንዐ : ሰማይ : firmament ᵉ መሡረት : foundation ᶠ ምድር : earth ᵍ ማይ : water ʰ ዖፍ : bird ⁱ መካን : place ʲ ቢድው : desert **18.13** ᵃ ግሩም : terrible, amazing ᵇ ርእየ : *G perf 1cs*, to see ᶜ ፯ : 7 ᵈ ከዋክብ : star ᵉ *ዐቢይ : big, great ᶠ ደብር : mountain ᵍ ነደ / ነደየ : *G impf 3ms*, to burn ʰ መንፈስ : spirit ⁱ ተሰአለ / ተስአለ : *Gt impf 3ms*, to enquire, question **18.14** ᵃ ብህለ : *G perf 3ms*, to say ᵇ መልአክ : angel ᶜ መካን : place ᵈ ተፍጻሜት : end ᵉ ሰማይ : heaven ᶠ ምድር : earth ᵍ ቤት : ሞቅሕ : prison ʰ ኮነ : *G perf 3ms*, to be ⁱ ከዋክብ : star ʲ ሰማይ : heaven ᵏ *ኃይል : host ˡ ሰማይ : heaven **18.15** ᵃ ከዋክብ : star ᵇ አንኮረኵረ : *CG impf 3mpl*, to roll ᶜ እሳት : fire ᵈ ኃለፈ : *G perf 3mpl, to transgress (ኃለፉ) ᵉ ትእዛዝ : order ᶠ እግዚአብሔር : Lord ᵍ *ጸባሕ : morning, rising ʰ መጽአ : *G perf 3mpl*, to come ⁱ ጊዜ : time **18.16** ᵃ ተምዕዐ : *Gt perf 3ms*, to be angry ᵇ አሰረ : *G perf 3ms*, to bind, imprison ᶜ ጊዜ : time ᵈ ተፍጻሜት : consummation ᵉ *ኃጢአት : sin ᶠ ዓመት : year ᵍ *ምስጢር : mystery

19

1 ወይቤለኒᵃ ፡ ኡርኤል ፡ በዝየᵇ ፡ ተደሚሮሙ·ᶜ ፡ መላእክትᵈ ፡ ምስለ ፡ አንስትᵉ ፡ ይቀውሙ·ᶠ ፡ መናፍስቲሆሙ·ᵍ ፡ ወብዙኅʰ ፡ ራእዩⁱ ፡ ከዊኖሙ·ʲ ፡ አርኮሶሙ·ᵏ ፡ ለሰብእˡ ፡ ወያስሕትዎሙ·ᵐ ፡ ለሰብእⁿ ፡ ከመ ፡ ይሡዑᵒ ፡ ለአጋንንትᵖ ፡ ከመ ፡ አማልክትᑫ ፡ እስመ ፡ በዕለትʳ ፡ ዓባይˢ ፡ ኵነኔᵗ ፡ በዘይትኴነኑᵘ ፡ እስከ ፡ ይትፌጸሙ·ᵛ ። 2 ወአንስቲያሙ·ኒᵃ ፡ አስሒቶንᵇ ፡ መላእክተᶜ ፡ ሰማይᵈ ፡ ከመ ፡ ሰላማውያንᵉ ፡ ይከውናᶠ ። 3 ወአን ፡ ሄኖክ ፡ ርኢኩᵃ ፡ አርአያᵇ ፡ ባሕቲትየ ፡ አጽናፈᶜ ፡ ኵሉ ፡ ወአልቦ ፡ ዘርእየᵈ ፡ አምሰብእᵉ ፡ ከመ ፡ አነ ፡ ርኢኩᶠ ።

20

1 ወዝንቱ ፡ ውእቱ ፡ አስማቲሆሙ·ᵃ ፡ ለእለ ፡ ይተግሁᵇ ፡ ቅዱሳንᶜ ፡ መላእክትᵈ ። 2 ኡርኤል ፡ ፩ᵃ ፡ እምነ ፡ መላእክትᵇ ፡ ቅዱሳንᶜ ፡ እስመ ፡ ዘርዓምᵈ ፡ ወዘረአድᵉ ፡ 3 ሩፋኤል ፡ ፩ᵃ እምነ ፡ ቅዱሳንᵇ ፡ መላእክትᶜ ፡ ዘመናፍስተᵈ ፡ ሰብእᵉ ፡ 4 ራጉኤል ፡ ፩ᵃ እምነ ፡ መላእክትᵇ ፡ ቅዱሳንᶜ ፡ ዘይትቤቀሎᵈ ፡ ለዓለምᵉ ፡ ወለብርሃናትᶠ ። 5 ሚካኤል ፡ ፩ᵃ እምነ ፡ መላእክትᵇ ፡ ቅዱሳንᶜ

19.1 ᵃ ብህለ : G perf 3ms, to say ᵇ ዝየ : here ᶜ ተደመረ : D act part, to be joined, to have intercourse ᵈ መልአክ : angel ᵉ ብእሲት : woman ᶠ ቆመ : G impf 3mpl, to stand ᵍ መንፈስ : spirit ʰ ብዙኅ : many ⁱ ራአይ : appearance ʲ ኮነ : G act part, to be ᵏ አርኮስ : CG perf 3mpl, to defile ˡ ብእሲ : man ᵐ አስሐተ : CG impf 3mpl, to lead astray ⁿ ብእሲ : man ᵒ ሦዐ / ሠውዐ : G juss 3mpl, to sacrifice ᵖ ጋኔን : demon ᑫ አምላክ : god ʳ ዕለት : day ˢ *ዐቢይ : great ᵗ ኵነኔ : judgment ᵘ ተኰነነ : Dt impf 3mpl, to be judged ᵛ ተፈጸመ : Dt impf 3mpl, to be executed, ended 19.2 ᵃ አንስትያ / አንስቲያ : women, wives ᵇ አስሐተ : CG act part, to lead astray ᶜ መልአክ : angel ᵈ ሰማይ : heaven ᵉ ሰላማዊ : peaceful ᶠ ኮነ : G impf 3fpl, to be 19.3 ᵃ ርእየ : G perf 1cs, to see ᵇ አርአያ : appearance, image ᶜ ጽንፍ : end ᵈ ርእየ : G perf 3ms, to see ᵉ ብእሲ : man ᶠ ርእየ : G perf 1cs, to see

20.1 ᵃ ስም : name ᵇ ተግሀ : G impf 3mpl, to keep watch ᶜ ቅዱስ : holy ᵈ መልአክ : angel 20.2 ᵃ ፩ : 1 ᵇ መልአክ : angel ᶜ ቅዱስ : holy ᵈ *ርዓም : thunder ᵉ *ረዓድ / ረዐድ : tremor 20.3 ᵃ ፩ : 1 ᵇ ቅዱስ : holy ᶜ መልአክ : angel ᵈ መንፈስ : spirit ᵉ ብእሲ : man 20.4 ᵃ ፩ : 1 ᵇ መልአክ : angel ᶜ ቅዱስ : holy ᵈ ተበቀለ : Dt impf 3ms, to punish, take vengeance ᵉ ዓለም : world ᶠ ብርሃን : light 20.5 ᵃ ፩ : 1 ᵇ መልአክ : angel ᶜ ቅዱስ : holy

: እስመ ፡ ዲበ ፡ ሠናይቱᵈ ፡ ለሰብእᵉ ፡ ተአዛዚ.ᶠ ፡ ዲበ ፡ ሕዝብᵍ ። 6 ሰራቃኤል ፡ ፩ᵃእምነ ፡ መላእክትᵇ ፡ ቅዱሳንᶜ ፡ ዘዲበ ፡ መናፍስትᵈ ፡ እንጋ ፡ እመሕያውᵉ ፡ ዘመናፍስቲᶠ ፡ የሃጥኡᵍ ። 7 ገብርኤል ፡ ፩ᵃእምነ ፡ መላእክትᵇ ፡ ቅዱሳንᶜ ፡ ዘዲበ ፡ አኪይስትᵈ ፡ ወዲበ ፡ ገነትᵉ ፡ ወዘኪሩቤልᶠ ።

21

1 ወአድኩᵃ ፡ እስከ ፡ መካንᵇ ፡ ኀበ ፡ አልቦቱ ፡ ዘይትገበርᶜ ። 2 ወርኢኩᵃ ፡ በህየ ፡ ግብረᵇ ፡ ግሩምᶜ ፡ ኢሰማይᵈ ፡ ልዑለᵉ ፡ ወኢምድረᶠ ፡ ሱርረተᵍ ፡ አላ ፡ መካንʰ ፡ ቢዶውⁱ ፡ ዘድልውʲ ፡ ወግሩምᵏ ። 3 ወሀየ ፡ ርኢኩᵃ ፡ ፯ᵇከዋክብተᶜ ፡ ሰማይᵈ ፡ እሱራንᵉ ፡ በላዕሌሁ ፡ ኅቡረᶠ ፡ ከመ ፡ አድባርᵍ ፡ ዐቢይትʰ ፡ ወከመ ፡ ዘእሳትⁱ ፡ እንዝ ፡ ይነድዱʲ ፡ 4 ውእተ ፡ ጊዜᵃ ፡ እቤᵇ ፡ በእንተ ፡ አይ ፡ ኃጢአትᶜ ፡ ተአስሩᵈ ፡ ወበእንተ ፡ ምንት ፡ ዝየᵉ ፡ ተገድፉ.ᶠ ። 5 ወይቤለኒᵃ ፡ ኡርኤል ፡ ፩ᵇእምነ ፡ መላእክትᶜ ፡ ቅዱሳንᵈ ፡ ዘምስሌየ ፡ ውእቱ ፡ ይመርሐኒᵉ ፡ ወይቤ.ᶠ ፡ ሄኖክ ፡ በእንተ ፡ መኑ ፡ ትሴአልᵍ ፡ ወበእንተ ፡ መኑ ፡ ትጤይቅʰ ፡ ወትስዕልⁱ ፡ ወትጽሕቅʲ ።

20.5 ᵈ ሠናይ : good ᵉ ብእሲ : man ᶠ ተአዛዚ : commanded, ordered ᵍ ሕዝብ : nation **20.6** ᵃ ፩ : 1 ᵇ መልአክ : angel ᶜ ቅዱስ : holy ᵈ መንፈስ : spirit ᵉ እንጋ : እመሕያው· : men ᶠ መንፈስ : spirit ᵍ አጒጥአ : *CG impf 3mpl, to cause to sin (የነጥኡ) **20.7** ᵃ ፩ : 1 ᵇ መልአክ : angel ᶜ ቅዱስ : holy ᵈ ከይሲ : serpent ᵉ ገነት : paradise ᶠ ኪሩብ : cherub

21.1 ᵃ *የደ : G perf 1cs, to go around (የድኩ·) ᵇ *መካን : place ᶜ ተገብረ : Gt impf 3ms, to be made **21.2** ᵃ ርእየ : G perf 1cs, to see ᵇ ግብር : thing ᶜ ግሩም : terrible, amazing ᵈ ሰማይ : heaven ᵉ ልዑል : high ᶠ ምድር : earth ᵍ *ሠረረ : founded, established ʰ መካን : place ⁱ ቢዶው· : desert ʲ ድልው· : prepared ᵏ ግሩም : terrible, amazing **21.3** ᵃ ርእየ : G perf 1cs, to see ᵇ ፯ : 7 ᶜ ከከብ : star ᵈ ሰማይ : heaven ᵉ እሱር : bound ᶠ ኅቡረ : together ᵍ ደብር : mountain ʰ *ዐቢይ : big, great ⁱ እሳት : fire ʲ ነደ / ነደደ : G impf 3mpl, to burn **21.4** ᵃ ጊዜ : time ᵇ ብህለ : G perf 1cs, to say ᶜ *ኃጢአት : sin ᵈ ተአስረ : Gt perf 3mpl, to be bound ᵉ ዝየ : here ᶠ ተገድፈ : Gt perf 3mpl, to be thrown away, cast down **21.5** ᵃ ብህለ : G perf 3ms, to say ᵇ ፩ : 1 ᶜ መልአክ : angel ᵈ ቅዱስ : holy ᵉ መርሐ : G impf 3ms, to lead ᶠ ብህለ : G perf 3ms, to say ᵍ ተስአለ / ተስአለ : Gt impf 2ms, to enquire ʰ ጠየቀ : D impf 2ms, to examine ⁱ *ስአለ / ስአለ : G impf 2ms, to ask (ትስአል) ʲ ጽሀቀ / ጽሕቀ : G impf 2ms, to care for

6 እሉ ፡ ውእቶሙ ፡ እምነ ፡ ከዋክብትᵃ ፡ እለ ፡ ኃለፉᵇ ፡ ትእዛዘᶜ ፡ እግዚአብሔርᵈ ፡ ልዑልᵉ ፡ ወተአስሩᶠ ፡ በዝየᵍ ፡ እስከ ፡ ይትፌጸምᵘ ፡ ትእልፊተⁱ ፡ ዓለምʲ ፡ ኍልቄᵏ ፡ መዋዕለ ፡ ኃጢአቶሙᵐ ። **7** ወእምህየ ፡ ሐርኩᵃ ፡ ካልአᵇ ፡ መካነᶜ ፡ እምዝ ፡ ዘይገርምᵈ ፡ ወርኢኩᵉ ፡ ግብረᶠ ፡ ግሩመᵍ ፡ እሳትʰ ፡ ዓቢየⁱ ፡ በህየ ፡ ዘይነድድʲ ፡ ወያንበለብልᵏ ፡ ወመምተርትˡ ፡ ቦቱ ፡ ወሰኖᵐ ፡ እስከ ፡ ቀላይⁿ ፡ ፍጹምᵒ ፡ ዐማደ ፡ እሳትᵠ ፡ ዓቢይʳ ፡ ዘያወርድሙˢ ፡ ወኢአምጣኖᵗ ፡ ወኢዕበዩᵘ ፡ ኢክሀልኩᵛ ፡ ነጽሮʷ ፡ ወስእንኩˣ ፡ ነጽሮʸ ፡ ዓይንᶻ ። **8** ውእተ ፡ ጊዜᵃ ፡ እቤᵇ ፡ አፎᶜ ፡ ግሩምᵈ ፡ ዝንቱ ፡ መካንᵉ ፡ ወሕማምᵠ ፡ ለነጽሮᵍ ። **9** ውእተ ፡ ጊዜᵃ ፡ አውሥአኒᵇ ፡ ኡርኤል ፡ ፩ᶜ ፡ እመላእክትᵈ ፡ ቅዱሳነᵉ ፡ ዘምስሌየ ፡ ሀለወᶠ ፡ አውሥአኒᵍ ፡ ወይቤለኒʰ ፡ ሄኖክ ፡ ምንት ፡ ውእቱ ፡ ፍርሃትከⁱ ፡ ከመዝ ፡ ወድንጋፄከʲ ፡ በእንተዝ ፡ ግሩምᵏ ፡ መካን ፡ ወቅድመ ፡ ገጹᵐ ፡ ለዝ ፡ ሕማምᵐ ። **10** ወይቤለኒᵃ ፡ ዝመካንᵇ ፡ ቤተ ፡ ሞቅሐሙᶜ ፡ ለመላእክትᵈ ፡ ወህየ ፡ ይትአኃዙᵉ ፡ እስከ ፡ ለዓለምᶠ ።

21.6 ᵃ ከከብ : star ᵇ ኃለፈ : *G perf 3mpl, to transgress (ኃለፉ) ᶜ ትእዛዘ : commandment, order ᵈ እግዚአብሔር : Lord ᵉ ልዑል : Most High ᶠ ተአስረ : Gt perf 3mpl, to be bound ᵍ ዝየ : here ʰ ተፈጸመ : Dt impf 3ms, to be completed ⁱ ትእልፊት : ten thousand ʲ ዓለም : age ᵏ ኍልቁ : number ˡ መዓልት : day ᵐ *ኃጢአት : sin **21.7** ᵃ ሐረ : G perf 1cs, to go ᵇ ካልእ : another ᶜ መካን : place ᵈ ገረመ : G impf 3ms, to be frightful, terrible ᵉ ርእየ : G perf 1cs, to see ᶠ ግብር : thing ᵍ ግሩም : terrible, amazing ʰ እሳት : fire ⁱ *ዐቢይ : great ʲ ነደ / ነደደ : G impf 3ms, to burn ᵏ አንበልበለ : CG impf 3ms, to blaze ˡ *መምተርት : cleft ᵐ ወሰነ : limit ⁿ ቀላይ : abyss ᵒ ፍጹም : full ᵖ ዐምድ : pillar ᵠ እሳት : fire ʳ *ዐቢይ : great ˢ አውረደ : CG impf 3mpl, to make go down, take down ᵗ አምጣን : extent ᵘ ዕበይ : size ᵛ ክህለ : G perf 1cs, to be able ʷ ነጸረ : *D inf, to look, examine (ነጽሮ) ˣ ስእነ : G perf 1cs, to be unable ʸ ነጸረ : D inf, to look, examine ᶻ *ዐይን : source **21.8** ᵃ ጊዜ : time ᵇ ብህለ : G perf 1cs, to say ᶜ አፎ : how ᵈ ግሩም : terrible, amazing ᵉ መካን : place ᶠ ሕማም : pain, suffering ᵍ ነጸረ : D inf, to look, examine **21.9** ᵃ ጊዜ : time ᵇ አውሥአ : CG perf 3ms, to answer ᶜ ፩ : 1 ᵈ መልአክ : angel ᵉ ቅዱስ : holy ᶠ ሀሎ / ሀለወ : D perf 3ms, to be ᵍ አውሥአ : CG perf 3ms, to answer ʰ ብህለ : G perf 3ms, to say ⁱ *ፍርሀት : fear ʲ ድንጋፄ : terror ᵏ ግሩም : terrible, amazing ˡ መካን : place ᵐ ገጽ : face, presence ⁿ ሕማም : pain, suffering **21.10** ᵃ ብህለ : G perf 3ms, to say ᵇ መካን : place ᶜ ቤተ ፡ ሞቅሕ : prison ᵈ መልአክ : angel ᵉ ተአኀዘ : Gt impf 3mpl, to be held, made prisoner (ይትአኃዙ) ᶠ ዓለም : eternity

22

1 ወእምህየ : ሐርኩᵃ : ካልአᵇ : መካነᶜ : ወአርአየኒᵈ : በምዕራብᵉ : ደብርᶠ : ዓቢይᵍ : ወነዋህʰ : ወኰኵሕⁱ : ፀኑዕʲ :: 2 ወይ̱ᵃመካናትᵇ : ሠናያትᶜ : ወበውስቴቱ : ዘቱ : ዕሙቅᵈ : ወርኂብᵉ : ወልሙጽᶠ : ጥቀᵍ : ከመ : ልሙጽʰ : ዘያንኰረክʳᵢ : ወዕሙቅʲ : ወጽልመትᵏ : ለነጽሮˡ :: 3 ውእተ : ጊዜᵃ : አውሥአኒᵇ : ሩፋኤል : ፩ᶜእመላእክትᵈ : ቅዱሳንᵉ : ዘሀሎፈ : ምስሌየ : ወይቤለኒᵍ : እላ : መካናትʰ : ሠናያትⁱ : ከመ : ይትጋብአʲ : ዲቤሆን : መናፍስትᵏ : ነፍሶሙˡ : ለምውታንᵐ : ሎሙ : እላንቱ : ተፈጥሩⁿ : ዝዮ : ያስተጋብኡᵖ : ኵሎ : ነፍሳ qᵃ : ውሉደʳ : ሰብእˢ :: 4 ወእሙንቱ : መካናትᵃ : ኀበ : ያነብርዎሙᵇ : ገብሩᶜ : እስከ : ዕለተᵈ : ኰነሆሙᵉ : ወእስከ : አመ : እድሜሆሙᶠ : ወዕድሜᵍ : ውእቱ : ዓቢይʰ : እስከ : አመ : ኰነⁱ : ዓቢይʲ : በላዕሌሆሙ :: 5 ወርኢኩᵃ : መናፍስትᵇ : ውሉደ : ሰብእᵈ : እንዘ : ምውታንᵉ : ውእቶሙ : ወቃሎሙᶠ : ይበጽሕᵍ : እስከ : ሰማይʰ : ወይሰኪⁱ :: 6 ይእተ : ጊዜᵃ : ተስእልኵᵇ : ለሩፋኤል : መልአክᶜ : ዘሀሎᵈ : ምስሌየ : ወእቤሎᵉ : ዝመንፈስᶠ : ዘመኑ

22.1 ᵃ ሐረ : *G perf 1cs, to go* ᵇ ካልእ : another ᶜ መካን : place ᵈ አርአየ : *CG perf 3ms, to show* ᵉ ምዕራብ : west ᶠ ደብር : mountain ᵍ *ዐቢይ : big, large ʰ *ነዋኅ : high ⁱ ኰኵሕ : rock ʲ *ጽኑዕ : hard **22.2** ᵃ ፬ : 4 ᵇ መካን : place ᶜ ሠናይ : beautiful ᵈ ዕሙቅ : deep ᵉ *ርሒብ : wide ᶠ ልሙጽ : smooth ᵍ ጥቀ : very ʰ ልሙጽ : smooth ⁱ አንኮርኰረ : *CG impf 3ms, to roll* ʲ ዕሙቅ : deep ᵏ ጽልመት : darkness ˡ ነጸረ : *D inf, to look* **22.3** ᵃ ጊዜ : time ᵇ አውሥአ : *G perf 3ms, to answer* ᶜ ፩ : 1 ᵈ መልአክ : angel ᵉ ቅዱስ : holy ᶠ ሀሎ / ሀለወ : *D perf 3ms, to be* ᵍ ቡሀለ : *G perf 3ms, to say* ʰ መካን : place ⁱ ሠናይ : beautiful ʲ ተጋብአ : *Lt juss 3mpl, to be gathered, assemble* ᵏ መንፈስ : spirit ˡ ነፍስ : soul ᵐ ምውት : dead ⁿ ተፈጥረ : *Gt perf 3mpl, to be created* ᵒ ዝየ : here ᵖ አስተጋብአ : *CLt juss 3mpl, to gather* q ነፍስ : soul ʳ ወልድ : son ˢ ብእሲ : man **22.4** ᵃ መካን : place ᵇ አንበረ : *CG impf 3mpl, to place, put* ᶜ ገብረ : *G perf 3mpl, to make* ᵈ ዕለት : day, time ᵉ ኰነ : judgment ᶠ *ዕድሜ : appointed time ᵍ ዕድሜ : appointed time ʰ *ዐቢይ : long, great ⁱ ኰነ : judgment ʲ *ዐቢይ : great **22.5** ᵃ ርአየ : *G perf 1cs, to see* ᵇ መንፈስ : spirit ᶜ ወልድ : son ᵈ ብእሲ : man ᵉ ምውት : dead ᶠ ቃል : voice ᵍ በጽሐ : *G impf 3ms, to reach* ʰ ሰማይ : heaven ⁱ ሰከየ : *G impf 3ms, to accuse* **22.6** ᵃ ጊዜ : time ᵇ ተሰአለ / ተስአለ : *Gt perf 1cs, to enquire, ask* ᶜ መልአክ : angel ᵈ ሀሎ / ሀለወ : *D perf 3ms, to be* ᵉ ቡሀለ : *G perf 1cs, to say* ᶠ መንፈስ : spirit

: ውእቱ : ዘከመዝ : ቃሉ፨ ይበጽሕʰ : ወይሰኪⁱ ፨ 7 ወአውሥአነᵃ : ወይቤለነᵇ : እንዘ : ይብልᶜ : ዝንቱ : መንፈስᵈ : ውእቱ : ዘይወፅእᵉ : እምአቤል : ዘተለوᶠ : ቃየን : እንዴይᵍ : ወይሰኪʰ : ኪያሁ : እስከ : ሶበ : ይትኀጐልⁱ : ዘርኡʲ : እምገጸᵏ : ምድርˡ : ወእምዘርአᵐ : ሰብእⁿ : ይማስንᵒ : ዘርኡᵖ፨ 8 ውእተ : ጊዜᵃ : ተስአልኩᵇ : በእንቲሁ : ወበእንተ : ኵነኔᶜ : ኵሉ : ወአቢᵈ : በእንተ : ምንት : ተፈልጠᵉ : ፩ᶠእምነ : ፩ᵍ፨ 9 ወአውሥአነᵃ : ወይቤለነᵇ : አሉ : ፫ᶜተገብሩᵈ : ከመ : ይፍልጡᵉ : መንፈሰሙᶠ : ለምውታን፸ : ወከመዝ : ተፈልጣʰ : ነፍሰሙⁱ : ለጻድቃን፸ : ዝውእቱ : ነቅዓᵏ : ማይˡ : በላዕሌሁ : ብርሃንᵐ ፨ 10 በከመ : ከማሁ : ተፈጥረᵃ : ለኃጥእንᵇ : ሶበ : ይመውቱᶜ : ወይትቀበሩᵈ : ውስተ : ምድርᵉ : ወኵነኔᶠ : ኢኮነ : በላዕሌሆሙ : በሕይወቶሙʰ ፨ 11 ወበዝዓᵃ : ይትፈለጣᵇ : ነፍሳቲሆሙᶜ : ዲበ : ዛቲ : አባይᵈ : ፃዕርᵉ : እስከ : አም : ዓባይᶠ : ዕለት፸ : እንተ : ኵነኔʰ : ወመቅሠፍትⁱ : ወፃዕርʲ : ለዕለ : ይረግሙᵏ : እስከ : ለዓለምˡ : ወበቀልᵐ : ለነፍሰሙⁿ : ወበህየ : የአስሮሙᵒ : እስከ : ለዓለምᵖ : ወእመኃᵠ : ውእቱ : አምቅድመʳ : ዓለምˢ ፨ 12 ወከመዝ : ተፈልጠᵃ : ለነፍሰሙᵇ

22.6 ᵍ ቃል : voice ʰ በጽሐ : *G impf 3ms*, to reach ⁱ ሰከየ : *G impf 3ms*, to accuse **22.7** ᵃ አውሥአ : *G perf 3ms*, to answer ᵇ ብህለ : *G perf 3ms*, to say ᶜ ብህለ : *G impf 3ms*, to say ᵈ መንፈስ : spirit ᵉ ወፅአ : *G impf 3ms*, to come out ᶠ ቀተለ : *G perf 3ms*, to kill ᵍ እኅው : brother ʰ ሰከየ : *G impf 3ms*, to accuse ⁱ *ተሀጕለ / ተሐጕለ : *Gt impf 3ms*, to be destroyed (ይትሀጐል) ʲ ዘርእ : offspring ᵏ ገጽ : face ˡ ምድር : earth ᵐ ዘርእ : offspring ⁿ ብእሲ : man ᵒ ማሰነ : *L impf 3ms*, to perish ᵖ ዘርእ : offspring **22.8** ᵃ ጊዜ : time ᵇ ተሰአለ / ተስአለ : *Gt perf 1cs*, to enquire, ask ᶜ ኵነኔ : judgment ᵈ ብህለ : *G perf 1cs*, to say ᵉ ተፈልጠ : *Gt perf 3ms*, to be separated ᶠ ፩ : 1 ᵍ ፩ : 1 **22.9** ᵃ አውሥአ : *G perf 3ms*, to answer ᵇ ብህለ : *G perf 3ms*, to say ᶜ ፫ : 3 ᵈ ተገብረ : *Gt perf 3mpl*, to made ᵉ ፈለጠ : *G juss 3mpl*, to separate ᶠ መንፈስ : spirit ᵍ ምውት : dead ʰ ተፈልጠ : *Gt perf 3ms*, to be separated ⁱ ነፍስ : soul ʲ ጻድቅ : righteous ᵏ ነቅዕ : spring ˡ ማይ : water ᵐ ብርሃን : light **22.10** ᵃ ተፈጥረ : *Gt perf 3ms*, to be created ᵇ ኃጥእ : sinner ᶜ ሞተ : *G impf 3mpl*, to die ᵈ ተቀብረ : *Gt impf 3mpl*, to be buried ᵉ ምድር : earth ᶠ ኵነኔ : judgment ᵍ ኮነ : *G perf 3ms*, to be ʰ ሕይወት : life **22.11** ᵃ ዝየ : here ᵇ ተፈልጠ : *Gt perf 3fpl*, to be separated ᶜ ነፍስ : soul ᵈ *ዐቢይ : great ᵉ *ጻዕር : torment ᶠ *ዐቢይ : great ᵍ ዕለት : day ʰ ኵነኔ : judgment ⁱ መቅሠፍት : punishment, wrath ʲ *ጻዕር : torment ᵏ ረገመ : *G impf 3mpl*, to curse ˡ ዓለም : eternity ᵐ በቀል : revenge ⁿ ነፍስ : soul ᵒ አሰረ : *G impf 3ms*, to bind ᵖ ዓለም : eternity ᵠ *አማን : verily ʳ ቅድም : beginning ˢ ዓለም : world **22.12** ᵃ ተፈልጠ : *Gt perf 3ms*, to be separated ᵇ ነፍስ : soul

: ለእለ : ይሰክዩᶜ : ወለእለ : ያርእዩᵈ : በእንተ : ኅጉላትᵉ : አመᶠ : ተቀትሉᵍ : በመዋዕለʰ : ኃጥአንⁱ ። 13 ከመዝ : ተፈጥራᵃ : ለነፍሶሙᵇ : ለሰብእር : አለ : ኢኮኑᵈ : ጻድቃንᵉ : አላ : ኃጥአንᶠ : አለ : ፍጹማን⁸ : አበሳʰ : ወምስለ : አበሲያንⁱ : ይከውኑʲ : ከማሆሙ : ወነፍሶሙሰᵏ : ኢትትቀተልˡ : በዕለተᵐ : ኩኔንⁿ : ወኢይትንሥኡᵒ : እምዝየᵖ ። 14 ውእተ : ጊዜᵃ : ባረክዎᵇ : ለእግዚእᶜ : ስብሐትᵈ : ወእቤᵉ : ቡሩክᶠ : ውእቱ : እግዚአየ⁸ : እግዚአʰ : ስብሐትⁱ : ወጽድቅʲ : ዘኵሎ : ይመልክᵏ : እስከ : ለዓለምˡ ።

23

1 ወእምህየ : ሐርኩᵃ : ካልአᵇ : መካነᶜ : መንገለ : ዓረብᵈ : እስከ : አጽናፈᵉ : ምድርᶠ ። 2 ወርኢኩᵃ : እሳተᵇ : ዘይነድድᶜ : ወይረውጽᵈ : እንዘ : ኢያርፍᵉ : ወኢይኅድግᶠ : እምሩጸቱ⁸ : መዓልተʰ : ወሌሊተⁱ : አላ : ከማሁሙ ። 3 ወተሰእልኩᵃ : እንዘ : እብልᵇ : ዝንቱ : ምንት : ውእቱ : ዘአልቦ : እረፍትᶜ ። 4 ውእተ : ጊዜᵃ : አውሥአኒᵇ : ራጉኤል : ፩እምነ : ቅዱሳንᵈ

22.12 ᶜ ሰከየ : *G impf 3mpl*, to accuse ᵈ አርአየ : *CG impf 3mpl*, to reveal ᵉ *ህጉላት / ሕጉላት : destruction ᶠ አመ : when ⁸ ተቀትለ : *Gt perf 3mpl*, to be killed ʰ መዓልት : day ⁱ ኃጥእ : sinner **22.13** ᵃ ተፈጥረ : *Gt perf 3ms*, to be created ᵇ ነፍስ : soul ᶜ ብእሲ : man ᵈ ኮነ : *G perf 3mpl*, to be ᵉ ጻድቅ : righteous ᶠ ኃጥእ : sinner ⁸ ፍጹም : accomplished ʰ አበሳ : transgression, crime ⁱ *አበሲ : transgressor ʲ ኮነ : *G impf 3mpl*, to be ᵏ ነፍስ : soul ˡ ተቀትለ : *Gt perf 3fs*, to be killed ᵐ ዕለት : day ⁿ ኩኔ : judgment ᵒ ተንሥአ : *Gt impf 3mpl*, to rise up ᵖ ዝየ : here **22.14** ᵃ ጊዜ : time ᵇ ባረከ : *L perf 1cs*, to bless ᶜ እግዚእ : Lord ᵈ ስብሐት : glory ᵉ ብህለ : *G perf 1cs*, to say ᶠ ቡሩክ : blessed ⁸ እግዚእ : Lord ʰ እግዚእ : Lord ⁱ ስብሐት : glory ʲ ጽድቅ : righteousness, justice ᵏ መለከ : *G impf 3ms*, to rule ˡ ዓለም : eternity

23.1 ᵃ ሐረ : *G perf 1cs*, to go ᵇ ካልእ : another ᶜ መካን : place ᵈ *ዐረብ : west ᵉ ጽንፍ : end, extremity ᶠ ምድር : earth **23.2** ᵃ ርእየ : *G perf 1cs*, to see ᵇ እሳት : fire ᶜ ነደ / ነደደ : *G impf 3ms*, to burn ᵈ ሮጸ : *G impf 3ms*, to run ᵉ *አዐረፈ : *CG impf 3ms*, to rest (ያዐርፍ) ᶠ ነተገ / ነትገ : *G impf 3ms*, to cease ⁸ *ሩጸት : running ʰ መዓልት : day ⁱ ሌሊት : night **23.3** ᵃ ተሰአለ / ተሰእለ : *Gt perf 1cs*, to enquire, ask ᵇ ብህለ : *G impf 1cs*, to say ᶜ *ዕረፍት : rest **23.4** ᵃ ጊዜ : time ᵇ አውሥአ : *G perf 3ms*, to answer ᶜ ፩ : 1 ᵈ ቅዱስ : holy

፡ መላእክቴe ፡ ዘሀሎof ፡ ምስሌየ ፡ ወይቤለኒ፰ ፡ ዝንቱ ፡ ዘርኢክh ፡ ሩጸቲi ፡ ዘመንገለ ፡ ዓረብj ፡ እሳትk ፡ ዘይነድድl ፡ ውእቱ ፡ ኵሉ ፡ ብርሃናተm ፡ ሰማይn ።

24

1 ወእምህየ ፡ ሐርኩa ፡ ካልአb ፡ መካነc ፡ ምድርd ፡ ወአርአዩኒe ፡ ደበረf ፡ እሳትg ፡ ዘያንበለብልh ፡ መዓልቲi ፡ ወሌሊተj ። 2 ወሐርኩa ፡ መንገሌሁ ፡ ወርኢኩb ፡ ፯አድባርd ፡ ከቡራነc ፡ ወኵሉ ፡ ፯እምኔሀ ፡ ፯ፀንዘ ፡ ይትዋለጥh ፡ ወአዕባኒi ፡ ከቡራkj ፡ ወሠናያkk ፡ ወኵሉ ፡ ከቡርl ፡ ወስቡሕm ፡ ራእዮሙn ፡ ወሠናይo ፡ ገጸሙp ፡ ፫አመንገለ ፡ ጽባሕr ፡ ወጽኑዓንs ፡ ፫ዲስt ፡ ፩u ፡ ወ፫v ፡ መንገለ ፡ ስሜንw ፡ ፩x ፡ ዲበ ፡ ፩y ፡ ወቄላተz ፡ ዕሙቃተaa ፡ ወጠዋያቴbb ፡ አሐቲcc ፡ ለአሐቲdd ፡ ኢይትቃረባee ። 3 ወሳብዕa ፡ ደብርb ፡ ማእከሎሙ ፡ ለሰዎንቱ ወኑሆሙ·c ፡ ይትማሰሉd ፡ ኵሎሙ ፡ ከመ ፡ መንበረe ፡ አትሮንስf ፡ ወየዓውድዎ፰ ፡ ዕፀውh ፡ መዓዛi ። 4 ወሀሎa ፡ ውስቴቶሙ ፡ ዕፅb ፡ አልቦ ፡ ግሙራc ፡ አመd ፡ ጼነወኒe ፡ ወኢአሐዱf ፡ እምውስቴቶሙ ፡ ወባዕዳኒ፰ ፡ ዘከማሁ ፡ ኢኮነh ፡ ዘይምዕዝi ፡ እምኵሉ ፡ መዓዛj ፡ ወቄጽሉk

---

23.4 e መልአክ : angel f ሀሎ / ሀለወ : D perf 3ms, to be g ብሀለ : G perf 3ms, to say h ርአየ : G perf 2ms, to see i ሩጸት : course j *ዐረብ : west k እሳት : fire l ነደ / ነደደ : G impf 3ms, to burn m ብርሀን : light n ሰማይ : heaven

24.1 a ሐረ : G perf 1cs, to go b ካልእ : another c መካን : place d ምድር : earth, land e አርአየ : CG perf 3ms, to show f ደብር : mountain g እሳት : fire h አንበልበለ : CG impf 3ms, to blaze i መዓልት : day j ሌሊት : night **24.2** a ሐረ : G perf 1cs, to go b ርአየ : G perf 1cs, to see c ፯ : 7 d ደብር : mountain e ከቡር : glorious, magnificent f ፩ : 1 g ፯ : 1 h ተወለጠ : Dt impf 3ms, to be different i *እብን : stone j ከቡር : precious k ሠናይ : beautiful l ከቡር : precious m ስቡሕ : praised, glorious n ራእይ : appearance o ሠናይ : beautiful p ገጽ : aspect q ፫ : 3 r ጽባሕ : east s ጽኑዕ : firm t ፩ : 1 u ፩ : 1 v ፫ : 3 w *ሰሜን : south x ፩ : 1 y ፩ : 1 z ቄላ : valley aa ዕሙቅ : deep bb ጠዋይ : winding, rugged cc አሐቲ : one (fem.) dd አሐቲ : one (fem.) ee ተቃረበ : Lt impf 3fpl, to be close to one another **24.3** a ሳብዕ : seventh b ደብር : mountain c *ኑኅ : height d ተማሰለ : Lt impf 3mpl, to resemble e መንበር : seat f አትሮንስ : throne g ዖደ : *G impf 3mpl, to surround (የዐውድዎ) h ዕፅ : tree i *መዐዘ : scent, smell **24.4** a ሀሎ / ሀለወ : D perf 3ms, to be b ዕፅ : tree c ግሙራ : never (with negation) d አመ : at the time of, when e ጼነወ : G perf 3ms, to be fragrant, smell f አሐዱ : one g ባዕድ : other h ኮነ : G perf 3ms, to be i ምዕዘ / መዐዘ : G impf 3ms, to be fragrant, smell j *መዐዘ : scent, smell k ቄጽል : leaf

: ወጽሑ^l : ወዐፁ^m : ኢየጸምሒⁿ : ለዓለም° : ወፍሬሁኒ^p : ሠናይ^q : ወፍሬሁሰ^r : ከመ : አስካለ^s : በቀልት^t ። 5 ወውእቱ : ጊዜ^a : እቤ^b : ነዋ : ዝንቱ : ሠናይ^c : ዕፅ^d : ወሠናይ^e : ለርእይ^f : ወአዳም^g : ቄጽሉ^h : ወፍሬሁኒⁱ : ምገሰ^j : ጥቀ^k : ለርእይ^l : ገጽ^m ። 6 ወውእቱ : ጊዜ^a : አውሥአኒ^b : ሚካኤል : ፩እምነ : መላእክት^d : ቅዱሳን^e : ወከቡራን^f : ዘምስሌየ : ሀሎ^g : ውእቱ : ዘዲቤሆሙ ።

25

1 ወይቤለኒ^a : ሄኖክ : ምንተ : ትሴአለኒ^b : በእንተ : መዓዛሁ^c : ለዝ : ዕፅ^d : ወትጤይቅ^e : ከመ : ታአምር^f ። 2 ውእቱ : ጊዜ^a : አውሣእክዎ^b : አነ : ሄኖክ : እንዘ : እብል^c : በእንተ : ኩሉ : እፈቅድ^d : አአምር^e : ወፈድፋደሰ^f : በእንተዝ : ዕፅ ። 3 ወአውሥአኒ^a : እንዘ : ይብል^b : ዝንቱ : ደብር^c : ዘርኢከ^d : ነዊየ^e : ዘርእሱ^f : ይመስል^g : መንበሮ^h : ለእግዚእⁱ : መንበሩ^j : ውእቱ : ኀበ : ይነብር^k : ቅዱስ^l : ወዓቢይ^m : እግዚእⁿ : ስብሐቱ° : ንጉሥ^p : ዘለዓለም^q : ሶበ : ይወርድ^r : የሐውፃ^s : ለምድር^t : በሠናይ^u ። 4 ዝንቱኒ : ዕፅ^a : መዓዝ^b

---

24.4 ^l ጽጌ : flower ^m ዕፅ : wood ⁿ ጸምሀየ : *G impf 3ms*, to wither ° ዓለም : eternity ^p ፍሬ : fruit ^q ሠናይ : good ^r ፍሬ : fruit ^s አስካል : cluster (of grapes, dates) ^t በቀልት : date palm **24.5** ^a ጊዜ : time ^b ብህለ : *G perf 1cs*, to say ^c ሠናይ : beautiful ^d ዕፅ : tree ^e ሠናይ : beautiful ^f ርእይ : sight ^g አዳም : pleasant ^h ቄጽል : leaf ⁱ ፍሬ : fruit ^j ምገስ : graciousness, charm ^k ጥቀ : very ^l ርእይ : sight ^m ገጽ : aspect **24.6** ^a ጊዜ : time ^b *አውሥአ : G perf 3ms*, to answer (አውሥአኒ) ^c ፩ : 1 ^d መልአክ : angel ^e ቅዱስ : holy ^f ከቡር : honored ^g ሀሎ / ሀለወ : *D perf 3ms*, to be

25.1 ^a ብህለ : *G perf 3ms*, to say ^b ተስአለ / ተስእለ : *Gt impf 2ms*, to ask ^c *መዐዛ : scent, smell ^d ዕፅ : tree ^e ጠየቀ : *D impf 2ms*, to enquire ^f አእመረ : *CG juss 2ms*, to know, understand **25.2** ^a ጊዜ : time ^b አውሥአ : *G perf 1cs*, to answer ^c ብህለ : *G impf 1cs*, to say ^d ፈቀደ : *G impf 1cs*, to wish, want ^e አእመረ : *CG juss 1cs*, to know, understand ^f ፈድፋደ : particularly, above all ^g ዕፅ : tree **25.3** ^a አውሥአ : *G perf 3ms*, to answer ^b ብህለ : *G impf 3ms*, to say ^c ደብር : mountain ^d ርእየ : *G perf 2ms*, to see ^e ነዋኅ / ነዊኅ : high ^f ርእስ : summit ^g መስለ / መሰለ : *G impf 3ms*, to be like, resemble ^h መንበር : throne ⁱ እግዚእ : Lord ^j መንበር : throne ^k ነበረ : *G impf 3ms*, to sit ^l ቅዱስ : holy ^m *ዐቢይ : great ⁿ እግዚእ : Lord ° ስብሐት : glory ^p ንጉሥ : king ^q ዓለም : eternity ^r ወረደ : *G impf 3ms*, to come down ^s *ሐወጸ : *D juss 3ms*, to visit, inspect (የሐውጿ) ^t ምድር : earth ^u ሠናይ : good **25.4** ^a ዕፅ : tree ^b *መዐዛ : scent, smell

: ሠናይc : ወኢይ[d]ዘሥዖe : አልቦ : ሥልጣነf : ከመ : ይግሥሦ፰ : እስከ : አመ : ዐቢይh
: ኩነኔi : አመj : ይትቤቀልk : ኩሎ : ወይትፈጸምl : እስከ : ለዓለምm : ዝኩ : ለጻድቃንn
: ወለትሑታንo : ይትወሀብ ። 5 እምፍሬa : ዚአሁ : ይትወሀብb : ለኁያን፣c : ሕይወትd
: መንገለ : መስዐe : ይተከልf : ውስተ : መካን፰ : ቅዱስh : መንገለ : ቤቱi : ለእግዚእ፻ :
ንጉሥk : ዘለዓለምl ። 6 ውእቱ : ጊዜa : ይትፌሥሑb : በፍሥሓc : ወይትኃሠይዱ : ውስተ
: ቅዱሰ : ያበውኡf : ሎቱ : መዓዘ፰ : በበዐፅምቲሆሙh : ወሕይወቲi : ብዙኃj : የሓይዉk
: በዲበ : ምድርl : በከመ : ሐይዉm : አበዊከn : ወበመዋዕሊሆሙo : ሃዘንp : ወሓማምq
: ወፃማr : ወመቅሠፍትs : ኢይገሥሥሙt : 7 ውእቱ : ጊዜa : ባረክሞb : ለእግዚእc : ስብሐቶd
: ንጉሠe : ዘለዓለምf : እስመ : አስተዳለወ፰ : ከመዝ : ለሰብእh : ጻድቃን፻ : ወከመዝ :
ፈጠረj : ወይቤk : የሀቦሙl ።

26

1 ወእምህየ : ሐርኩa : ማእከለ : ምድርb : ወርኢኩc : መካንd : ቡሩከe : ጥሉሰf : ዘቦቱ :

25.4 c ሠናይ : beautiful d ፭ : 1 e ሥጋ : flesh f ሥልጣን : authority g ገሰሰ / ገሠሠ : G juss 3ms, to touch h *ዐቢይ : great i ኩነኔ : judgment j አመ : when k ተበቀለ : Dt impf 3ms, to punish, take vengeance l ተፈጸም : Dt impf 3ms, to accomplished, consummated m ዓለም : eternity n ጻድቅ : righteous o ትሑት : humble p ተውህበ : Gt impf 3ms, to be given **25.5** a ፍሬ : fruit b ተውህበ : Gt impf 3ms, to be given c ኁሩይ : chosen d ሕይወት : life e መስዐ : north f ተተከለ : Gt impf 3ms, to be planted g ምካን : place h ቅዱስ : holy i ቤት : house j እግዚእ : Lord k ንጉሥ : king l ዓለም : eternity **25.6** a ጊዜ : time b ተፈሥሐ : Dt impf 3pl, to rejoice c ፍሥሓ : joy d *ተሐሥየ / ተሐሠየ : *Gt impf 3pl, to exult (ይትሐሠይ) e ቅዱስ : holy f አብአ / አበአ : CG impf 3pl, to bring g *መዐዛ : scent, smell h ዐፅም : bone i ሕይወት : life j ብዙኅ : abundant k ሐየወ : G impf 3pl, to live l ምድር : earth m ሐየወ : G perf 3mpl, to live n አብ : father o መዓልት : day p *ሐዘን : sadness, grief q ሓማም : pain, suffering r *ጻማ : labor, trouble s መቅሠፍት : punishment, torment t ገሰሰ / ገሠሠ : G impf 3ms, to touch **25.7** a ጊዜ : time b ባረከ : L perf 1cs, to bless c እግዚእ : Lord d ስብሐት : glory e ንጉሥ : king f ዓለም : eternity g አስተዳለወ : CLt perf 3ms, to prepare h ብእሲ : man i ጻድቅ : righteous j ፈጠረ : G perf 3ms, to create k ብህለ : G perf 3ms, to say l ወሀበ : G juss 3mpl, to give

26.1 a ሐረ : G perf 1cs, to go b ምድር : earth c ርእየ : G perf 1cs, to see d መካን : place e ቡሩክ : blessed f ጥሉል : watered, fruitful, fertile

1 Enoch 26.1–27.2

ኢዕፁቅᵍ ፡ ዘይነብርʰ ፡ ወይሠርፅⁱ ፡ እምዕፅʲ ፡ ዘተመትረᵏ ። 2 ወበህየ ፡ ርኢኩᵃ ፡ ደብረᵇ ፡ ቅዱስᶜ ፡ ወመትሕተ ፡ ደብርᵈ ፡ ማይᵉ ፡ ዘመንገለ ፡ ጽባሑᶠ ፡ ወውህዘቱ ፡ መንገለ ፡ ሰሜንʰ ። 3 ወርኢኩᵃ ፡ መንገለ ፡ ጽባሕᵇ ፡ ካልእ ᶜ፡ ደብርᵈ ፡ ዘይነውሕᵉ ፡ ከመዝ ፡ ወማዕከሎሙ ፡ ቈላᶠ ፡ ዕሙቅᵍ ፡ ወአልቦ ፡ ራሕብʰ ፡ ወላቲኒ ፡ የሐውርⁱ ፡ ማይʲ ፡ መንገለ ፡ ደብርᵏ ። 4 ወመንገለ ፡ ዓረቡᵃ ፡ ለዝ ፡ ካልእᵇ ፡ ደብርᶜ ፡ ወይቴሐፎᵈ ፡ ሎቱ ፡ ወአልቦ ፡ ኑኅᵉ ፡ ወቈላᶠ ፡ ታሕቱ ፡ ማእከሎሙ ፡ ወካልእትᵍ ፡ ቈላትʰ ፡ ዕሙቃትⁱ ፡ ወይቡሳትʲ ፡ መንገለ ፡ ጽንፈᵏ ፡ ሠለስቲሆሙˡ ። 5 ወኵሉ ፡ ቈላቱᵃ ፡ ዕሙቃትᵇ ፡ ወአልቦን ፡ ራሕብᶜ ፡ እምኰኵሕᵈ ፡ ፅኑዕᵉ ፡ ወዕፅᶠ ፡ ይተከልᵍ ፡ በላዕሌሆሙ ። 6 ወአንከርኩᵃ ፡ በእንተ ፡ ኰኵሕᵇ ፡ ወአንከርኩᶜ ፡ በእንተ ፡ ቈላᵈ ፡ ወጥቀ ፡ አንከርኩᶠ ።

27

1 ውእተ ፡ ጊዜᵃ ፡ እቤᵇ ፡ በእንተ ፡ ምንት ፡ ዛቲ ፡ ምድርᶜ ፡ ቡርክትᵈ ፡ ወኵለንታሃᵉ ፡ ዕፀውᶠ ፡ ምልእትᵍ ፡ ወዛቈላʰ ፡ ርግምትⁱ ፡ ማእከሎሙ ። 2 ውእተ ፡ ጊዜᵃ ፡ አውሥአኒᵇ ፡ ሩፋኤል ፡ ፩እመላእክትᵈ ፡ ቅዱሳንᵉ ፡ ዘሀሎᶠ ፡ ምስሌየ ፡ ወይቤለኒᵍ ፡ ዛቈላʰ ፡ ርግምትⁱ ፡ ለርጉማንʲ

26.1 ᵍ ዐጽቅ : branch ʰ ነበረ : G impf 3ms, to remain ⁱ *ሠርጸ / ሠረጸ : G impf 3ms, to sprout (ይሠርጽ) ʲ ዕፅ : tree ᵏ ተመትረ : Gt perf 3ms, to be cut down **26.2** ᵃ ርእየ : G perf 1cs, to see ᵇ ደብር : mountain ᶜ ቅዱስ : holy ᵈ ደብር : mountain ᵉ ማይ : water ᶠ ጽባሕ : east ᵍ *ውሕዘ : flow ʰ ሰሜን : south **26.3** ᵃ ርእየ : G perf 1cs, to see ᵇ ጽባሕ : east ᶜ ካልእ : another ᵈ ደብር : mountain ᵉ ኖኀ : G impf 3ms, to high ᶠ ቈላ : valley ᵍ ዕሙቅ : deep ʰ *ረሕበ : width ⁱ ሐረ : G impf 3ms, to go ʲ ማይ : water ᵏ ደብር : mountain **26.4** ᵃ *ዐረበ : west ᵇ ካልእ : another ᶜ ደብር : mountain ᵈ ተትሕተ / ተተሐተ : Dt impf 3ms, to be low ᵉ ኑኅ : height ᶠ ቈላ : valley ᵍ ካልእ : another ʰ ቈላ : valley ⁱ ዕሙቅ : deep ʲ ይቡስ : dry ᵏ ጽንፍ : end, extremity ˡ ሠለስት : three **26.5** ᵃ ቈላ : valley ᵇ ዕሙቅ : deep ᶜ *ረሕበ : width ᵈ ኰኵሕ : rock ᵉ *ጽኑዕ : hard ᶠ ዕፅ : tree ᵍ ተተክለ : Gt impf 3ms, to be planted **26.6** ᵃ አንከረ : CG perf 1cs, to be amazed ᵇ ኰኵሕ : rock ᶜ አንከረ : CG perf 1cs, to be amazed ᵈ ቈላ : valley ᵉ ጥቀ : very much ᶠ አንከረ : CG perf 1cs, to be amazed

27.1 ᵃ ጊዜ : time ᵇ ብህለ : G perf 1cs, to say ᶜ ምድር : earth ᵈ ቡሩክ : blessed ᵉ ኵለንታ : totality ᶠ ዕፅ : tree ᵍ ምሉእ : full ʰ ቈላ : valley ⁱ ርጉም : cursed **27.2** ᵃ ጊዜ : time ᵇ አውሥአ : G perf 3ms, to answer ᶜ ፩ : 1 ᵈ መልአክ : angel ᵉ ቅዱስ : holy ᶠ ሀሎ / ሀለወ : D perf 3ms, to be ᵍ ብህለ : G perf 3ms, to say ʰ ቈላ : valley ⁱ ርጉም : cursed ʲ ርጉም : cursed

: እስከ : ለዓለም፡ᵏ : ዝየ : ይትጋብኡ᷾ˡ : ኵሎሙ· : እለ : ይብሉ·ᵐ : በአፉሆሙ·ⁿ : ላዕለ : እግዚአብሔርᵒ : ቃየ : ዘኢይደሉ·ᵠ : ወበእንተ : ስብሐቱ·ʳ : ዚአሁ· : ይትናገሩˢ : ዕፁባተᵗ : ዝየ : ያስተጋብእዎሙ·ᵘ : ወዝየ : ምኩናኖሙ·ᵛ ። 3 ወበደጊኃᵃ : መዋዕልᵇ : ይከው·ን፡ ላዕሌሆሙ· : አርአያᵈ : ኵኔሁᵉ : ዘበጽድቅᶠ : በቅድመ : ጻድቃን፡ : ለዓለምʰ : ኵሎ፡ መዋዕሊⁱ : በዝየ : ይባርክዎ፡ʲ : መሐርያንሆᵏ : ለእግዚአʰ : ስብሐተ፡ᵐ : ንጉሥⁿ : ዘለዓለምᵒ : 4 ወገመዋዕለᵃ : ኵኔሆሙ·ᵇ : ይባርክᶜ : በምሕረትᵈ : በከመ : ከፈሎሙ·ᵉ ። 5 ው·እቱ : ጊዜᵃ : አነኒ : ባረክዎᵇ : ለእግዚአᶜ : ስብሐትᵈ : ወሎቱ : ነገርኩᵉ : ወዘከርኩᶠ : ዘከመ : ይደሉᵍ : ለዕበዩʰ ።

28

1 ወእምህየ : ሐርኩᵃ : መንገለ : ጽባሕᵇ : ማዕከላ : ለደብረᶜ : መድበራᵈ : ወርኢክዎᵉ : ገዳመᶠ : ባሕቲቶ ። 2 ወባሕቱᵃ : ምሉእᵇ : ዕፀወᶜ : እምነ : ዝንቱ : ዘርእᵈ : ወማይᵉ : እምላዕሉ· : ይፈለፍልᶠ : በላዕሉ : 3 ያስተርኢᵃ : አስራብᵇ : ከመ : ብዙኅᶜ : ዘይሰርብᵈ : ከመ : መንገለ : መስዕᵉ : መንገለ : ዐረብᶠ : ወእምኵለሄኔᵍ : የዓርግʰ : ወእምህየኒ : ማይⁱ : ወጠልʲ ።

27.2 ᵏ ዓለም : eternity ˡ ተጋብእ : Lt impf 3mpl, to be gathered ᵐ ብህለ : G impf 3mpl, to say ⁿ አፍ : mouth ᵒ እግዚአብሔር : Lord ᵖ ቃል : word ᵠ ደለወ : G impf 3ms, to be suitable, fitting ʳ ስብሐት : glory ˢ ተናገረ : Lt impf 3mpl, to speak to one another ᵗ *ዕፁብ : hard ᵘ አስተጋብአ : CLt impf 3mpl, to gather, collect ᵛ ምኩናን : court of judgment 27.3 ᵃ ደጋሪ : last ᵇ መዓልት : day ᶜ ኮነ : G impf 3ms, to be ᵈ አርአያ : spectacle ᵉ ኵኔ : judgment ᶠ ጽድቅ : righteousness, justice ᵍ ጻድቅ : righteous ʰ ዓለም : eternity ⁱ መዓልት : day ʲ ባረከ : L impf 3mpl, to bless ᵏ *መሐሪ : merciful ˡ እግዚእ : Lord ᵐ ስብሐት : glory ⁿ ንጉሥ : king ᵒ ዓለም : eternity 27.4 ᵃ መዓልት : day ᵇ ኵኔ : judgment ᶜ ባረከ : L impf 3mpl, to bless ᵈ ምሕረት : mercy ᵉ ከፈለ : G perf 3ms, to distribute, assign ᵃ ጊዜ : time ᵇ ባረከ : L perf 1cs, to bless ᶜ እግዚእ : Lord ᵈ ስብሐት : glory ᵉ ነገረ : G perf 1cs, to speak ᶠ ዘከረ : G perf 1cs, to remember ᵍ ደለወ : G impf 3ms, to be suitable, fitting ʰ ዕበይ : greatness, majesty

28.1 ᵃ ሐረ : G perf 1cs, to go ᵇ ጽባሕ : east ᶜ ደብር : mountain ᵈ መድበራ : wilderness ᵉ ርእየ : G perf 1cs, to see ᶠ ገዳም : desert 28.2 ᵃ ወባሕቱ : but, however ᵇ ምሉእ : full ᶜ ዕፅ : tree ᵈ ዘርእ : seed ᵉ ማይ : water ᶠ ፈለፈለ : G impf 3ms, to gush out, spring forth 28.3 ᵃ አስተርአየ : CGt impf 3ms, to appear ᵇ አስራብ : torrents ᶜ ብዙኅ : abundant ᵈ ሰረበ : G impf 3ms, to flood ᵉ መስዕ : north ᶠ *ዐረብ : west ᵍ ኵለሄ : everywhere, in every direction ʰ ዐርገ : *G impf 3ms, to go up (የዐርግ) ⁱ ማይ : water ʲ ጠል : dew

29

1 ወሐዕኩ̈ᵃ : ውስተ : መካንᵇ : ካልእᶜ : እምነ : መድብራᵈ : መንገለ : ጽባሕᵉ : ለውእቱ : ደብርᶠ : ቀረብኩᵍ ። 2 ወበህየ : ርኢኩᵃ : ዕፀወᵇ : ኵነኔᶜ : ፈድፋደᵈ : ቄስቄሰ : መዓዛᶠ : ዘስሒንᵍ : ወከርቤʰ : ዕፀውሂⁱ : ኢይትማሰሉʲ ።

30

1 ወላዕሌሁ : ላዕለ : እሎንቱ : ላዕለ : ደብራᵃ : ጽባሕᵇ : ወአከ : ርኁቅᶜ : ርኢኩᵈ : መካነᵉ : ካልአᶠ : ቈላተᵍ : ማይʰ : ከመ : ዘኢይትዌዳዕⁱ ። 2 ወርኢኩᵃ : ዕፀᵇ : ሠናየᶜ : ወመዓዛሁᵈ : ከመ : ዘሰኪኖንᵉ ። 3 ወመንገለ : ከነፈሆሙᵃ : ለቈላቱ : እሎንቱ : ርኢኩᶜ : ቀናንሞስᵈ : ዘመዓዛᵉ : ወዲበ : እልክቱ : ቀረብኩᶠ : ዘመንገለ : ጽባሕᵍ ።

31

1 ወርኢኩᵃ : ካልአᵇ : ደብረᶜ : ዘቦ : ውስቴቱ : ዕፀወᵈ : ወይወፅእᵉ : ማይᶠ : ወይወፅእᵍ : እምኔሁ : ከመ : ኔቀጥሮʰ : ዘስሙⁱ : ሰራʲ : ወከልባኔንᵏ ። 2 ወዲበ : ውእቱ : ደብርᵃ :

29.1 ᵃ ሐረ : *G perf 1cs*, to go ᵇ መካን : place ᶜ ካልእ : another ᵈ መድብራ : wilderness ᵉ ጽባሕ : east ᶠ ደብር : mountain ᵍ ቀርበ / ቀረበ : *G perf 1cs*, to draw near, approach **29.2** ᵃ ርእየ : *G perf 1cs*, to see ᵇ ዕፅ : tree ᶜ ኵነኔ : judgment ᵈ ፈድፋደ : particularly, above all ᵉ ቄስቄስ : vessel ᶠ *መዐዝ : scent, smell ᵍ ስሒን : incense ʰ ከርቤ : myrrh ⁱ ዕፅ : tree ʲ ተማሰለ : *Lt impf 3mpl*, to resemble one another

30.1 ᵃ ደብር : mountain ᵇ ጽባሕ : east ᶜ *ርሐቀ : far, distant ᵈ ርእየ : *G perf 1cs*, to see ᵉ መካን : place ᶠ ካልእ : another ᵍ ቈላ : valley ʰ ማይ : water ⁱ ተወድአ / ተወድዐ : *Dt impf 3ms*, to come to an end **30.2** ᵃ ርእየ : *G perf 1cs*, to see ᵇ ዕፅ : tree ᶜ ሠናይ : beautiful ᵈ *መዐዝ : scent, smell ᵉ ሰኪኖን : mastic tree **30.3** ᵃ ከንፍ : border ᵇ ቈላ : valley ᶜ ርእየ : *G perf 1cs*, to see ᵈ ቀናንሞስ : cinnamon ᵉ *መዐዝ : scent, smell ᶠ ቀርበ / ቀረበ : *G perf 1cs*, to draw near, approach ᵍ ጽባሕ : east

31.1 ᵃ ርእየ : *G perf 1cs*, to see ᵇ ካልእ : another ᶜ ደብር : mountain ᵈ ዕፅ : tree ᵉ *ወፅአ : *G impf 3ms*, to go out (ይወፅእ) ᶠ ማይ : water ᵍ ወፅአ : *G impf 3ms*, to go out ʰ ኔቀጥሮ : kind of flower ⁱ ስም : name ʲ ሰራ : styrax ᵏ ከልባኔን : galbanum (a resinous soap) **31.2** ᵃ ደብር : mountain

ርኢኩᵇ ፡ ደብረᶜ ፡ ካልአᵈ ፡ ወውስቴቱ ፡ ዕፀውᵉ ፡ ዘአልዎᶠ ፡ ወእልኩ ፡ ዕፀውᵍ ፡ ምሉአንʰ ፡ ዘከመ ፡ ክርካዕⁱ ፡ ወፅኑዕʲ ። 3 ወሰበ ፡ ይነሥእᵃ ፡ ለውእቱ ፡ ፍሬᵇ ፡ ይኄይስᶜ ፡ እምኩሉ ፡ አፈውᵈ ።

32

1 ወእምድኅረ ፡ አሉ ፡ አፈውᵃ ፡ ለመስዕᵇ ፡ እንዘ ፡ እኔጽርᶜ ፡ መልዕልተᵈ ፡ አድባርᵉ ፡ ርኢኩᶠ ፡ ፯እድባርʰ ፡ ምሉአንⁱ ፡ ሰንበልትʲ ፡ ቅዱውᵏ ፡ ወዕፀˡ ፡ መዓዛᵐ ፡ ወቀናሞንⁿ ፡ ወጥፔሮᵒ ።
2 ወእምህየ ፡ ሐረኩᵃ ፡ መልዕልተᵇ ፡ ርእሶሙᶜ ፡ ለእልኩ ፡ አድባርᵈ ፡ እንዘ ፡ ርሑቅ ፡ ውእቱ ፡ ለጽባሕᶠ ፡ ወኃለፍኩᵍ ፡ እንተ ፡ ዲበ ፡ ባሕረ ፡ ኤርትራʰ ፡ ወእምኔሁ ፡ ርሑቅⁱ ፡ ኮንኩʲ ፡ ወኃለፍኩᵏ ፡ መልዕቶˡ ፡ ለመልአክᵐ ፡ ዙጡኤል ። 3 ወመጻእኩᵃ ፡ ውስተ ፡ ገነተᵇ ፡ ጽድቅᶜ ፡ ወርኢኩᵈ ፡ ከሐቲሆሙᵉ ፡ ለእልክቱ ፡ ዕፀውᶠ ፡ ዕፀው ፡ ብዙኃንᵍ ፡ ወአቢያንⁱ ፡ ይበቊሉʲ ፡ በህየ ፡ ወእንዘ ፡ ጼናሆሙᵏ ፡ ሠናይˡ ፡ ዓቢያንᵐ ፡ ወሥናሙⁿ ፡ ብዙኅᵒ ፡ ወስቡሕᵖ ፡ ወዕፀᵠ ፡ ጥበብ ፡ ዘእምኔሁ ፡ ቢልዖሙˢ ፡ የአምርᵗ ፡ ለጥበብᵘ ፡ ዓቢይᵛ ። 4 ወይመስልᵃ ፡ ሐመረ ፡

31.2 ᵇ ርእየ : G perf 1cs, to see ᶜ ደብር : mountain ᵈ ካልእ : another ᵉ ዕፅ : tree ᶠ*ዐልዋ : aloe ᵍ ዕፅ : tree ʰ ምሉእ : full ⁱ*ክርከዕ : almond ʲ*ጽኑዕ : hard **31.3** ᵃ ነሥአ : G impf 3mpl, to take ᵇ ፍሬ : fruit ᶜ*ኃየሰ : D impf 3ms, to be better (ይኄይስ) ᵈ አፈው : fragrance

32.1 ᵃ አፈው : fragrance ᵇ መስዕ : north ᶜ ነጸረ : D impf 1cs, to look ᵈ መልዕልት : above ᵉ ደብር : mountain ᶠ ርእየ : G perf 1cs, to see ᵍ ፯ : 7 ʰ ደብር : mountain ⁱ ምሉእ : full ʲ ሰንበልት : aromatic plant ᵏ ቅዱው : fragrant ˡ ዕፅ : tree ᵐ*መዐዛ : scent, smell ⁿ ቀናንሞን / ቀናንሞስ : cinnamon ᵒ*ጥፔሮ : red pepper **32.2** ᵃ ሐረ : G perf 1cs, to go ᵇ መልዕልት : above ᶜ ርእስ : summit ᵈ ደብር : mountain ᵉ ርሑቅ : far, distant ᶠ ጽባሕ : east ᵍ ኃለፈ : *G perf 1cs, to cross over (ኃለፍኩ) ʰ ባሕር : ኤርትራ : Red Sea ⁱ ርሑቅ : far, distant ʲ ኮነ : G perf 1cs, to be ᵏ ኃለፈ : *G perf 1cs, to cross over (ኃለፍኩ) ˡ መልዕልት : above ᵐ መልአክ : angel **32.3** ᵃ መጽአ : G perf 1cs, to come ᵇ ገነት : garden ᶜ ጽድቅ : righteousness, justice ᵈ ርእየ : G perf 1cs, to see ᵉ ከሐከ : beyond ᶠ ዕፅ : tree ᵍ ዕፅ : tree ʰ ብዙኅ : many ⁱ*ዐቢይ : large ʲ በቊለ / በቈለ : G impf 3mpl, to grow ᵏ ጼና : smell ˡ ሠናይ : beautiful ᵐ*ዐቢይ : large ⁿ ሥን : beauty ᵒ ብዙኅ : much, abundant ᵖ ስቡሕ : glorious ᵠ ዕፅ : tree ʳ ጥበብ : wisdom, knowledge ˢ በልዐ : G act part, to eat ᵗ አእመረ : CG impf 3mpl, to know, understand ᵘ ጥበብ : wisdom, knowledge ᵛ*ዐቢይ : great **32.4** ᵃ መሰለ / መሰለ : G impf 3ms, to be like, resemble

ጽራዕᵇ : ወፍሬሁᶜ : ከመ : አስካለ : ወይንᵈ : ጥቀ : ሠናይᶠ : ወጼናሁᵍ : ለውእቱ : ዕፅʰ : የሐውርⁱ : ወይበጽሕʲ : ነዊኀᵏ :: 5 ወቤ : ሠናይ : ዝዕፅ : ወከመ : ሠናይᵈ : ወፍሡሕᵉ : ርእየቱᶠ : 6 ወአውሥአኒᵃ : መልአከᵇ : ቅዱስᶜ : ሩፋኤል : ዘምስሌየ : ሀሎᵈ : ወይቤለኒᵉ : ዝውእቱ : ዕፅᶠ : ጥበብᵍ : ዘእምኔሁ : በልዑʰ : አቡከⁱ : አረጋዊʲ : ወእምከᵏ : ዕቤራዊትˡ : እለ : ቀደሙከᵐ : ወአእመርዎⁿ : ለጥበብᵒ : ወተፈትሐᵖ : አዕይንቲሆሙᑫ : ወአአመሩʳ : ከመ : ዕሩቃኒሆሙˢ : ሀለዉᵗ : ወተሰዱᵘ : እምገነትᵛ ::

33

1 ወእምህየ : ሐርኩᵃ : እስከ : አጽናፈᵇ : ምድርᶜ : ወርኢኩᵈ : በህየ : አራዊተᵉ : ዓበይተᶠ : ወይትዋለጥᵍ : ፩ʰእምካልኡⁱ : ወአዕዋፍሂʲ : ይትዋለጥᵏ : ገጾሙˡ : ወስሞሙᵐ : ወቃሎሙሂⁿ : ይትዋለጥᵒ : ፩ᵖእምካልኡᑫ :: 2 ወበጽባሐሙᵃ : ለእሉ : አራዊትᵇ : ርእኩᶜ : አጽናፈᵈ : ምድረᵉ : ቦቦ : ሰማይᶠ : የዓርፍᵍ : ወኃዋወⁱ : ሰማይⁱ : ርኁወትʲ : 3 ወርኢኩᵃ : እፎᵇ

32.4 ᵇ ሐመረ : ጽራዕ : carob tree ᶜ ፍሬ : fruit ᵈ አስካለ : ወይን : grape ᵉ ጥቀ : very ᶠ ሠናይ : beautiful ᵍ ጼና : smell ʰ ዕፅ : tree ⁱ ሐረ : G impf 3ms, to go ʲ በጽሐ : G impf 3ms, to reach ᵏ ነዋኀ / ነዊኀ : far away **32.5** ᵃ ብህለ : G perf 1cs, to say ᵇ ሠናይ : beautiful ᶜ ዕፅ : tree ᵈ ሠናይ : beautiful ᵉ ፍሡሕ : pleasant ᶠ ርእየት : appearance **32.6** ᵃ አውሥአ : G perf 3ms, to answer ᵇ መልአከ : angel ᶜ ቅዱስ : holy ᵈ ሀሎ / ሀለወ : D perf 3ms, to be ᵉ ብህለ : G perf 3ms, to say ᶠ ዕፅ : tree ᵍ ጥበብ : wisdom, knowledge ʰ በልዐ : G perf 3mpl, to eat ⁱ አብ : father ʲ አረጋዊ : old ᵏ እም : mother ˡ *እቤራዊት : old woman ᵐ ቀደመ : G perf 3mpl, to precede ⁿ አእመረ : CG perf 3mpl, to learn ᵒ ጥበብ : wisdom, knowledge ᵖ ተፈትሐ : Gt perf 3ms, to be opened ᑫ ዐይን : eye ʳ አእመረ : CG perf 3mpl, to know, understand ˢ ዕሩቅ : naked ᵗ ሀሎ / ሀለወ : D perf 3mpl, to be ᵘ ተሰደ : Gt perf 3mpl, to be banished, exiled ᵛ ገነት : garden

33.1 ᵃ ሐረ : G perf 1cs, to go ᵇ ጽንፍ : end, extremity ᶜ ምድር : earth ᵈ ርእየ : G perf 1cs, to see ᵉ አርዌ : beast ᶠ *ዐቢይ : large ᵍ ተወለጠ : Dt impf 3ms, to be different ʰ ፩ : 1 ⁱ ካልእ : another ʲ ዖፍ : bird ᵏ ተወለጠ : Dt impf 3ms, to be different ˡ ገጽ : aspect ᵐ *ሥን : beauty ⁿ ቃል : call, sound ᵒ ተወለጠ : Dt impf 3ms, to be different ᵖ ፩ : 1 ᑫ ካልእ : another **33.2** ᵃ ጽባሕ : east ᵇ አርዌ : beast ᶜ ርእየ : G perf 1cs, to see ᵈ ጽንፍ : end, extremity ᵉ ምድር : earth ᶠ ሰማይ : heaven ᵍ *ዐረፈ : CG impf 3ms, to rest (የዐርፍ) ʰ ኖኅት : gate ⁱ ሰማይ : heaven ʲ ርኁው : open **33.3** ᵃ ርእየ : G perf 1cs, to see ᵇ እፎ : how

: ይወፅኡ፡c ከዋክብተ፡d ሰማይ፡e ወኍለቆ፡ ዘእምነ፡ ይወፅኡ፡ ኃጥአዉ፡h ወጸሐፍኩ፡i : ኵሎ፡ ሙዓእሙ፡j ለለ፩ኵ፩በኵልቆሙ፡l ወአስማቲሆሙ፡m በደርጎሙ፡n ወምንባሮሙ፡o : ወጊዜሆሙ፡p ወአውራሂሆሙ፡q በከመ፡ አርአየኒ፡r መልአክ፡s ኡራኤል፡ ዘምስሌየ፡ ሀሎt ። 4 ወኵሎ፡ አርአየኒ፡a ሊተ፡ ወጸሐፎ፡b ወዓዲ፡c አስማቲሆሙ፡d ጸሐፈ፡e ሊተ፡ ወትእዛዚሆሙ፡f ወምግባሪቲሆሙ፡g ።

34

1 ወእምህየ፡ ሐረኩ፡a መንገለ፡ መስዕ፡b በአጽናፈ፡c ምድር፡d ወበህየ፡ ርኢኩ፡e መንክረ፡f : ዓቢየ፡g ወስቡሐ፡h በአጽናፊሃ፡i ለኵሉ፡ ምድር፡j ። 2 ወበህየ፡ ርኢኩ፡a ኃዋኅወ፡b : ሰማይ፡c ፍቱሓተ፡d በሰማይ፡e ፫በበ፩እምኔሆሙ፡ ይወፅእ፡h ነፋሳት፡i በማንገለ፡ መስዕ፡j : ሶበ፡ ይነፍሕ፡k ቁር፡l ወበረድ፡m ወአስሐትያ፡n ወሐመዳ፡ ወጠልየ፡ ወዝናም፡q ። 3 ወእምአሐቲ፡a ጦንት፡b በሠናይ፡c ይነፍሕ፡d ወሶበ፡ በከልኤሆሙ፡e ኃዋው፡f ይነፍሑ፡g : በኃይል፡h ወበዕቅ፡i ይከውን፡ ዲበ፡ ምድር፡k ወበኃይል፡l ይነፍሑ፡m ።

33.3 c *ወፅአ : G impf 3mpl, to come out (ይወፅኡ) d ከከብ : star e ሰማይ : heaven f ኍለቆ : D perf 1cs, to count g ወፅአ : G impf 3mpl, to go out h ጦንት : gate i ጸሐፈ : G perf 1cs, to write j ሙዓእ : place of exit k ፩፩ : each and every one l ኍልቆ : number m ስም : name n ደርግ : constellation o ምንባር : position p ጊዜ : time q *ወርኅ : month r አርአየ : CG perf 3ms, to show s መልአክ : angel t ሀሎ / ሀለወ : D perf 3ms, to be **33.4** a አርአየ : CG perf 3ms, to show b ጸሐፈ : G perf 3ms, to write c *ዐዲ : furthermore d ስም : name e ጸሐፈ : G perf 3ms, to write f ትእዛዝ : law g ምግባር : function

34.1 a ሐረ : G perf 1cs, to go b መስዕ : north c ጸንፍ : end, extremity d ምድር : earth e ርእየ : G perf 1cs, to see f መንክር : wonder g *ዐቢይ : great h ስቡሕ : glorious i ጸንፍ : end, extremity j ምድር : earth **34.2** a ርእየ : G perf 1cs, to see b ጦንት : gate c ሰማይ : heaven d ፍቱሕ : open e ሰማይ : heaven f ፫ : 3 g ፩ : 1 h ወፅአ : G impf 3mpl, to go out i ነፋስ : wind j መስዕ : north k ነፍኀ / ነፍሐ / ነፍሀ : G impf 3ms, to blow l ቁር : cold m በረድ : snow n አስሐትያ : frost, ice o ሐመዳ : snow, hoarfrost p ጠል : dew q ዝናም : rain **34.3** a አሐቲ : one (fem.) b ጦንት : gate c ሠናይ : good d ነፍኀ / ነፍሐ / ነፍሀ : G impf 3ms, to blow e ከልኤ : two f ጦንት : gate g ነፍኀ / ነፍሐ / ነፍሀ : G impf 3mpl, to blow h *ኃይል : force i *ጸዐ : affliction j ከነ : G impf 3ms, to be k ምድር : earth l *ኃይል : force m ነፍኀ / ነፍሐ / ነፍሀ : G impf 3mpl, to blow

35

1 ወአምህየ ፡ ሐርኩª ፡ መንገለ ፡ ዓረብᵇ ፡ በጽናፈᶜ ፡ ምድርᵈ ፡ ወርኢኩᵉ ፡ በሀየ ፡ ፫ኆዋኅወᵍ ፡ ርኁዋተʰ ፡ በከመ ፡ ርኢኩⁱ ፡ በምሥራቅʲ ፡ በአምጣነᵏ ፡ ኃዋው ˡ ፡ ወአምጣነᵐ ፡ ሙዓአቱⁿ ።

36

1 ወአምህየ ፡ ሐርኩª ፡ መንገለ ፡ አዜብᵇ ፡ በጽናፈᶜ ፡ ምድርᵈ ፡ ወበየ ፡ ርኢኩᵉ ፡ ፫ኆዋኅወᵍ ፡ ሰማይʰ ፡ ርኁዋተⁱ ፡ ወይወፅእʲ ፡ እምህየ ፡ አዜብᵏ ፡ ወጠልˡ ፡ ወዝናምᵐ ፡ ወነፋስⁿ ።
2 ወአምህየ ፡ ሐርኩª ፡ መንገለ ፡ ጽባሕᵇ ፡ በጽናፈᶜ ፡ ሰማይᵈ ፡ ወሀ ፡ ርኢኩᵉ ፡ ፫ኆዋህወᵍ ፡ ሰማይʰ ፡ ርኁዋተⁱ ፡ መንገለ ፡ ጽባሕʲ ፡ ወላዕሌሆሙ ፡ ኃዋውᵏ ፡ ንኡሳን ። 3 በ፩ª ፡ እምእልኩ ፡ ኃዋውᵇ ፡ ንኡሳንᶜ ፡ የኃልፉᵈ ፡ ከዋክብተᵉ ፡ ሰማይᶠ ፡ ወሐወሩᵍ ፡ ምዕራብʰ ፡ በፍኖትⁱ ፡ እንተ ፡ ተርእየትʲ ፡ ሎሙ ። 4 ወሰ ፡ ርኢኩ ፡ ባረኩᵇ ፡ ወበኩሉ ፡ ጊዜᶜ ፡ እባርከᵈ ፡ ለእግዚአᵉ ፡ ስብሐትᶠ ፡ ዘገብረᵍ ፡ ተአምራተʰ ፡ ዓቢያነⁱ ፡ ወስቡሕʲ ፡ ከመ ፡ ያርኢᵏ ፡ ዕበየˡ ፡ ግብሩᵐ ፡ ለመላእክቲሁⁿ ፡ ወለነፍሳቶ ፡ ሰብእᵖ ፡ ከመ ፡ ይሰብሑ ᵠ ፡ ግብሮʳ ፡ ወኩሉ

35.1 ª ሐረ : *G perf 1cs*, to go ᵇ *ዐረብ : west ᶜ ጽንፍ : end, extremity ᵈ ምድር : earth ᵉ ርእየ : *G perf 1cs*, to see ᶠ ፫ : 3 ᵍ ኆኅት : gate ʰ ርኁው : open ⁱ ርእየ : *G perf 1cs*, to see ʲ ምሥራቅ : east ᵏ በአምጣነ : as many ˡ ኆኅት : gate ᵐ *በአምጣነ : as many ⁿ *ሙዓእት : exit, outlet

36.1 ª ሐረ : *G perf 1cs*, to go ᵇ አዜብ : south ᶜ ጽንፍ : end, extremity ᵈ ምድር : earth ᵉ ርእየ : *G perf 1cs*, to see ᶠ ፫ : 3 ᵍ ኆኅት : gate ʰ ሰማይ : heaven ⁱ ርኁው : open ʲ ወፅአ : *G impf 3ms*, to come out ᵏ አዜብ : south wind ˡ ጠል : dew ᵐ ዝናም : rain ⁿ ነፋስ : wind **36.2** ª ሐረ : *G perf 1cs*, to go (ሐርኩ) ᵇ ጽባሕ : east ᶜ ጽንፍ : end, extremity ᵈ ሰማይ : heaven ᵉ ርእየ : *G perf 1cs*, to see ᶠ ፫ : 3 ᵍ ኆኅት : gate ʰ ሰማይ : heaven ⁱ ርኁው : open ʲ ጽባሕ : east ᵏ ኆኅት : gate ˡ ንኡስ : small, minor **36.3** ª ፩ : 1 ᵇ ኆኅት : door, gate ᶜ ንኡስ : small ᵈ ኃለፈ : *G impf 3mpl*, to pass (የኃልፉ) ᵉ ከዋክብ : star ᶠ ሰማይ : heaven ᵍ ሐረ : *G impf 3mpl*, to go ʰ ምዕራብ : west ⁱ ፍኖት : path ʲ ተርእየ : *Gt perf 3fs*, to be shown **36.4** ª ርእየ : *G perf 1cs*, to see ᵇ ባረከ : *L perf 1cs*, to bless ᶜ ጊዜ : time ᵈ ባረከ : *L impf 1cs*, to bless ᵉ እግዚእ : Lord ᶠ ስብሐት : glory ᵍ ገብረ : *G perf 3ms*, to make ʰ ትእምርት : sign ⁱ *ዐቢይ : great ʲ ስቡሕ : glorious ᵏ አርአየ : *CG juss 3ms*, to show ˡ ዕበይ : greatness ᵐ ግብር : work ⁿ መልአክ : angel ᵒ ነፍስ : soul ᵖ ብእሲ : man ᵠ ሰብሐ : *D impf 3mpl*, to praise ʳ ግብር : work

ተገባሩ፡ ከመ፡ ይርአዩᵗ፡ ግብረᵘ፡ ኃይሉᵛ፡ ወይስብሕዎʷ፡ ለግብረˣ፡ እደዊሁʸ፡ ዓቢይᶻ፡ ወይባርክዎᵃᵃ፡ እስከ፡ ለዓለምᵇᵇ ።

37

1 ራእይᵃ፡ ዘርእየᵇ፡ ካልእᶜ፡ ራእይᵈ፡ ጠበብᵉ፡ ዘርእየᶠ፡ ሄኖክ፡ ወልደᵍ፡ ያሬድ፡ ወልደʰ፡ መላልኤል፡ ወልደⁱ፡ ቃይናን፡ ወልደʲ፡ ሄኖስ፡ ወልደᵏ፡ ሴት፡ ወልደˡ፡ አዳም ። 2 ወዝ፡ ርእሱᵃ፡ ለነገርᵇ፡ ጠበብᶜ፡ ዘአንሣእኩᵈ፡ እትናገርᵉ፡ ወእብልᶠ፡ ለእለ፡ የኃድሩᵍ፡ ዲበ፡ የብስʰ፡ ስምዑⁱ፡ ቀደምትʲ፡ ወርእዩᵏ፡ ደኃርያንˡ፡ ነገረᵐ፡ ቅዱስⁿ፡ እለ፡ እነግርᵒ፡ ቅድመ፡ እግዚአᵖ፡ መናፍስትᵠ ። 3 እለ፡ ቀዳሚᵃ፡ ይኄይስᵇ፡ ብሂልᶜ፡ ወደኃርያንᵈ፡ ኢንክልእᵉ፡ ርሳᶠ፡ ለጠበብᵍ ። 4 እስከ፡ ይእዜᵃ፡ ኢተውህበኒᵇ፡ እምቅድመ፡ እግዚእᶜ፡ መናፍስትᵈ፡ ዘከማሁᵉ፡ ጠበብᶠ፡ በከመ፡ ሀለይኩᵍ፡ በከመ፡ ፈቀደʰ፡ እግዚእⁱ፡ መናፍስትʲ፡ ዘተውህበኒᵏ፡ እምኅቡ፡ ክፍለˡ፡ ሕይወትᵐ፡ ዘለዓለምⁿ ። 5 ወኩነᵃ፡ ብየ፡ ፫ᵇምሳሌᶜ፡ ወአነᵈ፡ አንሣእኩᵉ፡ እንዘ፡ እብሎሙᶠ፡ ለእለ፡ የሐድሩᵍ፡ ዲበ፡ የብስʰ ።

36.4 ˢ ተገብር : work ᵗ ርእየ : G juss 3mpl, to see ᵘ ግብር : work ᵛ ኃይል : power ʷ ሰብሐ : D impf 3mpl, to praise ˣ ግብር : work ʸ እድ : hand ᶻ *ዐቢይ : great ᵃᵃ ባረከ : L impf 3mpl, to bless ᵇᵇ ዓለም : eternity

37.1 ᵃ ራእይ : vision ᵇ ርእየ : G perf 3ms, to see ᶜ ካልእ : second ᵈ ራእይ : vision ᵉ ጠበብ : wisdom ᶠ ርእየ : G perf 3ms, to see ᵍ ወልድ : son ʰ ወልድ : son ⁱ ወልድ : son ʲ ወልድ : son ᵏ ወልድ : son ˡ ወልድ : son 37.2 ᵃ ርእስ : beginning ᵇ ነገር : word ᶜ ጠበብ : wisdom ᵈ አንሥአ : CG perf 1cs, to raise ᵉ ተናገረ : Lt juss 1cs, to speak to ᶠ ብህለ : G impf 1cs, to say ᵍ ኃደረ : *G impf 3mpl, to dwell (የኃድሩ) ʰ የብስ : dry land ⁱ ሰምዐ : G impv 2mpl, to hear ʲ ቀደምት : ancients ᵏ ርእየ : G impv 2mpl, to see ˡ ደኃሪ : last, latter ᵐ ነገር : word ⁿ ቅዱስ : holy ᵒ ነገረ : G impf 1cs, to tell ᵖ እግዚእ : Lord ᵠ መንፈስ : spirit 37.3 ᵃ ቀዳሚ : formerly ᵇ *ኅየሰ : D impf 3ms, to be better (ይኄይስ) ᶜ ብህለ : G inf, to say ᵈ ደኃሪ : last, latter ᵉ ከልአ : G impf 1cpl, to withhold ᶠ ርእስ : beginning ᵍ ጠበብ : wisdom 37.4 ᵃ ይእዜ : now ᵇ ተውህበ : Gt perf 3ms, to be given ᶜ እግዚእ : Lord ᵈ መንፈስ : spirit ᵉ ነሥአ : G perf 1cs, to receive ᶠ ጠበብ : wisdom ᵍ *ኃለየ / ሐለየ : D perf 1cs, to think, perceive (ኃለይኩ) ʰ ፈቀደ : G perf 3ms, to wish, want ⁱ እግዚእ : Lord ʲ መንፈስ : spirit ᵏ ተውህበ : Gt perf 3ms, to be given ˡ ክፍል : part, portion ᵐ ሕይወት : life ⁿ ዓለም : eternity 37.5 ᵃ ኮነ : G perf 3mpl, to be ᵇ ፫ : 3 ᶜ ምሳሌ : parable ᵈ አነ : I ᵉ አንሥአ : CG perf 1cs, to raise ᶠ ብህለ : G impf 1cs, to say ᵍ *ኃደረ : G impf 3mpl, to dwell (የኃድሩ) ʰ የብስ : dry land

38

1 ምሳሌa : ቀዳሚb : ሶበ : ያስተርኢ.c : ማኅበረd : ጻድቃንe : ወይትኬነኑf : ኃጥኣንg : በኃጢአቶሙ·h : ወእምጸi : የብስj : ይትሐወኩ·k : 2 ወሶበ : ያስተርኢ.a : ጻድቅb : በገጸሙ·c : ለጻድቃንd : እለ : ኅሩያንe : ተገባሮሙ·f : ስቁልg : በእግዚአh : መናፍስቲi : ወያስተርኢj : ብርሃንk : ለጻድቃንl : ወለኅሩያንm : እለ : የኃድሩn : ዲበ : የብስo : አይቴp : ማኅደረq : ኃጥኣንr : ወአይቴs : ምዕራፎሙ·t : ለእለ : ክሕድዎm : ለእግዚአv : መናፍስትw : እምሐየሶሙ·x : ሶበ : ኢተወልዱ.y :: 3 ወሶበ : ይትከሥታa : ኅቡኣቲሆሙ·b : ለጻድቃንc : ይትኬነኑd : ኃጥኣንe : ወይትሐወኩf : ረሲዓንg : እምገጸh : ጻድቃንi : ወኅሩያንj :: 4 ወእምይእዜa : ኢይከውኑb : አዛዝኒc : ወእለዑላነድd : እለ : ይእኅዝዎe : ለምድርf : ወኢይክሉg : ርእየh : ገጸi : ቅዱሳንj : እስመ : ለእግዚአk : መናፍስትl : ተርእየm : ብርሃኑn : ለገጾo : ቅዱሳንp : ጻድቃንq : ወኅሩያንr :: 5 ወነገሥታa : አዚዝኒb : በውእቱ : ጊዜc : ይትኃጐሉd : ወይትወሀቡe

---

38.1 a ምሳሌ : parable b ቀዳሚ : first c አስተርኢየ : CGt impf 3ms, to appear d ማኅበር : community e ጻድቅ : righteous f ተኮነነ : Dt impf 3mpl, to be judged g ኃጥእ : sinner h *ኃጢአት : sin i ገጽ : face j የብስ : dry land k *ተወውክ / ተሀውክ / ተሆክ : Gt impf 3mpl, to be moved (ይትወኩ·) **38.2** a አስተርኢየ : CGt impf 3ms, to appear b ጻድቅ : righteous c ገጽ : presence d ጻድቅ : righteous e ኅሩይ : chosen f ተገባር : work g ስቁል : weighed h እግዚእ : Lord i መንፈስ : spirit j አስተርኢየ : CGt impf 3ms, to appear k ብርሃን : light l ጻድቅ : righteous m ኅሩይ : chosen n ኃደረ : *G impf 3mpl, to dwell (የኃድሩ) o የብስ : dry land p አይቴ : where q ማኅደር : dwelling place r ኃጥእ : sinner s አይቴ : where t ምዕራፍ : resting place u ከሕደ : G perf 3mpl, to deny v እግዚእ : Lord w መንፈስ : spirit x *ኅየሰ : D perf 3ms, to be better (ኅየሶሙ·) y ተወልደ : Gt perf 3mpl, to be born **38.3** a ተከሥተ : Gt impf 3fpl, to be revealed b ኅቡእ : hidden, secret c ጻድቅ : righteous d ተኮነነ : Dt impf 3mpl, to be judged e ኃጥእ : sinner f ተወውክ / ተሀውክ / ተሆክ : Gt impf 3mpl, to be moved g ረሲዕ : impious h ገጽ : presence i ጻድቅ : righteous j ኅሩይ : chosen **38.4** a ይእዜ : then b ኮነ : G impf 3mpl, to be c *ዐዘዘ : mighty d ልዑል : exalted e እኅዘ : G impf 3mpl, to possess f ምድር : earth g ክህለ : G impf 3mpl, to be able h ርእየ : G inf, to see i ገጽ : face j ቅዱስ : holy k እግዚእ : Lord l መንፈስ : spirit m ተርእየ : Gt perf 3ms, to appear n ብርሃን : light o ገጽ : face p ቅዱስ : holy q ጻድቅ : righteous r ኅሩይ : chosen **38.5** a ንጉሥ : king b *ዐዘዘ : mighty c ጊዜ : time d *ተሀጕለ / ተሐጕለ : *Gt impf 3mpl, to be destroyed (ይትሀጐሉ) e ተውህበ : Gt impf 3mpl, to be given

: ውስተ : እደፍ : ጻድቃን፳ : ወቅዱሳን ʰ ። 6 ወእምህየ : አልቦ : ዘያስተምህርᵃ : ኀበ : እግዚአ ᵇ : መናፍስት ᶜ : እስመ : ተወድአ ᵈ : እንቲአሆሙ ᵉ : ሕይወት ᶠ ።

39

1 ወይከውን ᵃ : በዝንቱ : መዋዕል ᵇ : ይወርዱ ᶜ : ደቂቅ ᵈ : ኅሩያን ᵉ : ወቅዱሳን ᶠ : እምላዕላነ ᵍ : ሰማያት ʰ : ወዘ'ይከውን ʲ : ዘርአሙ ᵏ : ምስለ : ውሉደ ˡ : ሰብእ ᵐ ። 2 በውእቱ : መዋዕል ᵃ : ነሥአ ᵇ : ሄኖክ : መጻሕፍተ ᶜ : ቅንዓት ᵈ : ወመዓት ᵉ : ወመጻሕፍተ ᶠ : ጉጉአ ᵍ : ወሀከ ʰ : ወምሕረት ⁱ : ኢይከውን ʲ : ላዕሌሆሙ : ይቤ ᵏ : እግዚእ ˡ : መናፍስት ᵐ ። 3 ወውእቱ : ጊዜ ᵃ : መሰጠኒ ᵇ : ደመና ᶜ : ወዐውሎ ᵈ : ነፋሰ : እምገጸ ᶠ : ለምድር ᵍ : ወአንበረኒ ʰ : ውስተ : ጽንፈ ⁱ : ሰማያት ʲ ። 4 ወበህየ : ርኢኩ ᵃ : ራእየ ᵇ : ካልአ ᶜ : ማኅደሪሆሙ ᵈ : ለጻድቃን ᵉ : ወምስካቢቲሆሙ ᶠ : ለቅዱሳን ᵍ ። 5 በህየ : ርእያ ᵃ : አዕይንትየ ᵇ : ማኅደሪሆሙ ᶜ : ምስለ : መላእክት ᵈ : ወምስካቢቲሆሙ ᵉ : ምስለ : ቅዱሳን ᶠ : ወይስእሉ ᵍ : ወያስተበቍዑ ʰ : ወይጼልዩ ⁱ : በእንተ : ውሉደ ʲ : ሰብእ ᵏ : ወጽድቅ ˡ : ከመ : ማይ ᵐ : ይውሕዝ ⁿ : በቅድሜሆሙ :

38.5 ᶠ እድ : hand ᵍ ጻድቅ : righteous ʰ ቅዱስ : holy **38.6** ᵃ *አስተምሐረ : CGt impf 3ms, to seek mercy (ያስተምሕር) ᵇ እግዚአ : Lord ᶜ መንፈስ : spirit ᵈ ተወድአ / ተወድዐ : Dt perf 3ms, to come to an end ᵉ እንቲአ- : that of ᶠ ሕይወት : life

39.1 ᵃ ከነ : G impf 3ms, to be ᵇ መዓልት : day ᶜ ወረደ : G impf 3mpl, to come down ᵈ ደቂቅ : child ᵉ ኅሩይ : chosen ᶠ ቅዱስ : holy ᵍ ልዑል : high ʰ ሰማይ : heaven ⁱ ፩ : 1 ʲ ከነ : G impf 3ms, to be ᵏ ዘርአ : offspring ˡ ወልድ : son ᵐ ብእሲ : man **39.2** ᵃ መዓልት : day ᵇ ነሥአ : G perf 3ms, to receive ᶜ መጽሐፍ : book ᵈ *ቅንአት / ቀንአት / ቅንዐት : indignation ᵉ መዓት : wrath ᶠ መጽሐፍ : book ᵍ ጉጉአ : tumult ʰ ሀውክ : disorder ⁱ ምሕረት : mercy ʲ ከነ : G impf 3ms, to be ᵏ ብህለ : G perf 3ms, to say ˡ እግዚእ : Lord ᵐ መንፈስ : spirit **39.3** ᵃ ጊዜ : time ᵇ መሠጠ : G perf 3ms, to carry away ᶜ ደመና : cloud ᵈ *ዐውሎ : tempest, whirlwind ᵉ ነፋስ : wind ᶠ ገጽ : face ᵍ ምድር : earth ʰ አንበረ : CG perf 3ms, to put, lay down ⁱ ጽንፍ : end, extremity ʲ ሰማይ : heaven **39.4** ᵃ ርእየ : G perf 1cs, to see ᵇ ራእይ : vision ᶜ ካልእ : another ᵈ ማኅደር : dwelling place ᵉ ጻድቅ : righteous ᶠ ምስካብ : resting place ᵍ ቅዱስ : holy **39.5** ᵃ ርእየ : G perf 3fpl, to see ᵇ ዐይን : eye ᶜ ማኅደር : dwelling place ᵈ መልአክ : angel ᵉ ምስካብ : resting place ᶠ ቅዱስ : holy ᵍ ሰአለ / ስአለ : G impf 3mpl, to petition ʰ አስተበቍዐ : CGt impf 3mpl, to supplicate ⁱ ጸለየ : D impf 3mpl, to pray ʲ ወልድ : son ᵏ ብእሲ : man ˡ ጽድቅ : righteousness, justice ᵐ ማይ : water ⁿ ውሕዘ : G impf 3ms, to flow

ወምሕረቶ⁰ : ከመ : ጠልᵖ : ውስተ : ምድርᑫ : ከመዝ : ውእቱ : ማእከሎሙ· : ለዓለሙʳ : ዓለምˢ :: 6 ወበውእቱ : መዋዕልᵃ : ርኢኩᵇ : አዕይንትየᶜ : መካነᵈ : ኅሩያንᵉ : ዘጽድቅᶠ : ወዘሃይማኖትᵍ : ወጽድቅʰ : ይከውንⁱ : በመዋዕሊሆሙʲ : ወጻድቃንᵏ : ኍሩያንˡ : ጕልቄᵐ : አልበሙ· : ቅድሜሁ : ለዓለምⁿ : ዓለም⁰ :: 7 ወርኢኩᵃ : ማኅደሪሆሙ·ᵇ : መትሕተ : አክናፈᶜ : እግዚአᵈ : መናፍስትᵉ : ወኲሎሙ· : ጻድቃንᶠ : ወኍሩያንᵍ : በቅድሜሁ : ይትሰሀየʰ : ከመ : ብርሃንⁱ : እሳትʲ : ወአፉሆሙ·ᵏ : ይመልእˡ : በረከተᵐ : ወከናፍሪሆሙ·ⁿ : ይሴብሑ⁰ : ስምᵖ : ለእግዚአᑫ : መናፍስትʳ : ወጽድቅˢ : ቅድሜሁ : ኢየሐልቅᵗ : ወርትዕᵘ : ቅድሜሁ : ኢየሐልቅᵛ :: 8 ህየ : ፈቀድኩᵃ : እኅድርᵇ : ወፈተወትᶜ : ነፍስየᵈ : ለውእቱ : ማኅደርᵉ : በህየ : ኮነᶠ : ክፍልየᵍ : ቅድም : እስመ : ከመዝ : ጸንዓh : በእንቲአየ : በቅድመ : እግዚአⁱ : መናፍስትʲ :: 9 ወበውእቶን : መዋዕልᵃ : ሰባሕኩᵇ : ወአልዓልኩᶜ : ስምᵈ : ለእግዚአᵉ : መናፍስትᶠ : በረከተᵍ : ወስብሐተʰ : እስመ : ውእቱ : አጽንዓኒⁱ : በበረክትʲ : ወስብሐትᵏ : በከመ : ፈቃዱˡ : ለእግዚአᵐ : መናፍስትⁿ :: 10 ወጐንደየᵃ : ርኢያᵇ : አዕይንትየᶜ : በውእቱ : መካንᵈ : ወባረክየᵉ : ወሰባሕክዎᶠ : እንዘ : እብልᵍ : ቡሩክʰ : ውእቱ : ወይትባረክⁱ :

39.5 ⁰ ምሕረት : mercy ᵖ ጠል : dew ᑫ ምድር : earth ʳ ዓለም : eternity ˢ ዓለም : eternity **39.6** ᵃ መዋዕልት : day ᵇ ርእየ : G perf 3fpl, to see ᶜ ዐይን : eye ᵈ መካን : place ᵉ ኅሩይ : chosen ᶠ ጽድቅ : righteousness, justice ᵍ ሃይማኖት : faith ʰ ጽድቅ : righteousness, justice ⁱ ኮነ : G impf 3ms, to be ʲ መዋዕልት : day ᵏ ጻድቅ : righteous ˡ ኅሩይ : chosen ᵐ ኍልቁ : number ⁿ ዓለም : eternity ⁰ ዓለም : eternity **39.7** ᵃ ርእየ : G perf 1cs, to see ᵇ ማኅደር : dwelling place ᶜ ክንፍ : wing ᵈ እግዚእ : Lord ᵉ መንፈስ : spirit ᶠ ጻድቅ : righteous ᵍ ኅሩይ : chosen ʰ *ተለሀየ : Gt impf 3mpl, to be resplendent (ይትለሀዩ) ⁱ *እሳት : fire ʲ ብርሃን : light ᵏ አፍ : mouth ˡ መልአ : G impf 3ms, to be filled with ᵐ በረከት : blessing ⁿ ከናፍር : lip ⁰ ሰብሐ : D impf 3mpl, to praise ᵖ ስም : name ᑫ እግዚአ : Lord ʳ መንፈስ : spirit ˢ ጽድቅ : righteousness, justice ᵗ ኀለቀ / ሐለቀ : G impf 3ms, to cease ᵘ ርትዕ : truth ᵛ ኀለቀ / ሐለቀ : G impf 3ms, to cease **39.8** ᵃ ፈቀደ : G perf 1cs, to wish, want ᵇ ኀደረ : G juss 1cs, to dwell ᶜ ፈተወ / ፈተወ : G perf 3fs, to desire ᵈ ነፍስ : soul ᵉ ማኅደር : dwelling place ᶠ ኮነ : G perf 3ms, to be ᵍ ክፍል : part, portion ʰ *ጸንዐ : G perf 3ms, to be established (ጸንዐ) ⁱ እግዚእ : Lord ʲ መንፈስ : spirit **39.9** ᵃ መዋዕልት : day ᵇ ሰብሐ : D perf 1cs, to praise ᶜ ዐልዐ : *G perf 1cs, to elevate (ዐልዐልኩ) ᵈ ስም : name ᵉ እግዚእ : Lord ᶠ መንፈስ : spirit ᵍ በረከት : blessing ʰ ስብሐት : praise ⁱ አጽንዐ : *CG perf 3ms, to establish (አጽንዐኒ) ʲ በረክት : blessing ᵏ ስብሐት : praise ˡ ፈቃድ : wish ᵐ እግዚእ : Lord ⁿ መንፈስ : spirit **39.10** ᵃ ጐንደየ : for a long time ᵇ ርእየ : G perf 3fpl, to see ᶜ ዐይን : eye ᵈ መካን : place ᵉ ባረከ : L perf 1cs, to bless ᶠ ሰብሐ : D perf 1cs, to praise ᵍ ብህለ : G impf 1cs, to say ʰ ቡሩክ : blessed ⁱ ተባረከ : Lt juss 3ms, to be blessed

እምቅድምjː ወእስከ ː ለዓለምk ። 11 ወበቅድሜሁ ː አልቦ ː ማኅለቅትa ː ውእቱ ː የአምርb ː ዘእንበለ ː ይትፈጠርc ː ዓለምd ː ምንት ː ውእቱ ː ዓለምe ː ወለትውልድf ː ትውልድg ː ዘይከውንh ː 12 ይባርኩከa ː እለ ː ኢይነውሙb ː ወይቀውሙc ː በቅድመ ː ስብሐቲከd ː ወይባርኩe ː ወይሴብሑf ː ወያሌዕሉg ː እንዘ ː ይብሉh ː ቅዱስi ː ቅዱስj ː ቅዱስk ː እግዚአl ː መናፍስትm ː ይመልዕn ː ምድረo ː መንፈሳተp ː 13 ወበህየ ː ርእያa ː አዕይንትየb ː ኵሎ ː እለ ː ኢይነውሙc ː ይቀውሙd ː ቅድሜሁ ː ወይባርኩe ː ወይብሉf ː ቡሩክg ː አንተ ː ወቡሩክh ː ስሙi ː ለእግዚእj ː ለዓለምk ː ዓለምl ። 14 ወተወለጠa ː ገጽየb ː እስከ ː ስእንኩc ː ነጽሮd ።

40

1 ወርኢኩa ː እምድኅረዝ ː አእላፈb ː አዕላፋትc ː ወትዕልፊተd ː ትእልፊትe ː ወአልቦሙ ː ኍልቆf ː ወሐሳብg ː እለ ː ይቀውሙh ː ቅድመ ː ስብሐቲi ː እግዚእj ː መናፍስትk ። 2 ርኢኩa ː ወበዐkክነፉሁc ː ለእግዚአd ː መናፍስትe ː ርኢኩf ː ፬ገጸh ː ካልአi ː እምአለ

39.10 j ቅድም : beginning k ዓለም : eternity **39.11** a ማኅለቅት : end b አእመረ : CG impf 3ms, to know c ተፈጥረ : Gt juss 3ms, to be created d ዓለም : world e ዓለም : world f ትውልድ : generation g ትውልድ : generation h ከነ : G impf 3ms, to be **39.12** a ባረከ : L impf 3mpl, to bless b ኖመ : G impf 3mpl, to sleep c ቆመ : G impf 3mpl, to stand d ስብሐት : glory e ባረከ : L impf 3mpl, to bless f ሰብሐ : D impf 3mpl, to praise g አልዐለ / አለዐለ : CD impf 3mpl, to exalt h ብህለ : G impf 3mpl, to say i ቅዱስ : holy j ቅዱስ : holy k ቅዱስ : holy l እግዚአ : Lord m መንፈስ : spirit n *መልአ : G impf 3ms, to fill (ይመልዕ) o ምድር : earth p መንፈስ : spirit **39.13** a ርእየ : G perf 3fpl, to see b ዐይን : eye c ኖመ : G impf 3mpl, to sleep d ቆመ : G impf 3mpl, to stand e ባረከ : L impf 3mpl, to bless f ብህለ : G impf 3mpl, to say g ቡሩህ : blessed h ቡሩህ : blessed i ስም : name j እግዚአ : Lord k ዓለም : eternity l ዓለም : eternity **39.14** a ተወለጠ : Dt perf 3ms, to be transformed b ገጽ : face c ስእነ : G perf 1cs, to be unable d ነጸረ : D inf, to look
40.1 a ርእየ : G perf 1cs, to see b እልፍ : one thousand c *እልፍ : one thousand d *ትእልፊት : ten thousand e ትእልፊት : ten thousand f ኍልቍ : number g ሐሳብ : reckoning h ቆመ : G impf 3mpl, to stand i ስብሐት : glory j እግዚአ : Lord k መንፈስ : spirit **40.2** a ርእየ : G perf 1cs, to see b ፬ : 4 c ከንፍ : side d እግዚአ : Lord e መንፈስ : spirit f ርእየ : G perf 1cs, to see g ፬ : 4 h ገጽ : figure i ካልእ : other

1 Enoch 40.2-9

: ይቀውሙj : ወአስማቲሆሙk : አአምርኩl : ዘአይድዓኒm : አስማቲሆሙn : መልአከ :
ዘመጽአp : ምስሌየ : ወኵሎ : ኅቡአተq : አርአየኒr : 3 ወሰማዕኩa : ቃለሙb : ለአልክቱ :
ዐ̅ራባዕd : እንዘ : ይሴብሑe : ቅድመ : እግዚአf : ስብሐትg :: 4 ቃላa : ቀዳማዊb : ይባርኩc
: ለእግዚአd : መንፈስተe : ለዓለሙf : ዓለምg :: 5 ወቃላa : ካልእb : ሰማዕኩc : እንዘ
: ይባርኩd : ለኅሩየe : ወለኅሩያንf : እለ : ስቁላን፱ : በእግዚአh : መንፈስቲi :: 6 ወሣልስa :
ቃለb : ሰማዕኩc : እንዘ : ይስእሉd : ወይጼልዩe : በእንተ : እለ : የሃድሩf : ውስተ : የብስg
: ወያስተበቁዑh : በስሙi : ለእግዚእj : መንፈስትk :: 7 ወቃላa : ራብዐዩb : ሰማዕኩc : እንዘ
: ይሰድዶሙd : ለሰይጣናተe : ወኢያንድዕሞf : ይባእg : ኀበ : እግዚአh : መንፈስትi :
ከመ : ያስተዋድይዎሙj : ለእለ : የሀድሩk : ዲበ : የብስl :: 8 ወእምድኀረ : ተስእልክዎa
: ለመልአክb : ሰላምc : ዘየሐውርd : ምስሌየ : ዘውእቱ : አርአየኒ : ኩሎ : ዘኅቡአf : ሙኑ
: ውእቶሙ : እሉ : ዐ̅ራባዕh : ዘርኢኩi : ወእለ : ሰማዕኩj : ቃሎሙk : ወጸሐፍክዎሙl ::
9 ወይቤለኒa : ዝቀዳማዊb : ውእቱ : መሐሪc : ወርሑቀ : መዓትd : ቅዱሰ : ሚካኤል :

40.2 j ቆም : *G impf 3mpl*, to stand k ስም : name l አአመረ : *CG perf 1cs*, to learn
m አይድዐ : **CG perf 3ms*, to make known (አይድዕኒ) n ስም : name o መልአክ :
angel p መጽአ : *G perf 3ms*, to come q ኅቡእ : hidden, secret r አርአየ : *CG perf
3ms*, to show **40.3** a ስምዐ : *G perf 1cs*, to hear b ቃል : voice c ዐ̅ : 4 d ገጽ : figure
e ሰብሐ : *D impf 3mpl*, to praise f እግዚእ : Lord g ስብሐት : glory **40.4** a ቃል : voice
b ቀዳማዊ : first c ባረከ : *L impf 3ms*, to bless d እግዚእ : Lord e መንፈስ : spirit f ዓለም
: eternity g ዓለም : eternity **40.5** a ቃል : voice b ካልእ : second c ስምዐ : *G perf 1cs*,
to hear d ባረከ : *L impf 3ms*, to bless e ኅሩይ : chosen f ኅሩይ : chosen g ስቁል :
dependent h እግዚእ : Lord i መንፈስ : spirit **40.6** a ሣልስ : third b ቃል : voice c ስምዐ
: *G perf 1cs*, to hear d ስአለ / ሰአለ : *G impf 3mpl*, to petition e ጸለየ : *D impf 3mpl*,
to pray, supplicate f ኀደረ : **G impf 3mpl*, to dwell (የኀድሩ) g የብስ : dry land
h አስተብቍዐ : *CGt impf 3mpl*, to supplicate i ስም : name j እግዚእ : Lord k መንፈስ
: spirit **40.7** a ቃል : voice b *ራብዕ : fourth c ስምዐ : *G perf 1cs*, to hear d ሰደደ :
G impf 3ms, to drive out e ሰይጣን : Satan, devil, demon f ኀደገ : *G impf 3ms*,
to allow g ቦእ : *G juss 3mpl*, to enter h እግዚእ : Lord i መንፈስ : spirit j አስተዋደየ :
CLt juss 3mpl, to accuse, slander k ኀደረ : **G impf 3mpl*, to dwell (የኀድሩ) l የብስ
: dry land **40.8** a ተስአለ / ተሰአለ : *Gt perf 1cs*, to enquire, ask b መልአክ : angel
c ሰላም : peace d ሐረ : *G impf 3ms*, to go e አርአየ : *CG perf 3ms*, to show f ኅቡእ :
hidden, secret g ዐ̅ : 4 h ገጽ : figure i ርእየ : *G perf 1cs*, to see j ስምዐ : *G perf 1cs*, to
hear k ቃል : word l ጸሐፈ : *G perf 1cs*, to write **40.9** a ብህለ : *G perf 3ms*, to say
b ቀዳማዊ : first c መሐሪ : merciful d ርሑቅ : መዓት : long-suffering e ቅዱስ : holy

ወካልእ፡ ዘዲበ፡ ኵሉ፡ ሕማምጽ፡ ወዲበ፡ ኵሉ፡ ቀሥልʰ፡ ዘውሉደⁱ፡ ሰብእʲ፡ ውእቱ
፡ ሩፋኤል፡ ወሣልስᵏ፡ ዘዲበ፡ ኵሉ፡ ኃይልˡ፡ ውእቱ፡ ቅዱስᵐ፡ ገብርኤል፡ ወራብዕⁿ፡
ዘዲበ፡ ንስሓᵒ፡ ለተስፋᵖ፡ እለ፡ ይወርሱ۹፡ ሕይወትʳ፡ ዘለዓለምˢ፡ ውእቱ፡ ፋኑኤል ።
10 ወሉ፪ᵃ፡ መላእክቲሁᵇ፡ ለእግዚአብሔርᶜ፡ ልዑልᵈ፡ ወ፪ᵉቃለፈ፡ ሰማዕኩ፰፡ በውእቶን
፡ መዋዕልʰ ።

41

1 ወእምድኅረዝ፡ ርኢኩᵃ፡ ኵሎ፡ ኅቡአቲሆሙᵇ፡ ለሰማያትᶜ፡ ወመንግሥትᵈ፡ እፎᵉ
ትትከፈልᶠ፡ ወተጋባሪ፰፡ ሰብእʰ፡ ከመ፡ በመዳልውⁱ፡ ይደለውʲ ። 2 ህየ፡ ርኢኩᵃ፡
ማኀደሪሆሙᵇ፡ ለኅሩያንᶜ፡ ወምስካቢሆሙᵈ፡ ለቅዱሳንᵉ፡ ወርኢያᶠ፡ አዕይንትየ፰፡ በሀ
፡ ኵሎሙ፡ ኃጥአንʰ፡ እንዘ፡ ይሰደዱⁱ፡ አምህየ፡ እለ፡ ይክሕድዎʲ፡ ለስመᵏ፡ እግዚአˡ፡
መናፍስትᵐ፡ ወይስሕብዎሙⁿ፡ ወቀዊሞᵒ፡ አልበሙ፡ በመቅሠፍትᵖ፡ እንተ፡ ትወፅእ۹
፡ እምእግዚአʳ፡ መናፍስትˢ ። 3 ወበህየᵃ፡ ርኢኩᵇ፡ አዕይንትየᶜ፡ ኅቡአተᵈ፡ መባርቅተᵉ፡
ወነጐድጓድᶠ፡ ወኅቡአተ፰፡ ነፋሳትʰ፡ እፎⁱ፡ ይትከፈሉʲ፡ ከመ፡ ይንፍሑᵏ፡ ዲበ፡ ምድርˡ

40.9 ᶠ ካልእ : second ᵍ ሕማም : illness ʰ ቀሥል : wound ⁱ ወልድ : son ʲ ብእሲ : man ᵏ ሣልስ : third ˡ *ኃይል : power ᵐ ቅዱስ : holy ⁿ *ራብዕ : fourth ᵒ ንስሓ : repentance ᵖ ተስፋ : hope ۹ ወረሰ : G impf 3mpl, to inherit ʳ ሕይወት : life ˢ ዓለም : eternity **40.10** ᵃ ፪ : 4 ᵇ መልአክ : angel ᶜ እግዚአብሔር : Lord ᵈ ልዑል : Most High ᵉ ፪ : 4 ᶠ ቃል : voice ᵍ ስምዐ : G perf 1cs, to hear ʰ መዓልት : day

41.1 ᵃ ርእየ : G perf 1cs, to see ᵇ *ኅቡእ : hidden, secret ᶜ ሰማይ : heaven ᵈ መንግሥት : kingdom ᵉ እፎ : how ᶠ ተከፍለ : Gt impf 3fs, to be divided ᵍ ተገብር : deed ʰ ብእሲ : man ⁱ መድሎት : balance, scales ʲ ተደለ / ተደለወ : *Gt impf 3mpl, to be weighed (ይደለዉ) **41.2** ᵃ ርእየ : G perf 1cs, to see ᵇ ማኅደር : dwelling place ᶜ ኅሩይ : chosen ᵈ ምስካብ : resting place ᵉ ቅዱስ : holy ᶠ ርእየ : G perf 3fpl, to see ᵍ ዐይን : eye ʰ ኃጥእ : sinner ⁱ ተሰደ : Gt impf 3mpl, to be banished ʲ *ክሕደ : G impf 3mpl, to deny, reject (ይካሕድዎ) ᵏ ስም : name ˡ እግዚእ : Lord ᵐ መንፈስ : spirit ⁿ ሰሐበ : G impf 3mpl, to drag ᵒ ቆመ : G inf, to remain ᵖ መቅሠፍት : punishment ۹ ወፅአ : G impf 3fs, to go out ʳ እግዚእ : Lord ˢ መንፈስ : spirit **41.3** ᵃ ህየ : there ᵇ ርእየ : G perf 3fpl, to see ᶜ ዐይን : eye ᵈ ኅቡእ : hidden, secret ᵉ መበርቅ : lightning ᶠ ነጐድጓድ : clap of thunder ᵍ ኅቡእ : hidden, secret ʰ ነፋስ : wind ⁱ እፎ : how ʲ ተከፍለ : Gt impf 3mpl, to be distributed ᵏ ነፍኀ / ነፍሐ / ነፍሀ : G juss 3mpl, to blow ˡ ምድር : earth

1 Enoch 41.3-7

: ወኀቡኣተᵐ : ደመናትⁿ : ወጠሎ° : ወህየ : ርኢኩᵖ : እምነ : ይወፅእ۹ : በውእቱ :
መካንʳ : ወእምህየ : ይጸግቡˢ : ፀሊᵗ : ምድርᵘ :: 4 ወህየ : ርኢኩᵃ : መዛግብተᵇ :
ዕፀውᶜ : ወእምኔሆሙ : ይትከፈሉᵈ : ነፋሳትᵉ : ወመዝገበᶠ : በረድᵍ : ወመዝገበʰ : ጊሜⁱ :
ወመዝገበʲ : ደመናትᵏ : ወደመናˡ : ዚአሁ : እምላዕለ : ምድርᵐ : የሀድርⁿ : እምቅድመ :
ዓለም :: 5 ወርኢኩᵃ : መዛግብተᵇ : ፀሐይᶜ : ወወርኀᵈ : እምአይቴ : ይወፅኡᶠ : ወአይቴᵍ
: ይገብኡʰ : ወግብኣቶሙⁱ : ስቡሕ : ወእፁᵏ : ይከብርˡ : ፩ᵐእምካልዑⁿ : ወምሕዋሮሙ°
: ብሩᵖ : ወኢያልፉ۹ : ምሕረʳ : ወኢይውስኩˢ : ወኢየሐፅፁᵗ : እምነዋሩᵘ : ዚሀሙ·
: ወሃይማኖቶሙᵛ : የዐቁᵂ : ፩ˣምስለ : ካልኡʸ : በመሐላᶻ : ዘነበሩᵃᵃ :: 6 ወይወፅእᵃ :
ቀዳሚ : ፀሐይᵇ : ወይገብርᶜ : ፍኖቶᵈ : በትእዛዘᵉ : እግዚእᶠ : መናፍስትᵍ : ወይፀንዕʰ :
ስሙⁱ : ለዓለመʲ : ዓለምᵏ :: 7 ወእምድኅረዝ : ፍኖትᵃ : ዘኅቡእᵇ : ወዘሡትᶜ : ዘወርኅᵈ :
ወምኅወረᵉ : ፍኖቱᶠ : ይፌጽምᵍ : በውእቱ : መካንʰ : በመዓልትⁱ : ወበሌሊትʲ : ፩ᵏለካልኡˡ :

41.3 ᵐ ኅቡእ : hidden, secret ⁿ ደመና : cloud ° ጠል : dew ᵖ ርኢየ : *G perf 1cs*, to see ۹ ወፅአ : *G impf 3ms*, to go out ʳ መካን : place ˢ *ጸግበ : *G impf 3mpl*, to be saturated (ይጸግቡ) ᵗ ጸበል : dust ᵘ ምድር : earth **41.4** ᵃ ርኢየ : *G perf 1cs*, to see ᵇ መዝገብ : storehouse ᶜ *ዕጽው : closed ᵈ ተከፍለ : *Gt impf 3mpl*, to be distributed ᵉ ነፋስ : wind ᶠ መዝገብ : storehouse ᵍ በረድ : snow ʰ መዝገብ : storehouse ⁱ ጊሜ : mist ʲ መዝገብ : storehouse ᵏ ደመና : cloud ˡ ደመና : cloud ᵐ ምድር : earth ⁿ ኀደረ : *G impf 3ms*, to dwell (የኀድር) ° ዓለም : world **41.5** ᵃ ርኢየ : *G perf 1cs*, to see ᵇ መዝገብ : chamber ᶜ *ፀሐይ : sun ᵈ ወርኅ : moon ᵉ አይቴ : where ᶠ ወፅአ : *G impf 3mpl*, to go out ᵍ *አይቴ : where ʰ ገብአ : *G impf 3mpl*, to return ⁱ ግብአት : return ʲ ስቡሕ : glorious ᵏ እፎ : how ˡ ከበረ : *G impf 3ms*, to be honored ᵐ ፩ : 1 ⁿ *ካልእ : other ° ምሕር : course, orbit ᵖ ብሩ : magnificent ۹ ዐለፈ : *G impf 3mpl*, to transgress (ይኅልፉ) ʳ ምሕር : course, orbit ˢ ወሰከ : *D impf 3mpl*, to add ᵗ *ሐጸ / ሐጸጸ : *G impf 3mpl*, to decrease (intr.) (የሐጽጹ) ᵘ ምሕር : course, orbit ᵛ ሃይማኖት : faith ᵂ ዐቀበ : *G impf 3mpl*, to keep ˣ ፩ : 1 ʸ ካልእ : another ᶻ መሐላ : oath ᵃᵃ ነበረ : *G perf 3mpl*, to dwell, inhabit **41.6** ᵃ ወፅአ : *G impf 3ms*, to go out ᵇ *ፀሐይ : sun ᶜ ገብረ : *G impf 3ms*, to perform ᵈ ፍኖት : course ᵉ ትእዛዝ : command ᶠ እግዚእ : Lord ᵍ መንፈስ : spirit ʰ *ጸንዐ : *G impf 3ms*, to endure (ይጸንዕ) ⁱ ስም : name ʲ ዓለም : eternity ᵏ ዓለም : eternity **41.7** ᵃ ፍኖት : course ᵇ ኅቡእ : hidden ᶜ ከሡት : visible ᵈ *ወርኅ : moon ᵉ *ምሕር : orbit ᶠ ፍኖት : course ᵍ ፈጸመ : *D impf 3ms*, to execute ʰ መካን : place ⁱ መዓልት : day ʲ ሌሊት : night ᵏ ፩ : 1 ˡ ካልእ : another

ይኔጽርᵐ ። በቅድም ። እግዚአⁿ ። መናፍስትᵒ ። ወየአኩቱᵖ ። ወይሴብሑᑫ ። ወኢየአርፉʳ ። እስመ ። አኮቴቶሙ·ˢ ። ዕረፍትᵗ ። ውእቱ ። ሎሙ ። ። 8 እስመ ። ፀሐይᵃ ። ብሩህᵇ ። ብዙኅᶜ ። ምያጤᵈ ። ቦቱ ። ለበረከትᵉ ። ወለመርገምᶠ ። ወምርዋጸ ። ፍኖቱʰ ። ለወርኃⁱ ። ለጻድቃንʲ ። ብርሃንᵏ ። ወለኃጥአንˡ ። ጽልመትᵐ ። በስሙⁿ ። ለእግዚአᵒ ። ዘፈጠረᵖ ። ማዕከለ ። ብርሃንᑫ ። ወማዕከለ ። ጽልመትʳ ። ወከፈለˢ ። መንፈሰሙᵗ ። ለሰብእᵘ ። ወአጽንዐᵛ ። መንፈሰሙ·ʷ ። ለጻድቃንˣ ። በስሙʸ ። ጽድቀᶻ ። ዚአሁ ። ። 9 እስመ ። መልአከᵃ ። ኢይክልእᵇ ። ወሥልጣንᶜ ። ኢይክልᵈ ። ከሊአᵉ ። እስመ ። መኰንንᶠ ። ለኲሎሙ ። ይሬኢᵍ ። ወእሎንተ ። ኲሎሙ ። በቅድሜሁ ። ውእቱ ። ይኴንንʰ ። ።

42

1 ጥበብᵃ ። መኃኅᵇ ። ኢረከበትᶜ ። ኃበ ። ተኃድርᵈ ። ወሀለወᵉ ። ማኅደራᶠ ። ውስተ ። ሰማያትᵍ ። ። 2 ወፅአትᵃ ። ጥበብᵇ ። ከመ ። ትኃድርᶜ ። ውስተ ። ውሉደᵈ ። ሰብእᵉ ። ወኢረከበትᶠ ። ማኅደረᵍ ። ጥበብʰ ። ውስተ ። መካናⁱ ። ገብአትʲ ። ወተፀዐነትᵏ ። ማእከለ ። መላእክትˡ ። ። 3 ወዐመፃᵃ ።

41.7 ᵐ ነጸረ : *D impf 3ms*, to look ⁿ እግዚእ : Lord ᵒ መንፈስ : spirit ᵖ አአኰት : *CG impf 3mpl*, to give thanks ᑫ ሰብሐ : *D impf 3mpl*, to praise ʳ *አዕረፈ : *CG impf 3mpl*, to rest (የዐርፉ) ˢ አኰቴት : thanksgiving ᵗ ዕረፍት : rest **41.8** ᵃ *ፀሐይ : sun ᵇ ብሩህ : bright, shining ᶜ ብዙኅ : many ᵈ ምያጤ : revolution ᵉ በረከት : blessing ᶠ መርገም : curse ᵍ ምርዋጽ : orbit ʰ ፍኖት : course ⁱ ወርኅ : moon ʲ ጻድቅ : righteous ᵏ ብርሃን : light ˡ ኃጥእ : sinner ᵐ ጽልመት : darkness ⁿ ስም : name ᵒ እግዚእ : Lord ᵖ ፈጠረ : *G perf 3ms*, to create ᑫ ብርሃን : light ʳ ጽልመት : darkness ˢ ከፈለ : *G perf 3ms*, to divide ᵗ መንፈስ : spirit ᵘ ብእሲ : man ᵛ አጽንዐ : *CG perf 3ms*, to establish (አጽንዐ) ʷ መንፈስ : spirit ˣ ጻድቅ : righteous ʸ ስም : name ᶻ ጽድቅ : righteousness, justice **41.9** ᵃ መልአክ : angel ᵇ ከልአ : *G impf 3ms*, to hinder ᶜ ሥልጣን : power ᵈ ኀይለ : *G impf 3ms*, to be able ᵉ ከልእ : *G inf*, to hinder ᶠ መኰንን : judge ᵍ ርአየ : *G impf 3ms*, to see ʰ ኰነነ : *D impf 3ms*, to judge

42.1 ᵃ ጥበብ : wisdom ᵇ መካን : place ᶜ ረከበ : *G perf 3fs*, to find ᵈ ኃደረ : *G impf 3fs*, to dwell (ተኃድር) ᵉ ሀሎ / ሀለወ : *D perf 3ms*, to be ᶠ ማኅደር : dwelling place ᵍ ሰማይ : heaven **42.2** ᵃ ወፅአ : *G perf 3fs*, to go out ᵇ ጥበብ : wisdom ᶜ ኃደረ : *G juss 3fs*, to dwell ᵈ ወልድ : son ᵉ ብእሲ : man ᶠ ረከበ : *G perf 3fs*, to find ᵍ ማኅደር : dwelling place ʰ ጥበብ : wisdom ⁱ መካን : place ʲ ገብአ : *G perf 3fs*, to return ᵏ ተጽዕነ / ተፅዕነ : *Gt perf 3fs*, to ride, mount ˡ መልአክ : angel **42.3** ᵃ *ዐመፃ : iniquity

ወፅአትb : እመዛግብቲሃc : ዘኢፈቀደትd : ረከበትe : ወኃደረትf : ውስቴቶሙ· : ከመ : ዝናምg : በበድው·h : ወከመ : ጠልi : በምድርj : ጽምእትk ።

43

1 ወርኢኩ·a : ካልአb : መባርቅተc : ወከዋክብተd : ሰማይe : ወርኢኩ·f : ከመ : ይጼውዖሙ·g : ለኵሎሙ· : በበአስማቲሆሙ·h : ወይሰምዕዎi ። 2 ወርኢክዎa : ለመዳልወ : ጽድቅ : ከመ : ይደለው·d : በብርሃኒሆሙ·e : በራኅበf : መካናቲሆሙ·g : ወዕለተh : ኩነሙ·i : ወሚጠቶሙ·j : ምብርቅk : ምብርቅl : ይወልድm : ወሚጠቶሙ·n : በኍልቌo : መላእክትp : ወሃይማኖቶሙ·q : የዐቅሩ· : በበይነቲሆሙ· ። 3 ወተስእልክዎa : ለመልአክb : ዘሐውርc : ምስሌየ : ዘአርአየኒd : ዘኅቡአe : ምንት : እሎንቱ ። 4 ወይቤለኒa : ምስለb : ዘዚአሆሙ· : አርአየከc : እግዚአd : መናፍስትe : እሉ : እሙንቱ : አስማቲሆሙ·f : ለጻድቃን : እለ : የኃድሩ·h : ዲበ : የብስi : ወየአምኑj : በስሙ·k : ለእግዚአl : መናፍስትm : ለዓለመn : ዓለምo ።

42.3 [b] ወፅአ : *G perf 3fs*, to come out [c] መዝገብ : chamber [d] ፈቀደ : *G perf 3fs*, to want [e] ረከበ : *G perf 3fs*, to find [f] ኃደረ : **G perf 3fs*, to dwell (ኃደረት) [g] ዝናም : rain [h] ብድው : desert [i] ጠል : dew [j] ምድር : ground [k] ጽሙእ : parched

43.1 [a] ርእየ : *G perf 1cs*, to see [b] ካልእ : another [c] ምብርቅ : lightning [d] ኮከብ : star [e] ሰማይ : heaven [f] ርእየ : *G perf 1cs*, to see [g] ጸውዐ : *D impf 3ms*, to call [h] ስም : name [i] ስምዐ : *G impf 3mpl*, to obey **43.2** [a] ርእየ : *G perf 1cs*, to see [b] መድሎት : balance, scales [c] ጽድቅ : righteousness, justice [d] ተደለወ / ተደለወ : **Gt impf 3mpl*, to be weighed (ይደለዉ) [e] ብርሃን : light [f] **ረሐብ : width [g] መካን : space [h] ዕለት : day [i] ኮነት : coming about [j] ሚጠት : revolution [k] ምብርቅ : lightning [l] ምብርቅ : lightning, thunderbolt [m] ወለደ : *G impf 3ms*, to give birth [n] ሚጠት : revolution [o] ኍልቍ : number [p] መልአክ : angel [q] ሃይማኖት : faith [r] ዐቀበ : **G impf 3mpl*, to keep (የዐቅቡ) **43.3** [a] ተሰአለ / ተስአለ : *Gt perf 1cs*, to enquire, ask [b] መልአክ : angel [c] ሐረ : *G impf 3ms*, to go [d] አርአየ : *CG perf 3ms*, to show [e] ኅቡእ : hidden, secret **43.4** [a] ብህለ : *G perf 3ms*, to say [b] ምስል : likeness [c] አርአየ : *CG perf 3ms*, to show [d] እግዚእ : Lord [e] መንፈስ : spirit [f] ስም : name [g] ጻድቅ : righteous [h] ኃደረ : **G impf 3mpl*, to dwell (የኃድሩ) [i] የብስ : dry land [j] አምነ : *G impf 3mpl*, to believe [k] ስም : name [l] እግዚእ : Lord [m] መንፈስ : spirit [n] ዓለም : eternity [o] ዓለም : eternity

44

1 ወካልአተ፡ ርኢኩ፡ በእንተ፡ መብረቅ፡ እፎ፡ ይቀውሙ፡ እምከዋክብት፡ ወይከውኑ
: መብረቀ፡ ወኢይክሉ፡ ኀዲገ፡ ምስሌሆሙ ::

45

1 ወዝካልእ፡ ምሳሌ፡ ዲበ፡ እለ፡ ይክሕዱ፡ ስመ፡ ለማኅደረ፡ ቅዱሳን፡ ወለእግዚአ
: መናፍስት፡ 2 ኢስማየ፡ የዓርጉ፡ ወኢምድረ፡ ይበጽሑ፡ ከመዝ፡ ይኩኑ፡ ክፍለ
: ኃጥአን፡ እለ፡ ይክሕዱ፡ ስመ፡ ለእግዚአ፡ መናፍስት፡ እለ፡ ከመዝ፡ ይትዐቀቡ
: ለዕለተ፡ ስራኅ፡ ወምንዳቤ ።። 3 በይእቲ፡ ዕለት፡ ይነብር፡ መንበረ፡ ስብሐት
: ኅሩይ፡ ወየኀሪ፡ ምግባሪሆሙ፡ ወምዕራፎሙ፡ ኍልቁ፡ አልበሙ፡ ወመንፈሶሙ
: በማዕከሎሙ፡ ትጸንዕ፡ ሰ፡ ርእዩ፡ ለኅሩያን፡ ዚአየ፡ ወእለ፡ ሰከዩ፡ ስምዐ
: ቅዱስ፡ ወስቡሕ ።። 4 ወበይእቲ፡ ዕለተ፡ አነብር፡ በማዕከሎሙ፡ ለኅሩያን፡ ዚአየ
: ወአዌልጥ፡ ለሰማይ፡ ወእገብራ፡ ለበረከት፡ ወብርሃን፡ ዘለዓለም ።። 5 ወአዌልጥ

44.1 a ካልእ : other b ርኢየ : G perf 1cs, to see c መብረቅ : lightning d እፎ : how e ቆመ : G impf 3mpl, to rise f ከከብ : star g ኮነ : G impf 3mpl, to become h መብረቅ : lightning i ከህለ : G impf 3mpl, to be able j ኀደገ : *G inf, to abandon (ኀዲገ) k ምስል : form

45.1 a ካልእ : second b ምሳሌ : parable c ክሕደ : G impf 3mpl, to deny d ስም : name e ማኀደር : dwelling place f ቅዱስ : holy g እግዚእ : Lord h መንፈስ : spirit **45.2** a *ሰማይ : heaven b ዐርገ : *G impf 3mpl, to ascend (የዐርጉ) c ምድር : earth d በጽሐ : G impf 3mpl, to arrive e ኮነ : G impf 3ms, to be f ክፍል : part, portion g ኃጥእ : sinner h ክሕደ : G impf 3mpl, to deny i ስም : name j እግዚእ : Lord k መንፈስ : spirit l ተዐቀ / ተዐቀ : Gt impf 3mpl, to be kept m ዕለት : day n *ስራኅ : sorrow o ምንዳቤ : distress **45.3** a ዕለት : day b ነበረ : G impf 3ms, to sit c መንበር : throne d ስብሐት : glory e ኅሩይ : chosen f ኀርየ / ኀረየ : *G impf 3ms, to choose (የኀሪ) g ምግባር : work h ምዕራፍ : resting place i ኍልቍ : number j መንፈስ : spirit k *ጸንዐ : G impf 3fs, to be strong (ትጸንዕ) l ርእየ : G perf 3mpl, to see m ኅሩይ : chosen n ሰከየ : G perf 3mpl, to appeal o ስም : name p ቅዱስ : holy q ስቡሕ : praised, glorious **45.4** a ዕለት : day b አንበረ : CG impf 1cs, to cause to dwell c ኅሩይ : chosen d ወለጠ : D impf 1cs, to transform e ሰማይ : heaven f ገብረ : G impf 1cs, to make g በረከት : blessing h ብርሃን : light i ዓለም : eternity **45.5** a ወለጠ : D impf 1cs, to transform

: ለየብስᵇ : ወእንብራᶜ : ለበረከትᵈ : ወለኍሩያነᵉ : ዚአየ : አነብሮሙᶠ : ውስቴታ : ወእለ : ይገብሩᵍ : ኃጢአተʰ : ወጌጋየⁱ : ኢይከይዱʲ : ውስቴታ ። 6 እስመ : አነ : ርኢክዎሙᵃ : ወአዕገብክዎሙᵇ : በሰላምᶜ : ለጻድቃንየᵈ : ወአንበርክዎሙᵉ : ቅድሜየ : ወቀርበትᶠ : ኃብየ : ኩኔየᵍ : ለኃጥአንʰ : ከመ : አጥፍሎሙⁱ : እምገጸʲ : ምድርᵏ ።

46

1 ወበህየ : ርኢኩᵃ : ዘሎቱ : ርእሰᵇ : መዋዕልᶜ : ወርእሱᵈ : ከመ : ጸምርᵉ : ጸዓዳᶠ : ወምስሉ : ካልእᵍ : ዘገጹʰ : ከመ : ርእየተⁱ : ሰብእʲ : ወምስአᵏ : ጸጋˡ : ገጹᵐ : ከመ : ፩ⁿእመላእክት° : ቅዱሳንᵖ ። 2 ወተስእልክዎᵃ : ለ፩ᵇእመላእክትᶜ : ቅዱሳንᵈ : ዘየሐውርᵉ : ምስሌየ : ወኩሎ : ኅቡአተᶠ : ዘአርአየኒᵍ : በእንተ : ዝኩ : ወልድʰ : ሰብእⁱ : መኑ : ውእቱ : ወአምአይቴʲ : ይከውንᵏ : ውእቱ : በእንተ : ምንት : ምስለ : ብሉየˡ : መዋዕልᵐ : የሐውርⁿ ። 3 ወአውሥአኒᵃ : ወይቤለኒᵇ : ዝንቱ : ውእቱ : ወልድᶜ : ሰብእᵈ : ዘሎቱ : ኮነᵉ : ጽድቅᶠ : ወጽድቅᵍ : ምስሌሁ : ኃደረʰ : ወኩሎ : መዛግብቲⁱ : ዘኅቡእʲ : ውእቱ : ይከሥትᵏ : እስመ

45.5 ᵇ የብስ : dry land ᶜ ገብረ : *G impf 1cs*, to make ᵈ በረከት : blessing ᵉ ኍሩይ : chosen ᶠ አንበረ : *CG impf 1cs*, to cause to dwell ᵍ ገብረ : *G impf 3mpl*, to commit ʰ *ኃጢአት : sin ⁱ ጌጋይ : iniquity, transgression ʲ ኬደ : *G impf 3mpl*, to tread **45.6** ᵃ ርእየ : *G perf 1cs*, to see ᵇ *አጽገበ : *CG perf 1cs*, to satisfy (አጽገብክዎሙ) ᶜ ሰላም : peace ᵈ ጻድቅ : righteous ᵉ አንበረ : *CG perf 1cs*, to place ᶠ ቀርበ / ቀረበ : *G perf 3fs*, to draw near ᵍ ኩኔ : judgment ʰ ኃጥእ : sinner ⁱ *አጥገለ / አሕጐለ : *C juss 1cs*, to destroy (አሀጉሎሙ / አሕጕሎሙ) ʲ ገጽ : face ᵏ ምድር : earth

46.1 ᵃ ርእየ : *G perf 1cs*, to see ᵇ ርእስ : head ᶜ መዋዕልት : day ᵈ ርእስ : head ᵉ ጸምር : wool ᶠ ጸዐዳ / ጸዓዳ / ጸዓዳ : white ᵍ ካልእ : another ʰ ገጽ : face ⁱ ርእየት : appearance ʲ ብእሲ : man ᵏ ምልእ : full ˡ ጸጋ : grace ᵐ ገጽ : face ⁿ ፩ : 1 ° መልአክ : angel ᵖ ቅዱስ : holy **46.2** ᵃ ተስአለ / ተሰአለ : *Gt perf 1cs*, to enquire, ask ᵇ ፩ : 1 ᶜ መልአክ : angel ᵈ ቅዱስ : holy ᵉ ሐረ : *G impf 3ms*, to go ᶠ ኅቡእ : hidden, secret ᵍ አርአየ : *CG perf 3ms*, to show ʰ ወልድ : son ⁱ ብእሲ : man ʲ አይቴ : where ᵏ ኮነ : *G impf 3ms*, to be ˡ ብሉይ : old ᵐ መዋዕልት : day ⁿ ሐረ : *G impf 3ms*, to go **46.3** ᵃ አውሥአ : *CG perf 3ms*, to answer ᵇ ብህለ : *G perf 3ms*, to say ᶜ ወልድ : son ᵈ ብእሲ : man ᵉ ኮነ : *G perf 3ms*, to be ᶠ ጽድቅ : righteousness, justice ᵍ ጽድቅ : righteousness, justice ʰ ኃደረ : *G perf 3ms*, to dwell (ኃደረ) ⁱ መዝገብ : treasure ʲ ኅቡእ : hidden, secret ᵏ ከሠተ : *G impf 3ms*, to reveal

1 Enoch 46.3–7

: እግዚአ¹ : መናፍስትᵐ : ኪያሁ : ኃረየⁿ : ወዘከፍሎ° : ኩሎ : ሞአᵖ : በቅድም : እግዚአᑫ : መናፍስትʳ : በርትዕˢ : ለዓለም ᠄᠄ 4 ወዝንቱ : ወልደᵃ : ሰብእᵇ : ዘርእከ° : ያነሥአሙ-ᵈ : ለነገሥትᵉ : ወለኃያላንᶠ : እምስካባቲሆሙᵍ : ወለጽኑዓንʰ : እምናብርቲሆሙ-ⁱ : ወይፈትሕʲ : ልጓማተᵏ : ጽኑዓንˡ : ወያደቅቅᵐ : አስናነⁿ : ኃጥአን° ᠄᠄ 5 ወይገፈትዖሙ-ᵃ : ለነገሥትᵇ : እምናብርቲሆሙ-° : ወእመንግሥቶሙ-ᵈ : እስመ : ኢያዕዕልዎᵉ : ወኢየሴብሕዎᶠ : ወኢየገንዩᵍ : ለአእይቴʰ : ተውህበትⁱ : ሎሙ- : መንግሥትʲ ᠄᠄ 6 ወገጸᵃ : ጽኑዓንᵇ : ይገፈትዕ° : ወይመልእሙ-ᵈ : ኃፍረተᵉ : ወጽልመትᶠ : ይከውኖሙ-ᵍ : ማኅደሪሆሙ-ʰ : ወዕዪያትⁱ : ይከውኖሙ-ʲ : ምስካቦሙ-ᵏ : ወኢይሴፈዉˡ : ከመ : ይትነሥኡᵐ : እምስካባቲሆሙ-ⁿ : እስመ : ኢያዕዕሉ° : ስሞᵖ : ለእግዚአᑫ : መናፍስትʳ ᠄᠄ 7 ወእሙንቱ : ኮኑᵃ : አለ : ይኴንኑᵇ : ከዋክብተ° : ሰማይᵈ : ወያሌዕሉᵉ : እደዊሆሙ-ᶠ : ውስተ : ልዑልᵍ : ወይኪዳʰ : ዲበ : የብስⁱ : ወየኃድሩʲ : ውስቴታ : ወኩሉ : ተግባሮሙ-ᵏ : ዓመፃˡ : ያርእዩᵐ : ተግባሮሙ-ⁿ : ዓመፃ° : ወኃይሎሙ-ᵖ : ዲበ : ብዕሎሙ-ᑫ : ወሃይማኖቶሙ-ʳ : ኮነˢ : ለአማልክትᵗ : እለ : ገብሩ-ᵘ :

46.3 ¹እግዚእ : Lord ᵐ መንፈስ : spirit ⁿ ኃርየ / ኃረየ : *G perf 3ms, to choose (ኃረየ) ° ክፍል : part, portion ᵖ ሞአ : G perf 3ms, to surpass ᑫ እግዚእ : Lord ʳ መንፈስ : spirit ˢ ርትዕ : uprightness ᵗ ዓለም : eternity **46.4** ᵃ ወልድ : son ᵇ ብእሲ : man ° ርእየ : G perf 2ms, to see ᵈ አንሥአ : CG impf 3ms, to rouse ᵉ ንጉሥ : king ᶠ *ኃያል : powerful ᵍ ምስካብ : resting place ʰ ጽኑዕ : strong ⁱ መንበር : throne ʲ ፈትሐ : G impf 3ms, to loose ᵏ ልጓም : rein ˡ ጽኑዕ : strong ᵐ አድቀቀ : CG impf 3ms, to crush ⁿ ስን : tooth ° ኃጥእ : sinner **46.5** ᵃ ገፍትአ / ገፍትዐ : G impf 3ms, to cast down ᵇ ንጉሥ : king ° መንበር : throne ᵈ መንግሥት : kingdom ᵉ አልዐለ / አለዐለ : CD impf 3mpl, to exalt ᶠ ሰብሐ : D impf 3mpl, to praise (ይሴብሕዎ) ᵍ ገነየ : G impf 3mpl, to acknowledge humbly ʰ አይቴ : where ⁱ ተውህበ : Gt perf 3fs, to be given ʲ መንግሥት : kingdom **46.6** ᵃ ገጽ : face ᵇ ጽኑዕ : strong ° ገፍትሐ / ገፍትዐ : *G impf 3ms, to cast down (ይገፈትዕ) ᵈ መልአ : G impf 3ms, to fill ᵉ *ኃፍረት : shame ᶠ ጽልመት : darkness ᵍ ኮነ : G impf 3ms, to be ʰ ማኅደር : dwelling place ⁱ ዕፄ : worm ʲ ኮነ : G impf 3ms, to be ᵏ ምስካብ : resting place ˡ ተሰፈወ : Dt impf 3mpl, to hope ᵐ ተንሥአ : Gt impf 3mpl, to rise up ⁿ ምስካብ : resting place ° አልዐለ / አለዐለ : CD impf 3mpl, to exalt ᵖ ስም : name ᑫ እግዚእ : Lord ʳ መንፈስ : spirit **46.7** ᵃ ኮነ : G perf 3mpl, to be ᵇ ኰነነ : D impf 3mpl, to judge ° ከዋክብ : star ᵈ ሰማይ : heaven ᵉ አልዐለ / አለዐለ : CD impf 3mpl, to raise ᶠ እድ : hand ᵍ ልዑል : Most High ʰ ኬደ : G impf 3mpl, to tread ⁱ የብስ : dry land ʲ ኃደረ : *G impf 3mpl, to dwell (የኃድሩ) ᵏ ተግባር : deed ˡ ዐመፃ : iniquity ᵐ አርአየ : CG impf 3mpl, to show ⁿ ተግባር : deed ° *ዐመፃ : iniquity ᵖ *ኃይል : power ᑫ ብዕል : riches ʳ ሃይማኖት : faith ˢ ኮነ : G perf 3ms, to be ᵗ አምላክ : god ᵘ ገብረ : G perf 3mpl, to make

በእደዊሆሙ·ᵛ ፡ ወይክህዱ·ʷ ፡ ስምᵈˣ ፡ ለእግዚእᵞ ፡ መናፍስትᶻ ፡ 8 ወይሰደዱ·ᵃ ፡ እምአብያተᵇ ፡ ምስትጉቡእᶜ ፡ ዚአሁ ፡ ወለመሀይምናንᵈ ፡ እለ ፡ ስቁላን ፡ በስሙ·ᶠ ፡ ለእግዚእᵍ ፡ መናፍስትʰ ።

47

1 ወበውእቱ ፡ መዋዕልᵃ ፡ ዓርገትᵇ ፡ ጸሎተᶜ ፡ ጻድቃንᵈ ፡ ወደመᵉ ፡ ጻድቅᶠ ፡ እምነ ፡ ምድርᵍ ፡ ቅድመ ፡ እግዚእʰ ፡ መናፍስትⁱ ፡ 2 በእለ ፡ መዋዕልᵃ ፡ የኃብሩᵇ ፡ ቅዱሳንᶜ ፡ እለ ፡ ይነብሩ·ᵈ ፡ መልዕልተᵉ ፡ ሰማያትᶠ ፡ በ፩ቃልʰ ፡ ወያስተበቍዑ·ⁱ ፡ ወይጼልዩʲ ፡ ወይሴብሑᵏ ፡ ወያአኩቱˡ ፡ ወይባርኩ·ᵐ ፡ በስሙ·ⁿ ፡ ለእግዚእᵒ ፡ መናፍስትᵖ ፡ በእንተ ፡ ደምᵠ ፡ ጻድቃንʳ ፡ ዘተከዐወˢ ፡ ወጸሎቶሙ·ᵗ ፡ ለጻድቃንᵘ ፡ ከመ ፡ ኢትዐሥዎᵛ ፡ በቅድሜሁ ፡ ለእግዚእʷ ፡ መናፍስትˣ ፡ ከመ ፡ ይትገበርᵞ ፡ ሎሙ· ፡ ኩነኔᶻ ፡ ወትዕግሥትaa ፡ ኢይኩንᵇᵇ ፡ ሎሙ· ፡ ለዓለምᶜᶜ ፡ 3 ወበአማንቱ ፡ መዋዕልᵃ ፡ ርኢክዎᵇ ፡ ለርእሰ ፡ መዋዕልᵈ ፡ ሰበ ፡ ነበረᵉ ፡ በመንበረᶠ ፡ ስብሐቲሁᵍ ፡ ወመጻሕፍተʰ ፡ ሕያዋንⁱ ፡ በቅድሜሁ ፡ ተተክሥቱʲ ፡ ወኩሉ ፡ ኃይሉᵏ ፡ ዘመልዕልተˡ ፡ ሰማያትᵐ ፡ ወዓውደⁿ ፡ ዚአሁ ፡ ይቀውሙ·ᵒ ፡ ቅድሜሁ ። 4 ወልቦ·ᵃ ፡ ለቅዱሳንᵇ ፡

46.7 ᵛ እድ : hand ʷ *ክሕደ : G impf 3mpl, to deny (ይክሕዱ·) ˣ ስም : name ᵞ እግዚእ : Lord ᶻ መንፈስ : spirit **46.8** ᵃ ተሰደ : Gt impf 3mpl, to be banished ᵇ ቤተ : house ᶜ ምስጉቡእ / ምስተግቡእ : meeting place ᵈ መሀይምን : faithful ᵉ ስቁል : dependent ᶠ ስም : name ᵍ እግዚእ : Lord ʰ መንፈስ : spirit

47.1 ᵃ መዓልት : day ᵇ ዐርገ : *G perf 3fs, to ascend (ዐርገት) ᶜ ጸሎት : prayer ᵈ ጻድቅ : righteous ᵉ ደም : blood ᶠ ጻድቅ : righteous ᵍ ምድር : earth ʰ እግዚእ : Lord ⁱ መንፈስ : spirit **47.2** ᵃ መዓልት : day ᵇ ኅብር / ኀበረ : *G impf 3mpl, to unite (የኃብሩ·) ᶜ ቅዱስ : holy ᵈ ነበረ : G impf 3mpl, to dwell ᵉ መልዕልት : above ᶠ ሰማይ : heaven ᵍ ፩ : 1 ʰ ቃል : voice ⁱ አስተበቍዐ : CGt impf 3mpl, to supplicate ʲ ጸለየ : D impf 3mpl, to pray ᵏ ስብሐ : D impf 3mpl, to praise ˡ አአኮተ : CG impf 3mpl, to give thanks ᵐ ባረከ : L impf 3mpl, to bless ⁿ ስም : name ᵒ እግዚእ : Lord ᵖ መንፈስ : spirit ᵠ ደም : blood ʳ ጻድቅ : righteous ˢ ተክዐወ : Gt perf 3ms, to be poured ᵗ ጸሎት : prayer ᵘ ጻድቅ : righteous ᵛ ተዐርወ : Gt juss 3fs, to cease ʷ እግዚእ : Lord ˣ መንፈስ : spirit ᵞ ተገብረ : Gt juss 3ms, to be done ᶻ ኩነኔ : judgment aa ትዕግሥት : patience ᵇᵇ ኮነ : G juss 3ms, to be ᶜᶜ ዓለም : eternity **47.3** ᵃ መዓልት : day ᵇ ርእየ : G perf 1cs, to see ᶜ ርእስ : head ᵈ መዓልት : day ᵉ ነበረ : G perf 3ms, to sit ᶠ መንበር : throne ᵍ ስብሐት : glory ʰ መጽሐፍ : book ⁱ ሕያው : living ʲ ተከሥተ : *Gt perf 3mpl, to be opened (ተከሥቱ) ᵏ *ኃይል : host ˡ መልዕልት : above ᵐ ሰማይ : heaven ⁿ *ዐውድ : council ᵒ ቆመ : G impf 3mpl, to stand **47.4** ᵃ ልብ : heart ᵇ ቅዱስ : holy

ትመልእᶜ ፡ ፍሥሐᵈ ፡ እስመ ፡ በጽሐᵉ ፡ ኍልቆᶠ ፡ ለጽድቅᵍ ፡ ወጸሎቶሙʰ ፡ ለጻድቃንⁱ ፡
ተሰምዓʲ ፡ ወደሙᵏ ፡ ለጻድቅˡ ፡ በቅድመ ፡ እግዚእᵐ ፡ መናፍስትⁿ ፡ ተፈቅደᵒ ።

48

1 ወበውእቱ ፡ መዋዕልᵃ ፡ ርኢኩᵇ ፡ ነቅዐᶜ ፡ ጽድቅᵈ ፡ ወኢይትኔለቁᵉ ፡ ወለአውዱᶠ ፡
የአውዱᵍ ፡ ብዙኅʰ ፡ አንቅዕትⁱ ፡ ጥበብ ፡ ወኵሎሙ ፡ ጽሙዓንᵏ ፡ ይሰትዩˡ ፡ እምኔሆሙ
፡ ወይትመልኡᵐ ፡ ጥበብⁿ ፡ ወማኀደሪሆሙᵒ ፡ ምስለ ፡ ጻድቃንᵖ ፡ ወቅዱሳንᑫ ፡ ወኍሩያንʳ ።
2 ወበይእቲ ፡ ሰዓትᵃ ፡ ተጸውዓᵇ ፡ ዝኩ ፡ ወልድᶜ ፡ ሰብእᵈ ፡ በኀበ ፡ እግዚአᵉ ፡ መናፍስትᶠ ፡
ወስሙᵍ ፡ መቅድሙʰ ፡ ርእሰ ፡ መዋዕልʲ ። 3 ወዘእንበለ ፡ ይትፈጠርᵃ ፡ ፀሐይᵇ ፡ ወተአምርᶜ
፡ ዘእንበለ ፡ ይትገበሩᵈ ፡ ከዋክብትᵉ ፡ ሰማይᶠ ፡ ወስሙᵍ ፡ ተጸውዓʰ ፡ በቅድመ ፡ እግዚእⁱ
፡ መናፍስትʲ ። 4 ውእቱ ፡ ይከውንᵃ ፡ በትረᵇ ፡ ለጻድቃንᶜ ፡ ወቅዱሳንᵈ ፡ ከመ ፡ ቦቱ ፡
ይትመርጐዙᵉ ፡ ወኢይደቁᶠ ፡ ወውእቱ ፡ ብርሃንᵍ ፡ አሕዛብʰ ፡ ወውእቱ ፡ ይከውንⁱ ፡ ተስፋʲ ፡

47.4 ᶜ መልእ : *G impf 3fs*, to be filled with ᵈ *ፍሥሐ : joy ᵉ በጽሐ : *G perf 3ms*, to arrive, reach ᶠ ኍልቁᐟ / ኍልቍᐟ / ኖልቍ : number ᵍ ጽድቅ : righteousness, justice ʰ ጸሎት : prayer ⁱ ጻድቅ : righteous ʲ ተሰምዓ : *Gt perf 3ms*, to be heard (ተሰምዐ) ᵏ ደም : blood ˡ ጻድቅ : righteous ᵐ እግዚእ : Lord ⁿ መንፈስ : spirit ᵒ ተፈቅደ : *Gt perf 3ms*, to be required

48.1 ᵃ መዓልት : day ᵇ ርእየ : *G perf 1cs*, to see ᶜ ነቅዐ : spring ᵈ ጽድቅ : righteousness, justice ᵉ ተኈለቄ : *Dt impf 3ms*, to be counted ᶠ *ወዱ- : around ᵍ *ያደ : *G impf 3mpl*, to surround (የወዱዎ) ʰ ብዙኅ : many ⁱ ነቅዐ : spring ʲ ጥበብ : wisdom ᵏ *ጽሙእ : thirsty ˡ ሰትየ : *G impf 3mpl*, to drink ᵐ ተመልእ : *Gt impf 3mpl*, to be filled ⁿ ጥበብ : wisdom ᵒ ማኀደር : dwelling place ᵖ ጻድቅ : righteous ᑫ ቅዱስ : holy ʳ ኍሩይ : chosen 48.2 ᵃ ሰዓት : hour ᵇ ተጸውዐ : *Dt perf 3ms*, to be named (ተጸውዐ) ᶜ ወልድ : son ᵈ ብእሲ : man ᵉ እግዚእ : Lord ᶠ መንፈስ : spirit ᵍ ስም : name ʰ መቅድም : before ⁱ ርእስ : head ʲ መዓልት : day 48.3 ᵃ ተፈጥረ : *Gt juss 3ms*, to be created ᵇ *ፀሐየ : sun ᶜ ትእምርት : sign ᵈ ተገብረ : *Gt juss 3mpl*, to be made ᵉ ከዋክብ : star ᶠ ሰማይ : heaven ᵍ ስም : name ʰ ተጸውዐ : *Dt perf 3ms*, to be named (ተጸውዐ) ⁱ እግዚእ : Lord ʲ መንፈስ : spirit 48.4 ᵃ ኮነ : *G impf 3ms*, to be ᵇ በትር : staff ᶜ ጻድቅ : righteous ᵈ ቅዱስ : holy ᵉ ተመርጐዘ : *Gt juss 3mpl*, to lean upon, rely ᶠ ወድቀ / ወደቀ : *G juss 3mpl*, to fall ᵍ ብርሃን : light ʰ ሕዝብ : nation ⁱ ኮነ : *G impf 3ms*, to be ʲ ተስፋ : hope

1 Enoch 48.4-9

ለእለ ፡ የሐሙ·ᵏ ፡ በልቦሙ·ˡ ። 5 ይወድቁᵃ ፡ ወይሰግዱᵇ ፡ ቅድሜሁ ፡ ኵሎሙ· ፡ እለ ፡ የኃድሩ·ᶜ ፡ ዲበ ፡ የብስᵈ ፡ ወይባርክዎᵉ ፡ ወይሴብሕዎᶠ ፡ ወይዜምሩ·ᵍ ፡ ሎቱ ፡ ለስሙʰ ፡ እግዚእⁱ ፡ መናፍስትʲ ። 6 ወበእንተዝ ፡ ኮነᵃ ፡ ኅሩየᵇ ፡ ወኅቡእᶜ ፡ በቅድሜሁ ፡ እምቅድም ፡ ይትፈጠርᵈ ፡ ዓለምᵉ ፡ ወእስከ ፡ ለዓለምᶠ ። 7 ወከሠታᵃ ፡ ለቅዱሳንᵇ ፡ ወጻድቃንᶜ ፡ ጥበበᵈ ፡ ለእግዚአᵉ ፡ መናፍስትᶠ ፡ እስመ ፡ ዓቀበᵍ ፡ ክፍሎሙ·ʰ ፡ ለጻድቃንⁱ ፡ እስመ ፡ ጸልእዎʲ ፡ ወመነንዎᵏ ፡ ለዝንቱ ፡ ዓለምˡ ፡ ዘዓመቃᵐ ፡ ወኵሎ ፡ ምግባሮⁿ ፡ ወፍናዊሁᵒ ፡ ጸልዑ·ᵖ ፡ በስሙ·ᵠ ፡ ለእግዚአʳ ፡ መናፍስትˢ ፡ እስመ ፡ በስሙᵗ ፡ ዚአሁ ፡ ይድኅኑ·ᵘ ፡ ወፈቃዴᵛ ፡ ኮነʷ ፡ ለሕይወቶሙ·ˣ ። 8 ወበውእቱ ፡ መዋዕልቱ ፡ ኮኑᵇ ፡ ትሑታንᶜ ፡ ገጾᵈ ፡ ነገሥተᵉ ፡ ምድርᶠ ፡ ወጽኑዓንᵍ ፡ እለ ፡ ይእኅዙ·ʰ ፡ ለየብስⁱ ፡ በእንተ ፡ ምግባሪʲ ፡ እዴዊሆሙ·ᵏ ፡ እስመ ፡ በዕለተˡ ፡ ጻሕቆሙ·ᵐ ፡ ወጻሕበሙ·ⁿ ፡ ኢያድኅኑ·ᵒ ፡ ነፍሶሙ·ᵖ ። 9 ወውስተ ፡ እዴዊሆሙ·ᵃ ፡ ለኅሩያንᵇ ፡ ዚአየ ፡ እወድዮሙ·ᶜ ፡ ከመ ፡ ሣዕርᵈ ፡ ውስተ ፡ እሳትᵉ ፡ ወከመ ፡ ዓረርᶠ ፡ ውስተ ፡ ማይᵍ ፡ ከመዝ ፡ ይውዕዩʰ ፡ እምቅድም ፡ ገጾⁱ ፡ ጻድቃንʲ ፡ ወይሠጥሙ·ᵏ ፡ እምቅድም ፡ ገጾˡ ፡ ቅዱሳንᵐ ፡

48.4 ᵏ ሐመ / ሐመሙ : G impf 3mpl, to be in pain ˡ ልብ : heart **48.5** ᵃ ወድቀ / ወደቀ : G impf 3mpl, to fall ᵇ ሰግደ / ሰገደ : G impf 3mpl, to worship ᶜ ኃደረ : *G impf 3mpl, to dwell (የኃድሩ·) ᵈ የብስ : dry land ᵉ ባረከ : L impf 3mpl, to bless ᶠ ሰብሐ : D impf 3mpl, to praise ᵍ ዘመረ : D impf 3mpl, to recite Psalms ʰ ስም : name ⁱ እግዚእ : Lord ʲ መንፈስ : spirit **48.6** ᵃ ኮነ : G perf 3ms, to be ᵇ ኅሩይ : chosen ᶜ ኅቡእ : hidden ᵈ ተፈጥረ : Gt juss 3ms, to be created ᵉ ዓለም : world ᶠ ዓለም : eternity **48.7** ᵃ ከሠተ : G perf 3ms, to reveal ᵇ ቅዱስ : holy ᶜ ጻድቅ : righteous ᵈ ጥብብ : wisdom ᵉ እግዚእ : Lord ᶠ መንፈስ : spirit ᵍ ዐቀበ : *G perf 3ms, to keep safe (ዐቀበ) ʰ ክፍል : part, portion ⁱ ጻድቅ : righteous ʲ ጸልአ : G perf 3mpl, to hate ᵏ መነነ : D perf 3mpl, to reject ˡ ዓለም : world ᵐ *ዐመቃ : iniquity ⁿ ምግባር : work ᵒ ፍኖት : way ᵖ *ጸልአ : G perf 3mpl, to hate (ጸልሁ) ᵠ ስም : name ʳ እግዚእ : Lord ˢ መንፈስ : spirit ᵗ ስም : name ᵘ ድኅነ : G impf 3mpl, to be saved ᵛ ፈቃዴ : one who requires ʷ ኮነ : G perf 3ms, to be ˣ ሕይወት : life **48.8** ᵃ መዓልት : day ᵇ ኮነ : G perf 3mpl, to be ᶜ ትሑት : humiliated, downcast ᵈ ገጽ : face ᵉ ንጉሥ : king ᶠ ምድር : earth ᵍ ጽኑዕ : strong ʰ አኀዘ : G impf 3mpl, to possess ⁱ የብስ : dry land ʲ ምግባር : work ᵏ እድ : hand ˡ ዕለት : day ᵐ *ጻዕቅ / ፃዕቅ : distress ⁿ ጻሕብ : trouble ᵒ አድኅነ : CG impf 3mpl, to save ᵖ ነፍስ : -self **48.9** ᵃ እድ : hand ᵇ ኅሩይ : chosen ᶜ ወደየ : G impf 1cs, to put ᵈ ሣዕር : straw ᵉ እሳት : fire ᶠ *ዐረር : lead ᵍ ማይ : water ʰ ውዕየ : G impf 3mpl, to burn (intr.) ⁱ ገጽ : presence ʲ ጻድቅ : righteous ᵏ *ተሰጥመ : Gt impf 3mpl, to sink ˡ ገጽ : presence ᵐ ቅዱስ : holy

ወኢይትረከብⁿ ፡ ሎሙ ፡ አሰሮ ። 10 ወበዕለተᵃ ፡ ፃሕቦᵇ ፡ ዚአሆሙ ፡ ዕረፍትᶜ ፡ ትከውንᵈ ፡ በዲበ ፡ ምድርᵉ ፡ ወበቅድሜሁ ፡ ይወድቁᶠ ፡ ወኢይነሥኡᵍ ፡ ወአልበ ፡ ዘይትሜጠዎሙʰ ፡ በእደዊሁⁱ ፡ ወያነሥኡሙʲ ፡ እስመ ፡ ከሐድዎᵏ ፡ ለእግዚእˡ ፡ መናፍስትᵐ ፡ ወለመሲሁⁿ ፡ ወይትባረክᵒ ፡ ስሙᵖ ፡ ለእግዚአᵠ ፡ መናፍስትʳ ።

49

1 እስመ ፡ ጥበብᵃ ፡ ተከዐወᵇ ፡ ከመ ፡ ማይᶜ ፡ ወስብሐትᵈ ፡ ኢተኃልቀᵉ ፡ ቅድሜሁ ፡ ለዓለመᶠ ፡ ዓለምᵍ ። 2 እስመ ፡ ኃያልᵃ ፡ ውእቱ ፡ በኵሉ ፡ ኅቡአትᵇ ፡ ጽድቅ ፡ ወዓመፃᵈ ፡ ከመ ፡ ጽላሎትᵉ ፡ የኃልፍᶠ ፡ ወምቅዋምᵍ ፡ አልቦ ፡ እስመ ፡ ቆመʰ ፡ ኅሩይⁱ ፡ በቅድመ ፡ እግዚእʲ ፡ መናፍስትᵏ ፡ ወስብሐቲሁˡ ፡ ለዓለመᵐ ፡ ዓለምⁿ ፡ ወኃይሎᵒ ፡ ለትውልደፕ ፡ ትውልድᵠ ። 3 ወቦቱ ፡ የኃድርᵃ ፡ መንፈስᵇ ፡ ጥበብᶜ ፡ ወመንፈስᵈ ፡ ዘያሌቡᵉ ፡ ወመንፈስᶠ ፡ ትምህርትᵍ ፡ ወኃይልʰ ፡ ወመንፈስⁱ ፡ እለ ፡ ኖሙʲ ፡ በጽድቅᵏ ። 4 ወውእቱ ፡ ይኴንንᵃ ፡ ዘኅቡአትᵇ ፡

48.9 ⁿ ተረከበ : *Gt impf 3ms*, to be found ᵒ *አሠር : trace **48.10** ᵃ ዕለት : day ᵇ *ፃሕብ : trouble ᶜ ዕረፍት : rest ᵈ ከነ : *G impf 3fs*, to be ᵉ ምድር : earth ᶠ ወድቀ / ወደቀ : *G impf 3mpl*, to fall ᵍ ተንሥአ : *Gt impf 3mpl*, to rise up ʰ ተመጠወ : *Dt impf 3mpl*, to take hold of ⁱ እድ : hand ʲ አንሥአ : *CG impf 3ms*, to raise ᵏ ክሕደ : *G perf 3mpl*, to deny ˡ እግዚእ : master, lord ᵐ መንፈስ : spirit ⁿ *መሲሕ : Messiah ᵒ ተባረከ : *Lt impf 3ms*, to be blessed ᵖ ስም : name ᵠ እግዚእ : Lord ʳ መንፈስ : spirit

49.1 ᵃ ጥበብ : wisdom ᵇ ተከዐወ : *Gt perf 3ms*, to be poured ᶜ ማይ : water ᵈ ስብሐት : glory ᵉ ኃልቀ / ሐልቀ : *G impf 3fs*, to come to an end (ተኃልቀ) ᶠ ዓለም : eternity ᵍ ዓለም : eternity **49.2** ᵃ *ኃያል : powerful ᵇ ኅቡእ : hidden, secret ᶜ ጽድቅ : righteousness, justice ᵈ *ዐመፃ : iniquity ᵉ ጽላሎት : shadow ᶠ ኃለፈ : *G impf 3ms*, to pass away (የኃልፍ) ᵍ ምቅዋም : place ʰ ቆመ : *G perf 3ms*, to stand ⁱ ኅሩይ : chosen ʲ እግዚእ : Lord ᵏ መንፈስ : spirit ˡ ስብሐት : glory ᵐ ዓለም : eternity ⁿ ዓለም : eternity ᵒ *ኃይል : power ᵖ ትውልድ : generation ᵠ ትውልድ : generation **49.3** ᵃ ኀደረ : *G impf 3ms*, to dwell (የኃድር) ᵇ መንፈስ : spirit ᶜ ጥበብ : wisdom ᵈ መንፈስ : spirit ᵉ አለበወ : *CD impf 3ms*, to give understanding ᶠ መንፈስ : spirit ᵍ ትምህርት : teaching, science ʰ ኃይል : power ⁱ መንፈስ : spirit ʲ ኖመ : *G perf 3mpl*, to sleep ᵏ ጽድቅ : righteousness, justice **49.4** ᵃ ኮነነ : *D impf 3ms*, to judge ᵇ ኅቡእ : hidden, secret

ወነገረᶜ : በከᵈ : አልቦ : ዘይክልᵉ : ብሂለᶠ : በድሜሁ· : እስመ : ኍሩይᵍ : ውእቱ : በቅድመ : እግዚአʰ : መናፍስትⁱ : በከመ : ውእቱ : ፈቀደʲ ።

50

1 ወበእማንቱ : መዋዕልᵃ : ሚጠትᵇ : ትከውንᶜ : ለቅዱሳንᵈ : ወለኍሩያንᵉ : ወብርሃንᶠ : መዋዕልᵍ : ዲቤሆሙ· : የኃድርʰ : ወስብሐትⁱ : ወክብርʲ : ለቅዱሳንᵏ : ይትመየጥˡ : ወበዕለትᵐ : እንተ : ጻሕብⁿ ። 2 ትዘገብᵃ : እኪትᵇ : ላዕለ : ኃጥአንᶜ : ወይመውኡᵈ : ጻድቃንᵉ : በስሙᶠ : ለእግዚእᵍ : መናፍስትʰ : ወያርኢⁱ : ለካልአንʲ : ከመ : ይነሥሑᵏ : ወይኅድጉˡ : ምግባረᵐ : አደዊሆሙ·ⁿ ። 3 ወኢይከውን·ᵃ : ሎሙ· : ክብርᵇ : በቅድመ : እግዚእᶜ : መናፍስትᵈ : ወበስሙ·ᵉ : ይድኍኑᶠ : ወእግዚእᵍ : መናፍስትʰ : ይምሀሮሙ·ⁱ : እስመ : ብዙኅʲ : ምሕረቱᵏ ።
4 ወጻድቅᵃ : ውእቱ : በኰነኔሁᵇ : ወበቅድመ : ስብሐቲሁᶜ : ወዓመፃᵈ : ኢትቀውምᵉ : በኰነኔሁᶠ : ዘኢይኔስሕᵍ : በቅድሜሁ· : ይትኀጐልʰ ። 5 ወእምይእዜᵃ : ኢያምህሮሙ·ᵇ : ይቤᶜ : እግዚእᵈ : መናፍስትᵉ ።

49.4 ᶜ ነገር : word ᵈ በከ : idleness ᵉ ክህለ : G impf 3ms, to be able ᶠ ብህለ : G inf, to say ᵍ ኍሩይ : chosen ʰ እግዚእ : Lord ⁱ መንፈስ : spirit ʲ ፈቀደ : G perf 3ms, to wish, want

50.1 ᵃ መዓልት : day ᵇ ሚጠት : change ᶜ ከነ : G impf 3fs, to be ᵈ ቅዱስ : holy ᵉ ኍሩይ : chosen ᶠ ብርሃን : light ᵍ መዓልት : day ʰ ኀደረ : *G impf 3ms, to dwell (የኃድር) ⁱ ስብሐት : glory ʲ ክብር : honor ᵏ ቅዱስ : holy ˡ ተመይጠ / ተሜጠ : Gt impf 3ms, to return ᵐ ዕለት : day ⁿ ጻሕብ : trouble **50.2** ᵃ ተዘግበ : Gt impf 3fs, to be heaped up ᵇ እኪት : calamity ᶜ ኃጥእ : sinner ᵈ ሞአ : G impf 3mpl, to conquer ᵉ ጻድቅ : righteous ᶠ ስም : name ᵍ እግዚእ : Lord ʰ መንፈስ : spirit ⁱ አርአየ : CG impf 3ms, to show ʲ ካልእ : other ᵏ *ነስሐ : D juss 3mpl, to repent ˡ ኀደገ : G juss 3mpl, to abandon ᵐ ምግባር : work ⁿ እድ : hand **50.3** ᵃ ከነ : G impf 3ms, to be ᵇ ክብር : honor ᶜ እግዚእ : Lord ᵈ መንፈስ : spirit ᵉ ስም : name ᶠ ድኅነ : G impf 3mpl, to be saved ᵍ እግዚእ : Lord ʰ መንፈስ : spirit ⁱ *መሐረ / ምሕረ : G impf 3ms, to show mercy (ይምሕሮሙ·) ʲ ብዙኅ : much, abundant ᵏ ምሕረት : mercy **50.4** ᵃ ጻድቅ : righteous ᵇ ኰነኔ : judgment ᶜ ስብሐት : glory ᵈ *ዐመፃ : iniquity ᵉ ቆመ : G impf 3fs, to stand ᶠ ኰነኔ : judgment ᵍ ነስሐ : D impf 3ms, to repent ʰ *ተኀጕለ / ተሐጕለ : *Gt impf 3ms, to be destroyed (ይትሐጐል) **50.5** ᵃ ይእዜ : then ᵇ *መሐረ / ምሕረ : G impf 1cs, to show mercy (ኢያምሕሮሙ·) ᶜ ብህለ : G perf 3ms, to say ᵈ እግዚእ : Lord ᵉ መንፈስ : spirit

51

1 ወበእማንቱ ፡ መዋዕልa ፡ ታገብእb ፡ ምድርc ፡ ማኅፀንታd ፡ ወሲኦልe ፡ ታገብእf ፡ ማኅፀንታg ፡ ዘተመጠወትh ፡ ወኀጕልi ፡ ያገብእj ፡ ዘይፈዲk ። 2 ወየኀሪa ፡ ጻድቃነb ፡ ወቅዱሳነc ፡ እምኔሆሙ ፡ እስመ ፡ ቀርበtd ፡ ዕለተe ፡ ከመ ፡ እሙንቱ ፡ ይድኅኑf ። 3 ወኑኀa ፡ በእማንቱ ፡ መዋዕልb ፡ ዲበ ፡ መንበሩc ፡ ይነብርd ፡ ወኵሉ ፡ ኅቡአተe ፡ ጥበብf ፡ እምሕሊናg ፡ አፉሁh ፡ ይወፅእi ፡ እስመ ፡ እግዚእj ፡ መናፍስትk ፡ ወሀቦl ፡ ወሰብሐሞm ። 4 ወበእማንቱ ፡ መዋዕልa ፡ ይዘፍኑb ፡ አድባርc ፡ ከመ ፡ ሐራጊትd ፡ ወአውግርኒe ፡ ያንፈርዕፁf ፡ ከመ ፡ መሐስዕg ፡ ጽጉባንh ፡ ሐሊብi ፡ ወይከውኑj ፡ ኵሎሙ ፡ መላእክተk ፡ በሰማይl ፡ ገጾሙm ፡ ይበርሁn ፡ በፍሥሐo ።
5 እስመ ፡ በእማንቱ ፡ መዋዕልa ፡ ኅሩይb ፡ ተንሥአc ፡ ወምድርd ፡ ትትፌሣሕe ፡ ወጻድቃንf ፡ ዲቤሃ ፡ የኀድሩg ፡ ወኅሩያንh ፡ ውስቴታ ፡ የሐውሩi ፡ ወያንሶሰዉj ።

52

1 ወእምድኅረ ፡ እማንቱ ፡ መዋዕልa ፡ በውእቱ ፡ መካንb ፡ ኀበ ፡ ርኢኩc ፡ ኵሎ ፡ ራእያተd

---

51.1 [a] መዓልት : day [b] አግብአ : CG impf 3fs, to give back, return [c] ምድር : earth [d] ማሕፀንት / ማኅፀንት : deposit [e] ሲኦል : Sheol [f] አግብአ : CG impf 3fs, to give back, return [g] ማሕፀንት / ማኅፀንት : deposit [h] ተመጠወ : Dt perf 3fs, to receive [i] *ህጕል / ሐጕል : destruction [j] አግብአ : CG impf 3ms, to give back, return [k] ፈደየ : G impf 3ms, to owe **51.2** [a] ኀርየ / ኀረየ : *G impf 3ms, to choose (የኀሪ) [b] ጻድቅ : righteous [c] ቅድስ : holy [d] ቀርበ / ቀረበ : G perf 3fs, to draw near, approach [e] ዕለት : day [f] ድኅነ : *G juss 3mpl, to be saved (ይድኅኑ) **51.3** [a] ኀሩይ : chosen [b] መዓልት : day [c] መንበር : throne [d] ነበረ : G impf 3ms, to sit [e] ኅቡእ : hidden, secret [f] ጥበብ : wisdom [g] ኅሊና / ሕሊና : intelligence, reasoning [h] አፍ : mouth [i] ወፅአ : G impf 3ms, to come out [j] እግዚእ : Lord [k] መንፈስ : spirit [l] ወሀበ : G perf 3ms, to appoint [m] ሰብሐ : D perf 3ms, to glorify **51.4** [a] መዓልት : day [b] ዘፈነ : G impf 3mpl, to dance [c] ደብር : mountain [d] ሐርጌ : ram [e] ወግር : hill [f] *አንፈርዐፀ : CG impf 3mpl, to leap (ያንፈርዕፁ) [g] መሐስዕ / መሐስዕ : lamb [h] ጽጉብ : satiated [i] ሐሊብ : milk [j] ኮነ : G impf 3ms, to become [k] መልእክ : angel [l] ሰማይ : heaven [m] ገጽ : face [n] ብርሀ : G impf 3ms, to shine [o] *ፍሥሐ : joy **51.5** [a] መዓልት : day [b] ኀሩይ : chosen [c] ተንሥአ : Gt perf 3ms, to rise up [d] ምድር : earth [e] ተፈሥሐ : Dt impf 3fs, to rejoice [f] ጻድቅ : righteous [g] ኀደረ : *G impf 3mpl, to dwell (የኀድሩ) [h] ኀሩይ : chosen [i] ሐረ : G impf 3mpl, to go [j] አንሶሰወ : CG impf 3mp, to walk

52.1 [a] መዓልት : day [b] መካን : place [c] ርእየ : G perf 1cs, to see [d] ራእይ : vision

: ዘንቡእ^e : እስመ : ተመሠጥኩ^f : በነኰርካሬ^g : ነፋስ^h : ወወሰደኒⁱ : ውስተ : ዓረብ^j ። 2 ወበሀ : ርእያ^a : አዕይንትየ^b : ኅቡአተ^c : ሰማይ^d : ኵሎ : ዘይከውን^e : ሀሎ^f : በዲበ : ምድር^g : ደብር^h : ኃጺንⁱ : ወደብር^j : ጸሪቅ^k : ወደብር^l : ብሩር^m : ወደብርⁿ : ወርቅ^o : ወደብር^p : ነጠብጣብ^q : ወደብር^r : አረር^s ። 3 ወተሰዕልክዎ^a : ለመልአክ^b : ዘየሐውር^c : ምስሌየ : እንዘ : እብል^d : ምንት : ውእቱ : እሙንቱ : እለ : በነቡእ^e : ርኢኩ^f : 4 ወይቤለኒ^a : እሉ : ኵሎሙ : ዘርኢክቦ^b : ለሥልጣኒሁ : መሲሑ^d : እሙንቱ : ይከውኑ^e : ከመ : የአዝዝ^f : ወይትኃያል^g : ዲበ : ምድር^h ። 5 ወአውሥአኒ^a : እንዘ : ይብል^b : ውእቱ : መልአከ^c : ሰላም^d : ጽናሕ^e : ንስቲተ^f : ወትሬኢ^g : ወይትከሠት^h : ለከ : ኵሉ : ዘንቡእⁱ : ዘተከለ^j : እግዚእ^k : መናፍስት^l ። 6 ወእሎንቱ : አድባር^a : ዘርኢክቦ^b : ደብር^c : ሐጺን^d : ወደብር^e : ጸሪቅ^f : ወደብር^g : ብሩር^h : ወደብርⁱ : ወርቅ^j : ወደብር^k : ነጠብጣብ^l : ወደብር^m : ዓረርⁿ : እሉ : ኵሎሙ : ቅድሜሁ : ለኅሩይ^o : ይከውኑ^p : ከመ : መዓረ : ግራ^q : ዘቅድመ : ገጽ^r : እሳት^s : ወከመ : ማይ^t : ዘይወርድ^u : እምላዕሉ : ዲበ : እማንቱ : አድባር^v : ውይከውኑ^w

---

52.1 ^e ኅቡእ : hidden, secret ^f ተመሥጠ / ተመሠጠ: *Gt perf 1cs*, to carried off ^g ነኰርካር / ነኰርካር : rotation, whirlpool ^h ነፋስ : wind ⁱ ወሰደ : *G perf 3mpl*, to lead away, bring ^j *ዐረብ : west **52.2** ^a ርእየ : *G perf 3fpl*, to see ^b ዐይን : eye ^c ኅቡእ : hidden, secret ^d ሰማይ : heaven ^e ኮነ : *G impf 3ms*, to occur ^f ሀሎ / ሀለወ : *D perf 3ms*, to be ^g ምድር : earth ^h ደብር : mountain ⁱ *ኃጺን : iron ^j ደብር : mountain ^k *ጸሪቅ : copper ^l ደብር : mountain ^m ብሩር : silver ⁿ ደብር : mountain ^o ወርቅ : gold ^p ደብር : mountain ^q ነጠብጣብ : soft metal ^r ደብር : mountain ^s *ዐረር : lead **52.3** ^a *ተሰአለ / ተሰአለ : *Gt perf 1cs*, to enquire, ask (ተሰአልክዎ) ^b መልአክ : angel ^c ሐረ : *G impf 3ms*, to go ^d ብህለ : *G impf 1cs*, to say ^e ኅቡእ : hidden, secret ^f ርእየ : *G perf 1cs*, to see **52.4** ^a ብህለ : *G perf 3ms*, to say ^b ርእየ : *G perf 2ms*, to see ^c ሥልጣን : authority ^d መሲሕ : Messiah ^e ኮነ : *G impf 3mpl*, to be ^f አዘዘ : *D juss 3ms*, to command, rule ^g ተኃየለ : *Dt juss 3ms*, to have power (ይትኃያል) ^h ምድር : earth **52.5** ^a አውሥአ : *CG perf 3ms*, to answer ^b ብህለ : *G impf 3ms*, to say ^c መልአክ : angel ^d ሰላም : peace ^e ጸንሐ : *G impv 2ms*, to wait, ^f ንስቲት : a little, for a little while ^g ርእየ : *G impf 2ms*, to see ^h ተከሠተ : *Gt impf 3ms*, to be revealed ⁱ ኅቡእ : hidden, secret ^j ተከለ : *G perf 3ms*, to establish ^k እግዚእ : Lord ^l መንፈስ : spirit **52.6** ^a ደብር : mountain ^b ርእየ : *G perf 2ms*, to see ^c ደብር : mountain ^d *ኃጺን : iron ^e ደብር : mountain ^f *ጸሪቅ: copper ^g ደብር : mountain ^h ብሩር : silver ⁱ ደብር : mountain ^j ወርቅ : gold ^k ደብር : mountain ^l ነጠብጣብ : soft metal ^m ደብር : mountain ⁿ *ዐረር: lead ^o ኅሩይ : chosen ^p ኮነ : *G impf 3mpl*, to be ^q መዓር ግራ : wax ^r ገጽ : presence ^s እሳት : fire ^t ማይ : water ^u ወረደ : *G impf 3ms*, to come down ^v ደብር : mountain ^w ኮነ : *G impf 3mpl*, to become

: ድኩማንˣ : በታሕተ : አገሪሁʸ ፨ 7 ወይከውንᵃ : በአማንቱ : መዋዕልᵇ : ኢይድኅኑᶜ : ኢበወርቅᵈ : ወኢበብሩርᵉ : ወኢይክሉᶠ : ድኂነ፡ ወጉዪይʰ ፨ 8 ወኢይከውንᵃ : ሐፂንᵇ : ለፀብእᶜ : ወኢልብስᵈ : ለድርዐ : አንግድዓᵉ : ኢይበቍዕᶠ : ብርት፡ᵍ ወኢናስክʰ : ኢይበቍዕⁱ : ወኢይትኄለቍʲ : ወዓርᵏ : ኢይትፈቀድˡ : 9 አሉ : ኵሎሙ : ይትከሐዱᵃ : ወይትጐሃሉᵇ : ሀለዉᶜ : እምገጸᵈ : ምድርᵉ : ሰበ : ያስተርኢᶠ : ኅሩይ፡ᵍ በቅድመ : ገጹʰ : ለእግዚእⁱ : መናፍስትʲ ፨

53

1 ወበህየ : ርእያᵃ : አዐይንትየᵇ : ቈላᶜ : ዕሙቀᵈ : ወርኅዉᵉ : አፉሁᶠ : ወኵሎሙ : እለ : የኃድሩ፡ ዲበ : የብስʰ : ወባሕርⁱ : ወደሰያትʲ : አምኅᵏ : ወአስትእˡ : ወጋዳᵐ : ያመጽኡⁿ : ሎቱ : ወዝኩ : ዕሙቅ : ቈላዕ : ኢይመልእ፡ ፨ 2 ወጌጋʸᵃ : አደዊሆሙᵇ : ይገብሩᶜ : ወኩሎ : ዘይጻምዉᵈ : ሌጋይᵉ : ኃጥአንᶠ : ይበልዑ፡ᵍ ወእምገጹʰ : ለእግዚእⁱ : መናፍስትʲ

52.6 ˣ ድኩም : weak ʸ አግር : foot **52.7** ᵃ ኮነ : G impf 3ms, to be ᵇ መዓልት : day ᶜ ድኅነ : G impf 3mpl, to be saved ᵈ ወርቅ : gold ᵉ ብሩር : silver ᶠ ክህለ : G impf 3mpl, to be able ᵍ ድኅነ : G inf, to be saved ʰ ጐየ : G inf, to run away, flee **52.8** ᵃ ኮነ : G impf 3ms, to be ᵇ *ኃጺን : iron ᶜ *ጸብእ : war ᵈ ልብስ : clothes, garment ᵉ *ድርዐ : አንግድዓ : breastplate ᶠ በቍዐ : G impf 3ms, to be useful ᵍ ብርት : bronze ʰ ናክህ / ናዕክ : tin ⁱ በቍዐ : G impf 3ms, to be useful ʲ ተኍለቄ : Dt impf 3ms, to be counted, regarded as ᵏ *ዐረር: lead ˡ ተፈቅደ : Gt impf 3ms, to be wanted **52.9** ᵃ ተክሕደ : Gt impf 3mpl, to be rejected ᵇ *ተሀጕለ / ተሐጕለ : *Gt impf 3mpl, to be destroyed (ይትሀጐሉ) ᶜ ሀሎ / ሀለወ : D perf 3mpl, to be ᵈ ገጽ : face ᵉ ምድር : earth ᶠ አስተርአየ : CGt impf 3ms, to appear ᵍ ኅሩይ : chosen ʰ ገጽ : presence ⁱ እግዚእ : Lord ʲ መንፈስ : spirit

53.1 ᵃ ርእየ : G perf 3fpl, to see ᵇ ዐይን : eye ᶜ ቈላ : valley ᵈ ዕሙቅ : deep ᵉ ርኅዉ : open ᶠ አፍ : mouth ᵍ ኃደረ : *G impf 3mpl, to dwell (የኃድሩ) ʰ የብስ : dry land ⁱ ባሕር : sea ʲ *ደሰት : island ᵏ አምኃ : greetings, gift ˡ *አስትዓ : present ᵐ ጋዳ : offering ⁿ አምጽአ : CG impf 3mpl, to bring ᵒ ዕሙቅ : deep ᵖ ቈላ : valley ᵠ መልአ : G impf 3ms, to become full **53.2** ᵃ ጌጋይ : transgression ᵇ እድ : hand ᶜ ገበረ : G impf 3mpl, to commit ᵈ ጸመወ : L impf 3mpl, to toil ᵉ ጌጋይ : transgression ᶠ ኃጥአ : sinner ᵍ በልዐ : G impf 3mpl, to devour ʰ ገጽ : presence ⁱ እግዚእ : Lord ʲ መንፈስ : spirit

: ይትጐሉk : ኃጥኣንl : ወእምጊጻm : ለምድረn : ዚአሁ : ይትቀወሙo : ወኢያገልቁp : ለዓለመq : ዓለምr :: 3 እስመ : ርኢክዎሙa : ለመላእክተb : መቅሠፍትc : እንዘ : የሃውሩd : ወያስተዴልዉe : ኵሎ : መባዕላተf : ለሰይጣንg :: 4 ወተስእልክዎa : ለመልአክb : ሰላምc : ዘየሐውርd : ምስሌየ : ወእቤሎe : እሎንተ : መባዕላተf : ለመኑ : ያስተዳልዉዎሙg ::

5 ወይቤለኒa : ያስተዳልዉዎሙb : እሎንተ : ለነገሥትc : ወለኃያላንd : ዘዝንቱ : ምድርe : ከመ : ቦቱ : ይትኃጐሉf :: 6 ወእምድኅረ : ዝንቱ : ያስተርኢa : ጻድቅb : ወኅሩይc : ቤተd : ምስጥግቡእe : ዚአሁ : እምይእዜf : ኢይትከልኡg : በስሙh : ለእግዚእi : መናፍስትj :: 7 ወኢሉ : አድባርa : ይከውኑb : በቅድ : ሜ : ገጹc : ከመ : ምድርd : ወአውግርe : ይከውኑf : ከመ : ነቅዐg : ማይh : ወየዓርፉi : ጻድቃንj : እምጻማk : ኃጥኣንl ::

54

1 ወነጸርኩa : ወተመየጥኩb : ካልአc : ገጸd : ምድርe : ወርኢኩf : በህየ : ቈላg : ዕሙቀh : እንዘ

53.2 k *ተሐጒላ / ተሐጒላ : *Gt impf 3mpl, to be destroyed (ይትሀጐሉ) l ኃጥእ : sinner m ገጽ : face n ምድር : earth o ተቀውሙ : Gt impf 3mpl, to be placed p ኀልቀ / ሐልቀ : *G impf 3mpl, to cease (ወኢየኀልቁ) q ዓለም : eternity r ዓለም : eternity **53.3** a ርእየ : G perf 1cs, to see b መልአክ : angel c መቅሠፍት : punishment d *ሐረ : *G impf 3mpl, to go (የሐውሩ) e አስተደለወ : CDt impf 3mpl, to prepare f መብዕል / መብዕል : iron tool, axe g ሰይጣን : Satan **53.4** a ተሰአለ / ተሰአለ : Gt perf 1cs, to enquire, ask b መልአክ : angel c ሰላም : peace d ሐረ : G impf 3ms, to go e ብህለ : G perf 1cs, to say f መብዕል / መብዕል : iron tool, axe g አስተዳለወ : CLt impf 3mpl, to prepare **53.5** a ብህለ : G perf 3ms, to say b አስተዳለወ : CLt impf 3mpl, to prepare c ንጉሥ : king d *ኃያል : powerful e ምድር : earth f *ተሐጒላ / ተሐጒላ : *Gt juss 3mpl, to be destroyed (ይትሀጐሉ) **53.6** a አስተርአየ : CGt impf 3ms, to manifest (tr.) b ጻድቅ : righteous c ኅሩይ : chosen d ቤት : house e ምስጥግቡእ / ምስጥግቡእ : meeting place f ይእዜ : then g ተከልአ : Gt impf 3mpl, to be hindered h ስም : name i እግዚእ : Lord j መንፈስ : spirit **53.7** a ደብር : mountain b ኮነ : G impf 3mpl, to be c ገጽ : presence d ምድር : earth e ወገር : hill f ኮነ : G impf 3mpl, to be g ነቅዐ : spring h ማይ : water i አዕረፈ : *CG impf 3mpl, to rest (የዐርፉ) j ጻድቅ : righteous k ጻማ : affliction l ኃጥእ : sinner

54.1 a ነጸረ : D perf 1cs, to look b ተመይጠ / ተሜጠ : Gt perf 1cs, to turn (intr.) c ካልእ : another d ገጽ : direction, point e ምድር : earth f ርእየ : G perf 1cs, to see g ቈላ : valley h ዕሙቅ : deep

: ትነድድⁱ : አሳትʲ :: 2 ወአምጽአሞ·ᵃ : ለነገሥትᵇ : ወለኃያላንᶜ : ወደይዎሙ·ᵈ : ውስተ : ዝኩ : ቈላዕ :: 3 ወበየ : ርእየᵃ : አዕይንትየᵇ : ዘመዐላቲሆሙ·ᶜ : እንዘ : ይገብርዎሙ·ᵈ : መኣስርተ : ሐጺንᶠ : ዘአልቦ : መድሎትᵍ :: 4 ወተሰዕልክዎᵃ : ለምልአክᵇ : ሰላምᶜ : ዘሐወርᵈ : ምስሌየ : እንዘ : እብልᵉ : እሉ : ማእሰራተᶠ : መዐላቲᵍ : ለመኑ : ይዴለዉ·ʰ :: 5 ወይቤለኒᵃ : እሉ : ይዴለዉᵇ : ለትዕይንተᶜ : አዛዝኤል : ከመ : ይትመጠውዎሙ·ᵈ : ወደደይዎሙ·ᵉ : መትሕተᶠ : ኵሉ : ደይንᵍ : ወአዕባነʰ : ጠዋያተⁱ : ይከድኑʲ : መላትሒሆሙ·ᵏ : በከመ : አዘዘˡ : እግዚአᵐ : መናፍስትⁿ :: 6 ወሚካኤል : ወገብርኤል : ሩፋኤል : ወፋኑኤል : ውእቶሙ· : ያጸንዕዎሙ·ᵃ : በይእቲ : ዕለትᵇ : ዓቢይᶜ : ወውስተ : ዕቶንᵈ : እሳትᵉ : ዘኢነድፈ : ይወድይዎሙ·ᵍ : ወእተ : ዕለተʰ : ከመ : ይትበቀልⁱ : አምኄሆሙ· : እግዚእᵃʲ : መናፍስትᵏ : በዓመፃሆሙ·ˡ : በእንተ : ዘኮኑᵐ : ላእከⁿ : ለሰይጣንᵒ : ወአስሐትዎሙ·ᵖ : ለእለ : የኃድሩᵠ : ዲበ : የብስʳ :: 7 ወበውእቱ : መዋዕልᵃ : ይወፅእᵇ : መቅሠፍቱᶜ : ለእግዚእᵈ : መናፍስትᵉ : ወይትረኃዊᶠ : ኵሎሙ· : መዘግብትᵍ : ማያትʰ : ዘመልዕልተⁱ : ሰማያትʲ : ወዲበ

54.1 ⁱ ነደ / ነደደ : G impf 3fs, to burn ʲ እሳት : fire 54.2 ᵃ አምጽአ : CG perf 3mpl, to bring ᵇ ንጉሥ : king ᶜ *ኃያል : powerful ᵈ ወደየ : G perf 3mpl, to throw ᵉ ቈላ : valley 54.3 ᵃ ርእየ : G perf 3fpl, to see ᵇ ዐይን : eye ᶜ መዐል / መብል : iron tool, axe ᵈ ገብረ : G impf 3mpl, to make ᵉ ማእሰር / ማእስር / ማእስርት : chain ᶠ *ኀጺን : iron ᵍ መድሎት : weight 54.4 ᵃ *ተሰአለ / ተሰአለ : Gt perf 1cs, to enquire, ask (ተሰእልክዎ) ᵇ መልአክ : angel ᶜ ሰላም : peace ᵈ ሐረ : G impf 3ms, to go (የሐውር) ᵉ ብሀለ : G impf 1cs, to say ᶠ ማእሰር / ማእስር / ማእስርት : chain ᵍ መዐል / መዐላ : iron tool, axe ʰ ተደለወ : Dt impf 3mpl, to be prepared 54.5 ᵃ ብሀለ : G perf 3ms, to say ᵇ ተደለወ : *Dt impf 3mpl, to be prepared (ይዴለዉ) ᶜ ትዕይንት : army ᵈ ተመጠወ : Dt juss 3mpl, to take hold of ᵉ ወደየ : G juss 3mpl, to throw ᶠ መትሕት : lower part, infernal region ᵍ ደይን : damnation ʰ *እብን : stone ⁱ ጠዊይ : jagged ʲ ከደነ : G impf 3mpl, to cover ᵏ መልታሕት : jaw ˡ አዘዘ : *D perf 3ms, to command (አዘዘ) ᵐ እግዚእ : Lord ⁿ መንፈስ : spirit 54.6 ᵃ *አጽነዐ : CG impf 3mpl, to hold fast (ያጸንዕዎሙ·) ᵇ ዕለት : day ᶜ *ዐቢይ : great ᵈ *እቶን : furnace ᵉ እሳት : fire ᶠ ነደ / ነደደ : G impf 3ms, to burn ᵍ ወደየ : G impf 3mpl, to throw ʰ ዕለት : day ⁱ ተበቀለ : D juss 3ms, to take vengeance ʲ እግዚእ : Lord ᵏ መንፈስ : spirit ˡ *ዐመፃ : iniquity ᵐ ኮነ : G perf 3mpl, to become ⁿ ላእከ : servant ᵒ ሰይጣን : Satan ᵖ አስሐተ : CG perf 3mpl, to lead astray ᵠ ኃደረ : *G impf 3mpl, to dwell (የኃድሩ) ʳ የብስ : dry land 54.7 ᵃ መዋዕል : day ᵇ ወፅአ : G impf 3ms, to go out ᶜ መቅሠፍት : punishment, wrath ᵈ እግዚእ : Lord ᵉ መንፈስ : spirit ᶠ ተርኅወ : *Gt impf 3mpl, to be opened (ይትረኃዉ) ᵍ መዘግብ : storehouse ʰ ማይ : water ⁱ መልዕልት : above ʲ ሰማይ : heaven

: አንቅዕትᵏ : እለ : መትሕተ : ሰማያትˡ : ወዘመትሕተ : ምድርᵐ :: 8 ወይደምሩᵃ : ኵሎሙ : ማያትᵇ : ዘምስለ : ማያትᶜ : ዘመልዕልተᵈ : ሰማያትᵉ : ማይሰᶠ : ዘመልዕልተᵍ : ሰማይʰ : ተባዕታይⁱ : ውእቱ : ወማይʲ : ዘመትሕተ : ምድርᵏ : አንስታይˡ : ይእቲ :: 9 ወይደመስሱᵃ : ኵሉ : እለ : የሐድሩᵇ : ዲበ : የብስᶜ : ወእለ : የኃድሩᵈ : መትሕተ : አጽናፈᵉ : ሰማይᶠ :: 10 ወበእንተዝ : አእመርዋᵃ : ለአመፃሆሙᵇ : እንተ : ገብሩᶜ : በዲበ : ምድርᵈ : ወበእንተዝ : ይትኃጐሉᵉ ::

55

1 ወእምድኅረዝ : ነስሐᵃ : ርእሰᵇ : መዋዕልᶜ : ወይቤᵈ : በከᵉ : አንጕልህምፆሙᶠ : ለኵሎሙ : እለ : ይነብሩᵍ : ውስተ : የብስʰ :: 2 ወመሐላᵃ : በስሙᵇ : ዓቢይᶜ : ከመ : እምይእዜᵈ : ኢይገብርᵉ : ከመዝ : ለኵሎሙ : እለ : ይነብሩᶠ : ዲበ : የብስᵍ : ወትእምርተʰ : እወዲⁱ : በሰማይʲ : ወይከውንᵏ : ማእከሌየ : ወማዕከሎሙ : ሃይማኖተˡ : እስከ : ለዓለምᵐ : መጠነⁿ : መዋዕሎ : ሰማይ : ዲበ : ምድርᵠ :: 3 ወእምዝ : በእንዘᵃ : ውእቱ : ሰበ : ፈቀድኩᵇ : ከመ : አዕንዞሙᶜ : በእደᵈ : መላእክትᵉ : በዕለተᶠ : ምንዳቤᵍ :

54.7 ᵏነቅዕ : spring ˡሰማይ : heaven ᵐምድር : earth **54.8** ᵃተደመር : Dt impf 3mpl, to be joined ᵇማይ : water ᶜማይ : water ᵈመልዕልት : above ᵉሰማይ : heaven ᶠማይ : water ᵍመልዕልት : above ʰሰማይ : heaven ⁱተባዕታይ : male ʲማይ : water ᵏምድር : earth ˡአንስታዊ / አንስታይ / አንስቲያዊት : female **54.9** ᵃተደምሰ : Gt impf 3mpl, to be wiped out ᵇ*ኃደረ : G impf 3mpl, to dwell (የኃድሩ) ᶜየብስ : dry land ᵈኃደረ : *G impf 3mpl, to dwell (የኃድሩ) ᵉጽንፍ : end, extremity ᶠሰማይ : heaven **54.10** ᵃአእመረ : CG perf 3mpl, to acknowledge ᵇ*ዐመፀ : iniquity ᶜገብረ : G perf 3mpl, to commit ᵈምድር : earth ᵉ*ተሀጕለ / ተሐጕለ : *Gt impf 3mpl, to be destroyed (ይትሀጐሉ)

55.1 ᵃነስሐ : D perf 3ms, to repent ᵇርእስ : head ᶜመዓልት : day ᵈብህለ : G perf 3ms, to say ᵉበከ : in vain, for no purpose ᶠ*አህጕለ / አሕጕለ : *CG perf 1cs, to destroy (አህጕልኵሞሙ) ᵍነበረ : G impf 3mpl, to dwell ʰየብስ : dry land **55.2** ᵃመሐለ : G perf 3ms, to swear ᵇስም : name ᶜ*ዐቢይ : great ᵈይእዜ : now ᵉገብረ : G impf 1cs, to act ᶠነበረ : G impf 3mpl, to dwell ᵍየብስ : dry land ʰትእምርት : sign ⁱወደየ : G impf 1cs, to put ʲሰማይ : heaven ᵏኮነ : G impf 3ms, to be ˡሃይማኖት : faith ᵐዓለም : eternity ⁿመጠነ : so long as ᵠመዓልት : day ᵖሰማይ : heaven ᵠምድር : earth **55.3** ᵃትእዛዝ : command ᵇፈቀደ : G perf 1cs, to wish, want ᶜ*አጽነዐ : CG juss 1cs, to hold fast (አጽንዖሙ) ᵈእድ : hand ᵉመልአክ : angel ᶠዕለት : day ᵍምንዳቤ : distress

ወሕማምʰ : ቅድመዝ : መዓትʲⁱ : ወመቅሠፍትʲ : የኃድርᵏ : ላዕሌሆሙ : መቅሠፍትˡ : ወመዓትᵐ : ይቤⁿ : እግዚአብሔርᵒ : እግዚአᵖ : መናፍስት ። 4 ነገሥትᵃ : ኃያላን ᵇ : እለ : ተኃድሩᶜ : ውስተ : የብስᵈ : ትርአይዎᵉ : ሀለወኩሙᶠ : ለኁሩየ : ዚአየ : ከመ : ይነብርʰ : በመንበረⁱ : ስብሐትʲⁱ : ወይኴንንᵏ : ለአዛዝኤል : ወለኵሎሙ : ማኅበረˡ : ዚአሁ : ወለትዕይንተᵐ : ዚአሁ : ኵሎሙ : በስሙⁿ : ለእግዚአᵒ : መናፍስትᵖ ።

56

1 ወርኢኩᵃ : በህየ : ትዕይንተᵇ : መላእክትᶜ : ዘመቅሠፍትᵈ : እንዘ : የሐውሩᵉ : ወእኁዛንᶠ : መሣግረᵍ : ሐጺንʰ : ወብርትⁱ ። 2 ወተሰዕልክዎᵃ : ለመልአክᵇ : ሰላምᶜ : ዘየሐውርᵈ : ምስሌየ : እንዘ : እብልᵉ : ለኑ : የሐውሩᶠ : እለ : ይአኁዙᵍ ። 3 ወይቤለኒᵃ : ኵሉᵇለኍሩያንᶜ : ዚአሆሙ : ወለፍቁራንᵈ : ዚአሆሙ : ከመ : ይትወደዩᵉ : ውስተ : ንቅዓተᶠ : ማዕምቅትᵍ : ዘቈላ ። 4 ወአሜሃ : ይመልእᵃ : ውእቱ : ቈላᵇ : እምነ : ኅሩያንᶜ : ወፍቁራንᵈ : ዚአሆሙ : ወይትዌዳዕᵉ : ዕለተᶠ : ሕይወቶሙᵍ : ወዕለተʰ : ስሕተቶሙⁱ : እምይእዜʲ

55.3 ʰ ሕማም : pain, suffering ⁱ መዓት : anger ʲ መቅሠፍት : wrath ᵏ ኃደረ : *G impf 3mpl, to dwell (የኃድሩ) ˡ መቅሠፍት : wrath ᵐ መዓት : anger ⁿ ብሀለ : G perf 3ms, to say ᵒ እግዚአብሔር : Lord ᵖ እግዚአ : Lord ᵠ መንፈስ : spirit **55.4** ᵃ ንጉሥ : king ᵇ *ኃያል : powerful ᶜ ኃደረ : *G impf 2mpl, to dwell (ተኃድሩ) ᵈ የብስ : dry land ᵉ ርእየ : G juss 2mpl, to see ᶠ ሆሎ / ሀለወ : D perf 2mpl, to be ᵍ ኅሩይ : chosen ʰ ነበረ : G impf 3ms, to sit ⁱ መንበር : throne ʲ ስብሐት : glory ᵏ ኰነነ : D impf 3ms, to judge ˡ ማኅበር : congregation ᵐ ትዕይንት : army ⁿ ስም : name ᵒ እግዚአ : Lord ᵖ መንፈስ : spirit

56.1 ᵃ ርእየ : G perf 1cs, to see ᵇ ትዕይንት : army ᶜ መልአክ : angel ᵈ መቅሠፍት : punishment ᵉ ሐረ : G impf 3mpl, to go ᶠ *እኁዝ : holding ᵍ መሥግርት : fetters ʰ *ኃጺን : iron ⁱ ብርት : bronze **56.2** ᵃ *ተሰአለ / ተስአለ : Gt perf 1cs, to enquire, ask (ተሰአልክዎ) ᵇ መልአክ : angel ᶜ ሰላም : peace ᵈ ሐረ : G impf 3ms, to go ᵉ ብሀለ : G impf 1cs, to say ᶠ ሐረ : G impf 3mpl, to go ᵍ አኀዘ : G impf 3mpl, to hold **56.3** ᵃ ብሀለ : G perf 3ms, to say ᵇ ኵሉ : each ᶜ ኅሩይ : chosen ᵈ ፍቁር : beloved ᵉ ተወድየ : Gt juss 3mpl, to be thrown ᶠ *ንቅዐት : chasm ᵍ ማዕምቅ / መዕመቅ / ማዕምቅት : depth ʰ ቈላ : valley **56.4** ᵃ መልአ : G impf 3ms, to be filled with ᵇ ቈላ : valley ᶜ ኅሩይ : chosen ᵈ ፍቁር : beloved ᵉ ተወድዐ : Dt impf 3ms, to come to an end ᶠ ዕለት : day ᵍ ሕይወት : life ʰ ዕለት : day ⁱ ስሕተት : error, going astray ʲ ይእዜ : no longer

: ኢይትኔለቍ·ᵏ :: 5 ወበእማንቱ : መዋዕልᵃ : ይትጋብኡᵇ : መላእክትᶜ : ወይወድዩᵈ : አርስቲሆሙ·ᵉ : ለምሥራቅᶠ : ለነበ : ሰብእᵍ : ጽርቴʰ : ወሜድⁱ : የሐውሥሞ·ʲ : ለነገሥትᵏ : ወይበውእˡ : ላዕሌሆሙ· : መንፈስᵐ : ሐውክⁿ : ወየሐውክዎሙ·ᵒ : እምናብርቲሆሙ·ᵖ : ወይወፅኡ᎑ : ከመ : አናብስትʳ : እምስካባቲሆሙ·ˢ : ወከመ : አዝእብትᵗ : ርኁባን°ᵘ : ማዕከለ : መርዔትᵛ : ዚአሆሙ :: 6 ወየዐርጉᵃ : ወይኪይድዎᵇ : ለምድረᶜ : ኅሩያንᵈ : ዚአሆሙ : ወትከውንᵉ : ምድረᶠ : ኅሩያንᵍ : ዚአሁ : በቅድሜሆሙ· : ምኂያድʰ : ወአሰሪⁱ : 7 ሀገረᵃ : ጻድቃንᵇ : ዚአየ : ይከውንᶜ : ማዕቅፈᵈ : ለአፍራሲሆሙ·ᵉ : ወያነሥኡᶠ : በበይናቲሆሙ· : ቀትለᵍ : ወትጸንዕʰ : የማኖሙ·ⁱ : ዲቤሆሙ· : ወኢያአምርʲ : ብእሲᵏ : ለካልዑˡ : ወለእኁሁᵐ : ወኢወልድⁿ : ለአቡሁ·ᵒ : ወለእሙ·ᵖ : እስከ : ይከውንᵠ : ኍልቈʳ : አብድንትˢ : እሞቱሙ·ᵗ : ወመቅሥፍቶሙ·ᵘ : ወኢይከውንᵛ : በከʷ :: 8 ወበእማንቱ : መዋዕልᵃ : ትፈትሕᵇ : አፉሀᶜ : ሲኦልᵈ : ወይሰጠሙ·ᵉ : ውስቴታ : ወኃጕሎሙ·ᶠ : ሲኦልᵍ : ትውኅጦሙ·ʰ : ለኃጥአንⁱ : እምቅድም : ገጸʲ : ኅሩያንᵏ ::

56.4 ᵏ ተኍለቍ : Dt impf 3ms, to be counted **56.5** ᵃ መዋዕት : day ᵇ ተጋብአ : Lt impf 3mpl, to gather together (intr.) ᶜ መልአክ : angel ᵈ ወደየ : G impf 3mpl, to throw ᵉ ርእስ : -self ᶠ ምሥራቅ : east ᵍ ብእሲ : man ʰ ጽርት : Parthian ⁱ ሜድ : Median ʲ ሐሰ : G impf 3mpl, to stir up ᵏ ንጉሥ : king ˡ በእ : G impf 3ms, to enter ᵐ መንፈስ : spirit ⁿ *ሀውክ : disturbance ᵒ *ሆከ : G impf 3mpl, to disturb (የሀወክዎሙ·) ᵖ መንበር : throne ᵠ ወፅአ : G impf 3mpl, to go out ʳ *ዐንበሳ : lion ˢ ምስካብ : resting place ᵗ ዝእብ : wolf ᵘ ርኁብ : hungry ᵛ መርዔት : flock **56.6** ᵃ ዐርገ : *G impf 3mpl, to go up (የዐርጉ) ᵇ ኬደ : G impf 3mpl, to tread ᶜ ምድር : land ᵈ ኅሩይ : chosen ᵉ ኮነ : G impf 3fs, to become ᶠ ምድር : land ᵍ ኅሩይ : chosen ʰ ምኂያድ : tramping-ground ⁱ *አሠር : track **56.7** ᵃ ሀገር : city ᵇ ጻድቅ : righteous ᶜ ኮነ : G impf 3ms, to be ᵈ ማዕቀፍ / ማዕቀፍ / ማዕቀፍት : hindrance ᵉ ፈረስ : horse ᶠ አንሥአ : CG impf 3mpl, to stir up ᵍ ቀትል : slaughter ʰ ጸንዐ : G impf 3fs, to be strong ⁱ የማን : right hand ʲ አአመረ : CG impf 3ms, to acknowledge ᵏ ብእሲ : man ˡ *ካልእ : neighbor ᵐ እኍው : brother ⁿ ወልድ : son ᵒ አብ : father ᵖ እም : mother ᵠ ኮነ : G impf 3ms, to be ʳ ኍልቍ : number ˢ በድን : corpse ᵗ ሞት : death ᵘ መቅሥፍት : punishment ᵛ ኮነ : G impf 3ms, to be ʷ በከ : in vain, for no purpose **56.8** ᵃ መዋዕት : day ᵇ ፈትሐ : G impf 3fs, to open ᶜ አፍ : mouth ᵈ ሲኦል : Sheol ᵉ ተሰጥመ : Gt impf 3mpl, to sink ᶠ *ሀጕል / ሐጕል : destruction ᵍ ሲኦል : Sheol ʰ ውኅጠ / ወኅጠ : G impf 3fs, to gulp down, swallow ⁱ ኃጥአ : sinner ʲ ገጽ : presence ᵏ ኅሩይ : chosen

57

1 ወኮነᵃ ፡ እምድኅረ፡ርኢኩᵇ ፡ ካልአᶜ ፡ ትዕይንተᵈ ፡ ሰረገላተᵉ ፡ እንዘ ፡ ይጼዓኑᶠ ፡ ሰብእᵍ ፡ ዲቤሆሙ ፡ ወይመጽኡʰ ፡ ዲበ ፡ ነፋስⁱ ፡ እምሥራቅʲ ፡ ወእምዕራብᵏ ፡ እስከ ፡ መንፈቀˡ ፡ ዕለትᵐ ። 2 ወተሰምዓᵃ ፡ ቃለᵇ ፡ ድምፀᶜ ፡ ሰረገላቲሆሙᵈ ፡ ወሰበ ፡ ኮነᵉ ፡ ዝሁውከᶠ ፡ ቅዱሳንᵍ ፡ እምሰማይʰ ፡ አእመሩⁱ ፡ ወዓምደʲ ፡ ምድርᵏ ፡ ተሐውሰˡ ፡ እመንበሩᵐ ፡ ወተሰምዓⁿ ፡ እምአጽናፈᵒ ፡ ምድርᵖ ፡ እስከ ፡ አጽናፈᑫ ፡ ሰማይʳ ፡ በአሐቲˢ ፡ ዕለትᵗ ። 3 ወይወድቁᵃ ፡ ኩሎሙ ፡ ወይሰግዱᵇ ፡ ለእግዚአᶜ ፡ መናፍስትᵈ ፡ ወዝንቱ ፡ ውእቱ ፡ ተፍጻሜተ ፡ ካልእᶠ ፡ ምሳሌᵍ ።

58

1 ወአኃዝኩᵃ ፡ እበልᵇ ፡ ሣልሰᶜ ፡ ምሳሌᵈ ፡ በእንተ ፡ ጻድቃንᵉ ፡ ወበእንተ ፡ ኅሩያንᶠ ። 2 ብፁዓንᵃ ፡ አንትሙ ፡ ጻድቃንᵇ ፡ ወኅሩያንᶜ ፡ እስመ ፡ ስቡሕᵈ ፡ ከፍልክሙᵉ ። 3 ወይከውኑᵃ ፡ ጻድቃንᵇ ፡ በብርሃንᶜ ፡ ፀሐይᵈ ፡ ወኅሩያንᵉ ፡ በብርሃንᶠ ፡ ሕይወትᵍ ፡ ዘለዓለምʰ ፡ ወማኅለቅትⁱ

57.1 ᵃ ኮነ : G perf 3ms, to be ᵇ ርእየ : G perf 1cs, to see ᶜ ካልእ : another ᵈ ትዕይንት : army ᵉ ሰረገላ : chariot ᶠ ተጽዕነ : Dt impf 3mpl, to ride (ይጼዐኑ) ᵍ ብእሲ : man ʰ መጽአ : G impf 3mpl, to come ⁱ ነፋስ : wind ʲ ምሥራቅ : east ᵏ ምዕራብ : west ˡ መንፈቅ : half ᵐ ዕለት : day **57.2** ᵃ ተሰምዐ : Gt perf 3ms, to be heard ᵇ ቃል : sound ᶜ ድምፅ : noise ᵈ ሰረገላ : chariot ᵉ ኮነ : G perf 3ms, to occur ᶠ ሁውከ : movement, commotion ᵍ ቅዱስ : holy ʰ ሰማይ : heaven ⁱ አእመረ : CG perf 3mpl, to take notice of ʲ *ዐምድ : pillar ᵏ ምድር : earth ˡ ተሐውሰ / ተሐወሰ / ተሐሰ : Gt perf 3ms, to be agitated ᵐ መንበር : seat ⁿ ተሰምዐ : Gt perf 3ms, to be heard ᵒ ጽንፍ : end, extremity ᵖ ምድር : earth ᑫ ጽንፍ : end, extremity ʳ ሰማይ : heaven ˢ አሐቲ : one (fem.) ᵗ ዕለት : day **57.3** ᵃ ወድቀ / ወደቀ : G impf 3mpl, to fall ᵇ ሰገደ / ሰገደ : G impf 3mpl, to worship ᶜ እግዚእ : Lord ᵈ መንፈስ : spirit ᵉ ተፍጻሜት : end ᶠ ካልእ : second ᵍ ምሳሌ : parable

58.1 ᵃ አኀዘ : *G perf 1cs, to begin (አነዝኩ) ᵇ ብህለ : G juss 1cs, to say ᶜ ሣልስ : third ᵈ ምሳሌ : parable ᵉ ጻድቅ : righteous ᶠ ኅሩይ : chosen **58.2** ᵃ ብጹዕ / ብዑዕ : blessed ᵇ ጻድቅ : righteous ᶜ ኅሩይ : chosen ᵈ ስቡሕ : glorious ᵉ ከፍል : part, portion **58.3** ᵃ ኮነ : G impf 3mpl, to be ᵇ ጻድቅ : righteous ᶜ ብርሃን : light ᵈ *ፀሐይ : sun ᵉ ኅሩይ : chosen ᶠ ብርሃን : light ᵍ ሕይወት : life ʰ ዓለም : eternity ⁱ ማኅለቅት : end

: አልቦቱ : ለመዋዕሊ : ሕይወቶሙᵏ : ወለቅዱሳንˡ : ኍልቄᵐ : መዋዕልⁿ : አልበሙ ፨ 4 ወየኀሥሥዎª : ለብርሃንᵇ : ወይረክቡᶜ : ጽድቀᵈ : በኀበ : እግዚአᵉ : መናፍስትᶠ : ሰላምᵍ : ለጻድቃንʰ : በኀበ : እግዚአⁱ : ዓለምʲ ፨ 5 ወእምድኅረዝ : ይትበሃልª : ለቅዱሳንᵇ : ከመ : ይኀሥሡᶜ : በሰማያትᵈ : ኅቡአተᵉ : ጽድቅᶠ : ክፍለᵍ : ሃይማኖትʰ : እስመ : ሠረቀⁱ : ከመ : ፀሓይʲ : ዲበ : የብስᵏ : ወጽልመትˡ : ኀለፈᵐ ፨ 6 ወብርሃንª : ዘኢይትኀለቀᵇ : ይከውንᶜ : ወቦኁልቄᵈ : መዋዕልᵉ : ኢይበውእᶠ : እስመ : ቀዳሚᵍ : ተኀጕላʰ : ጽልመትⁱ : ወብርሃንʲ : ይጸንዕᵏ : በቅድመ : እግዚአˡ : መናፍስትᵐ : ወብርሃንⁿ : ርትዕᵒ : ትጸንዕᵖ : ለዓለምᵍ : በቅድመ : እግዚአʳ : መናፍስትˢ ፨

59

1 ወበአማንቱ : መዋዕልª : ርእያᵇ : አዕይንትየᶜ : ኅቡአተᵈ : መባርቅተᵉ : ወብርሃናተᶠ : ወኲኔሆሙᵍ : ወይበርቁʰ : ለረከትⁱ : ወለመርገምʲ : በከመ : ፈቀደᵏ : እግዚአˡ : መናፍስትᵐ ፨ 2 ወበሄ : ርኢኩª : ኅቡአተᵇ : ነጎድጓድᶜ : ወሰበ : ይደቅᵈ : በመልዕልተᵉ

58.3 ʲ መዋዕልት : day ᵏ ሕይወት : life ˡ ቅዱስ : holy ᵐ ኍልቍ : number ⁿ መዋዕልት : day **58.4** ª ኀሠሠ : *G impf 3mpl, to seek (የኀሥሥዎ) ᵇ ብርሃን : light ᶜ ረከበ : G impf 3mpl, to find ᵈ ጽድቅ : righteousness, justice ᵉ እግዚእ : Lord ᶠ መንፈስ : spirit ᵍ ሰላም : peace ʰ ጻድቅ : righteous ⁱ እግዚእ : Lord ʲ ዓለም : world **58.5** ª ተብሀለ : Gt impf 3ms, to be said ᵇ ቅዱስ : holy ᶜ ኀሠሠ : G juss 3mpl, to seek ᵈ ሰማይ : heaven ᵉ ኅቡእ : hidden, secret ᶠ ጽድቅ : righteousness, justice ᵍ ክፍል : part, portion ʰ ሃይማኖት : faith ⁱ ሠረቀ : G perf 3ms, to shine forth ʲ *ፀሓይ : sun ᵏ የብስ : dry land ˡ ጽልመት : darkness ᵐ ኀለፈ : *G perf 3ms, to pass away (ኀለፈ) **58.6** ª ብርሃን : light ᵇ ተኍልቈ : Dt impf 3ms, to be counted ᶜ ኮነ : G impf 3ms, to be ᵈ ኍልቍ : number ᵉ መዋዕልት : day ᶠ ቦአ : G impf 3mpl, to enter ᵍ ቀዳሚ : previously ʰ *ተኀጕላ / ተሐጕላ : *Gt perf 3ms, to be destroyed (ተኀጕላ) ⁱ ጽልመት : darkness ʲ ብርሃን : light ᵏ ጸንዐ : G impf 3ms, to endure ˡ እግዚእ : Lord ᵐ መንፈስ : spirit ⁿ ብርሃን : light ᵒ ርትዕ : uprightness ᵖ ጸንዐ : G impf 3fs, to endure ᵍ ዓለም : eternity ʳ እግዚእ : Lord ˢ መንፈስ : spirit

59.1 ª መዋዕልት : day ᵇ ርእየ : G perf 3fpl, to see ᶜ ዐይን : eye ᵈ ኅቡእ : hidden, secret ᵉ መብርቅ : lighting ᶠ ብርሃን : light ᵍ ኲኔ : law ʰ በረቀ : G impf 3mpl, to flash ⁱ በረከት : blessing ʲ መርገም : curse ᵏ ፈቀደ : G perf 3ms, to wish, want ˡ እግዚእ : Lord ᵐ መንፈስ : spirit **59.2** ª ርእየ : G perf 1cs, to see ᵇ ኅቡእ : hidden, secret ᶜ ነጎድጓድ : thunder ᵈ ደቀ : G impf 3ms, to crush ᵉ መልዕልት : above

: ሰማይ፡ f ወቃሎሙ፡ g ይሰማዕ፡ h ወማኅደራተ፡ i የብስ፡ አስተርአየኒ፡ k ወቃል፡ l
ዘነጐድጓድ፡ m ለሰላም፡ n ወለበረከት፡ o ወእመ፡ ለረጊምp፡ በቃላ፡ እግዚአ፡ r መናፍስት፡ s ፨
3 ወአምድንገዝ፡ ተርእያ፡ a ሊተ፡ ኵሉ፡ ኅቡአቲሆሙ፡ b ለብርሃናት፡ c ወለመባርቅት፡ d ፡
ለበረከት፡ e ወለጽጋብ፡ f ይበርቁ፡ g ፨

60

1 በዓመት፡ a ፭፻b ወበወርኅ፡ c ሳብዕ፡ d እምዓሡሩ፡ ወረቡዑ፡ e ለወርኅ፡ f በሕይወቱ፡ g ሄኖክ
: በውእቱ፡ አምሳል፡ h ርኢኩ፡ i ከመ፡ ታድለቅልቅ፡ j ሰማየ፡ k ሰማያት፡ l ድልቅልቀ፡ m
ዓቢየ፡ n ወኃይሎ፡ o ለልዑል፡ p ወመላእክት፡ q አእላፈ፡ r አእላፍ፡ s ወትእልፊቱ፡ t አልፊት u
ተሀውኩ፡ v ዓቢይ w ሁከት፡ x ፨ 2 ወሶቤያ፡ a ርኢኩ፡ b ርእስ፡ c መዋዕል፡ ዲበ፡ መንበረ፡
ስብሐቲሁ፡ f ይነብር፡ g ወመላእክት፡ h ወጻድቃን፡ j ዓውዱ፡ j ይቀውሙ፡ k ፨ 3 ወሊተ፡ ረዓድ፡ a
: ዓቢይ፡ b ነሥአኒ፡ c ወፍርሀት፡ d አኀዘኒ፡ e ወሐቌየ፡ f ተቀጽዓ፡ g ወተፈትሐ፡ h ወኵለንታየ i

59.2 f ሰማይ : heaven g ቃል : sound h ተሰምዐ : Gt impf 3ms, to be heard i ማኅደር
: dwelling place j የብስ : dry land k አስተርአየ : CGt perf 3ms, to appear l ቃል :
sound m ነጐድጓድ : thunder n ሰላም : peace o በረከት : blessing p ረገመ : G inf, to
curse q ቃል : word r እግዚአ : Lord s መንፈስ : spirit **59.3** a ተርእየ : Gt perf 3ms,
to be shown b ኅቡእ : hidden, secret c ብርሃን : light d መባርቅ : lighting e በረከት :
blessing f ጽጋብ : abundance g በረቀ : G impf 3mpl, to flash

60.1 a ዓመት : year b ፭፻ : 500th c ወርኅ : month d ሳብዕ : seventh e *ዐሡር :
ወረቡዑ : fourteenth f ወርኅ : month g ሕይወት : life h *አምሳል : parable i ርእየ : G
perf 1cs, to see j አድለቀለቀ : CG impf 3fs, to shake (intr.) k ሰማይ : heaven l ሰማይ
: heaven m ድልቅልቅ : shaking n *ዐቢይ : great o *ኃይል : host p ልዑል : Most High
q መልአክ : angel r አልፍ : one thousand s አልፍ : one thousand t ትእልፊት : ten
thousand u *ትእልፊት : ten thousand v ተወክ / ተሀወከ / ተሆከ : Gt perf 3mpl, to
be disturbed w *ዐቢይ : great x ሁከት : trouble **60.2** a ሶቤሃ : at that time b ርእየ : G
perf 1cs, to see c ርእስ : head d መዋዕል : day e መንበር : throne f ስብሐት : glory g ነበረ
: G impf 3ms, to sit h መልአክ : angel i ጻድቅ : righteous j *ዐውድ- : around k ቆመ :
G impf 3mpl, to stand **60.3** a ረዓድ / ሪዐድ : trembling b *ዐቢይ : great c ነሥአ : G
perf 3ms, to seize d ፍርሀት : fear e *አኀዘ : G perf 3ms, to take hold (አኀዚ) f ሐቌ
: loin g ተቀጽዐ / ተቀጽዐ : Gt perf 3fpl, to collapse h ተፈትሐ : *Gt perf 3fpl, to be
loosened (ተፈትሐ) i ኵለንታ : totality

: ተመስወʲ : ወወደቀᵏ : በገጽˡ ። 4 ወፈነወᵃ : ቅዱስᵇ : ሚካኤል : ካልአᶜ : መልእክᵈ : ቅዱስᵉ : ጎᶠእምን : መላእክትᵍ : ቅዱሳንʰ : ወአንሥአኒⁱ : ወሰ : አንሥአኒʲ : መንፈስፐᵏ : ገብእትˡ : እስመ : ኢክህልኩᵐ : ተዓግሦⁿ : አምራዕᵒ : ዝኩ : ኃይልᵖ : ወኪያሁ : ሁውካ q : ወአንቀልቀሎʳ : ሰማይˢ ። 5 ወይቤለነᵃ : ቅዱስᵇ : ሚካኤል : በእንተ : ምንት : ራአይᶜ : ዘሐመዝ : ተሐወክᵈ : እስከ : ዮምᵉ : ሀለውትᶠ : ዕለተᵍ : ምሕረቴʰ : ወሀሎⁱ : መሐሪʲ : ወርሑቀ : መዓትᵏ : ላዕለ : እለ : የኃድሩˡ : ዲበ : የብስᵐ ። 6 ወሰ : ትመጽአᵃ : ዕለተᵇ : ወኃይልᶜ : ወመቅሠፍትᵈ : ወኩኔᵉ : እንተ : አስተዳለወᶠ : እግዚአᵍ : መናፍስትʰ : ለእለ : ይሰግዱⁱ : ለኩኔʲ : ጽድቅᵏ : ወለእለ : ይክህዱˡ : ለኩኔᵐ : ጽድቅⁿ : ወለእለ : ያነሥኡᵒ : ስምᵖ : በᵃ : ተደለውትʳ : ይእቲ : ዕለትˢ : ለኅሩያንᵗ : መሐላᵘ : ወለኃጥአንᵛ : ሐተታʷ ።። 7 ወይትካለሉᵃ : ቦይእቲ : ዕለትᵇ : ከᶜ : ፪ : አናብርትᵈ : አንበርⁱ : አንስቲያዊትᶠ : ዘስማᵍ : ሌዋታን : ከᵐ : ትኅድርʰ : በልጉትⁱ : ባሕርʲ : መልዕልተᵏ : አንቅዕተˡ : ማያትᵐ ።

60.3 ʲ ተመስወ : *Gt perf 3ms*, to be melted ᵏ ወድቀ / ወደቀ : *G perf 1cs*, to fall ˡ ገጽ : face **60.4** ᵃ ፈነወ : *D perf 3ms*, to send ᵇ ቅዱስ : holy ᶜ ካልእ : another ᵈ መልአክ : angel ᵉ ቅዱስ : holy ᶠ ጎ : 1 ᵍ መልአክ : angel ʰ ቅዱስ : holy ⁱ አንሥአ : *CG perf 3ms*, to raise ʲ አንሥአ : *CG perf 3ms*, to raise ᵏ መንፈስ : spirit ˡ ገብአ : *G perf 3fs*, to return ᵐ ክህለ : *G perf 1cs*, to be able ⁿ ተዐገሠ : *Dt inf*, to endure (ተዓግሦ) ᵒ ራእይ : sight ᵖ *ኃይል : host q ሁክ : disturbance ʳ አንቀልቀለ : shaking ˢ ሰማይ : heaven **60.5** ᵃ ብህለ : *G perf 3ms*, to say ᵇ ቅዱስ : holy ᶜ ራእይ : sight ᵈ *ተወክ / ተሆከ / ተሆከ : *Gt perf 3ms*, to be disturbed (ተወክ) ᵉ ዮም : today ᶠ ሀሎ / ሀለወ : *D perf 3fs*, to be present ᵍ ዕለት : day ʰ ምሕረት : mercy ⁱ ሀሎ / ሀለወ : *D perf 3ms*, to be ʲ መሐሪ : merciful ᵏ ርሑቀ : መዓት : long-suffering ˡ ኃደረ : *G impf 3mpl*, to dwell (የኃድሩ) ᵐ የብስ : dry land **60.6** ᵃ መጽአ : *G impf 3fs*, to come ᵇ ዕለት : day ᶜ *ኃይል : power ᵈ መቅሠፍት : punishment, wrath ᵉ ኩኔ : judgment ᶠ አስተዳለወ : *CLt perf 3ms*, to prepare ᵍ እግዚእ : Lord ʰ መንፈስ : spirit ⁱ ሰገደ / ሰገደ : *G impf 3mpl*, to worship ʲ ኩኔ : judgment ᵏ ጽድቅ : righteousness ˡ *ክሕደ : *G impf 3mpl*, to deny (ይክሕዱ) ᵐ ኩኔ : judgment ⁿ ጽድቅ : righteousness ᵒ አንሥአ : *CG impf 3mpl*, to lift ᵖ ስም : name q በ : in vain, for no purpose ʳ ተደለወ : *Dt perf 3fs*, to be prepared ˢ ዕለት : day ᵗ ኅሩይ : chosen ᵘ መሐላ : covenant ᵛ ኃጥእ : sinner ʷ ሐተታ : trial **60.7** ᵃ ተካፈለ : *Lt impf 3mpl*, to be separated from one another ᵇ ዕለት : day ᶜ ከ : 2 ᵈ አንበር / አንበር / አምበር / አንበር : monster ᵉ አንበር / አንበር / አምበር / አንበር : monster ᶠ አንስታዊ / አንስታ / አንስቲያዊት : female ᵍ ስም : name ʰ ኃደረ : *G juss 3fs*, to dwell ⁱ ልጉት : depth ʲ ባሕር : sea ᵏ መልዕልት : above ˡ ነቅዕ : spring ᵐ ማይ : water

1 Enoch 60.8-12

8 ወለተባዕታይ^a ፡ ስሙ^b ፡ ብሔሞት ፡ ዘይአኀዝ^c ፡ በእንግድዓሁ^d ፡ በበድው^e ፡ ዘኢያስተርኢ^f ፡ ወስሙ፮ ፡ ደንደይን ፡ በምሥራቅ^h ፡ ገነትⁱ ፡ ቦነበ ፡ ይነብሩ^j ፡ ኅሩያን^k ፡ ወጻድቃን^l ፡ ቦነበ ፡ ተመጠወ^m ፡ እምሔዊየⁿ ፡ ዘውእቱ ፡ ሳብዕ^o ፡ እምአዳም ፡ ቀዳሚሆሙ^p ፡ ለሰብእ፥ ፡ ዘገብር^r ፡ እግዚዚአ^s ፡ መናፍስት^t ። 9 ወተስእልከ^a ፡ ለዝኩ ፡ ካልእ^b ፡ መልአክ^c ፡ ከመ ፡ ያርእዬኒ^d ፡ ኃይሎሙ^e ፡ ለአልከቱ ፡ አናብርት^f ፡ እፎ፮ ፡ ተሴለዩ^h ፡ በአሐቲⁱ ፡ ዕለት^j ፡ ወተወድዩ^k ፡ ፩^lበልጉተ^m ፡ ባሕርⁿ ፡ ወ፩ዐበየብሰ^p ፡ ቦድው^q ። 10 ወይቤለኒ^a ፡ አንተ ፡ ወልድ^b ፡ ሰብእ^c ፡ በዝዬ ፡ ትፈቅድ^d ፡ ታእምር^e ፡ ዘኀቡእ^f ። 11 ወይቤለኒ^a ፡ ካልእ^b ፡ መልአክ^c ፡ ዘምስሌየ ፡ የሐውር^d ፡ ወዘኀቡእ^e ፡ ያርእዬኒ^f ፡ ዘቀዳሚ፮ ፡ ወዘደኀሪ^h ፡ በሰማይⁱ ፡ በውስተ ፡ ላዕሉ^j ፡ ወበውስተ ፡ የብስ^k ፡ በመዓምቅ^l ፡ ወበአጽናፈ^m ፡ ሰማይⁿ ፡ ወበመሠረቶ ፡ ሰማይ^p ። 12 ወበመዛግብተ^a ፡ ነፋሳት^b ፡ ወእፎ^c ፡ ይትከፈሉ^d ፡ መናፍስት^e ፡ ወእፎ^f ፡ ይደሉ፮ ፡ ወእፎ^h ፡ ይትኌለቁⁱ ፡ አንቅዕት^j ፡ ወነፋሳት^k ፡ በኀይለ^l ፡ መንፈስ^m ፡ ወኃይሎሙⁿ ፡ ለብርሃኖ ፡

60.8 ^a ተባዕታይ : male ^b ስም : name ^c አኀዘ : G impf 3ms, to occupy ^d *እንግድዓ : breast ^e በድው : desert ^f አስተርአየ : CGt impf 3ms, to be seen ^g ስም : name ^h ምሥራቅ : east ⁱ ገነት : garden ^j ነበረ : G impf 3mpl, to dwell ^k ኅሩይ : chosen ^l ጻድቅ : righteous ^m ተመጠወ : Dt perf 3ms, to be granted ⁿ *እምሔው : great-grandfather ^o ሳብዕ : seventh ^p ቀዳሚ : first ^q ብእሲ : man ^r ገብረ : G perf 3ms, to make ^s *እግዚእ : Lord ^t መንፈስ : spirit 60.9 ^a ተስአለ / ተስእለ : Gt perf 1cs, to enquire, ask ^b ካልእ : other ^c መልአክ : angel ^d አርአየ : CG impf 3ms, to show ^e *ኀይል : power ^f ዐንበር / ዐንበሪ / አምበር / አንበር : monster ^g እፎ : how ^h ተሴለየ : Gt perf 3mpl, to be separated ⁱ አሐቲ : one (fem.) ^j ዕለት : day ^k ተወድየ : Gt perf 3mpl, to be thrown ^l ፩ : 1 ^m ልጉት : depth ⁿ ባሕር : sea ^o ፩ : 1 ^p የብስ : dry land ^q በድው : desert 60.10 ^a ብህለ : G perf 3ms, to say ^b ወልድ : son ^c ብእሲ : man ^d ፈቀደ : G impf 2ms, to wish, want ^e አእመረ : CG juss 2ms, to know ^f ኀቡእ : hidden, secret 60.11 ^a ብህለ : G perf 3ms, to say ^b ካልእ : other ^c መልአክ : angel ^d ሐረ : G impf 3ms, to go ^e ኀቡእ : hidden, secret ^f አርአየ : CG impf 3ms, to show ^g ቀዳሚ : first ^h ደኀሪ : last ⁱ ሰማይ : heaven ^j ላዕሉ : above ^k የብስ : dry land ^l ማዕምቅ / መዐምቅ / ማዕምቅት : depth ^m ጽንፍ : end, extremity ⁿ ሰማይ : heaven ^o መሠረት : foundation ^p ሰማይ : heaven 60.12 ^a መዝገብ : storehouse ^b ነፋስ : wind ^c እፎ : how ^d ተከፍለ : Gt impf 3mpl, to be distributed ^e መንፈስ : spirit ^f እፎ : how ^g ተደለ / ተደለወ : *Gt impf 3mpl, to be weighed (ይደለው) ^h እፎ : how ⁱ ተኌለቀ : Dt impf 3mpl, to be counted ^j ነቅዕ : spring ^k ነፋስ : wind ^l *ኀይል : power ^m መንፈስ : spirit ⁿ *ኀይል : power ^o ብርሃን : light

ወ፡ ርኅብ ፡ ወከመ ፡ ኃይላ⁹ ፡ ጽድቅʳ ፡ ወክፍላተˢ ፡ ከዋክብትᵗ ፡ በበስምዑ ፡ ወለኵሉ ፡ ክፍልᵛ ፡ ይትከፈልʷ ፨ 13 ወነጐድጓድ ፡ በሙዳቃቲሆሙᵇ ፡ ወለኵሉ ፡ ክፍልᶜ ፡ ዘይትከፈልᵈ ፡ በመብረቅᵉ ፡ ከመ ፡ ይብርቅᶠ ፡ ወትዕይንቶሙᵍ ፡ ከመ ፡ ፍጡነ ʰ ፡ ይሰምዑⁱ ፨ 14 እስመ ፡ ቦቱ ፡ ለነጐድጓድᵃ ፡ ምዕራፍᵇ ፡ በትዕግሥትᶜ ፡ ለቃልᵈ ፡ ዚአሁ ፡ ተውህበᵉ ፡ ወኢይትሌለይᶠ ፡ ኢነጐድጓድᵍ ፡ ወኢመብረቅʰ ፡ ወኢዕ፩በመንፈስⁱ ፡ ከ፪ሆሙᵏ ፡ የሐውሩˡ ፡ ወኢይትሌለይᵐ ፨ 15 እስመ ፡ ሶበ ፡ ይብርቅᵃ ፡ መብረቅᵇ ፡ ነጐድጓድᶜ ፡ ቃለᵈ ፡ ይሁብᵉ ፡ ወመንፈስᶠ ፡ በጊዜዛᵍ ፡ የዓርፍʰ ፡ ወዕሩይⁱ ፡ ይከፍልʲ ፡ ማዕከሎሙ ፡ እስመ ፡ መዝገብᵏ ፡ ጊዜያቲሆሙˡ ፡ ዞኖⁿዎᵐ ፡ ውእቱ ፡ ወዐ̱ደ̱ⁿእምኔሆሙ ፡ በጊዜሁᵒ ፡ በልጓምᵖ ፡ ይትአኀዝ⁹ ፡ ወይትመየጡʳ ፡ በኃይላˢ ፡ መንፈስ ፡ ወይትነዳዕᵘ ፡ ከመዝ ፡ በከመ ፡ ብዝኁᵛ ፡ አድዋʷ ፡ ምድርˣ ፨ 16 ወመንፈሳ ፡ ባሕርᵇ ፡ ተባዕታይᶜ ፡ ውእቱ ፡ ወዕኑዕᵈ ፡ ወበከመ ፡ ኃይሉᵉ ፡ ጽንዓፋ ፡ በልጓምᵍ ፡ ያገብአʰ ፡ ወከመዝ ፡ ትትነዳዕⁱ ፡ ወትዘራእʲ ፡ በኵሉ ፡ አድባርᵏ ፡ ምድርˡ ፨ 17 ወመንፈሳ ፡ አስሐትያᵇ ፡ መልአከᶜ ፡ ዚአሁ ፡ ውእቱ ፡ ወመንፈሰᵈ ፡ በረድᵉ ፡ መልአክᶠ ፡ ኄርᵍ ፡ ውእቱ ፨

60.12 ᵖ ወርኅ : moon ⁹ *ኃይል : power ʳ ጽድቅ : righteousness, justice ˢ ክፍል : division ᵗ ከዋክብ : star ᵘ ስም : name ᵛ ክፍል : division ʷ ተፍለ : Gt impf 3ms, to be divided **60.13** ᵃ ነጐድጓድ : thunder ᵇ ሙዳቅ : place of falling ᶜ ክፍል : division ᵈ ተከፍለ : Gt impf 3ms, to be divided ᵉ መብረቅ : lightning ᶠ በረቀ : G juss 3ms, to flash ᵍ ትዕይንት : army ʰ ፍጡን : quickly ⁱ ሰምዐ : *G juss 3mpl, to obey (ይሰምዑ·) **60.14** ᵃ ነጐድጓድ : thunder ᵇ ምዕራፍ : interval ᶜ ትዕግሥት : patience ᵈ ቃል : word ᵉ ተውህበ : Gt perf 3ms, to be given ᶠ ተሌለየ : Gt impf 3mpl, to be separated ᵍ ነጐድጓድ : thunder ʰ መብረቅ : lightning ⁱ ፩ : 1 ʲ መንፈስ : spirit ᵏ ከ፪ : 2 ˡ ሐረ : G impf 3mpl, to go ᵐ ተሌለየ : Gt impf 3mpl, to be separated **60.15** ᵃ በረቀ : G impf 3ms, to flash ᵇ መብረቅ : lightning ᶜ ነጐድጓድ : thunder ᵈ ቃል : voice ᵉ ወሀበ : G impf 3ms, to give ᶠ መንፈስ : spirit ᵍ ጊዜ : time ʰ አዕረፈ : *CG impf 3ms, to make rest (የዓርፍ) ⁱ ዕሩይ : equally ʲ ከፈለ : G impf 3ms, to divide ᵏ መዝገብ : storehouse ˡ ጊዜ : time ᵐ ኖጻ / ኖጽ : sand ⁿ ዐደ̱ : each ᵒ ጊዜ : time ᵖ ልጓም : rein ⁹ ተአኀዘ : Gt impf 3mpl, to be held (ይትአኀዙ) ʳ ተመይጠ / ተሜጠ : Gt impf 3mpl, to be turned ˢ *ኃይል : power ᵗ መንፈስ : spirit ᵘ *ተነድአ : Gt impf 3ms, to be driven away (ይትነዳዕ) ᵛ ብዝኅ : large number ʷ ደወል : region ˣ ምድር : earth **60.16** ᵃ መንፈስ : spirit ᵇ ባሕር : sea ᶜ ተባዕታይ : male ᵈ *ጽኑዕ : strong ᵉ *ኃይል : power ᶠ *ጽንዐት : strength ᵍ ልጓም : rein ʰ አግብአ : *CG impf 3ms, to make return (ያገብአ) ⁱ *ተነድአ : Gt impf 3fs, to be driven away (ትትነዳዕ) ʲ ተዘርአ : Gt impf 3fs, to be scattered ᵏ ደብር : mountain ˡ ምድር : earth **60.17** ᵃ መንፈስ : spirit ᵇ አስሐትያ : ice, frost ᶜ መልአክ : angel ᵈ መንፈስ : spirit ᵉ በረድ : hail ᶠ መልአክ : angel ᵍ *ኄር : good

18 ወመንፈሰa ፡ ሐመዳb ፡ ኃደገc ፡ በእንተ ፡ ኃይለd ፡ ዚአሁ ፡ ወመንፈሰe ፡ ቦቱ ፡ ባሕቲቱ ፡
ወዘየዓርግf ፡ እምኔሁ ፡ ከመ ፡ ጢሰg ፡ ውእቱ ፡ ወስሙh ፡ ደደከi ፡ 19 ወመንፈሰa ፡ ጊሜb
፡ ኢይትነበርc ፡ ምስሌሆሙ ፡ ውስተ ፡ መዛግብቲሆሙd ፡ አላ ፡ መዝገበe ፡ ቦቱ ፡ ባሕቲቱ ፡
እስመ ፡ ምሕዋሪf ፡ ዚአሁ ፡ በስብሐትg ፡ ወበብርሃንh ፡ ወበጽልመትi ፡ ወበከረምትj ፡
ወበሐጋይk ፡ ወመዝገበl ፡ ዚአሁ ፡ ብርሃንm ፡ ወመልአክn ፡ ውእቱ ። 20 መንፈሰa ፡ ጠልb
፡ ማኀደሩc ፡ በጽናፈd ፡ ሰማይe ፡ ወድጉፍf ፡ ውእቱ ፡ ምስለ ፡ መዛግብተ ፡ ዝናምh
ወምሕረi ፡ ዚአሁ ፡ በከረምትj ፡ ወበሐጋይk ፡ ወደመናl ፡ ዚአሁ ፡ ወደመናm ፡ ጊሜn
ኅቡርo ፡ ወጰለካልኡq ፡ ይሁብr ። 21 ወመንፈሱa ፡ ለዝናምb ፡ ሶበ ፡ ይትሐወስc ፡ እምነ ፡
መዝገበd ፡ ዚአሁ ፡ ይመጽኡe ፡ መላእክትf ፡ ወያርኅዉg ፡ መዝገበh ፡ ወያወፅእi ፡ ወሶበ ፡
ይዘራእj ፡ ዲበ ፡ ኵሉ ፡ የብስk ፡ ይትኃበርl ፡ ምስለ ፡ ኵሉ ፡ ማይm ፡ ዘዲበ ፡ የብስn ፡ ወሶበ
፡ ይትኃበርo ፡ በኵሉ ፡ ጊዜp ፡ ምስለ ፡ ማይq ፡ ዘዲበ ፡ የብስr ፡ 22 እስመ ፡ ኮነa ፡ ማያትb ፡
ለእለ ፡ የኃድሩc ፡ ዲበ ፡ የብስd ፡ እስመ ፡ ሲሳየe ፡ ለየብስf ፡ እምነ ፡ ልዑልg ፡ ዘእምሰማይh
፡ ውእቱ ፡ እስመ ፡ በእንተዝ ፡ መስፈርትi ፡ ቦቱ ፡ ለዝናምj ፡ ወመላእክትk ፡ ይትሜጠውዎl ።

60.18 a መንፈስ : spirit b ሐመዳ : snow c ኃደገ : *G perf 3ms, to leave (ኃደገ) d *ኃይል : power e መንፈስ : spirit f ዐርገ : *G impf 3ms, to go up (የዐርግ) g ጢስ : smoke h ስም : name i ደደከ : frost **60.19** a መንፈስ : spirit b ጊሜ : mist c ተነብረ : Gt impf 3ms, to be associated d መዝገብ : storehouse e መዝገብ : storehouse f ምሕዋር : course g ስብሐት : glory h ብርሃን : light i ጽልመት : darkness j ከረምት : winter k ሐጋይ : summer l መዝገብ : storehouse m ብርሃን : light n መልአክ : angel **60.20** a መንፈስ : spirit b ጠል : dew c ማኀደር : dwelling place d ጽንፍ : end, extremity e ሰማይ : heaven f ድጉፍ : connected g መዝገብ : storehouse h ዝናም : rain i ምሕዋር : course j ከረምት : winter k ሐጋይ : summer l ደመና : cloud m ደመና : cloud n ጊሜ : mist o ኅቡር : associated p ፰ : 1 q ካልእ : other r ወሀበ : G impf 3ms, to give **60.21** a መንፈስ : spirit b ዝናም : rain c ተሐወሰ / ተሐወሰ / ተሐሰ : Gt impf 3ms, to move (intr.) d መዝገብ : storehouse e መጽአ : G impf 3mpl, to come f መልአክ : angel g አርኀወ : CG impf 3mpl, to open h መዝገብ : storehouse i አውፅአ : CG impf 3mpl, to bring out j ተዘርአ : Gt impf 3ms, to be scattered k የብስ : dry land l ተነብረ : *Gt impf 3ms, to be associated (ይትነበር) m ማይ : water n የብስ : dry land o ተነብረ : Gt impf 3ms, to be associated (ይትነበር) p ጊዜ : time q ማይ : water r የብስ : dry land **60.22** a ኮነ : G perf 3mpl, to be b ማይ : water c ኃደረ : *G impf 3mpl, to dwell (የኃድሩ) d የብስ : dry land e ሲሳይ : nourishment f የብስ : dry land g ልዑል : Most High h ሰማይ : heaven i መስፈርት : measure j ዝናም : rain k መልአክ : angel l ተመጠወ : Dt impf 3mpl, to take hold of

23 እሎንተ ፡ ኩሎሙ ፡ ርኢኩᵃ ፡ እስከ ፡ ገነቶᵇ ፡ ጻድቃንᶜ ፡፡ 24 ወይቤለኒᵃ ፡ መልአክᵇ ፡ ሰላምᶜ ፡ ዘምስሌየ ፡ ይኄሉᵈ ፡ እሉ ፡ ፪ᵉአናብርትᶠ ፡ ላዕለ ፡ ዕበይᵍ ፡ ዘእግዚአብሔርʰ ፡ ድልዋንⁱ ፡ ይሴሰዩʲ ፡ ከመ ፡ መቅሠፍቱᵏ ፡ ለእግዚአብሔርˡ ፡ በከᵐ ፡ ወይትቀተሉⁿ ፡ ደቂቅᵒ ፡ ምስለ ፡ እማቲሆሙᵖ ፡ ወውሉድᵠ ፡ ምስለ ፡ አበዊሆሙʳ ፡፡ 25 ሶበ ፡ ተአርፍᵃ ፡ መቅሠፍቱᵇ ፡ ለእግዚእᶜ ፡ መንፈስትᵈ ፡ ዲቤሆሙ ፡ ተአርፍᵉ ፡ ከመ ፡ ኢትምጻእᶠ ፡ መቅሠፍቱᵍ ፡ ለእግዚእʰ ፡ መንፈስትⁱ ፡ በከʲ ፡ ዲበ ፡ እሉ ፡ ድኅረ ፡ ትከውንᵏ ፡ ኩኔˡ ፡ በምሕረቱᵐ ፡ ወበትዕግሥቱⁿ ፡፡

61

1 ወርኢኩᵃ ፡ በእማንቱ ፡ መዋዕልᵇ ፡ ተውህበᶜ ፡ ለእልኩ ፡ መላእክትᵈ ፡ አግባልᵉ ፡ ነዊኃንᶠ ፡ ወነሥኤᵍ ፡ ሎሙ ፡ ከንፈʰ ፡ ወሰረሩⁱ ፡ ወሐሩʲ ፡ መንገለ ፡ መሰዕᵏ ፡፡ 2 ወተስእልኩᵃ ፡ ለመልአክᵇ ፡ እንዘ ፡ እብልᶜ ፡ ለምንት ፡ ነሥኡᵈ ፡ እሎንቱ ፡ አግባለᵉ ፡ ነዊኃንᶠ ፡ ወሐሩᵍ ፡ ወይቤለኒʰ ፡ ሐሩⁱ ፡ ከመ ፡ ይመጥኑʲ ፡፡ 3 ወይቤለኒᵃ ፡ መልአክᵇ ፡ ዘምስሌየ ፡ የሐውርᶜ ፡ እሉ

60.23 ᵃ ርእየ : G perf 1cs, to see ᵇ ገነት : garden ᶜ ጻድቅ : righteous **60.24** ᵃ ብህለ : G perf 3ms, to say ᵇ መልአክ : angel ᶜ ሰላም : peace ᵈ ሀሎ / ሀለወ : D impf 3ms, to be ᵉ ፪ : 2 ᶠ ዐንበር / ዐንበሪ / አምበሪ / አንበር : monster ᵍ ዕቤይ : greatness ʰ እግዚአብሔር : Lord ⁱ ድልው : prepared ʲ ተሴሰየ : Lt impf 3mpl, to be fed ᵏ መቅሠፍት : punishment, wrath ˡ እግዚአብሔር : Lord ᵐ በከ : in vain, for no purpose ⁿ ተቀትለ : Gt impf 3mpl, to be killed ᵒ ደቂቅ : child ᵖ እም : mother ᵠ ወልድ : son ʳ አብ : father **60.25** ᵃ *አዕረፈ : CG impf 3fs, to rest (ታዐርፍ) ᵇ መቅሠፍት : punishment, wrath ᶜ እግዚእ : Lord ᵈ መንፈስ : spirit ᵉ *አዕረፈ : CG impf 3fs, to rest (ታዐርፍ) ᶠ መጽአ : G juss 3fs, to come ᵍ መቅሠፍት : punishment, wrath ʰ እግዚእ : Lord ⁱ መንፈስ : spirit ʲ በከ : in vain, for no purpose ᵏ ኮነ : G impf 3fs, to be ˡ ኩኔ : judgment ᵐ ምሕረት : mercy ⁿ ትዕግሥት : patience

61.1 ᵃ ርእየ : G perf 1cs, to see ᵇ መዓልት : day ᶜ ተውህበ : Gt perf 3ms, to be given ᵈ መልአክ : angel ᵉ *ሐብል : rope ᶠ ነዋን / ነዊን : long ᵍ ነሥአ : G perf 3mpl, to take ʰ ከንፍ : wing ⁱ ሰረረ : G perf 3mpl, to fly ʲ ሐረ : G perf 3mpl, to go ᵏ መሰዕ : north **61.2** ᵃ ተስአለ / ተስአለ : Gt perf 1cs, to enquire, ask ᵇ መልአክ : angel ᶜ ብህለ : G impf 1cs, to say ᵈ ነሥአ : G perf 3mpl, to take ᵉ *ሐብል : rope ᶠ ነዋን / ነዊን : long ᵍ ሐረ : G perf 3mpl, to go ʰ ብህለ : G perf 3ms, to say ⁱ ሐረ : G perf 3mpl, to go ʲ መጠነ : D juss 3mpl, to measure **61.3** ᵃ ብህለ : G perf 3ms, to say ᵇ መልአክ : angel ᶜ ሐረ : G impf 3ms, to go

: አሙንቱ : አምጣነᵈ : ጻድቃንᵉ : ወመአሥረᶠ : ጻድቃን⁸ : ያመጽኡʰ : ከመ : ይትመረጐዙⁱ :
ዲበ : ስሙʲ : ለእግዚእᵏ : መናፍስትˡ : ለዓለምᵐ : ዓለምⁿ ። 4 ይዌጥኑᵃ : ወየሐድሩᵇ : ኀሩያን⁻ᶜ
: ምስለ : ኅሩያንᵈ : ወኩሉ : አምጣናትᵉ : እለ : ይትወሀቡᶠ : ለሃይማኖት⁸ : ወያጸንዑʰ : ቃለⁱ
: ጽድቅʲ : 5 ወእለ : አምጣናትᵃ : ይከሥቱᵇ : ኩሎ : ኅቡአተ⁻ᶜ : ለዕመቅᵈ : ምድርᵉ : ወእለ
: ተኀጉሉᶠ : እምቢደው⁸ : ወእለ : ተበልዑʰ : እምአሣተⁱ : ባሕርʲ : ወእምአራዊትᵏ : ከመ
: ይግብኡˡ : ወይትመረጐሙᵐ : በዕለተⁿ : ኅሩዮ : እስመ : አልቦ : ዘይትኀጐልᵖ : በቅድመ
: እግዚእ⁹ : መናፍስትʳ : ወአልቦ : ዘይክልˢ : ተኀጕሎተᵗ : 6 ወነሥኡᵃ : ትእዛዘᵇ : እለ
: በመልዕልተᶜ : ሰማያትᵈ : ኩሎሙ : ወኀይለᵉ : ወቃለᶠ : ፩⁸ : ወብርሃንʰ : ፩ⁱከመ : እሳትʲ ።
7 ወለውእቱ : መቅድማᵃ : ቃለᵇ : ይባርክሙᶜ : ወያሌዕሉᵈ : ወይሴብሑᵉ : በጥበብᶠ :
ወይጠበቡ⁸ : በነገርʰ : ወመንፈሰⁱ : ሕይወትʲ ። 8 ወእግዚአᵃ : መናፍስትᵇ : ዲበ : መንበረᶜ
: ስብሐቲሁᵈ : አንበሮᵉ : ለኅሩይᶠ : ወይኴንኖ⁸ : ኩሎ : ግብሮሙʰ : ለቅዱሳንⁱ : በመልዕልተʲ :

61.3 ᵈአምጣን : measure ᵉጻድቅ : righteous ᶠማእሰር / ማእሰር / ማእሰርት : rope
⁸ጻድቅ : righteous ʰአምጽአ : CG impf 3mpl, to bring ⁱተመርጐዘ : Gt juss 3mpl,
to rely ʲስም : name ᵏእግዚአ : Lord ˡመንፈስ : spirit ᵐዓለም : eternity ⁿዓለም :
eternity **61.4** ᵃወጠነ : D impf 3mpl, to begin ᵇ*ኀደረ : G impf 3mpl, to dwell
(የኀድሩ) ᶜኅሩይ : chosen ᵈኅሩይ : chosen ᵉአምጣን : measure ᶠተውህበ : Gt impf
3mpl, to be given ⁸ሃይማኖት : faith ʰአጽንዐ : CG impf 3mpl, to strengthen ⁱቃል
: voice ʲጽድቅ : righteousness, justice **61.5** ᵃአምጣን : measure ᵇከሠተ : G impf
3mpl, to reveal ᶜኅቡእ : hidden, secret ᵈዕመቅ : depth ᵉምድር : earth ᶠ*ተኀጕለ
/ ተሐጕለ : *Gt perf 3mpl, to be destroyed (ተኀጕሉ) ⁸ቢድው : desert ʰተበልዐ :
Gt perf 3mpl, to be devoured ⁱ*ዐሣ : fish ʲባሕር : sea ᵏአርዌ : beast ˡገብአ :
G juss 3mpl, to return ᵐተመርጐዘ : Gt juss 3mpl, to rely ⁿዕለት : day ᵒኅሩይ :
chosen ᵖ*ተኀጕለ / ተሐጕለ : *Gt impf 3ms, to be destroyed (ይትሀጐል) ⁹እግዚአ
: Lord ʳመንፈስ : spirit ˢክህለ : G impf 3ms, to be able ᵗ*ተኀጕለ / ተሐጕለ : *Gt
inf, to be destroyed (ተኀጕሎተ) **61.6** ᵃነሥአ : G perf 3mpl, to receive ᵇትእዛዝ :
command ᶜመልዕልት : above ᵈሰማይ : heaven ᵉ*ኀይል : power ᶠቃል : voice ⁸፩
: 1 ʰብርሃን : light ⁱ፩ : 1 ʲእሳት : fire **61.7** ᵃመቅድም : before ᵇቃል : word ᶜባረከ :
L impf 3mpl, to bless ᵈአልዐለ / አለዐለ : CD impf 3mpl, to exalt ᵉሰብሐ : D impf
3mpl, to praise ᶠጥበብ : wisdom ⁸ተጠበበ / ተጠበ : Gt impf 3mpl, to acquire
wisdom, act wisely ʰነገር : speech ⁱመንፈስ : spirit ʲሕይወት : life **61.8** ᵃእግዚአ
: Lord ᵇመንፈስ : spirit ᶜመንበር : throne ᵈስብሐት : glory ᵉአንበረ : CG perf 3ms,
to set ᶠኅሩይ : chosen ⁸ኰነነ : D impf 3ms, to judge ʰግብር : work ⁱቅዱስ : holy
ʲመልዕልት : above

ሰማይᵏ ፡ ወበመዳልውˡ ፡ ይደሉᵐ ፡ ምግባሮሙⁿ ፨ 9 ወሶበ ፡ ያሌዕልᵃ ፡ ገጾᵇ ፡ ከመ ፡ ይኩንንᶜ ፡ ፍኖቶሙᵈ ፡ እንተ ፡ ኅቡአትᵉ ፡ በነገርᶠ ፡ ስሙ፤ ለእግዚአʰ ፡ መናፍስትⁱ ፡ ወአሰሪʲ ፡ ዚአሆሙ ፡ በፍኖትᵏ ፡ ኩኔˡ ፡ ጽድቅᵐ ፡ ዘእግዚአብሔርⁿ ፡ ልዑልᵒ ፡ ወይትናሩᵖ ፡ ኩሎሙ ፡ በ፩ቃልʳ ፡ ወይባርኩˢ ፡ ወይሴብሑᵗ ፡ ወያሌዕሉᵘ ፡ ወይዌድሱᵛ ፡ በስሙʷ ፡ ለእግዚአˣ ፡ መናፍስትʸ ፨ 10 ወይጼውዕᵃ ፡ ኩሎ ፡ ኃይለᵇ ፡ ሰማያትᶜ ፡ ወኩሎ ፡ ቅዱሳንᵈ ፡ ዘመልዕልትᵉ ፡ ወኃይለᶠ ፡ እግዚአብሔርᵍ ፡ ኪሩቤልʰ ፡ ወሱራፌልⁱ ፡ ወአፍኒንʲ ፡ ወኩሉ ፡ መላእክተᵏ ፡ ኃይልˡ ፡ ወኩሉ ፡ መላእክተᵐ ፡ አጋዕዝትⁿ ፡ ወኅሩይᵒ ፡ ወካልእᵖ ፡ ኃይልᵍ ፡ እለ ፡ ውስተ ፡ የብስʳ ፡ ዲበ ፡ ማይˢ ፡ በይእቲ ፡ ዕለትᵗ ፨ 11 ወይነሥኡᵃ ፡ ፩ᵇቃለᶜ ፡ ወይባርኩᵈ ፡ ወይሴብሑᵉ ፡ ወይዌድሱᶠ ፡ ወያሌዕሉᵍ ፡ በመንፈስʰ ፡ ሃይማኖትⁱ ፡ ወበመንፈስʲ ፡ ጥበብᵏ ፡ ወበትዕግሥትˡ ፡ ወበመንፈስᵐ ፡ ምሕረትⁿ ፡ ወበመንፈሶ ፡ ኩኔᵖ ፡ ወሰላምᵠ ፡ ወበመንፈስʳ ፡ ኂሩትˢ ፡ ወይብሉᵗ ፡ ኩሎሙ ፡ በ፩ᵘቃልᵛ ፡ ቡሩክʷ ፡ ወይትባረክˣ ፡ ስሙʸ ፡ ለእግዚአᶻ ፡ መናፍስትᵃᵃ ፡ ለዓለምᵇᵇ ፡ ወእስከ ፡ ለዓለምᶜᶜ ፨ 12 ይባርክᵃ ፡ ኩሎሙ ፡ እለ ፡ ኢይኑሙᵇ ፡ በመልዕልትᶜ ፡ ሰማይᵈ ፡

61.8 ᵏ ሰማይ : heaven ˡ መድሎት : balance, scales ᵐ ደለወ : *G impf 3ms*, to weigh ⁿ ምግባር : deed **61.9** ᵃ አልዐለ / አለዐለ : *CD impf 3ms*, to lift up ᵇ ገጽ : face ᶜ ኮነነ : *D juss 3ms*, to judge ᵈ ፍኖት : way ᵉ ኅቡእ : hidden, secret ᶠ ነገር : word ᵍ ስም : name ʰ እግዚእ : Lord ⁱ መንፈስ : spirit ʲ *አሠር : path ᵏ ፍኖት : way ˡ ኩነኔ : judgment ᵐ ጽድቅ : righteousness, justice ⁿ እግዚአብሔር : Lord ᵒ ልዑል : Most High ᵖ ተናገረ : *Lt impf 3mpl*, to speak to ᵠ ፩ : 1 ʳ ቃል : voice ˢ ባረከ : *L impf 3mpl*, to bless ᵗ ሰብሐ : *D impf 3mpl*, to glorify ᵘ አልዐለ / አለዐለ : *CD impf 3mpl*, to exalt ᵛ ወደሰ : *D impf 3mpl*, to praise ʷ ስም : name ˣ እግዚእ : Lord ʸ መንፈስ : spirit **61.10** ᵃ ጸውዐ : *D impf 3ms*, to call ᵇ *ኃይል : host ᶜ ሰማይ : heaven ᵈ ቅዱስ : holy ᵉ መልዕልት : above ᶠ *ኃይል : host ᵍ እግዚአብሔር : Lord ʰ ኪሩብ : cherub ⁱ ሱራፌል : seraphim ʲ አፍኒን : ophanin ᵏ መልአክ : angel ˡ *ኃይል : power ᵐ መልአክ : angel ⁿ *እግዚእ : ruler ᵒ ኅሩይ : chosen ᵖ ካልእ : other ᵠ *ኃይል : host ʳ የብስ : dry land ˢ ማይ : water ᵗ ዕለት : day **61.11** ᵃ ነሥአ : *G impf 3mpl*, to lift ᵇ ፩ : 1 ᶜ ቃል : voice ᵈ ባረከ : *L impf 3mpl*, to bless ᵉ ሰብሐ : *D impf 3mpl*, to glorify ᶠ ወደሰ : *D impf 3mpl*, to praise ᵍ አልዐለ / አለዐለ : *CD impf 3mpl*, to exalt ʰ መንፈስ : spirit ⁱ ሃይማኖት : faith ʲ መንፈስ : spirit ᵏ ጥበብ : wisdom ˡ ትዕግሥት : patience ᵐ መንፈስ : spirit ⁿ ምሕረት : mercy ᵒ መንፈስ : spirit ᵖ ኩነኔ : judgment ᵠ ሰላም : peace ʳ መንፈስ : spirit ˢ ኂሩት : goodness ᵗ ብህለ : *G impf 3mpl*, to say ᵘ ፩ : 1 ᵛ ቃል : voice ʷ ቡሩክ : blessed ˣ ተባረከ : *Lt juss 3ms*, to be blessed ʸ ስም : name ᶻ እግዚእ : Lord ᵃᵃ መንፈስ : spirit ᵇᵇ ዓለም : eternity ᶜᶜ ዓለም : eternity **61.12** ᵃ ባረከ : *L impf 3mpl*, to bless ᵇ ኖመ : *G impf 3mpl*, to sleep ᶜ መልዕልት : above ᵈ ሰማይ : heaven

ይባርክሞe : ኩሎሙ : ቅዱሳኑf : እለ : ውስተ : ሰማይ፤ : ወኩሎሙ : ኅሩያንh : እለ : የኃድሩi : ውስት : ገነተj : ሕይወት : ወኩ : መንፈስl : ብርሃንm : ዘተከልn : ባረኮ° : ወሰብሐቶp : ወአዕሎቆq : ወቀድሰተr : ለስምከs : ቅዱስ : ወኩሉ : ዘሥጋu : ዘፈድፋደv : እምኃይልw : ትሴብሕx : ወትባርኪy : ለስምከz : ለዓለማaa : ዓለምbb :: 13 እስመ : ብዙኅa : ምሕረቴb : ለእግዚእc : መናፍስትd : ወርሕቀ : መዓተe : ወኩሉ : ግብሮf : ወኩሉ : ኃይሎg : በእምጣነh : ገብሪi : ከሠተj : ለጻድቃንk : ወለኅሩያንl : በስሙ·m : ለእግዚእn : መናፍስቶ° ።

62

1 ወከመዝ : አዘዘa : እግዚእb : ለነገሥትc : ወለአዚዛንd : ወለልዑላንe : ወለእለ : የኃድርዋf : ለምድርg : ወይብልh : ክሠቱi : አዕይንቲክሙj : ወአንሥኡk : አቅርንቲክሙl : እምm : ትክሉn : አእምሮ° : ለኅሩይp :: 2 ወነበረa : እግዚእb : መናፍስትc : ዲበ : መንበርd : ስብሐቲሁe : ወመንፈሰf : ጽድቅg : ተክዕወh : ዲቤሁ : ወነገረi : አፉሁj : ይቀትልk : ኩሎ : ኃጥአንl : ወኩሎ :

61.12 e ባረከ : *L impf 3mpl*, to bless f ቅዱስ : holy g ሰማይ : heaven h ኅሩይ : chosen i ኃደረ : **G impf 3mpl*, to dwell (የኃድሩ) j ገነት : garden k ሕይወት : life l መንፈስ : spirit m ብርሃን : light n ከለ : *G impf 3fs*, to be able o ባረከ : *L inf*, to bless p ሰብሐ : *D inf*, to glorify q *አልዐለ / አለዐለ : *CD inf*, to exalt (0ዐዕሎቶ) r ቀደሰ : *D inf*, to sanctify s ስም : name t ቅዱስ : holy u ሥጋ : flesh v ፈድፋደ : more w *ኃይል : power x ሰብሐ : *D impf 3fs*, to glorify y ባረከ : *L impf 3fs*, to bless z ስም : name aa ዓለም : eternity bb ዓለም : eternity **61.13** a ብዙኅ : much, abundant b ምሕረት : mercy c እግዚእ : Lord d መንፈስ : spirit e ርሕቀ : መዓት : long-suffering f ግብር : work g *ኃይል : force h በእምጣነ : as many as i ገብረ : *G perf 3ms*, to make j ከሠተ : *G perf 3ms*, to reveal k ጻድቅ : righteous l ኅሩይ : chosen m ስም : name n እግዚእ : Lord o መንፈስ : spirit

62.1 a አዘዘ : *D perf 3ms*, to command b እግዚእ : Lord c ንጉሥ : king d *ዐዚዝ : mighty e ልዑል : exalted f ኃደረ : **G impf 3mpl*, to dwell (የኃድርዎ) g ምድር : earth h ብሀለ : *G impf 3ms*, to say i ከሠተ : *G impv 2mpl*, to open j ዐይን : eye k አንሥአ : *CG impv 2mpl*, to raise l ቀርን : horn m እም : if n ከህለ : *G impf 2mpl*, to be able o አእመረ : *CG inf*, to acknowledge p ኅሩይ : chosen **62.2** a ነበረ : *G perf 3ms*, to sit b እግዚእ : Lord c መንፈስ : spirit d መንበር : throne e ስብሐት : glory f መንፈስ : spirit g ጽድቅ : righteousness h ተክዕወ : *Gt perf 3ms*, to be poured i ነገር : word j አፍ : mouth k ቀተለ : *G impf 3ms*, to kill l ኃጥእ : sinner

1 Enoch 62.2-8

ዓማፅያንᵐ ፡ ወእምገጹⁿ ፡ ይትኃጐሉ ፨ 3 ወይቀውሙ·ᵃ ፡ በይእቲ ፡ ዕለትᵇ ፡ ኵሎሙ ፡ ነገሥትᶜ ፡ ወአዚዛንᵈ ፡ ወልዑላንᵉ ፡ ወአለ ፡ ይአኀዝዋᶠ ፡ ለምድርᵍ ፡ ወፈጸአያᵖʰ ፡ ወያአምርዖⁱ ፡ ከመ ፡ ይነብርʲ ፡ ዲበ ፡ መንበረᵏ ፡ ስብሐቲሁˡ ፡ ወጻድቃንᵐ ፡ በጽድቅⁿ ፡ ቅድሜሁ ፡ ይትኴነኑ⁰ ፡ ወነገርᵖ ፡ በከቃ ፡ አልቦ ፡ ዘይትበሀልʳ ፡ በቅድሜሁ ፨ 4 ወይመጽእᵃ ፡ ዲቤሆሙ ፡ ሕማምᵇ ፡ ከመ ፡ ብእሲት ፡ እንተ ፡ ውስተ ፡ ማሕምምᵈ ፡ ወየአፅቦ ፡ ወሊድᶠ ፡ ሶበ ፡ ይመጽእ ፡ ወልዳʰ ፡ በፈⁱ ፡ ማኅፀኒʲ ፡ ወተዓፅብᵏ ፡ በወሊድˡ ፨ 5 ወይሬእዩᵃ ፡ መንፈቆሙ·ᵇ ፡ ለመንፈቆሙ·ᶜ ፡ ወይደነግፁᵈ ፡ ወያቴሕቱᵉ ፡ ገጾሙ·ᶠ ፡ ወይአኀዝዎሙᵍ ፡ ሕማምʰ ፡ ሶበ ፡ ይፌአዩᵖⁱ ፡ ለዝኩ ፡ ወልደʲ ፡ ብእሲትᵏ ፡ እንዘ ፡ ይነብርˡ ፡ ዲበ ፡ መንበረᵐ ፡ ስብሐቲሁⁿ ፨ 6 ወይሴብሕዎᵃ ፡ ወይባርክዎᵇ ፡ ወያሌዕልዎᶜ ፡ ነገሥትᵈ ፡ አዚዛንᵉ ፡ ወኵሎሙ·ᶠ ፡ አለ ፡ ይአኀዝዋᵍ ፡ ለምድርᵍ ፡ ለዘይመልክʰ ፡ ኵሎ ፡ ዘቡእⁱ ፨ 7 እስመ ፡ እምቅድምᵖᵃ ፡ ኅቡእᵇ ፡ ኮነᶜ ፡ ወልደ ፡ እጓለ ፡ እመሕያው·ᵈ ፡ ወዓቀበ ፡ ልዑልᶠ ፡ በቅድመ ፡ ኃይሉᵍ ፡ ወከሠቶʰ ፡ ለኅሩያንⁱ ፨ 8 ወይዘራእᵃ ፡ ማኀበረᵇ ፡ ቅዱሳንᶜ ፡ ወኅሩያንᵈ ፡

62.2 ᵐ ዐማፂ / አማፂ : wrongdoer ⁿ ገጽ : presence ⁰ *ተሀጕላ / ተሐጕላ : *Gt impf 3mpl, to be destroyed (ይትሀጐሉ) **62.3** ᵃ ቆመ : G impf 3mpl, to stand ᵇ ዕለት : day ᶜ ንጉሥ : king ᵈ *ዐዚዘ : mighty ᵉ ልዑል : exalted ᶠ አኀዘ : G impf 3mpl, to possess ᵍ ምድር : earth ʰ ርአየ : G impf 3mpl, to see ⁱ አአመረ : CG impf 3mpl, to recognize ʲ ነበረ : G impf 3ms, to sit ᵏ መንበር : throne ˡ ስብሐት : glory ᵐ ጻድቅ : righteous ⁿ ጽድቅ : righteousness, justice ⁰ ተኰነነ : Dt impf 3mpl, to be judged ᵖ ነገር : word ᵠ በ : idleness ʳ ተብሀለ : Gt impf 3ms, to be spoken **62.4** ᵃ መጽአ : G impf 3ms, to come ᵇ ሕማም : pain, suffering ᶜ ብእሲት : woman ᵈ ማሕምም : in labor ᵉ *ዐጸበ / ዐጽበ : G impf 3ms, to be difficult (የዐጽብ) ᶠ ወለደ : G inf, to give birth ᵍ መጽአ : G impf 3ms, to come ʰ ወልድ : son ⁱ አፍ : mouth ʲ *ማሕፀን : womb ᵏ *ዐጸበ / ዐጽበ : *G impf 3fs, to be in difficulty (ተዐጽብ) ˡ ወለደ : G inf, to give birth **62.5** ᵃ ርአየ : G impf 3mpl, to see ᵇ መንፈቅ : half ᶜ መንፈቅ : half ᵈ ደነፀ : G impf 3mpl, to be terrified ᵉ አትሐተ : CD impf 3mpl, to cast down ᶠ ገጽ : face ᵍ አኀዘ : G impf 3ms, to seize ʰ ሕማም : pain, suffering ⁱ ርአየ : G impf 3mpl, to see ʲ ወልድ : son ᵏ ብእሲት : woman ˡ ነበረ : G impf 3ms, to sit ᵐ መንበር : throne ⁿ ስብሐት : glory **62.6** ᵃ ሰብሐ : D impf 3mpl, to praise ᵇ ባረከ : L impf 3mpl, to bless ᶜ አልዐለ / አለዐለ : CD impf 3mpl, to exalt ᵈ ንጉሥ : king ᵉ *ዐዚዘ : mighty ᶠ አኀዘ : G impf 3mpl, to possess ᵍ ምድር : earth ʰ መለከ : G impf 3mpl, to rule ⁱ ኅቡእ : hidden **62.7** ᵃ ቅድም : beginning ᵇ ኅቡእ : hidden ᶜ ኮነ : G perf 3ms, to be ᵈ ወልደ እጓለ እመሕያው· : Son of Man ᵉ ዐቀበ : *G perf 3ms, to keep (ዐቀበ) ᶠ ልዑል : Most High ᵍ *ኃይል : power ʰ ከሠተ : G perf 3ms, to reveal ⁱ ኅሩይ : chosen **62.8** ᵃ ተዘርአ : Gt impf 3ms, to be sown ᵇ ማኀበር : community ᶜ ቅዱስ : holy ᵈ ኅሩይ : chosen

ወይቀውሙ፡ በቅድሜሁ፡ ኩሎሙ፡ ኃሩያንᶠ፡ በይእቲ፡ ዕለትᵍ ፨ 9 ወይወድቃᵃ፡ ኩሎሙ፡ ነገሥትᵇ፡ አዚዝንᶜ፡ ወልዑላንᵈ፡ ወእለ፡ ይመልክዎᵉ፡ ለየብስᶠ፡ በቅድሜሁ፡ በገጾሙᵍ፡ ወይሰግዱʰ፡ ወይሴፈዉⁱ፡ ለዝ፡ ወልደ፡ እጓለ፡ መሕያውʲ፡ ወያስተበቍዕዎᵏ፡ ወይስእሉˡ፡ ምሕረተᵐ፡ እምኔሁ ፨ 10 ወያጌጉዮሙᵃ፡ እንከᵇ፡ ውእቱ፡ እግዚአᶜ፡ መናፍስትᵈ፡ ከመ፡ ያፍጥኑᵉ፡ ወይፃእᶠ፡ እምቅድሙ፡ ገጹᵍ፡ ወገጾሙʰ፡ ይመልእⁱ፡ ኃፍረተʲ፡ ወጽልመትᵏ፡ ይትዌሰክˡ፡ ገጾሙᵐ፡ 11 ወይትሜጠውዎሙᵃ፡ መላእክተᵇ፡ መቅሠፍትᶜ፡ ከመ፡ ይትፈደዩᵈ፡ እምኔሆሙ፡ ዘገፍዕዎሙᵉ፡ ለደቂቁᶠ፡ ወለኅሩያንᵍ፡ ዚአሁ ፨ 12 በሙ፡ ይትፌሥሑᵃ፡ እስመ፡ መዐቱᵇ፡ ለእግዚእᶜ፡ መናፍስትᵈ፡ ዲበሆሙ፡ ተአርፍᵉ፡ ወመጥባሕቱᶠ፡ ለእግዚእᵍ፡ መናፍስትʰ፡ ትሰክርⁱ፡ እምኔሆሙ ፨ 13 ወጻድቃንᵃ፡ ወኃሩያንᵇ፡ ይድኅኑᶜ፡ በይእቲ፡ ዕለትᵈ፡ ወገጾሙᵉ፡ ለኃጥአንᶠ፡ ወለዓማፅያንᵍ፡ ኢይሬአዮʰ፡ እምይእዜⁱ፡ 14 ወእግዚአᵃ፡ መናፍስትᵇ፡ ዲበሆሙ፡ የኀድርᶜ፡ ወምስለ፡ ዝኩ፡ ወልደ፡ እጓለ፡ መሕያውᵈ፡ የኀድሩᵉ፡ ወይበልዑᶠ፡ ወይሰክቡᵍ፡ ወይትነሥኡʰ፡ ለዓለመⁱ፡ ዓለምʲ ፨ 15 ወተንሥኡᵃ፡ ጻድቃንᵇ፡ ወኃሩያንᶜ፡

62.8 ᵉ ቆመ : *G impf 3mpl*, to stand ᶠ ኃሩይ : chosen ᵍ ዕለት : day **62.9** ᵃ ወድቀ / ወደቀ : *G impf 3mpl*, to fall ᵇ ንጉሥ : king ᶜ *ዐዚዝ : mighty ᵈ ልዑል : exalted ᵉ መለከ : *G impf 3mpl*, to rule ᶠ የብስ : dry land ᵍ ገጽ : face ʰ ሰገደ / ሰግደ : *G impf 3mpl*, to worship ⁱ ተሰፈወ : *Dt impf 3mpl*, to hope ʲ ወልድ : እጓለ : እመሕያው : Son of Man ᵏ አስተበቍዐ : *CGt impf 3mpl*, to supplicate ˡ ሰአለ / ሰእለ : *G impf 3mpl*, to petition ᵐ ምሕረት : mercy **62.10** ᵃ አጕጐ : *CD impf 3ms*, to press ᵇ እንከ : so ᶜ እግዚእ : Lord ᵈ መንፈስ : spirit ᵉ አፍጠነ : *CG juss 3mpl*, to make haste ᶠ ወፅአ : *G juss 3mpl*, to go out ᵍ ገጽ : presence ʰ ገጽ : face ⁱ መልአ : *G impf 3ms*, to be filled with ʲ *ኃፍርት : shame ᵏ ጽልመት : darkness ˡ ተወሰከ : *Dt impf 3ms*, to increase (intr.) ᵐ ገጽ : face **62.11** ᵃ ተመጠወ : *Dt impf 3mpl*, to take hold of ᵇ መልአክ : angel ᶜ መቅሠፍት : punishment, wrath ᵈ ተፈድየ : *Gt juss 3mpl*, to exact payment ᵉ ገፍዐ : *G perf 3mpl*, to harm, do violence ᶠ ደቂቅ : child ᵍ ኃሩይ : chosen **62.12** ᵃ ተፈሥሐ : *Dt impf 3mpl*, to rejoice ᵇ መዓት : wrath ᶜ እግዚእ : Lord ᵈ መንፈስ : spirit ᵉ *አዐረፈ : *CG impf 3fs*, to rest (ተዐርፍ) ᶠ መጥባሕት : dagger ᵍ እግዚእ : Lord ʰ መንፈስ : spirit ⁱ ሰከረ : *G impf 3fs*, to be drunk **62.13** ᵃ ጻድቅ : righteous ᵇ ኃሩይ : chosen ᶜ ድኅነ : *G impf 3mpl*, to be saved ᵈ ዕለት : day ᵉ ገጽ : face ᶠ ኃጥእ : sinner ᵍ ዐማፂ / አማፂ : wrongdoer ʰ ርእየ : *G impf 3mpl*, to see ⁱ ይእዜ : then **62.14** ᵃ እግዚእ : Lord ᵇ መንፈስ : spirit ᶜ ኀደረ : *G impf 3ms*, to dwell (የኀድር) ᵈ *ወልድ : እጓለ : እመሕያው : Son of Man ᵉ ኀደረ : *G impf 3mpl*, to dwell (የኀድሩ) ᶠ በልዐ : *G impf 3mpl*, to eat ᵍ ሰከበ / ሰከበ : *G impf 3mpl*, to lie down ʰ ተንሥአ : *Gt impf 3mpl*, to rise up ⁱ ዓለም : eternity ʲ ዓለም : eternity **62.15** ᵃ ተንሥአ : *Gt perf 3mpl*, to rise up ᵇ ጻድቅ : righteous ᶜ ኃሩይ : chosen

እምድርd : ወኃደጉe : አትሕቶf : ገጾሙg : ወለብሱh : ልብሰi : ሕይወትj :: 16 ወውእቱ : ይከውን : ልብሰb : ሕይወትc : በኀበ : እግዚአd : መናፍስትe : ወአልባሲክሙኒf : ኢይበልይg : ወስብሐቲክሙh : ኢየሐልቅi : በቅድመ : እግዚእj : መናፍስትk ::

63

1 በእማንቱ : መዋዕልa : ያስተበቍዑb : ነገሥትc : አዚዛንd : እለ : ይአኀዝዎe : ለየብስf : እምላእክተg : መቅሠፍቴh : ወኀበ : ሀለዉi : ምጥዋኒj : ከመ : የሀቡሙk : ዕረፍተl : ንስቲተm : ወከመ : ይደቁn : ወይስግዱo : ቅድመ : እግዚአp : መናፍስትq : ወይትአመኑr : ኃጢአቶሙs : በቅድሜሁ :: 2 ወይባርክዎa : ወይሴብሕብ : ለእግዚአc : መናፍስትd : ወይብሉe : ቡሩክf : ውእቱ : እግዚአg : መናፍስትh : ወእግዚአi : ነገሥትj : እግዚአሙk : ለአዚዛንl : ወእግዚኦሙm : ለባዕልn : ወእግዚኦo : ስብሐትp : ወእግዚአq : ጥበብr :: 3 ወይበርህa : ኵሎ : ኅቡእb : ወኃይልከc : ለትውልድd : ትውልድe : ወስብሐቲf : ለዓለመg : ዓለምh : ዕሙቅi : ውእቱ : ኅቡአትj : ዚአከ : ኵሎ : ወኍልቁk : አልቦሙ : ወጽድቀl :

62.15 d ምድር : earth e ኀደገ : *G perf 3mpl, to cease (ኀደጉ) f አትሐተ : CG inf, to cast down g ገጽ : face h ለብሰ : G perf 3mpl, to clothe oneself, wear i ልብስ : clothes, garment j ሕይወት : life 62.16 a ኮነ : G impf 3ms, to be b ልብስ : clothes, garment c ሕይወት : life d እግዚእ : Lord e መንፈስ : spirit f ልብስ : clothes, garment g በልየ : G impf 3mpl, to grow old, wear out h ስብሐት : glory i ኀልቀ / ሐልቀ : G impf 3ms, to fail j እግዚእ : Lord k መንፈስ : spirit

63.1 a መዓልት : day b አስተብቍዐ : CGt impf 3mpl, to supplicate c ንጉሥ : king d *ዐዚዝ : mighty e አኀዘ : G impf 3mpl, to possess f የብስ : dry land g መልአክ : angel h መቅሠፍት : punishment, wrath i ሀሎ / ሀለወ : D perf 3mpl, to be j ምጥው : handed over k ወሀበ : *G juss 3mpl, to give (የሀብሙ) l ዕረፍት : rest m ንስቲት : a little n ወደቀ / ወደቀ : G juss 3mpl, to fall o ሰገደ / ሰገደ : *G juss 3mpl, to worship (ይስግዱ) p እግዚእ : Lord q መንፈስ : spirit r ተአምነ : Gt juss 3mpl, to confess s *ኀጢአት : sin 63.2 a ባረከ : L impf 3mpl, to bless b ሰብሐ : D impf 3mpl, to praise c እግዚእ : Lord d መንፈስ : spirit e ብሀለ : G impf 3mpl, to say f ቡሩክ : blessed g እግዚእ : Lord h መንፈስ : spirit i እግዚእ : Lord j ንጉሥ : king k እግዚእ : Lord l *ዐዚዝ : mighty m እግዚእ : Lord n ባዕል : rich o እግዚእ : Lord p ስብሐት : glory q እግዚእ : Lord r ጥበብ : wisdom 63.3 a ብርሀ : G impf 3ms, to be clear b ኅቡእ : hidden, secret c *ኀይል : power d ትውልድ : generation e ትውልድ : generation f ስብሐት : glory g ዓለም : eternity h ዓለም : eternity i ዕሙቅ : deep j ኅቡእ : hidden, secret k ኍልቍ : number l ጽድቅ : righteousness, justice

1 Enoch 63.3-10

ዚአከ ፡ ሐሳብᵐ ፡ አልቦ ። 4 ይእዜᵃ ፡ አአምርከᵇ ፡ ከመ ፡ ንሰብሐᶜ ፡ ወንባርከᵈ ፡ ለእግዚአᵉ ፡ ነገሥትᶠ ፡ ወለዘይነግሥᵍ ፡ ዲበ ፡ ኵሎሙ ፡ ነገሥትʰ ። 5 ወይብሉᵃ ፡ ሙኑ ፡ ወሀበነᵇ ፡ ዕረፍተᶜ ፡ ከመ ፡ ንሰብሐᵈ ፡ ወናዕኵቶᵉ ፡ ወንባርከᶠ ፡ ወእኅመን ፡ ቅድመ ፡ ስብሐቲሁʰ ። 6 ወይእዜᵃ ፡ ንስቲተᵇ ፡ ዕረፍተᶜ ፡ ንትሜነይᵈ ፡ ወኢንረክብᵉ ፡ ንሰድፍ ፡ ወኢንነጽገ ፡ ወብርሃንʰ ፡ እምቅድሜነ ፡ ኃለፈⁱ ፡ ወጽልመትʲ ፡ ምንባሪነᵏ ፡ ለዓለመˡ ፡ ዓለምᵐ ። 7 እስመ ፡ በቅድሜሁ ፡ ኢአመነᵃ ፡ ወኢሰባሕነ ፡ በስመᶜ ፡ ለእግዚአᵈ ፡ ነገሥት ፡ ወኢሰባሕናሁᶠ ፡ ለእግዚእᵍ ፡ በኵሉ ፡ ተግባሩʰ ፡ ወተስፋነⁱ ፡ ኮነʲ ፡ ዲበ ፡ በትረᵏ ፡ መንበረˡ ፡ መንግሥትነᵐ ፡ ወስብሐቲነⁿ ። 8 ወዐለተᵃ ፡ ስራኅᵇ ፡ ወምዳቤነᶜ ፡ ኢያድኅነነᵈ ፡ ወኢንረክብᵉ ፡ ዕረፍተᶠ ፡ ንእመን ፡ እስመ ፡ መሃይምንʰ ፡ ውእቱ ፡ እግዚእⁱ ፡ በኵሉ ፡ ግብሩʲ ፡ ወበኵሉ ፡ ኮኔሁᵏ ፡ ወጽድቁˡ ፡ ወገጽᵐ ፡ ኮኔሁⁿ ፡ ኢይነሥኡᵒ ። 9 ወነግልፍᵃ ፡ እምጌሥᵇ ፡ በእንተ ፡ ምግባሪነᶜ ፡ ወኵሉ ፡ ኃጢአተነᵈ ፡ በጽድቅ ፡ ተኍለቄᶠ ። 10 ይእዜᵃ ፡ ይቤልዎሙᵇ ፡ ትጸግብᶜ ፡ ነፍስነᵈ ፡ እምንዋዮ ፡ ዐመፃᶠ ፡ ወኢትከልእᵍ ፡ ወሪደተነʰ ፡ እምላህብⁱ ፡ ለከበደʲ ፡ ሲኦልᵏ ።

63.3 ᵐ ሐሳብ : reckoning **63.4** ᵃ ይእዜ : now ᵇ አአምሪ : CG perf 1cpl, to understand ᶜ ሰብሐ : D juss 1cpl, to praise ᵈ ባረከ : L juss 1cpl, to bless ᵉ እግዚእ : Lord ᶠ ንጉሥ : king ᵍ ነግሠ : G impf 3ms, to rule ʰ ንጉሥ : king **63.5** ᵃ ብህለ : G impf 3mpl, to say ᵇ ወሀበ : G perf 3ms, to give, allow ᶜ ዕረፍት : rest ᵈ ሰብሐ : D juss 1cpl, to praise ᵉ አእኵተ : CG juss 1cpl, to give thanks ᶠ ባረከ : L juss 1cpl, to bless ᵍ አመነ : G juss 1cpl, to trust ʰ ስብሐት : glory **63.6** ᵃ ይእዜ : now ᵇ ንስቲት : a little ᶜ ዕረፍት : rest ᵈ ተመነየ : Dt impf 1cpl, to desire ᵉ ረከበ : G juss 1cpl, to find ᶠ ተሰደ : Gt impf 1cpl, to be banished ᵍ አገዘ : G juss 1cpl, to obtain ʰ ብርሃን : light ⁱ ኃለፈ : *G perf 3ms, to pass away (ኃለፈ) ʲ ጽልመት : darkness ᵏ ምንባር : dwelling ˡ ዓለም : eternity ᵐ ዓለም : eternity **63.7** ᵃ አመነ : G perf 1cpl, to trust ᵇ ሰብሐ : D perf 1cpl, to praise ᶜ ስም : name ᵈ እግዚእ : Lord ᵉ ንጉሥ : king ᶠ ሰብሐ : D perf 1cpl, to praise ᵍ እግዚእ : Lord ʰ ተግባር : work ⁱ ተስፋ : hope ʲ ኮነ : G perf 3ms, to be ᵏ በትር : sceptre ˡ መንበር : seat ᵐ መንግሥት : kingdom ⁿ ስብሐት : glory **63.8** ᵃ ዕለት : day ᵇ *ሰርሐ : labor ᶜ ምንዳቤ : distress ᵈ አድኅነ : CG impf 3ms, to save ᵉ ረከበ : G juss 1cpl, to find ᶠ ዕረፍት : rest ᵍ አመነ : G juss 1cpl, to trust ʰ *መህይምን : faithful ⁱ እግዚእ : Lord ʲ ግብር : work ᵏ ኮኔ : judgment ˡ ጽድቅ : righteousness, justice ᵐ ገጽ : face, presence ⁿ ኮኔ : judgment ᵒ ነሥአ : G impf 3mpl, to receive, lift **63.9** ᵃ ኃለፈ : *G impf 1cpl, to pass away (ነገልፍ) ᵇ ገጽ : presence ᶜ ምግባር : work ᵈ *ኃጢአት : sin ᵉ ጽድቅ : righteousness, justice ᶠ ተኍለቄ : Dt perf 3ms, to be counted **63.10** ᵃ ይእዜ : then ᵇ ብህለ : G perf 3mpl, to say ᶜ ጸገበ : G impf 3fs, to be satiated ᵈ ነፍስ : soul ᵉ ንዋይ : possessions ᶠ ዐመፃ : iniquity ᵍ ከልአ : G impf 3fs, to prevent ʰ ወረደ : G inf, to go down ⁱ ላህብ : flame ʲ ከቢድ : heaviness ᵏ ሲኦል : Sheol

11 ወአምድንረዝ ፡ ይመልእa ፡ ገጸሙb ፡ ጽልመትc ፡ ወኀፍረተd ፡ በቅድመ ፡ ዝኩ ፡ ወልደ ፡ እጓለ ፡ እመሕያወ·e ፡ ወአምቅድመ ፡ ገጹ·f ፡ ይሰደዱ፰ ፡ ወሰይፍh ፡ የኀድርi ፡ ቅድመ ፡ ገጹj ፡ ማዕከሌሆሙ ፡፡ 12 ወከመዝ ፡ ይቤa ፡ እግዚእb ፡ መናፍስት·c ፡ ዝንቱ ፡ ውእቱ ፡ ሥርዓቶሙ·d ፡ ወኩኔሁ·e ፡ ለአዚዛንf ፡ ወለነገሥትg ፡ ወለልዑላንh ፡ ወለለ ፡ ይአኀዝዋi ፡ ለየብስj ፡ በቅድመ ፡ እግዚእk ፡ መናፍስትl ፡፡

64

1 ወካልእa ፡ ገጸተb ፡ ርኢኩ·c ፡ በውእቱ ፡ መካንd ፡ ኅቡአተe ፡ 2 ሰማዕኩa ፡ ቃሎb ፡ ለመልአክc ፡ እንዘ ፡ ይብልd ፡ እሉ ፡ እሙንቱ ፡ መላእክተe ፡ እለ ፡ ወረዱf ፡ እምሰማይ፰ ፡ ዲበ ፡ ምድርh ፡ ወዘንቡእi ፡ ከሡቶj ፡ ለውሉደk ፡ ሰብእl ፡ ወአስሐትዎሙm ፡ ለውሉደn ፡ ሰብእo ፡ ከመ ፡ ይግበሩp ፡ ኀጢአተq ፡፡

65

1 ወበእማንቱ ፡ መዋዕልa ፡ ርእየb ፡ ኖኅ ፡ ምድረc ፡ ከመ ፡ አድነከተd ፡ ወከመ ፡ ቅሩብe ፡

63.11 [a] መልእ : *G impf 3ms*, to be filled with [b] ገጽ : face [c] ጽልመት : darkness [d] *ኀፍረት : shame [e] ወልደ ፡ እጓለ ፡ እመሕያው· : Son of Man [f] ገጽ : presence [g] ተሰደ : *Gt impf 3mpl*, to be banished [h] ሰይፍ : sword [i] ኀደረ : *G impf 3ms*, to dwell (የኀድር) [j] ገጽ : presence **63.12** [a] ብህለ : *G perf 3ms*, to say [b] እግዚእ : Lord [c] መንፈስ : spirit [d] *ሠርዐት : ordinance [e] ኩኔ : judgment [f] *ዐዚዝ : mighty [g] ንጉሥ : king [h] ልዑል : exalted [i] እኀዘ : *G impf 3mpl*, to possess [j] የብስ : dry land [k] እግዚእ : Lord [l] መንፈስ : spirit

64.1 [a] ካልእ : other [b] ገጽ : figure [c] ርእየ : *G perf 1cs*, to see [d] *መካን : place [e] ኅቡእ : hidden **64.2** [a] ሰምዐ : *G perf 1cs*, to hear [b] ቃል : voice [c] መልአክ : angel [d] ብህለ : *G impf 3ms*, to say [e] መልእክ : angel [f] ወረደ : *G perf 3mpl*, to come down [g] ሰማይ : heaven [h] ምድር : earth [i] ኅቡእ : hidden, secret [j] ከሡት : *G perf 3mpl*, to reveal [k] ወልድ : son [l] ብእሲ : man [m] አስሐተ : *CG perf 3mpl*, to lead astray [n] ወልድ : son [o] ብእሲ : man [p] ገብረ : *G juss 3mpl*, to commit [q] *ኀጢአት : sin

65.1 [a] መዓልት : day [b] ርእየ : *G perf 3ms*, to see [c] ምድር : earth [d] አድነከ : *CG perf 3fs*, to be tilted [e] ቅሩብ : near

1 Enoch 65.1–7

ጎጕላፈ ። 2 ወአንሥአᵃ ። እገሪሁᵇ ። እምህየ ። ወሐረᶜ ። እስከ ። አጽናፈᵈ ። ምድርᵉ ። ወጸርሐፈ ። ለአምሐሠውᵍ ። ሄኖክ ። ወይቤᵏ ። ኖኅ ። ቢቃልⁱ ። መሪርʲ ። ስማዐኒᵏ ። ስማዕⁱ ። ስማዐኒᵐ ። ስልሥⁿ ። 3 ወይቤሎᵃ ። ንግረኒᵇ ። ምንት ። ውእቱ ። ዘይትገበርᶜ ። በዲበ ። ምድርᵈ ። እስመ ። ከመዝ ። ሰርሐትᵉ ። ምድርᶠ ። ወእንቀልቀለትᵍ ። ዮጊᵸ ። አነ ። እትኃገልⁱ ። ምስሌሃ ። 4 ወበድኅረ ። ውእቱ ። ጊዜᵃ ። ኮነᵇ ። ሀውክᶜ ። ዐቢይᵈ ። ዲበ ። ምድርᵉ ። ወተሰምዐፈ ። ቃል ። እምሰማይᴴ ። ወወደቀⁱ ። በገጽʲ ። ። 5 ወመጽአᵃ ። ሄኖክ ። እምሐውብᵇ ። ወቆመᶜ ። ኅቤየ ። ወይቤለኒᵈ ። ለምንት ። ጸራኸᵉ ። ኅቤየ ። ጽራኃᶠ ። መሪረᵍ ። ወብካየᴴ ። ። 6 ወትእዛዝᵃ ። ወፅአᵇ ። እምኅበ ። ገጽᶜ ። እግዚእᵈ ። ዲበ ። እለ ። የኃድሩᵉ ። ውስተ ። የብስᶠ ። ከመ ። ውእቱ ። ይኩንᵍ ። ኃልቀቶሙᴴ ። እስመ ። አእመሩⁱ ። ኩሎ ። ኅቡአተʲ ። መላእክትᵏ ። ወኩሎ ። ግፍዐᴸ ። ሰይጣናትᵐ ። ወኩሎ ። ኃይሎሙⁿ ። ኅቡአᵒ ። ወኩሎ ። ኃይሎሙᵖ ። ለእለ ። ይገብሩᵍ ። ሥራያተʳ ። ወኃይሎሙˢ ። ለጎብራትᵗ ። ወኃይሎሙᵘ ። ለአለ ። ይሰብኩᵛ ። ስብከʷ ። ኩሉ ። ምድርˣ ። ። 7 ወእስኩᵃ ። እፎᵇ ። ይትወለድᶜ ። ብፉርᵈ ። እምፀበለᵉ ። ምድርᶠ ። ወአፅᵍ ። ይከውንᴴ ።

65.1 ᶠ*ሀጕል / ሐጕል : destruction 65.2 ᵃ አንሥአ : CG perf 3ms, to set in motion ᵇ እግር : foot ᶜ ሐረ : G perf 3ms, to go ᵈ ጽንፍ : end, extremity ᵉ ምድር : earth ᶠ*ጸርሐ : G perf 3ms, to cry out (ጸርኅ) ᵍ አምሐው : great-grandfather ᴴ ብህለ : G perf 3ms, to say ⁱ ቃል : voice ʲ መሪር : bitter ᵏ ስምዐ : G impv 2ms, to hear ᴸ ስምዐ : G impv 2ms, to hear ᵐ ስምዐ : G impv 2ms, to hear ⁿ *ሥልስ : three times 65.3 ᵃ ብህለ : G perf 3ms, to say ᵇ ነገረ : G impv 2ms, to tell ᶜ ተገብረ : Gt impf 3ms, to be done ᵈ ምድር : earth ᵉ ሰርሐ / ሠርሐ / ሠርኀ : G perf 3fs, to be exhausted ᶠ ምድር : earth ᵍ አንቀልቀለ : CG perf 3fs, to shake ᴴ ዮጊ : lest ⁱ *ተሀጕለ / ተሐጕለ : *Gt impf 1cs, to be destroyed (እትሀጕል) 65.4 ᵃ ጊዜ : time ᵇ ኮነ : G perf 3ms, to be ᶜ ሀውክ : disorder ᵈ*ዐቢይ : great ᵉ ምድር : earth ᶠ ተሰምዐ : Gt perf 3ms, to be heard ᵍ ቃል : voice ᴴ ሰማይ : heaven ⁱ ወደቀ / ወደቀ : G perf 1cs, to fall ʲ ገጽ : face 65.5 ᵃ መጽአ : G perf 3ms, to come ᵇ አምሐው : great-grandfather ᶜ ቆመ : G perf 3ms, to stand ᵈ ብህለ : G perf 3ms, to say ᵉ ጸርኅ : G perf 2ms, to cry out ᶠ ጽራኅ : outcry ᵍ መሪር : bitter ᴴ ብካይ : weeping 65.6 ᵃ ትእዛዝ : order ᵇ ወጽአ : G perf 3ms, to go out ᶜ ገጽ : presence ᵈ እግዚእ : Lord ᵉ ኃደረ : G impf 3mpl, to dwell ᶠ የብስ : dry land ᵍ ኮነ : G juss 3ms, to be ᴴ ኃልቀት : end ⁱ አእመረ : CG perf 3mpl, to learn ʲ ኅቡእ : hidden, secret ᵏ መልአክ : angel ᴸ ግፍዕ : wrongdoing ᵐ ሰይጣን : devil, demon ⁿ *ኃይል : power ᵒ ኅቡእ : hidden, secret ᵖ *ኃይል : power ᵍ ገብረ : G impf 3mpl, to practice ʳ ሥራይ : sorcery ˢ *ኃይል : power ᵗ *ኀብር : incantation ᵘ *ኃይል : power ᵛ ሰብከ : G impf 3mpl, to cast molten images ʷ ስብክ : molten image ˣ ምድር : earth 65.7 ᵃ እስኩ : at last ᵇ እፎ : how ᶜ ተወልደ : Gt impf 3ms, to be born ᵈ ብፉር : silver ᵉ *ጸበል : dust ᶠ ምድር : earth ᵍ አፅ : how ᴴ ኮነ : G impf 3ms, to be

ከጠብጣብⁱ : ዲበ : ምድርʲ ። 8 እስመ : አረርᵃ : ወናዕክᵇ : ኢይትወለድᶜ : እምድርᵈ : ከመ : ቀዳሚᵉ : ነዕፅᶠ : ውእቱ : ዘይወልደሙᵍ : ወመልአክʰ : ዘይውዕምⁱ : ውስቴታ : ወይበድርʲ : ውእቱ : መልአክᵏ ። 9 ወእምድኅረዝ : አኀዘኒᵃ : አምሔውየᵇ : ሄኖክ : በየዴሁᶜ : ወአንስአኒᵈ : ወይቤለኒᵉ : ሑርᶠ : እስመ : ተስእልክዎᵍ : ለእግዚአʰ : መናፍስትⁱ : በእንተዝ : ሁውክʲ : ዘዲበ : ምድርᵏ ። 10 ወይቤለኒᵃ : በእንተ : ዓመፃሙᵇ : ተፈፃመትᶜ : ኩነኔሆሙᵈ : ወኢይትኄሰቁᵉ : በቅድሜየ : በእንተ : አውራኃᶠ : ዘኀሠሡᵍ : ወኢአመሩʰ : ከመ : ምድርⁱ : ትትኀጐልʲ : ወላ : የኀድሩᵏ : ዲቤሃ ። 11 ወኣሎ : ምግባአᵃ : አልበሙ : ለዓለምᵇ : እስመ : አርአይዎሙᶜ : ዘኅቡእᵈ : ወላ : ተኰነኑᵉ : ወኮ : ለከ : አንተ : ወልድᶠ : አአመረᵍ : እግዚአʰ : መናፍስትⁱ : እስመ : ንጹሕʲ : ወሤርᵏ : አንተ : እምዝ : ኂስˡ : ዘኅቡአትᵐ ። 12 ወአጽንዓᵃ : ለስምከᵇ : በማዕከለ : ቅዱሳንᶜ : ወየአቅብከᵈ : እምለ : የኀድሩᵉ : ዲበ : የብስᶠ : ወአጽንዓሙᵍ : ለዘርእከʰ : በጽድቅⁱ : ለነገሥትʲ : ወለስብሐትᵏ : ዓቢያትˡ : ወአምዘርእከᵐ : ይወፅእⁿ : ነቅዓᵒ : ጻድቃንᵖ : ወቅዱሳንᑫ : ወኍልቁʳ : አልበሙ : ለዓለምˢ ።

65.7 ⁱ ከጠብጣብ : soft metal ʲ ምድር : earth **65.8** ᵃ *ዐረር: lead ᵇ ናእክ / ናዕክ : tin ᶜ ተወልደ : Gt impf 3ms, to be born ᵈ ምድር : earth ᵉ ቀዳሚ : former ᶠ ነዕፅ : spring ᵍ ወለደ : G impf 3ms, to give birth ʰ መልአክ : angel ⁱ ቆመ : G impf 3ms, to stand ʲ በደረ : G impf 3ms, to be pre-eminent ᵏ መልአክ : angel **65.9** ᵃ አኀዘ : G perf 3ms, to take hold of (አኀዘኒ) ᵇ አምሔው : great-grandfather ᶜ አድ : hand ᵈ *አንሥአ : CG perf 3ms, to raise (አንሥአኒ) ᵉ ብህለ : G perf 3ms, to say ᶠ ሑረ : G impv 2ms, to go ᵍ ተሰአለ / ተስአለ : Gt perf 1cs, to enquire, ask ʰ እግዚአ : Lord ⁱ መንፈስ : spirit ʲ ሁውክ : disorder ᵏ ምድር : earth **65.10** ᵃ ብህለ : G perf 3ms, to say ᵇ *ዐመፃ : iniquity ᶜ ተፈፃመ : Dt perf 3fs, to be completed ᵈ ኵነኔ : judgment ᵉ ተኍለቀ : Dt impf 3fs, to be counted ᶠ ወርኅ : month ᵍ ኀሠሠ : *G perf 3fs, to search out (ኀሠሠት) ʰ አአመረ : CG perf 3mpl, to learn ⁱ ምድር : earth ʲ *ተሀጕለ / ተሐጕለ : *Gt impf 3fs, to be destroyed (ትትሀጕል) ᵏ ኀደረ : *G impf 3mpl, to dwell (የኀድሩ) **65.11** ᵃ ምግባእ : refuge ᵇ ዓለም : eternity ᶜ አርአየ : CG perf 3mpl, to show ᵈ ኅቡእ : hidden, secret ᵉ ተኰነነ : Dt perf 3mpl, to be condemned ᶠ ወልድ : son ᵍ አአመረ : CG perf 3ms, to know ʰ እግዚአ : Lord ⁱ መንፈስ : spirit ʲ ንጹሕ : pure ᵏ ሤር : good ˡ ሐሲ / ኂስ : reproach ᵐ ኅቡእ : hidden, secret **65.12** ᵃ አጽንዐ : CG perf 3ms, to establish ᵇ ስም : name ᶜ ቅዱስ : holy ᵈ *ዐቀበ : G impf 3ms, to keep (የዐቅበከ) ᵉ ኀደረ : *G impf 3mpl, to dwell (የኀድሩ) ᶠ የብስ : dry land ᵍ *አጽንዐ : CG perf 3ms, to establish ʰ ዘርእ : offspring ⁱ ጺድቅ : righteousness, justice ʲ ንጉሥ : king ᵏ ስብሐት : glory ˡ *ዐቢይ : great ᵐ ዘርእ : offspring ⁿ ወፅአ : G impf 3ms, to go out ᵒ ነቅዕ : spring ᵖ ጻድቅ : righteous ᑫ ቅዱስ : holy ʳ ኍልቁ : number ˢ ዓለም : eternity

66

1 ወእምድኅረዝ : አርአየኒᵃ : መላእክተᵇ : መቅሠፍትᶜ : እለ : ድልዋንᵈ : ከመ : ይምጽኡᵉ : ወይፍትሑᶠ : ኵሎ : ኃይለ፟ᵍ : ማይʰ : ዘመትሕተ : ምድርⁱ : ከመ : ይኩንʲ : ለኵነኔᵏ : ወለጉኄልˡ : ለኵሎሙ᎐ : እለ : ይነብሩᵐ : ወየኃድሩⁿ : ዲበ : የብሶ ። 2 ወአዘዘᵃ : እግዚእᵇ : መናፍስትᶜ : መላእክተᵈ : እለ : ይወፅኡᵉ : ከመ : ኢያንሥኡᶠ : እደወ : ወይዕቀቡʰ : እስመ : እልክቱ : መላእክትⁱ : ዲበ : ኃይለʲ : ማያትᵏ : ሀለዉˡ ። 3 ወዛእኩᵃ : እምቅድመ : ገጽᵇ : ሄኖክ ።

67

1 ወበእማንቱ : መዋዕልᵃ : ኮነᵇ : ቃለᶜ : እግዚአብሔርᵈ : ኀቤየ : ወይቤለኒᵉ : ኖኀ : ናሁ : ክፍልከᶠ : ዓርገᵍ : ኀቤየ : ክፍልʰ : ዘአልቦቱ : ኂስⁱ : ክፍለʲ : ፍቅርᵏ : ወርትዕˡ ። 2 ወይእዜᵃ : ይገብሩᵇ : መላእክትᶜ : ዕፀዳ : ወሰበ : ወፅኡᵉ : ለውእቱ : መላእክትᶠ : እወዲ : እዴየʰ : ዲቤሃ : ወአዐቅባⁱ : ወትከውንʲ : አምኔሃ : ዘርአᵏ : ሕይወትˡ : ወተዉላጠᵐ : ይባእⁿ :

66.1 ᵃ አርአየ : *CG perf 3ms*, to show ᵇ መልአክ : angel ᶜ መቅሠፍት : punishment ᵈ ድልው : ready ᵉ መጽአ : *G juss 3mpl*, to come ᶠ ፈትሐ : *G juss 3mpl*, to release ᵍ *ኃይል : force ʰ ማይ : water ⁱ ምድር : earth ʲ ኮነ : *G juss 3ms*, to be ᵏ ኵነኔ : judgment ˡ ሀጉል : destruction ᵐ ነበረ : *G impf 3mpl*, to reside ⁿ ኃደረ : *G impf 3mpl*, to dwell ᵒ የብስ : dry land 66.2 ᵃ አዘዘ : *D perf 3ms*, to order (አዘዘ) ᵇ እግዚእ : Lord ᶜ መንፈስ : spirit ᵈ መልአክ : angel ᵉ ወፅአ : *G impf 3mpl*, to come out ᶠ አንሥአ : *CG juss 3mpl*, to raise ᵍ እድ : hand ʰ ዐቀበ : *G juss 3mpl*, to keep watch ⁱ መልአክ : angel ʲ *ኃይል : force ᵏ ማይ : water ˡ ሀሎ / ሀለወ : *D perf 3mpl*, to be 66.3 ᵃ ወፅአ : *G perf 1cs*, to come out ᵇ ገጽ : presence

67.1 ᵃ መዓልት : day ᵇ ኮነ : *G perf 3ms*, to be ᶜ ቃል : word ᵈ እግዚአብሔር : Lord ᵉ ብህለ : *G perf 3ms*, to say ᶠ ክፍል : part, portion ᵍ ዐርገ : *G perf 3ms*, to come up (ዐርገ) ʰ ክፍል : part, portion ⁱ ሐሰ / ኂስ : reproach ʲ ክፍል : part, portion ᵏ ፍቅር : love ˡ ርትዕ : uprightness 67.2 ᵃ ይእዜ : now ᵇ ገብረ : *G impf 3mpl*, to make ᶜ መልአክ : angel ᵈ ዕፅ : wood ᵉ ወፅአ : *G perf 3mpl*, to come out ᶠ መልአክ : angel ᵍ ወደየ : *G impf 1cs*, to put ʰ እድ : hand ⁱ ዐቀበ : *CG impf 1cs*, to protect (አዕቀበ) ʲ ኮነ : *G impf 3fs*, to be ᵏ ዘርአ : seed ˡ ሕይወት : life ᵐ ተዉላጠ : alteration ⁿ በአ : *G juss 3ms*, to proceed

ከመ፡ ኢይንበር፡ᵒ የብስ፡ᵖ ዕራቅ፡ᵠ ፨ 3 ወአጸንዐ፡ᵃ ለዘርእከ፡ᵇ በቅድሜየ፡ ለዓለም፡ᶜ
ለዓለም፡ᵈ ወእዘርአሙ፡ᵉ ለእለ፡ የንድፉ፡ᶠ ምስሌከ፡ ውስተ፡ ገጸ፡ᵍ የብስ፡ʰ ኢይምህር፡ⁱ
ዲበ፡ ገጽ፡ʲ ምድር፡ᵏ ወይትባረክ፡ˡ ወይትባዛዝ፡ᵐ ዲበ፡ የብስ፡ⁿ በስመ፡ᵒ ለእግዚእ፡ᵖ ፨
4 ወየዓውዎሙ፡ᵃ ለእልክቱ፡ መላእክት፡ᵇ እለ፡ አርአዮሙ፡ᶜ ለዓመፃ፡ᵈ ውስተ፡ ይእቲ፡
ቄላ፡ᵉ እንተ፡ ትነድድ፡ᶠ እንተ፡ አርአየኒ፡ᵍ ቀዳሚ፡ʰ አምሐውዩ፡ⁱ ሄኖክ፡ በዓረብ፡ʲ በነበ
፡ አድባር፡ᵏ ወርቅ፡ˡ ወብሩር፡ᵐ ወሐፂን፡ⁿ ወነጠብጣብ፡ ወናዕክ፡ᵖ ፨ 5 ወርኢክዋ፡ᵃ
ለይእቲ፡ ቄላ፡ᵇ እንተ፡ ሀውክ፡ᶜ ዐቢይ፡ᵈ ባቲ፡ ወተሀውከ፡ᵉ ማያት፡ ፨ 6 ወዝንቱ፡ ኩሉ
፡ ሶበ፡ ተገብረ፡ᵃ እምውእቱ፡ ነጠብጣብᵇ እሳት፡ᶜ ወወውከሙ፡ᵈ ዘሀውከሙ፡ᵉ በውእቱ
፡ መካን፡ᶠ ተወልደᵍ ፂናʰ ተይⁱ ወተጎብረʲ ምስለ፡ እልኩ፡ ማያት፡ᵏ ወይእቲ፡ ቄላˡ
፡ እንተ፡ መላእክትᵐ እለ፡ አስሐቱⁿ ትነድድ፡ መትሕተ፡ ይእቲ፡ ምድር፡ᵖ 7 ወእንተ፡
፡ ቄላተ፡ᵃ ዚአሃ፡ አፍላግᵇ እሳት፡ᶜ ይወፅኡᵈ በነበ፡ ይትኴነኑᵉ እልክቱ፡ መላእክት፡ᶠ
እለ፡ አስሐትዎሙᵍ ለእለ፡ የንድፉʰ ዲበ፡ የብስⁱ ፨ 8 ወይከውኑ፡ᵃ እልክቱ፡ ማያትᵇ

67.2 ᵒ ነበረ : *G juss 3ms*, to remain ᵖ የብስ : dry land ᵠ ዕራቅ : with possessive pronouns: (he, she) empty **67.3** ᵃ አጽንዐ : *CG impf 1cs*, to establish (አጸንዖ) ᵇ ዘርእ : offspring ᶜ ዓለም : eternity ᵈ *ዓለም : eternity ᵉ ዘርእ : *G impf 1cs*, to scatter ᶠ ነደረ : *G impf 3mpl*, to dwell ᵍ ገጽ : face ʰ የብስ : dry land ⁱ መህረ : *D impf 1cs*, to test (ኢይሜህር) ʲ ገጽ : face ᵏ ምድር : earth ˡ ተባረከ : *Lt impf 3ms*, to be blessed ᵐ ተበዝነ : *Gt impf 3ms*, to increase (intr.) (ይትበዝነ) ⁿ የብስ : dry land ᵒ ስም : name ᵖ እግዚእ : Lord **67.4** ᵃ *ዐጸወ / አጸወ : *Gt impf 3mpl*, to shut up (የዐጽውዎሙ) ᵇ መልአክ : angel ᶜ አርአየ : *CG perf 3mpl*, to show ᵈ *ዐመፃ : iniquity ᵉ ቄላ : valley ᶠ ነደ / ነደደ : *G impf 3fs*, to burn ᵍ አርአየ : *CG perf 3ms*, to show ʰ ቀዳሚ : previously ⁱ እምሐው : great-grandfather ʲ *ዐረብ : west ᵏ ደብር : mountain ˡ ወርቅ : gold ᵐ ብሩር : silver ⁿ *ኃጺን : iron ᵒ ነጠብጣብ : soft metal ᵖ ናእክ / ናዕክ : tin **67.5** ᵃ ርእየ : *G perf 1cs*, to see ᵇ ቄላ : valley ᶜ ሁውክ : disorder ᵈ *ዐቢይ : great ᵉ ተሀውከ : agitation ᶠ ማይ : water **67.6** ᵃ ተገብረ : *Gt perf 3ms*, to happen ᵇ ነጠብጣብ : soft metal ᶜ እሳት : fire ᵈ ሁውክ : disorder ᵉ ሆከ : *G impf 3ms*, to disturb ᶠ *መካን : place ᵍ ተወልደ : *Gt perf 3ms*, to be born ʰ *ፂና : smell ⁱ ተይ : sulphur ʲ ተነብረ : *Gt perf 3ms*, to be associated (ተነብረ) ᵏ ማይ : water ˡ ቄላ : valley ᵐ መልእክ : angel ⁿ አስሐተ : *CG perf 3mpl*, to lead astray ᵒ ነደ / ነደደ : *G impf 3fs*, to burn ᵖ ምድር : ground **67.7** ᵃ ቄላ : valley ᵇ ፈለግ : river ᶜ እሳት : fire ᵈ ወፅአ : *G impf 3mpl*, to go out ᵉ ተኰነነ : *Dt impf 3mpl*, to be judged ᶠ መልአክ : angel ᵍ አስሐተ : *CG perf 3mpl*, to lead astray ʰ ነደረ : *G impf 3mpl*, to dwell (የነድፉ) ⁱ የብስ : dry land **67.8** ᵃ ኮነ : *G impf 3mpl*, to be ᵇ ማይ : water

1 Enoch 67.8–12

: በእማንቱ : መዋዕልc : ለነገሥትd : ወለአዚዛንᵉ : ወለሰ : የሐድሩf : ዲበ : የብስg : ለፈውሰh : ነፍስⁱ : ወሥጋʲ : ወለኩነኔᵏ : መንፈሲˡ : ወተውኔተᵐ : ይመልእⁿ : መንፈሰሙᵒ : ከመ : ይትኩነኑᵖ : ሥጋሆሙᵠ : እስመ : ክሕድዎʳ : ለእግዚአˢ : መናፍስትᵗ : ወይሬእዩᵘ : ኩነኔሆሙᵛ : እንተ : ኩሉ : ዕለትʷ : ወኢየአምኑˣ : በስሙʸ :: 9 ወከመ : ብዙኃª : ውዕዩᵇ : ሥጋሆሙᶜ : ከመዝ : በሙ : ተዋለጠd : ለመንፈሶ : ለዓለመf : ዓለምᵍ : እስመ : ዓልበ : በቅድመ : እግዚአʰ : መናፍስትⁱ : ዘይትናገርʲ : ነገረᵏ : በከንቱˡ :: 10 እስመ : ትመጽእª : ኩነኔᵇ : ዲቤሆሙ : እስመ : የአምኑᶜ : በተውኔተd : ሥጋሆሙᵉ : ወመንፈሰf : እግዚአᵍ : ይክሕዱʰ :: 11 ወኪያሁ : ማያትª : በውእቱ : መዋዕልᵇ : በሙ : ተውላጦᶜ : እስመ : ሶበ : ይትኬነኑd : እልኩ : መላእክተ : በውእቱ : መዋዕልf : ይትዌለጡᵍ : ዋዕዮሙʰ : ለእልኩ : አንቅዕተⁱ : ማያትʲ : ወሶበ : የዓርግᵏ : መላእክትˡ : ይትዋለጡᵐ : ዝኩ : ማይⁿ : ዘአንቅዕተᵒ : ወይቄርርᵖ :: 12 ወሰማዕኩᵖ : ለቅዱስᵇ : ሚካኤል : እንዘ : ያወሥእᶜ : ወይብልd : ዛቲ : ኩነኔᵉ : እንተ : ይትኬነኑf : መላእክትᵍ : ሰማዕትʰ : ይእቲ : ለነገሥትⁱ : ወለአዚዛን፡ : አለ : ይአኀዝዋᵏ

67.8 ᶜ መዋዕልት : day ᵈ ንጉሥ : king ᵉ *ዐዚዝ : mighty ᶠ *ኀደረ : G impf 3mpl, to dwell (የኀድሩ) ᵍ የብስ : dry land ʰ ፈውስ : medicine, remedy ⁱ ነፍስ : soul ʲ ሥጋ : body ᵏ ኩነኔ : punishment ˡ መንፈስ : spirit ᵐ ተውኔት : lust ⁿ መልአ : G impf 3ms, to be filled with ᵒ መንፈስ : spirit ᵖ ተኩኅነ : Dt juss 3mpl, to be punished ᵠ ሥጋ : body ʳ ክሕደ : G perf 3mpl, to deny ˢ እግዚእ : Lord ᵗ መንፈስ : spirit ᵘ ርእየ : G impf 3mpl, to see ᵛ ኩነኔ : punishment ʷ ዕለት : day ˣ አምነ : G impf 3mpl, to believe ʸ ስም : name **67.9** ª *ብዙኅ : much, in large numbers ᵇ ውዕየ : G perf 3ms, to burn (intr.), be burnt ᶜ ሥጋ : body ᵈ *ተዋለጠ : alteration ᵉ መንፈስ : spirit ᶠ ዓለም : eternity ᵍ ዓለም : eternity ʰ እግዚእ : Lord ⁱ መንፈስ : spirit ʲ ተናገረ : Lt impf 3ms, to speak to ᵏ ነገር : word ˡ በ : idleness **67.10** ª መጽአ : G impf 3fs, to come ᵇ ኩነኔ : judgment ᶜ አምነ : G impf 3mpl, to believe ᵈ ተውኔት : lust ᵉ ሥጋ : body ᶠ መንፈስ : spirit ᵍ እግዚእ : Lord ʰ *ክሕደ : G impf 3mpl, to deny (ይክሕዱ) **67.11** ª ማይ : water ᵇ መዋዕልት : day ᶜ ተውላጥ : alteration ᵈ ተኩኅነ : Dt impf 3mpl, to be punished ᵉ መልአክ : angel ᶠ መዋዕልት : day ᵍ ተወለጠ : Dt impf 3ms, to be changed ʰ ዋዕይ : heat ⁱ ቅዕ : spring ʲ ማይ : water ᵏ ዐርገ : *G impf 3mpl, to go up (የዐርጉ) ˡ መልአክ : angel ᵐ ተዋለጠ : L impf 3ms, to acquire something by an exchange ⁿ ማይ : water ᵒ ነቅዕ : spring ᵖ ቀረ / ቀረረ : G impf 3ms, to become cold **67.12** ª ሰምዐ : G perf 1cs, to hear ᵇ ቅዱስ : holy ᶜ አውሥአ : CG impf 3ms, to answer ᵈ ብህለ : G impf 3ms, to say ᵉ ኩነኔ : judgment ᶠ ተኩኅነ : Dt impf 3mpl, to be judged ᵍ መልአክ : angel ʰ ሰማዕት : testimony ⁱ ንጉሥ : king ʲ *ዐዚዝ : mighty ᵏ አኀዘ : G impf 3mpl, to possess

1 Enoch 67.12–68.3

: ለየብስ¹ ፡፡ 13 እስመ ፡ እሉ ፡ ማያትᵃ ፡ ኮኑᵇ ፡ ለፈውስ ፡ ሥጋሆሙᵈ ፡ ለመላእክትᵉ : ወለሞተፍ ፡ ሥጋሆሙᵍ ፡ ወኢይሬእዩʰ ፡ ወኢየአምኑⁱ ፡ ከመ ፡ ይትመየጡʲ ፡ እሙንቱ ፡ ማያትᵏ ፡ ወይከውኑˡ ፡ እሳተᵐ ፡ ዘይነድድⁿ ፡ ለዓለምᵒ ፡፡

68

1 ወእምድኅረዝ ፡ ወሀበኒᵃ ፡ ትእምርተᵇ ፡ ኵሎሙ ፡ ኅቡአትᶜ ፡ በመጽሐፍᵈ ፡ አምሐውየᵉ ፡ ሄኖክ ፡ ወምሳሌያተፍ ፡ ዘተውህበᵍ ፡ ሎቱ ፡ ወደመሮሙʰ ፡ ሊተ ፡ በነገሪⁱ ፡ መጽሐፍʲ ፡ ዘምሳሌᵏ ፡፡ 2 ወበይእቲ ፡ ዕለትᵃ ፡ አውሥአᵇ ፡ ቅዱስᶜ ፡ ሚካኤል ፡ እንዘ ፡ ይብልᵈ ፡ ለሩፋኤል ፡ ኃይሉᵉ ፡ ለመንፈስፍ ፡ ይመሥጠኒᵍ ፡ ወያምዕዐኒʰ ፡ ወበእንተ ፡ ዕፀብⁱ ፡ ለኵነኔ ፡ እንተ ፡ ተገብረትᵠ ፡ ኮነʳ ፡ ወነበረትˢ ፡ ወይትመሰውᵗ ፡ በቅድሜሃ ፡፡ 3 ወአውሥአᵃ ፡ ካዕበᵇ ፡ ወይቤሎᶜ ፡ ቅዱስᵈ ፡ ሚካኤል ፡ ለሩፋኤል ፡ መኑ ፡ ውእቱ ፡ ዘኢያረኃርዕᵉ ፡ ልቦፍ ፡ ዲቤሃ ፡ ወኢይትሀከጌ ፡ ኵልያቲሁʰ ፡ እምዛቲ ፡ ቃልⁱ ፡ ኵነኔʲ ፡ ወፀአትᵏ ፡ ዲቤሆሙ ፡ እምኄሆሙ ፡ ዘአውፅእሙˡ

67.12 ¹የብስ : dry land **67.13** ᵃ ማይ : water ᵇ ኵነኔ : judgment ᶜ ፈውስ : medicine, remedy ᵈ ሥጋ : body ᵉ መልአክ : angel ᶠ ሞት : death ᵍ ሥጋ : body ʰ ርእየ : G impf 3mpl, to see ⁱ አምነ : G impf 3mpl, to believe ʲ ተመይጠ / ተሜጠ : Gt impf 3mpl, to be changed ᵏ ማይ : water ˡ ኮነ : G impf 3mpl, to become ᵐ እሳት : fire ⁿ ነደ / ነደደ : G impf 3ms, to burn ᵒ ዓለም : eternity

68.1 ᵃ ወሀበ : G perf 3ms, to give ᵇ ትእምርት : explanation ᶜ ኅቡእ : hidden, secret ᵈ መጽሐፍ : book ᵉ አምሐው : great-grandfather ᶠ ምሳሌ : parable ᵍ ተውህበ : Gt perf 3fpl, to be given ʰ ደመረ : D perf 3ms, to join ⁱ ነገር : word ʲ መጽሐፍ : book ᵏ ምሳሌ : parable **68.2** ᵃ ዕለት : day ᵇ አውሥአ : CG perf 3ms, to answer ᶜ ቅዱስ : holy ᵈ ብህለ : G impf 3ms, to say ᵉ ኃይል : power ᶠ መንፈስ : spirit ᵍ መሠጠ : G impf 3ms, to grab ʰ አምዐዐ : CG perf 3ms, to provoke ⁱ ዕጽብ / ዕጽብ : harshness ʲ ኵነኔ : judgment ᵏ ኅቡእ : hidden, secret ˡ ኵነኔ : judgment ᵐ መልአክ : angel ⁿ ክህለ : G impf 3ms, to be able ᵒ ተዐገሠ : *Dt inf, to endure (ተዐግሦተ) ᵖ *ዕጸብ / ዕጽብ : harshness ᵠ ተገብረ : Gt perf 3fs, to be executed ʳ ኵነኔ : judgment ˢ ነበረ : G perf 3fs, to remain ᵗ ተመስወ : *Gt impf 3mpl, to be melted (ይትመስዉ) **68.3** ᵃ አውሥአ : CG perf 3ms, to answer ᵇ ካዕበ : a second time ᶜ ብህለ : G perf 3ms, to say ᵈ ቅዱስ : holy ᵉ አራኀርኀ : CL impf 3ms, to soften (ኢያራኀርኅ) ᶠ ልብ : heart ᵍ ተሀውከ / ተወከ / ተሆከ : Gt impf 3ms, to be disturbed ʰ ኵሊት : kidney ⁱ ቃል : word ʲ ኵነኔ : judgment ᵏ ወፅአ : G perf 3fs, to go out ˡ አውፅአ : CG perf 3mpl, to drive out

: ከመዝ ። 4 ወኮነᵃ : ሰበ : ቆመᵇ : በቅድመ : እግዚአᶜ : መናፍስትᵈ : ወከመዝ : ይቤሎᵉ : ቅዱስᶠ : ሚካኤል : ለሩፋኤል : ወኢይከውንᵍ : ሎሙ : በውስተ : ዓይነʰ : እግዚአⁱ : እስመ : እግዚአʲ : መናፍስትᵏ : ተምዕዖሙˡ : እስመ : በአምሳለᵐ : እግዚእⁿ : ይገብሩᵒ ። 5 በእንተዝ : ይመጽእᵃ : ላዕሌሆሙ : ኩነኔᵇ : ዘኅቡእᶜ : ለዓለመᵈ : ዓለመᵉ : እስመ : ኢምልአከᶠ : ወኢብእሲᵍ : ኢይትሜጠዉʰ : መከፈልቶሙⁱ : አላ : እሙንቱ : ባሕቲቶሙ : ተመጠዉʲ : ኩነኔᵏ : ዚአሆሙ : ለዓለመˡ : ዓለመᵐ ።

69

1 ወእምድኅረዝ : ኩነኔᵃ : ያደነግፆሙᵇ : ወያምዕዕዎሙᶜ እስመ : ዝንተ : አርአየᵈ : ለአለ : የኃድሩᵉ : ዲበ : የብስᶠ ። 2 ወነዋ : አስማቲሆሙᵃ : ለእልክቱ : መላእክትᵇ : ወዝንቱ : ውእቱ : አስማቲሆሙᶜ : ቀዳማየᵈ : ዚአሆሙ : ሰምያዛ : ወካልኡᵉ : አርስጢቂፋ : ወሣልሱᶠ : አርሜን : ወራዕይᵍ : ኮከባኤል : ወኃምስʰ : ጡርኤል : ወሳድስⁱ : ሩምያል : ወሳብዕʲ : ዳንያል : ወሳምንᵏ : ኑቃኤል : ወታሶˡ : ባራቅያል : ወአስርᵐ : አዛዝኤል : ፲፩ᵉⁿአርምርስ : ፲ወ፪ᵒ : በጠርያል : ፲ወ፫ᵖበሳሳኤል : ፲ወ፬ᵠአናንኤል : ፲ወ፭ʳጡርያል : ፲ወ፮ˢሲማፒሴኤል : ፲ወ፯ᵗይተርኤል : ፲ወ፰ᵘቱማኤል : ፲ወ፱ᵛጠርኤል : ፳ʷሩማኤል :

68.4 ᵃ ኮነ : *G perf 3ms*, to be ᵇ ቆመ : *G perf 3ms*, to stand ᶜ እግዚእ : Lord ᵈ መንፈስ : spirit ᵉ ብህለ : *G perf 3ms*, to say ᶠ ቅዱስ : holy ᵍ ኮነ : *G impf 3ms*, to be ʰ *ዐይን : eye ⁱ እግዚአ : Lord ʲ እግዚእ : Lord ᵏ መንፈስ : spirit ˡ ተምዕዐ : *Gt perf 3ms*, to be angry ᵐ አምሳለ / በአምሳለ : like, in the manner of ⁿ እግዚእ : Lord ᵒ ገብረ : *G impf 3mpl*, to act **68.5** ᵃ መጽአ : *G impf 3ms*, to come ᵇ ኩነኔ : judgment ᶜ ኅቡእ : hidden ᵈ ዓለም : eternity ᵉ ዓለም : eternity ᶠ መልአክ : angel ᵍ ብእሲ : man ʰ ተመጠወ : *Dt impf 3mpl*, to receive ⁱ መከፈልት : part, portion ʲ ተመጠወ : *Dt perf 3mpl*, to receive ᵏ ኩነኔ : judgment ˡ ዓለም : eternity ᵐ ዓለም : eternity

69.1 ᵃ ኩነኔ : judgment ᵇ አደንገፀ : *CG impf 3mpl*, to terrify ᶜ አምዕዐ : *CG impf 3mpl*, to provoke ᵈ አርአየ : *CG perf 3mpl*, to show ᵉ ኃደረ : *G impf 3mpl*, to dwell (የኃድሩ) ᶠ የብስ : dry land **69.2** ᵃ ስም : name ᵇ መልአክ : angel ᶜ ስም : name ᵈ ቀዳማዊ : first ᵉ ካልእ : second ᶠ ሣልስ : third ᵍ ራብዕ : fourth ʰ ኃምስ : fifth ⁱ ሳድስ : sixth ʲ ሳብዕ : seventh ᵏ ሳምን : eighth ˡ ታስዕ : ninth ᵐ *ዓሥር : tenth ⁿ ፲፩ : 11th ᵒ ፲ወ፪ : 12th ᵖ ፲ወ፫ : 13th ᵠ ፲ወ፬ : 14th ʳ ፲ወ፭ : 15th ˢ ፲ወ፮ : 16th ᵗ ፲ወ፯ : 17th ᵘ ፲ወ፰ : 18th ᵛ ፲ወ፱ : 19th ʷ ፳ : 20th

1 Enoch 69.2-9

ጿወጿxኢዜዜኤል ። 3 ወእሉ ። አሙንቱ ። አርእስተa ። መላእክቲሆሙb ። ወአስማቲሆሙc ።
ለሙኰንንd ። ቮeዚአሆሙ ። ወመኰንንf ። ቮ̄gዚአሆሙ ። ወመኰንንh ። ፲iዚአሆሙ ። 4 ስሙa
። ለቀዳማዊb ። ይቀን ። ወዝንቱ ። ዘአሕተርc ። ኵሎሙ ። ደቂቀd ። መላእክተe ። ቅዱሳንf ።
ወአውረደሙg ። ዲበ ። የብስh ። ወአስሐቶሙi ። በአዋልደj ። ሰብእk ።። 5 ወካልእa ። ስሙb
። አስብኤል ። ዝንቱ ። አመሮሙc ። ምክረd ። እኩየe ። ለደቂቀf ። መላእክትg ። ቅዱሳንh ።
ወአስሐቶሙi ። ከመ ። ያማስኑj ። ሥጋሆሙk ። በአዋልደl ። ሰብእm ።። 6 ወሣልስa ። ስሙb
። ጋድርኤል ። ዝውእቱ ። ዘአርአየc ። ኵሎ ። ዝብጠታተd ። ሞተe ። ለውሉደf ። ሰብእg
። ውእቱ ። አስሐታh ። ለሔዋን ። ወውእቱ ። አርአየi ። ንዋየj ። ሞትk ። ለደቂቀl ። ሰብእm
። ወወልታn ። ወድርዓo ። ወሰይፈp ። ለቀትልq ። ወኵሎ ። ንዋየr ። ሞትs ። ለውሉደt ። ሰብእu ።।
7 ወእምኄ ። አዴሁa ። ወፅአb ። ዲቤሆሙ ። ለእለ ። የኃድሩc ። ዲበ ። የብስd ። እምይእቲ ።
ጊዜe ። ወእስከ ። ለዓለሙf ። ዓለምg ።። 8 ወራብዕa ። ስሙb ። ፔኔሙኤ ። ዝንቱ ። አርአየc
። ለውሉደd ። ሰብእe ። መሪረf ። ወመዓርዔረg ። ወአርአዮሙh ። ኵሎ ። ኅቡአተi ። ጥበቦሙj ።।
9 ውእቱ ። አለበዎሙa ። ለሰብእb ። መጽሐፈc ። ወበማየ ። ሕመተd ። ወከርታሰ ። ወበእንተዝ ።

69.2 x ጿወጿ : 21st **69.3** a ርእስ : chief b መልአክ : angel c ስም : name d መኰንን : leader e ፳ : 100 f መኰንን : leader g ፶̄ : 50 h መኰንን : leader i ፲ : 10 **69.4** a ስም : name b ቀዳማዊ : first c አሕተ : *CG perf 3ms*, to lead astray d ደቂቀ : child e መልአክ : angel f ቅዱስ : holy g አውረደ : *CG perf 3ms*, to bring down h የብስ : dry land i አሕተ : *CG perf 3ms*, to lead astray j ወለት : daughter k ብእሲ : man **69.5** a ካልእ : second b ስም : name c አመረ : *D perf 3ms*, to indicate d ምክር : plan e እኩይ : evil f ደቂቀ : child g መልአክ : angel h ቅዱስ : holy i አሕተ : *CG perf 3ms*, to lead astray j አማስን : *CL juss 3mpl*, to corrupt k ሥጋ : body l ወለት : daughter m ብእሲ : man **69.6** a ሣልስ : third b ስም : name c አርአየ : *CG perf 3ms*, to show d *ዝብጠት : blow e ሞት : death f ወልድ : son g ብእሲ : man h አሕተ : *CG perf 3ms*, to lead astray i አርአየ : *CG perf 3ms*, to show j ንዋይ : instrument k ሞት : death l ደቂቀ : child m ብእሲ : man n ወልታ : shield o ድርዕ : breastplate p ሰይፍ : sword q ቀትል : slaughter r ንዋይ : instrument s ሞት : death t ወልድ : son u ብእሲ : man **69.7** a እድ : hand b ወፅአ : *G perf 3ms*, to go out c ኃደረ : *G impf 3mpl*, to dwell (የኃድሩ) d የብስ : dry land e ጊዜ : time f ዓለም : eternity g ዓለም : eternity **69.8** a ራብዕ : fourth b ስም : name c አርአየ : *CG perf 3ms*, to show d ወልድ : son e ብእሲ : man f መሪር : bitter g *መዓርዔር : sweet h አርአየ : *CG perf 3ms*, to show i ኅቡእ : hidden, secret j ጥበብ : wisdom **69.9** a አለበወ : *CD perf 3ms*, to instruct b ብእሲ : man c መጽሐፍ : writing d ማይ : ሕመት : ink e ከርታስ : paper

1 Enoch 69.9-15

ብዘኀንᶠ ፡ ስሕቱᵍ ፡ እምዓለምʰ ፡ ወእስከ ፡ ለዓለምⁱ ፡ ወእስከ ፡ ዛቲ ፡ ዕለትʲ ። 10 እስመ ፡ ኢተወልደᵃ ፡ ሰብእᵇ ፡ ለዝ ፡ ከመዝ ፡ በቀለምᶜ ፡ ወበማየ ፡ ሕመትᵈ ፡ ያፀንዑᵉ ፡ ሃይማኖቶሙᶠ ። 11 እስመ ፡ ኢተፈጥረᵃ ፡ ሰብእᵇ ፡ ዘእንበለ ፡ ከመ ፡ መላእክትᶜ ፡ ከመ ፡ ይንበሩᵈ ፡ ጸድቃነᵉ ፡ ወንጹሓንᶠ ፡ ወሞትᵍ ፡ ዘኮሎ ፡ ያማስንʰ ፡ እምኢገሠሦሙⁱ ፡ አላ ፡ በዝ ፡ አእምሮቶሙʲ ፡ ይትኀጐሉᵏ ፡ ወበዝንቱ ፡ ኃይልˡ ፡ ይበልዓኒᵐ ፡ 12 ወኃምስᵃ ፡ ስሙᵇ ፡ ከሲድያአ ፡ ዝንቱ ፡ አርአየᶜ ፡ ለውሉደᵈ ፡ ሰብእᵉ ፡ ኵሎ ፡ ዝብጠታተᶠ ፡ እኩየᵍ ፡ ዘነፍሳትʰ ፡ ወዘአጋንንትⁱ ፡ ወዝብጠታተʲ ፡ ፅዕፅዕᵏ ፡ በማኅፀንˡ ፡ ከመ ፡ ይደቅᵐ ፡ ወዝብጠታተⁿ ፡ ነፍሶ ፡ ንስከተᵖ ፡ አርዌᵠ ፡ ወዝብጠታተʳ ፡ ዘይከውንˢ ፡ በቀትርᵗ ፡ ወልዳᵘ ፡ ለአርዌᵛ ፡ ዘስሙʷ ፡ ተባዕትˣ ። 13 ወዝንቱ ፡ ውእቱ ፡ ኍልቁᵃ ፡ ለከሰብኤል ፡ ርእሰᵇ ፡ መሐላᶜ ፡ ዘአርአየᵈ ፡ ለቅዱሳነᵉ ፡ ሶበ ፡ የኀድርᶠ ፡ ልዑልᵍ ፡ በስብሓትʰ ፡ ወስሙⁱ ፡ ቤቃ ። 14 ወዝንቱ ፡ ይቤሎᵃ ፡ ለቅዱስᵇ ፡ ሚካኤል ፡ ያርእዮሙᶜ ፡ ስመᵈ ፡ ኅቡአᵉ ፡ ከመ ፡ ይርአይዎᶠ ፡ ለውእቱ ፡ ስምᵍ ፡ ኅቡእʰ ፡ ወከመ ፡ ይዝክርዎⁱ ፡ በመሐላʲ ፡ ከመ ፡ ይርዓዱᵏ ፡ እምውእቱ ፡ ስምˡ ፡ ወመሐላᵐ ፡ እለ ፡ አርአዩⁿ ፡ ለውሉደᵒ ፡ ሰብእᵖ ፡ ኵሎ ፡ ዘኅቡእᵠ ። 15 ወዝንቱ ፡ ኃይሉᵃ ፡ ለዝ ፡ መሐላᵇ ፡

69.9 ᶠ ብዘኀን : many ᵍ ስሕተ : *G perf 3mpl*, to go astray ʰ ዓለም : eternity ⁱ ዓለም : eternity ʲ ዕለት : day **69.10** ᵃ ተወልደ : *Gt perf 3ms*, to be born ᵇ ብእሲ : man ᶜ ቀለም : pen ᵈ ማየ : ሕመት : ink ᵉ *አጽንዐ : *CG impf 3mpl*, to fortify (ያጽንዑ) ᶠ ሃይማኖት : faith **69.11** ᵃ ተፈጥረ : *Gt perf 3ms*, to be created ᵇ ብእሲ : man ᶜ መልእክ : angel ᵈ ነበረ : *G juss 3mpl*, to remain ᵉ ጻድቅ : righteous ᶠ ንጹሕ : pure ᵍ ሞት : death ʰ አማሰነ : *CL impf 3ms*, to ruin, corrupt ⁱ ገሰሰ / ገሠሠ : *G perf 3ms*, to touch ʲ *አአምሮ / አእምሮት : knowledge ᵏ *ተሀጕለ / ተሐጕለ : *Gt impf 3mpl*, to be destroyed (ይትሀጐሉ) ˡ *ኃይል : power ᵐ በልዐ : *G impf 3ms*, to consume **69.12** ᵃ ኃምስ : fifth ᵇ ስም : name ᶜ አርአየ : *CG perf 3ms*, to show ᵈ ወልድ : son ᵉ ብእሲ : man ᶠ *ዝብጠት : blow ᵍ እኩይ : evil ʰ ነፍስ : spirit ⁱ ጋኔን : demon ʲ *ዝብጠት : blow ᵏ ፅዕፅዕ : aborted foetus ˡ *ማሕፀን : womb ᵐ ወድቀ / ወደቀ : *G juss 3ms*, to fall ⁿ *ዝብጠት : blow ᵒ ነፍስ : soul ᵖ ንስከት : bite ᵠ አርዌ : reptile ʳ *ዝብጠት : blow ˢ ኮነ : *G impf 3ms*, to occur ᵗ ቀትር : midday ᵘ ወልድ : son ᵛ አርዌ : reptile ʷ ስም : name ˣ ተባዕ : male **69.13** ᵃ ኍልቍ : number ᵇ ርእስ : chief ᶜ መሐላ : oath ᵈ አርአየ : *CG perf 3ms*, to show ᵉ ቅዱስ : holy ᶠ ኀደረ : *G impf 3ms*, to dwell (የኀድር) ᵍ ልዑል : exalted ʰ ስብሐት : glory ⁱ ስም : name **69.14** ᵃ ብሀለ : *G perf 3ms*, to say ᵇ ቅዱስ : holy ᶜ አርአየ : *CG juss 3ms*, to show ᵈ ስም : name ᵉ ኅቡእ : hidden, secret ᶠ ርአየ : *G juss 3mpl*, to see ᵍ ስም : name ʰ ኅቡእ : hidden, secret ⁱ ዘከረ : *G juss 3mpl*, to mention ʲ መሐላ : oath ᵏ ርዕደ : *G juss 3mpl*, to tremble (ይርዐዱ) ˡ ስም : name ᵐ መሐላ : oath ⁿ አርአየ : *CG perf 3mpl*, to show ᵒ ወልድ : son ᵖ ብእሲ : man ᵠ ኅቡእ : hidden, secret **69.15** ᵃ *ኃይል : power ᵇ መሐላ : oath

1 Enoch 69.15-23

እስመ ፡ ኃያልᶜ ፡ ውእቱ ፡ ወፅኑዕᵈ ፡ ወአንበሮᵉ ፡ ለዝ ፡ መሐላᶠ ፡ አካዕ ፡ በዴሁᵍ ፡ ለቅዱስʰ ፡ ሚካኤል ። 16 ወእሉ ፡ እሙንቱ ፡ ኅቡአቲሁᵃ ፡ ለዝ ፡ መሐላᵇ ፡ ወጸንዐᶜ ፡ በመሐላሁᵈ ፡ ወሰማይᵉ ፡ ተሰቅለᶠ ፡ ዘእንበለ ፡ ይትፈጠርᵍ ፡ ዓለምʰ ፡ ወእስከ ፡ ለዓለምⁱ ።። 17 ወቦቱ ፡ ምድርᵃ ፡ ተሳረረትᵇ ፡ ዲበ ፡ ማይᶜ ፡ ወእምነ ፡ ኅቡአትᵈ ፡ አድባርᵉ ፡ ይመጽኡᶠ ፡ ላሕያንᵍ ፡ ማያትʰ ፡ እምፍጥረቲⁱ ፡ ዓለምʲ ፡ ወእስከ ፡ ለዓለምᵏ ።። 18 ወበውቱ ፡ መሐላᵃ ፡ ተፈጥረትᵇ ፡ ባሕርᶜ ፡ ወመሠረታᵈ ፡ ለጊዜᵉ ፡ መዓትᶠ ፡ አንበረᵍ ፡ ላቲ ፡ ኖቃʰ ፡ ወኢተኃለፍⁱ ፡ እምፍጥረትʲ ፡ ዓለምᵏ ፡ ወእስከ ፡ ለዓለምˡ ።። 19 ወበውእቱ ፡ መሐላᵃ ፡ ቀላይᵇ ፡ ፀንዐትᶜ ፡ ወቆሙᵈ ፡ ወኢይትሐወሱᵉ ፡ እምካኖሙᶠ ፡ እምዓለምᵍ ፡ ወእስከ ፡ ለዓለምʰ ።። 20 ወበውእቱ ፡ መሐላᵃ ፡ ፀሐይᵇ ፡ ወወርኅᶜ ፡ ይፌጽሙᵈ ፡ ምሕዋሮሙᵉ ፡ ወኢየኀልፉ ፡ እምትእዛዘሙᵍ ፡ እምዓለምʰ ፡ ወእስከ ፡ ለዓለምⁱ ።። 21 ወበውእቱ ፡ መሐላᵃ ፡ ከዋክብትᵇ ፡ ይፌጽሙᶜ ፡ ምህዋሪሆሙᵈ ፡ ወአስማቲሆሙᵉ ፡ ይጼውዕᶠ ፡ ወያወሥኡᵍ ፡ እምዓለምʰ ፡ ወእስከ ፡ ለዓለምⁱ ።። 22 ወከመዝ ፡ ለማይᵃ ፡ ነፍሳቲሆሙᵇ ፡ ለነፋስትᶜ ፡ ወለኵሎሙ ፡ መንፈሳትᵈ ፡ ወፍኖቲሆሙᵉ ፡ እምኵሉ ፡ ኅብራተᶠ ፡ መናፍስትᵍ ።። 23 ወበሂየ ፡ ይትዓቀቡᵃ ፡ መዛግብቱᵇ ፡ ቃሉᶜ ፡ ለነጎድጓድᵈ

69.15 ᶜ ኃያል : powerful ᵈ *ጽኑዕ : strong ᵉ አንበረ : CG perf 3ms, to place ᶠ መሐላ : oath ᵍ እድ : hand ʰ ቅዱስ : holy **69.16** ᵃ ኅቡእ : hidden, secret ᵇ መሐላ : oath ᶜ ጸንዐ : G perf 3mpl, to be strong ᵈ መሐላ : oath ᵉ ሰማይ : heaven ᶠ ተሰቅለ : Gt perf 3ms, to be suspended ᵍ ተፈጥረ : Gt juss 3ms, to be created ʰ ዓለም : eternity ⁱ ዓለም : eternity **69.17** ᵃ ምድር : earth ᵇ ተሣረረ / ተሳረረ : Lt perf 3fs, to be founded ᶜ ማይ : water ᵈ ኅቡእ : hidden ᵉ ደብር : mountain ᶠ መጽአ : G impf 3ms, to come ᵍ ላሕይ : beautiful ʰ ማይ : water ⁱ ፍጥረት : creation ʲ ዓለም : world ᵏ ዓለም : eternity **69.18** ᵃ መሐላ : oath ᵇ ተፈጥረ : Gt perf 3fs, to be created ᶜ ባሕር : sea ᵈ መሠረት : foundation ᵉ ጊዜ : time ᶠ መዓት : anger ᵍ አንበረ : CG perf 3ms, to place ʰ ኖጸ / ኖፃ : sand ⁱ ኃለፈ : *G impf 3fs, to go beyond (ኢተኃለፍ) ʲ ፍጥረት : creation ᵏ ዓለም : world ˡ ዓለም : eternity **69.19** ᵃ መሐላ : oath ᵇ ቀላይ : the deep ᶜ *ጸንዐ : G perf 3fs, to become firm (ጸንዐት) ᵈ ቆም : G perf 3mpl, to stand ᵉ ተሐውሳ / ተሐወሰ / ተሐሰ : Gt impf 3mpl, to move (intr.) ᶠ መካን : place ᵍ ዓለም : world ʰ ዓለም : eternity **69.20** ᵃ መሐላ : oath ᵇ *ፀሐይ : sun ᶜ ወርኅ : moon ᵈ ፈጸመ : D impf 3mpl, to complete ᵉ ምሕዋር : course, orbit ᶠ ኃለፈ : *G impf 3mpl, to transgress (ኢየኃልፉ) ᵍ ትእዛዝ : command ʰ ዓለም : world ⁱ ዓለም : eternity **69.21** ᵃ መሐላ : oath ᵇ ከዋክብ : star ᶜ ፈጸመ : D impf 3mpl, to complete ᵈ *ምሕዋር : course, orbit ᵉ ስም : name ᶠ ጸውዐ : D impf 3ms, to call ᵍ አውሥአ : CG impf 3mpl, to answer ʰ ዓለም : world ⁱ ዓለም : eternity **69.22** ᵃ ማይ : water ᵇ ነፍስ : spirit ᶜ ነፋስ : wind ᵈ መንፈስ : breeze ᵉ ፍኖት : path ᶠ ኅብረት : group ᵍ መንፈስ : spirit **69.23** ᵃ ተዐቀበ / ተዐቀብ : *Gt impf 3mpl, to be kept (ይትዐቀቡ) ᵇ መዝገብ : storehouse ᶜ ቃል : sound ᵈ ነጎድጓድ : thunder

1 Enoch 69.23-28

፡ ወብርሃኑᵉ ፡ ለመብረቅᶠ ፡ ወበህየ ፡ ይትዓቀቡᵍ ፡ መዛግብቲʰ ፡ በረድⁱ ፡ ወአስሐትያʲ ፡
ወመዛግብትᵏ ፡ ጊሜˡ ፡ ወመዛግብትᵐ ፡ ዝናምⁿ ፡ ወጠልº ።። 24 ወኵሎሙ ፡ አሙንቱ ፡
የአምኑᵃ ፡ ወያአኵቱᵇ ፡ በቅድመ ፡ እግዚአᶜ ፡ መናፍስትᵈ ፡ ወይሴብሑᵉ ፡ በኵሉ ፡ ኃይሎሙᶠ ፡
ወሲሶሙᵍ ፡ በኵሉ ፡ አኰቴትʰ ፡ ይእቲ ፡ ወየአኵቱⁱ ፡ ወይሴብሑʲ ፡ ወያሌዕሉᵏ ፡ በስመˡ ፡
ለእግዚእᵐ ፡ መናፍስትⁿ ፡ ለዓለመº ፡ ዓለምᵖ ።። 25 ወዲቤሆሙ ፡ ፀንዐᵃ ፡ ዝመሐላᵇ
፡ ወይትዓቀቡᶜ ፡ ቦቱ ፡ ወፍናዊሆሙᵈ ፡ ይትዓቀቡᵉ ፡ ወምሕዋራቲሆሙᶠ ፡ ኢይማስን ።።
26 ወኮኖሙᵃ ፡ ፍሥሓᵇ ፡ ዓቢይᶜ ፡ ወባረኩᵈ ፡ ወሰብሑᵉ ፡ ወዓልዑᵉ ፡ በእንተ ፡ ዘተከሥተᵍ ፡
ሎሙ ፡ ስሙʰ ፡ ለውእቱ ፡ ወልደ ፡ እጓለ ፡ እመሕያውⁱ ።። 27 ወነበረᵃ ፡ ዲበ ፡ መንበረᵇ ፡
ስብሐቲሁᶜ ፡ ወርእሱᵈ ፡ ለኵነኔᵉ ፡ ተውህበᶠ ፡ ሎቱ ፡ ለወልደ ፡ እጓለ ፡ እመሕያውᵍ ፡
ወያኀልፎʰ ፡ ወያማስንⁱ ፡ ኃጥአንʲ ፡ እምገጸᵏ ፡ ለምድርˡ ።። 28 ወእለ ፡ አስሐትዎᵃ ፡ ለዓለምᵇ
፡ በሰናስልᶜ ፡ ይትአሰሩᵈ ፡ ወበማኅበሮሙᵉ ፡ ዘሙስናᶠ ፡ ይትአጸዉᵍ ፡ ወኵሉ ፡ ምግባሮሙʰ ፡

69.23 ᵉ ብርሃን ፡ light ᶠ መብረቅ ፡ lightning ᵍ ተዐቀበ / ተዐቀበ ፡ *Gt impf 3mpl,
to be kept (ይትዐቀቡ) ʰ መዝገብ ፡ storehouse ⁱ በረድ ፡ hail ʲ አስሐትያ ፡ ice, frost
ᵏ መዝገብ ፡ storehouse ˡ ጊሜ ፡ mist ᵐ መዝገብ ፡ storehouse ⁿ ዝናም ፡ rain º ጠል ፡ dew
69.24 ᵃ አምነ ፡ G impf 3mpl, to trust ᵇ አአኰተ ፡ CG impf 3mpl, to give thanks
(also ያአኵቱ) ᶜ እግዚእ ፡ Lord ᵈ መንፈስ ፡ spirit ᵉ ሰብሐ ፡ D impf 3mpl, to praise
ᶠ *ኃይል ፡ power ᵍ ሲሳይ ፡ food ʰ አኰቴት ፡ thanksgiving ⁱ አአኰተ ፡ CG impf 3mpl,
to give thanks (also ያአኵቱ) ʲ ሰብሐ ፡ D impf 3mpl, to praise ᵏ አልዐለ / አለዐለ ፡
CD impf 3mpl, to exalt ˡ ስም ፡ name ᵐ እግዚእ ፡ Lord ⁿ መንፈስ ፡ spirit º ዓለም ፡
eternity ᵖ ዓለም ፡ eternity **69.25** ᵃ *ፀንዐ ፡ G perf 3ms, to be strong (ፀንዐ) ᵇ መሐላ
፡ oath ᶜ ተዐቀበ / ተዐቀበ ፡ *Gt impf 3mpl, to be kept safe (ይትዐቀቡ) ᵈ ፍኖት ፡ path
ᵉ ተዐቀበ / ተዐቀበ ፡ *Gt impf 3mpl, to be kept safe (ይትዐቀቡ) ᶠ ምሕዋር ፡ course,
orbit ᵍ ማሰነ ፡ L impf 3ms, to become ruined **69.26** ᵃ ኮነ ፡ *G perf 3ms, to be
(ኮኖሙ) ᵇ *ፍሥሓ ፡ joy ᶜ *ዐቢይ ፡ great ᵈ ባረከ ፡ L perf 3mpl, to bless ᵉ ሰብሐ ፡ D perf
3mpl, to praise ᶠ ዐልዐለ ፡ *G perf 3mpl, to exalt (ዐልዑ) ᵍ ተከሥተ ፡ Gt perf 3ms,
to be revealed ʰ ስም ፡ name ⁱ ወልደ ፡ እጓለ ፡ እመሕያው ፡ Son of Man **69.27** ᵃ ነበረ
፡ G perf 3ms, to sit ᵇ መንበር ፡ throne ᶜ *ስብሐት ፡ glory ᵈ ርእስ ፡ sum ᵉ ኵነኔ ፡ judg-
ment ᶠ ተውህበ ፡ Gt perf 3ms, to be given ᵍ ወልደ ፡ እጓለ ፡ እመሕያው ፡ Son of Man
ʰ አኀለፈ ፡ *CG impf 3ms, to cause to pass away (ያኀልፍ) ⁱ አማሰነ ፡ CL impf 3ms,
to wipe out ʲ ኃጥእ ፡ sinner ᵏ ገጽ ፡ face ˡ ምድር ፡ earth **69.28** ᵃ አስሐተ ፡ CG perf
3mpl, to lead astray ᵇ ዓለም ፡ world ᶜ ሰንሰለ ፡ chain ᵈ ተአሰረ ፡ Gt impf 3mpl, to
be bound ᵉ ማኅበር ፡ assembly ᶠ ሙስና ፡ devastation ᵍ *ተዐጽወ / ተአጽወ ፡ Gt impf
3mpl, to shut up (ይትአጸዉ) ʰ ምግባር ፡ work

1 Enoch 69.28–70.4

የኃልፍⁱ ፡ እምቅድመ ፡ ገጽʲ ፡ ምድርᵏ ፨ 29 ወእምይእዜᵃ ፡ ኢይከውንᵇ ፡ ዘማስንᶜ ፡ አስመ ፡ ውእቱ ፡ ወልደᵈ ፡ ብእሲᵉ ፡ ተርእየᶠ ፡ ወነበረᵍ ፡ ዲበ ፡ መንበረʰ ፡ ስብሐቲሁⁱ ፡ ወኰሉ ፡ እኩይʲ ፡ እምቅደመ ፡ ገጹᵏ ፡ የኃልፍˡ ፡ ወየሐውርᵐ ፡ ወይነግሩⁿ ፡ ለውእቱ ፡ ወልደᵒ ፡ ብእሲᵖ ፡ ወይጸንዕᵠ ፡ በቅድመ ፡ እግዚእʳ ፡ መናፍስትˢ ፡ ዝውእቱ ፡ ምሳሌᵗ ፡ ዘሄኖክ ፨

70

1 ወኮነᵃ ፡ እምድኅረዝ ፡ ተለዓለᵇ ፡ ስሙᶜ ፡ ሕያውᵈ ፡ በኀቤሁ ፡ ለውእቱ ፡ ወልደ ፡ እጓለ ፡ እመሕያውᵉ ፡ በኀበ ፡ እግዚአᶠ ፡ መናፍስትᵍ ፡ እምአለ ፡ የኃድሩʰ ፡ ዲበ ፡ የብስⁱ ፨ 2 ወተለዓለᵃ ፡ በሰረገላቱᵇ ፡ መንፈስᶜ ፡ ወወፅአᵈ ፡ ስምᵉ ፡ በማዕከሎሙ ፨ 3 ወእምይእቲ ፡ ዕለትᵃ ፡ ኢተስሕብኩᵇ ፡ በማዕከሎሙ ፡ ወአንበረኒᶜ ፡ በማዕከለ ፡ ክልኤᵈ ፡ መናፍስትᵉ ፡ በማዕከለ ፡ መስዕᶠ ፡ ወዓረብᵍ ፡ በኀበ ፡ ነሥኡʰ ፡ አንበላቲⁱ ፡ መላእክትʲ ፡ ከመ ፡ ይስፍሩᵏ ፡ ሊተ ፡ መካነˡ ፡ ለኅሩያንᵐ ፡ ወለጻድቃንⁿ ፨ 4 ወበህየ ፡ ርኢኩᵃ ፡ አበውᵇ ፡ ቀደምተᶜ ፡ ወጻድቃነᵈ ፡ እለ ፡ እምዓለምᵉ ፡ በውእቱ ፡ መካንᶠ ፡ የኃድሩ ፨

ⁱ ኃለፈ : *G impf 3ms, to pass away (የኃልፍ) ʲ ገጽ : face ᵏ ምድር : earth **69.29** ᵃ ይእዜ : then ᵇ ኮነ : G impf 3ms, to be ᶜ ማስነ : L impf 3ms, to be corrupt ᵈ ወልደ : son ᵉ ብእሲ : man ᶠ ተርእየ : Gt perf 3ms, to appear ᵍ ነበረ : G perf 3ms, to sit ʰ መንበር : throne ⁱ ስብሐት : glory ʲ እኩይ : evil ᵏ ገጽ : presence ˡ ኃለፈ : *G impf 3ms, to pass away (የኃልፍ) ᵐ ሐረ : G impf 3ms, to go ⁿ ነገረ : G impf 3mpl, to tell, report ᵒ ወልድ : son ᵖ ብእሲ : man ᵠ ጸንዐ : G impf 3ms, to be strong ʳ እግዚእ : Lord ˢ መንፈስ : spirit ᵗ *ምሳሌ : parable

70.1 ᵃ ኮነ : G perf 3ms, to be ᵇ ተልዕለ / ተለዐለ / ተላዐለ / ተለአለ : Dt perf 3ms, to be lifted (ተለዐለ) ᶜ ስም : name ᵈ ሕያው : alive ᵉ ወልደ ፡ እጓለ ፡ እመሕያው : Son of Man ᶠ እግዚአ :Lord ᵍ መንፈስ : spirit ʰ ኃደረ : *G impf 3mpl, to dwell (የኃድሩ) ⁱ የብስ : dry land **70.2** ᵃ ተልዕለ / ተለዐለ / ተላዐለ / ተለአለ : Dt perf 3ms, to be lifted (ተለዐለ) ᵇ ሰረገላ : chariot ᶜ መንፈስ : spirit ᵈ ወፅአ : G perf 3ms, to depart ᵉ ስም : name **70.3** ᵃ ዕለት : day ᵇ *ተሐሰበ : Dt perf 1cs, to be counted (ኢተሐሰብኩ) ᶜ አንበረ : CG perf 3ms, to place ᵈ ክልኤ : two ᵉ መንፈስ : wind ᶠ መስዕ : north ᵍ *ዐረብ : west ʰ ነሥአ : G perf 3mpl, to take ⁱ *ሐብል : rope ʲ መልአክ : angel ᵏ ሰፈረ : G juss 3mpl, to measure ˡ መካን : place ᵐ ኅሩይ : chosen ⁿ ጻድቅ : righteous **70.4** ᵃ ርእየ : G perf 1cs, to see ᵇ አብ : father ᶜ ቀደምት : ancestors ᵈ ጻድቅ : righteous ᵉ ዓለም : world ᶠ መካን : place ᵍ ኃደረ : *G impf 3mpl, to dwell (የኃድሩ)

71

1 ወኮነᵃ : እምድኅረዝ : ከመ : ትትከበትᵇ : መንፈስየᶜ : ወትዕርግᵈ : ውስተ : ሰማያትᵉ : ርኂቆሙᶠ : ለውሉዶሙ፟ᵍ : ለመላእክትʰ : ቅዱሳንⁱ : ይኪይዱʲ : ዲበ : ላህብᵏ : እሳትˡ : ወአልባሲሆሙᵐ : ጸዓዳ : ዓጽፎሙ፟ⁿ : ወብርሃነᵒ : ገጾሙᵖ : ከመ : በረድʳ ። 2 ወርኢኩᵃ : ክልኤተᵇ : አፍላገᶜ : እሳትᵈ : ወብርሃነᵉ : ዝኩ : እሳትᶠ : ከመ : ያክንትᵍ : ያበርህʰ : ወደቁⁱ : በገጽʲ : ቅድመ : እግዚእᵏ : መናፍስትˡ ። 3 ወሚካኤል : መልአከᵃ : ፩ᵇእምርእስተ : መላእክትᵈ : አኃዘኒᵉ : እዴየᶠ : ዘማዕንግᵍ : ወአንሥአኒʰ : ወአወፅአኒⁱ : ኀበ : ኩሉ : ኅቡኣትʲ : ምሕረትᵏ : ወኅቡኣትˡ : ጽድቅᵐ ። 4 ወአርአየኒᵃ : ኩሎ : ኅቡኣት : ጽናፈᶜ : ሰማይᵈ : ወኩሎ : መዛግብተᵉ : ከዋክብትᶠ : ወብርሃናትᵍ : ኩሎሙ : እምነበ : ወፅኡʰ : ለገጸⁱ : ቅዱሳንⁱ ። 5 ወከበቶᵃ : መንፈስᵇ : ለሄኖክ : ውስተ : ሰማየᶜ : ሰማያትᵈ : ወርኢኩ : በህየ : ማዕከለ : ዝኩ : ብርሃንᶠ : ከመ : ቦቱ : ዘይትነደቅᵍ : እምዕብን : አስሐትይᵃʰ : ወማዕከለ : አሙንቱⁱ : አዕባንʲ : ልሳናትʲ : እሳትᵏ : ሕያውˡ ። 6 ወርኢየትᵃ : መንፈሰᵇ : ዓውድᶜ : ዘየዓውዶᵈ : ለውእቱ : ቤተᵉ : እሳትᶠ : እምአርባዕቱᵍ : አጽናፊሁʰ : ለውእቱ : አፍላጊⁱ :

71.1 ᵃ ኮነ : *G perf 3ms*, to be ᵇ ተከብት : *Gt juss 3fs*, to disappear, by taken away by hiding ᶜ መንፈስ : spirit ᵈ ዐርገ : *G juss 3fs*, to go up ᵉ ሰማይ : heaven ᶠ ርእየ : *G perf 1cs*, to see ᵍ ወልድ : son ʰ መልአክ : angel ⁱ ቅዱስ : holy ʲ ኬደ : *G impf 3mpl*, to tread ᵏ ላህብ : flame ˡ እሳት : fire ᵐ ልብስ : garment ⁿ *ጸዐዳ / ጸዖዳ / ፀዓዳ : white ᵒ *ዐጽፍ : mantle, raiment ᵖ ብርሃን : light ᵠ ገጽ : face ʳ በረድ : snow **71.2** ᵃ ርእየ : *G perf 1cs*, to see ᵇ ክልኤተ : two ᶜ ፈለግ : river ᵈ እሳት : fire ᵉ ብርሃን : light ᶠ እሳት : fire ᵍ ያክንት : hyacinth ʰ አብርሀ : *CG impf 3ms*, to emit light ⁱ ወድቀ / ወደቀ : *G perf 1cs*, to fall ʲ ገጽ : face ᵏ እግዚእ : Lord ˡ መንፈስ : spirit **71.3** ᵃ መልአክ : angel ᵇ ፩ : 1 ᶜ ርእስ : head ᵈ መልአክ : angel ᵉ አኀዘ : *G perf 3ms*, to take hold of (አኀዜኒ) ᶠ እድ : hand ᵍ የማን : right hand ʰ አንሥአ : *CG perf 3ms*, to raise ⁱ አውፅአ : *CG perf 3ms*, to bring out ʲ ኅቡእ : hidden, secret ᵏ ምሕረት : mercy ˡ ኅቡእ : hidden, secret ᵐ ጽድቅ : righteousness, justice **71.4** ᵃ አርአየ : *CG perf 3ms*, to show ᵇ ኅቡእ : hidden, secret ᶜ ጽንፍ : end, extremity ᵈ ሰማይ : heaven ᵉ መዝገብ : storehouse ᶠ ከክብ : star ᵍ ብርሃን : light ʰ ወፅአ : *G perf 3mpl*, to come out ⁱ ገጽ : face, presence ʲ ቅዱስ : holy **71.5** ᵃ ከበተ : *G perf 3ms*, to conceal, take away by hiding ᵇ መንፈስ : spirit ᶜ ሰማይ : heaven ᵈ ሰማይ : heaven ᵉ ርእየ : *G perf 1cs*, to see ᶠ ብርሃን : light ᵍ ተነደቀ : *Gt impf 3ms*, to be built ʰ *እብን : አስሐትይ : crystal ⁱ *እብን : stone ʲ ልሳን : tongue ᵏ እሳት : fire ˡ ሕያው : living **71.6** ᵃ ርእየ : *G perf 3fs*, to see ᵇ መንፈስ : spirit ᶜ *ዐውድ : circle ᵈ ዖደ : *G impf 3ms*, to surround (የዐውዶ) ᵉ ቤት : house ᶠ እሳት : fire ᵍ አርባዕቱ : four ʰ ጽንፍ : side ⁱ ፈለግ : river

ምሉእjː እስትkː ሐያውlː ወየዓውድምmː ለውእቱː ቤትnː ። 7 ወአውዳaː ሱራፌልbː ወኪሩቤልcː ወአፍኒንdː እሉː አሙንቱː እለː ኢይነውሙeː ወየዓቅቡfː መንበረgː ስብሐቲሁhː ዚአሁː ። 8 ወርኢኩaː መላእክተbː እለː ኢይትኌለቍcː አእላፈdː አእላፋተeː ወትእልፊተfː አእላፋትgː የዓውድምhː ለውእቱː ቤትiː ወሚካኤልː ወሩፋኤልː ወገብርኤልː ወፋኑኤልː ወመላእክተjː ቅዱሳንkː እለː መልዕልተlː ሰማያትmː ይበውኡnː ወይወፅኡoː በውእቱː ቤትpː ። 9 ወወፅኡaː እምነː ውእቱː ቤትbː ሚካኤልː ወሩፋኤልː ወገብርኤልː ወኑኤልː ወብዙኃንcː ቅዱሳንdː መላእክተː እለː አልበሙː ኍልቍfː ። 10 ወምስሌሆሙː ርእሰaː መዋዕልbː ወርእሱcː ከመː ፀምርdː ፀዓዳeː ወንጹሕfː ወልብሱː ዘአይተረጐምghː ። 11 ወደቁaː በገጽየbː ወኵሉː ሥጋየcː ተመሰውdː ወመንፈስየeː ተወለጠfː ወጸራኩኩgː በቃልhː ዓቢይiː በመንፈሰjː ኃይልkː ወባረኩlː ወሰባሕኩmː ወዓልዓልኩnː ። 12 ወእለː በረከታትaː እለː ወፅአbː አምአፉየcː ኮናdː ሥሙራተeː በቅድመː ዝኩː ርእሰfː መዋዕልgː ። 13 ወመጽአaː ውእቱː ርእሰbː መዋዕልcː ምስለː ሚካኤልː ወገብርኤልː ሩፋኤልː ወኑኤልː ወአእላፍdː ትእልፊተeː አእላፋትfː

71.6 ⁱ ምሉእ : full ᵏ *እሳት : fire ˡ ሕያው : living ᵐ የደ : *G impf 3mpl, to surround (የወዱፖ) ⁿ ቤት : house **71.7** ᵃ *ወዱ- : around ᵇ ሱራፌል : Seraphim ᶜ ኪሩብ : Cherub ᵈ አፍኒን : Ophannin ᵉ ኖም : G impf 3mpl, to sleep ᶠ ዐቀበ : *G impf 3mpl, to keep watch (የዓቅቡ) ᵍ መንበር : throne ʰ ስብሐት : glory **71.8** ᵃ ርአየ : G perf 1cs, to see ᵇ መልአክ : angel ᶜ ተኍለቈ : Dt impf 3mpl, to be counted ᵈ እልፍ : thousand ᵉ እልፍ : thousand ᶠ ትእልፊት : ten thousand ᵍ እልፍ : thousand ʰ የደ : *G impf 3mpl, to surround (የወዱፖ) ⁱ ቤት : house ʲ መልአክ : angel ᵏ ቅዱስ : holy ˡ መልዕልት : above ᵐ ሰማይ : heaven ⁿ ቦአ : G impf 3mpl, to enter ᵒ ወፅአ : G impf 3mpl, to go out ᵖ ቤት : house **71.9** ᵃ ወፅአ : G perf 3mpl, to go out ᵇ ቤት : house ᶜ *ብዙኅ : many ᵈ ቅዱስ : holy ᵉ መልአክ : angel ᶠ ኍልቍ : number **71.10** ᵃ ርእስ : head ᵇ መሐላ : oath, covenant ᶜ ርእስ : head ᵈ ፀምር : wool ᵉ ጸዳ / ጸዳ / ፀዓዳ : white ᶠ ንጹሕ : pure ᵍ ልብስ : garment ʰ ተተርጐመ : Gt impf 3ms, to be interpreted **71.11** ᵃ ወደቀ / ወደቀ : G perf 1cs, to fall ᵇ ገጽ : face ᶜ ሥጋ : body ᵈ ተመሰወ : Gt perf 3ms, to be melted ᵉ መንፈስ : spirit ᶠ ተወለጠ : Dt perf 3ms, to be transformed ᵍ ጸርኀ : G perf 1cs, to cry out ʰ ቃል : voice ⁱ *ዐቢይ : loud ʲ መንፈስ : spirit ᵏ *ኀይል : power ˡ ባረከ : L perf 1cs, to bless ᵐ ሰብሐ : D perf 1cs, to praise ⁿ *አልዐለ / አለዐለ : CG perf 1cs, to exalt (አልዐልኩ) **71.12** ᵃ በረከት : blessing ᵇ ወፅአ : G perf 3fpl, to come out ᶜ አፍ : mouth ᵈ ኮነ : G perf 3fpl, to be ᵉ ሥሙር : pleasant ᶠ ርእስ : head ᵍ መዋዕልት : day **71.13** ᵃ መጽአ : G perf 3ms, to come ᵇ ርእስ : head ᶜ መዋዕልት : day ᵈ እልፍ : thousand ᵉ ትእልፊት : ten thousand ᶠ እልፍ : thousand

መላእክትᵍ ፡ እለ ፡ አልበሙ ፡ ኍልቄʰ ፡፡ 14 ወምጽአᵃ ፡ ኀቤየ ፡ ውእቱ ፡ መልአክᵇ ፡ ወበቃሉᶜ ፡ አምኀኒᵈ ፡ ወይቤለኒᵉ ፡ አንተ ፡ ውእቱ ፡ ወልደᶠ ፡ ብእሲᵍ ፡ ዘተወለድከʰ ፡ ለጽድቅⁱ ፡ ወጽድቅʲ ፡ ላዕሌከ ፡ ኀደረᵏ ፡ ወጽድቁˡ ፡ ለርእሰᵐ ፡ መዋዕልⁿ ፡ ኢያኀድገከᵒ ፡፡ 15 ወይቤለኒᵃ ፡ ይጼውዕᵇ ፡ ለከ ፡ ሰላመᶜ ፡ በስሙᵈ ፡ ለዓለመᵉ ፡ ዘይከውንᶠ ፡ እስመ ፡ እምህየ ፡ ወፅአᵍ ፡ ሰላምʰ ፡ እምፍጥረተⁱ ፡ ዓለምʲ ፡ ወከመ ፡ ይከውንᵏ ፡ ለከ ፡ ለዓለምˡ ፡ ወለዓለመᵐ ፡ ዓለምⁿ ፡፡ 16 ወኩሉ ፡ ይከውንᵃ ፡ ወየሐውርᵇ ፡ ዲበ ፡ ፍኖትከᶜ ፡ እንዘ ፡ ጽድቅᵈ ፡ ኢያኀድገከᵉ ፡ ለዓለምᶠ ፡ ምስሌከ ፡ ይከውንᵍ ፡ ማኀደሪሆሙʰ ፡ ወምስሌከ ፡ ክፍሎሙⁱ ፡ ወእምኔከ ፡ ኢይትሌለዩʲ ፡ ለዓለምᵏ ፡ ወለዓለመˡ ፡ ዓለምᵐ ፡፡ 17 ወከመዝ ፡ ይከውንᵃ ፡ ኑኀᵇ ፡ መዋዕልᶜ ፡ ምስለ ፡ ውእቱ ፡ ወልደ ፡ እጓለ ፡ እመሕያውᵈ ፡ ወሰላመᵉ ፡ ይከውንᶠ ፡ ለጸድቃንᵍ ፡ ወፍኖቱʰ ፡ ርቱዕⁱ ፡ ለጸድቃንʲ ፡ በስሙᵏ ፡ እግዚእˡ ፡ መናፍስትᵐ ፡ ለዓለመⁿ ፡ ዓለምᵒ ፡፡

72

1 መጽሐፈᵃ ፡ ሚጠተᵇ ፡ ብርሃናተᶜ ፡ ሰማይᵈ ፡ ፩፩ᵉዘከመ ፡ ሀሎዉᶠ ፡ በበሕዘቢሆሙᵍ

71.13 ᵍ መልአክ : angel ʰ ኍልቍ : number **71.14** ᵃ መጽአ : *G perf 3ms*, to come
ᵇ መልአክ : angel ᶜ ቃል : voice ᵈ አምኀ : *D perf 3ms*, to greet (አምኀኒ) ᵉ ብህለ : *G perf 3ms*, to say ᶠ ወልድ : son ᵍ ብእሲ : man ʰ ተወልደ : *Gt perf 2ms*, to be born
ⁱ ጽድቅ : righteousness, justice ʲ ጽድቅ : righteousness, justice ᵏ ኀደረ : **G perf 3ms*, to remain (ኀደረ) ˡ ጽድቅ : righteousness, justice ᵐ ርእስ : head ⁿ መዋዕልት : day ᵒ ኀደገ : **G impf 3ms*, to abandon, leave (ኢያኀድገከ) **71.15** ᵃ ብህለ : *G perf 3ms*, to say ᵇ *ጸውዐ : *D impf 3ms*, to proclaim (ይጼውዕ) ᶜ ሰላም : peace ᵈ ስም : name ᵉ ዓለም : world ᶠ ኮነ : *G impf 3ms*, to come into being ᵍ ወፅአ : *G perf 3ms*, to come out ʰ ሰላም : peace ⁱ ፍጥረት : creation ʲ ዓለም : world ᵏ ኮነ : *G impf 3ms*, to be ˡ ዓለም : eternity ᵐ ዓለም : eternity ⁿ ዓለም : eternity **71.16** ᵃ ኮነ : *G impf 3ms*, to be ᵇ ሐረ : *G impf 3ms*, to go ᶜ ፍኖት : way ᵈ ጽድቅ : righteousness, justice ᵉ ኀደገ : **G impf 3ms*, to abandon, leave (ኢያኀድገከ) ᶠ ዓለም : eternity ᵍ ኮነ : *G impf 3ms*, to be ʰ ማኀደር : dwelling place ⁱ ክፍል : part, portion ʲ ተሌለየ : *Lt impf 3mpl*, to be separated ᵏ ዓለም : eternity ˡ ዓለም : eternity ᵐ ዓለም : eternity **71.17** ᵃ ኮነ : *G impf 3ms*, to be ᵇ ኑኀ : length ᶜ መዋዕልት : day ᵈ ወልደ : እጓለ ፡ እመሕያው : Son of Man ᵉ ሰላም : peace ᶠ ኮነ : *G impf 3ms*, to be ᵍ ጸድቅ : righteous
ʰ ፍኖት : way ⁱ ርቱዕ : upright, straight ʲ ጸድቅ : righteous ᵏ ስም : name ˡ እግዚእ : Lord ᵐ መንፈስ : spirit ⁿ ዓለም : eternity ᵒ ዓለም : eternity

72.1 ᵃ መጽሐፍ : book ᵇ ሚጠት : revolution ᶜ ብርሃን : light ᵈ ሰማይ : heaven
ᵉ ፩፩ : each ᶠ ሀሎ / ሀለወ : *D perf 3mpl*, to be ᵍ ሕዝብ : kind

: ፷፭ᵏበሥልጣኖሙⁱ : ወበዘመኖሙʲ : ፷፭ᵏበሰስሞሙˡ : ወሙላዳቲሆሙᵐ :
ወበአውራኂሆሙⁿ : እለ : አርአየኒᵒ : ኡሪኤል : መልአክᵖ : ቅዱስᑫ : ዘሀሎʳ : ምስሌየ :
ዘውእቱ : መራኂሆሙˢ : ወኮሎ : መጽሐፈሙᵗ : በከመ : ውእቱ : አርአየኒ : ወከመ : ኩሉ :
ዓመተᵛ : ዓለምʷ : ወእስከ : ለዓለምˣ : እስከ : ይትገበርʸ : ግብርᶻ : ሐዲስᵃᵃ : ዘይነብርᵇᵇ :
እስከ : ለዓለምᶜᶜ ። 2 ወዝንቱ : ውእቱ : ትእዛዘᵃ : ቀዳማዊᵇ : ዘብርሃናትᶜ : ፀሐይᵈ : ብርሃኔᵉ
: ሙፃኡᶠ : በኃዋኀᵍ : ሰማይʰ : እለ : መንገለ : ጽባሕⁱ : ወምዕራቢሁʲ : በኃዋኀᵏ : ሰማይˡ
: ዘምዕርብᵐ ። 3 ወርኢኩᵃ : ስሱᵇ : ኃዋኀᶜ : እለ : እምነበ : ይወፅእᵈ : ፀሐይᵉ : ወስሱᶠ :
ኃዋኀᵍ : ኀበ : የዓርብʰ : ፀሐይⁱ : ወወርኅʲ : በውእቶን : ኃዋውᵏ : ይሠርቅˡ : ወየአርብᵐ :
ወመራኂሆሙⁿ : ለከዋክብትᵒ : ምስለ : እለ : ይመርሕዎሙᵖ : ፮ባጽባሕʳ : ወ፮በምዕራብˢ :
ፀሐይᵘ : ወኮሎሙ : ፷ᵛእምድኃሪ : ካልኡʷ : ርቱዕˣ : ወመሳክውʸ : ብዙኃᶻ : እምየማኑᵃᵃ
: ወእምፀጋሙᵇᵇ : ለዝኩ : ኖኃትᶜᶜ ። 4 ወቀዳሚᵃ : ይወፅእᵇ : ብርሃንᶜ : ዘዓቢይᵈ : ዘስሙᵉ
: ፀሐይᶠ : ወከቡቡᵍ : ከመ : ከበበʰ : ሰማይⁱ : ወኮሎንታሁʲ : ምሉእᵏ : እሳተˡ : ዘያበርህᵐ :

72.1 ʰ ፷፭ : each ⁱ ሥልጣን : dominion ʲ ዘመን : time ᵏ ፷፭ : each ˡ ስም : name ᵐ ሙላዳት : origin ⁿ ወርኅ : month ᵒ አርአየ : *CG perf 3ms*, to show ᵖ መልአክ : angel ᑫ ቅዱስ : holy ʳ ሀሎ / ሀለወ : *D perf 3ms*, to be ˢ *መራኂ : leader ᵗ መጽሐፍ : book ᵘ አርአየ : *CG perf 3ms*, to show ᵛ ዓመት : year ʷ ዓለም : world ˣ ዓለም : eternity ʸ ተገብረ : *Gt impf 3ms*, to be made ᶻ ግብር : work ᵃᵃ ሐዲስ : new ᵇᵇ ነበረ : *G impf 3ms*, to last ᶜᶜ ዓለም : eternity **72.2** ᵃ ትእዛዝ : law ᵇ ቀዳማዊ : first ᶜ ብርሃን : light ᵈ *ፀሐይ : sun ᵉ ብርሃን : light ᶠ ሙፃእ : place of exit, going out ᵍ ኖኃት : gate ʰ ሰማይ : heaven ⁱ ጽባሕ : east ʲ ምዕራብ : setting (of the sun) ᵏ ኖኃት : gate ˡ ሰማይ : heaven ᵐ ምዕራብ : west **72.3** ᵃ ርእየ : *G perf 1cs*, to see ᵇ ስሱ : six ᶜ ኖኃት : gate ᵈ ወፅአ : *G impf 3ms*, to go out, rise (sun) ᵉ *ፀሐይ : sun ᶠ ስሱ : six ᵍ ኖኃት : gate ʰ ዐርበ / ዐረበ : *G impf 3ms*, to set (የዐርብ) ⁱ *ፀሐይ : sun ʲ ወርኅ : moon ᵏ ኖኃት : gate ˡ ሠረቀ : *G impf 3ms*, to rise ᵐ *ዐርበ / ዐረበ : *G impf 3ms*, to set (የዐርብ) ⁿ *መራኂ : leader ᵒ ከዋክብ : star ᵖ *መርሐ : *G impf 3mpl*, to lead ᑫ ፮ : 6 ʳ ጽባሕ : east ˢ ፮ : 6 ᵗ ምዕራብ : west ᵘ ፀሐይ : sun ᵛ ፷ : each ʷ *ካልእ : other ˣ ርቱዕ : straight, right ʸ መስኮት : window ᶻ ብዙኅ : many ᵃᵃ የማን : right ᵇᵇ ፀጋም : left ᶜᶜ ኖኃት : gate **72.4** ᵃ ቀዳሚ : first ᵇ *ወፅአ : *G impf 3ms*, to go out (ይወፅእ) ᶜ ብርሃን : light ᵈ ዐቢየ : *G impf 3ms*, to be greater (የዐቢ) ᵉ ስም : name ᶠ *ፀሐይ : sun ᵍ ከበበ : disk ʰ ከበበ : disk ⁱ ሰማይ : heaven ʲ ኮንታ : entirety ᵏ ምሉእ : full ˡ *እሳት : fire ᵐ አብርሀ : *CG impf 3ms*, to give light

1 Enoch 72.4–11

ወያወዉ̂ⁿ ፨ 5 ሰረገላተᵃ ፡ በኀበ ፡ የዓርግᵇ ፡ ነፋስᶜ ፡ ይነፍሕᵈ ፡ ወየዐርብᵉ ፡ ፀሐይᶠ ፡ እምሰማይᵍ ፡ ወይገብእʰ ፡ እንተ ፡ መስዕⁱ ፡ ከመ ፡ ይሐርʲ ፡ ምሥራቀᵏ ፡ ወይትመራሕˡ ፡ ከመ ፡ ይባእᵐ ፡ ኀበ ፡ ዝኩ ፡ ኆኅትⁿ ፡ ወያበርህᵒ ፡ በገጸᵖ ፡ ሰማይᑫ ፨ 6 ከመዝ ፡ ይወፅእᵃ ፡ በወርኅᵇ ፡ ቀዳማዊᶜ ፡ ቦኆኅትᵈ ፡ ዓባይᵉ ፡ ወይወፅፍ ፡ እንተ ፡ ይእቲ ፡ ራብዕትᵍ ፡ እምእልኩ ፡ ኃዋኀዉʰ ፡ ፯ⁱእለ ፡ መንገለ ፡ ምሥራቀʲ ፡ ፀሐይᵏ ፨ 7 ወበይእቲ ፡ ራብዕትᵃ ፡ ኆኅትᵇ ፡ እንተ ፡ እምኔሃ ፡ ይወፅእᶜ ፡ ፀሐይᵈ ፡ በወርኀᵉ ፡ ቀዳማዊᶠ ፡ ባቲ ፡ አሥሩ ፡ ወክልኤᵍ ፡ መሳክዉʰ ፡ ርኁዋትⁱ ፡ ዘእምኔሆን ፡ ይወፅእʲ ፡ ላህብᵏ ፡ ሶበ ፡ ይትረኁዋˡ ፡ እምዘመኑᵐ ፡ ዚአሆሙ ፨ 8 ሶበ ፡ ይሠርቅᵃ ፡ ፀሐይᵇ ፡ እምሰማይᶜ ፡ ይወፅእᵈ ፡ እንተ ፡ ይእቲ ፡ ራብዕትᵉ ፡ ኆኅትᶠ ፡ ሠ̱ ጸባሕʰ ፡ ወበራብዕትⁱ ፡ ኆኅትʲ ፡ እንተ ፡ ምዕራብᵏ ፡ ሰማይˡ ፡ ርቱዓᵐ ፡ ይወርድⁿ ፨ 9 ወበአማንቱ ፡ መዋዕልᵃ ፡ ትነውኅᵇ ፡ ዕለትᶜ ፡ እምዕለትᵈ ፡ ወተኃፅርᵉ ፡ ሌሊትᶠ ፡ እምሌሊትᵍ ፡ እስከ ፡ ሠ̱ ʰ ጸባሕⁱ ፨ 10 ወበይእቲ ፡ ዕለትᵃ ፡ ትነውኅᵇ ፡ ካዕበተᶜ ፡ ዕለትᵈ ፡ እምሌሊትᵉ ፡ ወትከውንᶠ ፡ ዕለትᵍ ፡ ጥንቁቅʰ ፡ ፲ⁱክፍለʲ ፡ ወትከውንᵏ ፡ ሌሊትˡ ፡ ፰ᵐክፍለⁿ ፨ 11 ወይወፅእᵃ ፡ ፀሐይᵇ ፡ እምይእቲ ፡ ራብዕትᶜ ፡ ኆኅትᵈ

72.4 ⁿ አውዐየ : *CG impf 3ms,* to give heat (ያውዒ) **72.5** ᵃ ሰረገላ : chariot ᵇ ዐርገ : **G impf 3ms,* to ascend (የዐርግ) ᶜ ነፋስ : wind ᵈ ነፍኀ / ነፍሐ / ነፍሀ : *G impf 3ms,* to blow ᵉ ዐርበ / ዐረበ : *G impf 3ms,* to set ᶠ *ፀሐይ : sun ᵍ ሰማይ : heaven ʰ ገብአ : *G impf 3ms,* to return ⁱ መስዕ : north ʲ ሐረ : *G juss 3ms,* to go ᵏ ምሥራቅ : east ˡ ተመርሐ : *Gt impf 3ms,* to be led ᵐ ቦአ : *G juss 3ms,* to enter ⁿ ኆኅት : gate ᵒ አብርሀ : *CG impf 3ms,* to give light ᵖ ገጸ : face, presence ᑫ ሰማይ : heaven **72.6** ᵃ ወፅአ : *G impf 3ms,* to go out, rise (sun) ᵇ ወርኅ : month ᶜ ቀዳማዊ : first ᵈ ኆኅት : gate ᵉ *ዐቢይ : large ᶠ ወፅአ : *G impf 3ms,* to go out, rise (sun) ᵍ *ራብዕ : fourth ʰ ኆኅት : gate ⁱ ፯ : 6 ʲ ምሥራቅ : east ᵏ ፀሐይ : sun **72.7** ᵃ *ራብዕ : fourth ᵇ ኆኅት : gate ᶜ ወፅአ : *G impf 3ms,* to go out, rise (sun) ᵈ *ፀሐይ : sun ᵉ ወርኅ : month ᶠ ቀዳማዊ : first ᵍ *ዐሥሩ : ወክልኤ: twelve ʰ መስኮት : window ⁱ ርኁው : open ʲ ወፅአ : *G impf 3ms,* to come out ᵏ ላህብ : flame ˡ ተርኁወ : *Gt impf 3ms,* to be opened (ይትረኁዋ) ᵐ ዘመን : time **72.8** ᵃ ሠረቀ : *G impf 3ms,* to rise ᵇ *ፀሐይ : sun ᶜ ሰማይ : heaven ᵈ ወፅአ : *G impf 3ms,* to go out ᵉ *ራብዕ : fourth ᶠ ኆኅት : gate ᵍ ፴ : 30 ʰ ጸባሕ : morning ⁱ *ራብዕ : fourth ʲ ኆኅት : gate ᵏ ምዕራብ : west ˡ ሰማይ : heaven ᵐ *ርቱዐ : rightly ⁿ ወረደ : *G impf 3ms,* to go down **72.9** ᵃ መዓልት : day ᵇ ኖኀ : *G impf 3fs,* to become long ᶜ ዕለት : day ᵈ ዕለት : day ᵉ ኀጸረ / ኀፀረ : **G impf 3fs,* to become short (ተኃፅር) ᶠ ሌሊት : night ᵍ ሌሊት : night ʰ ፴ : 30th ⁱ ጸባሕ : morning **72.10** ᵃ ዕለት : day ᵇ ኖኀ : *G impf 3fs,* to become long ᶜ ካዕበት : doubly ᵈ ዕለት : day ᵉ ሌሊት : night ᶠ ኮነ : *G impf 3fs,* to be ᵍ ዕለት : day ʰ ጥንቁቅ : exactly ⁱ ፲ : 10 ʲ ክፍል : part ᵏ ኮነ : *G impf 3fs,* to be ˡ ሌሊት : night ᵐ ፰ : 8 ⁿ ክፍል : part **72.11** ᵃ ወፅአ : *G impf 3ms,* to go out, rise ᵇ *ፀሐይ : sun ᶜ *ራብዕ : fourth ᵈ ኆኅት : gate

1 Enoch 72.11–17

: ወየዐርብ^e : በራብዕት^f : ኆኅት^g ። ወይገብእ^h : ውስተ : ኃምስትⁱ : ኆኅት^j : እንተ : ጽባሕ^k : ፴^lጽባሐ^m ። ወይወፅእⁿ : እምኔሃ : ወየዓርብ^o : ውስተ : ኃምስት^p ኆኅት^q ። 12 ወአሜሃ : ትነውኅ^a : ዕለት^b : ፪^cእደ^d : ወትከውን^e ዕለት^f : ፲ወ፩^gክፍለ^h : ወተሐፅርⁱ : ሌሊት^j : ወትከውን^k : ፯^lክፍለ^m ። 13 ወይገብእ^a : ፀሐይ^b : ለጽባሕ^c : ወይበውእ^d : ውስተ : ሳድስት^e : ኆኅት^f : ወይወፅእ^g : ወየዓርብ^h : በሳድስትⁱ : ኆኅት^j : ፴ወ፩^kጽባሐ^l : በእንተ : ትእምርት^m : ዚአሁ ። 14 ወበይእቲ : ዕለት^a : ትነውኅ^b : ዕለት^c : እምሌሊት^d : ወትከውን^e : ዕለት^f : ካዕበተ^g : ሌሊት^h : ወትከውንⁱ : ዕለት^j : ፲ወ፪^kክፍለ^l : ወተሐፅር^m : ሌሊትⁿ : ወትከውን^o : ፮ክፍለ^q ። 15 ወይትነሣእ^a : ፀሐይ^b : ከመ : ትንዕር^c : ዕለት^d : ወኑኀ^e : ሌሊት^f : ወይገብእ^g : ፀሐይ^h : ለጽባሕⁱ : ወይበውእ^j : ውስተ : ሳድስት^k : ኆኅት^l : ወይሠርቅ^m : እምኔሃ : ወየዐርብ^o ፴ጽባሐ^p ። 16 ወሶበ : ተፈጸመ^a : ፴^bጽባሕ^c : ተሐፀፀ^d : መዓልት^e : ፩^fክፍለ^g : ጥንቁቀ^h : ወትከውንⁱ : ዕለት^j : ፲ወ፩^kክፍለ^l : ወሌሊት^m : ፯ⁿክፍሎ^o ። 17 ወይወፅእ^a : ፀሐይ^b : እምነ :

72.11 ^e ዐርብ / ዐረብ : *G impf 3ms*, to set (የዐርብ) ^f *ራብዕ : fourth ^g ኆኅት : gate ^h ገብአ : *G impf 3ms*, to return ⁱ ኃምስ : fifth ^j ኆኅት : gate ^k *ጽባሕ : east ^l ፴ : 30 ^m *ጽባሕ : morning ⁿ ወፅአ : *G impf 3ms*, to go out, rise ^o ዐርብ / ዐረብ : *G impf 3ms*, to set (የዐርብ) ^p ኃምስ : fifth ^q ኆኅት : gate **72.12** ^a ኖኀ : *G impf 3fs*, to become long ^b ዕለት : day ^c ፪ : 2 ^d እድ : part ^e ኮነ : *G impf 3fs*, to be ^f ዕለት : day ^g ፲ወ፩ : 11 ^h ክፍል : part ⁱ *ኀጸረ / ኀፀረ : *G impf 3fs*, to become short (ተኀፅር) ^j ሌሊት : night ^k ኮነ : *G impf 3fs*, to be ^l ፯ : 7 ^m ክፍል : part **72.13** ^a ገብአ : *G impf 3ms*, to return ^b *ፀሐይ : sun ^c ጽባሕ : east ^d ቦአ : *G impf 3ms*, to enter ^e *ሳድስ : sixth ^f ኆኅት : gate ^g ወፅአ : *G impf 3ms*, to go out, rise ^h ዐርብ / ዐረብ : *G impf 3ms*, to set (የዐርብ) ⁱ ሳድስ : sixth ^j ኆኅት : gate ^k ፴ወ፩ : 31 ^l ጽባሕ : morning ^m ትእምርት : sign **72.14** ^a ዕለት : day ^b ኖኀ : *G impf 3fs*, to become long ^c ዕለት : day ^d ሌሊት : night ^e ኮነ : *G impf 3fs*, to be ^f ዕለት : day ^g ካዕበት : double ^h ሌሊት : night ⁱ ኮነ : *G impf 3fs*, to be ^j ዕለት : day ^k ፲ወ፪ : 12 ^l ክፍል : part ^m ኀጸረ / ኀፀረ: *G impf 3fs*, to become short (ተኀፅር) ⁿ ሌሊት : night ^o ኮነ : *G impf 3fs*, to be ^p ፮ : 6 ^q ክፍል : part **72.15** ^a ተንሥአ : *Gt impf 3ms*, to rise up ^b *ፀሐይ : sun ^c ኀጸረ / ኀፀረ: *G juss 3fs*, to become short ^d ዕለት : day ^e ኖኀ : *G juss 3fs*, to become long ^f ሌሊት : night ^g ገብአ : *G impf 3ms*, to return ^h *ፀሐይ : sun ⁱ ጽባሕ : east ^j ቦአ : *G impf 3ms*, to enter ^k ሳድስ : sixth ^l ኆኅት : gate ^m ሠረቀ : *G impf 3ms*, to rise ⁿ ዐርብ / ዐረብ : *G impf 3ms*, to set (የዐርብ) ^o ፴ : 30 ^p ጽባሕ : morning **72.16** ^a ተፈጸመ : *Dt perf 3ms*, to be completed ^b ፴ : 30 ^c ጽባሕ : morning ^d *ሐጸጸ / ሐጸ : *G impf 3fs*, to decrease (intr.) (ተሐጸጸ) ^e መዓልት : day ^f ፩ : 1 ^g ክፍል : part ^h ጥንቁቀ : exactly ⁱ ኮነ : *G impf 3fs*, to be ^j ዕለት : day ^k ፲ወ፩ : 11 ^l ክፍል : part ^m ሌሊት : night ⁿ ፯ : 7 ^o ክፍል : part **72.17** ^a ወፅአ : *G impf 3ms*, to go out, rise ^b *ፀሐይ : sun

ምዕራብ ᶜ : እምይእቲ : ሳድስት ᵈ : ኆኅት ᵉ : ወፀሐውር ᶠ : ምሥራቀ ᵍ : ወይሠርቅ ʰ : በኃምስት ⁱ :
ኆኅት ʲ : ፰ᵏጽባሕ ˡ : ወየዐርብ ᵐ : በምዕራብ : ካዕበ ᵒ : በኃምሥ ᵖ : ኆኅት ᵠ : እንተ : ምዕራብ ʳ ።
18 በይእቲ : ዕለት ᵃ : ተሐፅብ ᵇ : ዕለት ᶜ : ከ፪ᵈክፍሎ : ወትከውን ᶠ : ዕለት ᵍ : ፲ᵏክፍሊ ⁱ : ወሌሊት ʲ
: ፰ᵏክፍሎ ˡ ። 19 ወይወፅእ ᵃ : ፀሐይ ᵇ : እምይእቲ : ኃምስ ᶜ : ኆኅት ᵈ : ወየዐርብ ᵉ : በኃምስ ᶠ
: ኆኅት ᵍ : እንተ : ምዕራብ ʰ : ወይሠርቅ ⁱ : በራብዕ ʲ : ኆኅት ᵏ : በእንተ : ትእምርት ˡ : ዚአሃ :
ሐወፅᵐጽባሐⁿ : ወየዐርብ ᵒ : በምዕራብ ᵖ ። 20 በይእቲ : ዕለት ᵃ : ይትዓረይ ᵇ : መዓልት ᶜ : ምስለ
: ሌሊት ᵈ : ወይከውን ᵉ : ዕሩይ ᶠ : ወትከውን ᵍ : ሌሊት ʰ : ፱ⁱክፍሎ ʲ : ወመዓልት ᵏ : ፱ˡክፍለ ᵐ ።
21 ወይወፅእ ᵃ : ፀሐይ ᵇ : እምይእቲ : ኆኅት ᶜ : ወየዐርብ ᵈ : በምዕራብ ᵉ : ወይገብእ ᶠ : በጽሐ ᵍ :
ወይወፅእ ʰ : በሣልስት ⁱ : ኆኅት ʲ : ፰ᵏጽባሕ ˡ : ወየዐርብ ᵐ : በምዕራብ ⁿ : በሣልስት ᵒ : ኆኅት ᵖ ።
22 ወበይእቲ : ዕለት ᵃ : ትነውኅ ᵇ : ሌሊት ᶜ : እምዕለት ᵈ : እስከ : ፴ᵉጽባሕ ᶠ : ወተሐፅር ᵍ : እለት ʰ
: እምዕለት ⁱ : እስከ : ፴ʲዕለት ᵏ : ወትከውን ˡ : ሌሊት ᵐ : ፲ᵏክፍሎ : ጥንቁቀ ᵖ : ወመዓልት ᵠ

72.17 ᶜ ምዕራብ : west ᵈ ሳድስ : sixth ᵉ ኆኅት : gate ᶠ ሐረ : *G impf 3ms*, to go
ᵍ ምሥራቅ : east ʰ ሠረቀ : *G impf 3ms*, to rise ⁱ ኃምስ : fifth ʲ ኆኅት : gate ᵏ ፰ : 30
ˡ ጽባሕ : morning ᵐ ዐርበ / ዐረበ : **G impf 3ms*, to set (የዐርብ) ⁿ ምዕራብ : west
ᵒ ካዕበ : again ᵖ ኃምስ : fifth ᵠ ኆኅት : gate ʳ ምዕራብ : west **72.18** ᵃ ዕለት : day ᵇ ሐጸጸ
/ ሐጸ : *G impf 3fs*, to decrease (intr.) (ተሐጸጽ) ᶜ ዕለት : day ᵈ ከ፪ : 2 ᵉ ክፍል : part
ᶠ ኮነ : *G impf 3fs*, to be ᵍ ዕለት : day ʰ ፲ : 10 ⁱ ክፍል : part ʲ ሌሊት : night ᵏ ፰ : 8
ˡ ክፍል : part **72.19** ᵃ ወፅ : *G impf 3ms*, to go out, rise ᵇ *ፀሐይ : sun ᶜ ኃምስ :
fifth ᵈ ኆኅት : gate ᵉ ዐርበ / ዐረበ : **G impf 3ms*, to set (የዐርብ) ᶠ ኃምስ : fifth ᵍ ኆኅት
: gate ʰ ምዕራብ : west ⁱ ሠረቀ : *G impf 3ms*, to rise ʲ ራብዕ : fourth ᵏ ኆኅት : gate
ˡ ትእምርት : sign ᵐ ሐወፀ : 31 ⁿ ጽባሕ : morning ᵒ ዐርበ / ዐረበ : **G impf 3ms*, to
set (የዐርብ) ᵖ ምዕራብ : west **72.20** ᵃ ዕለት : day ᵇ ተዐረየ : **Dt impf 3ms*, to be equal
(ይትዐረይ) ᶜ መዓልት : day ᵈ ሌሊት : night ᵉ ኮነ : *G impf 3ms*, to be ᶠ ዕሩይ : equal
ᵍ ኮነ : *G impf 3fs*, to be ʰ ሌሊት : night ⁱ ፱ : 9 ʲ ክፍል : part ᵏ መዓልት : day ˡ ፱ : 9
ᵐ ክፍል : part **72.21** ᵃ ወፅአ : *G impf 3ms*, to go out, rise ᵇ *ፀሐይ : sun ᶜ ኆኅት
: gate ᵈ ዐርበ / ዐረበ : **G impf 3ms*, to set (የዐርብ) ᵉ ምዕራብ : west ᶠ ገብአ : *G impf
3ms*, to return ᵍ ጽባሕ : east ʰ ወፅአ : *G impf 3ms*, to go out, rise ⁱ ሣልስ : third
ʲ ኆኅት : gate ᵏ ፰ : 30 ˡ ጽባሕ : morning ᵐ ዐርበ / ዐረበ : **G impf 3ms*, to set (የዐርብ)
ⁿ ምዕራብ : west ᵒ ሣልስ : third ᵖ ኆኅት : gate **72.22** ᵃ ዕለት : day ᵇ ኖኀ : *G impf 3fs*,
to become long ᶜ ሌሊት : night ᵈ ዕለት : day ᵉ ፴ : 30 ᶠ ጽባሕ : morning ᵍ *ኀጸረ
/ ኀጸ: *G impf 3fs*, to become short (ተኀጽር) ʰ *ዕለት : day ⁱ ዕለት : day ʲ ፴ : 30th
ᵏ ዕለት : day ˡ ኮነ : *G impf 3fs*, to be ᵐ ሌሊት : night ⁿ ፲ : 10 ᵒ ክፍል : part ᵖ ጥንቁቀ
: exactly ᵠ መዓልት : day

፫ከፍለ፡ ። 23 ወይወፅአᵃ ፡ ፀሐይᵇ ፡ እምይአቲ ፡ ኃልስትᶜ ፡ ኖኅትᵈ ፡ ወየአርብᵉ ፡ በኃልስትᶠ ፡ ኖኅትᵍ ፡ በገረብʰ ፡ ወይገብእⁱ ፡ ውስተ ፡ ምሥራቅʲ ፡ ወይወፅእᵏ ፡ ፀሐይˡ ፡ ውስተ ፡ ካልእᵐ ፡ ኖኅትⁿ ፡ ምሥራቅᵒ ፡ ፴ᵖፀባሕᑫ ፡ ወኀመዝ ፡ የዓርብʳ ፡ በካልእˢ ፡ ኖኅትᵗ ፡ በምዕራብᵘ ፡ ሰማይᵛ ። 24 ወበይአቲ ፡ ዕለትᵃ ፡ ትከውንᵇ ፡ ሌሊትᶜ ፡ ፲ወ፩ᵈከፍለ ፡ ወዕለትᶠ ፡ ፯ᵍከፍለʰ ። 25 ወይወፅእᵃ ፡ ፀሐይᵇ ፡ በይአቲ ፡ ዕለትᶜ ፡ እምይአቲ ፡ ካልእᵈ ፡ ኖኅትᵉ ፡ ወየዓርብᶠ ፡ በምዕራብᵍ ፡ በካልእʰ ፡ ኖኅትⁱ ፡ ወይገብእʲ ፡ በምሥራቅᵏ ፡ በአሐቲˡ ፡ ኖኅትᵐ ፡ ፴ወ፩ፀባሕᵒ ፡ ወየዓርብᵖ ፡ በምዕራብᑫ ፡ በአሐቲʳ ፡ ኖኅትˢ ። 26 ወበይአቲ ፡ ዕለትᵃ ፡ ትነውኅᵇ ፡ ሌሊትᶜ ፡ ወትከውንᵈ ፡ ካዕታᵉ ፡ ለመዓልትᶠ ፡ ወትከውንᵍ ፡ ሌሊትʰ ፡ ፲ወ፪ⁱ ፡ ከፍለʲ ፡ ጥንቅቀᵏ ፡ ወመዓልትˡ ፡ ፮ᵐከፍለⁿ ። 27 ወፈጸመᵃ ፡ ፀሐይᵇ ፡ አርእስቲሁᶜ ፡ ወዳግመᵈ ፡ የአውድᵉ ፡ ዲበ ፡ እሉ ፡ አርእስቲሁᶠ ፡ ወይበውእᵍ ፡ በውእቱ ፡ ኖኅትʰ ፡ ፴ⁱፀባሕʲ ፡ ወበምዕራብᵏ ፡ በእንጻሩˡ ፡ የዓርብᵐ ። 28 ወበይአቲ ፡ ዕለትᵃ ፡ ተሐፅርᵇ ፡ ሌሊትᶜ ፡ እምኑኃᵈ ፡ አሐዱᵉ ፡ እደᶠ

72.22 ʳ ፰ : 8 ˢ ከፍል : part **72.23** ᵃ ወፅአ : *G impf 3ms*, to go out, rise ᵇ *ፀሐይ : sun ᶜ ኃልስ : third ᵈ ኖኅት : gate ᵉ *ዐርብ / ዐረብ : *G impf 3ms*, to set (የዐርብ) ᶠ ኃልስ : third ᵍ ኖኅት : gate ʰ *ዐርብ : west ⁱ ገብአ : *G impf 3ms*, to return ʲ ምሥራቅ : east ᵏ ወፅአ : *G impf 3ms*, to go out, rise ˡ *ፀሐይ : sun ᵐ ካልእ : second ⁿ ኖኅት : gate ᵒ ምሥራቅ : east ᵖ ፴ : 30 ᑫ ጸባሕ : morning ʳ ዐርብ / ዐረብ : *G impf 3ms*, to set (የዐርብ) ˢ ካልእ : second ᵗ ኖኅት : gate ᵘ ምዕራብ : west ᵛ ሰማይ : heaven **72.24** ᵃ ዕለት : day ᵇ ከነ : *G impf 3fs*, to be ᶜ ሌሊት : night ᵈ ፲ወ፩ : 11 ᵉ ከፍል : part ᶠ ዕለት : day ᵍ ፯ : 7 ʰ ከፍል : part **72.25** ᵃ ወፅአ : *G impf 3ms*, to go out, rise ᵇ *ፀሐይ : sun ᶜ ዕለት : day ᵈ ካልእ : second ᵉ ኖኅት : gate ᶠ ዐርብ / ዐረብ : *G impf 3ms*, to set (የዐርብ) ᵍ ምዕራብ : west ʰ ካልእ : second ⁱ ኖኅት : gate ʲ ገብአ : *G impf 3ms*, to return ᵏ ምሥራቅ : east ˡ አሐቲ : one (fem.) ᵐ ኖኅት : gate ⁿ ፴ወ፩ : 31 ᵒ ጸባሕ : morning ᵖ *ዐርብ / ዐረብ : *G impf 3ms*, to set (የዐርብ) ᑫ ምዕራብ : west ʳ አሐቲ : one (fem.) ˢ ኖኅት : gate **72.26** ᵃ ዕለት : day ᵇ ኖኀ : *G impf 3fs*, to become long ᶜ ሌሊት : night ᵈ ከነ : *G impf 3fs*, to be ᵉ ካዕበት : double ᶠ መዓልት : day ᵍ ከነ : *G impf 3fs*, to be ʰ ሌሊት : night ⁱ ፲ወ፪ : 12 ʲ ከፍል : part ᵏ ጥንቅቀ : exactly ˡ መዓልት : day ᵐ ፮ : 6 ⁿ ከፍል : part **72.27** ᵃ ፈጸመ : *D perf 3ms*, to complete ᵇ *ፀሐይ : sun ᶜ ርእስ : chief point ᵈ ዳግመ : again ᵉ ዖደ : *G impf 3ms*, to go around (የዐውድ) ᶠ ርእስ : chief point ᵍ በአ : *G impf 3ms*, to enter ʰ ኖኅት : gate ⁱ ፴ : 30 ʲ ጸባሕ : morning ᵏ ምዕራብ : west ˡ በእንጻር : opposite ᵐ ዐርብ / ዐረብ : *G impf 3ms*, to set (የዐርብ) **72.28** ᵃ ዕለት : day ᵇ *ኀጸረ / ኀፀረ : *G impf 3fs*, to become short (ተሐፅር) ᶜ ሌሊት : night ᵈ ኑኅ : length ᵉ አሐዱ : one ᶠ እድ : part

: ዝውእቱ ፡ ክፍል፧ ፡ ፰ʰውትከውን¹ ፡ ፱ወ፪ⁱከፍለ ᵏ ፡ ወመዓልት ˡ ፡ ፰ᵐከፍለⁿ ፡፡ 29 ወገብአᵃ ፡
ፀሐይᵇ ፡ ወበአᶜ ፡ ውስተ ፡ ካልእᵈ ፡ ኖኅተ ᵉ ፡ እንተ ፡ ምሥራቅᶠ ፡ ወይገብእ፧ ፡ ዲበ ፡ እልክቱ ፡
አርእስቲሁʰ ፡ ፴ⁱጽባሐʲ ፡ ይሠርቅᵏ ፡ ወየዓርብ ፡፡ 30 ወበይእቲ ፡ ዕለትᵃ ፡ ተሐፅርᵇ ፡ ሌሊትᶜ ፡
እምኑኃᵈ ፡ ወትከውን ፡ ሌሊት ፡ ፱ᵉክፍለʰ ፡ ወመዓልትⁱ ፡ ፱ʲክፍለ ᵏ ፡፡ 31 ወበይእቲ ፡ ዕለትᵃ
፡ ይወፅአᵇ ፡ ፀሐይᶜ ፡ እምይእቲ ፡ ካልእታᵈ ፡ ኖኅተ ᵉ ፡ ወየዓርብᶠ ፡ በምዕራብ፧ ፡ ወይገብእʰ
፡ ምሥራቀⁱ ፡ ወይሠርቅʲ ፡ በሣልስትᵏ ፡ ኖኅት ˡ ፡ ፴ወ፩ᵐጽባሐⁿ ፡ ወየዓርብᵒ ፡ በምዕራብᵖ ፡
ሰማይ ፡፡ 32 ወበይእቲ ፡ ዕለትᵃ ፡ ተሐፀፅᵇ ፡ ሌሊትᶜ ፡ ወትከውንᵈ ፡ ፱ᵉክፍለᶠ ፡ ወዕለት፧
ትከውንʰ ፡ ፱ⁱክፍለʲ ፡ ወይትዔረይᵏ ፡ ሌሊት ˡ ፡ ምስለ ፡ መዓልትᵐ ፡ ወይከውንⁿ ፡ ዓመትᵒ
፡ ጥንቁቀᵖ ፡ መዋዕለ ፡ ፫፻፷፬ወ፬ዕሩባⁿ ፡፡ 33 ውኑኃᵃ ፡ ለዕለትᵇ ፡ ወሌሊትᶜ ፡ ወሐፀርᵈ ፡
ለዕለትᵉ ፡ ወለሌሊትᶠ ፡ በምሕረገ ፡ ፀሐይʰ ፡ ውእቱ ፡ ይትሌለይⁱ ፡፡ 34 በእንቲአሁ ፡ ይነውኃᵃ
፡ ምኅዋሩሁᵇ ፡ ዕለትᶜ ፡ እምዕለትᵈ ፡ ወሌሊትᵉ ፡ እምሌሊትᶠ ፡ ይቀርብ፧ ፡፡ 35 ወዝውእቱ

72.28 ᵍ ክፍል : part ʰ ፱ : 1 ⁱ ከነ : *G impf 3fs*, to be ʲ ፲ወ፪ : 11 ᵏ ክፍል : part ˡ መዓልት
: day ᵐ ፱ : 7 ⁿ ክፍል : part **72.29** ᵃ ገብአ : *G perf 3ms*, to return ᵇ *ፀሐይ : sun
ᶜ በአ : *G perf 3ms*, to enter ᵈ ካልእ : second ᵉ ኖኅት : gate ᶠ ምሥራቅ : east ᵍ ገብአ :
G impf 3ms, to return ʰ ርእስ : chief point ⁱ ፴ : 30 ʲ ጽባሕ : morning ᵏ ሠረቀ : *G
impf 3ms*, to rise ˡ ዐርበ / ዐረበ : **G impf 3ms*, to set (የዐርብ) **72.30** ᵃ ዕለት : day
ᵇ *ነጸረ / ነፀሩ: *G impf 3fs*, to become short (ተሐፅር) ᶜ ሌሊት : night ᵈ ኑኅ : length
ᵉ ከነ : *G impf 3fs*, to be ᶠ ሌሊት : night ᵍ ፱ : 10 ʰ ክፍል : part ⁱ መዓልት : day ʲ ፱ :
8 ᵏ ክፍል : part **72.31** ᵃ ዕለት : day ᵇ ወፅአ : *G impf 3ms*, to go out, rise ᶜ *ፀሐይ
: sun ᵈ ካልእ : second ᵉ ኖኅት : gate ᶠ ዐርበ / ዐረበ : **G impf 3ms*, to set (የዐርብ)
ᵍ ምዕራብ : west ʰ ገብአ : *G impf 3ms*, to return ⁱ ምሥራቅ : east ʲ ሠረቀ : *G impf
3ms*, to rise ᵏ ሣልስ : third ˡ ኖኅት : gate ᵐ ጎወ፪ : 31 ⁿ ጽባሕ : morning ᵒ ዐርበ /
ዐረበ : **G impf 3ms*, to set (የዐርብ) ᵖ ምዕራብ : west ᑫ ሰማይ : heaven **72.32** ᵃ ዕለት
: day ᵇ *ሐጸጸ / ሐጸ : *G impf 3fs*, to decrease (intr.) (ተሐጽጽ) ᶜ ሌሊት : night ᵈ ከነ
: *G impf 3fs*, to be ᵉ ፱ : 9 ᶠ ክፍል : part ᵍ ዕለት : day ʰ ከነ : *G impf 3fs*, to be ⁱ ፱ : 9
ʲ ክፍል : part ᵏ ተዐረየ : *Dt impf 3ms*, to be equal ˡ ሌሊት : night ᵐ መዓልት : day ⁿ ከነ
: *G impf 3ms*, to be ᵒ ዓመት : year ᵖ ጥንቁቀ : exactly ᑫ መዓልት : day ʳ ፫፻፷ወ፬ዕሩብ
: 364 **72.33** ᵃ ኑኅ : length ᵇ ዕለት : day ᶜ ሌሊት : night ᵈ *ነጸር / ነፀር : shortness ᵉ
ዕለት : day ᶠ ሌሊት : night ᵍ ምሕዋር : course, orbit ʰ *ፀሐይ : sun ⁱ ተሌለየ : *Lt impf
3ms*, to be distinguished **72.34** ᵃ ኖኅ : *G impf 3ms*, to become long ᵇ *ምሕዋር
: course, orbit ᶜ ዕለት : day ᵈ ዕለት : day ᵉ ሌሊት : night ᶠ ሌሊት : night ᵍ ቀርበ / ቀረበ
: *G impf 3ms*, to draw near

1 Enoch 72.35–73.3

: ትእዛዝ[a] : ወምሃዋሩ[b] : ለፀሐይ[c] : ወምግባኡ[d] : ሶበ : ይገብእ[e] : ለእንተ : ፷[f]ይገብእ[g] : ወይወፅእ[h] : ዘእቱ : ብርሃን[i] : ዓቢይ[j] : ዘለዓለም[k] : ዘይሰመይ[l] : ፀሐይ[m] : ለዓለመ[n] : ዓለም[o] ። 36 ወዝንቱ : ውእቱ : ዘይወፅእ[a] : ብርሃን[b] : ዓቢይ[c] : ዘይሰመይ[d] : በአርአያ[e] : ዚአሁ : በከመ : አዘዘ[f] : እግዚእ[g] ። 37 ወከመዝ : ይወፅእ[a] : ወይበውእ[b] : ወኢየሐፅፅ[c] : ወኢያዐርፍ[d] : አላ : ይረውፅ[e] : መዓልተ[f] : ወሌሊተ[g] : በሰረገላ[h] : ወብርሃኑ[i] : ዚአሁ : ስብዓተ[j] : እደ[k] : ያበርህ[l] : እምዝ : ወርኅ[m] : ወአምጣኒሆሙ[n] : ለከዊሆሙ[o] : ዘውግ ።

73

1 ወድኅሬሁ : ለዝትእዛዝ[a] : ርኢኩ[b] : ካልአ[c] : ትእዛዘ[d] : ለብርሃን[e] : ንኡስ[f] : ለስሙ[g] : ወርኅ[h] ። 2 ወከበባ[a] : ከመ : ከበበ[b] : ፀሐይ[c] : ወሰረገላ[d] : ዚአሁ : በኀብአ : ይጼአን[e] : ነፋስ[f] : ይነፍሕ[g] : ወበመስፈርት[h] : ይትወሀብ[i] : ሎቱ : ብርሃኑ[j] ። 3 ወበኩሉ : ወርኅ[a] : ሙዓኡ[b] : ወመባኡ[c] : ይትዌለጥ[d] : ወመዋዕሊሁ[e] : ከመ : መዋዕለ[f] : ፀሐይ[g] : ወሶበ : ይኤሪ[h] : ከዊነ[i] : ብርሃኑ[j]

72.35 [a] ትእዛዝ : law [b] *ምሕዋር : course, orbit [c] *ፀሐይ : sun [d] ምግባእ : return [e] ገብእ : G impf 3ms, to return [f] ፷ : 60 [g] ገብእ : G impf 3ms, to return [h] ወፅእ : G impf 3ms, to go out, rise [i] ብርሃን : light [j] ዐቢይ : great [k] ዓለም : eternity [l] ተሰምየ : Gt impf 3ms, to be named [m] *ፀሐይ : sun [n] ዓለም : eternity [o] ዓለም : eternity 72.36 [a] ወፅአ : G impf 3ms, to go out, rise [b] ብርሃን : light [c] ዐቢይ : great [d] ተሰምየ : Gt impf 3ms, to be named [e] አርአያ : appearance [f] አዘዘ : D perf 3ms, to command [g] እግእ : Lord 72.37 [a] ወፅአ : G impf 3ms, to go out, rise [b] በአ : G impf 3ms, to enter [c] *ሐጸጸ / ሐጸ : G impf 3ms, to decrease (intr.) (ኢየሐጽጽ) [d] *አዐረፈ : CG impf 3ms, to rest, cease (ኢያዐርፍ) [e] *ሮጸ : G impf 3ms, to run (ይረውጽ) [f] መዓልት : day [g] ሌሊት : night [h] ሰረገላ : chariot [i] ብርሃን : light [j] *ሰብዐት : seven [k] እድ :-fold [l] አብርሀ : CG impf 3ms, to give light [m] ወርኅ : moon [n] አምጣን : size [o] *ክልኤ : two [p] ዘውግ : coequal

73.1 [a] ትእዛዝ : law [b] ርእየ : G perf 1cs, to see [c] ካልእ : another [d] ትእዛዝ : law [e] ብርሃን : light [f] ንኡስ : minor [g] ስም : name [h] ወርኅ : moon 73.2 [a] ከበብ : disk [b] ከበብ : disk [c] *ፀሐይ : sun [d] ሰረገላ : chariot [e] *ተጽዕነ / ተዕነ : Dt impf 3ms, to ride (ይጼዐን) [f] ነፋስ : wind [g] *ነፍኀ : G impf 3ms, to blow (ይነፍሕ) [h] መስፈርት : measure [i] ተውህብ : Gt impf 3ms, to be given [j] ብርሃን : light 73.3 [a] ወርኅ : month [b] ሙዓእ : place of exit, going out [c] ሙባእ : setting of sun or moon [d] ተወለጠ : Dt impf 3ms, to be changed [e] መዓልት : day [f] መዓልት : day [g] *ፀሐይ : sun [h] *ዐረየ : Dt impf 3ms, to be even (ይኤሪ) [i] ኮነ : G inf, to be [j] ብርሃን : light

/// ይከውን፡ᵏ ሳብዓይ፡ˡ እደ፡ᵐ እምብርሃነ፡ ፀሐይ፡ ወከመዝ፡ ይሠርቅ፡ᵖ ። 4 ወራስዑ፡ᵃ ዘመንገለ፡ ጽባሕ፡ᵇ ይወፅእ፡ᶜ በ፴ᵈጽባሕ፡ᵉ ወይአቲ፡ ዕለት፡ᶠ ያስተርኢ፡ᵍ ወይከውን፡ʰ ለከሙ፡ ርእሲ፡ⁱ ወርኅ፡ʲ ፴ᵏጽባሕ፡ˡ ምስለ፡ ፀሐይ፡ᵐ በኖኀት፡ እንተ፡ ይወፅዕ፡ ፀሐይ፡ᵖ ። 5 ወመንፈቃ፡ᵃ ርኁቅ፡ᵇ ፯ⁿእደ፡ ፩ᵉወኩሉ፡ ክበብ፡ᶠ ዚአሁ፡ በከ፡ᵍ ዘአልቦ፡ ብርሃነ፡ʰ ዘእንበለ፡ ሳቢኢት፡ⁱ እደ፡ʲ ዚአሁ፡ እምፕወፀκእደ፡ˡ ብርሃኑ፡ᵐ ። 6 ወበዕለታ፡ᵃ ይነሥእ፡ᵇ ሳብዐ፡ᶜ እደᵈ ወመንፈቀ፡ ብርሃኑ፡ᶠ ይከውን፡ᵍ ብርሃኑ፡ʰ ፯ⁱወፀʲእደ፡ᵏ አሐቲ፡ˡ ወመንፈቃᵐ፡ የዐርብ፡ ምስለ፡ ፀሐይ፡ ። 7 ወሰበ፡ ይሠርቃ፡ᵃ ፀሐይ፡ᵇ ይሠርቅ፡ᶜ ወርኅ፡ᵈ ምስሌሁ፡ ወይነሥእ፡ᵉ መንፈቀ፡ᶠ እደᵍ ብርሃነ፡ʰ ወበዕለቲ፡ ሌሊት፡ⁱ በርእስ፡ʲ ጽባሕ፡ᵏ ዚአሁ፡ በቅድመ፡ ዕለቱ፡ˡ ለወርኅ፡ᵐ የዓርብ፡ⁿ ወርኅ፡ᵒ ምስለ፡ ፀሐይ፡ᵖ ወይፀልምᑫ በዕለቲ፡ ሌሊት፡ʳ ፯ˢወፀʰእደᵘ ወ(መ)ንፉቃ፡ᵛ ። 8 ወይሠርቃ፡ᵃ በዕለቲ፡ ዕለት፡ᵇ ፯ᶜእደᵈ ጥንቁቀ፡ᵉ ወይወፅእ፡ᶠ ወይፀንጎᵍ እምሥራቅ፡ʰ ፀሐይ፡ⁱ ወያበርህʲ በተረፈ፡ᵏ ዕለቱ፡ˡ ፯ᵐወፀⁿእደዮ ።

73.3 ᵏ ከነ : *G impf 3ms*, to be ˡ ሳብዓይ : seventh ᵐ እደ : part ⁿ ብርሃን : light ᵒ *ፀሐይ : sun ᵖ ሠረቀ : *G impf 3ms*, to rise **73.4** ᵃ ርእስ : beginning ᵇ ጽባሕ : east ᶜ ወፅአ : *G impf 3ms*, to go out, rise ᵈ ፴ : 30th ᵉ ጽባሕ : morning ᶠ ዕለት : day ᵍ አስተርአየ : *CGt impf 3ms*, to appear ʰ ከነ : *G impf 3ms*, to become ⁱ ርእስ : beginning ʲ ወርኅ : month ᵏ ፴ : 30th ˡ ጽባሕ : morning ᵐ *ፀሐይ : sun ⁿ ኖኀት : gate ᵒ ወፅአ : *G impf 3ms*, to go out, rise ᵖ *ፀሐይ : sun **73.5** ᵃ መንፈቅ : half ᵇ ርሑቅ : far, distant ᶜ ፯ : 7th ᵈ እደ : part ᵉ ፩ : 1 ᶠ ከበብ : disk ᵍ በሐ : emptiness ʰ ብርሃን : light ⁱ *ሳብዕ : seventh ʲ እደ : part ᵏ ፐወፀ : 14 ˡ እደ : part ᵐ ብርሃን : light **73.6** ᵃ ዕለት : day ᵇ *ነሥአ : *G impf 3ms*, to receive ᶜ ሳብዓይ : seventh ᵈ እደ : part ᵉ መንፈቅ : half ᶠ ብርሃን : light ᵍ ከነ : *G impf 3ms*, to be ʰ ብርሃን : light ⁱ ፯ : 7th ʲ ፯ : 7th ᵏ እደ : part ˡ አሐቲ : one (fem.) ᵐ መንፈቅ : half ⁿ *ዐርብ / ዐረበ : *G impf 3ms*, to set (የዐርብ) ᵒ *ፀሐይ : sun **73.7** ᵃ ሠረቀ : *G impf 3ms*, to rise ᵇ *ፀሐይ : sun ᶜ ሠረቀ : *G impf 3ms*, to rise ᵈ ወርኅ : moon ᵉ ነሥአ : *G impf 3ms*, to receive ᶠ መንፈቅ : half ᵍ እደ : part ʰ ብርሃን : light ⁱ ሌሊት : night ʲ ርእስ : beginning ᵏ ጽባሕ : morning ˡ ዕለት : day ᵐ ወርን : moon ⁿ ዐርብ / ዐረበ : *G impf 3ms*, to set (የዐርብ) ᵒ ወርኅ : moon ᵖ *ፀሐይ : sun ᑫ *ጸልመ / ጸልም : *G impf 3ms*, to grow dark (ይጸልም) ʳ ሌሊት : night ˢ ፯ : 6 ᵗ ፯ : 7 ᵘ እደ : parts ᵛ ንፍቅ : half **73.8** ᵃ ሠረቀ : *G impf 3ms*, to rise ᵇ ዕለት : day ᶜ ፯ : 7th ᵈ እደ : part ᵉ ጥንቁቅ : exactly ᶠ ወፅአ : *G impf 3ms*, to go out ᵍ *ጸነ / ጸነነ : *G impf 3ms*, to recede (ይጸንን) ʰ እምሥራቅ : east ⁱ *ፀሐይ : sun ʲ አብርሀ : *CG impf 3ms*, to give light ᵏ ተረፍ : remainder ˡ ዕለት : day ᵐ ፯ : 6 ⁿ ፯ : 7 ᵒ እደ : part

74

1 ወካልአᵃ : ምሕዋረᵇ : ወትዛዛᶜ : ርኢኩᵈ : ሎቱ : እንተ : በውእቱ : ትዛዛᵉ : ይገብርᶠ : ምሕዋርᵍ : ዘአውራኅᵖ :: 2 ወኰሎ : አርአየኒᵃ : ኡርኤል : መልአከᵇ : ቅዱስᶜ : ዘውእቱ : መራኒሆሙᵈ : ለኵሎሙ : ወምንባሪሆሙᵉ : ጸሐፍኩᶠ : በከመ : አርአየኒᵍ : ወጸሐፍኩʰ : አውራኂሆሙⁱ : በከመ : ሀለዉʲ : ወርእየᵏ : ብርሃኖሙˡ : እስከ : ተፈጸመᵐ : ፲ወ፭ⁿመዋዕልᵒ :: 3 በ፩ᵃ፯ᵇ፯ᶜእድᵈ : ይፌጽምᵉ : ኵሎ : ጽልመቶᶠ : ወበ፯ᵍ፯ʰእድⁱ : ይፌጽምʲ : ኵሎ : ብርሃነᵏ : በምሥራቅˡ : ወበዕራብᵐ :: 4 ወለአውራኅᵃ : እሙራትᵇ : ይዴልጾᶜ : ምዕራባቲᵈ : ወለአውራኅᵉ : እሙራትᶠ : የሐውርᵍ : ምሕዋሩʰ : ፯፯ⁱ :: 5 በ፩ᵃወርኅᵇ : የዓርብᶜ : ምስለ : ፀሐይᵈ : በሎ : ክ፪ᵉኃዋኅውᶠ : እለ : በማእከል : በዛልስትᵍ : ወበራብዕትʰ : ኆኅትⁱ :: 6 ይወፅእᵃ : ሰቡአᵇ : መዋዕለᶜ : ወየአውድᵈ : ወይገብእᵉ : ካዕበᶠ : በኆኅትᵍ : እንተ : ይወፅእʰ : ፀሐይⁱ : ወበውእቱ : ይፌጽምʲ : ኵሉ : ብርሃኖᵏ : ወይጸንንˡ : እምፀሐይᵐ : ወይበውእⁿ : ሰሙኖ : መዋዕለᵖ : በሳድስትᑫ : ኆኅትʳ : እንተ : እምኔሃ : ይወፅእˢ : ፀሐይᵗ :: 7 ወሰበ : ፀሐይᵃ :

74.1 ᵃ ካልእ : another ᵇ ምሕዋር : course, orbit ᶜ ትእዛዝ : law ᵈ ርእየ : G perf 1cs, to see ᵉ ትእዛዝ : law ᶠ ገብረ : G impf 3ms, to make ᵍ ምሕዋር : course, orbit ʰ ወርኅ : month **74.2** ᵃ አርአየ : CG perf 3ms, to show ᵇ መልአክ : angel ᶜ ቅዱስ : holy ᵈ *መራሒ : leader ᵉ ምንባር : position ᶠ ጸሐፈ : G perf 1cs, to write ᵍ አርአየ : CG perf 3ms, to show ʰ ጸሐፈ : G perf 1cs, to write ⁱ ወርኅ : month ʲ ሀሎ / ሀለወ : D perf 3mpl, to be ᵏ ርእይ : appearance ˡ ብርሃን : light ᵐ ተፈጸመ : Dt perf 3ms, to be completed ⁿ ፲ወ፭ : 15 ᵒ መዋዕልት : day **74.3** ᵃ ፩ : 1 ᵇ ፯ : 7 ᶜ ፯ : 7 ᵈ እድ : part ᵉ ፈጸመ : D impf 3ms, to make full ᶠ ጽልመት : darkness ᵍ ፯ : 7th ʰ ፯ : 7th ⁱ እድ : part ʲ ፈጸመ : D impf 3ms, to make full ᵏ ብርሃን : light ˡ ምሥራቅ : east ᵐ ምዕራብ : west **74.4** ᵃ ወርኅ : month ᵇ እሙር : appointed ᶜ ወለጠ : D impf 3ms, to change ᵈ ምዕራብ : setting (of the sun) ᵉ ወርኅ : month ᶠ እሙር : appointed ᵍ ሐረ : G impf 3ms, to go ʰ ምሕዋር : course, orbit ⁱ ፯፯ : each **74.5** ᵃ ፪ : 2 ᵇ ወርኅ : month ᶜ ዐርበ / ዐረበ : *G impf 3ms, to set (የዐርብ) ᵈ *ፀሐይ : sun ᵉ ክ፪ : 2 ᶠ ኆኅት : gate ᵍ ዛልስ : third ʰ ራብዕ : fourth ⁱ ኆኅት : gate **74.6** ᵃ ወፅአ : G impf 3ms, to go out, rise ᵇ *ሰቡዕ : seven (days) ᶜ መዋዕልት : day ᵈ *ዖደ : G impf 3ms, to go around (የዐውድ) ᵉ ገብአ : G impf 3ms, to return ᶠ ካዕበ : again ᵍ ኆኅት : gate ʰ ወፅአ : G impf 3ms, to go out, rise ⁱ *ፀሐይ : sun ʲ ፈጸመ : D impf 3ms, to make full ᵏ ብርሃን : light ˡ ጸነ / ጸነነ : G impf 3ms, to recede ᵐ *ፀሐይ : sun ⁿ በአ : G impf 3ms, to enter ᵒ ሰሙን : eight ᵖ መዋዕልት : day ᑫ ሳድስ : sixth ʳ ኆኅት : gate ˢ ወፅአ : G impf 3ms, to go out, rise ᵗ *ፀሐይ : sun **74.7** ᵃ *ፀሐይ : sun

1 Enoch 74.7–12

ይወፅእ[b] : እምራብዕት[c] : ኆኅት[d] : ይወፅአ[e] : ሰቡአ[f] : መዋዕለ[g] : እስከ : ይወፅእ[h] : እምነ :
ኃምስት[i] : ወካዕበ[j] : ይገብእ[k] : ሰቡአ[l] : መዋዕለ[m] : በኆኅት[n] : ራብዕ[o] : ወይፌጽም[p] : ኵሎ :
ብርሃና[q] : ወይጸንን[r] : ወይበውእ[s] : በቀዳሚት[t] : ኆኅት[u] : ሰሙን[v] : መዋዕለ[w] : 8 ወካዕበ[a]
: ይገብእ[b] : ሰቡአ[c] : መዋዕለ[d] : በራብዕት[e] : ኆኅት[f] : እንተ : እምኔሃ : ይወፅእ[g] : ፀሐይ[h] ::
9 ከመዝ[a] : ርኢኩ[a] : ምንባሮሙ[b] : በከመ : ሰርዐት[c] : አውራኂሆሙ[d] : ይሠርቅ[e] : ወያዐርብ[f]
: ፀሐይ[g] :: 10 ወበእማንቱ[a] : መዋዕል[a] : ይትዌስክ[b] : ፭ዕ[c]ለመዋዕልት : ወይበጽሐ[d] : ለሐዋዕ[e] :
፴[f]መዋዕለ[g] : ወኵሎሙ : መዋዕላት[h] : ይበጽሕ[i] : ለዓመት[j] : ፫[k]እምእልኩ : ፫[l]ዐመት[m] :
ተመሊአሙ[n] : ይከውኖ : ፫፻፷፬[p]ወረቡአ[p] : መዋዕለ[q] :: 11 ወይበጽሕ[a] : ምብጻሒሆሙ[b]
: ለፀሐይ[c] : ወለከዋክብት[d] : ስሉ[e] : መዋዕል[f] : እምኔጸአመታተሆ[h] : በበስሉ[i] : ይበጽሐሙ[j] :
፭[k]ዐለት[l] : ወየሐፅፅ[m] : እምፀሐይ[n] : ወእምከዋክብት[o] : ወርኅ[p] : ፴[q]መዋዕለ[r] :: 12 ወርኃ[a]
: ያመጽአሙ[b] : ለዓመታት[c] : ጥንቁቀ[d] : ኵሎሙ : ከመ : ምንባሪሆሙ[e] : ለዓለም[f] : ኢይበድሩ[g]
: ወኢይደኃሩ[h] : አሐተ[i] : ዕለተ[j] : አላ : ይዌልጡ[k] : ዓመተ[l] : በጽድቅ[m] : ጥንቁቀ[n] : በበ፫፻፷[o] :

74.7 [b] ወፅአ : *G impf 3ms, to go out, rise* [c] ራብዕ : *fourth* [d] ኆኅት : *gate* [e] ወፅአ : *G impf 3ms, to go out, rise* [f] *ሰቡዕ : seven* [g] መዋዕልት : *day* [h] ወፅአ : *G impf 3ms, to go out, rise* [i] ኃምስ : *fifth* [j] ካዕበ : *again* [k] ገብአ : *G impf 3ms, to return* [l] *ሰቡዕ : seven* [m] መዋዕልት : *day* [n] ኆኅት : *gate* [o] ራብዕ : *fourth* [p] ፈጸመ : *D impf 3ms, to make full* [q] ብርሃን : *light* [r] ጸነ / ጸነነ : *G impf 3ms, to recede* [s] ቦአ : *G impf 3ms, to enter* [t] ቀዳሚ : *first* [u] ኆኅት : *gate* [v] ሰሙን : *eight* [w] መዋዕልት : *day* 74.8 [a] ካዕበ : *again* [b] ገብአ : *G impf 3ms, to return* [c] *ሰቡዕ : seven* [d] መዋዕልት : *day* [e] ራብዕ : *fourth* [f] ኆኅት : *gate* [g] ወፅአ : *G impf 3ms, to go out, rise* [h] *ፀሐይ : sun* 74.9 [a] ርእየ : *G perf 1cs, to see* [b] ምንባር : *position* [c] *ሠርዐት : manner* [d] ወርኅ : *moon* [e] ሠረቀ : *G impf 3ms, to rise* [f] *ዐርበ / ዐረበ : G impf 3ms, to set (የዐርብ)* [g] *ፀሐይ : sun* 74.10 [a] መዋዕልት : *day* [b] ተወስከ : *Dt impf 3ms, to be added* [c] ፭ : *5* [d] በጽሐ : *G impf 3ms, to reach* [e] *ፀሐይ : sun* [f] ፴ : *30* [g] መዋዕልት : *day* [h] መዋዕልት : *day* [i] በጽሐ : *G impf 3mpl, to result* [j] ዓመት : *year* [k] ፫ : *1* [l] ፫ : *5* [m] ዐመት : *year* [n] ተመልአ : *Gt act part, to be completed* [o] ኮነ : *G impf 3mpl, to be* [p] *ፈወጸወረቡአ : 364* [q] መዋዕልት : *day* 74.11 [a] በጽሐ : *G impf 3ms, to reach* [b] ምብጻሕ : *place of arrival, destination* [c] *ፀሐይ : sun* [d] ኮከብ : *star* [e] ስሉ : *six* [f] መዋዕልት : *day* [g] ፭ : *5* [h] ዓመት : *year* [i] ስሉ : *six* [j] በጽሐ : *G impf 3ms, to reach* [k] ፴ : *30* [l] ዕለት : *day* [m] *ሐጸጸ / ሐጸ : G impf 3ms, to be behind (የሐጽጽ)* [n] *ፀሐይ : sun* [o] ኮከብ : *star* [p] ወርኅ : *moon* [q] ፴ : *30* [r] መዋዕልት : *day* 74.12 [a] ወርኅ : *moon* [b] አምጽአ : *CG impf 3ms, to bring about* [c] ዓመት : *year* [d] ጥንቁቅ : *exactly* [e] ምንባር : *position* [f] ዓለም : *eternity* [g] በደረ : *G impf 3mpl, to be early* [h] ተደንጎ / ተደንጎየ : *Dt impf 3mpl, to be late (ኢይደኃሩ)* [i] አሐቲ : *one (fem.)* [j] ዕለት : *day, time* [k] ወለጠ : *D impf 3mpl, to change* [l] ዓመት : *year* [m] ጽድቅ : *righteousness, justice* [n] ጥንቁቀ : *exactly*

ወጼወረቡዕ፡ መዋዕልᵖ ፨ 13 ለ፫ᵃᵠዓምᵇ፡ መዋዕሊሁᶜ፡ ፲፻ወ፱ወ፪ᵈ፡ ወለ፭ምስቱᵉ፡ ዓመትᶠ፡ ፲፰፻ወ፳ወ፩ᵍመዋዕልʰ፡ ከመ፡ ይኩንⁱ፡ ለ፭ⁱዓመትᵏ፡ ፳ወ፱፻ወ፲ወ፪ˡመዋዕልᵐ ፨ 14 ለዐርዓᵃ፡ ለባሕቲቱ፡ ይበጽሕᵇ፡ መዋዕሊሁᶜ፡ ለ፭ᵈᵃዓምᵉ፡ ፲፻ወ፷ወ፪ᶠመዋዕልᵍ፡ ወለዓመትʰ፡ ፭ⁱ፡ የሐፀጂ፡ ፶ᵏመዋዕልˡ፡ እስመ፡ ይትዌሰክᵐ፡ በጸአቱⁿ፡ ዲበ፡ ፷ወ፪°መዋዕልᵖ ፨ 15 ወይከውንᵃ፡ ለ፭ᵇዓምᶜ፡ ፲፻ወ፯፻ወ፸ᵈመዋዕልᵉ፡ ከመ፡ ይኩንᶠ፡ ለዐርዓᵍ፡ ለ፭ʰዓመትⁱ፡ መዋዕሊሁⁱ፡ ፳፻ወ፰፻ወ፴ወ፪ˡ መዋዕል ፨ 16 እስመ፡ ሕፀፀ፡ ለ፭ᵇዓመትᶜ፡ መዋዕሉᵈ፡ ፹ᵉወኩሎሙ፡ መዋዕልᶠ፡ ዘሐፀፀᵍ፡ እም፭ʰዓምⁱ፡ መዋዕሊⁱ፡ ፹ᵏ ፨ 17 ወይትፈጸምᵃ፡ ዓመትᵇ፡ በጽድቅᶜ፡ በከመ፡ መንበሩᵈ፡ ዚአሆሙ፡ ወመንበረᵉ፡ ፀሐይᶠ፡ እለ፡ ይሠርቁᵍ፡ እምነ፡ ኆኃትʰ፡ እለ፡ እምኔሆሙ፡ ይሠርቁⁱ፡ ወየዓርብⁱ፡ መዋዕለᵏ፡ ፴ˡ ፨

75

1 ወመራኅያንᵃሆሙ፡ ለአርእስተᵇ፡ አእላፍᶜ፡ እለ፡ ዲበ፡ ኩሉ፡ ፍጥረትᵈ፡ ወዲበ፡ ኩሉ፡ ከዋክብትᵉ፡ ወምስለ፡ ፬ᶠእለ፡ ይትዌሰኩᵍ፡ ወኢይትሌለዩʰ፡ እምንባሮሙⁱ፡ በከመ፡ ኩሉ፡

74.12 °፫፻: ወጼወረቡዕ: 364 ᵖመዓልት: day 74.13 ᵃ፫: 3 ᵇዓም: year ᶜመዓልት: day ᵈ፲፻ወ፱ወ፪: 1092 ᵉ*ኀምስቱ: five ᶠዓመት: year ᵍ፲፰፻ወ፳ወ፪: 1820 ʰመዓልት: day ⁱከነ: G juss 3ms, to be ⁱ፭: 8 ᵏዓመት: year ˡ፳ወ፱፻ወ፲ወ፪: 2912 ᵐመዓልት: day 74.14 ᵃወርኀ: moon ᵇበጽሐ: G impf 3ms, to reach ᶜመዓልት: day ᵈ፫: 3 ᵉዓም: year ᶠ፲፻ወ፪: 1062 ᵍመዓልት: day ʰዓመት: year ⁱ፭: 5 ⁱ*ሐጸጸ / ሐጸ G impf 3ms, to be behind (የሐጽጽ) ᵏ፶: 50 ˡመዓልት: day ᵐተወሰከ: Dt impf 3ms, to be behind ⁿ*ፀአት: rising °፳ወ፪: 62 ᵖመዓልት: day 74.15 ᵃከነ: G impf 3ms, to be ᵇ፭: 5 ᶜዓም: year ᵈ፲፻ወ፯፻ወ፸: 1770 ᵉመዓልት: day ᶠከነ: G juss 3ms, to be ᵍወርኀ: moon ʰ፭: 8 ⁱዓመት: year ⁱመዓልት: day ᵏ፳፻ወ፰፻ወ፴ወ፪: 2832 ˡመዓልት: day 74.16 ᵃ*ሐጸጸ: loss ᵇ፭: 8 ᶜዓመት: year ᵈመዓልት: day ᵉ፹: 80 ᶠመዓልት: day ᵍ*ሐጸጸ / ሐጸ: G perf 3ms, to be behind (ሐጸጸ) ʰ፭: 8 ⁱዓም: year ⁱመዓልት: day ᵏ፹: 80 74.17 ᵃተፈጸመ: Dt impf 3ms, to be completed ᵇዓመት: year ᶜጽድቅ: righteousness, justice ᵈመንበር: position ᵉመንበር: position ᶠ*ፀሐይ: sun ᵍሠረቀ: G impf 3mpl, to rise ʰኆኃት: gate ⁱሠረቀ: G impf 3ms, to rise ⁱዐርበ / ዐረበ: *G impf 3ms, to set (የዐርብ) ᵏመዓልት: day ˡ፴: 30

75.1 ᵃ*መራሒ: leader ᵇርእስ: head ᶜእልፍ: one thousand ᵈፍጥረት: creation ᵉከከብ: star ᶠ፬: 4 ᵍተወሰከ: Dt impf 3mpl, to be added ʰተሌለየ: Lt impf 3mpl, to be separated ⁱምንባር: position

1 Enoch 75.1-5

ሐሳብʲ ፡ ዓመትᵏ ፡ ወእሉ ፡ ይትቀነዩˡ ፡ p̄ᵐመዋዕልⁿ ፡ እለ ፡ ኢይትሐሰቡᵒ ፡ በሐሳብᵖ ፡ ዓመትᑫ ። 2 ወበእንቲአሆሙ ፡ ይጌግዩᵃ ፡ ቦሙ ፡ ሰብእᵇ ፡ እስመ ፡ እሙንቱ ፡ ብርሃናትᶜ ፡ ይትቀነዩᵈ ፡ በጽድቀ ፡ በምንባረᶠ ፡ ዓለምᵍ ፡ p̄ᵏበቀዳሚⁱ ፡ ኖጎትʲ ፡ ወᵏበሰድስˡ ፡ ኖጎትᵐ ፡ ወይትፌጸምⁿ ፡ ጥንቃቄᵒ ፡ ዓለምᵖ ፡ በp̄p̄ወጬወp̄ዐመንበርʳ ፡ ዓለምˢ ። 3 እስመ ፡ ለትእምርትᵃ ፡ ወለአዝማንᵇ ፡ ወለዓመትᶜ ፡ ወለመዋዕልᵈ ፡ አርአየⁿ ፡ ኡርኤል ፡ መልአክᶠ ፡ ዘእንበሌᵍ ፡ እግዚአʰ ፡ ስብሐትⁱ ፡ ዘለዓለምʲ ፡ ዲበ ፡ ኩሎሙ ፡ ብርሃናትᵏ ፡ ሰማይˡ ፡ በሰማይᵐ ፡ ወበዓለምⁿ ፡ ከመ ፡ ይምልኩᵒ ፡ በገጽᵖ ፡ ሰማይᑫ ፡ ወይትረዐዩʳ ፡ ዲበ ፡ ምድርˢ ፡ ወይኩኑᵗ ፡ መራኅያንᵘ ፡ ለመዓልትᵛ ፡ ወለሌሊትʷ ፡ ፀሐይˣ ፡ ወወርኅʸ ፡ ወከዋክብትᶻ ፡ ወኩሎሙ ፡ ቅንያታትᵃᵃ ፡ እለ ፡ የዓውዱᵇᵇ ፡ በኩሎሙ ፡ ሰረገላተᶜᶜ ፡ ሰማይᵈᵈ ። 4 ከመዝ ፡ p̄ወp̄ᵃኃዋኅወᵇ ፡ አርአየⁿ ፡ ኡርኤል ፡ ርኅወተᵈ ፡ በከበበ ፡ ሰረገላትᶠ ፡ ዘዐሐይᵍ ፡ በሰማይʰ ፡ እለ ፡ እምኔሆሙ ፡ ይወፅእⁱ ፡ እገሪሁ ፡ ለፀሐይʲ ፡ ወእምኔሆሙ ፡ ይወፅእᵏ ፡ ሞቅˡ ፡ ዲበ ፡ ምድርᵐ ፡ ሶበ ፡ ይትረኃዉⁿ ፡ በአዝማኒሆ ፡ እለ ፡ እሙራንᵖ ፡ ቦሙ ። 5 ወለነፋሳትᵃ ፡ ወለመንፈሰᵇ ፡ ጠልᶜ ፡ ሶበ ፡ ይትረኃዉᵈ ፡ በአዝማኒሆᵉ ፡ ርኅወተᶠ ፡ በሰማይᵍ

75.1 ʲ ሐሳብ : reckoning ᵏ ዓመት : year ˡ ተቀንየ : Gt impf 3mpl, to serve ᵐ p̄ : 4 ⁿ መዓልት : day ᵒ ተሐሰበ : Dt impf 3mpl, to be counted ᵖ ሐሳብ : reckoning ᑫ ዓመት : year **75.2** ᵃ ጌገየ : L impf 3mpl, to err, go astray ᵇ ብእሲ : man ᶜ ብርሃን : light ᵈ ተቀንየ : Gt impf 3mpl, to serve ᵉ ጽድቅ : righteousness, justice ᶠ ምንባር : station ᵍ ዓለም : world ʰ p̄ : 1 ⁱ ቀዳሚ : first ʲ ኖጎት : gate ᵏ p̄ : 1 ˡ *ሳድስ : sixth ᵐ ኖጎት : gate ⁿ ተፈጸመ : Dt impf 3ms, to be completed ᵒ ጥንቃቄ : perfect harmony ᵖ ዓለም : world ᑫ p̄p̄ወጬወp̄ : 364 ʳ መንበር : station ˢ ዓለም : world **75.3** ᵃ ትእምርት : sign ᵇ ዘመን : time ᶜ ዓመት : year ᵈ መዓልት : day ᵉ አርአየ : CG perf 3ms, to show ᶠ መልአክ : angel ᵍ አንበረ : CG perf 3ms, to place ʰ እግዚአ : Lord ⁱ ስብሐት : glory ʲ ዓለም : eternity ᵏ ብርሃን : light ˡ ሰማይ : heaven ᵐ ሰማይ : heaven ⁿ ዓለም : world ᵒ መለከ : G juss 3mpl, to rule ᵖ ገጽ : face ᑫ ሰማይ : heaven ʳ ተርእየ : Gt juss 3mpl, to appear (ይትረአዩ) ˢ ምድር : earth ᵗ ኮነ : G juss 3mpl, to be ᵘ *መራሒ : leader ᵛ መዓልት : day ʷ ሌሊት : night ˣ *ፀሐይ : sun ʸ ወርኅ : moon ᶻ ከዋክብ : star ᵃᵃ ቅንያት : service ᵇᵇ ዖደ : *G impf 3mpl, to go around (የዐውዱ) ᶜᶜ ሰረገላ : chariot ᵈᵈ ሰማይ : heaven **75.4** ᵃ p̄ወp̄ : 12 ᵇ ኖጎት : gate ᶜ አርአየ : CG perf 3ms, to show ᵈ ርኅው : open ᵉ ከበብ : disk ᶠ ሰረገላ : chariot ᵍ *ፀሐይ : sun ʰ ሰማይ : heaven ⁱ ወፅአ : G impf 3mpl, to go out ʲ እገር : ፀሐይ : ray of sunlight ᵏ ወፅአ : G impf 3ms, to go out ˡ ሞቅ : heat ᵐ ምድር : earth ⁿ ተርኅወ : Gt impf 3mpl, to be opened (ይትረኃዉ) ᵒ ዘመን : time ᵖ አመረ : appointed **75.5** ᵃ ነፋስ : wind ᵇ መንፈስ : spirit ᶜ ጠል : dew ᵈ ተርኅወ : *Gt impf 3mpl, to be opened (ይትረኃዉ) ᵉ ዘመን : time ᶠ ርኁው : open ᵍ ሰማይ : heaven

: ዲበ : አጽናፍʰ :: 6 ⟦ወ⟧ፙ፪ዓዋናውᵇ : ርኂኩᶜ : በሰማይᵈ : በአጽናፈᵉ : ምድርᶠ : እለ : እምኔሆሙ· : ይወፅኡᵍ : ፀሐይʰ : ወርኅⁱ : ወከዋክብትʲ : ወኵሎሙ· : ግብራተᵏ : ሰማይˡ : እምነ : ምሥራቅᵐ : ወእምነ : ምዕራብⁿ :: 7 ወመሳኰ·ᵃ : ርኁዋትᵇ : ብዙኃትᶜ : እምፀጋሙ·ᵈ : ወእምየማኑᵉ : ወአሐቲᶠ : መስኰትᵍ : በዘመንʰ : ዚአሃ : ታመውቅⁱ : ሞቀʲ : ዘሀመ : እልኩ : ኃዋኑ·ᵏ : እለ : ይወፅኡˡ : እምኔሆሙ· : ከዋክብትᵐ : በከመ : አዘዘሙ·ⁿ : ወእለ : በሙ· : የአርቡ·ᵒ : በከመ : ኍልቆሙ·ᵖ :: 8 ወርኂኩᵃ : ሠረገላተᵇ : በሰማይᶜ : እንዘ : ይረውፁᵈ : በዓለመᵉ : እመልዕልቶሙ·ᶠ : ለእልኩ : ኃዋኑᵍ : እለ : ቦሙ· : ይትመየጡ·ʰ : ከዋክብትⁱ : እለ : ኢየአርቡⁿʲ :: 9 ወ⟦አ⟧ዓብዮሙ·ᵇ : ለኵሎሙ· : ወውእቱ : የዓውድᶜ : ለኵሉ : ዓለምᵈ ::

76

1 ወበአጽናፈᵃ : ምድርᵇ : ርኂኩᶜ : ዓሠሩ : ወ⟦ክ⟧ዳዋናወᵉ : ርኁዋተᶠ : ለኵሎሙ· : ነፋሳትᵍ : እለ : እምኔሆሙ· : ይወፅኡʰ : ነፋስትⁱ : ወይነፍሱʲ : ዲበ : ምድርᵏ :: 2 ⟦፫⟧እምኔሆሙ·ᵇ : ርኁዋትᵇ : በገጽᶜ : ሰማይᵈ : ወ⟦፫⟧በምዕርብᶠ : ወ⟦፫⟧በየማንᵍ : ሰማይⁱ : ወ⟦፫⟧በፀጋምᵏ :: 3 ወ⟦፫⟧ቀዳምያትᵇ :

75.5 ʰ ጽንፍ : end, extremity 75.6 ᵃ ⟦ወ⟧፪ : 12 ᵇ ኆኅት : gate ᶜ ርእየ : G perf 1cs, to see ᵈ ሰማይ : heaven ᵉ ጽንፍ : end, extremity ᶠ ምድር : earth ᵍ ወፅአ : G impf 3mpl, to go out ʰ *ፀሐይ : sun ⁱ ወርኅ : moon ʲ ከዋክብ : star ᵏ ግብር : work ˡ ሰማይ : heaven ᵐ ምሥራቅ : east ⁿ ምዕራብ : west 75.7 ᵃ መስኰት : window ᵇ ርኁ· : open ᶜ ብዙኃ : many ᵈ ፀጋም : left ᵉ የማን : right ᶠ አሐቲ : one (fem.) ᵍ መስኰት : window ʰ ዘመን : time ⁱ አሞቀ : CG impf 3fs, to heat ʲ ሞቅ : heat ᵏ ኆኅት : gate ˡ ወፅአ : G impf 3mpl, to go out ᵐ ከዋክብ : star ⁿ አዘዘ : D perf 3ms, to command ᵒ *ዐርበ / ዐርብ : G impf 3mpl, to set (የዐርቡ·) ᵖ ኍልቁ : number 75.8 ᵃ ርእየ : G perf 1cs, to see ᵇ ሠረገላ : chariot ᶜ ሰማይ : heaven ᵈ *ሮጸ : G impf 3mpl, to run (ይረው·ፁ·) ᵉ ዓለም : world ᶠ መልዕልት : above ᵍ ኆኅት : gate ʰ ተመየጠ / ተሜጠ : Gt impf 3mpl, to return ⁱ ከዋክብ : star ʲ *ዐርበ / ዐርብ : G impf 3mpl, to set (ኢየዐርቡ·) 75.9 ᵃ ፩ : 1 ᵇ ዐብየ : *G impf 3ms, to be bigger (የዐብዮሙ·) ᶜ ዖደ : *G impf 3ms, to go around (የዐው·ድ) ᵈ ዓለም : world

76.1 ᵃ ጽንፍ : end, extremity ᵇ ምድር : earth ᶜ ርእየ : G perf 1cs, to see ᵈ *ዐሥሩ : ወ፪ : twelve ᵉ ኆኅት : gate ᶠ ርኁ· : open ᵍ ነፋስ : wind ʰ ወፅአ : G impf 3mpl, to go out ⁱ ነፋስ : wind ʲ ነፍሰ : G impf 3mpl, to blow ᵏ ምድር : earth 76.2 ᵃ ፫ : 3 ᵇ ርኁ· : open ᶜ ገጽ : presence ᵈ ሰማይ : heaven ᵉ ፫ : 3 ᶠ ምዕርብ : west ᵍ ፫ : 3 ʰ የማን : right ⁱ ሰማይ : heaven ʲ ፫ : 3 ᵏ ፀጋም : left 76.3 ᵃ ፫ : 3 ᵇ ቀዳሚ : first

1 Enoch 76.3-9

እለ ፡ መንገለ ፡ ጸባሕc ፡ ወፀdመንገለ ፡ መስዕe ፡ ወፀfቢድኀርg ፡ እለ ፡ በፀጋምh ፡ ለመንገለ ፡ አዜብi ፡ ወፀjቢዕረብk ። 4 በፀaእምኔሆሙ ፡ ይወፅኡb ፡ ነፋሳትc ፡ በረከትd ፡ ወሰላምe ፡ ወእምእልሁ ፡ ሰምንቱf ፡ ይወፅኤg ፡ ነፋሳተh ፡ መቅሠፍትi ፡ ሰበ ፡ ይትፌነዉj ፡ ይደመስስዋk ፡ ለኵሉ ፡ ምድርl ፡ ወለማይm ፡ ዘዲቤሃ ፡ ወለኵሎሙ ፡ እለ ፡ የኃድሩn ፡ ዲቤሃ ፡ ወኵሉ ፡ ዘሀሎo ፡ ዲበ ፡ ማይp ፡ ወዲበ ፡ የብስq ። 5 ወይወፅአa ፡ ቀዳማይb ፡ ነፋስc ፡ እምእልኩ ፡ ኃዋኅውd ፡ ዘስሙe ፡ ጸሐይf ፡ በቀዳሚትg ፡ ኆኅትh ፡ እንተ ፡ መንገለ ፡ ጸባሕi ፡ ዘታፀንኝj ፡ ለአዜብk ፡ ይወፅእl ፡ እምኔሃ ፡ ድምሰሴm ፡ የብስn ፡ ወሞቅo ፡ ወሐጉልp ። 6 ወበካልአa ፡ ኆኅትb ፡ ማዕከላይትc ፡ ይወፅእd ፡ ርትዐe ፡ ወይወፅእf ፡ እምኔሃ ፡ ዝናምg ፡ ወፍሬh ፡ ወሰላምi ፡ ወጠልj ፡ ወበሣልስትk ፡ ኆኅትl ፡ እንተ ፡ መንገለ ፡ መስዕm ፡ ይወፅእn ፡ ቆርo ፡ ወየብስp ። 7 ወእምድኅሬ ፡ እሉ ፡ ነፋሳትa ፡ በመንገለ ፡ አዜብb ፡ ይወፅእc ፡ በፀdኆኅትe ፡ ቀዳምያትf ፡ በቀዳሚትg ፡ ኆኅትh ፡ እምኔሆን ፡ እንተ ፡ ትጸንንi ፡ ለመንገለ ፡ ምሥራቅj ፡ ይወፅእk ፡ ነፋስl ፡ ሞቅm ። 8 ወቦኆኅታa ፡ እንተ ፡ ኀቤሃ ፡ ማዕከላትb ፡ ይወፅእc ፡ እምኔሃ ፡ መዓዛd ፡ ሠናይe ፡ ወጠልf ፡ ወዝናምg ፡ ወሰላምh ፡ ወሕይወትi ። 9 ወበሣልሳa ፡ ኆኅትb ፡ እንተ ፡ መንገለ ፡ ምዕራብc ፡ ይወፅእd ፡

76.3 c ጸባሕ : east d ፫ : 3 e መስዕ : north f ፫ : 3 g ድኅር : back, after h ፀጋም : left i አዜብ : south j ፫ : 3 k *ዐረብ : west **76.4** a ፪ : 4 b ወፅአ : G impf 3mpl, to come out c ነፋስ : wind d በረከት : blessing e ሰላም : peace f ሰምንቱ : eight g ወፅአ : G impf 3mpl, to come out h ነፋስ : wind i መቅሠፍት : punishment j ተፈነወ : Dt impf 3mpl, to be sent k ደምሰሰ : G impf 3mpl, to erase, blot out l ምድር : earth m ማይ : water n ኃደረ : *G impf 3mpl, to dwell (የኃድሩ) o ሀሎ / ሀለወ : D perf 3ms, to be p ማይ : water q የብስ : dry land **76.5** a ወፅአ : G impf 3ms, to come out b ቀዳማይ : first c ነፋስ : wind d ኆኅት : gate e ስም : name f ጸሐይ : eastern g ቀዳሚ : first h ኆኅት : gate i ጸባሕ : east j *አጸነ : CG impf 3fs, to incline (intr.) (ታጸንን) k አዜብ : south l ወፅአ : G impf 3ms, to come out m *ድምሳሴ : annihilation n የብስ : dry land o ሞቅ : heat p ሀጉል / ሐጉል : destruction **76.6** a ካልእ : second b ኆኅት : gate c *ማእከላይ : middle d ወፅአ : G impf 3ms, to come out e ርትዐ : uprightness, rectitude f ወፅአ : G impf 3ms, to come out g ዝናም : rain h ፍሬ : fruit i ሰላም : peace j ጠል : dew k ሣልስ : third l ኆኅት : gate m መስዕ : north n ወፅአ : G impf 3ms, to come out o ቆር : cold p የብስ : dry land **76.7** a ነፋስ : wind b አዜብ : south c ወፅአ : G impf 3ms, to come out d ፫ : 3 e ኆኅት : gate f ቀዳሚ : first g ቀዳሚ : first h ኆኅት : gate i ጸነ / ጸነነ : G impf 3fs, to bend (intr.) j ምሥራቅ : east k ወፅአ : G impf 3ms, to come out l ነፋስ : wind m ሞቅ : heat **76.8** a ኆኅት : gate b *ማእከላይ : middle c ወፅአ : G impf 3ms, to come out d *መዐዘ : scent, smell e ሠናይ : pleasing, good f ጠል : dew g ዝናም : rain h ሰላም : peace i ሕይወት : life **76.9** a ሣልስ : third b ኆኅት : gate c ምዕራብ : west d ወፅአ : G impf 3ms, to come out

1 Enoch 76.9-14

እምኔሃ : ጠልᵉ : ወዝናምᶠ : ወአንኮዕᵍ : ወድምሳሴʰ :: **10** ወእምድኅረ : እሉ : ነፋሳትᵃ : ዘመንገለ : መስዕᵇ : ዘስሙᶜ : ባሕርᵈ : እምፔሳብኢያᵉᶠ : ኖኅትᵍ : እንተ : መንገለ : ምሥራቅʰ : ዘታጸንንⁱ : መንገለ : አዜብʲ : ይወፅእᵏ : እምኔሃ : ጠል : ወዝናምᵐ : አናኮዕⁿ : ወድምሳሴᵒ :: **11** ወበማዕከላይትᵃ : ኖኅትᵇ : ርትዕትᶜ : ይወፅእᵈ : እምኔሃ : ዝናምᵉ : ወጠልᶠ : ወሕይወትᵍ : ወሰላምʰ : ወበሣልስⁱ : ኖኅትʲ : እንተ : መንገለ : ምዕራብᵏ : እንተ : ታጸንንˡ : ለመስዕᵐ : ይወፅእⁿ : እምኔሃ : ጊሜᵒ : ወአስሐትያᵖ : ወሐመዳᑫ : ወዝናምʳ : ወጠልˢ : ወአናኮዕᵗ :: **12** ወእምድኅረ : እሉ : ፬ⁿነፋሳትᵇ : እለ : መንገለ : ምዕራብᶜ : በቀዳሚትᵈ : ኖኅትᵉ : እንተ : ታጸንንᶠ : ለመንገለ : መስዕᵍ : ወእምኔሃ : ይወፅእʰ : ጠልⁱ : ወዝናምʲ : ወአስሐትያᵏ : ወቍርˡ : ወሐመዳᵐ : ወደድክⁿ :: **13** ወእም : ኖኅትᵃ : ማዕከላይትᵇ : ይወፅእᶜ : ጠልᵈ : ወዝናምᵉ : ሰላምᶠ : ወበረከትᵍ : ወበደጋሪትʰ : ኖኅትⁱ : እንተ : መንገለ : አዜብʲ : ይወፅእᵏ : እምኔሃ : የብስˡ : ወድምሳሴᵐ : ዋዐይⁿ : ወኀጕልᵒ :: **14** ወተፈጸማᵃ : ዐሥሩ : ወክልኤኃኖውᶜ : ዘḏወቃዋዐʷ : ሰማይᶠ : ወኩሉ : ትዛዘሙᵍ : ወኵሉ : መቅሠፍቶሙʰ : ወሰላሞሙⁱ : ኵሉ : አርኣይኩክʲ : ወልድየᵏ : ማቱሳላ ::

76.9 ᵉ ጠል : dew ᶠ ዝናም : rain ᵍ አናኮዕ : locust ʰ ድምሳሴ : annihilation **76.10** ᵃ ነፋስ : wind ᵇ መስዕ : north ᶜ ስም : name ᵈ ባሕር : sea ᵉ ፔ : 3 ᶠ *ሳብዓይ : seventh ᵍ ኖኅት : gate ʰ ምሥራቅ : east ⁱ አጸነ : CG impf 3fs, to incline (intr.) ʲ አዜብ : south ᵏ ወፅአ : G impf 3ms, to come out ˡ ጠል : dew ᵐ ዝናም : rain ⁿ አናኮዕ : locust ᵒ ድምሳሴ : annihilation **76.11** ᵃ *ማእከላይ : middle ᵇ ኖኅት : gate ᶜ ርቱዕ : right ᵈ ወፅአ : G impf 3ms, to come out ᵉ ዝናም : rain ᶠ ጠል : dew ᵍ ሕይወት : life ʰ ሰላም : peace ⁱ ሣልስ : third ʲ ኖኅት : gate ᵏ ምዕራብ : west ˡ አጸነ : CG impf 3fs, to incline (intr.) ᵐ መስዕ : north ⁿ ወፅአ : G impf 3ms, to come out ᵒ ጊሜ : mist ᵖ አስሐትያ : frost ᑫ ሐመዳ : snow ʳ ዝናም : rain ˢ ጠል : dew ᵗ አናኮዕ : locust **76.12** ᵃ ፬ : 4 ᵇ ነፋስ : wind ᶜ ምዕራብ : west ᵈ ቀዳሚ : first ᵉ ኖኅት : gate ᶠ አጸነ : CG impf 3fs, to incline (intr.) ᵍ መስዕ : north ʰ ወፅአ : G impf 3ms, to come out ⁱ ጠል : dew ʲ ዝናም : rain ᵏ አስሐትያ : frost ˡ ቍር : cold ᵐ ሐመዳ : snow ⁿ ደድክ : frost **76.13** ᵃ ኖኅት : gate ᵇ *ማእከላይ : middle ᶜ ወፅአ : G impf 3ms, to come out ᵈ ጠል : dew ᵉ ዝናም : rain ᶠ ሰላም : peace ᵍ በረከት : blessing ʰ ደጋሪ : last ⁱ ኖኅት : gate ʲ አዜብ : south ᵏ ወፅአ : G impf 3ms, to come out ˡ የብስ : dry land ᵐ ድምሳሴ : annihilation ⁿ ዋዐይ : burning heat ᵒ *ሀጕል / ሐጕል : destruction **76.14** ᵃ ተፈጸመ : Dt perf 3fpl, to be completed ᵇ *ዐሥሩ : ወ፪ : twelve ᶜ ኖኅት : gate ᵈ ፬ : 4 ᵉ ኖኅት : gate ᶠ ሰማይ : heaven ᵍ *ትእዛዝ : law ʰ መቅሠፍት : punishment ⁱ ሰላም : benefit ʲ አርአየ : CG perf 1cs, to show ᵏ ወልድ : son

77

1 ይጼውዕ[a] : ለነፋስ[b] : ቀዳማዊ[c] : ጽባሐዊ[d] : እስመ : ቀዳማዊ[e] : ውእቱ : ወይጼውዕ[f] : ለካልእ[g] : አዜብ[h] : እስመ : ልዑል[i] : ህየ : ይወርድ[j] : ወፈድፋደ[k] : ህየ : ይወርድ[l] : ቡሩክ[m] : ለዓለም[n] :: 2 ወለነፋስ[a] : ዘምዕራብ[b] : ስሙ[c] : ንቱግ[d] : እስመ : በህየ : የሐጽጹ[e] : ኵሉ : ብርሃናት[f] : ሰማይ[g] : ወይወርዱ[h] :: 3 ወራብዕ[a] : ነፋስ[b] : ዘሰሜን[c] : መስዕ[d] : ይትከፈል[e] : ፫ክፍለ[f] : ወ፩እምኔሆሙ[g] : ማኅደር[i] : ለሰብእ[j] : ወካልእ[k] : ለአብሕርት[l] : ማያት[m] : ወበቀላያት[n] : ወበአም : ወበአፍላግ : ወበጽልመት[q] : ወጊሜ[r] : ወሣልስ[s] : ክፍል[t] : በገነተ[u] : ጽድቅ[v] :: 4 ፬እአብራ[b] : ነዋኅ[c] : ርኢኩ[d] : እለ : ይነውሁ[e] : እምኵሉ : አድባር[f] : እለ : ውስተ : ምድር[g] : ወእምኔሆሙ : ይወፅእ[h] : አስሐትዮ[i] : ወየኀልፉ[j] : ወየሐውር[k] : መዋዕል[l] : ወዘመን[m] : ወአመት[n] :: 5 ፯አፍላግ[b] : ዲበ : ምድር[c] : ርኢኩ[d] : ዓቢየተ : እምኵሎሙ : አፍላግ[f] : ፩እምኔሆሙ[g] : ይመጽእ[h] : እምዓርብ[i] : ውስተ : ባሕር[j] : ዓቢይ[k] : ይክዑ[l] : ማዮ[m] :: 6 ወእልክቱ : ክ፪ይመጽኡ[b] : እመስዕ[c] : እስከ : ባሕር[d] : ወይክዕዉ[e] : ማዮሙ[f] : በባሕረ[g]

77.1 [a] *ጸው*ዐ : D impf 3mpl, to call (ይጼውዕዎ) [b] ነፋስ : wind [c] ቀዳማዊ : first [d] ጽባሐፊ : eastern [e] ቀዳማዊ : first [f] *ጸው*ዐ : D impf 3mpl, to call (ይጼውዕዎ) [g] ካልእ : second [h] አዜብ : south [i] ልዑል : Most High [j] ወረደ : G impf 3ms, to go down [k] ፈድፋደ : particularly [l] ወረደ : G impf 3ms, to go down [m] ቡሩክ : blessed [n] ዓለም : eternity 77.2 [a] ነፋስ : wind [b] ምዕራብ : west [c] ስም : name [d] ንቱግ : waning [e] *ሐጸጸ / ሐጸ : G impf 3mpl, to decrease (intr.) (የሐጽጹ) [f] ብርሃን : light [g] ሰማይ : heaven [h] ወረደ : G impf 3mpl, to go down 77.3 [a] *ራብዕ : fourth [b] ነፋስ : wind [c] ስም : name [d] መስዕ : north [e] ተከፍለ : Gt impf 3ms, to be divided [f] ፫ : 3 [g] ክፍል : part [h] ፩ : first [i] ማኅደር : dwelling place [j] ብእሲ : man [k] ካልእ : second [l] ባሕር : sea [m] ማይ : water [n] *ቀላይ : depth [o] *ዖም : forest [p] ፈለግ : river [q] ጽልመት : darkness [r] ጊሜ : mist [s] ሣልስ : third [t] ክፍል : part [u] ገነት : garden [v] ጽድቅ : righteousness, justice 77.4 [a] ፯ : 7 [b] ደብር : mountain [c] ነዋኅ / ነዊኅ : high [d] ርእየ : G perf 1cs, to see [e] *ነዐ : G impf 3mpl, to be high (ይነውሑ) [f] ደብር : mountain [g] ምድር : earth [h] ወፅአ : G impf 3ms, to come out [i] አስሐትዮ : snow [j] ኃለፈ : *G impf 3mpl, to pass away (የኀልፉ) [k] ሐረ : G impf 3ms, to go [l] መዋዕል : day [m] ዘመን : time [n] *ዓመት : year 77.5 [a] ፯ : 7 [b] ፈለግ : river [c] ምድር : earth [d] ርእየ : G perf 1cs, to see [e] *ዐቢይ : large [f] ፈለግ : river [g] ፩ : 1 [h] መጽአ : G impf 3ms, to come [i] *ዐረብ : west [j] ባሕር : sea [k] *ዐቢይ : great [l] ከዐወ : G impf 3mpl, to pour [m] ማይ : water 77.6 [a] ክ፪ : 2 [b] መጽአ : G impf 3mpl, to come [c] መስዕ : north [d] ባሕር : sea [e] ከዐወ : G impf 3mpl, to pour [f] ማይ : water [g] ባሕር : sea

፡ ኤርትራ ፡ እምሥራቅʰ ። 7 ወእለ ፡ ተርፉᵃ ፡ ፰ᵇይወፅኡᶜ ፡ በገቦᵈ ፡ መስዕᵉ ፡ እስከ ፡ ባሕረፍ ፡ ዚአሆሙ ፡ ባሕረᵍ ፡ ኤርትራ ፡ ወ፰ᵏበባሕርⁱ ፡ ዓቢይʲ ፡ ይሰወጡᵏ ፡ በሀየ ፡ ወይቤሉˡ ፡ መድበርᵐ ። 8 ሰቡአ ፡ ደሰያተᵇ ፡ አቢየተᶜ ፡ ርኢኩᵈ ፡ በባሕረᵉ ፡ ወበምድርᶠ ፡ በምድርᵍ ፡ ክልኤʰ ፡ ወ፰ⁱበባሕርʲ ፡ ዓቢይᵏ ።

78

1 አስማቱᵃ ፡ ለፀሓይᵇ ፡ ከመዝ ፡ ፩ᶜኦርያሪስ ፡ ወካልኡᵈ ፡ ቶማስ ። 2 ወለወርኅᵃ ፡ ፬ᵇአስማተᶜ ፡ ቦቱ ፡ ፩ᵈስሙᵉ ፡ አሰንያ ፡ ወካልእᶠ ፡ እብላ ፡ ወሣልስᵍ ፡ ብናሴ ፡ ወራብዕʰ ፡ ኤራዕ ። 3 እሉ ፡ እሙንቱ ፡ ክልኤᵃ ፡ ብርሃናትᵇ ፡ ዓቢይትᶜ ፡ ከበበሙᵈ ፡ ከመ ፡ ከበበᵉ ፡ ሰማይᶠ ፡ ወአምጣኒሆሙᵍ ፡ ለከልኤሆሙʰ ፡ እሩይⁱ ። 4 በከበበ ፡ ፀሐይᵇ ፡ ፯ᶜክፍለᵈ ፡ ብርሃንᵉ ፡ ዘይትዌሰከᶠ ፡ ቦቱ ፡ አምወርኅᵍ ፡ ወበመስፈርትʰ ፡ ትትወደይⁱ ፡ እስከ ፡ የኀልፍʲ ፡ ሳብዕᵏ ፡ ክፍለˡ ፡ ፀሐይᵐ ። 5 ወየዐርቡᵃ ፡ ወይበውኡᵇ ፡ ውስተ ፡ ኃዋኁᶜ ፡ ምዕራብᵈ ፡ ወየዓዱᵉ ፡ እንተ ፡ መስዕᶠ ፡ ወእንተ ፡ ኃዋኀᵍ ፡ ምሥራቅʰ ፡ ይወፅኡⁱ ፡ ዲበ ፡ ገጽʲ ፡ ሰማይᵏ ። 6 ወሰበ ፡ ይትነሣእᵃ ፡ ወርኅᵇ

77.6 ʰ ምሥራቅ : east **77.7** ᵃ ተርፈ / ተረፈ : G perf 3mpl, to remain ᵇ ፰ : 4 ᶜ ወፅአ : G impf 3mpl, to go out ᵈ ገቦ : side ᵉ መስዕ : north ᶠ ባሕር : sea ᵍ ባሕር : sea ʰ ፪ : 2 ⁱ ባሕር : sea ʲ ዐቢይ : great ᵏ ተሰጠ / ተሰወጠ : Gt impf 3mpl, to be poured out ˡ ብህለ : G perf 3mpl, to say ᵐ መድበር : wilderness **77.8** ᵃ ሰቡዕ : seven ᵇ ደሰት : island ᶜ *ዐቢይ : large ᵈ ርእየ : G perf 1cs, to see ᵉ ባሕር : sea ᶠ ምድር : land ᵍ ምድር : land ʰ *ክልኤ : two ⁱ ፪ : 5 ʲ ባሕር : sea ᵏ *ዐቢይ : great

78.1 ᵃ ስም : name ᵇ *ፀሐይ : sun ᶜ ፩ : 1 ᵈ ካልእ : second **78.2** ᵃ ወርኅ : moon ᵇ ፬ : 4 ᶜ ስም : name ᵈ ፩ : 1 ᵉ ስም : name ᶠ ካልእ : second ᵍ ሣልስ : third ʰ ራብዕ : fourth **78.3** ᵃ ክልኤ : two ᵇ ብርሃን : light ᶜ *ዐቢይ : great ᵈ ከበበ : disk ᵉ ከበበ : disk ᶠ ሰማይ : heaven ᵍ አምጣን : size ʰ ክልኤ : two ⁱ *ዕሩይ : equal **78.4** ᵃ ከበብ : disk ᵇ *ፀሓይ : sun ᶜ ፯ : 7 ᵈ ክፍል : part ᵉ ብርሃን : light ᶠ ተወስከ : Dt impf 3ms, to be added ᵍ ወርኅ : moon ʰ መስፈርት : measure ⁱ ተወድየ : Gt impf 3fs, to be put ʲ ኀለፈ : *G impf 3ms, to pass over (የኀልፍ) ᵏ ሳብዕ : seventh ˡ ክፍል : part ᵐ *ፀሐይ : sun **78.5** ᵃ *ዐርበ / ዐረበ : G impf 3mpl, to set (የዐርቡ) ᵇ ቦአ : G impf 3mpl, to enter ᶜ ጦናት : gate ᵈ ምዕራብ : west ᵉ የደ : *G impf 3mpl, to go around (የወዱ) ᶠ መስዕ : north ᵍ ጦናት : gate ʰ ምሥራቅ : east ⁱ ወፅአ : G impf 3mpl, to go out, rise ʲ ገጽ : face ᵏ ሰማይ : heaven **78.6** ᵃ ተንሥአ : Gt impf 3ms, to rise up ᵇ ወርኅ : moon

/ 140 / 1 Enoch 78.6–8

: ያስተርኢ፡c በሰማይd ፡ ወመንፈቀ ፡ ሳብእf ፡ እደg ፡ ብርሃንh ፡ ይከውን i ፡ ቦቱ ፡ ወለሱዑር ፡
ወረቡዕj ፡ ይፌጽምk ፡ ኩሎ ፡ ብርሃኖl ። 7 ወፐትዓምስታa ፡ ብርሃን ፡ ይትወደይc ፡ ውስቴታ ፡
እስከ ፡ ዓሡር ፡ ወሐምስd ፡ ይትፌጸምe ፡ ብርሃንf ፡ ዚአሁ ፡ ለትእምርተg ፡ ዓመትh ፡ ወይከውን i ፡
፡ ፐትሕምስተj ፡ ወይከውንk ፡ ወርኅl ፡ በመንፈቅm ፡ ሳብእትn ፡ እዶ ። 8 ወበሕፀፀa ፡ ዚአሁ ፡
በቀዳሚትb ፡ ዕለትc ፡ የሐፅፅd ፡ ፲ወ፬እደf ፡ ብርሃነg ፡ ዚአሁ ፡ ወሳኒታh ፡ የሐፅፅ i ፡ ፲ወ፫እደk ፡
: ወበሣልስl ፡ የሐፅፅm ፡ ፲ወ፪እዶo ፡ ወበራብዕp ፡ የሐፅፅq ፡ ፲ወ፩r ፡ ክፍለs ፡ ወኃምስt ፡
የሐፅፅu ፡ ፲ክፍለw ፡ ወበሳድስx ፡ የሐፅፅy ፡ ፱zክፍላaa ፡ ወበሳብዕbb ፡ የሐፅፅcc ፡ ፰ddክፍለee ፡
: ወበሳምንff ፡ የሐፅፅgg ፡ ፯hhክፍላii ፡ ወበታስእjj ፡ የሐፅፅkk ፡ ፮llክፍለmm ፡ ወባዕሥርnn ፡
የሐፅፅoo ፡ ኃምስተpp ፡ ክፍላqq ፡ ወበ፲ወ፩rrየሐፅፅss ፡ ፬ttክፍለuu ፡ ወበ፲ወ፪vvየሐፅፅww ፡
፫xx ፡ ወበ፲ወ፫yyየሐፅፅzz ፡ ክ፪aaaወበ፲ወ፬bbbየሐፅፅccc ፡ መንፈቀddd ፡ ፯eeeእዶfff ፡ ወኩሉ

78.6 ᶜ አስተርአየ : CGt impf 3ms, to appear ᵈ ሰማይ : heaven ᵉ መንፈቅ : half ᶠ *ሳብዕ
: seventh ᵍ እድ : part ʰ ብርሃን : light ⁱ ኮነ : G impf 3ms, to be ʲ *ዐሡር : ወረበዐ :
fourteenth ᵏ ፈጸመ : D impf 3ms, to make full ˡ ብርሃን : light 78.7 ᵃ *ፐትዓምስቱ
: fifteen ᵇ ብርሃን : light ᶜ ተወድየ : Gt impf 3ms, to be put ᵈ *ዐሡር : ወኀምስ :
fifteenth ᵉ ተፈጸመ : Dt impf 3ms, to be filled ᶠ ብርሃን : light ᵍ ትእምርት : sign
ʰ ዓመት : year ⁱ ኮነ : G impf 3ms, to be ʲ *ፐትዓምስቱ : fifteen ᵏ ኮነ : G impf 3ms,
to come into being ˡ ወርኅ : moon ᵐ መንፈቅ : half ⁿ *ሳብዕ : seventh ᵒ እድ : part
78.8 ᵃ *ሐፀፀ : waning ᵇ ቀዳሚ : first ᶜ ዕለት : day ᵈ *ሐፀፀ / ሐፀ : G impf 3ms, to
decrease (intr.) (የሐፅፅ) ᵉ ፲ወ፬ : 14 ᶠ እድ : part ᵍ ብርሃን : light ʰ ሳንዪ : second
ⁱ *ሐፀፀ / ሐፀ : G impf 3ms, to decrease (intr.) (የሐፅፅ) ʲ ፲ወ፫ : 13 ᵏ እድ : part
ˡ ሣልስ : third ᵐ *ሐፀፀ / ሐፀ : G impf 3ms, to decrease (intr.) (የሐፅፅ) ⁿ ፲ወ፪ :
12 ᵒ እድ : part ᵖ ራብዕ : fourth ᵠ *ሐፀፀ / ሐፀ : G impf 3ms, to decrease (intr.)
(የሐፅፅ) ʳ ፲ወ፩ : 11 ˢ ክፍል : part ᵗ ኃምስ : fifth ᵘ *ሐፀፀ / ሐፀ : G impf 3ms, to
decrease (intr.) (የሐፅፅ) ᵛ ፲ : 10 ʷ ክፍል : part ˣ ሳድስ : sixth ʸ *ሐፀፀ / ሐፀ : G impf
3ms, to decrease (intr.) (የሐፅፅ) ᶻ ፱ : 9 ᵃᵃ ክፍል : part ᵇᵇ ሳብዕ : seventh ᶜᶜ *ሐፀፀ
/ ሐፀ : G impf 3ms, to decrease (intr.) (የሐፅፅ) ᵈᵈ ፰ : 8 ᵉᵉ ክፍል : part ᶠᶠ ሳምን :
eighth ᵍᵍ *ሐፀፀ / ሐፀ : G impf 3ms, to decrease (intr.) (የሐፅፅ) ʰʰ ፯ : 7 ⁱⁱ ክፍል
: part ʲʲ *ታስዕ : ninth ᵏᵏ *ሐፀፀ / ሐፀ : G impf 3ms, to decrease (intr.) (የሐፅፅ)
ˡˡ ፮ : 6 ᵐᵐ ክፍል : part ⁿⁿ ዓሥር : tenth ᵒᵒ *ሐፀፀ / ሐፀ : G impf 3ms, to decrease
(intr.) (የሐፅፅ) ᵖᵖ *ኃምስት : five ᵠᵠ ክፍል : part ʳʳ ፲ወ፩ : 11 ˢˢ *ሐፀፀ / ሐፀ : G impf
3ms, to decrease (intr.) (የሐፅፅ) ᵗᵗ ፬ : 4 ᵘᵘ ክፍል : part ᵛᵛ ፲ወ፪ : 12 ʷʷ *ሐፀፀ / ሐፀ
: G impf 3ms, to decrease (intr.) (የሐፅፅ) ˣˣ ፫ : 3 ʸʸ ፲ወ፫ : 13 ᶻᶻ *ሐፀፀ / ሐፀ : G
impf 3ms, to decrease (intr.) (የሐፅፅ) ᵃᵃᵃ ክ፪ : 2 ᵇᵇᵇ ፲ወ፬ : 14 ᶜᶜᶜ *ሐፀፀ / ሐፀ :
G impf 3ms, to decrease (intr.) (የሐፅፅ) ᵈᵈᵈ መንፈቅ : half ᵉᵉᵉ ፯ : 7 ᶠᶠᶠ እድ : part

: ብርሁ፡ggg : በ፲ወ፱hhhዕለትiii : ይትዋዳዕjjj : ዘተረፈkkk : እምኵሉ ። 9 ወበአውራኅa
: እሙራትb : ይከውንc : በ፡ በ ፳ወ፱dመዋዕልe : ለወርኅf : ወቢዜዕ : አም : ፳ወ፰h ።
10 ወካልእታa : ሥርዓትb : አርአየኒc : ኡርኤል : ሶበ : ይትወደይd : ብርሃንe : ውስተ : ወርኅf
: ወእምነበ : ይትወደይg : እምፀሐይh ። 11 ኵሎ : ዘመna : ዘተሐውርb : ወርኅc : በብርሃንd :
ዚአሃe : ትወዲf : በቅድመ : ፀሐይf : እስከ : ፲ወ፬ጸመዋዕልh : ይትፌጸምi : ብርሃናj : ውስተ :
ሰማይk : ወሰበ : ይውዒl : ኵሉ : ይትፌጸምm : ብርሃኑ : ውስተ : ሰማይ ።o 12 ወቀዳሚትa
: ዕለትb : ሠርቅc : ትሰመይd : እስመ : በይእቲ : ዕለትe : ይትነሣእf : ላዕሌሃ : ብርሃንg ።
13 ወይትፌጸምa : ጥንቁቅb : በዕለተc : ይወርድd : ፀሐይe : ውስተ : ዓረብf : ወእምነ :
ምሥራቅg : የዓርግh : በሌሊትi : ወያበርህj : ወርኅk : በኵሉ : ሌሊትl : እስከ : ይሠርቅm :
ፀሐይn : በቅድሜሁ : ወይትረአይo : ወርኅp : በቅድመ : ፀሐይq 14 ወእምነበ : ይወፅአa :
ብርሃኑb : ለወርኅc : እምህየ : ካዕበd : የሐፅፅe : እስከ : ይትዌዳፅf : ኵሉ : ብርሃኑg : ወየኃልፍh :
መዋዕሊi : ወርኁj : ወይነብርk : ከቡበl : በከm : ዘእንበለ : ብርሃን ።n 15 ወ፫aወርኁb : ይገብርc :

78.8 ggg ብርሃን : light hhh ፲ወ፱ : 15 iii ዕለት : day jjj ተወድአ / ተወድዐ : Dt impf 3ms, to come to an end kkk ተርፈ / ተረፈ : G perf 3ms, to be left over, remain 78.9 a ወርኅ : moon b እሙር : appointed c ከነ : G impf 3ms, to be d ፳ወ፱ : 29 e መዓልት : day f ወርኅ : montt g ጊዜ : time h ፳ወ፰ : 28 78.10 a ካልእ : another b *ሥርዐት : law c አርአየ : CG perf 3ms, to show d ተወድየ : Gt impf 3ms, to be put e ብርሃን : light f ወርኅ : moon g ተወድየ : Gt impf 3ms, to be put h ፀሐይ : sun 78.11 a ዘመን : time b ሐረ : G impf 3fs, to go c ወርኅ : moon d *ብርሃን : light e ወደየ : G impf 3fs, to put f *ፀሐይ : sun g ፲ወ፬ : 14 h መዓልት : day i ተፈጸም : Dt impf 3ms, to be full j ብርሃን : light k ሰማይ : heaven l ውዕየ : G impf 3ms, to burn (intr.) m ተፈጸም : Dt impf 3ms, to be full n ብርሃን : light o ሰማይ : heaven 78.12 a ቀዳሚ : first b ዕለት : day c ሠርቅ : day of a new moon d ተሰምየ : Gt impf 3fs, to be called e ዕለት : day f ተንሥአ : Gt impf 3ms, to rise up g ብርሃን : light 78.13 a ተፈጸም : Dt impf 3ms, to be full b ጥንቁቀ : exactly c ዕለት : day d ወረደ : G impf 3ms, to go down e *ፀሐይ : sun f *ዐረብ : west, sunset g ምሥራቅ : east h *ዐርገ : G impf 3ms, to go up (የዐርግ) i ሌሊት : night j አብርሀ : CG impf 3ms, to give light k ወርኅ : moon l ሌሊት : night m ሠረቀ : G impf 3ms, to rise n *ፀሐይ : sun o ተርእየ : Gt impf 3ms, to appear p ወርኅ : moon q *ፀሐይ : sun 78.14 a *ወፅአ : G impf 3ms, to go out, rise b ብርሃን : light c ወርኅ : moon d ካዕበ : again e *ሐጸጸ / ሐጸ : G impf 3ms, to decrease (intr.) (የሐጽጽ) f ተወድአ / ተወድዐ : Dt impf 3ms, to come to an end g ብርሃን : light h ኀለፈ : *G impf 3ms, to pass (የኀልፍ) i መዓልት : day j ወርኅ : moon k ነበረ : G impf 3ms, to remain l ከቡብ : disk m በከ : in vain, for no purpose n ብርሃን : light 78.15 a ፫ : 3 b ወርኅ : month c ገብረ : G impf 3ms, to achieve

ጃᵈመዋዕለ ፡ በዘመነᶠ ፡ ዚአሁ ፡ ወፆወርኅʰ ፡ ይገብርⁱ ፡ በጨወፀʲመዋዕልᵏ ፡ እለ ፡ ቦሙ ፡ ይገብርˡ ፡ ታሕፃሲተᵐ ፡ ዚአሁ ፡ በዘመንⁿ ፡ ቀዳማዊ ፡ ወበኖኅትᵖ ፡ ቀዳማዊᵠ ፡ በመዋዕልʳ ፡ ፻፸፯ˢ ። 16 ወበዘመነᵃ ፡ ሙፃኡᵇ ፡ ፫ᶜወርኅᵈ ፡ ያስተርኢᵉ ፡ በጃᶠመዋዕል፴ ፡ ወ፫ʰወርኅⁱ ፡ ያስተርኢʲ ፡ በጨወፀᵏ ፡ መዋዕልˡ ። 17 በሌሊትᵃ ፡ ያስተርኢᵇ ፡ በጨᶜክመ ፡ ብእሲᵈ ፡ ወመዓልተᵉ ፡ ከመ ፡ ሰማይᶠ ፡ እሰመ ፡ ካልእ፰ ፡ ምንትኒ ፡ አልባቲ ፡ ዘእንበለ ፡ ብርሃንʰ ፡ ዚአሃ ።

79

1 ወይእዜኒᵃ ፡ ወልድየᵇ ፡ ማቱሳላ ፡ አርአይኩክᶜ ፡ ኩሎ ፡ ወተፈጸመᵈ ፡ ኩሉ ፡ ሥርዓተᵉ ፡ ከዋክብተᶠ ፡ ሰማይ፰ ። 2 ወአርአየኩᵃ ፡ ኩሎ ፡ ሥርዓቶሙᵇ ፡ ለኡ ፡ እንተ ፡ በኩሉ ፡ መዋዕልᶜ ፡ ወበኩሉ ፡ ዘመንᵈ ፡ ዘበኩሉ ፡ ሥልጣንᵉ ፡ ወበኩሉ ፡ ዓመትᶠ ፡ ወበሙፃኡ፰ ፡ ወበትእዛዙʰ ፡ በኩሉ ፡ ወርኅⁱ ፡ ወበኩሉ ፡ ሰንበታትʲ ። 3 ወነፀᵃ ፡ ወርኅᵇ ፡ ዘይትገበርᶜ ፡ በሳድስትᵈ ፡ ኖኅተᵉ ፡ እሰመ ፡ በዛቲ ፡ ኖኅትᶠ ፡ ሳድስት፰ ፡ ይትፈጸምʰ ፡ ብርሃንⁱ ፡ ዚአሁ ፡ ወእምኔሁ ፡ ይከውንⁱ ፡ ርእሰᵏ ፡ ወርኅˡ ። 4 ወታሕፃሲትᵃ ፡ ዘይትገበርᵇ ፡ በኖኅትᶜ ፡ ቀዳሚትᵈ ፡ በዘመነᵉ ፡ ዚአሁ ፡ እስከ ፡ ይትፈጸምᶠ ፡ መዋዕል፰ ፡ ፻፸፯ʰወበሥርዓቲⁱ ፡ ሰንበትⁱ ፡ ጨወᵏወፀˡመዋዕልᵐ ።

78.15 ᵈ ጃ : 30 ᵉ መዓልት : day ᶠ ዘመን : time ፰ ፫ : 3 ʰ ወርኅ : month ⁱ ገብረ : G impf 3ms, to achieve ʲ ጨወፀ : 29 ᵏ መዓልት : day ˡ ገብረ : G impf 3ms, to achieve ᵐ *ታሕጸዲት : waning ⁿ ዘመን : time ᵒ *ቀዳማዊ : first ᵖ ኖኅት : gate ᵠ ቀዳማዊ : first ʳ መዓልት : day ˢ ፻፸፯ : 177 **78.16** ᵃ ዘመን : time ᵇ ሙፃእ : going out ᶜ ፫ : 3 ᵈ ወርኅ : month ᵉ አስተርአየ : CGt impf 3ms, to appear ᶠ ጃ : 30 ፰ መዓልት : day ʰ ፫ : 3 ⁱ ወርኅ : month ʲ አስተርአየ : CGt impf 3ms, to appear ᵏ ጨወፀ : 29 ˡ መዓልት : day **78.17** ᵃ ሌሊት : night ᵇ አስተርአየ : CGt impf 3ms, to appear ᶜ ጨ : 20 ᵈ ብእሲ : man ᵉ መዓልት : day ᶠ ሰማይ : heaven ፰ ካልእ : another ʰ ብርሃን : light

79.1 ᵃ ይእዜ : now ᵇ ወልድ : son ᶜ አርአየ : CG perf 1cs, to show ᵈ ተፈጸመ : Dt perf 3ms, to be complete ᵉ *ሠርዐት : law ᶠ ከከብ : star ፰ ሰማይ : heaven **79.2** ᵃ አርአየ : CG perf 3ms, to show ᵇ *ሠርዐት : law ᶜ መዓልት : day ᵈ ዘመን : time ᵉ ሥልጣን : dominion ᶠ ዓመት : year ፰ ሙፃእ : end ʰ ትእዛዝ : command ⁱ ወርኅ : month ʲ ሰንበት : week **79.3** ᵃ *ሐጸጸ : waning ᵇ ወርኅ : moon ᶜ ተገብረ : Gt impf 3ms, to happen ᵈ ሳድስ : sixth ᵉ ኖኅት : gate ᶠ ኖኅት : gate ፰ ሳድስ : sixth ʰ ተፈጸመ : Dt impf 3ms, to be full ⁱ ብርሃን : light ʲ ኮነ : G impf 3ms, to be ᵏ ርእስ : beginning ˡ ወርኅ : month **79.4** ᵃ *ታሕጸዲት : waning ᵇ ተገብረ : Gt impf 3ms, to happen ᶜ ኖኅት : gate ᵈ ቀዳሚ : first ᵉ ዘመን : time ᶠ ተፈጸመ : Dt perf 3ms, to be complete ፰ መዓልት : day ʰ ፻፸፯ : 177 ⁱ *ሠርዐት : manner ʲ ሰንበት : week ᵏ ጨወፀ : 25 ˡ ፪ : 2 ᵐ መዓልት : day

5 ወዘየሐፅፅᵃ : አምፀሐይᵇ : ወበሥርዓተᶜ : ከዋክብትᵈ : ሐሙሰ : መዋዕለᶠ : በዘመንᵍ : ይʰጥንቁቁⁱ : ወሰበ : ይትፈጸምʲ : ዝመካንᵏ : ዘተሬኢˡ ። 6 ከመዝ : አርአያᵃ : ወአምሳልᵇ : አምኮሉ : ብርሃንᶜ : ዘአርአየኒᵈ : ኡርኤል : መልአከᵉ : ዓቢይᶠ : ዘውአቱ : መራኂሆሙᵍ ።

80

1 ወበውአቱ : መዋዕልᵃ : አውሥአኒᵇ : ኡርኤል : ወይቤለኒᶜ : ነዋ : አርአይኩከᵈ : ኩሎ : ሔኖክ : ወኩሎ : ከሠትኩᵉ : ለከ : ትርአየᶠ : ለዝ : ፀሐይᵍ : ወለዝ : ወርኅʰ : ወለአለ : ይመርኅዎሙⁱ : ለከዋክብትʲ : ሰማይᵏ : ወለኩሎሙ : አለ : ይመይጥዎሙˡ : ግብሮሙᵐ : ወአዝማኖሙⁿ : ወሙዓኢሆሙᵒ ። 2 ወበመዋዕለᵃ : ኃጥአንᵇ : ከራማትᶜ : የሐፅራᵈ : ወዘርአᵉ : ዚአሆሙ : ይከውንᶠ : ድኃፄᵍ : በምድሮሙʰ : ወገሙፋርሙⁱ : ወኩሉ : ግብርʲ : ዘዲበ : ምድርᵏ : ይትሜየጥˡ : ወኢያስተርኢᵐ : በዘኑዓሁⁿ : ወዝናምᵒ : ይትከላእᵖ : ወሰማይᵠ : ታቀውምʳ ። 3 ወበውአቱ : ካአማንᵃ : ፍሬᵇ : ምድርᶜ : ደኃፄᵈ : ይከውንᵉ : ወኢይበቍልᶠ : በዘሙᵍ : ወፍሬʰ : ዕፅⁱ : ይትከላእʲ : በዘሙᵏ : ዚአሁ ። 4 ወወርኅᵃ : ይዌጥብᵇ : ሥርዓቶᶜ

79.5 ᵃ *ሐጸጸ / ሐጸ : G impf 3ms, to decrease (intr.) (የሐጽጽ) ᵇ *ፀሐይ : sun ᶜ *ሥርዓት : law ᵈ ከክብ : star ᵉ *ኀሙስ : five ᶠ መዋዕልት : day ᵍ ዘመን : time ʰ ጀ : 1 ⁱ ጥንቀ : exactly ʲ ተፈጸመ : Dt impf 3ms, to be completed ᵏ መካን : place ˡ ርእየ : G impf 2ms, to see **79.6** ᵃ አርአያ : appearance ᵇ አምሳል : aspect, image ᶜ ብርሃን : light ᵈ አርአየ : CG perf 3ms, to show ᵉ መልአክ : angel ᶠ *ዐቢይ : great ᵍ *መራሒ : leader

80.1 ᵃ መዋዕልት : day ᵇ አውሥአ : CG perf 3ms, to answer ᶜ ብህለ : G perf 3ms, to say ᵈ አርአየ : CG perf 3ms, to show ᵉ ከሠተ : G perf 1cs, to reveal ᶠ ርእየ : G juss 2ms, to see ᵍ *ፀሐይ : sun ʰ ወርኅ : moon ⁱ *መርሐ : G impf 3mpl, to lead (ይመርኅዎሙ) ʲ ከክብ : star ᵏ ሰማይ : heaven ˡ ሜጠ : G impf 3mpl, to turn ᵐ ግብር : task ⁿ ዘመን : time ᵒ ሙዓእ : going out **80.2** ᵃ መዋዕልት : day ᵇ ኃጥእ : sinner ᶜ ከራምት : year ᵈ *ኀጸረ / ኀረ : G impf 3fpl, to become short (የኀጽራ) ᵉ ዘርእ : seed ᶠ ከነ : G impf 3ms, to be ᵍ ደኃራዊ : late ʰ ምድር : land ⁱ ሙፋር : farmland, pasture ʲ ግብር : thing ᵏ ምድር : earth ˡ ተሜየጠ / ተሜጠ : Gt impf 3ms, to be changed ᵐ አስተርአየ : CGt impf 3ms, to appear ⁿ ዘመን : time ᵒ ዝናም : rain ᵖ ተክልአ : Gt impf 3ms, to be hindered ᵠ ሰማይ : heaven ʳ አቀመ / አቀመ : CG impf 3fs, to stop (tr.) **80.3** ᵃ ዘመን : time ᵇ ፍሬ : fruit ᶜ ምድር : earth ᵈ ደኃራዊ : late ᵉ ከነ : G impf 3ms, to be ᶠ በቈለ / በቀለ : G impf 3ms, to grow ᵍ ዘመን : time ʰ ፍሬ : fruit ⁱ ዕፅ : tree ʲ ተክልአ : Gt impf 3ms, to be hindered ᵏ ዘመን : time **80.4** ᵃ ወርኅ : moon ᵇ ወጠ : D impf 3ms, to change ᶜ *ሥርዓት : manner

: ወኢይፈረዐይd : በዘመኔe : ዚአሁ ። 5 ወበእማንቱ : መዋዕልa : ይትፈአይb : ሰማይc : ወይበጽሕd : አባርe : በጽንፈf : ሰረገላትg : ዓቢይh : በምዕራብi : ወይበርjj : ፈድፋደk : እምሥርዓትl : ብርሃንm 6 ወይስሕቱa : ብዙኃንb : አርእስቲሆሙc : ለከዋክብትd : ትእዛዘe : ወኣሉ : ይመይጡf : ፍኖዊቲሆሙ፤ : ወግብሮሙh : ወኢይፈረአይi : በአዝማኝj : ዚአሆሙ : እለ : ተአዘዙk : ሎሙ ። 7 ወኵሉ : ሥርዓተa : ከዋክብት b : ይትዓፀውc : ላዕለ : ኃጥአንd : ወሕሊናሆሙe : ለእለ : ይነብሩf : ዲበ : ምድርg : ይስሕቱh : ዲቤሆሙ : ወይትመየጡi : እምኵሉ : ፍናዊሆሙj : ወይስሕቱk : ወይመስልዎሙl : አማልክተm ። 8 ወይበዝኁa : ላዕሌሆሙ : ለእኪይb : ወመቅሠፍትc : ይመጽእd : ዲቤሆሙ : ከመ : ያሕጉሎሙe : ለኵሎሙ ።

81

1 ወይቤለኒa : ኦሄኖክ : ነጽርb : መጽሐፈc : ጸፍጸፈd : ሰማይe : ወአንብብf : ዘጽሑፍg : ዲቤሆሙ : ወአእምርh : ኵሎ : ፩፩i ። 2 ወነፀርኩa : ኵሎ : በጸፍጸፈb : ሰማይc :

80.4 d *ተርእየ : Gt impf 3ms, to appear (ይትረአይ) e ዘመን : time **80.5** a መዓልት : day b ተርእየ : Gt impf 3ms, to appear c ሰማይ : heaven d በጽሐ : G impf 3ms, to arrive e *ዐቢር : barrenness, drought f ጽንፍ : end g ሰረገላ : chariot h *ዐቢይ : big, large i ምዕራብ : west j በርሀ : G impf 3ms, to shine k ፈድፋደ : abundantly l *ሥርዐት : habit, manner m ብርሃን : light **80.6** a ስሕተ : G impf 3mpl, to go astray b ብዙኅ : many c ርእስ : head d ከዋክብ : star e ትእዛዝ : command f ሜጠ : G impf 3mpl, to change g ፍኖት : course h ግብር : activity i ተርእየ : Gt impf 3mpl, to appear j ዘመን : time k ተአዘዘ : Dt perf 3mpl, to be prescribed **80.7** a *ሥርዐት : law b ከክብ : star c *ተዐጽወ / ተአጽወ : *Gt impf 3mpl, to be close (ይትዐጸዉ) d ኃጥእ : sinner e ኃሊና / ሕሊና : thinking f ነበረ : G impf 3mpl, to dwell g ምድር : earth h ስሕተ : G impf 3mpl, to go astray i ተመይጠ / ተሜጠ : Gt impf 3mpl, to be turned j ፍኖት : way k ስሕተ : G impf 3mpl, to go astray l መሰለ / መስለ : G impf 3mpl, to be like m አምላክ : god **80.8** a በዝኀ : G impf 3ms, to be numerous, much b እኪይ : evil c መቅሠፍት : punishment d መጽአ : G impf 3ms, to come e አህጐለ / አሕጐለ : C juss 3ms, to destroy

81.1 a ብህለ : G perf 3ms, to say b ነጸረ : D impv 2ms, to look c መጽሐፍ : book d ጸፍጸፍ : tablet e ሰማይ : heaven f አንበበ : CG impv 2ms, to read g ጽሑፍ : written h አእመረ : CG impv 2ms, to learn i ፩፩ : each and every one **81.2** a ነጸረ : D perf 1cs, to look b ጸፍጸፍ : tablet c ሰማይ : heaven

ወአንበብኩᵈ ፡ ኵሎ ፡ ዘጽሑፍᵉ ፡ ወአእመርኩᶠ ፡ ኵሎ ፡ ወአንበብከዎᵍ ፡ ለመጽሐፍʰ ፡ ወኵሎ ፡ ዘጽሑፍⁱ ፡ ውስቴታ ፡ ኵሎ ፡ ምግባሮሙʲ ፡ ለሰብእᵏ ፡ ወኵሎ ፡ ውሉደˡ ፡ ዘሥጋᵐ ፡ ዘዲበ ፡ ምድርⁿ ፡ እስከ ፡ ትውልደᵒ ፡ ዓለምᵖ ። 3 ወእምዝ ፡ ሶቤሃᵃ ፡ ባረክዎᵇ ፡ ለእግዚእᶜ ፡ ለንቱሠᵈ ፡ ስብሐትᵉ ፡ ዘለዓለምᶠ ፡ በከመ ፡ ገብረᵍ ፡ ኵሎ ፡ ግብርʰ ፡ ዓለምⁱ ፡ ወሰባሕክዎʲ ፡ ለእግዚእᵏ ፡ በእንተ ፡ ትዕግሥቱˡ ፡ ወባረኩᵐ ፡ ዲበ ፡ ውሉደⁿ ፡ ዓለምᵒ ። 4 ወይእተ ፡ ጊዜᵃ ፡ እቤᵇ ፡ ብፁዕᶜ ፡ ብእሲᵈ ፡ ዘየመውትᵉ ፡ እንዘ ፡ ጻድቅᶠ ፡ ወኄርᵍ ፡ ወኵሎ ፡ መጽሐፈʰ ፡ ዓመፃⁱ ፡ ዘኢተጽሕፈʲ ፡ ዲቤሁ ፡ ወኢተረከበᵏ ፡ ጌጋይˡ ፡ ላዕሌሁ ፡ 5 እሙንቱ ፡ ፫ᵃቅዱሳንᵇ ፡ ዓቅረቡኒᶜ ፡ ወአንበሩኒᵈ ፡ ውስተ ፡ ምድርᵉ ፡ በቅድም ፡ ኖኅተᶠ ፡ ቤትᵍ ፡ ወይቤሉኒʰ ፡ አይድዕⁱ ፡ ኵሎ ፡ ለማቱሳላ ፡ ወልድከʲ ፡ ወአርእᵏ ፡ ለኵሎሙ ፡ ውሉድከˡ ፡ ከመ ፡ ኢይጻድቅᵐ ፡ ኵሉ ፡ ዘሥጋⁿ ፡ በቅድመ ፡ እግዚእ ፡ እስመ ፡ ውቱ ፡ ፈጠሮሙᵖ ። 6 ዓመተᵃ ፡ ፩ᵇነኀድገከᶜ ፡ በነበ ፡ ውሉድከᵈ ፡ እስከ ፡ ካዕበᵉ ፡ ትኄዝዞᶠ ፡ ከመ ፡ ትምሐሮሙᵍ ፡ ለውሉድከʰ ፡ ወትጽሐፍⁱ ፡ ሎሙ ፡ ወታስምዕʲ ፡ ሎሙ ፡ ለኵሎሙ ፡ ውሉድከᵏ ፡ ወበካልእˡ ፡ ዓምᵐ ፡ ይነሥኡከⁿ ፡ እማዕከሎሙ ። 7 ይጽናዕᵃ ፡ ልብከᵇ ፡ እስመ ፡ ኄርⁿᶜ ፡ ለኄርንᵈ ፡

81.2 ᵈ አንበ ፡ *CG perf 1cs*, to read ᵉ ጽሑፍ ፡ written ᶠ አእመረ ፡ *CG perf 1cs*, to learn ᵍ አንበ ፡ *CG perf 1cs*, to read ʰ መጽሐፍ ፡ book ⁱ ጽሑፍ ፡ written ʲ ምግባር ፡ deed ᵏ ብእሲ ፡ man ˡ ወልድ ፡ son ᵐ ሥጋ ፡ flesh ⁿ ምድር ፡ earth ᵒ ትውልድ ፡ generation ᵖ ዓለም ፡ eternity **81.3** ᵃ ሶቤሃ ፡ immediately ᵇ ባረከ ፡ *L perf 1cs*, to bless ᶜ እግዚእ ፡ Lord ᵈ ንጉሥ ፡ king ᵉ ስብሐት ፡ glory ᶠ ዓለም ፡ eternity ᵍ ገብረ ፡ *G perf 3ms*, to make ʰ ግብር ፡ work ⁱ ዓለም ፡ world ʲ ሰብሐ ፡ *D perf 1cs*, to praise ᵏ እግዚእ ፡ Lord ˡ *ትዕግሥት ፡ patience ᵐ ባረከ ፡ *L perf 1cs*, to bless ⁿ ወልድ ፡ son ᵒ ዓለም ፡ world **81.4** ᵃ ጊዜ ፡ time ᵇ ብህለ ፡ *G perf 1cs*, to say ᶜ ብፁዕ / ብዕ ፡ blessed ᵈ ብእሲ ፡ man ᵉ ሞተ ፡ *G impf 3ms*, to die ᶠ ጻድቅ ፡ righteous ᵍ ኄር ፡ good ʰ መጽሐፍ ፡ book ⁱ *ዐመፃ ፡ iniquity ʲ ተጽሕፈ ፡ *Gt perf 3ms*, to be written ᵏ ተረከበ ፡ *Gt perf 3ms*, to be found ˡ ጌጋይ ፡ transgression **81.5** ᵃ ፫ ፡ 3 ᵇ ቅዱስ ፡ holy ᶜ *አቅረበ ፡ *CG perf 3mpl*, to cause to draw near (አቅረቡኒ) ᵈ አንበረ ፡ *CG perf 3mpl*, to place ᵉ ምድር ፡ earth ᶠ ኖኅት ፡ door ᵍ ቤት ፡ house ʰ ብህለ ፡ *G perf 3mpl*, to say ⁱ *አይድዐ ፡ *CG impv 2ms*, to tell (አይድዕ) ʲ ወልድ ፡ son ᵏ አርአየ ፡ *CG impv 2ms*, to show ˡ ወልድ ፡ child ᵐ ጻድቅ ፡ *G impf 3ms*, to be righteous ⁿ ሥጋ ፡ flesh ᵒ እግዚእ ፡ Lord ᵖ ፈጠረ ፡ *G perf 3ms*, to create **81.6** ᵃ ዓመት ፡ year ᵇ ፩ ፡ 1 ᶜ ኀደገ ፡ *G impf 1cpl*, to leave ᵈ ወልድ ፡ child ᵉ ካዕበ ፡ again ᶠ *ዐዘዘ ፡ *D impf 2ms*, to be strong (ትዔዝዝ) ᵍ *መህረ / ምህረ ፡ *G juss 2ms*, to teach (ትምህሮሙ) ʰ ወልድ ፡ child ⁱ ጽሐፈ ፡ *G juss 2ms*, to write ʲ አስምዐ ፡ *CG juss 2ms*, to testify ᵏ ወልድ ፡ child ˡ ካልእ ፡ second ᵐ ዓም ፡ year ⁿ ነሥአ ፡ *G impf 3mpl*, to take **81.7** ᵃ ጸንዐ ፡ *G juss 3ms*, to be strong ᵇ ልብ ፡ heart ᶜ ኄር ፡ good ᵈ ኄር ፡ good

ያየድኢ᎑ᵉ ፡ ጽድቀᶠ ፡ ጻድቃንᵍ ፡ ምስለ ፡ ጻድቅᵸ ፡ ይትፌሣሕⁱ ፡ ወይትአምኁᶨ ፡ በበይናቲሆሙ ።
8 ወኀጥአᵃ ፡ ምስለ ፡ ኀጥእᵇ ፡ ይመውትᶜ ፡ ወምይጥᵈ ፡ ምስለ ፡ ምይጥᵉ ፡ ይሰጠምᶠ ። 9 ወእለ ፡ ይገብሩᵃ ፡ ጽድቅᵇ ፡ ይመውቱᶜ ፡ በእንተ ፡ ምግባረᵈ ፡ ሰብእᵉ ፡ ወይትጋብኡᶠ ፡ በእንተ ፡ ምግባሮሙᵍ ፡ ለረሲዓንᵸ ።   10 ወበእማንቱ ፡ መዋዕልᵃ ፡ ፈጸሙᵇ ፡ እንዘ ፡ ይትናገሩᶜ ፡ ምስሌየ ፡ ወበእኩᵈ ፡ ኀበ ፡ ሰብእᵉ ፡ እንዘ ፡ እባርኮᶠ ፡ ለእግዚአᵍ ፡ ዓለማትᵸ ።

82

1 ወይእዜኀᵃ ፡ ወልድየᵇ ፡ ማቱሳላ ፡ ኵሎ ፡ እላንተ ፡ ለከ ፡ እነግርᶜ ፡ ወእጽሕፍᵈ ፡ ለከ ፡ ወወሀብኩከᵉ ፡ መጻሕቲሆሙᶠ ፡ ለአሉ ፡ ኵሎሙ ፡ ዕቀብᵍ ፡ ወልድየᵸ ፡ ማቱሳላ ፡ መጻሕፍተⁱ ፡ እዴሁᶨ ፡ ለአቡከᵏ ፡ ወከመ ፡ ተሀብᶩ ፡ ለትውልደᵐ ፡ ዓለምⁿ ፡ 2 ጥበበᵃ ፡ ወሀብኩᵇ ፡ ለከ ፡ ወለውሉድከᶜ ፡ ወለአለ ፡ ይከውኑᵈ ፡ ለከ ፡ ውሉደᵉ ፡ ከመ ፡ የሀቡᶠ ፡ ለውሉዶሙᵍ ፡ ለትውልደᵸ ፡ ትውልድⁱ ፡ እስከ ፡ ለዓለምᶨ ፡ ለዛ ፡ ጥበብᵏ ፡ ዲበ ፡ ሕሊናሆሙᶩ ። 3 ወእይነውሙᵃ ፡ እለ ፡ ይሌብውቅᵇ ፡ ወያጸምኡᶜ ፡ በእዝኖሙᵈ ፡ ከመ ፡ ይትመሐሮᵉ ፡ ለዛ ፡ ጥበብᶠ ፡ ወትደልዎሙᵍ ፡ እምባልዐትᵸ

81.7 ᵉ *አይድዐ : CG impf 3mpl, to proclaim (ያየድዑ) ᶠ ጽድቅ : righteousness ᵍ ጻድቅ : righteous ᵸ ጻድቅ : righteous ⁱ ተፈሥሐ : Dt impf 3ms, to rejoice ᶨ ተአምነ : *Lt impf 3mpl, to exchange salutations (ይትአምኁት) **81.8** ᵃ ኀጥአ : sinner ᵇ ኀጥእ : sinner ᶜ ሞተ : G impf 3ms, to die ᵈ ምይጥ : apostate ᵉ ምይጥ : apostate ᶠ ተሰጥመ : Gt impf 3ms, to sink (ይሰጠም) **81.9** ᵃ ገብረ : G impf 3mpl, to practice ᵇ ጽድቅ : righteousness ᶜ ሞተ : G impf 3mpl, to die ᵈ ምግባር : deed ᵉ ብእሲ : man ᶠ ተጋብአ : Lt impf 3mpl, to be gathered ᵍ ምግባር : deed ᵸ ረሲዕ : impious **81.10** ᵃ መዓልት : day ᵇ ፈጸም : D perf 3mpl, to finish ᶜ ተናገረ : Lt impf 3mpl, to speak to ᵈ ቦአ : G perf 1cs, to enter ᵉ ብእሲ : person ᶠ ባረከ : L impf 1cs, to bless ᵍ እግዚአ : Lord ᵸ ዓለም : age

82.1 ᵃ ይእዜ : now ᵇ ወልድ : son ᶜ ነገረ : G impf 1cs, to tell ᵈ ጸሐፈ : G impf 1cs, to write ᵉ ወሀበ : G perf 1cs, to give ᶠ መጽሐፍ : book ᵍ ዐቀበ : G impv 2ms, to keep ᵸ ወልድ : son ⁱ መጽሐፍ : book ᶨ እድ : hand ᵏ አብ : father ᶩ ወሀበ : G juss 2ms, to give ᵐ ትውልድ : generation ⁿ ዓለም : eternity **82.2** ᵃ ጥበብ : wisdom ᵇ ወሀበ : G perf 1cs, to give ᶜ ወልድ : child ᵈ ኮነ : G impf 3mpl, to be ᵉ ወልድ : child ᶠ ወሀበ : G juss 3mpl, to give ᵍ ወልድ : child ᵸ ትውልድ : generation ⁱ ትውልድ : generation ᶨ ዓለም : eternity ᵏ ጥበብ : wisdom ᶩ ኀሊና / ሕሊና : thinking **82.3** ᵃ ኖመ : G impf 3mpl, to sleep ᵇ ለበወ : D impf 3mpl, to understand ᶜ አፅምአ / አጽምአ : CG impf 3mpl, to incline (the ear) ᵈ እዝን : ear ᵉ *ተመህረ / ተምህረ : Dt juss 3mpl, to learn (ይትመህርዋ) ᶠ ጥበብ : wisdom ᵍ ደለወ : G impf 3fs, to be suitable ᵸ መብልዕ : food

: ሠናያትⁱ : ለለ : ይበልዑʲ ። 4 ብዑንᵃ : ጻድቃንᵇ : ኩሎሙ : ብዑንᶜ : ኩሎሙ : እለ : የሐውሩ·ᵈ : በፍኖቱᵉ : ጽድቅᶠ : ወአልቦሙ : ኃጢአተᵍ : ከመ : ኃጥአንʰ : በኍልቈⁱ : ኩሉ : መዋዕሊሆሙ·ʲ : ለዘሐውርᵏ : ፀሐይˡ : በሰማይᵐ : በአንቅጽⁿ : ይውዕ° : ወይወፅእᵖ : ሣዕላተʳ : ምስለ : አርእስተˢ : ፲ሥርዓቶሙ·ᵘ : ለከዋክብትᵛ : ምስለ : ᵍʷእለ : ይትዌሰኩ·ˣ : ወይሌልዩʸ : ማእከለ : ᵍᶻከፍለᵃᵃ : ዓመትᵇᵇ : እለ : ይምርሕዎሙ·ᶜᶜ : ወምስሌሆሙ· ይበውኡ·ᵈᵈ : ፬ᵉᵉመዋዕለᶠᶠ ። 5 በእንቲአሆሙ· : ይጌግዩᵃ : ሰብእᵇ : ወየሐስብዎሙ·ᶜ : በሐሳብᵈ : ኩሉ : ዓለምᵉ : እስመ : ይጌግይዎሙ·ᶠ : ወኢየአምርዎሙ·ᵍ : ሰብእʰ : ጥንቀⁱ ። 6 እስመ : ሀለዉᵃ : በሐሳብᵇ : ዓለምᶜ : ወአማንᵈ : ልኩአⁿᵉ : እሙ·ንቱ : ለዓለምᶠ : ፺፪ቀዳሚትʰ : ኖኅⁱ : ወ፪ᵍʲበዛልሲትᵏ : ወ፪ᵍˡበራብዒትᵐ : ወ፪ᵍበሳድሲትⁿ : ወይትፌጸም° : ዓመት : በመዋዕልʳ : ፫፻፷፬ወረቡዕˢ ። 7 ወአማንᵃ : ነገሩᵇ : ወጥንቀᶜ : ሐሳብᵈ : ዘልኩእᵉ : እስመ : ለብርሃናትᶠ : ወለአውራኅᵍ : ወለበዓላትʰ : ወለከራማትⁱ : ወለመዋዕልʲ : አርአየኒᵏ : ወነፍሐˡ : ዲቤየ : ኡርኤል : ዘአዘዘᵐ : ሊተ : እግዚአⁿ : ኩሉ : ፍጥረቶ° : ዓለምᵖ : በኃይላ ᵠ : ሰማይʳ ። 8 ወሥልጣንᵃ : ቦቱ

82.3 ⁱ ሠናይ : good ʲ በልዐ : G impf 3mpl, to eat **82.4** ᵃ ብጹዕ / ብዑዕ : blessed ᵇ ጻድቅ : righteous ᶜ ብጹዕ / ብዑዕ : blessed ᵈ ሐረ : G impf 3mpl, to go ᵉ ፍኖት : way ᶠ ጽድቅ : righteousness ᵍ *ኃጢአት : sin ʰ ኃጥእ : sinner ⁱ ኍልቍ : number ʲ መዓልት : day ᵏ ሐረ : G impf 3ms, to go ˡ *ፀሐይ : sun ᵐ ሰማይ : heaven ⁿ አንቀጽ : gate ° ቦአ : G impf 3ms, to enter ᵖ ወፅአ : G impf 3ms, to go out ᵠ ፴ : 30 ʳ ዕለት : day ˢ ርእስ : head ᵗ ፲ : 1000 ᵘ *ሥርዐት : order ᵛ ከከብ : star ʷ ፬ : 4 ˣ ተወስከ : Dt impf 3mpl, to be added ʸ ሌለየ : L impf 3mpl, to divide ᶻ ፬ : 4 ᵃᵃ ከፍል : part ᵇᵇ ዓመት : year ᶜᶜ *መርሐ : G impf 3mpl, to lead (ይመርሕዎሙ·) ᵈᵈ ቦአ : G impf 3mpl, to proceed ᵉᵉ ፬ : 4 ᶠᶠ መዓልት : day **82.5** ᵃ ጌገየ : L impf 3mpl, to go astray ᵇ ብእሲ : man ᶜ ሐሰበ : G impf 3mpl, to reckon ᵈ ሐሳብ : reckoning ᵉ ዓለም : world ᶠ ጌገየ : L impf 3mpl, to go astray ᵍ አእመረ : CG impf 3mpl, to know ʰ ብእሲ : man ⁱ ጥንቀ : exactly **82.6** ᵃ ሀሎ / ሀለወ : D perf 3mpl, to be ᵇ ሐሳብ : reckoning ᶜ ዓለም : world ᵈ አማን : truly ᵉ ልኩእ / ልኩዕ : recorded ᶠ ዓለም : eternity ᵍ ፪ : 1 ʰ ቀዳሚ : first ⁱ ኖኅ : gate ʲ ፪ : 1 ᵏ ዛልስ : third ˡ ፪ : 1 ᵐ ራብዕ : fourth ⁿ ፪ : 1 ° ሳድስ : sixth ᵖ ተፈጸመ : Dt impf 3ms, to be completed ᵠ ዓመት : year ʳ መዓልት : day ˢ ፫፻፷፬ወረቡዕ : 364 **82.7** ᵃ አማን : true ᵇ ነገር : account ᶜ ጥንቀ : exact ᵈ ሐሳብ : reckoning ᵉ ልኩእ / ልኩዕ : recorded ᶠ ብርሃን : light ᵍ ወርኅ : month ʰ በዓል : feast ⁱ ከራምት : year ʲ መዓልት : day ᵏ አርአየ : CG perf 3ms, to show ˡ *ነፍሐ : G perf 3ms, to blow (ነፍኀ) ᵐ አዘዘ : D perf 3ms, to command ⁿ እግዚእ : Lord ° ፍጥረት : creation ᵖ ዓለም : world ᵠ *ኀይል : host ʳ ሰማይ : heaven **82.8** ᵃ ሥልጣን : dominion, authority

: በሌሊት^b : ወበመዓልት^c : ውስተ : ሰማይ^d : ከመ : ያርኢ^e : ብርሃነ^f : ዲበ : ሰብእ^g : ፀሐይ^h : ወወርኅⁱ : ወከዋክብት^j : ወኵሎሙ : ሥልጣናት^k : ሰማይ^l : እለ : ይትመየጡ^m : በከበቦሙⁿ ። 9 ወዛቲ : ይእቲ : ሥርዓት^a : ከዋክብት^b : እለ : የዓርቡ^c : በመካናቲሆሙ^d : ወበአዝማኒሆሙ^e : ወበበዓላቲሆሙ^f : ወበአውራኂሆሙ^g ። 10 ወእሉ : አስማቲሆሙ^a : ለእለ : ይመርሕዎሙ^b : ለእለ : የዓቅቡ^c : ወይበውኡ^d : በአዝማን^e : ዚአሆሙ : ወለሠርታቲሆሙ^f : ወለጊዜያቲሆሙ^g : ወለአውራኂሆሙ^h : ወለሠልጣናቲሆሙⁱ : ወለምቅዋማቲሆሙ^j ። 11 ፬^aመራኅያኒሆሙ^b : ይበውኡ^c : ቀዳሚ^d : እለ : ይሌልዩ^e : ፬ከፍለ^f : ዓመት^h : ወእምድኅሬሙ : ፲ወ፪ⁱመራኅያን^j : ዘሥርዓታት^k : እለ : ይሌልይዎሙ^l : ለአእራጎ^m : ወለዓመታትⁿ : ፫፻፷፬^oምስለ : አርእስት^p : ፲^qኀሊ : ይፈልጥዎሙ^r : ለመዋዕል : ወለ፬^sእለ : ይትዌሰኩ^u : ዲቤሆሙ : እለ : ይፈልጡ^v : መራኅያነ^w : ፬^xመከፈልተ^y : ዓመታት^z ። 12 ወእሙንቱ : አርእስት^a : ፲^bማዕከለ : መራኂ^c : ወተመራሒ^d : ይትዌሰከ^e : ፩^fበድኅረ : ምቅዋም^g : ወመራኅያኒሆሙ^h : ይፈልጡⁱ ። 13 ወእሉ : አስማቲሆሙ^a : ለመራኅያን^b : እለ : ይፈልጡ^c : ፬^dመከፈልተ^e : ዓመት^f : እለ : ሥሩዓን^g : ምልከኤል : ወሀልመሜሌክ : ወሜልኤል : ወናሬል ። 14 ወአስማቲሆሙ^a

---

82.8 ^b ሌሊት : night ^c መዓልት : day ^d ሰማይ : heaven ^e አርአየ : *CG juss 3ms*, to show ^f ብርሃን : light ^g ብእሲ : man ^h ፀሐይ : sun ⁱ ወርኅ : moon ^j ኮከብ : star ^k ሥልጣን : dominion, authority ^l ሰማይ : heaven ^m ተመይጠ / ተሜጠ : *Gt impf 3mpl*, to turn (intr.) ⁿ ከበብ : orbit **82.9** ^a *ሠርዐት : law ^b ኮከብ : star ^c ዐርበ / ዐረበ : *G impf 3mpl*, to set (የዐርቡ) ^d መካን : place ^e ዘመን : time ^f በዓል : feast ^g ወርኅ : month **82.10** ^a ስም : name ^b *መርሐ : *G impf 3mpl*, to lead (ይመርሕዎሙ) ^c ዐቀበ : *G impf 3mpl*, to keep watch (የዐቅቡ) ^d ቦአ : *G impf 3mpl*, to proceed ^e ዘመን : time ^f *ሠርዐት : order ^g ጊዜ : time ^h ወርኅ : month ⁱ ሥልጣን : dominion, authority ^j ምቅዋም : position **82.11** ^a ፬ : 4 ^b *መራሒ : leader ^c ቦአ : *G impf 3mpl*, to proceed ^d ቀዳሚ : first ^e ሌለየ : *L impf 3mpl*, to divide ^f ፬ : 4 ^g ክፍል : part ^h ዓመት : year ⁱ ፲ወ፪ : 12 ^j *ሠርዐት : leader ^k *ሠርዐት : order ^l ሌለየ : *L impf 3mpl*, to divide ^m ወርኅ : month ⁿ ዓመት : year ^o ፫፻፷፬ : 364 ^p ርእስ : head ^q ፲ : 1000 ^r ፈለጠ : *G impf 3mpl*, to separate ^s መዓልት : day ^t ፬ : 4 ^u ተወሰከ : *Dt impf 3mpl*, to be added ^v ፈለጠ : *G impf 3mpl*, to separate ^w *መራሒ : leader ^x ፬ : 4 ^y መከፈልት : part ^z ዓመት : year **82.12** ^a ርእስ : head ^b ፲ : 1000 ^c *መራሒ : leader ^d ተመራሒ : who is guided ^e ተወስከ : *Dt impf 3ms*, to be added ^f ፩ : 1 ^g ምቅዋም : position ^h *መራሒ : leader ⁱ ፈለጠ : *G impf 3mpl*, to separate **82.13** ^a ስም : name ^b *መራሒ : leader ^c ፈለጠ : *G impf 3mpl*, to separate ^d ፬ : 4 ^e መከፈልት : part ^f ዓመት : year ^g ሥሩዕ : established **82.14** ^a ስም : name

: ለእለ : ይመርኅዎሙᵇ : አድናርኤል : ወኢየሱሳኤል : ወኢዩሉሚኤል : እሉ : ፫ክለ : እለ
: ይተልዉ᎑ᵈ : ድኅሬሆሙ : ለመርሀያኒᵉ : ሥርዓታትᶠ : ወ፮ዘይተሉᵍ : ድኅሬ : ፫ⁱመርሀያኒʲ :
ሥርዓታትᵏ : እለ : ይተልዉˡ : ድኅሬ : እልክቱ : መራኅያንᵐ : ምቅዋጣትⁿ : እለ : ይፈልጡᵒ :
፬ᵖከፍለᵠ : ዓመትʳ :: 15 በቅድመ : ዓመትᵃ : ቀዳማዊᵇ : ይሠርቅᶜ : ወይመልክᵈ : ምልክያል
ዘይሰመይᵉ : ስሙᶠ : ተመአኔ፪ : ወፀሐይʰ : ወኵሎሙ : መዓዕላትⁱ : ዘበሥልጣኑʲ : ዚአሁ : እለ
: ይመልክᵏ : ፺ወ፩ዕለትᵐ :: 16 ወሉ : ትእምርታᵃ : መዓዕልᵇ : እለ : ሀለዉᶜ : ያስተርእዩᵈ
: በዲበᵉ : ምድርᶠ : በመዋዕለᶠ : ሥልጣኑᵍ : ዚአሁ : ሐፍʰ : ወሞቅⁱ : ወነዝንʲ : ወኵሎሙ :
ዕፀዉᵏ : ይፈርዩˡ : ወቄጽልᵐ : ይወፅእⁿ : በኵሉ : ዕፀዉᵒ : ወማእረርᵖ : ሥርናይᵠ : ወጽጌ :
ረዳʳ : ወኵሉ : ጽጌያትˢ : ይገዳዩᵗ : በገዳሙᵘ : ወዕፀዉᵛ : ክረምትʷ : ይየብሱˣ :: 17 ወእሉ
: አስማቲሆሙᵃ : ለመራኅያኒᵇ : እለ : መትሕቴሆሙ : ብርኪኤል : ዜልበሳኤል : ወካልእᶜ :
ዘይትዌሰክᵈ : ርእሰᵉ : ፫ᶠስሙᵍ : ሄሎያሴፍ : ወተፈጸመʰ : መዓዕለⁱ : ሥልጣኑʲ : ለዝ ::
18 ካልእᵃ : መራኂᵇ : ዘድኅሬሆሙ : ሀልእምኤሌክ : ዘይጼውዕᶜ : ስሞᵈ : ፀሐየᵉ : ብሩሀᶠ
: ወኵሉ : መዓዕለᵍ : ብርሃኑʰ : ፺ወ፩ዕለትʲ :: 19 ወኩሉ : ትእምርታᵃ : መዓዕልᵇ : በዲበ :

82.14 ᵇ *መርሕ : G impf 3mpl, to lead (ይመርሕዎሙ) ᶜ ፫ : 3 ᵈ ተለወ : G impf 3mpl, to follow ᵉ *መራሒ : leader ᶠ ሠርዐት : order ᵍ ፮ : 1 ʰ ተለወ : G impf 3ms, to follow ⁱ ፫ : 3 ʲ *መራሒ : leader ᵏ ሠርዐት : order ˡ ተለወ : G impf 3mpl, to follow ᵐ *መራሒ : leader ⁿ ምቅዋም : position ᵒ ፈለጠ : G impf 3mpl, to separate ᵖ ፬ : 4 ᵠ ከፍል : part ʳ ዓመት : year **82.15** ᵃ ዓመት : year ᵇ ቀዳማዊ : first ᶜ ሠረቀ : G impf 3ms, to rise ᵈ መልከ : G impf 3ms, to rule ᵉ ተሰምየ : Gt impf 3ms, to be called ᶠ ስም : name ᵍ *ቴማኒ : southern ʰ *ፀሐይ : sun ⁱ መዓልት : day ʲ ሥልጣን : dominion, authority ᵏ መልከ : G impf 3ms, to rule ˡ ፺ወ፩ : 91 ᵐ ዕለት : day **82.16** ᵃ ትእምርት : sign ᵇ መዓልት : day ᶜ ሀሎ / ሀለወ : D perf 3mpl, to be ᵈ አስተርአየ : CGt impf 3mpl, to appear ᵉ ምድር : earth ᶠ መዓልት : day ᵍ ሥልጣን : dominion, authority ʰ ሁፍ / ሐፍ : sweat ⁱ ሞቅ : heat ʲ *ሐዘን : sadness, grief ᵏ ዕፅ : tree ˡ ፈረየ / ፈረየ : G impf 3mpl, to bear fruit ᵐ ቄጸል : leaf ⁿ ወፅአ : G impf 3ms, to come out ᵒ ዕፅ : tree ᵖ ማእረር : harvest ᵠ ሥርናይ : wheat ʳ ጽጌ : ረዳ : rose ˢ ጽጌ : flower ᵗ ጸገየ : G impf 3mpl, to bloom ᵘ ገዳም : field ᵛ ዕፅ : tree ʷ ክረምት : winter ˣ የብሰ : G impf 3mpl, to dry up **82.17** ᵃ ስም : name ᵇ *መራሒ : leader ᶜ ካልእ : another ᵈ ተወሰከ : Dt impf 3ms, to be added ᵉ ርእስ : head ᶠ ፻ : 1000 ᵍ ስም : name ʰ ተፈጸመ : Dt perf 3ms, to be completed ⁱ መዓልት : day ʲ ሥልጣን : dominion, authority **82.18** ᵃ ካልእ : second ᵇ *መራሒ : leader ᶜ ጸውዐ : D impf 3mpl, to call ᵈ ስም : name ᵉ *ፀሐይ : sun ᶠ *ብሩህ : shining ᵍ መዓልት : day ʰ ብርሃን : light ⁱ ፺ወ፩ : 91 ʲ ዕለት : day **82.19** ᵃ ትእምርት : sign ᵇ መዓልት : day

ምድርᶜ : ሐሩርᵈ : ወየብሰᵉ : ወዕፀውᶠ : ያወፅኡᵍ : ፍሬሆሙʰ : ርሱነⁱ : ወብሱለʲ : ወይሁቡᵏ : ፍሬሆሙˡ : ይየብስᵐ : ወአባግዕⁿ : ይታለዎ : ወያፀንሳᵖ : ወያስተጋብኡᵠ : ኩሎ : ፍሬʳ : ምድርˢ : ወኩሎ : ዘሰሎᵗ : ውስተ : ገራውሁᵘ : ወምክያደⱽ : ወይነʷ : ወይከውንˣ : በመዋዕለʸ : ሥልጣኑᶻ ። 20 ወአሉ : እሙንቱ : ስሞሙᵃ : ወሥርዓታቲሆሙᵇ : ወመራሳያኒሆሙᶜ : እለ : መትሕቴሆሙ : ለአሉ : አርእስተᵈ : ፲ᵉጌዳያል : ወኬኤል : ወሄኤል : ወስሙᶠ : ለዘይትዌስክᵍ : ምስሌሆሙ : ርእሰʰ : ፲ⁱአስፋኤል : ወተፈጸመʲ : መዋዕለᵏ : ሥልጣኑˡ : ዚአሁ ።

83

1 ወይእዜኒᵃ : አርእየከᵇ : ወልድየᶜ : ማቱሳላ : ኩሎ : ራእያተᵈ : ዘርእኩᵉ : በቅድሜከ : እነግርᶠ ፡፡

2 ፪ᵃራእያተᵇ : ርኢኩᶜ : እንበለ : እንሣእᵈ : ብእሲተᵉ : ወ፩ᶠዊ : እምኔሆሙ : ኢይትማሰልᵍ : ምስለ : ካልኡʰ : ቀዳማይⁱ : አመ : እትሜህርʲ : መጽሐፈᵏ : ወካልእˡ : ዘእንበለ : እንስእᵐ : ለእምከⁿ : ርኢኩᵒ : ራእየ : ጽኑዓᵠ : ወበእንቲአሆሙ : አስተብቀዕኩᵖʳ : ለእግዚእˢ ።

3 ስኩብᵃ : ኮንኩᵇ : በቤተᶜ : መላልኤል : እምሐውየᵈ : ርኢኩᵉ : ራእይᶠ : ሰማይᵍ : ይትነጸሕʰ

82.19 ᶜ ምድር : earth ᵈ ሐሩር : intense heat ᵉ የብስ : dry land ᶠ ዕፅ : tree ᵍ *አውፅአ : CG impf 3mpl, to bring out (ያወፅኡ) ʰ ፍሬ : fruit ⁱ ርሱን : ripe ʲ ብሱል : ripe ᵏ ወሀበ : G impf 3mpl, to give, allow ˡ ፍሬ : fruit ᵐ የብሰ : G impf 3ms, to dry up ⁿ በግዕ : sheep ᵒ ተታለወ : Lt impf 3fpl, to go in pairs ᵖ ፀንሰ : G impf 3fpl, to become pregnant ᵠ አስተጋብአ : CLt impf 3mpl, to gather ʳ ፍሬ : fruit ˢ ምድር : earth ᵗ ሀሎ / ሀለወ : D perf 3ms, to be ᵘ ገራህት : field, arable land ᵛ ምክያድ : winepress ʷ ወይን : wine ˣ ኮነ : G impf 3ms, to be ʸ መዋዕት : day ᶻ ሥልጣን : dominion, authority **82.20** ᵃ ስም : name ᵇ *ሠርዐት : order ᶜ *መራሕ : leader ᵈ ርእስ : head ᵉ ፲ : 1000 ᶠ ስም : name ᵍ ተወስከ : Dt impf 3ms, to be added ʰ ርእስ : head ⁱ ፲ : 1000 ʲ ተፈጸመ : Dt perf 3ms, to be completed ᵏ መዋዕት : day ˡ ሥልጣን : dominion, authority

83.1 ᵃ ይእዜ : now ᵇ አርአየ : CG impf 1cs, to show ᶜ ወልድ : son ᵈ ራእይ : vision ᵉ ርእየ : G perf 1cs, to see ᶠ ነገረ : G impf 1cs, to tell **83.2** ᵃ ፪ : 2 ᵇ ራእይ : vision ᶜ ርእየ : G perf 1cs, to see ᵈ ነሥአ : G juss 1cs, to take ᵉ ብእሲት : wife ᶠ ፩ : 1 ᵍ ተማሰለ : Lt impf 3ms, to resemble one another ʰ ካልእ : another ⁱ ቀዳማይ : first ʲ ተመህር / ተምህር : Dt impf 1cs, to learn ᵏ መጽሐፍ : art of writing ˡ ካልእ : second ᵐ ነሥአ : G juss 1cs, to take ⁿ እም : mother ᵒ ርእየ : G perf 1cs, to see ᵖ ራእይ : vision ᵠ ጽኑዕ : mighty ʳ አስተብቀዐ : CGt perf 1cs, to supplicate ˢ እግዚአ : Lord **83.3** ᵃ ስኩብ : lying down ᵇ ኮነ : G impf 3ms, to be ᶜ ቤት : house ᵈ እምሐው : grandfather ᵉ ርእየ : G perf 1cs, to see ᶠ ራእይ : vision ᵍ ሰማይ : heaven ʰ ተነፅሐ / ተነጽሐ : Gt impf 3ms, to thrown down

1 Enoch 83.3-8

: ወይትሃየድⁱ : ወይወድቅʲ : ዲበ : ምድርᵏ ።   4 ወሶበ : ይወድቀᵃ : ዲበ : ምድርᵇ : ርኢከዎᶜ : ለምድርᵈ : ከመ : ትትወኃጥᵉ : ውስተ : ቀላይᶠ : ዐቢይᵍ : ወአድባርʰ : ዲበ : አድባርⁱ : ይሰቀሉʲ : ወአውግርᵏ : ዲበ : አውግርˡ : ይጠመሙᵐ : ወዕፀውⁿ : ነዋኃንᵒ : ይትገዘሙᵖ : እምኍንዳቲሆሙᑫ : ወይትገደፉʳ : ወይሠጠሙˢ : ውስተ : ቀላይᵗ ።   5 ወእምኔሁ : ወድቀᵃ : ነገርᵇ : ውስተ : አፉየᶜ : ወአንሣእኩᵈ : አጽራዕየᵉ : ወእቤᶠ : ተኃጕለትᵍ : ምድርʰ ።   6 ወመላልኤል : እምሔውየᵃ : አንሥእኒᵇ : እንዘ : አነ : እሰክብᶜ : ኀቤሁ : ወይለኒᵈ : ምንት : ከመዝ : ትጸርዕᵉ : ወልድየᶠ : ወለምንት : ከመዝ : ተአወይᵍ ።   7 ወነገርክዎᵃ : ኵሎ : ራእይᵇ : ዘርኢኩᶜ : ወይቤለኒᵈ : ከመ : ጽኑዕᵉ : ርኢከᶠ : ወልድየᵍ : ወኃየለʰ : ርእዩⁱ : ሕልምከʲ : ኅቡአተᵏ : ኵሎ : ኃጢአትˡ : ምድርᵐ : ወትሰጥምⁿ : ሀለወትᵒ : ውስተ : ቀላይᵖ : ወተኃጕልᑫ : ኃጕሎʳ : ዐቢይˢ ።   8 ወይእዜኒᵃ : ወልድየᵇ : ተንሥእᶜ : ወአስተብቍዖᵈ : ለእግዚአᵉ : ስብሐትᶠ : እስመ : መሃይምንᵍ : አንተ : ከመ : ይትርፍʰ : ትራፍⁱ : ዲበ : ምድርʲ : ወኢይደመሰክ : ለኵላ : ምድርˡ ።

83.3 ⁱ ተሀደደ / ተሐየደ : *Gt impf 3ms*, to be carried away by force (ይትሀየድ) ʲ ወድቀ / ወደቀ : *G impf 3ms*, to fall ᵏ ምድር : earth **83.4** ᵃ ወደቀ / ወይቀ : *G impf 3ms*, to fall ᵇ ምድር : earth ᶜ ርእየ : *G perf 1cs*, to see ᵈ ምድር : earth ᵉ ተውኅጠ : *Gt impf 3fs*, to be swallowed (ትትወኃጥ) ᶠ ቀላይ : abyss ᵍ *ዐቢይ : great ʰ ደብር : mountain ⁱ ደብር : mountain ʲ ተሰቅለ : *Gt impf 3mpl*, to be suspended ᵏ ወግር : hill ˡ ወግር : hill ᵐ ተጠምዐ : *Gt impf 3mpl*, to sink ⁿ ዕፅ : tree ᵒ ነዋኅ / ነዊኅ : tall ᵖ ተገዘመ : *Gt impf 3mpl*, to be cut down ᑫ ጕንድ : trunk, stem ʳ ተገድፈ : *Gt impf 3mpl*, to be thrown away ˢ *ተሰጥመ : *Gt impf 3mpl*, to sink (ይሰጠሙ) ᵗ ቀላይ : abyss **83.5** ᵃ ወደቀ / ወይቀ : *G perf 3ms*, to fall ᵇ ነገር : speech ᶜ አፍ : mouth ᵈ አንሥአ : *CG perf 1cs*, to raise ᵉ ጸርዐ : *G juss 1cs*, to cry out ᶠ ብህለ : *G perf 1cs*, to say ᵍ *ተኃጕለ / ተሐጕለ : *Gt perf 3fs*, to be destroyed (ተኃጕለት) ʰ ምድር : earth **83.6** ᵃ እምሐው : grandfather ᵇ አንሥአ : *CG perf 3ms*, to raise ᶜ ሰከበ / ሰከበ : *G impf 1cs*, to lie down ᵈ ብህለ : *G perf 3ms*, to say ᵉ ጸርዐ : *G impf 2ms*, to cry out ᶠ ወልድ : son ᵍ ዐውየወ / አውየወ : *G impf 2ms*, to moan **83.7** ᵃ ነገረ : *G perf 1cs*, to tell ᵇ ራእይ : vision ᶜ ርእየ : *G perf 1cs*, to see ᵈ ብህለ : *G perf 3ms*, to say ᵉ ጽኑዕ : mighty ᶠ ርእየ : *G perf 2ms*, to see ᵍ ወልድ : son ʰ ኀየለ : *D perf 3ms*, to be strong (ኃየለ) ⁱ ርእይ : vision ʲ ሕልም : dream ᵏ ኅቡእ : hidden, secret ˡ *ኃጢአት : sin ᵐ ምድር : earth ⁿ ተሰጥመ : *Gt impf 3fs*, to sink ᵒ ሀሎ / ሀለወ : *D perf 3fs*, to be ᵖ ቀላይ : abyss ᑫ *ተሐጕለ / ተሐጕለ : *Gt perf 3fs*, to be destroyed (ተኀጕል) ʳ *ኀጕል / ሐጕል : destruction ˢ *ዐቢይ : great **83.8** ᵃ ይእዜ : now ᵇ ወልድ : son ᶜ ተንሥአ : *Gt impv 2ms*, to rise up ᵈ አስተብቍዐ : *CGt impv 2ms*, to supplicate ᵉ እግዚእ : Lord ᶠ ስብሐት : glory ᵍ *መሀይምን : faithful ʰ ተርፈ / ተረፈ : *G juss 3ms*, to be left over ⁱ ትራፍ : remnant ʲ ምድር : earth ᵏ ደመሰ : *G impf 3ms*, to erase, blot out ˡ ምድር : earth

9 ወልድዐ : አምሰማይኅ : ይኄሉc : ኵሉ፡ : ዲበ : ምድርd : ወዲበ : ምድርe : ይከውን፡f : ኃጉልg : ዓቢይh ። 10 ወአምኑሁ : ተንሣእኩa : ወለአይኩኅ : ወአስተብቍዕኩc : ወጸሎትየd : ጸሐፍኩe : ለትውልደf : ዓለምg : ወኵሎ : አርአየከh : ወልድየi : ማቱሳላ ። 11 ወሰ : ወፃእኩa : ታሕተ : ወርኢክምኅ : ለሰማይc : ወለጸሐይd : ይወፅአe : አምሥራቅf : ወርኅg : ይወርድh : አምዕራብi : ወሁዳትj : ከዋክብትk : ወኵሎ : ምድርl : ወኵሎ : ዘአአመረm : ዲበ : ቀዳሚn : ወባረክምo : ለአግዚአp : ኵነኔq : ወሰቡ : ወሀብኩ·r : ዕበየs : እስመ : አውፅአt : ፀሐየu : አመሳከውv : ምሥራቅw : ወዓርገx : ወሠረቀy : ዲበ : ገጽz : ሰማይaa : ወአንሥአbb : ወየሐውርcc : ፍኖተdd : እንተ : ተርአየትee : ሎቱ ።

84

1 ወዓዓልኩa : አደውየb : በጽድቅc : ወባረክምd : ለቅዱሰe : ወለዓቢይf : ወነገርኩg : በመንፈስh : አፉየi : ወበሳእነj : ሥጋk : እንተ : ገብረl : አምላክm : ለውሉደn : ሥጋo

: ሰብእ[p] : ከመ : ይትናገሩ[q] : ባቲ : ወወሀበሙ[r] : መንፈሰ[s] : ወልሳነ[t] : ወአፈ[u] : ከመ :
ይትናገሩ[v] : ቦቱ ። 2 ቡሩክ[a] : አንተ : እግዚኦ[b] : ንጉሥ[c] : ወዓቢይ[d] : ወኃያል[e] : በዕበየ[f] :
ዚአከ : እግዚአ[g] : ኵሉ : ፍጥረተ[h] : ሰማይ[i] : ንጉሠ[j] : ነገሥት[k] : ወአምላከ[l] : ኵሉ : ዓለም[m]
: ወመለኮትከ[n] : ወመንግሥትከ[o] : ወዕበይከ[p] : ይነብር[q] : ለዓለም[r] : ወለዓለመ[s] : ዓለም[t] :
ወለኵሉ : ትውልደ[u] : ትውልድ[v] : ሥልጣንከ[w] : ወኵሎሙ : ሰማያት[x] : መንበረከ[y] : ለዓለም[z]
: ወኵላ : ምድር[aa] : መከየደ[bb] : እገሪከ[cc] : ለዓለም[dd] : ወለዓለመ[ee] : ዓለም[ff] ። 3 እስመ : አንተ
: ገበርከ[a] : ወኵሎ : አንተ : ትመልክ[b] : ወኢይፀንአከ[c] : ግብር[d] : ወኢ፩[e] : ወኢአሐቲ[f] : ጥበብ[g]
: ኢተኃልፈከ[h] : ወኢትትመየጥ[i] : እመንበርታ[j] : ምንባሪከ[k] : ወኢእምገጽከ[l] : ወአንተ : ኵሎ :
ተአምር[m] : ወትሬኢ[n] : ወትሰምዕ[o] : ወአልቦ : ዘይትኃባእ[p] : እምኔከ : እስመ : ኵሎ : ትሬኢ[q] ።
4 ወይእዜኒ[a] : መላእክተ[b] : ሰማያቲከ[c] : ይኤብሱ[d] : ወዲበ : ሥጋ[e] : ሰብእ[f] : ትከውን[g] :
መዓትከ[h] : እስከ : ዕለተ[i] : ዓባይ[j] : ኵነኔ[k] ። 5 ወይእዜኒ[a] : አምላክ[b] : ወእግዚእ[c] : ወንጉሥ[d] :
ዓቢይ[e] : አስተበቍዕ[f] : ወእስእል[g] : ከመ : ታቅም[h] : ሊተ : ስእለትየ[i] : ከመ : ታትርፍ[j] : ሊተ

84.1 [p] ብእሲ : man [q] ተናገረ : *Lt juss 3mpl*, to speak to [r] ወሀበ : *G perf 3ms*, to give [s] መንፈስ : breath [t] ልሳን : tongue [u] አፍ : mouth [v] ተናገረ : *Lt juss 3mpl*, to speak to **84.2** [a] ቡሩክ : blessed [b] እግዚእ : Lord [c] ንጉሥ : king [d] *ዐቢይ : great [e] *ኃያል : powerful [f] ዕበይ : majesty [g] እግዚእ : Lord [h] ፍጥረት : creation [i] ሰማይ : heaven [j] ንጉሥ : king [k] ንጉሥ : king [l] አምላክ : God [m] ዓለም : world [n] መለኮት : lordship [o] መንግሥት : kingdom [p] ዕበይ : greatness, majesty [q] ነበረ : *G impf 3ms*, to remain [r] ዓለም : eternity [s] ዓለም : eternity [t] ዓለም : eternity [u] ትውልድ : generation [v] ትውልድ : generation [w] ሥልጣን : dominion, authority [x] ሰማይ : heaven [y] መንበር : throne [z] ዓለም : eternity [aa] ምድር : earth [bb] መከየድ : footstool [cc] እግር : foot [dd] ዓለም : eternity [ee] ዓለም : eternity [ff] ዓለም : eternity **84.3** [a] ገብረ : *G perf 2ms*, to make [b] መለከ : *G impf 2ms*, to rule [c] *ጸንዐ : *G impf 3ms*, to be hard (ኢይጸንዐከ) [d] ግብር : work [e] ፩ : 1 [f] አሐቲ : one (fem.) [g] ጥበብ : wisdom [h] ኃለፈ : **G impf 3fs*, to go beyond (ኢተኀልፈከ) [i] ተመይጠ / ተሜጠ : *Gt impf 3fs*, to be turned [j] መንበር : throne [k] ምንባር : throne [l] ገጽ : presence [m] አእመረ : *CG impf 2ms*, to know [n] ርእየ : *G impf 2ms*, to see [o] ሰምዐ : *G impf 2ms*, to hear [p] ተኀብአ : **Gt impf 3ms*, to be hidden (ይትኀባእ) [q] ርእየ : *G impf 2ms*, to see **84.4** [a] ይእዜ : now [b] መልአክ : angel [c] ሰማይ : heaven [d] አበሰ : *D impf 3mpl*, to transgress [e] ሥጋ : flesh [f] ብእሲ : man [g] ኮነ : *G impf 3fs*, to be [h] መዓት : wrath [i] ዕለት : day [j] *ዐቢይ : great [k] ኵነኔ : judgment **84.5** [a] ይእዜ : now [b] አምላክ : God [c] እግዚእ : Lord [d] ንጉሥ : king [e] *ዐቢይ : great [f] አስተበቍዐ : *CGt impf 1cs*, to supplicate [g] ሰአለ / ስእለ : *G impf 1cs*, to ask [h] አቆመ / አቀመ : *CG juss 2ms*, to grant [i] ስእለት : petition [j] አትረፈ : *CG juss 2ms*, to cause to remain, spare

: ደኃሪተ[k] : ውስተ : ምድር[l] : ወኢታጥፍዕ[m] : ኵሎ : ሥጋ[n] : ሰብእ° : ወኢታዕርቃ[p] : ለምድር[q] : ወይከውኑ[r] : ኀጉል[s] : ለዓለም[t] ። 6 ወይእዜ[a] : እግዚአ[b] : አጥፍእ[c] : እምዲበ : ምድር[d] : ሥጋ[e] : አምዕዓተከ[f] : ወሥጋ[g] : ጽድቅ[h] : ወርትዕ[i] : ዓቅም[j] : ለተከለ[k] : ዘርእ[l] : ለዓለም[m] : ወኢትሰውር[n] : ገጸከ° : እምስዕለቶ[p] : ገብርከ[q] : እግዚኦ[r] ።

85

1 ወእምድኅረዝ : ካልአ[a] : ሕልመ[b] : ርኢኩ[c] : ወኵሎ : አርእከ[d] : ወልድየ ። **2** ወአንሥአ[a] : ሄኖክ : ወይቤ[b] : ለወልዱ[c] : ማቱሳላ : ለከ : እብለከ[d] : ወልድየ : ስማዕ[f] : ነገርየ[g] : ወአጽንን[h] : እዝነከ[i] : ለርእየ[j] : ሕልመ[k] : አቡከ[l] ። **3** እንበለ : እንሥአ[a] : ለእምከ[b] : ኤድና : ርኢኩ[c] : በራእይ[d] : በምስካብየ° : ወናሁ : ወፅአ[f] : ላህም[g] : እምድር[h] : ወኮነ[i] : ዝኩ : ላህም[j] : ፀዓዳ[k] : ወእምድኀሬሁ : ወፅአት[l] : ጣዕም[m] : አንስቲያዊት[n] : አሐቲ° : ወምሥሌሃ : ወፅአ : ካልእ[q] : ጣዕው[r] : ወጰ[s]እምኄሆሙ· : ኮነ : ጸሊም[u] : ወጰ[v]ቀይሐ[w] ። **4** ወጕድአ[a] : ዝኩ : ጸሊም[b] :

84.5 [k] ደኃሪት : posterity [l] ምድር : earth [m] አጥፍአ : *CG juss 2ms*, to extinguish, destroy [n] ሥጋ : flesh [o] ብእሲ : man [p] አዕረቀ : *CG juss 2ms*, to make empty [q] ምድር : earth [r] ከነ : *G impf 3ms*, to be [s] *ሀጉል / ሐጉል : destruction [t] ዓለም : eternity **84.6** [a] ይእዜ : now [b] እግዚእ : Lord [c] አጥፍአ : *CG impv 2ms*, to extinguish, destroy [d] ምድር : earth [e] ሥጋ : flesh [f] አምዕዐ : *CG perf 3fs*, to provoke (አምዕዐተከ) [g] ሥጋ : flesh [h] ጽድቅ : righteousness, justice [i] ርትዕ : uprightness, rectitude [j] አቀመ / አቀም : *CG impv 2ms*, to establish (አቅም) [k] ተከለ : plant [l] ዘርእ : seed [m] ዓለም : eternity [n] ሰወረ : *D juss 2ms*, to hide [o] ገጽ : face [p] *ስእለት : petition [q] ገብር : servant [r] እግዚአ : Lord

85.1 [a] ካልእ : another [b] ሕልም : dream [c] ርእየ : *G perf 1cs*, to see [d] አርአየ : *CG impf 1cs*, to show [e] ወልድ : son **85.2** [a] አንሥአ : *CG perf 3ms*, to raise [b] ብሀለ : *G perf 3ms*, to say [c] ወልድ : son [d] ብሀለ : *G impf 1cs*, to say [e] ወልድ : son [f] ስምዐ : *G impv 2ms*, to hear [g] ነገር : word [h] አጽነነ : *G impv 2ms*, to incline [i] እዝን : ear [j] ርእይ : vision [k] ሕልም : dream [l] አብ : father **85.3** [a] ነሥአ : *G juss 1cs*, to take [b] እም : mother [c] ርእየ : *G perf 1cs*, to see [d] ራእይ : vision [e] ምስካብ : bed [f] ወፅአ : *G perf 3ms*, to come out [g] ላህም : bull [h] ምድር : earth [i] ከነ : *G perf 3ms*, to be [j] ላህም : bull [k] ጸዐዳ / ጸዓዳ / ፀዓዳ : white [l] ወፅአ : *G perf 3fs*, to come out [m] ጣዕዋ : heifer [n] አንስታዊ / አንስታይ / አንስቲያዊት : female [o] አሐቲ : one (fem.) [p] ወፅአ : *G perf 3ms*, to come out [q] ካልእ : second [r] ጣዕው : bullock [s] ፩ : 1 [t] ከነ : *G perf 3ms*, to be [u] ጸሊም : black [v] ፩ : 1 [w] ቀይሕ : red **85.4** [a] ጕድአ : *G perf 3ms*, to strike [b] ጸሊም : black

ጠዐዎc : ለቀይሕd ወተለዎe : ዲበ : ምድርf ወኢይክህሉg : እምሰቤሃh : ርኢዮቶi : ለዝኩ :
ቀይሕj : ጠዐዎk ። 5 ወዝኬ : ጠዐዎa : ጸሊምb : ልህቀ : ወመጽአት : ምስሌሁ : ዛቲ : ጠዐዎ
: አስቲያዊትf : ወርኢኩg : እምኔሁ : ዘይወፅኡh : አልሀምትi : ብዙኃንj : እንዘ : ይመስልዎk
: ወይተልውዎl : ድንጉሁ ። 6 ወእንታክቲ : አጒልትa : አንስቲያዊትb : እንታክቲ : ቀዳሚትc :
ወፅአትd : እምቅድም : ገጸe : ዝኩ : ላህምf ቀዳማዊg : ኃሠሡh : ለውእቱ : ጠዋi : ቀይሕj
: ወኢረከበቶk : ወአውየወትl : ሰቤሃm : አውያተn : ዐቢየo : ወኃሠሠቶ ። 7 ወርኢኩa : እስከ
: መጽአb : ዝኩ : ላህምc : ቀዳማዊd : ኀቤሃe : ወአርመማe : ወእምኢዚ : ጊዜf : ኢጸርሐትg ።
8 ወእምድኅረዝ : ወለደትa : ካልአb : ላህመc : ጸዐዳd : ወእምኔሁ : ወለደትe : አልሀምተf :
ብዙኃንg : እንጒለተh : ጸሊማንi ። 9 ወርኢኩa : በንዋምb : ዝኩ : ሶርc : ጸዐዳd : ወከመዝ :
ልህቀe : ወኮነf : ሶሬg : ጸዐዳh : ዐቢየi : ወእምኔሁ : ወፅኡj : አልሀምትk : ብዙኃን፤ ጸዐዳm

---

85.4 c ጠዐዎ : bullock d ቀይሕ : red e ተለወ : *G perf 3ms*, to follow f ምድር : earth
g ክህለ : *G perf 1cs*, to be able h ሰቤሃ : then i ርእየ : *G inf*, to see j ቀይሕ : red
k ጠዐዎ : bullock **85.5** a ጠዐዎ : bullock b ጸሊም : black c ልህቀ : *G perf 3ms*,
to grow d መጽአ : *G perf 3fs*, to come e ጠዐዎ : heifer f *አንስታዊ / አንስታይ /
አንስቲያዊት : female g ርእየ : *G perf 1cs*, to see h ወፅአ : *G impf 3mpl*, to come out
i ላህም : bull j ብዙኅ : many k መሰለ / መስለ : *G impf 3mpl*, to be like l ተለወ : *G
impf 3mpl*, to follow **85.6** a *አጒልት : heifer b *አንስታዊ / አንስታይ / አንስቲያዊት :
female c ቀዳሚ : first d ወፅአ : *G perf 3fs*, to come out e ገጸ : presence f ላህም : bull
g ቀዳማዊ : first h ኃሠሠ : *G perf 3fs*, to seek (ኃሠሡቶ) i ጠዐዎ : bullock j ቀይሕ : red
k ረከበ : *G perf 3fs*, to find l ዐውየወ / አውየወ : *G perf 3fs*, to moan m ሰቤሃ : then
n ዐውያት / አውየት : wailing, lamentation o *ዐቢይ : great p ኃሠሠ : *G perf 3fs*, to
seek (ኃሠሠቶ) **85.7** a ርእየ : *G perf 1cs*, to see b መጽአ : *G perf 3fs*, to come c ላህም
: bull d ቀዳማዊ : first e አርመመ : *CG perf 3ms*, to make quiet f ጊዜ : time g *ጸርሐ
: *G perf 3fs*, to cry out (ኢጸርኀት) **85.8** a ወለደ : *G perf 3fs*, to give birth b ካልእ :
another c ላህም : bull d ጸዐዳ / ጸዳ / ፀዐዳ : white e ወለደ : *G perf 3fs*, to give birth
f ላህም : bull g ብዙኅ : many h *እጒልት : calf i ጸሊም : black **85.9** a ርእየ : *G perf 1cs*,
to see b ንዋም : sleep c ሶር : bull d ጸዐዳ / ጸዳ / ፀዐዳ : white e ልህቀ : *G perf 3ms*,
to grow f ከነ : *G impf 3ms*, to be g ሶር : bull h ጸዐዳ / ጸዐዳ / ፀዐዳ : white i *ዐቢይ :
large j ወፅአ : *G perf 3mpl*, to come out k ላህም : bull l ብዙኅ : many m ጸዐዳ / ጸዐዳ
/ ፀዐዳ : white

: ወይመስልዎⁿ ፨ 10 ወወጠኑᵃ : እንዘ : ይወልዱᵇ : አልህምተᶜ : ብዙኃንᵈ : ፀዓዳᵉ : ወአለ : ይመስልዎሙᶠ : ወተልፀ : ዼᵏለካልኡⁱ ፨

86

1 ወካዕበᵃ : ርኢኩᵇ : በአዕይንትየᶜ : እንዘ : እነውምᵈ : ወርኢኩᵉ : ሰማየᶠ : መልዕልተ⁸ : ወነየ : ዼʰኮከብⁱ : ወድቀʲ : እምሰማይᵏ : ወይትሌዓልˡ : ወይበልዕᵐ : ወይትረከይⁿ : ማእከለ : እልኩ : አልህምትᵒ ፨ 2 ወእምዝ : ርኢኩᵃ : አልህምተᵇ : ዓቢያነᶜ : ወጸሊማነᵈ : ወናሁ : ኵሎሙ : ወለጡᵉ : ምእያሞሙᶠ : ወምርዮሙ⁸ : ወአጣዋዎሙʰ : ወአኃዙⁱ : የአውይዉʲ : ዼᵏምስለ : ካልኡˡ ፨ 3 ወካዕበᵃ : ርኢኩᵇ : በራእይᶜ : ወነጸርኩᵈ : ለሰማይᵉ : ወነየ : ርኢኩᶠ : ከዋክብተ⁸ : ብዙኃንʰ : ወወረዱⁱ : ወተገድፉʲ : እምሰማይᵏ : ኀበ : ዝኩ : ኮከብˡ : ቀዳማዊᵐ : ወመዕከለ : እልኩ : ጣዕⁿ : ወአልህምትᵒ : ኮኑ : ምስሌሆሙ : ይትረአዩᵖ : ማዕከሎሙ ፨
4 ወነጸርኩሙᵃ : ወርኢኩᵇ : ወነየ : ኵሎሙ : አውፅኡᶜ : ኀፍረታቲሆሙᵈ : ከመ : አፍራሰᵉ

85.9 ⁿ መሰል / መስለ : *G impf 3mpl*, to be like **85.10** ᵃ ወጠነ : *G/D perf 3mpl*, to begin ᵇ ወለደ : *G impf 3mpl*, to give birth ᶜ ላህም : bull ᵈ ብዙኅ : many ᵉ ጸዕዳ / ጸዐዳ / ፀዓዳ : white ᶠ መሰለ / መስለ : *G impf 3mpl*, to be like ⁸ ተለወ : *G perf 3ms*, to follow (ተለዎ) ʰ ፩ : 1 ⁱ ካልእ : another

86.1 ᵃ ካዕበ : again ᵇ ርእየ : *G perf 1cs*, to see ᶜ ዐይን : eye ᵈ ኖመ : *G impf 1cs*, to sleep ᵉ ርእየ : *G perf 1cs*, to see ᶠ ሰማይ : heaven ⁸ መልዕልት : above ʰ ፩ : 1 ⁱ ኮከብ : star ʲ ወድቀ / ወደቀ : *G perf 3ms*, to fall ᵏ ሰማይ : heaven ˡ ተልዕለ / ተለዐለ / ተለዐለ / ተላዕለ : *Dt impf 3ms*, to be lifted (ይትሌዓል) ᵐ በልዐ : *G impf 3ms*, to eat ⁿ *ተርዕየ / ተርዐየ : *Gt impf 3ms*, to pasture (intr.) (ይትረዐይ) ᵒ ላህም : bull **86.2** ᵃ ርእየ : *G perf 1cs*, to see ᵇ ላህም : bull ᶜ *ዐቢይ : large ᵈ ጸሊም : black ᵉ ወለጠ : *D perf 3mpl*, to change ᶠ ምእያም : pen ⁸ *ምርዓይ : pasture ʰ ጣዕወ : heifer ⁱ አኀዘ : *G perf 3mpl*, to begin (አኀዙ) ʲ ዐወየ / አውየወ : *G juss 3mpl*, to moan ᵏ ፩ : 1 ˡ ካልእ : another **86.3** ᵃ ካዕበ : again ᵇ ርእየ : *G perf 1cs*, to see ᶜ ራእይ : vision ᵈ ነጸረ : *D perf 1cs*, to look ᵉ ሰማይ : heaven ᶠ ርእየ : *G perf 1cs*, to see ⁸ ኮከብ : star ʰ ብዙኅ : many ⁱ ወረደ : *G perf 3mpl*, to come down ʲ ተገድፈ : *Gt perf 3mpl*, to be cast down ᵏ ሰማይ : heaven ˡ ኮከብ : star ᵐ ቀዳማዊ : first ⁿ ጣዕወ : heifer ᵒ ላህም : bull ᵖ ኮነ : *G perf 3mpl*, to be ᵠ *ተርዕየ / ተርዐየ : *Gt impf 3mpl*, to pasture (intr.) (ይትረዐይ) **86.4** ᵃ ነጸረ : *D perf 1cs*, to look ᵇ ርእየ : *G perf 1cs*, to see ᶜ አውፅአ : *CG perf 3mpl*, to let out ᵈ *ኀፍረት : shame ᵉ ፈረስ : horse

: ወእዘʰ : ይዕርጉᵍ : ዲበ : እንላተʰ : አልህምትⁱ : ወፀንሳʲ : ኩሎን : ወወለዳᵏ : ነጊተᵃˡ : ወአግማለᵐ : ወአዕዱገⁿ :: 5 ወኩሎመ· : አልህምት : ፈርህዎሙᵇ : ወደንፁᶜ : እምኔሆሙ : ወአኃዱᵈ : እንዘ : ይነዝሩᵉ : በስነኒሆሙᶠ : ወይውኅጡᵍ : ወይወግኡʰ : በአቅርንቲሆሙⁱ :: 6 ወአኃዛᵃ : እንከᵇ : ይብልዑሙᶜ : ለእልኩ : አልህምትᵈ : ወነዋ : ኩሎመ· : ውሉደᵉ : ምድርᶠ : አኃዙᵍ : ይርዕዱʰ : ወያድለቅልቁⁱ : እምኔሆሙ : ወይንፍጹʲ ::

87

1 ወካዕበᵃ : ርኢክዎመ·ᵇ : ወአኃዙᶜ : እንዘ : ይወግኡᵈ : ፩ᵉለካልኡᶠ : ወይውኅጡ : ፩ᵍካልኡⁱ : ወምድርʲ : አኃዘትᵏ : ትጸርኅˡ :: 2 ወአንሣእኩᵃ : አዕይንትየᵇ : ካዕበᶜ : ውስተ : ሰማይᵈ : ወርኢኩᵉ : በራእይᶠ : ወነዋ : ወፅኡᵍ : እምሰማይʰ : ከመ : አምሳለⁱ : ሰብእʲ : ጸዓዳᵏ : ወ፬ወፅኡᵐ : አምውእቱ : መካንⁿ : ወ፫ºምስሌሁ :: 3 እሙንቱ : ፫ᵃእለ : ወፅኡᵇ : ድኀረ : አኃኒየᶜ : በእዴየᵈ : ወአንሥኡኒᵉ : እምትውልደየ : ምድርᶠ : ወዓለሉኒᵍ·ʰ : ዲበ : መካንⁱ : ነዋህʲ

፡ ወአርአዩክk ፡ ማኅፈደl ፡ ነዋኅm ፡ እምድርn ፡ ወኮነ፡ ሕፁፀ ፡ ኵሉ ፡ አውግርq ፡፡ 4 ወይቤሉኒa ፡ ንበርb ፡ ዝየ ፡ እስከ ፡ ትሬኢc ፡ ኵሉ ፡ ዘይመጽእd ፡ ዲበ ፡ አሉ ፡ ነኔያትe ፡ ወአግማልf ፡ ወአዕዱግg ፡ ወዲበ ፡ ከዋክብትh ፡ ወዲበ ፡ አልህምታትi ፡ ኵሎሙ ፡፡

88

1 ወርኢኩa ፡ ፩bእምእልኩ ፡ ፬cእለ ፡ ወፅኡd ፡ እምቀዳሚe ፡ ወአኃዘfለዝኩ ፡ ከከብg ፡ ቀዳሚh ፡ ዘወድቀi ፡ እምሰማይj ፡ ወአሰሮck ፡ እደዊሁl ፡ ወእገሪሁm ፡ ወደዮn ፡ ውስተ ፡ ማዕምቅo ፡ ወዝኩ ፡ ማዕምቅp ፡ ጸቢብq ፡ ወዕሙቅr ፡ ወዕቡጽs ፡ ወጽልመትt ፡፡ 2 ወ፩aእምአሉ ፡ መልሐb ፡ ሰይፈc ፡ ወወሀበመd ፡ ለእልኩ ፡ ነኔያትe ፡ ወአግማልf ፡ ወአዕዱግg ፡ ወአኃዘh ፡ እንዘ ፡ ይገዱዕi ፡ ፩jለካልኡk ፡ ወኵሎ ፡ ምድርl ፡ አድለቀለቀትm ፡ ዲቤሆሙ ፡፡ 3 ወሰበ ፡ ርኢኩa ፡ በራዕይb ፡ ወነዋ ፡ እንከc ፡ ፩dእምእልኩቱ ፡ ፬eእለ ፡ ወፅኡf ፡ ወገረg ፡ እምሰማይh ፡ ወአስተጋብአi ፡ ወነሥአj ፡ ኵሎ ፡ ከዋክብተk ፡ ዓቢያተl ፡ አለ ፡ ኃፍቶሙm ፡ ከመ ፡ ኃፍረተn ፡ አፍራሶ ፡ ወአሠሮሙp ፡ ለኵሎሙ ፡ በአደዊሆሙq ፡ ወበአገሪሆሙr ፡ ወደዮሙs ፡ በንቅዓተt ፡ ምድርu ፡፡

87.3 ᵏ አርአየ : *CG perf 3mpl,* to show ˡ ማኅፈድ : tower ᵐ ነዋኅ / ነዊኅ : high ⁿ ምድር : earth ᵒ ኮነ : *G perf 3ms,* to be ᵖ *ሐጹጽ : low ᵠ ወገር : hill 87.4 ᵃ ብህለ : *G perf 3ms,* to say ᵇ ነበረ : *G impv 2ms,* to remain ᶜ ርእየ : *G impf 2ms,* to see ᵈ መጽአ : *G impf 3ms,* to come ᵉ ነኔ : elephant ᶠ ገመል : camel ᵍ *አድግ : donkey ʰ ከከብ : star ⁱ ላህም : bull

88.1 ᵃ ርእየ : *G perf 1cs,* to see ᵇ ፩ : 1 ᶜ ፬ : 4 ᵈ ወፅአ : *G perf 3mpl,* to come out ᵉ ቀዳሚ : first ᶠ አኃዘ : *G perf 3ms,* to seize (አኀዘ) ᵍ ከከብ : star ʰ ቀዳሚ : first ⁱ ወድቀ / ወደቀ : *G perf 3ms,* to fall ʲ ሰማይ : heaven ᵏ አሰረ / አሠረ : *G perf 3ms,* to bind ˡ እድ : hand ᵐ እገር : foot ⁿ ወደየ : *G perf 3ms,* to throw ᵒ ማዕምቅ / መዕምቅ / ማዕምቅት : abyss ᵖ ማዕምቅ / መዕምቅ / ማዕምቅት : abyss ᵠ ጸቢብ : narrow ʳ ዕሙቅ : deep ˢ ዕቡጽ / ዕቡብ : rough ᵗ ጽልመት : darkness 88.2 ᵃ ፩ : 1 ᵇ መልኀ / መልሐ : *G perf 3ms,* to draw (a sword) ᶜ ሰይፍ : sword ᵈ ወሀበ : *G perf 3ms,* to give ᵉ ነኔ : elephant ᶠ ገመል : camel ᵍ *አድግ : donkey ʰ አኃዘ : *G perf 3ms,* to begin (አኀዘ) ⁱ *ጐድአ : *G impf 3ms,* to strike (ይጐድኦ) ʲ ፩ : 1 ᵏ ካልእ : another ˡ ምድር : earth ᵐ አድለቅለቀ : *CG perf 3fs,* to shake (intr.) 88.3 ᵃ ርእየ : *G perf 1cs,* to see ᵇ ራዕይ : vision ᶜ እን : then ᵈ ፩ : 1 ᵉ ፬ : 4 ᶠ ወፅአ : *G perf 3mpl,* to come out ᵍ ወገረ : *G perf 3ms,* to cast ʰ ሰማይ : heaven ⁱ አስተጋብአ : *CLt perf 3ms,* to gather ʲ ነሥአ : *G perf 3ms,* to take ᵏ ከከብ : star ˡ *ዐቢይ : large ᵐ *ኃፍርት : shame ⁿ *ኃፍረት : shame ᵒ ፈረስ : horse ᵖ አሰረ / አሠረ : *G perf 3ms,* to bind ᵠ እድ : hand ʳ እገር : foot ˢ ወደየ : *G perf 3ms,* to throw ᵗ *ንቅዐት : chasm ᵘ ምድር : earth

89

1 ወኔእምእልክቱ : ፱ሐረc : ኅበ : እልክቱ : አልህምትd : ፀዓዕe : ወመሐሮf : ምሥጢረg : እንዘ : ይርዕድh : ውእቱ : ላህምi : ተወልደj : ወኮነk : ሰብእl : ወፀቢበm : ሎቱ : መስቀርn : ዓቢየ° : ወነበረp : ዲቤሃ : ወ፫አልህምትr : ነበሩs : ምስሌሁ : ቢእቲ : መስቀርt : ወተከድኑu : ላዕሌሆሙ ። 2 ወዓልዓልኩa : ካዕበb : አዕይንትየc : መንገለ : ሰማይd : ወርኢኩe : ናህሰf : ልዑለg : ወ፯አስራብi : ዲቤሁ : ወእልሁ : አስራብ : ያውኅዙk : በ፩ዓዕድm : ማየn : ብዙኅ° ። 3 ወርኢኩ : ካዕበb : ወነዋ : አንቅዕታትc : ተርኅዉd : ዲበ : ምድርe : በውእቱ : ዓዕf : ዓቢይg : ወአኀዘh : ውእቱ : ማይi : ይፍልሕj : ወይትነሣእk : ዲበ : ምድርl : ወኢይርአይ·m : ለውእቱ : ዓዕn : እስከ : ኩሉ : ምድሩ° : ተከድነp : በማይq ። 4 ወበዝኃa : ዲቤሁ : ማይb : ወጽልመትc : ወጊሜd : ወእሬኢe : መልዕልቶf : ለዝ : ማይg : ወተላዓልh : ውእቱ : ማይi : መልዕልቶj : ለውእቱ : ዓዕk : ወይክዑl : መልዕልትm : ለዓዕn : ወቀመ° : ዲበ : ምድርp ።

89.1 a ፱ : 1 b ፱ : 4 c ሐረ : G perf 3ms, to go d ላህም : bull e ጸዕዕ / ጸዐዳ / ፀዓዳ : white f *መሀረ / ምሀረ : G perf 3ms, to teach (መሀር) g *ምስጢር : mystery h ርዕደ : G impf 3ms, to tremble i ላህም : bull j ተወልደ : Gt perf 3ms, to be born k ኮነ : G perf 3ms, to become l ብእሲ : man m *ጸረበ : G perf 3ms, to hew (ጸረብ) n መስቀር : ship o *ዐቢይ : large p ነበረ : G perf 3ms, to dwell q ፫ : 3 r ላህም : bull s ነበረ : G perf 3mpl, to dwell t መስቀር : ship u ተከድነ / ተከደነ : Gt perf 3ms, to be covered **89.2** a *ዐልዐለ : G perf 1cs, to raise (ዐልዐልኩ) b ካዕበ : again c ዐይን : eye d ሰማይ : heaven e ርእየ : G perf 1cs, to see f *ናሕስ : roof g ልዑል : high h ፯ : 7 i አስራብ : canals j አስራብ : canals k አውሐዘ / አውኀዘ : CG impf 3mpl, to pour (tr.) l ፩ : 1 m *ዐጸድ / ዐፀድ : enclosure n ማይ : water o ብዙኅ : much, abundant **89.3** a ርእየ : G perf 1cs, to see b ካዕበ : again c ነቅዕ : spring d ተርኅወ : Gt perf 3mpl, to be opened e ምድር : floor f *ዐጸድ / ዐፀድ : enclosure g *ዐቢይ : large h አኀዘ : G perf 3ms, to begin i ማይ : water j ፈልሐ : G juss 3ms, to bubble up k ተንሥአ : Gt juss 3ms, to rise up l ምድር : floor m ርእየ : *G impf 1cs, to see (እርእዩ) n *ዐጸድ / ዐፀድ : enclosure o ምድር : floor p ተከድነ / ተከደነ : Gt perf 3ms, to be covered q ማይ : water **89.4** a በዝኀ : G perf 3fpl, to be numerous, much b ማይ : water c ጽልመት : darkness d ጊሜ : mist e ርእየ : G impf 1cs, to see f መልዕልት : height g ማይ : water h ተልዕለ / ተለዐለ / ተላዐለ / ተላእለ : Dt perf 3ms, to rise (ተላዐለ) i ማይ : water j መልዕልት : above k *ዐጸድ / ዐፀድ : enclosure l ከዐወ : G impf 3ms, to pour m መልዕልት : above n *ዐጸድ / ዐፀድ : enclosure o ቀመ : G perf 3ms, to remain p ምድር : earth

5 ወኵሎሙ ፡ አልህምት ፡ª አለ ፡ ውእቱ ፡ ዐጸድ ፡ᵇ ተጋብኡ ፡ᶜ እስከ ፡ ርእከዮሙ ፡ᵈ ይሠጠሙ ፡ᵉ ፡ ወይትወጠጡ ፡ᶠ ወይትኃጐሉ ፡ᵍ በውእቱ ፡ ማይ ። ʰ 6 ወውእቱ ፡ መስቀር ፡ª ይጸቢ ፡ᵇ ዲበ ፡ ማይ ፡ᶜ ወኵሎሙ ፡ አልህምት ፡ᵈ ወነገያት ፡ ወአግማል ፡ᶠ ወአዕዳግ ፡ᵍ ተሠጥሙ ፡ʰ ውስተ ፡ ምድር ፡ⁱ ወኵሉ ፡ እንስሳ ፡ ወኢከሀልኩ ፡ᵏ ርእዮሙ ፡ˡ ወአምንቱሂ ፡ ስእኑ ፡ᵐ ወኢአ ፡ⁿ ወተኃጐሉ ፡ᵒ ወተሠጥሙ ፡ᵖ ውስት ፡ ቀላይ ። 7 ወካዕበ ፡ª ርኢኩ ፡ᵇ በራእይ ፡ᶜ እስከ ፡ ሰሰሉ ፡ᵈ ፡ እልኩ ፡ አስራብ ፡ᵉ እምዝኩ ፡ ናሕስ ፡ᶠ ልዑልᵍ ወንቅዓት ፡ʰ ምድር ፡ⁱ አረፕ ፡ʲ ወመዓምቃት ፡ᵏ ፡ ካልአት ፡ˡ ተፈትሑ ። ᵐ 8 ወአነዘ ፡ª ማይ ፡ᵇ ይረድ ፡ᶜ ውስቴቶሙ ፡ እስከ ፡ ተከሥተ ፡ᵈ ምድር ፡ᵉ ወውእቱ ፡ መስቀር ፡ᶠ ነበረ ፡ᵍ ዲበ ፡ ምድር ፡ʰ ወተግኅሠት ፡ⁱ ጽልመት ፡ʲ ወኮነᵏ ፡ ብርሃን ። ˡ 9 ወውእቱ ፡ ላህማ ፡ª ጸዓብ ፡ᵇ ዘኮነᶜ ፡ ብእሴ ፡ᵈ ወፅአ ፡ እምዝኩ ፡ መስቀር ፡ ወፀᵍእልህምት ʰ ፡ ምስሌሁ ፡ ወኮነⁱ ፡ ፫ዝኩ ፡ እም፫ᵏአልህምት ʲ ጸዓም ፡ ይመስሎⁿ ፡ ለዝኩ ፡ ላህምᵐ ፡ ወፀᵖእምኔሆሙ ፡ ቀይሕ ᵠ ፡ ከመ ፡ ደም ፡ ወፀˢጸሊም ᵗ ፡ ወውእቱ ፡ ዝኩ ፡ ላህምᵘ ፡

89.5 ª ላህም : bull ᵇ *ዐጸድ / ዐፀድ : enclosure ᶜ ተጋብአ : Lt perf 3mpl, to be gathered ᵈ ርእየ : G perf 1cs, to see ᵉ*ተሰጥመ : Gt impf 3mpl, to sink (ይሰጡሙ) ᶠ ተወግጠ : Gt impf 3mpl, to be swallowed (ይትወገጡ) ᵍ *ተህጕለ / ተሐኰለ : *Gt impf 3mpl, to be destroyed (ይትህጐሉ) ʰ ማይ : water **89.6** ª መስቀር : ship ᵇ ጸበየ : G impf 3ms, to float ᶜ ማይ : water ᵈ ላህም : bull ᵉ ነገ : elephant ᶠ ገመል : camel ᵍ *አድግ : donkey ʰ *ተሰጥመ : Gt perf 3mpl, to sink (ተሰጥሙ) ⁱ ምድር : bottom ʲ እንስሳ : animals ᵏ ከህለ : G perf 1cs, to be able ˡ ርእየ : G inf, to see ᵐ ስእነ : G perf 3mpl, to be unable ⁿ ወፅአ : G inf, to come out ᵒ *ተህጕለ / ተሐኰለ : *Gt perf 3mpl, to be destroyed (ተህጕሉ) ᵖ *ተሰጥመ : Gt perf 3mpl, to sink (ተሰጥሙ) ᵠ ቀላይ : abyss **89.7** ª ካዕበ : again ᵇ ርእየ : G perf 1cs, to see ᶜ ራእይ : vision ᵈ ሰሰለ : D perf 3mpl, to be removed ᵉ አስራብ : canals ᶠ ናሕስ : roof ᵍ ልዑል : high ʰ *ንቅዐት : chasm ⁱ ምድር : earth ʲ *ዐረየ : G/D perf 3ms, to be leveled off (ዐረየ) ᵏ ማዕምቅ / መዕመቅ / ማዕምቅት : deep, abyss ˡ ካልእ : other ᵐ ተፈትሐ : Gt perf 3mpl, to be opened **89.8** ª አኀዘ : G perf 3ms, to begin ᵇ ማይ : water ᶜ ወረደ : G juss, 3ms, to go down ᵈ ተከሥተ : Gt perf 3ms, to become visible ᵉ ምድር : earth ᶠ መስቀር : ship ᵍ ነበረ : G perf 3ms, to settle ʰ ምድር : earth ⁱ ተግሕወ / ተግሕወ / ተግሕወ : Gt perf 3fs, to withdraw, retreat ʲ ጽልመት : darkness ᵏ ኮነ : G perf 3ms, to be ˡ ብርሃን : light **89.9** ª ላህም : bull ᵇ ጸዓዳ / ጸዐዳ / ፀዓዳ : white ᶜ ኮነ : G perf 3ms, to become ᵈ ብእሲ : man ᵉ ወፅአ : G perf 3ms, to go out ᶠ መስቀር : ship ᵍ ፫ : 3 ʰ ላህም : bull ⁱ ኮነ : G perf 3ms, to be ʲ ፩ : 1 ᵏ ፫ : 3 ˡ ላህም : bull ᵐ ጸዓዳ / ጸዐዳ / ፀዓዳ : white ⁿ መሰለ / መሰለ : G impf 3ms, to be like, resemble ᵒ ላህም : bull ᵖ ፩ : 1 ᵠ ቀይሕ : red ʳ ደም : blood ˢ ፩ : 1 ᵗ ጸሊም : black ᵘ ላህም : bull

1 Enoch 89.9–13

ፀዓዳᵛ ፡ ኃለፈʷ ፡ እምኔሆሙ ። 10 ወአኀዙᵃ ፡ ይለዱᵇ ፡ አራዊተᶜ ፡ ገዳምᵈ ፡ ወአዕዋፈᵉ ፡ ወኮነᶠ ፡ እምኔሆሙ ፡ ዘምጥሎሙ ፡ ኅብረᵍ ፡ አሕዛብʰ ፡ አናብስተⁱ ፡ ወአናምርተʲ ፡ ወአዝዕብተᵏ ፡ ወአክልብተˡ ፡ ወአጽዕብተᵐ ፡ ወሐራውያⁿ ፡ ገዳምᵒ ፡ ወቀናጽለᵖ ፡ ወጋሊያተᵠ ፡ ወኈንዘርʳ ፡ ወሲሲትˢ ፡ ወአውስተተᵗ ፡ ወሆባየተᵘ ፡ ወፍንቃስᵛ ፡ ወቋዓተʷ ፡ ወተወለደˣ ፡ ማዕከሎሙ ፡ ላህምʸ ፡ ፀዓዳᶻ ። 11 ወአኀዙᵃ ፡ ይትናሰኩᵇ ፡ በበይናቲሆሙ ፡ ፩ᶜምስለ ፡ ካልኡᵈ ፡ ወዝኩ ፡ ላህምᵉ ፡ ፀዓዳᶠ ፡ ዘተወለደᵍ ፡ ማእከሎሙ ፡ ወለደʰ ፡ አነግⁱ ፡ ገዳምʲ ፡ ወላህምᵏ ፡ ፀዓዳˡ ፡ ምስሌሁ ፡ ወበዝኁᵐ ፡ ዕድገⁿ ፡ ገዳምᵒ ። 12 ወውእቱ ፡ ላህምᵃ ፡ ዘተወልደᵇ ፡ እምኔሁ ፡ ወለደᶜ ፡ ሐራውያᵈ ፡ ገዳምᵉ ፡ ጸሊመᶠ ፡ ወበግዓᵍ ፡ ፀዓዳʰ ፡ ወውእቱ ፡ ሐራውያⁱ ፡ ገዳምʲ ፡ ወለደᵏ ፡ አሕርወˡ ፡ ብዙኃᵐ ፡ ወውእቱ ፡ በግዖⁿ ፡ ወለደᵒ ፡ ፲ወ፪አባግዓᵖ ። 13 ወሶበ ፡ ልህቁᵃ ፡ እልክቱ ፡ ፲ወ፪ᵇአባግዕᶜ ፡ ለ፩ᵈእምኔሆሙ ፡ መጠውᵖᵉ ፡ ለአዕዱግᶠ ፡ ወእልኩ ፡ አዕዱግᵍ ፡ ካዕበʰ ፡ መጠውዎⁱ ፡ ለዝኩ ፡ በግዕʲ ፡ ለአዝእብትᵏ ፡ ወልህቀˡ ፡ ዝኩ ፡ በግዕᵐ ፡ ማዕከለ ፡ አዝእብትⁿ ።

89.9 ᵛ ጸዐዳ / ጸዕዳ / ፀዓዳ : white ʷ ኃለፈ : *G perf 3ms, to pass away (ኃለፈ)
89.10 ᵃ አኀዘ : G perf 3mpl, to begin ᵇ ወለደ : G juss 3mpl, to give birth ᶜ አርዌ : beast ᵈ ገዳም : wilderness ᵉ ዖፍ : bird ᶠ ኮነ : G perf 3ms, to be ᵍ *ኀብረት : group ʰ ሕዝብ : species ⁱ *ዐንበሳ : lion ʲ ነምር : leopard ᵏ *ዝእብ : wolf ˡ ክልብ : dog ᵐ ጽዕብ : hyena ⁿ ሐራውያ : wild boar ᵒ ገዳም : wilderness ᵖ ቀንጽል : fox ᵠ ግሐ : rock badger, hyrax ʳ *ኈንዘር : pig ˢ ሲሲት : falcon ᵗ አውስት : bird of prey ᵘ ሆባይ : kite ᵛ ፍንቃስ : eagle ʷ ቋዕ : raven ˣ ተወልደ : Gt perf 3ms, to be born ʸ ላህም : bull ᶻ ጸዐዳ / ጸዕዳ / ፀዓዳ : white **89.11** ᵃ አኀዘ : G perf 3mpl, to begin (አኀዙ) ᵇ ተናሰከ : Lt juss 3mpl, to bite one another ᶜ ፩ : 1 ᵈ ካልእ : another ᵉ ላህም : bull ᶠ ጸዐዳ / ጸዕዳ / ፀዓዳ : white ᵍ ተወልደ : Gt perf 3ms, to be born ʰ ወለደ : G perf 3ms, to give birth ⁱ አድግ : donkey ʲ ገዳም : wilderness ᵏ ላህም : bull ˡ ጸዐዳ / ጸዕዳ / ፀዓዳ : white ᵐ በዝኀ : *G perf 3ms, to increase (intr.) (በዝኁ) ⁿ *እግር : donkey ᵒ ገዳም : wilderness **89.12** ᵃ ላህም : bull ᵇ ተወልደ : Gt perf 3ms, to be born ᶜ ወለደ : G perf 3ms, to give birth ᵈ ሐራውያ : wild boar ᵉ ገዳም : wilderness ᶠ ጸሊም : black ᵍ በግዐ : sheep ʰ ጸዐዳ / ጸዕዳ / ፀዓዳ : white ⁱ ሐራውያ : wild boar ʲ ገዳም : wilderness ᵏ ወለደ : G perf 3ms, to give birth ˡ ሐራውያ : wild boar ᵐ ብዙኅ : many ⁿ በግዐ : sheep ᵒ ወለደ : G perf 3ms, to give birth ᵖ ፲ወ፪ : 12 ᵠ በግዕ : sheep **89.13** ᵃ ልህቀ : G perf 3mpl, to grow ᵇ ፲ወ፪ : 12 ᶜ በግዕ : sheep ᵈ ፩ : 1 ᵉ መጠወ : D perf 3mpl, to hand over ᶠ *አድግ : donkey ᵍ *አድግ : donkey ʰ ካዕበ : moreover ⁱ መጠወ : D perf 3mpl, to hand over ʲ በግዕ : sheep ᵏ ዝእብ : wolf ˡ ልህቀ : G perf 3ms, to grow ᵐ በግዕ : sheep ⁿ ዝእብ : wolf

14 ወአግዚአa : አምጽአሙ·b : ለ፲ወ፪ኣባግዕd : ከመ : ይኃድሩe : ምስሌሁ : ወይትረአዩf : ምስሌሁ : ማዕከለ : አዝእብትg : ወበዝኁh : ወኮኑi : መራዕይj : ብዙኃንk : ዘአባግዕl ።
15 ወጠነua : አዝእብትb : እንዘ : ያፈርሆሙ·c : ወአጠቅዎሙ·d : እስከ : ያሐልቁe : ደቂቆሙf : ወገደፉg : ደቂቆሙ·h : በውሒዝi : ማይj : ብዙኅk : ወአልኩ : አባግዕl : ወጠኑm : ይጽርሑn : በእንተ : ደቂቆሙ·o : ወይስክዩp : ኃበ : እግዚአሙ·q ። 16 ወበግዕa : ዘድኅነb : እምነ : አዝእብትc : ነፍጸd : ወኃለፈe : ውስተ : አዕዱገf : ገዳምg : ወርኢክዎሙ·h : ለአባግዕi : እንዘ : የአወይዉj : ወይጸርሑk : ወይስእልዎl : ለእግዚአሙ·m : በኩሉ : ኃይሎሙ·n : እስከ : ወረደ° : ዝኩ : እግዚአሙ·p : ለአባግዕq : እምጽርሖr : ኃበ : ቃሎሙ·s : ለአባግዕt : እምዕርሑu : ልዑልv : ወበጽሑw : ኃቤሆሙ· : ወርእዮሙ·x ። 17 ወጸውዓa : ለዝኩ : በግዕb : ዘተኃጥአc : እምእዝዕበትd : ወተናገሮe : በእንተ : አዝእብትf : ከመ : ያስምዕg : ላዕሌሆሙ· : ከመ : ኢይግሥሥዎሙ·h : ለአባግዕi ። 18 ወሐረa : በግዕb : ኃበ : ዐዝእብትc : በቃለd : እግዚእe : ወካልእf : በግዕg :

89.14 a እግዚእ : Lord b አምጽአ : *CG perf 3ms*, to bring c ፲ወ፪ : 11 d በግዕ : sheep e ኃደረ : *G juss 3mpl*, to dwell f *ተርዕየ / ተረዐየ : *Gt juss 3mpl*, to pasture (intr.) (ይትረዐዩ) g ዝአብ : wolf h በዝኅ : *G perf 3mpl*, to increase (intr.) i ኮነ : *G perf 3mpl*, to become j *መርዐይ : flock k ብዙኅ : many l በግዕ : sheep **89.15** a ወጠነ : *G/D perf 3mpl*, to begin b ዝአብ : wolf c አፍርሀ : *CG impf 3mpl*, to frighten d አጥቀ / አጠቀ / አጠወ : *CG impf 3mpl*, to oppress e *አኀለቀ : *CG impf 3mpl*, to bring to an end, destroy (ያኅልቁ) f ደቂቅ : young g ገደፈ : *G perf 3mpl*, to cast away h ደቂቅ : young i *ውሒዝ / ውኒዝ : river j ማይ : water k ብዙኅ : much, abundant l በግዕ : sheep m ወጠነ : *G/D perf 3mpl*, to begin n *ጸርኀ : *G juss 3mpl*, to cry out (ይጽርኁ) o ደቂቅ : young p ሰከየ : *G juss 3mpl*, to complain q እግዚእ : Lord **89.16** a በግዕ : sheep b ድኅነ : *G perf 3ms*, to be saved c ዝአብ : wolf d ነፍጸ : *G perf 3ms*, to escape e ኃለፈ : *G perf 3ms*, to pass over (ኃለፉ) f *አዕይግ : donkey g ገዳም : wilderness h ርእየ : *G perf 1cs*, to see i በግዕ : sheep j ዐውየወ / አውየወ : *G impf 3mpl*, to moan k *ጸርኀ : *G impf 3mpl*, to cry out (ይጽርኁ) l ሰአለ / ስእለ : *G impf 3mpl*, to petition m እግዚእ : Lord n *ኃይል : power o ወረደ : *G perf 3ms*, to go down p እግዚእ : Lord q በግዕ : sheep r ጽርኅ / ጽርሐ : shout s ቃል : voice t በግዕ : sheep u *ጽርኅ / ጽርሐ : shout v ልዑል : high w በጽሐ : *G perf 3ms*, to arrive x ርእየ : *G perf 3ms*, to see **89.17** a ጸውዐ : *D perf 3ms*, to call b በግዕ : sheep c ተኀጥአ : *Gt perf 3ms*, to escape (ተኀጥአ) d *ዝአብ : wolf e ተናገረ : *Lt perf 3ms*, to speak to f ዝአብ : wolf g አስምዐ : *CG juss 3ms*, to warn h ገሰሰ / ገሠሠ : *G juss 3mpl*, to touch i በግዕ : sheep **89.18** a ሐረ : *G perf 3ms*, to go b በግዕ : sheep c ዝአብ : wolf d ቃል : word e እግዚእ : Lord f ካልእ : another g በግዕ : sheep

1 Enoch 89.18-24

ተራከቦʰ ፡ ለውእቱ ፡ በግዕⁱ ፡ ወተሪʲ ፡ ምስሌሁ ፡ ወበኡᵏ ፡ ክልኤሆሙˡ ፡ ኅቡረᵐ ፡ ውስተ ፡ ማኅበሮሙⁿ ፡ ለኣልኩ ፡ አዝእብትᵒ ፡ ወተናገርዎሙᵖ ፡ ወአስምዐ·ᵠ ፡ ዲቤሆሙ ፡ ከመ ፡ እምይእዜʳ ፡ ኢይግሥሥዎሙˢ ፡ ለአባግዕᵗ ። 19 ወእምኔሁ ፡ ርኢክዎሙᵃ ፡ ለአዝዕብትᵇ ፡ ወአፈᶜ ፡ ፀንዑᵈ ፡ ፈድፋደᵉ ፡ ዲበ ፡ አባግዕᶠ ፡ በኵሉ ፡ ኀይሎሙᵍ ፡ ወዓባግዕʰ ፡ ጸርሑⁱ ። 20 ወእግዚአሙᵃ ፡ መጽአᵇ ፡ ኀቤሆሙ ፡ ለአባግዕᶜ ፡ ወኀዘᵈ ፡ ይዝብጦሙᵉ ፡ ለአልኩ ፡ አዝእብትᶠ ፡ ወአአዝዕብትᵍ ፡ አኀዙʰ ፡ የአውይዉⁱ ፡ ወአባግዕʲ ፡ አርመሙᵏ ፡ ወእምሴዓˡ ፡ ኢጸርሑᵐ ። 21 ወርኢክሙᵃ ፡ ለአባግዕᵇ ፡ እስከ ፡ ወፅኡᶜ ፡ እምአአዝዕብትᵈ ፡ ወአዝእብትᵉ ፡ ተጸለሉᶠ ፡ አዕይንቲሆሙᵍ ፡ ወወፅኡʰ ፡ እንዘ ፡ ይተልውዎሙⁱ ፡ ለአባግዕʲ ፡ እልኩ ፡ አዝዕብትᵏ ፡ በኵሉ ፡ ኀይሎሙˡ ። 22 ወእዚአሙᵃ ፡ ለአባግዕᵇ ፡ ሐረᶜ ፡ ምስሌሙም ፡ እንዘ ፡ ይመርሐሙᵈ ፡ ወኵሎሙ ፡ አባጊሁᵉ ፡ ተለውዎᶠ ፡ ወገጹᵍ ፡ ስቡሕʰ ፡ ወግሩምⁱ ፡ ራእዩʲ ፡ ወክቡርᵏ ። 23 ወአዝእብትሰᵃ ፡ አኀዙᵇ ፡ ይትልውዎሙᶜ ፡ ለአልኩ ፡ አባግዕᵈ ፡ እስከ ፡ ተራከብዎሙᵉ ፡ በአሐቲᶠ ፡ ኣይገᵍ ፡ ማይʰ ። 24 ወውእቱ ፡ ዓይᵃ ፡ ማይᵇ ፡ ተሠጠᶜ ፡ ወቀመᵈ ፡ ማይᵉ ፡ እምዝየ

89.18 ʰ ተራከበ : *Lt perf 3ms*, to meet one another ⁱ በግዕ : sheep ʲ ሐረ : *G perf 3ms*, to go ᵏ በአ : *G perf 3mpl*, to enter ˡ ክልኤ : two, both ᵐ ኅቡረ : together ⁿ ማኅበር : assembly ᵒ ዝእብ : wolf ᵖ ተናገረ : *Lt perf 3mpl*, to speak to ᵠ አስምዐ : *CG perf 3mpl*, to warn ʳ ይእዜ : then ˢ ገሰሰ / ገሥሠ : *G juss 3mpl*, to touch ᵗ በግዕ : sheep **89.19** ᵃ ርእየ : *G perf 1cs*, to see ᵇ *ዝእብ : wolf ᶜ አፈ : how ᵈ *ጸንዐ : *G perf 3mpl*, to be harsh (ጸንዑ·) ᵉ ፈድፋደ : extremely ᶠ በግዕ : sheep ᵍ *ኀይል : power ʰ በግዕ : sheep ⁱ *ጸርኀ : *G perf 3mpl*, to cry out (ጸርኁ) **89.20** ᵃ እግዚእ : Lord ᵇ መጽአ : *G perf 3ms*, to come ᶜ በግዕ : sheep ᵈ አኀዘ : *G perf 3ms*, to begin ᵉ ዘበጠ : *G juss 3ms*, to beat ᶠ ዝእብ : wolf ᵍ *ዝእብ : wolf ʰ አኀዘ : *G perf 3mpl*, to begin (አኀዙ) ⁱ ዐወየ / አውየወ : *G juss 3mpl*, to moan ʲ በግዕ : sheep ᵏ አርመመ : *CG perf 3mpl*, to keep silent ˡ ሰቢሃ : then ᵐ *ጸርኀ : *G perf 3mpl*, to cry out (ኢጸርኁ) **89.21** ᵃ ርእየ : *G perf 1cs*, to see ᵇ በግዕ : sheep ᶜ ወፅአ : *G perf 3mpl*, to go out ᵈ *ዝእብ : wolf ᵉ *ዝእብ : wolf ᶠ ተጸለለ : *Dt perf 3mpl*, to blinded ᵍ ዐይን : eye ʰ ወፅአ : *G perf 3mpl*, to go out ⁱ ተለወ : *G impf 3mpl*, to follow ʲ በግዕ : sheep ᵏ *ዝእብ : wolf ˡ *ኀይል : force **89.22** ᵃ እግዚእ : Lord ᵇ በግዕ : sheep ᶜ ሐረ : *G perf 3ms*, to go ᵈ መርሐ : *G impf 3ms*, to lead ᵉ በግዕ : sheep ᶠ ተለወ : *G perf 3mpl*, to follow ᵍ ገጽ : face ʰ ስቡሕ : glorious ⁱ ግሩም : terrible ʲ ራእይ : appearance ᵏ ክቡር : magnificent **89.23** ᵃ *ዝእብ : wolf ᵇ አኀዘ : *G perf 3mpl*, to begin (አኀዙ) ᶜ ተለወ : *G juss 3mpl*, to follow ᵈ በግዕ : sheep ᵉ ተራከበ : *Lt perf 3mpl*, to meet one another ᶠ አሐቲ : one (fem.) ᵍ ዐይን / ኣይግ : pond ʰ ማይ : water **89.24** ᵃ *ዐይን / ኣይግ : pond ᵇ ማይ : water ᶜ ተሠጠ : *Gt perf 3ms*, to be split ᵈ ቆመ : *G perf 3ms*, to stand ᵉ ማይ : water

1 Enoch 89.24–29

: ወእምዝየ ፡ በቅድመ ፡ ገጾሙ·ᶠ ወእግዚአሙ·ᵍ እንዘ ፡ ይመርሐሙ·ʰ ወቆሙⁱ ማዕከሎሙ· ፡
ወማዕከለ ፡ አዝዐብትʲ ። 25 ወዓዲሆሙ·ᵃ ፡ እልኩ ፡ አዝአብትᵇ ፡ ኢርእዮሙ·ᶜ ለአባግዕᵈ ፡
ወሐሩᵉ ፡ ማዕከለ ፡ ዝኩ ፡ አይፍ ፡ ማይ፰ ወአዝአብትʰ ፡ ተለውዎሙ·ⁱ ለአባግዕʲ ወሮጹᵏ ፡
ድኅሬሆሙ· እልኩ ፡ አዝአብትˡ በዝኩ ᵐ ፡ አይግ ፡ ማይⁿ ። 26 ወሰበ ፡ ርእይዎᵃ ለአግዚአሙ·ᵇ
፡ ለአባግዕᶜ ፡ ገብኡᵈ ከመ ፡ ይጉየዩᵉ ፡ እምቅድመ ፡ ገጹᶠ ፡ ወዝኩ ፡ አይግᵍ ፡ ማይʰ ፡ ተጋብእⁱ ፡
ወካነʲ ከመ ፡ ፍጥረቱᵏ ፡ ፍጡነˡ ፡ ወመልዓመ ᵐ ፡ ማይⁿ ፡ ወተለዓለ ᵒ ፡ እስከ ፡ ክደኖሙ·ᵖ ለእልኩ
፡ አዝአብትᑫ ። 27 ወርኢኩᵃ ፡ እስከ ፡ ተኃጉሉᵇ ፡ ኵሎሙ· ፡ አዝአብትᶜ ፡ እለ ፡ ተለውዎሙ·ᵈ
ለእልኩ ፡ አባግዕᵉ ፡ ተሠጥሙ·ᶠ ። 28 ወአባግዕᵃ ፡ ኃለፉᵇ ፡ እምዝኩ ፡ ማይᶜ ወወፅኡᵈ
ውስተ ፡ በድውᵉ ፡ ጎበ ፡ አልበ ፡ ማይᶠ ፡ ወሣዕርᵍ ፡ ወአኀዙʰ ፡ ይክሥቱⁱ ፡ አዕይንቲሆሙ·ʲ ፡
ወይርአይᵏ ፡ ወርኢኩˡ ፡ እግዚአሙ·ᵐ ለአባግዕⁿ ፡ ይርእዮሙ·ᵒ ወይህቦሙ·ᵖ ፡ ማየᑫ ወሣዕርᵣ
፡ ወዝኩ ፡ በግዕˢ ፡ እንዘ ፡ የሐውርᵗ ፡ ወይመርሐሙ·ᵘ ። 29 ወዓርገᵃ ፡ ዝኩ ፡ በግዕᵇ ፡ ዲበ ፡
ድማሁᶜ ፡ ለዝኩ ፡ ኰኵሕᵈ ፡ ነዋየ ፡ ወእግዚአሙ·ᶠ ፡ ለአባግዕᵍ ፡ ፈነዎʰ ፡ ኀቤሆሙ· ።

89.24 ᶠ ገጽ : presence ᵍ እግዚእ : Lord ʰ መርሐ : G impf 3ms, to lead ⁱ ቆመ : G perf 3ms, to stand ʲ *ዝእብ : wolf **89.25** ᵃ ዓዲ : yet ᵇ ዝእብ : wolf ᶜ ርእየ : G perf 3mpl, to see ᵈ በግዕ : sheep ᵉ ሐረ : G perf 3mpl, to go ᶠ ዐይግ / አይግ : pond ᵍ ማይ : water ʰ *ዝእብ : wolf ⁱ ተለወ : G perf 3mpl, to follow ʲ በግዕ : sheep ᵏ ሮጸ : G perf 3mpl, to run ˡ ዝእብ : wolf ᵐ ዐይግ / አይግ : pond ⁿ ማይ : water **89.26** ᵃ ርእየ : G perf 3mpl, to see ᵇ እግዚእ : Lord ᶜ በግዕ : sheep ᵈ ገብአ : G perf 3mpl, to turn back ᵉ ጐየ / ጕየየ : G juss 3mpl, to flee ᶠ ገጽ : presence ᵍ ዐይግ / አይግ : pond ʰ ማይ : water ⁱ ተጋብአ : Lt perf 3ms, to be collected ʲ ኮነ : G perf 3ms, to be ᵏ ፍጥረት : nature ˡ ፍጡን : suddenly ᵐ *መልአ : G perf 3ms, to swell up, overflow (መልአ) ⁿ ማይ : water ᵒ ተልዕለ / ተለዐለ / ተላዕለ / ተለአለ : Dt perf 3ms, to rise (ተለዐለ) ᵖ ከደነ : G perf 3ms, to cover ᑫ *ዝእብ : wolf **89.27** ᵃ ርእየ : G perf 1cs, to see ᵇ *ተህጕለ / ተሐጕለ : *Gt perf 3mpl, to be destroyed (ተሀጕለ) ᶜ *ዝእብ : wolf ᵈ ተለወ : G perf 3mpl, to pursue ᵉ በግዕ : sheep ᶠ *ተሰጥመ : Gt perf 3mpl, to be drowned (ተሰጥሙ) **89.28** ᵃ በግዕ : sheep ᵇ ኃለፈ : *G perf 3mpl, to cross over (ኃለፉ) ᶜ ማይ : water ᵈ ወፅአ : G perf 3mpl, to go out ᵉ በድው : desert ᶠ ማይ : water ᵍ ሣዕር : grass ʰ አኀዘ : G perf 3mpl, to begin ⁱ ከሠተ : G juss 3mpl, to open ʲ ዐይን : eye ᵏ ርእየ : G juss 3mpl, to see ˡ ርእየ : G perf 1cs, to see ᵐ እግዚእ : Lord ⁿ በግዕ : sheep ᵒ *ርዕየ / ረዐየ : G impf 3ms, to pasture (tr.) (ይሬዕዮሙ·) ᵖ ወሀበ : G impf 3ms, to give ᑫ ማየ : water ᵣ ሣዕር : grass ˢ በግዕ : sheep ᵗ ሐረ : G impf 3ms, to go ᵘ መርሐ : G impf 3ms, to lead **89.29** ᵃ *ዐርገ : G perf 3ms, to go up (ዐርገ) ᵇ በግዕ : sheep ᶜ ድማህ : summit ᵈ ኰኵሕ : rock ᵉ ነዋኅ / ነዊኅ : high ᶠ እግዚእ : Lord ᵍ በግዕ : sheep ʰ ፈነወ : D perf 3ms, to send

30 ወእምዝ ፡ ርኢክዎ[a] ፡ ለእግዚአ[b] ፡ አባግዕ[c] ፡ ዘቆመ[d] ፡ ቅድሜሆሙ ፡ ወራዕዩ[e] ፡ ግሩም[f] ፡ ወኃያል[g] ፡ ወኵሎሙ ፡ እልኩ ፡ አባግዕ[h] ፡ ርእይዎ[i] ፡ ወፈርሁ[j] ፡ እምገጹ[k] ፡፡ 31 ወኵሎሙ ፡ እልኩ ፡ ይፈርሁ[a] ፡ ወይርዕዱ[b] ፡ እምኔሁ ፡ ወይጸርሑ[c] ፡ ድኅሬሁ ፡ ለኵ ፡ በግዕ[d] ፡ ምስሌሁ ፡ ዘሀሎ[e] ፡ ለካልእ[f] ፡ በግዕ[g] ፡ ዘኮነ[h] ፡ ማዕከሎሙ ፡ እስመ ፡ ኢንክል[i] ፡ ቅድመ ፡ እግዚአነ[j] ፡ ወኢነጽሮቶ[k] ፡፡ 32 ወገብአ[a] ፡ ዝኩ ፡ በግዕ[b] ፡ ዘይመርሖሙ[c] ፡ ወዓርገ[d] ፡ ቢድማሁ[e] ፡ ዝኩ ፡ ኰኵሕ[f] ፡ ወአባግዕ[g] ፡ አኃዙ[h] ፡ ይጸለሉ ፡ ዐዪንቲሆሙ[j] ፡ ወይስሕቱ[k] ፡ እምፍኖት[l] ፡ እንተ ፡ አርአዮሙ[m] ፡ ወዝኩ ፡ በግዕ[n] ፡ ኢያእመሮ ፡፡ 33 ወእግዚአሙ[a] ፡ ለአባግዕ[b] ፡ ተምዕዐ ፡ ዲቤሆሙ ፡ ዓቢየ[d] ፡ መዓተ[e] ፡ ወአእመረ[f] ፡ ዝኩ ፡ በግዕ[g] ፡ ወወረደ[h] ፡ እምነ ፡ ድማቱ[i] ፡ ለኰኵሕ[j] ፡ ወመጽአ[k] ፡ ኀበ ፡ አባግዕ[l] ፡ ወረከበ[m] ፡ መብዝኅቶሙ[n] ፡ ዘጽሉል[o] ፡ ዐዪንቲሆሙ[p] ፡ ወአለ ፡ ስሕቱ[q] ፡ እምፍኖቱ[r] ፡ 34 ወሰ ፡ ርእይዎ[a] ፡ ፈርሁ[b] ፡ ወርዕዱ[c] ፡ እምቅድም ፡ ገጹ[d] ፡ ወፈቀዱ[e] ፡ ከመ ፡ ይግብኡ[f] ፡ ለዓጸደ[g] ፡ ዚአሆሙ ፡፡ 35 ወዝኩ ፡ በግዕ[a] ፡ ነሥአ[b] ፡ ምስሌሁ ፡ ባዕዳነ[c] ፡ አባግዓ[d] ፡ ወቦአ[e] ፡ ኀበ ፡ እልኩ ፡ አባግዕ[f] ፡ እለ ፡ ስሕቱ[g] ፡ ወእምዝ ፡ አኃዙ[h] ፡

89.30 [a] ርእየ : G perf 1cs, to see [b] እግዚአ : Lord [c] በግዕ : sheep [d] ቆመ : G perf 3ms, to stand [e] ራእይ : appearance [f] ግሩም : terrible [g] *ኃያል : powerful [h] በግዕ : sheep [i] ርእየ : G perf 3mpl, to see [j] ፈርሀ : G perf 3mpl, to fear [k] ገጽ : presence **89.31** [a] ፈርሀ : G impf 3mpl, to fear [b] ርዐደ : G impf 3mpl, to tremble [c] *ጸርኀ : G impf 3mpl, to cry out (ይጸርኁ) [d] በግዕ : sheep [e] ሀሎ / ሀለወ : D perf 3ms, to be [f] ካልእ : other [g] በግዕ : sheep [h] ኮነ : G perf 3ms, to be [i] ክህለ : G impf 1cpl, to be able [j] እግዚእ : Lord [k] ነጸረ : D inf, to look **89.32** [a] ገብአ : G perf 3ms, to do again [b] በግዕ : sheep [c] መርሐ : G impf 3ms, to lead [d] ዐርገ : *G perf 3ms, to go up (ዐርገ) [e] *ድማሁ : summit [f] ኰኵሕ : rock [g] በግዕ : sheep [h] አኃዘ : G perf 3mpl, to begin [i] ተጸለለ : Dt juss 3mpl, to be blinded [j] ዐይን : eye [k] ስሕተ : G juss 3mpl, to go astray [l] ፍኖት : path [m] አርአየ : CG perf 3ms, to show [n] በግዕ : sheep [o] አእመረ : CG perf 3ms, to know **89.33** [a] እግዚእ : Lord [b] በግዕ : sheep [c] ተምዕዐ : Gt perf 3ms, to be angry (ተምዕዐ) [d] *ዐቢየ : great [e] መዓት : wrath [f] አእመረ : CG perf 3ms, to know [g] በግዕ : sheep [h] ወረደ : G perf 3ms, to go down [i] *ድማሁ : summit [j] ኰኵሕ : rock [k] መጽአ : G perf 3ms, to come [l] በግዕ : sheep [m] ረከበ : G perf 3ms, to find [n] መብዝኅት : majority of [o] ጽሉል : blinded [p] ዐይን : eye [q] ስሕተ : G perf 3mpl, to go astray [r] ፍኖት : path **89.34** [a] ርእየ : G perf 3mpl, to see [b] ፈርሀ : G perf 3mpl, to fear [c] ርዐደ : G perf 3mpl, to tremble [d] ገጽ : presence [e] ፈቀደ : G perf 3mpl, to wish, want [f] ገብአ : G juss 3mpl, to return [g] *ዐጸድ / ዐፀድ : enclosure **89.35** [a] በግዕ : sheep [b] ነሥአ : G perf 3ms, to take [c] ባዕድ : other [d] በግዕ : sheep [e] ቦአ : G perf 3ms, to enter [f] በግዕ : sheep [g] ስሕተ : G perf 3mpl, to go astray [h] አኃዘ : G perf 3ms, to begin

ይቅትሎሙ·ⁱ ። ወአባግዕʲ ፡ ፈርሁᵏ ፡ እምገጹˡ ፡ ወአግብአሙ·ᵐ ፡ ውእቱ ፡ በግዕⁿ ፡ ለእልኩ ፡ አባግዕᵒ ፡ እለ ፡ ስሕቱᵖ ፡ ወገብኣᑫ ፡ ውስተ ፡ አዕጻዳቲሆሙ·ʳ ።። 36 ወርኢኩᵃ ፡ በህየ ፡ ራእየᵇ ፡ እስከ ፡ ውእቱ ፡ በግዕᶜ ፡ ኮነᵈ ፡ ብእሴᵉ ፡ ወሐነፀᶠ ፡ ቤተᵍ ፡ ለእግዚአሕ ፡ አባግዕⁱ ፡ ወለኮሎሙ ፡ አባግዕʲ ፡ አቀሞሙ·ᵏ ፡ በውእቱ ፡ ቤትˡ ።። 37 ወርኢኩᵃ ፡ እስከ ፡ ሰከበᵇ ፡ ውእቱ ፡ በግዕᶜ ፡ ዘተራከበᵈ ፡ ለዝኩ ፡ በግዕᵉ ፡ ዘመርሐሙ·ᶠ ፡ ለአባግዕᵍ ፡ ወርኢኩʰ ፡ እስከ ፡ ተኃጕሉⁱ ፡ ኮሎሙ ፡ አባግዕʲ ፡ ዓቢያንᵏ ፡ ወንኡሳንˡ ፡ ተነሥኡ·ᵐ ፡ ህየንቴሆሙ·ⁿ ፡ ወበኡ ፡ ውስተ ፡ መርዔትᵒ ፡ ወቀርቡᑫ ፡ ኀበ ፡ ፈለገ ፡ ማይˢ ።። 38 ወዝኩ ፡ በግዕᵃ ፡ ዘይመርሐሙ·ᵇ ፡ ዘኮነᶜ ፡ ብእሲᵈ ፡ ተሌለየᵉ ፡ እምኔሆሙ ፡ ወሰከበᶠ ፡ ወኮሎሙ ፡ አባግዕᵍ ፡ ኃሠሥዎʰ ፡ ወጸርሑⁱ ፡ ዲቤሁ ፡ ዓቢየʲ ፡ ጽራሐᵏ ።። 39 ወርኢኩᵃ ፡ እስከ ፡ አርመሙ·ᵇ ፡ እምጽራሑᶜ ፡ ለዝኩ ፡ በግዕᵈ ፡ ወኃለፍዎᵉ ፡ ለዝኩ ፡ ውሒዘᶠ ፡ ማይᵍ ፡ ወቆሙ·ʰ ፡ አባግዕⁱ ፡ ኮሎሙ ፡ እለ ፡ ይመርሕዎምʲ ፡ ተከሎሙ·ᵏ ፡ ለእለ ፡ ሰከቡˡ ፡ ወመርሕዎሙ·ᵐ ።። 40 ወርኢኩᵃ ፡ አባግዕᵇ ፡ እስከ ፡ ይበውኡᶜ ፡ ውስተ ፡

89.35 ⁱ ቀተለ ፡ *G juss 3ms,* to kill ʲ በግዕ ፡ sheep ᵏ ፈርህ ፡ *G perf 3mpl,* to fear ˡ ገጽ ፡ presence ᵐ አግብአ ፡ *CG perf 3ms,* to give back, return ⁿ በግዕ ፡ sheep ᵒ በግዕ ፡ sheep ᵖ ስሕት ፡ *G perf 3mpl,* to go astray ᑫ ገብአ ፡ *G perf 3mpl,* to return ʳ ዐጸድ / ዐፅድ ፡ enclosure **89.36** ᵃ ርእየ ፡ *G perf 1cs,* to see ᵇ ራእይ ፡ vision ᶜ በግዕ ፡ sheep ᵈ ኮነ ፡ *G perf 3ms,* to become ᵉ ብእሲ ፡ man ᶠ ሐነጸ / ሐነፀ ፡ *G perf 3ms,* to build ᵍ ቤት ፡ house ʰ እግዚአ ፡ Lord ⁱ በግዕ ፡ sheep ʲ በግዕ ፡ sheep ᵏ አቆመ / አቀመ ፡ *CG perf 3ms,* to make stand ˡ ቤት ፡ house **89.37** ᵃ ርእየ ፡ *G perf 1cs,* to see ᵇ ሰከበ / ሰከበ ፡ *G perf 3ms,* to be asleep ᶜ በግዕ ፡ sheep ᵈ ተራከበ ፡ *Lt perf 3ms,* to meet one another ᵉ በግዕ ፡ sheep ᶠ መርሐ ፡ *G perf 3ms,* to lead ᵍ በግዕ ፡ sheep ʰ ርእየ ፡ *G perf 1cs,* to see ⁱ *ተሀጕለ / ተሐጕለ ፡ *Gt perf 3mpl,* to be destroyed (ተሀጕሉ) ʲ በግዕ ፡ sheep ᵏ *ዐቢይ ፡ large ˡ ንኡስ ፡ small ᵐ ተነሥአ ፡ *Gt perf 3mpl,* to rise up ⁿ ህየንተ ፡ instead of ᵒ ቦአ ፡ *G perf 3mpl,* to enter ᵖ መርዔት ፡ pasture ᑫ ቀርበ / ቀረበ ፡ *G perf 3mpl,* to draw near ʳ ፈለግ ፡ river ˢ ማይ ፡ water **89.38** ᵃ በግዕ ፡ sheep ᵇ መርሐ ፡ *G impf 3ms,* to lead ᶜ ኮነ ፡ *G perf 3ms,* to become ᵈ ብእሲ ፡ man ᵉ ተሌለየ ፡ *Lt perf 3ms,* to be separated ᶠ ሰከበ / ሰከበ ፡ *G perf 3ms,* to be asleep ᵍ በግዕ ፡ sheep ʰ ኃሠሠ ፡ *G perf 3mpl,* to seek (ኃሠሥዎ) ⁱ *ጸርነ ፡ *G perf 3mpl,* to cry out (ጸርኁ) ʲ *ዐቢይ ፡ great ᵏ *ጽራኅ ፡ outcry **89.39** ᵃ ርእየ ፡ *G perf 1cs,* to see ᵇ አርመመ ፡ *CG perf 3mpl,* to keep quiet ᶜ *ጽራኅ ፡ outcry ᵈ በግዕ ፡ sheep ᵉ ኃለፈ ፡ *G perf 3mpl,* to cross (ኃለፍዎ) ᶠ ውሒዝ / ውኂዝ ፡ river ᵍ ማይ ፡ water ʰ ቆመ ፡ *G perf 3mpl,* to stand ⁱ በግዕ ፡ sheep ʲ መርሐ ፡ *G impf 3mpl,* to lead ᵏ ተከለ ፡ in place of ˡ ሰከበ / ሰከበ ፡ *G perf 3mpl,* to be asleep ᵐ መርሐ ፡ *G perf 3mpl,* to lead **89.40** ᵃ ርእየ ፡ *G perf 1cs,* to see ᵇ በግዕ ፡ sheep ᶜ ቦአ ፡ *G impf 3mpl,* to enter

መካንᵈ : ሠናይᵉ : ወምድርᶠ : ሐዋዝᵍ : ወስብሕትʰ : ወርኢኩⁱ : እልኩ : አባግዕʲ : እስከ : ጸግቡᵏ : ወውእቱ : ቤትˡ : በማእከሎሙ : በምድርᵐ : ሐዋዝⁿ ። 41 ወየሀብ : ይትከሥታ : አዕይንቲሆሙᵇ : ወበ : ነበ : ይጼላᶜ : እስከ : ተንሥአᵈ : ካልእᵉ : በግዕᶠ : ወመርሐሙᵍ : ወአግብአሙʰ : ለኩሎሙ : ወተከሥታⁱ : አዕይንቲሆሙʲ ። 42 ወአዝ̈ᵃ : አከላብᵇ : ወቄናጽልᶜ : ወሐራውያᵈ : ኆቅልᵉ : ይብልዕዎሙᶠ : ለእልኩ : አባግዕᵍ : እስከ : ተንሥአʰ : ካልእⁱ : በግዕʲ : እግዚእᵏ : አባግዕˡ : ፩ᵐእምኔሆሙ : ሐርⁿ : ዘይመርሐሙᵒ ። 43 ወዝኩ : ሐርᵃ : አለበᵇ : ይውጋዕᶜ : አምዝዮ : ወአምዝዮ : እልከተ : አከላበᵈ : ወቄናጽለᵉ : ወሐራውያᶠ : ገዳምᵍ : እስከ : ለኩሎሙ : አጕሎሙʰ ። 44 ወውእቱ : በግዕᵃ : ተፈትሐᵇ : አዕይንቲሁᶜ : ወርእየᵈ : ዝከ : ሐርዬᵉ : ዘማዕከለ : አባግዕᶠ : ዘነደገᵍ : ስብሐቶʰ : ወአኀዘⁱ : ይጕድዓሙʲ : ለአመ̈ንቱ : አባግዕᵏ : ወኬደሙˡ : ወሐረᵐ : ዘእንበለ : ተድላⁿ ። 45 ወእግዚአሙᵃ : ለአባግዕᵇ : ፈነወᶜ : ለበግዕᵈ : ነበ : ካልእᵉ : በግዕᶠ : ወአንሥአᵍ : ከመ : ይኩንʰ : ሐርዬⁱ : ወይምርሐሙʲ :

89.40 ᵈ መካን : place ᵉ ሠናይ : good ᶠ ምድር : land ᵍ ሐዋዝ : pleasant ʰ ስቡሕ : glorious ⁱ ርእየ : G perf 1cs, to see ʲ በግዕ : *ጸግብ : G perf 3mpl, to be satisfied (ጸግቡ) ˡ ቤት : house ᵐ ምድር : land ⁿ ሐዋዝ : pleasant **89.41** ᵃ ተከሥት : Gt impf 3fpl, to be opened ᵇ ዐይን : eye ᶜ ተጸለ : Dt impf 3fpl, to be blinded ᵈ ተንሥአ : Gt perf 3ms, to rise up ᵉ ካልእ : another ᶠ በግዕ : sheep ᵍ መርሐ : G perf 3ms, to lead ʰ አግብአ : CG perf 3ms, to give back, return ⁱ ተከሥት : Gt perf 3fpl, to be opened ʲ ዐይን : eye **89.42** ᵃ አኀዘ : G perf 3mpl, to begin ᵇ ከልብ : dog ᶜ ቀንጽል : fox ᵈ ሐራውያ : wild boar ᵉ *ሐቅል : field ᶠ በልዐ : G juss 3mpl, to devour ᵍ በግዕ : sheep ʰ ተንሥአ : Gt perf 3ms, to rise up ⁱ ካልእ : another ʲ በግዕ : sheep ᵏ እግዚእ : Lord ˡ በግዕ : sheep ᵐ ፩ : 1 ⁿ ሐርዔ : ram ᵒ መርሐ : G impf 3ms, to lead **89.43** ᵃ ሐርዔ : ram ᵇ *አኀዘ : G perf 3ms, to begin (አኀዘ) ᶜ *ወጋዕ : G juss 3ms, to gore (ይውጋእ) ᵈ ከልብ : dog ᵉ ቀንጽል : fox ᶠ ሐራውያ : wild boar ᵍ ገዳም : wilderness ʰ *አህጕለ / አሕጕለ : CG perf 3ms, to destroy (አህጕሎሙ) **89.44** ᵃ በግዕ : sheep ᵇ ተፈትሐ : Gt perf 3ms, to be opened ᶜ ዐይን : eye ᵈ ርእየ : G perf 3ms, to see ᵉ ሐርዔ : ram ᶠ በግዕ : sheep ᵍ ነደገ : *G perf 3ms, to abandon, leave (ነደገ) ʰ ስብሐት : glory ⁱ አኀዘ : G perf 3ms, to begin (አኀዘ) ʲ *ጕድአ : G juss 3ms, to strike (ይጕድአሙ) ᵏ በግዕ : sheep ˡ ኬደ : G perf 3ms, to tread ᵐ ሐረ : G perf 3ms, to behave ⁿ ተድላ : appropriateness **89.45** ᵃ እግዚአ : Lord ᵇ በግዕ : sheep ᶜ ፈነወ : D perf 3ms, to send ᵈ በግዕ : sheep ᵉ ካልእ : another ᶠ በግዕ : sheep ᵍ አንሥአ : CG perf 3ms, to raise ʰ ኮነ : G juss 3ms, to be ⁱ ሐርዔ : ram ʲ መርሐ : G juss 3ms, to lead

ለአባግዕᵏ : ሀየንተⁱ : ዝኩ : በግዕᵐ : ዘኃደገⁿ : ስብሐቲሁᵒ ። 46 ወሐረᵃ : ኀቤሁ : ወተናገርᵇ : በባሕቲቱ : ወአንሥኣᶜ : ለውእቱ : ሐርጌᵈ : ወገብሮᵉ : መኰንነᶠ : ወመራሔᵍ : ለአባግዕʰ : ወበኵሎዝ : እልኩ : አከላብⁱ : ያዕቅጽምዎⱼ : ለአባግዕᵏ ። 47 ወሐርጌᵃ : ቀዳማዊᵇ : ሰደደᶜ : ለዝኩ : ሐርጌᵈ : ደኃራዊᵉ : ወተንሥአᶠ : ዝኩ : ሐርጌᵍ : ደኃራዊʰ : ወፍጽኢ : እምቅድመ : ገጹⱼ : ወርኢኩᵏ : እስከ : አውደቅሎˡ : እልከ : አከላብᵐ : ለሐርጌⁿ : ቀዳማዊ ። 48 ወዝኩ : ሐርጌᵃ : ደኃራዊᵇ : ተንሥአᶜ : ወመርሐሞᵈ : ለአባግዕᵉ : ኑሳንᶠ : ወዝኩ : ሐርጌᵍ : ወለደ : አባግዐⁱ : ብዙኃⱼ : ወሰከበᵏ : ወበግዕˡ : ኑስምᵐ : ኮነ : ሐርጌᵒ : ህየንቴሁᵖ : ወኮነ : መኰንነʳ : ኩነˢ : መራሔᵗ : ለእልክቱ : አባግዕᵘ ። 49 ወልህቁᵃ : ወበዝኍᵇ : እልኩ : አባግዕᶜ : ወኵሎሙ : አከላብᵈ : ወቁናጽልᵉ : ወሐራውያᶠ : ገዳምᵍ : ፈርሁʰ : ወፍጽኡⁱ : እምኔሁ : ወውእቱ : ሐርጌⱼ : ጐድአᵏ : ወቀተለˡ : ኵሎ : አራዊተᵐ : ወኢክህሎⁿ : ዳግመ : እልኩ : አራዊት : ማዕከለ : አባግዕᵠ : ወምንተኒ : ግሙራʳ : ኢመሠጡˢ : እምኔሆሙ ። 50 ወዝኩ : ቤትᵃ : ኮነᵇ : ዐቢየᶜ

89.45 ᵏበግዕ : sheep ˡህየንተ : instead of ᵐበግዕ : sheep ⁿኃደገ : *G perf 3ms, to abandon, leave (ኀደገ) ᵒስብሐት : glory 89.46 ᵃሐረ : G perf 3ms, to go ᵇተናገረ : Lt perf 3ms, to speak to ᶜአንሥአ : CG perf 3ms, to raise ᵈሐርጌ : ram ᵉገብረ : G perf 3ms, to make ᶠመኰንን : ruler ᵍመራሒ : leader ʰበግዕ : sheep ⁱከልብ : dog ⱼአጽዐቀ / አዕቀ : CG impf 3mpl, to oppress ᵏበግዕ : sheep 89.47 ᵃሐርጌ : ram ᵇቀዳማዊ : first ᶜሰደደ : G perf 3ms, to drive out, pursue ᵈሐርጌ : ram ᵉደኃራዊ : second ᶠተንሥአ : Gt perf 3ms, to rise up ᵍሐርጌ : ram ʰደኃራዊ : second ⁱፍጽአ : G perf 3ms, to escape ⱼገጽ : presence ᵏርእየ : G perf 1cs, to see ˡአውደቀ : CG perf 3mpl, to make fall ᵐከልብ : dog ⁿሐርጌ : ram ᵒቀዳማዊ : first 89.48 ᵃሐርጌ : ram ᵇደኃራዊ : second ᶜተንሥአ : Gt perf 3ms, to rise up ᵈመርሐ : G perf 3ms, to lead ᵉበግዕ : sheep ᶠ*ኑስ : small ᵍሐርጌ : ram ʰወለደ : G perf 3ms, to give birth ⁱበግዕ : sheep ⱼብዙኅ : many ᵏሰከበ / ሰከበ : G perf 3ms, to be asleep ˡበግዕ : sheep ᵐ*ንኡስ : small ⁿኮነ : G perf 3ms, to become ᵒሐርጌ : ram ᵖህየንተ : instead of ᵠኮነ : G perf 3ms, to become ʳመኰንን : ruler ˢኮነ : G perf 3ms, to become ᵗመራሒ : leader ᵘበግዕ : sheep 89.49 ᵃልህቀ : G perf 3mpl, to grow ᵇበዝኅ : G perf 3mpl, to be increase (intr.) ᶜበግዕ : sheep ᵈከልብ : dog ᵉቀንጽል : fox ᶠሐራውያ : wild boar ᵍገዳም : wilderness ʰፈርሀ : G perf 3mpl, to fear ⁱፍጽአ : G perf 3mpl, to escape ⱼሐርጌ : ram ᵏጐድአ : G perf 3ms, to strike ˡቀተለ : G perf 3ms, to kill ᵐአርዌ : beast ⁿክህለ : G perf 3mpl, to prevail ᵒዳግም : again ᵖአርዌ : beast ᵠበግዕ : sheep ʳግሙራ : not at all ˢመሠጠ : G perf 3mpl, to snatch away 89.50 ᵃቤት : house ᵇኮነ : G perf 3ms, to become ᶜ*ዐቢይ : large

1 Enoch 89.50–54

: ወርኢበᵈ : ወተሐንፀᵉ : ለእልኩ : አባግዕᶠ : ማኅፈድᵍ : ነዋህʰ : ዲበ : ዝኩ : ቤትⁱ ለእግዚአʲ : አባግክᵏ : ወተትሕትˡ : ዝኩ : ቤትᵐ : ወማኅፈድሰⁿ : ተለዓለᵒ : ወኮነᵖ : ነዋ፡ᵠ : ወእግዚአʳ : አባግዕˢ : ቆመᵗ : ዲበ : ውእቱ : ማኅፈድᵘ : ወማዕደᵛ : ምልዕተʷ : አቅረቡˣ : በቅድሜሁ ። 51 ወኢከምዑ·ᵃ ካዕበᵇ : ለእልኩ : አባግዕᶜ : ካዕበᵈ : ከመ : ስሕቱᵉ : ወሐሩᶠ : በብዙኅᵍ : ፍናዋትʰ : ወኃደጉⁱ : ዝኮʲ : ቤትʲ : ዚአሆሙ : ወእግዚአሙᵏ : ለአባግዕˡ : ጸውዐᵐ : እምውስቴቶሙ : ለአባግዕⁿ : ወለአከሙᵒ : ኀበ : አባግዕᵖ : ወአባግዕᵠ : አኅዙʳ : ይቅትልዎሙˢ ። 52 ወ፩ᵃእምኔሆሙ : ድኅነᵇ : ወኢተቀትለᶜ : ወቀነፀᵈ : ወጸርሐᵉ : ዲበ : አባግዕᶠ : ወፈቀዱᵍ : ይቅትልዎʰ : ወእግዚአⁱ : አባግዕʲ : አድኃኖᵏ : እምእዴሆሙˡ : ለአባግዕᵐ : ወአዕረጎⁿ : ኀቤየ : ወአንበሮᵒ ። 53 ወካልአነᵃ : ዓባግዕᵇ : ብዙኃነᶜ : ፈነወᵈ : ኀቤሆሙ : ለእልኩ : አባግዕᵉ : ያስምዑᶠ : ወየአውይዉᵍ : ዲቤሆሙ ። 54 ወእምኔሁ : ርኢኩᵃ : ሶበ : ኃደጉᵇ : ቤቶᶜ : ለእግዚአᵈ : አባግዕᵉ : ወማኅፈዶᶠ : እምኵሉ : ስሕቱᵍ : ወተጸለሀʰ : አዕይንቲሆሙⁱ : ወርኢኩʲ

89.50 ᵈ *ርሕብ : broad ᵉ ተሐንጸ / ተሐንθ : *Gt perf 3ms*, to be built ᶠ በግዕ : sheep ᵍ ማኅፈድ : tower ʰ *ነዋህ / ነዊህ : high ⁱ ቤት : house ʲ እግዚአ : Lord ᵏ በግዕ : sheep ˡ ተትሕት / ተተሐተ : *Gt perf 3ms*, to be low ᵐ ቤት : house ⁿ ማኅፈድ : tower ᵒ ተልዕለ / ተለዐለ / ተላዐለ / ተለአለ : *Dt perf 3ms*, to be lifted (ተለዐለ) ᵖ ኮነ : *G perf 3ms*, to be ᵠ ነዋህ / ነዊህ : high ʳ እግዚአ : Lord ˢ በግዕ : sheep ᵗ ቆመ : *G perf 3ms*, to stand ᵘ ማኅፈድ : tower ᵛ ማእድ / ማዕድ : table ʷ *ምሉእ : full ˣ አቅረበ : *CG perf 3mpl*, to bring near **89.51** ᵃ ርእየ : *G perf 1cs*, to see ᵇ ካዕበ : again ᶜ በግዕ : sheep ᵈ ካዕበ : again ᵉ ስሕተ : *G perf 3mpl*, to go astray ᶠ ሐረ : *G perf 3mpl*, to go ᵍ ብዙኅ : many ʰ ፍኖት : way ⁱ ኀደገ : *G perf 3mpl*, to abandon, leave (ኀደጉ) ʲ ቤት : house ᵏ እግዚአ : Lord ˡ በግዕ : sheep ᵐ ጸውዐ : *D perf 3ms*, to call (ጸውዐ) ⁿ በግዕ : sheep ᵒ ለአከ : *G perf 3ms*, to send ᵖ በግዕ : sheep ᵠ በግዕ : sheep ʳ አኀዘ : *G perf 3mpl*, to begin (አኅዙ) ˢ ቀተለ : *G juss 3mpl*, to kill **89.52** ᵃ ፩ : 1 ᵇ ድኅነ : *G perf 3ms*, to be saved ᶜ ተቀትለ : *Gt perf 3ms*, to be killed ᵈ ቀነጸ : *G perf 3ms*, to leap ᵉ *ጸርኀ : *G perf 3ms*, to cry out (ጸርሐ) ᶠ በግዕ : sheep ᵍ ፈቀደ : *G perf 3mpl*, to wish, want ʰ ቀተለ : *G juss 3mpl*, to kill ⁱ እግዚአ : Lord ʲ በግዕ : sheep ᵏ አድኀነ : *CG perf 3ms*, to save (አድኀኖ) ˡ እድ : hand ᵐ በግዕ : sheep ⁿ አዕረገ : *CG perf 3ms*, to bring up ᵒ አንበረ : *CG perf 3ms*, to place **89.53** ᵃ ካልእ : other ᵇ በግዕ : sheep ᶜ ብዙኅ : many ᵈ ፈነወ : *D perf 3ms*, to send ᵉ በግዕ : sheep ᶠ አስምዐ : *CG juss 3mpl*, to testify ᵍ ዐውየወ / አውየወ : *G juss 3mpl*, to lament **89.54** ᵃ ርእየ : *G perf 1cs*, to see ᵇ ኀደገ : *G perf 3mpl*, to abandon, leave (ኀደጉ) ᶜ ቤት : house ᵈ እግዚአ : Lord ᵉ በግዕ : sheep ᶠ ማኅፈድ : tower ᵍ ስሕተ : *G perf 3mpl*, to go astray ʰ ተጸለለ : *Dt perf 3fpl*, to blinded ⁱ ዐይን : eye ʲ ርእየ : *G perf 1cs*, to see

1 Enoch 89.54-59

: እግዚአk : አባግዕl : ከመ : ገብረm : ቀትለn : ብዙኃo : ዲቤሆሙ : በመራእዪሆሙp : እስከ : ይደውዕዋq : እልኩ : አባግዕr : ለዝኩ : ቀትልs : ወአግብኡt : መካኖ ። 55 ወኃደገሙa : ውስተ : እዱb : አናብስትc : ወአናምርትd : ወአዝዕብትe : ወአዕዕብትf : ወውስተ : እዴg : ቈናጽልh : ወዲበ : ኵሉ : አራዊትi : ወአዘዚj : እልክቱ : አራዊትk : ገዳምl : ይምሥጥዎሙm : ለእልኩ : አባግዕn ። 56 ወርኢኩa : ከመ : ኃደቦb : ለዝኩ : ቤትc : ዚአሆሙ : ወማኅፈዶሙd : ወወደዮሙe : ለኵሎሙ : ውስተ : እደf : አናብስትg : ከመ : ይምሥጥዎሙh : ወከመ : ይብልዕዎሙi : ውስተ : እደዊሆሙj : ለኵሎሙ : አራዊትk ። 57 ወአነa : አንዘኩ : እጽራኅb : በኵሉ : ኃይልc : ወጸዉዖd : ለእግዚአe : አባግዕf : ወአርእዮg : በእንተ : አባግዕh : እስመ : ተበልዑi : እምኵሎሙ : አራዊትj : ገዳምk ። 58 ወውእቱ : አርመመa : እንዘ : ይሬኢb : ወተፈሥሐc : እስመ : ተበልዑd : ወተውሕጡe : ወተኃይዱf : ወኃደገg : ውስተ : እዴh : ኵሎሙ : አራዊትi : ለመብልዕj ። 59 ወጸውዓa : ፯ክናዉ·ያነc : ወገደፎሙd : ለእልኩ : አባግዕe : ከመ : ይርአዩሙf : ወይቤg : ለኖላውያንh : ወለጸማዴሙi : ኵሉ : ፩፩እምኔሆሙ

89.54 k እግዚእ : Lord ¹ በግዕ : sheep m ገብረ : *G perf 3ms*, to carry out, execute ⁿ ቀትል : slaughter ᵒ ብዙኅ : much ᵖ *መርዔት : pasture ᵠ ጸውዐ : *D impf 3mpl*, to invite ʳ በግዕ : sheep ˢ ቀትል : slaughter ᵗ አግብአ : *CG pref 3mpl*, to deliver, betray ᵘ መካን : place **89.55** ª ኃደገ : *G perf 3ms*, to abandon (ኃደገሙ) ᵇ እድ : hand ᶜ *ዐንበሳ : lion ᵈ ነምር : leopard ᵉ *ዝእብ : wolf ᶠ *ጸዕብ : rapacious animal ᵍ *እድ : hand ʰ ቀንጽል : fox ⁱ አርዌ : beast ʲ አኀዘ : *G perf 3mpl*, to begin (አኀዙ) ᵏ አርዌ : beast ˡ ገዳም : wilderness ᵐ መሠጠ : *G juss 3mpl*, to tear to pieces ⁿ በግዕ : sheep **89.56** ª ርእየ : *G perf 1cs*, to see ᵇ ኃደገ : *G perf 3ms*, to leave (ኃደገ) ᶜ ቤት : house ᵈ ማኅፈድ : tower ᵉ ወደየ : *G perf 3ms*, to put ᶠ እድ : hand ᵍ *ዐንበሳ : lion ʰ መሠጠ : *G juss 3mpl*, to tear to pieces ⁱ በልዐ : *G juss 3mpl*, to devour ʲ እድ : hand ᵏ አርዌ : beast **89.57** ª አኀዘ : *G perf 1cs*, to begin (አኀዝኩ) ᵇ ጸርኀ : *G juss 1cs*, to cry out ᶜ *ኃይል : power ᵈ ጸውዐ : *D juss 1cs*, to call ᵉ እግዚእ : Lord ᶠ በግዕ : sheep ᵍ አርእየ : *CG juss 1cs*, to show ʰ በግዕ : sheep ⁱ ተበልዐ : *Gt perf 3mpl*, to be eaten ʲ አርዌ : beast ᵏ ገዳም : wilderness **89.58** ª አርመመ : *CG perf 3ms*, to keep silent ᵇ ርእየ : *G impf 3ms*, to see ᶜ ተፈሥሐ : *Dt perf 3ms*, to rejoice ᵈ ተበልዐ : *Gt perf 3mpl*, to be eaten ᵉ ተውሕጠ : *Gt perf 3mpl*, to be swallowed ᶠ *ተሀይደ / ተሐየደ : *Gt perf 3mpl*, to be carried away by force (ተሀይዱ) ᵍ ኃደገ : *G perf 3ms*, to abandon (ኃደገሙ) ʰ እድ : hand ⁱ አርዌ : beast ʲ መብልዕ : food **89.59** ª ጸውዐ : *D perf 3ms*, to call (ጸውዐ) ᵇ ፯ : 70 ᶜ ኖላዊ : shepherd ᵈ ገደፈ : *G perf 3ms*, to cast away ᵉ በግዕ : sheep ᶠ *ርዕየ / ረዐየ : *G juss 3mpl*, to pasture (tr.) (ይርዐዩሙ) ᵍ ብሀለ : *G perf 3ms*, to say ʰ ኖላዊ : shepherd ⁱ ጸማድ : attendant ʲ ፩፩ : each

: እምይእዜᵏ : ይርአይዎሙᵈ : ለአባግዕᵐ : ወኩሎ : ዘኢዘዘዝከሙ·ⁿ : እነ : ግበሩ·º :: **60** ወአሜጥወከሙ·ª : እነ : ቡሑልቀ·ᵇ : ወእነግረከሙ·ᶜ : ዘይትኃጎልᵈ : እምኔሆሙ· : ወኪያሆሙ· : አንጉሉᵉ : ወመጠውᶠ : ሎሙ· : እልከተ : አባግዐᵍ :: **61** ወለልእª : ጸውዖᵇ : ወዬቤሎᶜ : ለቡ·ᵈ : ወርእᵉ : ኩሎ : ዘይገብሩᶠ : ኖሎት·ᵍ : ዲበ : እሉ : አባግዕʰ : እስመ : የኃጉሉ·ⁱ : እምውስቴቶሙ· : ፈድፋደⁱ : እምዘ : አዘዝኩዎሙ·ᵏ :: **62** ወኩሎ : ጽጋዐª : ወኃጕለᵇ : ዘትገብርᶜ : በኖሎት·ᵈ : ጸሐፍᵉ : ሚመጠነʰ : ያኃጉልዎሙ·ᵍ : በትእዛዝየʰ : ወሚመጠነⁱ : ያኃጉሉⁱ : በርእሰሙ·ᵏ : ወኩሎ : ኃሎሙ·ˡ : ለለ : **ᶫᶫ**ᵐኖላዊⁿ : ጸሐፍº : ዲቤሆሙ· :: **63** ወቡሉቀª : አንብብᵇ : በቅድሜየ : ወሚመጠነᶜ : ያኃሉᵈ : በርእሰሙ·ᵉ : ወሚመጠነᶠ : ይሜጡዎሙ·ᵍ : ለኃጕልʰ : ከሙ : ይኩንⁱ : ሊተ : ዝንቱ : ስምዕⁱ : ዲቤሆሙ· : ከሙ : አአምርᵏ : ኩሎ : ግብሮሙ·ˡ : ለኖሎውያንᵐ : ከሙ : እምጥዎሙ·ⁿ : ወእርአይº : ዘይገብሩ·ᵖ : ለአሟ : ይነብሩ· : ርⁿ : በትእዛዝየˢ : ዘአዘዝኩዎሙ·ᵗ : ወእሙᵘ : እልበ :: **64** ወኢያእምሩ·ª : ወኢታርእዮሙ·ᵇ : ወኢትዝልፍሙ·ᶜ : አላ

89.59 ᵏይእዜ : now ˡ*ርዕዩ / ሬዕዩ : *G juss 3mpl*, to pasture (tr.) (ይርዐይዎሙ·) ᵐ በግዕ : sheep ⁿ አዘዘ : *D impf 1cs*, to command º ገብረ : *G impv 2mpl*, to do **89.60** ª መጠወ : *D impf 1cs*, to hand over ᵇ ኍልቀ : number ᶜ ነገረ : *G impf 1cs*, to tell ᵈ *ተሀጕለ / ተሐጕለ : *Gt impf 3ms*, to be destroyed (ይትሀጕል) ᵉ *አጕለ / አሕጕለ : *CG impv 2mpl*, to destroy (አጕሉ·) ᶠ መጠወ : *D perf 3ms*, to hand over ᵍ በግዕ : sheep **89.61** ª ካልእ : another ᵇ ጸውዐ : *D perf 3ms*, to call ᶜ ቡሀለ : *G perf 3ms*, to say ᵈ ለበወ : *D impv 2ms*, to understand ᵉ ርእየ : *G impv 2ms*, to see ᶠ ገብረ : *G impf 3pl*, to do ᵍ ኖላዊ : shepherd ʰ በግዕ : sheep ⁱ *አሀጕለ / አሕጕለ : *CG impf 3pl*, to destroy (የሀጕሉ·) ⁱ ፈድፋደ : abundantly ᵏ አዘዘ : *D perf 1cs*, to command **89.62** ª ጽጋብ : abundance ᵇ *ሀጕል / ሐጕል : destruction ᶜ ተገብረ : *Gt impf 3ms*, to be done ᵈ ኖላዊ : shepherd ᵉ ጸሐፈ : *G impv 2ms*, to write ᶠ ሚመጠነ : how much ᵍ *አሀጕለ / አሕጕለ : *CG impf 3pl*, to destroy (ያሀጕልዎሙ·) ʰ ትእዛዝ : command ⁱ ሚመጠነ : how much ⁱ *አሀጕለ / አሕጕለ : *CG impf 3pl*, to destroy (ያሀጕሉ·) ᵏ ርእስ : -self, own ˡ *ሀጕል / ሐጕል : destruction ᵐ **ᶫᶫ** : each ⁿ ኖላዊ : shepherd º ጸሐፈ : *G impv 2ms*, to write **89.63** ª ኍልቀ : number ᵇ አንበበ : *CG impv 2ms*, to read ᶜ ሚመጠነ : how much ᵈ *አሀጕለ / አሕጕለ : *CG impf 3pl*, to destroy (የሀጕሉ·) ᵉ ርእስ : -self, own ᶠ ሚመጠነ : how much ᵍ መጠወ : *D impf 3pl*, to hand over ʰ *ሀጕል / ሐጕል : destruction ⁱ ኮነ : *G juss 3ms*, to be ⁱ ስምዕ : testimony ᵏ አእመረ : *CG juss 1cs*, to know ˡ ግብር : deed ᵐ ኖላዊ : shepherd ⁿ መጠወ : *D juss 1cs*, to hand over º ርእየ : *G juss 1cs*, to see ᵖ ገብረ : *G impf 3pl*, to do ᵠ እመ : whether ʳ ነበረ : *G impf 3pl*, to abide ˢ ትእዛዝ : command ᵗ አዘዘ : *D perf 1cs*, to command ᵘ እመ : or **89.64** ª አእመረ : *CG juss 2mpl*, to know ᵇ አርአየ : *CG juss 2mpl*, to show ᶜ ዘለፈ : *G juss 2mpl*, to reproach

1 Enoch 89.64-69

: ጸሐፍᵈ : ኵሎ : ኃጉሎሙᵉ : ለኖላውያንᶠ : በጊዜሁᵍ : ለለ፩፩ʰወዐዕርግⁱ : ኀቤየ : ኵሎ ።
65 ወርኢኩᵃ : እስከ : ሶበ : እልኩ : ኖላውያንᵇ : ይርእዮᶜ : በጊዜሁᵈ : ወአንዘᵉ : ይቅትሉᶠ : ወያሐጉሉᵍ : ብዙኃʰ : እምትእዛዞሙⁱ : ወኃደጉʲ : እልክተ : አባግዕᵏ : ውስተ : እደˡ : አናብስትᵐ ። 66 ወበልዑᵃ : ወውኅጡᵇ : መብዝኀቶሙᶜ : ለእልኩ : አባግዕᵈ : አናብስትᵉ : ወአናምርትᶠ : ወኃራውያᵍ : ገዳምʰ : በልዑⁱ : ምስሌሆሙ : ወአውዐዩʲ : ለዝኩ : ማኅፈድᵏ : ወከረዩⁱ : ለውእቱ : ቤትᵐ ። 67 ወነዘንኩᵃ : ብዙኃᵇ : ጥቀᶜ : በእንተ : ማኅፈድᵈ : እስመ : ተከርየᵉ : ውእቱ : ቤትᶠ : ዘአባግዕᵍ : ወእምኔሁ : ኢክህልኩʰ : ርእዮቶሙⁱ : ለእልኩ : አባግዕʲ : ለአሙᵏ : ይበውኡˡ : ኀበ : ዝኩ : ቤትᵐ ። 68 ወኖላውያንᵃ : ወጸማዱሙᵇ : መጠውዎሙᶜ : ለእልኩ : አባግዕᵈ : ለኵሉ : አራዊትᵉ : ከመ : ይብልዕዎሙᶠ : ወኵሉ : ፩፩ᵍእምኔሆሙ : በጊዜሁʰ : ቦኵልቁⁱ : ይትሜጠውʲ : ወኵሉ : ፩፩ᵏእምኔሆሙ : ለካልኡˡ : በመጽሐፍᵐ : ይጽሕፍⁿ : ሚመጠነᵒ : ያኃጕልᵖ : እምኔሆሙ : ለካልኡᵠ : በመጽሐፍʳ : 69 ወፈድፋደᵃ : እምሥርዓቶሙᵇ

89.64 ᵈ ጸሐፊ : G impv 2ms, to write ᵉ *ሀጕል / ሐጕል : destruction ᶠ ኖላዊ : shepherd ᵍ ጊዜ : time ʰ ፩፩ : each ⁱ አዕርገ : *CG impv 2ms, to bring up (አዕርግ)
89.65 ᵃ ርእየ : G perf 1cs, to see ᵇ ኖላዊ : shepherd ᶜ *ርዕየ / ረዐየ : *G impf 3mpl, to pasture (tr.) (ይርዕዩ) ᵈ ጊዜ : time ᵉ አኀዘ : G perf 3mpl, to begin ᶠ ቀተለ : G juss 3mpl, to kill ᵍ *አህጐለ / አሕጐለ : CG juss 3mpl, to destroy ʰ ብዙኅ : numerous ⁱ ትእዛዝ : command ʲ ኀደገ : *G perf 3mpl, to abandon (ኀደጉ) ᵏ በግዕ : sheep ˡ እድ : hand ᵐ *ዐንበሳ : lion **89.66** ᵃ በልዐ : G perf 3mpl, to devour ᵇ ውኅጠ / ወኅጠ : G perf 3mpl, to swallow ᶜ መብዝኀት : majority of ᵈ በግዕ : sheep ᵉ *ዐንበሳ : lion ᶠ ነምር : leopard ᵍ *ሐራውያ : wild boar ʰ ገዳም : wilderness ⁱ በልዐ : G perf 3mpl, to devour ʲ አውዐየ : CG perf 3mpl, to burn (tr.) (አውዐይዎ) ᵏ ማኅፈድ : tower ˡ ከረየ : G perf 3mpl, to dig ᵐ ቤት : house **89.67** ᵃ *ሐዘነ : G perf 1cs, to be sad (ሐዘንኩ) ᵇ ብዙኅ : much ᶜ ጥቀ : very much ᵈ ማኅፈድ : tower ᵉ ተከርየ : Gt perf 3ms, to be dug ᶠ ቤት : house ᵍ በግዕ : sheep ʰ ክህለ : G perf 1cs, to be able ⁱ ርእየ : G inf, to see ʲ በግዕ : sheep ᵏ አመ : whether ˡ ቦአ : G impf 3mpl, to enter ᵐ ቤት : house **89.68** ᵃ ኖላዊ : shepherd ᵇ *ጸማድ : attendant ᶜ መጠወ : D perf 3mpl, to hand over ᵈ በግዕ : sheep ᵉ አርዌ : beast ᶠ በልዐ : G juss 3mpl, to devour ᵍ ፩፩ : each ʰ ጊዜ : time ⁱ ኍልቍ : number ʲ ተመጠወ : Dt impf 3ms, to receive ᵏ ፩፩ : each ˡ ካልእ : other ᵐ መጽሐፍ : book ⁿ ጸሐፈ : G impf 3ms, to write ᵒ ሚመጠን : how much ᵖ *አህጐለ / አሕጐለ : *CG impf 3ms, to destroy (ያህጕል) ᵠ ካልእ : other ʳ መጽሐፍ : book **89.69** ᵃ ፈድፋደ : abundantly ᵇ *ሥርዐት : prescription

: ፷፱ᶜይቀትልᵈ : ወያሐጕልᵉ : ወኦነ : ኦኃዝኩᶠ : እብኪᵍ : ወኦዓውዩʰ : ብዙኃⁱ : ጥቀʲ : በእንተ : እልኩ : ኦባጊዕᵏ :: 70 ወከመዝ : በራእይᵃ : ርኢኩᵇᵇ : ለዝኩ : ዘይጽሕፍᶜ : እፎᵈ : ይጽሕፍᵉ : ፩ᶠዘይትጉጐልᵍ : እምነ : እልኩ : ኖላውያንʰ : በኵሉ : ዕለትⁱ : ወያዓርጎʲ : ወያአርፎᵏ : ወያርኢᴵ : ኵሎ : ኪያሁ : መጽሐፈᵐ : ለእግዚእⁿ : ኦባጊዕᵒ : ኵሎ : ዘገብሩᴾ : ወኵሎ : ዘእተተᵠ : ፷ʳእምኔሆሙ : ወኵሎ : ዘመጠዉˢ : ለጉጕልᵗ :: 71 ወመጽሐፍᵃ : ተነበᵇ : በቅድም : እግዚእᶜ : ኦባጊዕᵈ : ወነሥኦᵉ : መጽሐፈᶠ : በእዴሁ : ወአንበባʰ : ወኃተመⁱ : ወአንበሪʲ :: 72 ወእምኄሁ : ርኢኩᵃ : እንዘ : ይሬእይᵇ : ኖሎትᶜ : ፲ወ፪ᵈሰዓተ : ወናሁ : ፫ᵉእምእልኩ : ኦባጊዕᵍ : ገብኡʰ : ወመጽኡⁱ : ወበኡʲ : ወኦኃዙᵏ : እንዘ : የሐንጹᴵ : ኵሎ : ዘወድቀᵐ : እምእቱ : ቤትⁿ : ወሐራውያᵒ : ገዳምᴾ : ከልእዎሙᵠ : ወኢክህሉʳ :: 73 ወኦንዘᵃ : ካዕበᵇ : ይሐንጹᶜ : ከመ : ቀዳሚᵈ : ወኦንሥእዎᵉ : ለውእቱ : ማኃፈድᶠ : ወይሰመይ : ማኃፈድʰ : ነዋኅⁱ

89.69 ᶜ፷ : each ᵈ ቀተለ : G impf 3ms, to kill ᵉ ኦህጕለ / ኦሕጕለ : CG impf 3ms, to destroy ᶠ ኦነዘ : G perf 1cs, to begin (ኦነዝኩ) ᵍ በከየ : G juss 1cs, to weep ʰ ኦወየወ / ኦውየወ : *G juss 1cs, to moan (ኦዉዩ) ⁱ ብዙኅ : much ʲ ጥቀ : very much, ᵏ በግዕ : sheep **89.70** ᵃ ራእይ : vision ᵇ ርእየ : G perf 1cs, to see ᶜ ጸሐፈ : G impf 3ms, to write ᵈ እፎ : how ᵉ ጸሐፈ : G impf 3ms, to write ᶠ ፩ : 1 ᵍ *ተሀጕለ / ተሐጕለ : *Gt impf 3ms, to be destroyed (ይትሀጐል) ʰ ኖላዊ : shepherd ⁱ ዕለት : day ʲ ኦዕረገ : *CG impf 3ms, to bring up (ያዐርግ) ᵏ *ኦዕረፈ : CG impf 3ms, to put down (ያዐርፍ) ᴵ ኦርእየ : CG impf 3ms, to show ᵐ መጽሐፍ : book ⁿ እግዚእ : Lord ᵒ በግዕ : sheep ᴾ ገብረ : G perf 3mpl, to do ᵠ ኦእተተ : CG perf 3ms, to remove, dismiss ʳ ፷ : each ˢ መጠወ : D perf 3mpl, to hand over ᵗ *ሀጕል / ሐጕል : destruction **89.71** ᵃ መጽሐፍ : book ᵇ ተነበ : Gt perf 3ms, to be read ᶜ እግዚእ : Lord ᵈ በግዕ : sheep ᵉ ነሥአ : G perf 3ms, to take ᶠ መጽሐፍ : book ᵍ እድ : hand ʰ ኦንበበ : CG perf 3ms, to read ⁱ ኃተመ : *G perf 3ms, to seal (ኃተማ) ʲ ኦንበረ : CG perf 3ms, to put down **89.72** ᵃ ርእየ : G perf 1cs, to see ᵇ *ርዕየ / ሬዐየ : G impf 3ms, to pasture (tr.) (ይሬዕይ) ᶜ ኖላዊ : shepherd ᵈ ፲ወ፪ : 12 ᵉ ሰዓት : hour ᶠ ፫ : 3 ᵍ በግዕ : sheep ʰ ገብአ : G perf 3mpl, to return ⁱ መጽአ : G perf 3mpl, to come ʲ በአ : G perf 3mpl, to enter ᵏ ኦኃዘ : G perf 3mpl, to begin (ኦኃዙ) ᴵ ሐነጸ / ሐነጸ : G impf 3mpl, to build ᵐ ወድቀ / ወደቀ : G perf 3ms, to fall ⁿ ቤት : house ᵒ ሐራውያ : wild boar ᴾ ገዳም : wilderness ᵠ ከልአ : G perf 3mpl, to prevent ʳ ክህለ : G perf 3mpl, to be able **89.73** ᵃ ኦኃዘ : G perf 3mpl, to begin ᵇ ካዕበ : again ᶜ ሐነጸ / ሐነጸ : G juss 3mpl, to build ᵈ ቀዳሚ : formerly ᵉ ኦንሥአ : CG perf 3mpl, to raise (ኦንሥእዎ) ᶠ ማኃፈድ : tower ᵍ ተሰምየ : Gt impf 3ms, to be called ʰ ማኃፈድ : tower ⁱ ነዋኅ / ነዊኅ : high

: ወአንዘᵏ : ካዕብᵏ : እንዘ : ያነብሩˡ : ቅድመ : ማኀፈድᵐ : ማዕድⁿ : ወኵሉ : ኅብስትᵒ : ዘዲቤሁ
: ርኩስᵖ : ወኢኮነ : ንጹሕᵠ :: 74 ወዲበ : ኵሉ : አሉ : አባግዐᵃ : ጽሉላንᵇ : አዕይንቲሆሙᶜ :
ወኢይሬእይᵈ : ወኖሎቶሙᵉ : ከማሁ : ወይሜጥውዎሙᶠ : ለኖሎቶሙᵍ : ለኃጉልʰ :
ፈድፋደⁱ : ወበአገሪሆሙʲ : ኬድዎሙᵏ : ለአባግዕˡ : ወበልዕዎሙᵐ :: 75 ወእግዚአᵃ : አባግዕᵇ
: አርመመᶜ : እስከ : ተዘርዘሩᵈ : ኵሉ : አባግዕᵉ : ገዳመᶠ : ወተደመሩᵍ : ምስሌሆሙ
ወኢያድኅኖሙʰ : እምእይⁱ : አራዊትʲ :: 76 ወዝኩ : ዘይጽሕፍᵃ : መጽሐፈᵇ : አዕረገᶜ :
ወአርአዮᵈ : ወአንበበᵉ : ኀበ : አብያተᶠ : እግዚእᵍ : አባግዕʰ : ወያስተበቍዖⁱ : በእንቲአሆሙ
ወይስእሎʲ : እንዘ : ያርእዮᵏ : ኵሎ : ግብረˡ : ኖሎቶሙᵐ : ወያሰምዕⁿ : በቅድሜሁ : ዲበ : ኵሉ
: ኖላውያንᵒ :: 77 ወኑኃᵃ : አንበረᵇ : ኀቤሁ : ኪያሁ : መጽሐፈᶜ : ወወጽአᵈ ::

90

1 ወርኢኩᵃ : እስከ : ዘመንᵇ : ከመ : ከመዝ : ይርእዩᶜ : ሰወገᵈኖላውያንᵉ : ወፈጸሙᶠ : ኵሎሙ
: በበዜሆሙᵍ : ከመ : ቀዳማዊያንʰ : ወባዳእⁱ : ተመጠውዎሙʲ : ውስተ : እዲሆሙᵏ :

89.73 ʲ አንዘ : *G perf 3mpl*, to begin ᵏ ካዕብ : again ˡ አንበረ : *CG impf 3mpl*, to place ᵐ ማኀፈድ : tower ⁿ ማእድ / ማዕድ : table ᵒ ኅብስት : bread ᵖ ርኩስ : unclean ᵠ ኮነ : *G perf 3ms*, to be ʳ ንጹሕ : pure **89.74** ᵃ በግዕ : sheep ᵇ ጽሉል : blinded ᶜ ዐይን : eye ᵈ ርእየ : *G impf 3mpl*, to see ᵉ ኖላዊ : shepherd ᶠ መጠወ : *D impf 3mpl*, to hand over ᵍ ኖላዊ : shepherd ʰ *ሀጕል / ሐጕል : destruction ⁱ ፈድፋደ : abundantly ʲ እግር : foot ᵏ ኬደ : *G perf 3mpl*, to tread ˡ በግዕ : sheep ᵐ በልዐ : *G perf 3mpl*, to devour **89.75** ᵃ እግዚእ : Lord ᵇ በግዕ : sheep ᶜ አርመመ : *CG perf 3ms*, to keep quiet ᵈ ተዘርዘረ : *Gt perf 3mpl*, to be scattered ᵉ በግዕ : sheep ᶠ ገዳም : wilderness ᵍ ተደመረ : *Dt perf 3mpl*, to have intercourse ʰ አድኅነ : *CG perf 3mpl*, to save (ኢያድኅኖሙ) ⁱ እድ : hand ʲ አርዊ : beast **89.76** ᵃ ጸሐፈ : *G impf 3ms*, to write ᵇ መጽሐፍ : book ᶜ አዕረገ : *CG perf 3ms*, to bring up ᵈ አርአየ : *CG perf 3ms*, to show ᵉ አንበበ : *CG perf 3ms*, to read ᶠ ቤት : house ᵍ እግዚእ : Lord ʰ በግዕ : sheep ⁱ አስተበቍዐ : *CGt impf 3ms*, to supplicate ʲ ሰአለ / ስአለ : *G impf 3ms*, to petition ᵏ አርአየ : *CG impf 3ms*, to show ˡ ግብር : deed ᵐ ኖላዊ : shepherd ⁿ አስምዐ : *CG impf 3ms*, to testify ᵒ ኖላዊ : shepherd **89.77** ᵃ ነሥአ : *G act part*, to take ᵇ አንበረ : *CG perf 3ms*, to put down ᶜ መጽሐፍ : book ᵈ ወጽአ : *G perf 3ms*, to go out

90.1 ᵃ ርእየ : *G perf 1cs*, to see ᵇ ዘመን : time ᶜ *ርዕየ / ሬዐየ : *G impf 3mpl*, to pasture (tr.) (ይርዕዩ) ᵈ ሰወገ : 37 ᵉ ኖላዊ : shepherd ᶠ ፈጸመ : *D perf 3mpl*, to complete ᵍ ጊዜ : time ʰ ቀዳማዊ : first ⁱ ባዕድ : other ʲ ተመጠወ : *Dt perf 3mpl*, to receive ᵏ እድ : hand

ከመ፡ ይርአይዎሙ·l፡ በበዚዜሆሙ·m፡ ኩሉ፡ ኖላውያን·n፡ በበዚዜሁ·o ። 2 ወእምዝ፡ ርኢኩ·a ፡ በራእይ·b፡ ኩሎ፡ አዕዋፈ·c፡ ሰማይ·d፡ መጽኡ·e፡ አንስርት·f፡ ወአውሥት፡ ወሀባይ·h፡ ወቋዓት·i ፡ ወአንስርት·j፡ ይመርሕዎሙ·k፡ ለኩሎሙ፡ አዕዋፍ·l፡ ወአኀዙ·m፡ ይብልዕዎሙ·n፡ ለእልኩ፡ አባግዕ·o፡ ወይከርዩ·p፡ አዕንቲሆሙ·q፡ ወይብልዑ·r፡ ለሥጋሆሙ·s ። 3 ወአባግዕ·a፡ ጸርሑ·b ፡ እስመ፡ ተበልዑ·c፡ ሥጋሆሙ·d፡ እምነ፡ አዕዋፍ·e፡ ወአነ፡ ጸራኩ·f፡ ወአውየኩ·g፡ በንዋምዖ·h ፡ ዲበ፡ ውእቱ፡ ኖላዊ·i፡ ዘይርእዮሙ·j፡ ለአባግዕ·k ። 4 ወርኢኩ·a፡ እስከ፡ ተበልዑ·b፡ እልኩ፡ አባግዕ·c፡ እምአከላብ·d፡ ወእምአንስርት·e፡ ወእምሆባይ·f፡ ወኢኃደጉ·g፡ ሎሙ፡ ሥጋ·h፡ ግሙራ·i ፡ ወኢማዕሰ·j፡ ወኢሥርወ·k፡ እስከ፡ ቆመ·l፡ ባሕቲቶሙ·m፡ አዕፅምቲሆሙ·n፡ ወአዕፅምቲሆሙኒ·n ፡ ወድቁ·o፡ ዲበ፡ ምድር·p፡ ወነስዋ·q፡ አባግዕ·r ። 5 ወርኢኩ·a፡ እስከ፡ ዘመን·b፡ ይርአዩ·c ፡ ጰወጶ·d ኖላውያን·e፡ ወፈጸሙ·f፡ በበዚዜሆሙ·g፡ ሃወጵ·h ዚዜታ·i ። 6 ወንኡሳት·a፡ መሐሳእት·b፡ ተወልዱ·c፡ እምሉ፡ አባግዕ·d፡ ፀዓድው·e፡ ወአኀዙ·f፡ አዕንቲሆሙ·g፡ ይከሥቱ·h፡ ወይርአዩ·i

---

90.1 ¹ *ርዕየ / ረዐየ : G juss 3mpl, to pasture (tr.) (ይርዐዩዎሙ·) ᵐ ጊዜ : time ⁿ ኖላዊ : shepherd ᵒ ጊዜ : time **90.2** ᵃ ርእየ : G perf 1cs, to see ᵇ ራእይ : vision ᶜ ዖፍ : bird ᵈ ሰማይ : heaven ᵉ መጽአ : G perf 3mpl, to come ᶠ ንስር : eagle ᵍ *አውስት : bird of prey ʰ ሆባይ : kite ⁱ ቋዕ : raven ʲ ንስር : eagle ᵏ መርሐ : G impf 3mpl, to lead ˡ ዖፍ : bird ᵐ አኀዘ : G perf 3mpl, to begin (አኀዙ) ⁿ በልዐ : G juss 3mpl, to devour ᵒ በግዕ : sheep ᵖ ከረየ : *G juss 3mpl, to peck (the eyes) (ይከርዩ) ᑫ ዐይን : eye ʳ በልዐ : G juss 3mpl, to devour ˢ ሥጋ : flesh **90.3** ᵃ በግዕ : sheep ᵇ *ጸርሐ : G perf 3mpl, to cry out (ጸርሑ) ᶜ ተበልዐ : Gt perf 3mpl, to be eaten ᵈ ሥጋ : flesh ᵉ ዖፍ : bird ᶠ ጸርሐ : G perf 1cs, to cry out ᵍ *ወውየ / አውየ : G perf 1cs, to lament (አውየኩ·) ʰ ንዋም : sleep ⁱ ኖላዊ : shepherd ʲ *ርዕየ / ረዐየ : G impf 3mpl, to pasture (tr.) (ይርዕዩሙ·) ᵏ በግዕ : sheep **90.4** ᵃ ርእየ : G perf 1cs, to see ᵇ ተበልዐ : Gt perf 3mpl, to be eaten ᶜ በግዕ : sheep ᵈ ከልብ : dog ᵉ ንስር : eagle ᶠ ሆባይ : kite ᵍ ኀደገ : *G perf 3mpl, to leave (ኃደጉ) ʰ ሥጋ : flesh ⁱ ግሙራ : completely ʲ ማእስ / ማዕስ : skin ᵏ *ሥርው : sinew ˡ ቆመ : G perf 3ms, to remain ᵐ ዐፅም : bone ⁿ ዐፅም : bone ᵒ ወድቀ / ወደቀ : G perf 3mpl, to fall ᵖ ምድር : ground ᑫ *ንእሰ : G perf 3mpl, to become few (ንእሱ) ʳ በግዕ : sheep **90.5** ᵃ ርእየ : G perf 1cs, to see ᵇ ዘመን : time ᶜ *ርዕየ / ረዐየ : G impf 3mpl, to pasture (tr.) (ይርዐዩ) ᵈ ጰወጵ : 23 ᵉ ኖላዊ : shepherd ᶠ ፈጸመ : D perf 3mpl, to complete ᵍ ጊዜ : time ʰ ሃወጵ : 58 ⁱ ጊዜ : time **90.6** ᵃ ንኡስ : small ᵇ ማሕስእ / መሐስእ : lamb ᶜ ተወልደ : Gt perf 3mpl, to be born ᵈ በግዕ : sheep ᵉ ጸዐዳ / ጸዓዳ / ፀዓዳ : white ᶠ አኀዘ : G perf 3mpl, to begin (አኀዙ) ᵍ ዐይን : eye ʰ ከሠተ : G juss 3mpl, to open ⁱ ርእየ : G juss 3mpl, to see

1 Enoch 90.6-12

: ወይጽርሑʲ : ኀበ : አባግዕᵏ ። 7 ወአባግዕᵃ : ኢጸርሕዎሙᵇ : ወኢያጸምዑᶜ : ዘነገርዎሙᵈ :
አላ : ፈድፋደᵉ : ተጸመሙᶠ : ወተጸለሉᵍ : አዕይንቲሆሙʰ : ፈድፋደⁱ : ወኀያለʲ ። 8 ወርኢኩᵃ
: በራእይᵇ : ቁዓተᶜ : ከመ : ሰረፉᵈ : ዲበ : እልኩ : መሐስዕᵉ : ወአኀዝዎᶠ : ለ፩ጓምእልኩ
: መሐስዕʰ : ወቀጥቀጥዎሙⁱ : ለአባግዕʲ : ወበልዕዎሙᵏ ። 9 ወርኢኩᵃ : እስከ : ወፅአᵇ
: ሎሙ· : አቅርንትᶜ : ለእልኩ : መሐስዕᵈ : ወቁዓተᵉ : ያወድቅዎሙᶠ : ለአቅርንቲሆሙᵍ :
ወርኢኩʰ : እስከ : በቍለⁱ : ፩ʲቀርንᵏ : ዓቢይˡ : ፩ᵐእምነ : እልኩ : አባግዕⁿ : ወተከሥታ°
: አዕይንቲሆሙᵖ ። 10 ወርኣየᵃ : በሙ : ወተፈትሐᵇ : አዕይንቲሙᶜ : ወጸርሐᵈ : ሎሙ·
: ለአባግዕᵉ : ወደበላትᶠ : ርእይዎᵍ : ወሮጹʰ : ኀቤሁ : ኵሎሙ· ። 11 ወምስለዝ : ኵሉ :
እልኩ : አንስርትᵃ : ወአውስትᵇ : ወቁዓትᶜ : ወሆባይᵈ : እስከ : ይእዜᵉ : ይመሥጥዎሙᶠ :
ለአባግዕᵍ : ወይሰርፉʰ : ዲቤሆሙ· : ወይበልዕዎሙⁱ : ወአባግዕʲ : ያረምሙᵏ : ወደበላትˡ
: ያአወይዉᵐ : ወይጽርሑⁿ ። 12 ወእልኩ : ቌትᵃ : ይትጋደሉᵇ : ወይትበአሱᶜ : ምስሌሁ·

90.6 ʲ*ጸርን : G juss 3mpl, to cry out (ይጽርኁ) ᵏ በግዕ : sheep 90.7 ᵃ በግዕ : sheep
ᵇ*ጸርን : G perf 3mpl, to cry out (ኢጸርኅዎሙ·) ᶜ*አፅምአ / አጽምአ : CG perf 3mpl,
to listen (ኢያጽምኡ·) ᵈ ነገረ : G perf 3mpl, to tell ᵉ ፈድፋደ : extremely ᶠ ተጸመመ :
Gt perf 3mpl, to become deaf ᵍ ተጸለለ : Dt perf 3mpl, to be blinded ʰ ዐይነ : eye
ⁱ ፈድፋደ : extremely ʲ*ኀያል : powerful, mighty 90.8 ᵃ ርእየ : G perf 1cs, to see
ᵇ ራእይ : vision ᶜ ቁዕ : raven ᵈ ሰረረ : G perf 3mpl, to fly ᵉ ማሕስዕ / መሐስዕ : lamb
ᶠ አኀዘ : G perf 3mpl, to seize (አኀዝዎ) ᵍ ፩ : 1 ʰ ማሕስዕ / መሐስዕ : lamb ⁱ ቀጥቀጠ : G
perf 3mpl, to crush ʲ በግዕ : sheep ᵏ በልዐ : G perf 3mpl, to devour 90.9 ᵃ ርእየ :
G perf 1cs, to see ᵇ ወፅአ : G perf 3ms, to come out (ወፅአ) ᶜ ቀርን : horn ᵈ ማሕስዕ
/ መሐስዕ : lamb ᵉ ቁዕ : raven ᶠ አውደቀ : CG impf 3mpl, to cast down ᵍ ቀርን : horn
ʰ ርእየ : G perf 1cs, to see ⁱ በቍለ / በቍለ : G perf 3ms, to grow ʲ ፩ : 1 ᵏ ቀርን : horn
ˡ*ዐቢይ : big ᵐ ፩ : 1 ⁿ በግዕ : sheep ° ተከሥተ : Gt perf 3fpl, to be opened ᵖ ዐይን
: eye 90.10 ᵃ ርእየ : G perf 3ms, to see ᵇ ተፈትሐ : Gt perf 3fpl, to be opened
ᶜ ዐይን : eye ᵈ*ጸርን : G perf 3ms, to cry out (ጸርነ) ᵉ በግዕ : sheep ᶠ ዳቤላ / ደቤላ :
ram ᵍ ርእየ : G perf 3mpl, to see ʰ ሮጸ : G perf 3mpl, to run 90.11 ᵃ ንስር : eagle
ᵇ አውስት : bird of prey ᶜ ቁዕ : raven ᵈ ሆባይ : kite ᵉ ይእዜ : still ᶠ መሠጠ : G impf
3mpl, to tear to pieces ᵍ በግዕ : sheep ʰ ሰረረ : G impf 3mpl, to perforate ⁱ በልዐ :
G impf 3mpl, to devour ʲ በግዕ : sheep ᵏ አርመመ : CG impf 3mpl, to keep quiet
ˡ ዳቤላ / ደቤላ : ram ᵐ ዐውየወ / አውየወ : G impf 3mpl, to lament ⁿ*ጸርን : G impf
3mpl, to cry out (ይጽርኁ) 90.12 ᵃ ቁዕ : raven ᵇ ተጋደለ : Lt impf 3mpl, to battle
ᶜ ተበአሰ : Gt impf 3mpl, to fight with one another

ወፈቀዳd : ያእትቱe : ቀርኖf : ወኢከሀልዎሙg ፨ 13 ወርኢክሙa : እስከ : መጽኡb : ኖላውያንc : ወአንስርትd : ወአልኩ : አውስትe : ወሆባይf : ወጸርሐg : ለፀዓትh : ከመ : ይጥቅጥዎi : ለቀርኑj : ለዝኩ : ደቤላk : ወተበአሱl : ምስሌሁ : ወተቃተሉm : ወውእቱ : ይትበአስn : ምስሌሆሙ : ወጸርሐo : ከመ : ትምጻእp : ረድኤቱq ፨ 14 ወርኢኩa : እስከ : መጽአb : ዝኩ : ብእሲc : ዘጸሐፈd : አስማቲሆሙe : ለኖሎት፡ : ወያዓርግg : ቅድሜሁ : ለእግዚአh : አባግዕi : ወውእቱ : ረድኦj : ወአርአዮk : ኩሎ : ወረደl : ረድኤቱm : ለዝኩ : ደቤላn ፨ 15 ወርኢኩa : እስከ : መጽአb : ኀቤሆሙ : ዝኩ : እግዚአc : አባግዕd : በመዓትe : ወአለ : ርእይዎf : ኩሎሙ : ነፍጹg : ወወድቀh : ኩሎሙ : ውስተ : ጽላሎቱi : እምቅድመ : ገጹj ፨ 16 ኩሎሙ : አንስርትa : ወአውስትb : ወቋዕት : ወሆባይd : ተጋብአe : ወአምጽኡf : ምስሌሆሙ : ኩሎ : አባግዕ : ገዳምh : ወመጽኡi : ኩሎሙ : ኀቡረj : ወተራድእኡk : ከመ : ይቀጥቅጥዎl : ለዝኩ : ቀርንm : ደቤላn ፨ 17 ወርኢክዎa : ለዝኩ : ብእሲb : ዘይጸሕፍc : መጽሐፈd : በቃለe : እግዚአf :

90.12 d ፈቀደ : *G perf 3mpl*, to wish e አእተተ : *CG juss 3mpl*, to remove, dismiss f ቀርን : horn g ክህለ : *G perf 3mpl*, to prevail **90.13** a ርእየ : *G perf 1cs*, to see b መጽአ : *G perf 3mpl*, to come c ኖላዊ : shepherd d ንስር : eagle e አውስት : bird of prey f ሆባይ : kite g *ጸርን : *G perf 3mpl*, to cry out (ጸርኀ) h ቋዕ : raven i ቀጥቀጠ : *G juss 3mpl*, to crush j ቀርን : horn k ዳቤላ / ደቤላ : ram l ተበአስ : *Gt perf 3mpl*, to fight with one another m ተቃተለ : *Lt perf 3mpl*, to kill one another n ተበአስ : *Gt impf 3ms*, to fight with one another o *ጸርን : *G perf 3ms*, to cry out (ጸርኀ) p መጽአ : *G juss 3fs*, to come q ረድኤት : help **90.14** a ርእየ : *G perf 1cs*, to see b መጽአ : *G perf 3ms*, to come c ብእሲ : man d ጸሐፈ : *G perf 3ms*, to write e ስም : name f ኖላዊ : shepherd g አዕረገ : *CG impf 3ms*, to bring up (ያዕርግ) h እግዚአ : Lord i በግዕ : sheep j ረድአ : *G perf 3ms*, to help k አርአየ : *CG perf 3ms*, to show l ወረደ : *G perf 3ms*, to go down m ረድኤት : help n ዳቤላ / ደቤላ : ram **90.15** a ርእየ : *G perf 1cs*, to see b መጽአ : *G perf 3ms*, to come c እግዚአ : Lord d በግዕ : sheep e መዓት : wrath f ርእየ : *G perf 3mpl*, to see g ነፍጸ : *G perf 3mpl*, to escape h ወድቀ / ወደቀ : *G perf 3mpl*, to fall i ጽላሎት : shadow j ገጽ : presence **90.16** a ንስር : eagle b አውስት : bird of prey c ቋዕ : raven d ሆባይ : kite e ተጋብአ : *Lt perf 3mpl*, to gather f አምጽአ : *CG perf 3mpl*, to bring g በግዕ : sheep h ገዳም : wilderness i መጽአ : *G perf 3mpl*, to come j ኀቡረ : together k ተራድእአ : *Lt perf 3mpl*, to help one another l ቀጥቀጠ : *G juss 3mpl*, to crush m ቀርን : horn n ዳቤላ / ደቤላ : ram **90.17** a ርእየ : *G perf 1cs*, to see b ብእሲ : man c ጸሐፈ : *G impf 3ms*, to write d መጽሐፍ : book e ቃል : command f እግዚአ : Lord

እስከ ፡ ፈትሐጸ ፡ ለውእቱ ፡ መጽሐፈ.ʰ ፡ ኃጕልⁱ ፡ ዘአሕጐሉ·ʲ ፡ እልኩ ፡ ፲ወ፪ᵏኖሎት·ˡ ፡ ደኃርያንᵐ ፡ ወርእዮ ፡ ከመ ፡ ፈድፋደ⁰ ፡ አምቅድሜሆሙ· ፡ አሕጐሉ· ፡ ቅድመ ፡ እግዚአ ፡ አባግዕʳ ። 18 ወርኢኩ·ᵃ ፡ እስከ ፡ መጽአᵇ ፡ ጎቤሆሙ· ፡ እግዚእᶜ ፡ አባግዕᵈ ፡ ወነሥአᵉ ፡ በዕዱᶠ ፡ በትረᵍ ፡ መዓቱʰ ፡ ወዘበጣⁱ ፡ ለምድርʲ ፡ ወተሠጥትᵏ ፡ ምድርˡ ፡ ወኵሎሙ· ፡ አራዊትᵐ ፡ ወአዕዋፈⁿ ፡ ሰማይ⁰ ፡ ወድቁᵖ ፡ እምእልኩ ፡ አባግዕᑫ ፡ ወተሰጥሙ·ʳ ፡ በምድርˢ ፡ ወተከድነትᵗ ፡ ዲቤሆሙ· ። 19 ወርኢኩ·ᵃ ፡ እስከ ፡ ተውህበᵇ ፡ ለአባግዕᶜ ፡ ሰይፍᵈ ፡ ዐቢይᵉ ፡ ወወፅኡᶠ ፡ አባግዕᵍ ፡ ዲበ ፡ ኵሉ ፡ አራዊተʰ ፡ ገዳምⁱ ፡ ከመ ፡ ይቅትልዎሙ·ʲ ፡ ወኵሎሙ· ፡ አራዊትᵏ ፡ ወአዕዋፈˡ ፡ ሰማይᵐ ፡ ነፍፁ·ⁿ ፡ እምቅድመ ፡ ገጾሙ·⁰ ፡ 20 ወርኢኩ·ᵃ ፡ እስከ ፡ መንበርᵇ ፡ ተሐንጸᶜ ፡ በምድርᵈ ፡ ሐዋዘᵉ ፡ ወነበረᶠ ፡ ዲቤሁ ፡ እግዚእᵍ ፡ አባግዕʰ ፡ ወነስአⁱ ፡ ኵሎ ፡ መጻሕፍተʲ ፡ ኅቱማተᵏ ፡ ወፈትሐንˡ ፡ ለአማንቱ ፡ መጻሕፍትᵐ ፡ በቅድመ ፡ እግዚአⁿ ፡ አባግዕ⁰ ። 21 ወደውያሙ·ᵃ ፡ እግዚእᵇ ፡ ለእልኩ ፡ ፯ ᶜፀዓድውᵈ ፡ ቀዳማውያነᵉ ፡ ወአዘዘᶠ ፡ ከመ ፡ ያምጽኡጸ ፡ ቅድሜሁ ፡ እምኮከብʰ ፡ ቀዳማዊⁱ ፡ ዘይቀድምʲ ፡ እምነ ፡ እልኩ ፡ ከዋክብትᵏ ፡ እለ ፡ ኃፈሮሙ·ˡ ፡ ከመ ፡ ኃረተᵐ ፡

90.17 ᵍ ፈትሐ : G perf 3ms, to open ʰ መጽሐፍ : book ⁱ *ህጉል / ሐጉል : destruction ʲ አህጉሉ / አሕጉለ : CG perf 3mpl, to destroy ᵏ ፲ወ፪ : 12 ˡ ኖላዊ : shepherd ᵐ ደኃሪ : last ⁿ አርአየ : CG perf 3ms, to show ⁰ ፈድፋደ : abundantly ᵖ አህጉል / አሕጉለ : CG perf 3mpl, to destroy ᑫ እግዚእ : Lord ʳ በግዕ : sheep **90.18** ᵃ ርእየ : G perf 1cs, to see ᵇ መጽአ : G perf 3ms, to come ᶜ እግዚእ : Lord ᵈ በግዕ : sheep ᵉ ነሥአ : G perf 3ms, to take ᶠ *እድ : hand ᵍ በትር : staff ʰ መዓት : wrath ⁱ ዘበጠ : G perf 3ms, to strike ʲ ምድር : earth ᵏ ተሠጠ : Gt perf 3fs, to be split ˡ ምድር : earth ᵐ አርዌ : beast ⁿ ዖፍ : bird ⁰ ሰማይ : heaven ᵖ ወድቀ / ወደቀ : G perf 3mpl, to fall ᑫ በግዕ : sheep ʳ ተሰጥመ : Gt perf 3mpl, to sink ˢ ምድር : earth ᵗ ተከድነ / ተከደነ : Gt perf 3fs, to be covered **90.19** ᵃ ርእየ : G perf 1cs, to see ᵇ ተውህበ : Gt perf 3ms, to be given ᶜ በግዕ : sheep ᵈ ሰይፍ : sword ᵉ ዐቢይ : big ᶠ ወፅአ : G perf 3mpl, to go out ᵍ በግዕ : sheep ʰ አርዌ : beast ⁱ ገዳም : wilderness ʲ ቀተለ : G juss 3mpl, to kill ᵏ አርዌ : beast ˡ ዖፍ : bird ᵐ ሰማይ : heaven ⁿ ነፍጸ : G perf 3mpl, to escape ⁰ ገጽ : presence **90.20** ᵃ ርእየ : G perf 1cs, to see ᵇ መንበር : throne ᶜ ተሐንጸ / ተሐንጸ : Gt perf 3ms, to be built ᵈ ምድር : land ᵉ ሐዋዝ : pleasant ᶠ ነበረ : G perf 3ms, to sit ᵍ እግዚእ : Lord ʰ በግዕ : sheep ⁱ *ነሥአ : G perf 3ms, to take (ነሥአ) ʲ መጽሐፍ : book ᵏ ኅቱም : sealed ˡ ፈትሐ : G perf 3ms, to open ᵐ መጽሐፍ : book ⁿ እግዚአ : Lord ⁰ በግዕ : sheep **90.21** ᵃ ጸውዐ : D perf 3ms, to call ᵇ እግዚእ : Lord ᶜ ፯ : 7 ᵈ ጸዓዳ / ጸዓዳ / ፀዓዳ : white ᵉ ቀዳማዊ : first ᶠ አዘዘ : D perf 3ms, to command ᵍ አምጽአ : CG juss 3mpl, to bring ʰ ኮከብ : star ⁱ ቀዳማዊ : first ʲ ቀደመ : G impf 3ms, to precede ᵏ ኮከብ : star ˡ *ኃፈረት : shame ᵐ *ኃፈረት : shame

አፍራሰⁿ : ወለኮከብᵒ : ቀዳማዊᵖ : ዘወድቀ ቅድመ : ወአምጽአዎሙ·ʳ : ለኩሎሙ· : ቅድሜሁ ። 22 ወይቤሎᵃ : ለዝኩ : ብእሲⁿ : ዘይጽሕፍᶜ : በቅድሜሁ : ዘውእቱ : ĝᵈአምጸ̱ᵉፀዓዲውᶠ : ወይቤሎᵍ : ንሥአሙ·ʰ : ለእሉ : ሰብዒⁱ : ኖሎትʲ : እለ : መጠውክሙ·ᵏ : አባግዓˡ : ወነሢአሙ·ᵐ : ቀተሉⁿ : ብዙኀᵒ : እምዝ : አዘዝክሙ·ᵖ : እሙንቱ ። 23 ወናሁ : ኩሎሙ· : አሡራንᵃ : ርኢኩᵇ : ወቆሙᶜ : ቅድሜሁ : ኩሎሙ· ። 24 ወኮነᵃ : ኮⁿᵇ : ቅድመ : አምከዋክብትᶜ : ወተኰንኑᵈ : ወኮኑᵉ : ኃጥአንᶠ : ወሐሩጸ : መካንʰ : ኩነኒⁱ : ወደይዎሙ·ʲ : ውስተ : ዕሙ·ቅᵏ : ወምሉዕˡ : እሳትᵐ : ወይልህብⁿ : ወምሉዕᵒ : አምደᵖ : እሳት ። 25 ወእሉ : ĝᵃሳቢዓው·ያንᵇ : ተኩ·ነኑᶜ : ወኮኑᵈ : ኃጥአንᵉ : ወተወድዩᶠ : እሙንቱ : ውስተ : ዝኩ : ማዕምቀᵍ : እሳትʰ ። 26 ወርኢኩᵃ : በውእቱ : ጊዜᵇ : ከመ : ተርኅወ : ĝᵈማዕምቀᵉ : ከማሁ : በማዕከለ : ምድርᶠ : ዘምሉዕᵍ : እሳትʰ : ወአምጽአዎሙ·ⁱ : ለእሉ : አባግዓʲ : ጽሉላንᵏ : ወተኮንኑˡ : ኩሎሙ· : ወኮኑ·ᵐ : ኃጥአንⁿ : ወተወድዩᵒ : ውስተ : ዝኩ : እመቅᵖ : እሳትᵠ : ወውዕዩʳ : ወዝኩ : ማዕምቀˢ : ኮነᵗ : በየማኑᵘ : ለዝኩ : ቤትᵛ ። 27 ወርኢክሙ·ᵃ : ለእሉ : አባግዓᵇ : እንዘ :

90.21 ⁿ ፈረስ : horse ᵒ ኮከብ : star ᵖ ቀዳማዊ : first ᵠ ወድቀ / ወደቀ : *G perf 3ms*, to fall ʳ አምጽአ : *CG perf 3mpl*, to bring **90.22** ᵃ ብህለ : *G perf 3ms*, to say ᵇ ብእሲ : man ᶜ ጸሐፈ : *G impf 3ms*, to write ᵈ ĝ : 1 ᵉ ẑ : 7 ᶠ ጸዐዳ / ጸዐዳ / ፀዓዳ : white ᵍ ብህለ : *G perf 3ms*, to say ʰ ነሥአ : *G impv 2ms*, to take ⁱ ሰብዐ : seventy ʲ ኖላዊ : shepherd ᵏ መጠወ : *D perf 1cs*, to hand over ˡ በግዕ : sheep ᵐ ነሥአ : *G act part*, to take ⁿ ቀተለ : *G perf 3mpl*, to kill ᵒ ብዙኀ : many, numerous ᵖ አዘዘ : *D perf 1cs*, to command **90.23** ᵃ አሱር : bound ᵇ ርእየ : *G perf 1cs*, to see ᶜ ቆመ : *G perf 3mpl*, to stand **90.24** ᵃ ኩነኔ : judgment ᵇ ኮነ : *G perf 3ms*, to be ᶜ ኮከብ : star ᵈ ተኰንነ : *Dt perf 3mpl*, to be judged ᵉ ኮነ : *G perf 3mpl*, to be ᶠ *ኃጥአ : sinner ᵍ ሐረ : *G perf 3mpl*, to go ʰ መካን : place ⁱ ኩነኔ : punishment ʲ ወደየ : *G perf 3mpl*, to throw ᵏ ዕሙ·ቅ : deep ˡ *ምሉእ : full ᵐ እሳት : fire ⁿ ልህበ / ለህበ : *G impf 3ms*, to burn ᵒ *ምሉእ : full ᵖ *ዐሙድ : pillar ᵠ እሳት : fire **90.25** ᵃ ẑ : 70 ᵇ ኖላዊ : shepherd ᶜ ተኰንነ : *Dt perf 3mpl*, to be judged ᵈ ኮነ : *G perf 3mpl*, to be ᵉ ኃጥአ : sinner ᶠ ተወድየ : *Gt perf 3mpl*, to be thrown ᵍ ማዕምቅ / መዕምቅ / ማዕምቅት : abyss ʰ እሳት : fire **90.26** ᵃ ርእየ : *G perf 1cs*, to see ᵇ ጊዜ : time ᶜ ተርኅወ : *Gt perf 3ms*, to be opened ᵈ ĝ : 1 ᵉ ማዕምቅ / መዕምቅ / ማዕምቅት : abyss ᶠ ምድር : earth ᵍ *ምሉእ : full ʰ እሳት : fire ⁱ አምጽአ : *CG perf 3mpl*, to bring ʲ በግዕ : sheep ᵏ ጽሉል : blinded ˡ ተኰንነ : *Dt perf 3mpl*, to be judged ᵐ ኮነ : *G perf 3mpl*, to be ⁿ ኃጥአ : sinner ᵒ ተወድየ : *Gt perf 3mpl*, to be thrown ᵖ ዕመቅ : depth ᵠ እሳት : fire ʳ ውዕየ : *G perf 3mpl*, to burn (intr.) ˢ ማዕምቅ / መዕምቅ / ማዕምቅት : abyss ᵗ ኮነ : *G perf 3ms*, to be ᵘ የማን : south ᵛ ቤት : house **90.27** ᵃ ርእየ : *G perf 1cs*, to see ᵇ በግዕ : sheep

1 Enoch 90.27-32

ይውእዩᶜ ፡ ወአዕፀምቲሆሙᵈ ፡ ይዉዒᵉ ፡፡ 28 ወቆምኩᵃ ፡ እርአይᵇ ፡ እስከ ፡ ጠወምᵐᶜ ፡ ለዝኩ ፡ ቤትᵈ ፡ ብሉይᵉ ፡ ወአውፅአዎሙᶠ ፡ ለኵሎሙ ፡ አዕማድᵍ ፡ ወኵሉ ፡ ተከልʰ ፡ ወሥኑⁱ ፡ ለውእቱ ፡ ቤትʲ ፡ ተጠውሙᵏ ፡ ምስሌሁ ፡ ወአውፅዕዎˡ ፡ ወደየዎᵐ ፡ በⁿመካን ፡ በየማነ ፡ ምድርᵠ ፡፡ 29 ወርኢኩᵃ ፡ እስከ ፡ አምጽአᵇ ፡ እግዚአᶜ ፡ አባግዕᵈ ፡ ቤተᵉ ፡ ሐዲሰᶠ ፡ ወዓቢየᵍ ፡ ወልዑለʰ ፡ እምነ ፡ ዝኩ ፡ ቀዳማይⁱ ፡ ወአቀሞʲ ፡ ውስተ ፡ መካኑᵏ ፡ ቀዳሚትˡ ፡ እንተ ፡ ተጠብለለትᵐ ፡ ወኵሎሙ ፡ አዕማንⁿ ፡ ዚአሃ ፡ ሐዲሳን ፡ ወስንᵠ ፡ ሐዲስᵠ ፡ ወዓቢይʳ ፡ እምቀዳሚትˢ ፡ ብሊትᵗ ፡ እንተ ፡ አውፅአᵘ ፡ ወእግዚእᵛ ፡ አባግዕʷ ፡ ማዕከላ ፡፡ 30 ወርኢክዎሙᵃ ፡ ለኵሎሙ ፡ አባግዕᵇ ፡ እለ ፡ ተርፉᶜ ፡ ወኵሎሙ ፡ እንስሳᵈ ፡ ዘዲበ ፡ ምድርᵉ ፡ ወኵሎሙ ፡ አዕዋፈᶠ ፡ ሰማይᵍ ፡ ይወድቁʰ ፡ ወሰግዱⁱ ፡ ለእልኩ ፡ አባግዕʲ ፡ ወያስተበቍዕዎሙᵏ ፡ ወይሰምዕዎሙˡ ፡ በኵሉ ፡ ቃልᵐ ፡፡ 31 ወእምኔሁ ፡ እልኩ ፡ ፫ᵃእለ ፡ ይለብሱᵇ ፡ ፀዓዳᶜ ፡ ወአኀዙኒᵈ ፡ በእዴᵉ ፡ እለ ፡ ቀዲሙᶠ ፡ አዕረጉኒᵍ ፡ ወእዴሁʰ ፡ ለውእቱ ፡ ደቤላⁱ ፡ እንዘ ፡ ትእኅዘኒʲ ፡ አዕረጉኒᵏ ፡ ወአንበሩኒˡ ፡ ማዕከሎሙ ፡ ለእልኩ ፡ አባግዕᵐ ፡ እንበለ ፡ ትኩንⁿ ፡ ኵነኔᵒ ፡፡ 32 ወእልኩ ፡

90.27 ᶜ*ውዕየ : G impf 3mpl, to burn (intr.) (ይውዕዩ) ᵈ ዐፅም : bone ᵉ ውዕየ : G impf, 3ms, to burn (intr.) **90.28** ᵃ ቆም : G perf 1cs, to stand ᵇ ርእየ : G juss 1cs, to see ᶜ ጠም / ጠወመ : G perf 3ms, to fold up ᵈ ቤት : house ᵉ ብሉይ : old ᶠ አውፅአ : CG perf 3mpl, to remove ᵍ ዐምድ : pillar ʰ ተከል : plant, tree ⁱ ሥን / ስን : beauty, grace ʲ ቤት : house ᵏ ተጠውመ : G perf 3ms, to be folded up ˡ አውፅአ : CG perf 3mpl, to remove (አውፅአዎ) ᵐ ወደየ : G perf 3mpl, to put ⁿ ፩ : 1 ᵒ መካን : place ᵖ የማን : south ᵠ ምድር : land **90.29** ᵃ ርእየ : G perf 1cs, to see ᵇ አምጽአ : CG perf 3ms, to bring ᶜ እግዚእ : Lord ᵈ በግዕ : sheep ᵉ ቤት : house ᶠ ሐዲስ : new ᵍ *ዐቢይ : large ʰ ልዑል : high ⁱ ቀዳማይ : first ʲ አቆም / አቀም : CG perf 3ms, to set up ᵏ መካን : place ˡ ቀዳሚ : first ᵐ ተጠብለለ : Gt perf 3fs, to be folded up ⁿ *ዐምድ : pillar ᵒ ሐዲስ : new ᵖ ሥን / ስን : beauty, grace ᵠ ሐዲስ : new ʳ *ዐቢይ : great ˢ ቀዳሚ : first ᵗ ብሊይ : old ᵘ አውፅአ : CG perf 3ms, to remove ᵛ እግዚእ : Lord ʷ በግዕ : sheep **90.30** ᵃ ርእየ : G perf 1cs, to see ᵇ በግዕ : sheep ᶜ ተርፈ / ተረፈ : G perf 3mpl, to be left over, remain ᵈ እንስሳ : animals ᵉ ምድር : earth ᶠ ዖፍ : bird ᵍ ሰማይ : heaven ʰ ወድቀ / ወደቀ : G impf 3mpl, to fall ⁱ ስገደ / ሰገደ : G impf 3mpl, to worship ʲ በግዕ : sheep ᵏ አስተበቍዐ : CGt impf 3mpl, to supplicate ˡ ሰምዐ : G impf 3mpl, to obey ᵐ ቃል : command **90.31** ᵃ ፫ : 3 ᵇ ለብስ : G impf 3mpl, to be dressed ᶜ ጸዐዳ / ፀዐዳ / ፀዓዳ : white ᵈ አኀዘ : G perf 3mpl, to take hold of ᵉ እድ : hand ᶠ ቀዲሙ : at the beginning ᵍ አዕረገ : CG perf 3mpl, to take up ʰ እድ : hand ⁱ ዳቤላ / ደቤላ : ram ʲ አኀዘ : G impf 3fs, to hold ᵏ አዕረገ : CG perf 3mpl, to take up ˡ አንበረ : CG perf 3mpl, to put down ᵐ በግዕ : sheep ⁿ ኮነ : G juss 3fs, to be ᵒ ኵነኔ : judgment

አባግዕa : ኮኍb : ኵሎሙ : ፀዓዳc : ወጸጉረd : ዚአሆሙ : ዐቢይe : ወንጹሕf :: 33 ወኵሎሙ : አለ : ተሐጉሉa : ወተዘርዝሩb : ወኵሉ : አራዊተc : ገዳምd : ወኵሉ : አዕዋፈe : ሰማይf : ተጋብኡg : በውእቱ : ቤትh : ወእግዚአሙi : ለአባግዕj : ተፈሥሓk : ዐቢየl : ፍሥሓm : እስመ : ኮኍn : ኵሎሙ : ኄራነo : ወገብኡp : ውስተ : ቤቱq :: 34 ወርኢኩa : እስከ : አስከብዎb : ለውእቱ : ሰይፍ : ዘተውህበd : ለአባግዕe : ወአግብእዎf : ውስተ : ቤቱg : ወኃተማh : ቅድመ : ገጹi : ለእግዚእj : ወኵሎሙ : አባግዕk : ተዓፅዉl : በውእቱ : ቤትm : ወኢያግመሮሙn :: 35 ወአዕይንቲሆሙa : ለኵሎሙ : ተከሥታb : ወይኔጽሩc : ሠናየd : ወአልቦe እምኔሆሙ : ዘኢይሬእیf : አልበ : በማዕከሎሙ :: 36 ወርኢኩa : ከመ : ኮነb : ውእቱ : ቤትc : ዐቢየd : ወርኂበ : ወምሉዕf : ፈድፋደg : 37 ወርኢኩa : ከመ : ተወልደb : ጽላዕምd : ፀዓዳe : ወአቅርንቲሁf : ዐቢይትg : ወኵሎሙ : አራዊትh : ገዳምi : ወኵሉ : አዕዋፈj : ሰማይk : ይፈርህዎl : ወያስተበኵዕምm : በኵሉ : ጊዜn :: 38 ወርኢኩa : እስከ : ተወለጠb : ኵሉ : አዝማዲሆሙc : ወኮኍd : ኵሎሙ : አልህምተe : ፀድወf : ወቀዳማዊg : ኮነh : በማዕከሎሙ :

90.32 ᵃ በግዕ : sheep ᵇ ኮነ : G perf 3mpl, to be ᶜ ጸዕዳ / ጸዳ / ፀዓዳ : white ᵈ ጸጉር : fleece ᵉ *ዐቢየ : thick ᶠ ንጹሕ : pure **90.33** ᵃ ተሀጉላ / ተሐጉላ : Gt perf 3mpl, to be destroyed ᵇ ተዘርዘረ : Gt perf 3mpl, to be scattered ᶜ አርዌ : beast ᵈ ገዳም : wilderness ᵉ ዖፍ : bird ᶠ ሰማይ : heaven ᵍ ተጋብአ : Lt perf 3mpl, to be gathered together ʰ ቤት : house ⁱ እግዚእ : Lord ʲ በግዕ : sheep ᵏ ተፈሥሓ : Dt perf 3ms, to rejoice ˡ *ዐቢየ : great ᵐ *ፍሥሓ : joy ⁿ ኮነ : G perf 3mpl, to be ᵒ ኄር : good ᵖ ገብአ : G perf 3mpl, to return ᑫ ቤት : house **90.34** ᵃ ርእየ : G perf 1cs, to see ᵇ አስከበ : CG perf 3mpl, to lay down ᶜ ሰይፍ : sword ᵈ ተውህበ : Gt perf 3ms, to be given ᵉ በግዕ : sheep ᶠ አግብአ : CG perf 3mpl, to bring back ᵍ ቤት : house ʰ ኃተመ : *G perf 3fpl, to seal (ኃተማ) ⁱ ገጽ : presence ʲ እግዚእ : Lord ᵏ በግዕ : sheep ˡ *ተዐጸወ / ተአጸወ : *Gt perf 3mpl, to be enclosed (ተዐጽዉ) ᵐ ቤት : house ⁿ አግመረ : CG impf 3ms, to hold **90.35** ᵃ ዐይን : eye ᵇ ተከሥተ : Gt perf 3fpl, to be opened ᶜ ነጸረ : D impf 3mpl, to look ᵈ ሠናየ : well ᵉ ፩ : 1 ᶠ ርእየ : G impf 3mpl, to see **90.36** ᵃ ርእየ : G perf 1cs, to see ᵇ ኮነ : G perf 3ms, to be ᶜ ቤት : house ᵈ *ዐቢየ : large ᵉ *ርሕብ : broad ᶠ *ምሉእ : full ᵍ ፈድፋደ : abundantly **90.37** ᵃ ርእየ : G perf 1cs, to see ᵇ ተወልደ : Gt perf 3ms, to be born ᶜ ፩ : 1 ᵈ ላህም : bull ᵉ ጸዕዳ / ጸዳ / ፀዓዳ : white ᶠ ቀርን : horn ᵍ *ዐቢየ : big ʰ *አርዌ : beast ⁱ ገዳም : wilderness ʲ ዖፍ : bird ᵏ ሰማይ : heaven ˡ ፈርሀ : G impf 3mpl, to fear ᵐ አስተብቍዐ : CGt impf 3mpl, to supplicate ⁿ ጊዜ : time **90.38** ᵃ ርእየ : G perf 1cs, to see ᵇ ተወለጠ : Dt perf 3ms, to be transformed ᶜ ዘመድ : species ᵈ ኮነ : G perf 3mpl, to become ᵉ ላህም : bull ᶠ ጸዕዳ / ጸዳ / ፀዓዳ : white ᵍ ቀዳማዊ : first ʰ ኮነ : G perf 3ms, to be

ነገርⁱ ፡ ወውእቱ ፡ ነገርʲ ፡ ኮነᵏ ፡ አርዌˡ ፡ ዐቢየᵐ ፡ ወበ ፡ ውስተ ፡ ርእሱⁿ ፡ አቅርንትᵒ ፡ ዐቢያትᵖ ፡ ወጸሊማትᵠ ፡ ወአግዚአʳ ፡ አባግዕˢ ፡ ተፈሥሐᵗ ፡ ዲቤሆሙ ፡ ወዲበ ፡ ኵሎሙ ፡ አልህምትᵘ ። 39 ወአነ ፡ ሰከብኩᵃ ፡ ማእከሎሙ ፡ ወነቃህኩᵇ ፡ ወርኢኩᶜ ፡ ኵሎ ፡ 40 ወዝንቱ ፡ ውእቱ ፡ ራእይᵃ ፡ ዘርኢኩᵇ ፡ እንዘ ፡ እሰክብᶜ ፡ ወነቃህኩᵈ ፡ ወባረኩᵉ ፡ ለአግዚአፍ ፡ ጽድቅᵍ ፡ ወሎቱ ፡ ወሀብኩʰ ፡ ስብሐትⁱ ። 41 ወእምኔሁ ፡ በከይኩᵃ ፡ ብካየᵇ ፡ ዐቢየᶜ ፡ ወአንብዕየᵈ ፡ ኢቆመᵉ ፡ እስከ ፡ ኢክህልኩᶠ ፡ ተዓግሦተᵍ ፡ ሶበ ፡ እሬኢʰ ፡ ይወርድⁱ ፡ ዲበ ፡ ዝኵ ፡ ዘርኢኩʲ ፡ እስመ ፡ ኵሎ ፡ ይመጽእᵏ ፡ ወይትፌጸምˡ ፡ ወኵሉ ፡ በከፍሉᵐ ፡ ምግባረⁿ ፡ ሰብእ ፡ ተርአየ ፡ ሊተ ፡ 42 በሊተ ፡ ሌሊትᵃ ፡ ተዘከርኩᵇ ፡ ለሕልምᶜ ፡ ቀዳማዊᵈ ፡ ወአንቲአሁ ፡ በከይኩᵉ ፡ ወተሀወኩᶠ ፡ እስመ ፡ ርኢኩᵍ ፡ ውእተ ፡ ራእየʰ ።

91

1 ወይእዜᵃ ፡ ወልድየᵇ ፡ ማቱሳላ ፡ ጸውዕᶜ ፡ ሊተ ፡ ኵሎ ፡ አኀዊከᵈ ፡ ወአስተጋብዕᵉ ፡ ሊተ ፡ ኵሎ ፡ ደቂቀᶠ ፡ እምከᵍ ፡ እስመ ፡ ቃልʰ ፡ ይጼውዐኒⁱ ፡ ወመንፈስʲ ፡ ተክዐወᵏ ፡ በዕሌየ

90.38 ⁱ ነገር : thing ʲ ነገር : thing ᵏ ኮነ : G perf 3ms, to be ˡ አርዌ : beast ᵐ *ዐቢይ : large ⁿ ርእስ : head ᵒ ቀርን : horn ᵖ *ዐቢይ : big ᵠ ጸሊም : black ʳ እግዚእ : Lord ˢ በግዕ : sheep ᵗ ተፈሥሐ : Dt perf 3ms, to rejoice ᵘ ላህም : bull 90.39 ᵃ ሰከበ / ሰከበ : G perf 1cs, to be asleep ᵇ ነቅሀ : G perf 1cs, to wake up ᶜ ርእየ : G perf 1cs, to see 90.40 ᵃ ራእይ : vision ᵇ ርእየ : G perf 1cs, to see ᶜ ሰከበ / ሰከበ : G impf 1cs, to be asleep ᵈ ነቅሀ : G perf 1cs, to wake up ᵉ ባረከ : L perf 1cs, to bless ᶠ እግዚእ : Lord ᵍ ጽድቅ : righteousness, justice ʰ ወሀበ : G perf 1cs, to ascribe ⁱ ስብሐት : glory 90.41 ᵃ በከየ : G perf 1cs, to weep ᵇ ብካይ : weeping ᶜ *ዐቢይ : great ᵈ አንብዕ : tear ᵉ ቆመ : G perf 3ms, to stop ᶠ ክህለ : G perf 1cs, to be able ᵍ ተዐገሠ : *Dt inf, to endure (ተዓግሦት) ʰ ርእየ : G impf 1cs, to see ⁱ ወረደ : G impf 3mpl, to go down ʲ ርእየ : G perf 1cs, to see ᵏ መጽአ : G perf 3ms, to come ˡ ተፈጸመ : Dt impf 3ms, to be fulfilled ᵐ ከፍል : part, portion ⁿ ምግባር : deed ᵒ ብእሲ : man ᵖ ተርአየ : Gt perf 3ms, to be shown 90.42 ᵃ ሌሊት : night ᵇ ተዘከረ : Dt perf 1cs, to remember ᶜ *ሕልም : dream ᵈ ቀዳማዊ : first ᵉ በከየ : G perf 1cs, to weep ᶠ ተሀውከ / ተሀወከ / ተሆከ : Gt perf 1cs, to be disturbed ᵍ ርእየ : G, perf 1cs, to see ʰ ራእይ : vision

91.1 ᵃ ይእዜ : now ᵇ ወልድ : son ᶜ *ጸውዐ : D impv 2ms, to call (ጸውዑ) ᵈ እኅው : brother ᵉ አስተጋብዕ : CLt impv 2ms, to gather ᶠ ደቂቅ : child ᵍ እም : mother ʰ ቃል : voice ⁱ ጸውዐ : D impf 2ms, to call ʲ መንፈስ : spirit ᵏ ተክዐወ : Gt perf 3ms, to be poured

: ከመ : አርኢክሙ·ᴸ : ኵሎ : ዘይበጽሐክሙ·ᵐ : እስከ : ለዓለምⁿ ። 2 ወአምኑሁ : ሐረᵃ : ማቱሳላ : ወጸውዖሙᵇ : ለኵሎሙ : አኃዊሁ·ᶜ : ንቢሁ : ወአስተጋብአሙᵈ : ለአዝማዴᵉ : ዚአሁ ። 3 ወተናገሮሙᵃ : ለኵሎሙ : ውሉዱᵇ : ጽድቀᶜ : ወይቤᵈ : ስምዑᵉ : ደቂቅየᶠ : ኵሎ : ነገረᵍ : አቡክሙ·ʰ : ወአጽምኡⁱ : በርቱዕʲ : ቃለᵏ : አፉየˡ : እስመ : አስምዕᵐ : ዲቤክሙ : ወእነግረክሙ·ⁿ : ፍቁራንየᵒ : አፍቅርዎᵖ : ለርቱዕᑫ : ወባቲ : ሐሩᵣ ። 4 ወኢትቅርቡᵃ : ኀበ : ርቱዕᵇ : በጽ°ልብᵈ : ወኢትንበሩᵉ : ምስለ : እላ : በጽ°ልብᵍ : አላ : ሐሩʰ : በጽድቅⁱ : ደቂቅʲ : ወይአቲ : ትመርሐክሙ·ᵏ : በፍኖዊትˡ : ሔረትᵐ : ወጽድቅⁿ : ይከውንᵒ : ለክሙ : ሱታፌᵖ ። 5 እስመ : አአምርᵃ : ከመ : ይጸንዕᵇ : ኀላፄᶜ : ግፍዕᵈ : ዲበ : ምድርᵉ : ወይትፌጸምᶠ : መቅሠፍትᵍ : ዐቢይʰ : ዲበ : ምድርⁱ : ወትትፌጸም :ʲ : ኵላ : ዐመቃᵏ : ወትትገዘምˡ : እምሥረዊሃᵐ : ወኵሉ : ሕንፃⁿ : የሐልፍᵒ : 6 ወትደግምᵃ : ካዕበᵇ : ዐመቅᶜ : ወትትፌጸምᵈ : ዲበ : ምድርᵉ : ወትትአሐዝᶠ : ኵላ : ግብረᵍ : ዐመቅʰ : ወግብርⁱ : ግፍዕʲ : ወአበሳᵏ : ካዕበተˡ ። 7 ወአምኒ

91.1 ᴸ አርአየ : *CG juss 1cs*, to show ᵐ በጽሐ : *G impf 3ms*, to arrive ⁿ ዓለም : eternity **91.2** ᵃ ሐረ : *G perf 3ms*, to go ᵇ ጸውዐ : *D perf 3ms*, to call ᶜ እኀው : brother ᵈ አስተጋብአ : *CLt perf 3ms*, to gather ᵉ ዘመድ : family **91.3** ᵃ ተናገረ : *Lt perf 3ms*, to speak to ᵇ ወልድ : son ᶜ ጽድቅ : righteousness, justice ᵈ ብህለ : *G perf 3ms*, to say ᵉ ስምዐ : *G impv 2mpl*, to hear ᶠ ደቂ : child ᵍ ነገር : word ʰ አብ : father ⁱ አፅምአ / አጽምአ : *CG impv 2mpl*, to listen ʲ ርቱዕ : correctly ᵏ ቃል : voice ˡ አፍ : mouth ᵐ አስምዐ : *CG impf 1cs*, to testify ⁿ ነገረ : *G impf 1cs*, to tell ᵒ ፍቁር : beloved ᵖ አፍቀረ : *CG impv 2mpl*, to love ᑫ ርቱዕ : uprightness ᵣ ሐረ : *G impv 2mpl*, to go **91.4** ᵃ ቀርሰ / ቀረበ : *G juss 2mpl*, to draw near ᵇ ርቱዕ : uprightness ᶜ ፪ : double ᵈ ልብ : heart ᵉ ነበረ / ነበረ : *G juss 2mpl*, to be associated with, join ᶠ ፪ : double ᵍ ልብ : heart ʰ ሐረ : *G impv 2mpl*, to go ⁱ ጽድቅ : righteousness, justice ʲ ደቂቅ : child ᵏ መርሐ : *G impf 3fs*, to lead ˡ ፍኖት : path ᵐ ሔር : good ⁿ ጽድቅ : righteousness, justice ᵒ ኮነ : *G impf 3ms*, to be ᵖ ሱታፌ : companion **91.5** ᵃ አእመረ : *CG impf 1cs*, to know ᵇ ጸንዐ : *G impf 3ms*, to endure, be lasting ᶜ *ሀላዌ : state, presence ᵈ ግፍዕ : oppression, violence ᵉ ምድር : earth ᶠ ተፈጸመ : *Dt impf 3ms*, to be carried out, executed ᵍ መቅሠፍት : punishment ʰ *ዐቢይ : great ⁱ ምድር : earth ʲ ተፈጸመ : *Dt impf 3fs*, to be ended ᵏ ዐመቃ : iniquity ˡ ተገዘመ : *Gt impf 3fs*, to be cut off ᵐ *ሥርው : root ⁿ ሕንስ / ሕንፃ : building ᵒ *ኀለፈ : *G impf 3ms*, to pass away (የኀልፍ) **91.6** ᵃ ደገመ : *G impf 3fs*, to repeat, do a second time ᵇ ካዕበ : again ᶜ ዐመቃ : iniquity ᵈ ተፈጸመ : *Dt impf 3fs*, to be ended ᵉ ምድር : earth ᶠ *ተአኀዘ : *Gt impf 3fs*, to be caught (ትትአኀዝ) ᵍ ግብር : deed ʰ ዐመቃ : iniquity ⁱ ግብር : deed ʲ ግፍዕ : oppression, violence ᵏ አበሳ : transgression ˡ ካዕበት : doubly, twice

1 Enoch 91.7–12

: ትልሀቅᵃ : ዐመፃᵇ : ወኃጢአትᶜ : ወጽርፈትᵈ : ወገፍዐᵉ : ወኩሉ : ግብርᶠ : ወትልዕቅᵍ : ዕልወትʰ : ወአበሳⁱ : ወርኩስⱼ : መቅሠፍትᵏ : ዐቢይˡ : ይከውንᵐ : እምሰማይⁿ : ዲበ : እሉ : ኩሎሙ· : ወይጸዕዕᵒ : እግዚእᵖ : ቅዱሳ : በመዐት : ወበመቅሠፍትˢ : ከመ : ይግብርᵗ : ኩኔኡ : ዲበ : ምድርᵛ ⫶ 8 በአማንቱ : መዋዕልᵃ : ትትገዘምᵇ : ገፍዕ : እምነ : ሰረዊሃᵈ : ወአስራወᵉ : ዐመፃᶠ : ምስለ : ጕሕሉትᵍ : ወይትኃጐሉʰ : እምታሕተ : ሰማይⁱ ⫶ 9 ወኩሉ : ይትወሀብᵇ : ምስለᵇ : አሕዛብᶜ : ማኅፈድᵈ : በእሳትᵉ : ትንድድᶠ : ወያወፅአሙᵍ : እምኩሉ : ምድርʰ : ወይትገደፉⁱ : በኔኝⱼ : እሳትᵏ : ወይትኃጐሉˡ : በመዐትᵐ : ወበኩኔኑⁿ : ኃያልᵒ : እንተ : ለዓለምᵖ ⫶ 10 ወይትነሣእᵃ : ጻድቅ : እምንዋምᶜ : ወይትነሣእᵈ : ጥበብᵉ : ወይትወሀብᶠ : ሎሙ ⫶ 11 ወእምኔሁ : ይትገዘሙᵃ : አስራወ : ዐመፃᶜ : ወኃጥአንᵈ : ይትኃጐሉᵉ : በሰይፍᶠ : እምነ : ጽሩፋንᵍ : ይትገዘሙʰ : በኩሉ : መካንⱼ : ወእለ : ይኄልይዎⱼ : ለገፍዕᵏ : ወእለ : ይገብሩˡ : ለጽርፈትᵐ : ይትሐጐሉⁿ : በመጥባሕትᵒ ⫶ 12 ወእምድኅረ : ትከውንᵃ : ካልዕትᵇ

91.7 ᵃ ልሀቀ : G impf 3fs, to grow ᵇ ዐመፃ : iniquity ᶜ *ኃጢአት : sin ᵈ *ፀርፈት : blasphemy ᵉ ገፍዐ : oppression, violence ᶠ ግብር : deed ᵍ ልሀቀ : G impf 3fs, to grow ʰ ዕልወት : disaster ⁱ አበሳ : transgression ⱼ *ርኩስ : impurity ᵏ መቅሠፍት : punishment ˡ *ዐቢይ : great ᵐ ኮነ : G impf 3ms, to be ⁿ ሰማይ : heaven ᵒ *ወፅአ : G impf 3ms, to go out ᵖ እግዚእ : Lord ᵠ ቅዱስ : holy ʳ መዓት : anger ˢ መቅሠፍት : wrath ᵗ ገብረ : G juss 3ms, to execute ᵘ ኩኔ : judgment ᵛ ምድር : earth **91.8** ᵃ መዓልት : day ᵇ ተገዘመ : Gt impf 3fs, to be cut off ᶜ ገፍዐ : oppression, violence ᵈ *ሥርው : root ᵉ *ሥርው : root ᶠ ዐመፃ : iniquity ᵍ ጕሕሉት : deceit ʰ *ተህጕላ / ተሐጕላ : *Gt impf 3mpl, to be destroyed (ይትኃጐሉ) ⁱ ሰማይ : heaven **91.9** ᵃ ተውህበ : Gt impf 3ms, to be given ᵇ ምስል : image, statue ᶜ ሕዝብ : nation ᵈ ማኅፈድ : tower ᵉ እሳት : fire ᶠ ነደ / ነደደ : G impf 3fs, to burn ᵍ አውፅአ : CG impf 3mpl, to remove ʰ ምድር : earth ⁱ ተገድፈ : Gt impf 3mpl, to be thrown away ⱼ ኩኔ : judgment ᵏ እሳት : fire ˡ *ተህጕላ / ተሐጕላ : *Gt impf 3mpl, to be destroyed (ይትኃጐሉ) ᵐ መዓት : wrath ⁿ ኩኔ : judgment ᵒ ኃያል : strong ᵖ ዓለም : eternity **91.10** ᵃ ተንሥአ : Gt impf 3ms, to rise up ᵇ ጻድቅ : righteous ᶜ ንዋም : sleep ᵈ ተንሥአ : Gt impf 3ms, to rise up ᵉ ጥበብ : wisdom ᶠ ተውህበ : Gt impf 3ms, to be given **91.11** ᵃ ተገዘመ : Gt impf 3mpl, to be cut off ᵇ *ሥርው : root ᶜ ዐመፃ : iniquity ᵈ ኃጥእ : sinner ᵉ *ተህጕላ / ተሐጕላ : *Gt impf 3mpl, to be destroyed (ይትኃጐሉ) ᶠ ሰይፍ : sword ᵍ *ፀረፈ : blasphemous ʰ ተገዘመ : Gt impf 3mpl, to be cut down (ይትገዘሙ) ⁱ መካን : place ⱼ ኃለየ / ሐለየ : D impf 3mpl, to plan ᵏ ገፍዐ : oppression, violence ˡ ገብረ : G impf 3mpl, to commit ᵐ *ፀርፈት : blasphemy ⁿ ተህጕላ / ተሐጕላ : Gt impf 3mpl, to be destroyed ᵒ መጥባሕት : dagger, knife **91.12** ᵃ ኮነ : G impf 3fs, to be ᵇ *ካልእ : another

: ስንበትc : ሳምኒትd : እንተ : ጽድቀe : ወይትወህብf : ላቲ : ሰይፍg : ከመ : ይትገበርh : ኩነኔi : ወጽድቅj : እምአለ : ይገፍዑ.k : ወይትሜገዉ.l : ኃጥአንm : በአደዊሆሙ.n : ለጻድቃንo ::
13 ወበተፍጻሜታa : ያጠርዩb : አብያተc : እምጽድቅd : ዚአሆሙ : ወይትኃነጽe : ቤትf : ለንጉሥg : ዐቢይh : ለስብሐትi : እስከ : ለዓለምj :: 14 ወአምድኅረዝ : በስንበታa : ታስዕb : ባቲ : ኩነኔc : ጽድቅd : ትትከሠትe : ለኩሉ : ዓለምf : ወኩሉ : ተግባረg : ረሲዓንh : ይወፅእi : እምዲበ : ኩሉ : ምድርj : ወይጻሐፍk : ለጉዕልl : ዓለምm : ወኩሉ : ሰብእn : ይኔጽሩo : ለፍኖተp : ርትዕq :: 15 ወአምድኅረ : ዝንቱ : በስንበታa : አስርትb : ዘ̊ኃ̊ይcድ : ባቲ : ኩነኔe : እንተ : ለዓለምf : ወትትገበርg : እምትጉሃንh : ወሰማይi : ዘለዓለምj : ዐቢይk : ዘይበቅልl : እማእከሎሙ. : ለመላእክትm :: 16 ወሰማይa : ቀዳማይb : ይወፅእc : ወየሐልፍd : ወሰማይe : ሐዲስf : ይትረዓይg : ወኩሉ : ኃይላተh : ሰማያትi : ያበርሁj : ለዓለምk : ዘ̊lምክዕቢተm :: 17 ወአምድኅረ : ስንበታታa : ብዙኃትb : አለ : አልቦን : ኖልቄc : ለዓለምd : በጎይሩተe :

91.12 c ስንበት : week d ሳምን : eighth e ጽድቅ : righteousness, justice f ተውህብ : *Gt impf 3ms*, to be given g ሰይፍ : sword h ተገብረ : *Gt juss 3ms*, to be executed i ኩነኔ : judgment j ጽድቅ : righteousness, justice k ገፍዐ : *G impf 3mpl*, to oppress, harm l ተመይጠ / ተሜጠ : *Gt impf 3mpl*, to be delivered up m ኃጥእ : sinner n እድ : hand o ጻድቅ : righteous **91.13** a ተፍጻሜት : end b አጥረየ : *CG impf 3mpl*, to acquire c ቤት : house d ጽድቅ : righteousness, justice e *ተሐንጸ / ተሐነፀ : *Gt impf 3ms*, to be built (ይትሐነጽ) f ቤት : house g ንጉሥ : king h ዐቢይ : great i ስብሐት : glory j ዓለም : eternity **91.14** a ስንበት : week b ታስዕ : ninth c ኩነኔ : judgment d ጽድቅ : righteousness, justice e ተከሥተ : *Gt impf 3fs*, to be revealed f ዓለም : world g ተግባር : work h ረሲዕ : impious i ወፅአ : *G impf 3ms*, to go out j ምድር : earth k ተጻሐፈ : *Gt impf 3ms*, to be written l *ሀጉል / ሐጉል : destruction m ዓለም : world n ብሲ : man o ነጸረ : *D impf 3mpl*, to look p ፍኖት : path q ርትዕ : uprightness **91.15** a ስንበት : week b *ዓሥር : tenth c ፯ : 7th d እድ : part e ኩነኔ : judgment f ዓለም : eternity g ተገብረ : *Gt impf 3fs*, to be executed h ትጉህ : watcher i ሰማይ : heaven j ዓለም : eternity k ዐቢይ : great l በቀለ / በቁለ : *G impf 3ms*, to sprout m መልአክ : angel **91.16** a ሰማይ : heaven b ቀዳማይ : first c ወፅአ : *G impf 3ms*, to go out d *ኀለፈ : *G impf 3ms*, to pass away (የኀልፍ) e ሰማይ : heaven f ሐዲስ : new g *ተርእየ : *Gt impf 3ms*, to appear (ይትረአይ) h *ኃይል : power i ሰማይ : heaven j አብርሀ : *CG impf 3mpl*, to give light k ዓለም : eternity l ፯ : 7 m ምክዕቢት : -fold **91.17** a ስንበት : week b ብዙኅ : many c ኍልቈ / ኍልቀ / ኖልቅ : number d ዓለም : eternity e ጌሩት : goodness

ወበጽድቅᶠ ፡ ይከውኑᵍ ፡ ወኃጢአትʰ ፡ እምህየ ፡ ኢትትበዐልⁱ ፡ እስከ ፡ ለዓለምʲ ። 18 ወይእዜኔᵃ ፡ አብለክሙᵇ ፡ ደቂቅᶜ ፡ ወአርእየክሙᵈ ፡ ፍናዋተᵉ ፡ ጽድቅᶠ ፡ ወፍናዋተᵍ ፡ ግዐጽʰ ፡ ወአርዕየክሙⁱ ፡ ካዕበʲ ፡ ከመ ፡ ታእምሩᵏ ፡ ዘይመጽእˡ ፡ 19 ወይእዜኔᵃ ፡ ስምዑᵇ ፡ ደቂቅᶜ ፡ ወሑሩᵈ ፡ በፍናዋተᵉ ፡ ጽድቅᶠ ፡ ወኢትሑሩᵍ ፡ በፍናዋተʰ ፡ ግፍዕⁱ ፡ እስመ ፡ ይትኃጐሉʲ ፡ ለዓለምᵏ ፡ ኵሎሙ ፡ እለ ፡ የሐውሩˡ ፡ በፍኖተᵐ ፡ ዐመፃⁿ ።

92

1 ዘተጽሕፈᵃ ፡ እምሄኖክ ፡ ጸሐፊᵇ ፡ ዝኵሉ ፡ ትምህርተᶜ ፡ ጥበብᵈ ፡ እምኵሉ ፡ ሰብእᵉ ፡ ስቡሕᶠ ፡ ወመኰንንᵍ ፡ ኵሉ ፡ ምድርʰ ፡ ለኵሎሙ ፡ ውሉድⁱ ፡ እለ ፡ የኃድሩʲ ፡ ዲበ ፡ ምድርᵏ ፡ ወለትውልድˡ ፡ ደኃርያንᵐ ፡ እለ ፡ ይገብሩⁿ ፡ ርትዐᵒ ፡ ወሰላመᵖ ። 2 ኢትጐዝንᵃ ፡ መንፈስክሙᵇ ፡ በአዝማንᶜ ፡ እስመ ፡ መዋዕለᵈ ፡ ወኀበ ፡ ቅዱሰᵉ ፡ ዐቢይᶠ ፡ ለኵሉ ። 3 ወይትነሣእᵃ ፡ ጻድቅᵇ ፡ እምንዋምᶜ ፡ ይትነሣእᵈ ፡ ወየኃልፍᵉ ፡ በፍኖተᶠ ፡ ጽድቅᵍ ፡ ወኵሉ ፡ ፍኖቴʰ ፡ ወምኀዋሪሁⁱ

91.17 ᶠ ጽድቅ : righteousness ᵍ ኮነ : G impf 3mpl, to be ʰ *ኃጢአት : sin ⁱ ተብህለ : Gt impf 3fs, to be mentioned ʲ ዓለም : eternity **91.18** ᵃ ይእዜ : now ᵇ ብህለ : G impf 1cs, to say ᶜ ደቂቅ : child ᵈ አርአየ : CG impf 1cs, to show ᵉ ፍኖት : path ᶠ ጽድቅ : righteousness ᵍ ፍኖት : path ʰ ግዐጽ : oppression, violence ⁱ *አርአየ : CG impf 1cs, to show (አርአየክሙ) ʲ ካዕበ : again ᵏ አእመረ : CG juss 2mpl, to know ˡ መጽአ : G impf 3ms, to come **91.19** ᵃ ይእዜ : now ᵇ ስምዐ : G impv 2mpl, to listen ᶜ ደቂቅ : child ᵈ ሐረ : G impv 2mpl, to go ᵉ ፍኖት : path ᶠ ጽድቅ : righteousness ᵍ ሐረ : G juss 2mpl, to go ʰ ፍኖት : path ⁱ ግፍዕ : oppression, violence ʲ *ተሀጕለ / ተሐጕለ : *Gt impf 3mpl, to be destroyed (ይትሀጕሉ) ᵏ ዓለም : eternity ˡ ሐረ : G impf 3mpl, to go ᵐ ፍኖት : path ⁿ ዐመፃ : iniquity

92.1 ᵃ ተጽሕፈ : Gt perf 3ms, to be written ᵇ *ጸሐፈ : scribe ᶜ ትምህርት : teaching ᵈ ጥበብ : wisdom ᵉ ብእሲ : man ᶠ ስቡሕ : praised ᵍ መኰንን : judge ʰ ምድር : earth ⁱ ወልድ : son ʲ ኃደረ : *G impf 3mpl, to dwell (የኃድሩ) ᵏ ምድር : earth ˡ ትውልድ : generation ᵐ ደኃሪ : last ⁿ ገበረ : G impf 3mpl, to practice ᵒ ርትዕ : uprightness ᵖ ሰላም : peace **92.2** ᵃ *ሐዘነ : G juss 3fs, to be sad (ኢትሕዝን) ᵇ መንፈስ : spirit ᶜ ዘመን : time ᵈ መዋዕልት : day ᵉ ቅዱስ : holy ᶠ ዐቢይ : great **92.3** ᵃ ተንሥአ : Gt impf 3ms, to rise up ᵇ ጻድቅ : righteous ᶜ ንዋም : sleep ᵈ ተንሥአ : Gt impf 3ms, to rise up ᵉ ኃለፈ : *G impf 3ms, to pass (የኃልፍ) ᶠ ፍኖት : path ᵍ ጽድቅ : righteousness ʰ ፍኖት : path ⁱ *ምሕዋር : course

: ዘቢሩትj : ወበሣሀልk : ዘለዓለምl ። 4 ይሥሀሎa : ለጻድቅb : ወሎቱ : ይሁብc : ርትዓd : ዘለዓለምe : ወይሁብf : ሥልጣነg : ወይኰንኖh : በኂሩትi : ወበጽድቅj : ወየሐውርk : ብርሃንl : ዘለዓለምm ። 5 ወኃጢአትa : በጽልመትb : ትትኃጐልc : እስከ : ለዓለምd : ወኢትረዓይe : እንከf : እምይእቲ : ዕለትg : እስከ : ለዓለምh ።

93

1 ወእምድኅረዝ : ኮነa : ሄኖክb : ይትናገርc : እመጻሕፍትd ። 2 ወይቤa : ሄኖክ : በእንተ : ውሉድb : ጽድቅc : ወበእንተ : ኍሩያንd : ዓለምe : ወበእንተ : ተክለf : ጽድቅg : ወርትዕh : እሎንቱ : እብለክሙi : ወአየድአክሙj : ደቂቅk : አነ : ውእቱ : ሄኖክ : በዘአስተርአየኒl : እምራዕየm : ሰማይn : ወእምቃለ : ቅዱሳንp : መላእክትq : አእመርኩr : ወእምጸፍጸፈs : ሰማይt : ለበውኩu ። 3 ወአኃዘa : እንከb : ይትናገርc : ሄኖክ : እመጻሕፍትd : ወይቤe : አነ : ሳብዕf : ተወለድኩg : በቀዳሚትh : ሰንበትi : እስከ : አመ : ኩነኔj : ወጽድቅk : ተዐግሦl ።

92.3 j ኂሩት : goodness k ሣሀል : mercy l ዓለም : eternity **92.4** a ተሠሀለ : Gt impf 3ms, to have mercy b ጻድቅ : righteous c ወሀበ : G impf 3ms, to give d ርትዕ : uprightness e ዓለም : eternity f ወሀበ : G impf 3ms, to give g ሥልጣን : dominion, authority h ኮነ : G impf 3ms, to be i ኂሩት : goodness j ጽድቅ : righteousness k ሐረ : G impf 3ms, to go l ብርሃን : light m ዓለም : eternity **92.5** a *ኃጢአት : sin b ጽልመት : darkness c *ተህጒለ / ተሐጒለ : *Gt impf 3fs, to be destroyed (ትትህጐል) d ዓለም : eternity e *ተርእየ : Gt impf 3fs, to be seen (ኢትትረአይ) f እንከ : then g ዕለት : day h ዓለም : eternity

93.1 a ኮነ : G perf 3ms, to be b *አኀዘ : G perf 3ms, to begin (አኃዘ) c ተናገረ : Lt juss 3ms, to speak to d መጽሐፍ : book **93.2** a ብህለ : G perf 3ms, to say b ወልድ : son c ጽድቅ : righteousness d ኍሩይ : chosen e ዓለም : world f ተክል : plant g ጽድቅ : righteousness h ርትዕ : uprightness i ብህለ : G impf 1cs, to say j *አይድዐ : CG impf 1cs, to tell (አየድዐክሙ) k ደቂቅ : child l አስተርአየ : CGt perf 3ms, to appear m ራእይ : vision n ሰማይ : heaven o ቃል : word p ቅዱስ : holy q መልአክ : angel r አእመረ : CG perf 1cs, to understand s ጸፍጸፍ : tablet t ሰማይ : heaven u ለበወ : D perf 1cs, to comprehend **93.3** a *አኀዘ : G perf 3ms, to begin (አኃዘ) b እንከ : then c ተናገረ : Lt juss 3ms, to speak to d መጽሐፍ : book e ብህለ : G perf 3ms, to say f ሳብዕ : seventh g ተወልደ : Gt perf 1cs, to be born h ቀዳሚ : first i ሰንበት : week j ኩነኔ : judgment k ጽድቅ : righteousness l ተዐግሠ : Dt perf 3ms, to endure

4 ወትቀውምᵃ ፡ እምድኅሬየ ፡ በካልእትᵇ ፡ ሰንበትᶜ ፡ ዓባይᵈ ፡ እኪትᵉ ፡ ወጐሕሉትᶠ ፡ በቄለትᵍ ፡ ወባቲ ፡ ትከውንʰ ፡ ፍጻሜⁱ ፡ ቀዳሚትʲ ፡ ወባቲ ፡ ይድኅንᵏ ፡ ብእሲˡ ፡ ወእምድኅር ፡ ተፈጸመᵐ ፡ ትልህቅⁿ ፡ ዐመፃ ፡ ወሠርዓተ ፡ ይገብርᵠ ፡ ለኃጥእን ፨ 5 ወእምድኅር ፡ ዝ ፡ በሣልስትᵃ ፡ ሰንበትᵇ ፡ በተፍጻሜታᶜ ፡ ይትኃረይᵈ ፡ ብእሲᵉ ፡ ለተክለᶠ ፡ ኵነኔᵍ ፡ ጽድቅʰ ፡ ወእምድኅሬሁ ፡ ይመጽእⁱ ፡ ተከለʲ ፡ ጽድቅᵏ ፡ ለዓለምˡ ፨ 6 ወእምድኅረገ ፡ በራብዕትᵃ ፡ ሰንበትᵇ ፡ በተፍጻሜታᶜ ፡ ራእያትᵈ ፡ ቅዱሳንᵉ ፡ ወጻድቃንᶠ ፡ ይትረአዩᵍ ፡ ወሥርዓትʰ ፡ ለትውልዲⁱ ፡ ትውልድʲ ፡ ወአዕድᵏ ፡ ይትገበርˡ ፡ ሎሙ ፨ 7 ወእምድኅረገ ፡ በሰንበትᵃ ፡ ኃምስᵇ ፡ በተፍጻሜታᶜ ፡ ቤተᵈ ፡ ስብሐተᵉ ፡ ወመንግሥትᶠ ፡ ይትሐነጽᵍ ፡ እስከ ፡ ለዓለምʰ ፨ 8 ወእምድኅረገ ፡ በሳድስᵃ ፡ ሰንበትᵇ ፡ እለ ፡ ይከውኑᶜ ፡ ውስቴታ ፡ ጽሉላንᵈ ፡ ኵሎሙ ፡ ወይትረሳዕᵉ ፡ ልቦሙᶠ ፡ ለጠባብᵍ ፡ እምጥበብᵍ ፡ ወባቲ ፡ የዓርግʰ ፡ ብእሲⁱ ፡ ወበተፍጻሜታʲ ፡ ይዉዒᵏ ፡ ቤተˡ ፡ መንግሥትᵐ ፡ በእሳትⁿ ፡ ወባቲ ፡ ይዘረዉᵠ ፡ ኵሉ ፡ ዘመደᵖ ፡ ሥርውᵠ ፡ ኅሩይʳ ፨ 9 ወእምድኅረገ ፡ በሳብእᵃ ፡ ሰንበትᵇ ፡ ትትነሣእᶜ ፡ ትውልድᵈ ፡ ዕልተᵉ ፡ ወብዙኃᶠ ፡ ምግባራቲሃᵍ ፡ ወኵሉ ፡ ምግባራቲሃʰ ፡ ዕልወትⁱ ፨

93.4 ᵃ ቀም ፡ *G impf 3fs*, to arise ᵇ ካልእ ፡ second ᶜ ሰንበት ፡ week ᵈ *ዐቢይ ፡ grear ᵉ እኪት ፡ wickedness ᶠ ጐሕሉት ፡ deceit ᵍ በቄለ / በቀሳ ፡ *G perf 3fs*, to sprout ʰ ኮነ ፡ *G impf 3fs*, to be ⁱ ፍጻሜ ፡ end ʲ ቀዳሚ ፡ first ᵏ ድኅነ ፡ *G impf 3ms*, to be saved ˡ ብእሲ ፡ man ᵐ ተፈጸመ ፡ *Dt perf 3ms*, to be ended ⁿ ልህቀ ፡ *G impf 3fs*, to grow ᵠ *ዐመፃ ፡ iniquity ᵖ *ሥርዓት ፡ law ᵠ ገብረ ፡ *G impf 3ms*, to make ʳ ኃጥእ ፡ sinner **93.5** ᵃ ሣልስ ፡ third ᵇ ሰንበት ፡ week ᶜ ተፍጻሜት ፡ end ᵈ ተኀርየ ፡ *Gt impf 3ms*, to be chosen (ይትኀረይ) ᵉ ብእሲ ፡ man ᶠ ተከለ ፡ plant ᵍ ኵነኔ ፡ judgment ʰ ጽድቅ ፡ righteousness ⁱ መጽአ ፡ *G impf 3ms*, to come ʲ ተከለ ፡ plant ᵏ ጽድቅ ፡ righteousness ˡ ዓለም ፡ eternity **93.6** ᵃ ራብዕ ፡ fourth ᵇ ሰንበት ፡ week ᶜ ተፍጻሜት ፡ end ᵈ ራእይ ፡ vision ᵉ ቅዱስ ፡ holy ᶠ ጻድቅ ፡ righteous ᵍ ተርእየ ፡ *Gt impf 3mpl*, to be seen ʰ *ሠርዐት ፡ law ⁱ ትውልድ ፡ generation ʲ ትውልድ ፡ generation ᵏ *ዐፀድ / ዐፅድ ፡ enclosure ˡ ተገብረ ፡ *Gt impf 3ms*, to be made **93.7** ᵃ ሰንበት ፡ week ᵇ ኃምስ ፡ fifth ᶜ ተፍጻሜት ፡ end ᵈ ቤት ፡ house ᵉ ስብሐት ፡ glory ᶠ መንግሥት ፡ royalty ᵍ ተሐንጸ / ተሐነፀ ፡ *Gt impf 3ms*, to be built ʰ ዓለም ፡ eternity **93.8** ᵃ ሳድስ ፡ sixth ᵇ ሰንበት ፡ week ᶜ ከነ ፡ *G impf 3mpl*, to be ᵈ ጽሉል ፡ blinded ᵉ ተረስዐ ፡ *Gt impf 3ms*, to fall into error, be ignorant ᶠ ልብ ፡ heart ᵍ ጠበበ ፡ wisdom ʰ ዐርገ ፡ *G impf 3ms*, to ascend (የዐርግ) ⁱ ብእሲ ፡ man ʲ ተፍጻሜት ፡ end ᵏ ውዕየ ፡ *G impf 3ms*, to be burnt ˡ ቤት ፡ house ᵐ መንግሥት ፡ royalty ⁿ እሳት ፡ fire ᵠ ተዘርወ ፡ *Gt impf 3mpl*, to be scattered ᵖ ዘመድ ፡ kin, race ᵠ ሥርው ፡ root ʳ ኅሩይ ፡ chosen **93.9** ᵃ *ሳብዕ ፡ seventh ᵇ ሰንበት ፡ week ᶜ ተንሥአ ፡ *Gt impf 3fs*, to rise up ᵈ ትውልድ ፡ generation ᵉ ዕልው ፡ apostate ᶠ ብዙኅ ፡ many ᵍ ምግባር ፡ deed ʰ ምግባር ፡ deed ⁱ ዕልወት ፡ apostasy

1 Enoch 93.10–14

10 ወበታፍጸሜታª ፡ ይትኃርይᵇ ፡ ኅሩያንᶜ ፡ ጻድቃንᵈ ፡ እምተከለᵉ ፡ ጽድቅᶠ ፡ ዘለዓለምᵍ ፡ እለ ፡ ይትወሀብʰ ፡ ሎሙ ፡ ፯ⁱምክዕቢታተʲ ፡ ትምህርትᵏ ፡ ለኩሉ ፡ ፍጥረተˡ ፡ ዚአሁ ። 11 እስመ ፡ መኑ ፡ ውእቱ ፡ ኵሉ ፡ ውሉደª ፡ ሰብእᵇ ፡ ዘይክልᶜ ፡ ሰሚዓᵈ ፡ ቃለᵉ ፡ ለቅዱስᶠ ፡ ወኢይትሀከግ ፡ ወመኑ ፡ ዘይክልʰ ፡ ከመ ፡ የሐሊⁱ ፡ ሕሊናሁʲ ፡ ወመኑ ፡ ዘይክልᵏ ፡ ነጽሮታˡ ፡ ለኵሉ ፡ ምግባረᵐ ፡ ሰማይ ። 12 ወምንት ፡ ውእቱ ፡ ዘይክልª ፡ አእምሮᵇ ፡ ግብረᶜ ፡ ሰማይᵈ ፡ ወከመ ፡ ይርአይᵉ ፡ ነፍሰᶠ ፡ ወእመ ፡ አኮ ፡ መንፈሰᵍ ፡ ወይክልʰ ፡ ነጊረⁱ ፡ ወእመ ፡ አኮ ፡ ዐሪጎʲ ፡ ወይሬኢᵏ ፡ ኵሎ ፡ አክናፊሆሙˡ ፡ ወይሄልዮሙᵐ ፡ ወእመ ፡ አኮ ፡ ይገብርⁿ ፡ ከማሆሙ ። 13 ወመኑ ፡ ውእቱ ፡ ኵሉ ፡ ብእሲª ፡ ዘይክልᵇ ፡ አእምሮተᶜ ፡ እፎᵈ ፡ ውእቱ ፡ ራኅበ ፡ ወኑኃᶠ ፡ ለምድርᵍ ፡ ወለመኑ ፡ ተርእይʰ ፡ አምጣኒⁱ ፡ ኵሎሙ ። 14 ወእመ ፡ ቦቱ ፡ ኵሉ ፡ ብእሲª ፡ ዘይክልᵇ ፡ አእምሮተᶜ ፡ ኑኃᵈ ፡ ለሰማይᵉ ፡ ወእፎᶠ ፡ ውእቱ ፡ ልዕልናሁᵍ ፡ ወዲበ ፡ ምንት ፡ ፀንዐትʰ ፡ ወሚመጠንⁱ ፡ ውእቱ ፡ ኍልቆሙʲ ፡ ለከዋክብትᵏ ፡ ወበአይቴˡ ፡ የዓርፉᵐ ፡ ኵሎሙ ፡ ብርሃናትⁿ ።

93.10 ª *ተፍጸሜት : end ᵇ ተኃርየ : *Gt impf 3mpl, to be chosen (ይትኃርዩ) ᶜ ኅሩይ : chosen ᵈ ጻድቅ : righteous ᵉ ተከለ : plant ᶠ ጽድቅ : righteousness ᵍ ዓለም : eternity ʰ ተውህበ : Gt impf 3ms, to be given ⁱ ፯ : 7 ʲ ምክዕቢት : -fold ᵏ ትምህርት : teaching ˡ ፍጥረት : creation **93.11** ª ወልድ : son ᵇ ብእሲ : man ᶜ ክህለ : G impf 3ms, to be able ᵈ ሰምዐ : G inf, to hear ᵉ ቃል : voice ᶠ ቅዱስ : holy ᵍ ተሀውኩ / ተሀከ / ተሀከ : Gt impf 3ms, to be disturbed ʰ ክህለ : G impf 3ms, to be able ⁱ ኃለየ / ሐለየ : D juss 3ms, to think ʲ ኃሊና / ሕሊና : thought ᵏ ክህለ : G impf 3ms, to be able ˡ ነጸረ : D inf, to look ᵐ ምግባር : work ⁿ ሰማይ : heaven **93.12** ª ክህለ : G impf 3ms, to be able ᵇ አእመረ : CG inf, to understand ᶜ ግብር : work ᵈ ሰማይ : heaven ᵉ ርእየ : G juss 3ms, to see ᶠ ነፍስ : soul ᵍ መንፈስ : spirit ʰ ክህለ : G impf 3ms, to be able ⁱ ነገረ : G inf, to tell ʲ *ዐርገ : G inf, to ascend (ዐርገ) ᵏ ርእየ : G impf 3ms, to see ˡ ክንፍ : border ᵐ *ኃለየ / ሐለየ : D impf 3ms, to consider (ይሄልዮሙ) ⁿ ገብረ : G impf 3ms, to make **93.13** ª ብእሲ : man ᵇ ክህለ : G impf 3ms, to be able ᶜ አእመረ : CG inf, to know ᵈ እፎ : how ᵉ *ራኅብ : breadth ᶠ ኑኅ : length ᵍ ምድር : earth ʰ ተርእየ : Gt perf 3ms, to be shown ⁱ አምጣን : measure **93.14** ª ብእሲ : man ᵇ ክህለ : G impf 3ms, to be able ᶜ አእመረ : CG inf, to know ᵈ ኑኅ : length ᵉ ሰማይ : heaven ᶠ እፎ : how ᵍ ልዕልና : height ʰ ጸንዐ : G perf 3fs, to be firm (ጸንዐት) ⁱ ሚመጠን : how much ʲ ኍልቍ : number ᵏ ከዋክብ : star ˡ አይቴ : where ᵐ *አዕረፈ : CG impf 3mpl, to rest (የዐርፉ) ⁿ ብርሃን : light

94

1 ወይእዜኒ^a : እብለክሙ^b : ደቂቅየ^c : አፍቅርዋ^d : ለጽድቅ^e : ወባቲ : ሑሩ^f : እስመ : ፍናዋተ^g : ጽድቅ^h : ይደሉⁱ : ይትወከፍዎሙ^j : ወፍናዋተ^k : ዓመፃ^l : ፍጡነ^m : ይትኃጐሉⁿ : ወየሐፅፁ^o ፨ 2 ወለሰብእ^a : እሙራን^b : እምትውልድ^c : ይትከሠቱ^d : ፍናዋተ^e : ግፍዕ^f : ወሞትg : ወይርሐቁ^h : እምኔሆሙ : ወኢይተልውዎሙⁱ ፨ 3 ወይእዜኒ^a : ለክሙ : እብል^b : ለጻድቃን^c : ኢትሑሩ^d : በፍኖተ^e : እኩይ^f : ወግፍዕg : ወኢበፍናዋተ : ሞትⁱ : ወኢትቅረቡ^j : ኃቤሆሙ : ከመ : ኢትንጐሉ^k ፨ 4 አላ : ፍቅዱ^a : ወኃረዩ^b : ለክሙ : ጽድቅ^c : ወሕይወተ^d : ኃሪተ^e : ወሑሩ^f : በፍናዋተg : ሰላም^h : ከመ : ትሕየዉⁱ : ወትደለዉ^j ፨ 5 ወትእኅዙ^a : በሕሊና^b : ልብከሙ^c : ወኢይደምስስ^d : ነገርየ^e : እምልብከሙ^f : እስመ : አአምር^g : ከመ : ያሜክርዎሙ^h : ኃጥአንⁱ : ለሰብእ^j : ከመ : ይግበሩ^k : ጥበበ^l : እኩየ^m : ወኲሉ : መካንⁿ : ኢይትረከብ^o : ላቲ : ወኲሉ : መከራ^p : ኢየሐፅፅ^q ፨ 6 አሌ : ሎሙ^a : ለእለ : የሐንፁ^b : ለዓመፃ^c : ወለግፍዕ^d :

94.1 ^a ይእዜ : now ^b ብሀለ : G impf 1cs, to say ^c ደቂቅ : child ^d አፍቀረ : CG impv 2mpl, to love ^e ጽድቅ : righteousness ^f ሐረ : G impv 2mpl, to go ^g ፍኖት : path ^h ጽድቅ : righteousness ⁱ ደለወ : *G impf 3mpl, to be suitable (ይደልዉ) ^j ተወክፈ : Gt juss 3mpl, to be accepted ^k ፍኖት : path ^l ዐመፃ : iniquity ^m ፍጡነ : quickly ⁿ *ተወጕለ / ተሐጕለ : *Gt impf 3mpl, to be destroyed (ይትሐጐሉ) ^o *ሐጸጸ / ሐጸ : G impf 3mpl, to wane, decrease (intr.) (የሐጽጹ) **94.2** ^a ብእሲ : man ^b እሙር : certain ^c ትውልድ : generation ^d ተከሥተ : Gt impf 3mpl, to be revealed ^e ፍኖት : path ^f ግፍዕ : oppression, violence ^g ሞት : death ^h *ርሐቀ : G impf 3mpl, to be far off, depart (ይርሐቁ) ⁱ ተለወ : G impf 3mpl, to follow **94.3** ^a ይእዜ : now ^b ብሀለ : G impf 1cs, to say ^c ጻድቅ : righteous ^d ሐረ : G juss 2mpl, to go ^e ፍኖት : path ^f እኩይ : wicked ^g ግፍዕ : oppression, violence ^h ፍኖት : path ⁱ ሞት : death ^j ቀርበ / ቀረበ : G juss 2mpl, to draw near ^k *ህጕለ / ሐጕለ : G juss 2mpl, to be destroyed (ኢትህጕሉ) **94.4** ^a ፈቀደ : G impv 2mpl, to desire ^b ኀርየ / ኃረየ : G impv 2mpl, to choose ^c ጽድቅ : righteousness ^d ሕይወት : life ^e ኀሩይ : pleasing ^f ሐረ : G impv 2mpl, to go ^g ፍኖት : path ^h ሰላም : peace ⁱ ሐይወ : G juss 2mpl, to live ^j ተደለወ : Dt juss 2mpl, to prosper **94.5** ^a አኀዘ : G impf 2mpl, to hold ^b ኅሊና / ሕሊና : thought ^c ልብ : heart ^d ተደምሰሰ : Gt juss 3ms, to be erased ^e ነገር : word ^f ልብ : heart ^g አእመረ : CG impf 1cs, to know ^h አመከረ : CD impf 3mpl, to tempt ⁱ ኃጥእ : sinner ^j ብእሲ : man ^k ገብረ : G juss 3mpl, to make ^l ጥበብ : wisdom ^m እኩይ : evil ⁿ መካን : place ^o ተረከበ : Gt impf 3ms, to be found ^p መከራ : temptation ^q *ሐጸጸ / ሐጸ : G impf 3ms, to decrease (intr.) (ኢየሐጽጽ) **94.6** ^a አሌ ል- : woe to! ^b ሐነጸ / ሐነፀ : G impf 3mpl, to build ^c *ዐመፃ : iniquity ^d ግፍዕ : oppression, violence

ወይሳርርዎe : ለጉባሉትf : እስመ : ፍጡነg : ይትነሥቱh : ወአልበሙ : ሰላምi :: 7 አሌ : ሎሙ-a : ለአለ : የሐንፁb : አብያቶሙ-c : በኃጢአትd : እስመ : እምኵሉ : መሠረቶሙ-e : ይትነሥቱf : ወበሰይፍg : ይወድቁh : ወአለ : ያጠርይዎi : ለወርቅj : ወለብሩርk : በኵኔl : ፍጡነm : ይትኃጐሉn :: 8 አሌ : ለክሙ-a : አብዕልትb : እስመ : ዲበ : ብዕልክሙ-c : ተወከልክሙ-d : ወእምነ : ብዕልክሙ-e : ትወፅኡ-f : እስመ : ለልዑል : ኢተዘከርክምሙh : በመዋዕሊi : ብዕልክሙ-j :: 9 ገበርክምዎa : ለጽርፈትb : ወላዓመፃc : ወድልዋንd : ኮንክሙ-e : ለዕለተf : ከዕወተg : ደምh : ወለዕለተi : ጽልመትj : ወለዕለተk : ኵኔl : ዓቢይm : 10 ከመዝ : እብልa : አነ : ወአየድአክሙ-b : ከመ : ይገፈትዓክሙ-c : ዘፈጠረክሙ-d : ወዲበ : ድቀትክሙ-e : ኢይከውንf : ምሕረትg : ወፈጣሪክሙ-h : ይትፌሣሕi : በኃጕልክሙ-j :: 11 ወጻድቃነa : ዚአክሙ : በአማንቱ : መዋዕልb : ይከውኑ-c : ጽእለተd : ለኃጥአንe : ወለረሲዓንf ::

95

1 መኑ : ይሁበኒa : አዕይንትየb : ከመ : ይኩንc : ደመናd : ማይe : ወአብኪf : ዲቤክሙ :

94.6 e ዛረረ / ሰረረ : L impf 3mpl, to found f *ጐሕሉት : deceit g ፍጡነ : quickly h ተነሥተ : Gt impf 3mpl, to be demolished i ሰላም : peace **94.7** a አሌ ል- : woe to! b ሐነጸ / ሐነፀ : G impf 3mpl, to build c ቤት : house d *ኀጢአት : sin e መሠረት : foundation f ተነሥተ : Gt impf 3mpl, to be demolished g ሰይፍ : sword h ወድቀ / ወደቀ : G impf 3mpl, to fall i አጥረየ : CG impf 3mpl, to acquire j ወርቅ : gold k ብሩር : silver l ኵኔ : judgment m ፍጡነ : quickly n *ተሀጕለ / ተሐጐለ : *Gt impf 3mpl, to be destroyed (ይትሀጐሉ) **94.8** a አሌ ል- : woe to! b ብዕል : rich c ብዕል : riches d ተወከለ : Dt perf 2mpl, to trust e ብዕል : riches f ወፅአ : G impf 2mpl, to depart g ልዑል : Most High h ተዘከረ : Dt perf 2mpl, to remember i መዋዕለ : day j ብዕል : riches **94.9** a ገበረ : G perf 2mpl, to commit b *ፅርፈት : blasphemy c *ዐመፃ : iniquity d ድልው : ready e ኮነ : G perf 2mpl, to be f ዕለት : day g ክዐወት : outpouring h ደም : blood i ዕለት : day j ጽልመት : darkness k ዕለት : day l ኵኔ : judgment m *ዐቢይ : great **94.10** a ብሀለ : G impf 1cs, to say b *አየድዐ : CG impf 1cs, to tell (አየድዐክሙ) c ገፈትአ / ገፈትዐ : G impf 3ms, to destroy utterly (ይገፈትዐክሙ) d ፈጠረ : G perf 3ms, to create e ድቀት : fall f ኮነ : G impf 3ms, to be g ምሕረት : mercy h ፈጣሪ : creator i ተፈሥሐ : Dt impf 3ms, to rejoice j *ሀጕለ / ሐጐለ : destruction **94.11** a ጻድቅ : righteous b መዋዕለ : day c ኮነ : G impf 3mpl, to be d ጽዕለት / ጽእለት : reproach e ኃጥእ : sinner f ረሲዕ : impious

95.1 a መኑ : ይሁበኒ : would that! b ዐይን : eye c ኮነ : G juss 3fpl, to be d ደመና : cloud e ማይ : water f በከየ : G juss 1cs, to weep

ወዕከዓውg : አንብዕʰ : ከመ : ደመናⁱ : ማይʲ : ወአዕርፍᵏ : እምኃዘንˡ : ልብየᵐ ። 2 መኑ : ወሀበክሙa : ከመ : ትግበሩᵇ : ጽልአᶜ : ወእከየᵈ : ወይርከብክሙᵉ : ለኃጥአንᶠ : ኲኔኔ ። 3 ኢትፍርሁa : ጻድቃንᵇ : እምኃጥአንᶜ : እስመ : ካዕበᵈ : ያገብአሙᵉ : እግዚአብሔርᶠ : ውስተ : እዴክሙg : ከመ : ትግበሩʰ : ላዕሌሆሙ : ኲኔኔⁱ : በከመ : ፈቀድክሙʲ ። 4 አሌ : ለክሙa : አለ : ታወግዙᵇ : ግዘታተᶜ : ከመ : ኢትፍትሑᵈ : ወፈውሰ : ርሑቅᶠ : እምኔክሙ : በእንተ : ኃጢአተg : ዚአክሙ ። 5 አሌ : ለክሙa : አለ : ትፈድዩᵇ : እኩየᶜ : ለቢጽክሙᵈ : እስመ : ትትፈደዩᵉ : በከመ : ምግባሪክሙᶠ ። 6 አሌ : ለክሙa : ለሰማዕታተᵇ : ሐሰትᶜ : ወለአለ : ይደልዉᵈ : ለዓመፃ : እስመ : ፍጡነⁿ : ትትጐለጐg ። 7 አሌ : ለክሙa : ኃጥአንᵇ : እስመ : ለጻድቃንᶜ : ትሰድድዎሙᵈ : እስመ : አንትሙ : ትትሜጠዉᵉ : ወትሰደዱᶠ : አለ : ዓመፃg : ወይጸንዕʰ : በላዕሌክሙ : አርዑትⁱ : ዚአሆሙ ።

96

1 ተሰፈዉa : ጻድቃንᵇ : እስመ : ፍጡነᶜ : ይትጐለዉᵈ : ኃጥአንᵉ : እምቅድሜክሙ : ወሥልጣንf

---

95.1 g ከዐ : *G juss 1cs*, to pour (አከው) ʰ አንብዕ : tear ⁱ ደመና : cloud ʲ ማይ : water ᵏ አዕረፈ : *CG juss 1cs*, to rest ˡ *ሐዘን : sadness, grief ᵐ ልብ : heart **95.7** a ወሀበ : *G perf 3ms*, to permit ᵇ ገብረ : *G juss 2mpl*, to practice ᶜ ጽልእ : hatred ᵈ እከይ : wickedness ᵉ ረከበ : *G juss 3ms*, to find ᶠ ኃጥአ : sinner g ኲኔኔ : judgment **95.3** a ፈርሀ : *G juss 2mpl*, to fear ᵇ ጻድቅ : righteous ᶜ ኃጥእ : sinner ᵈ ካዕበ : again ᵉ አግብአ : *CG impf 3ms*, to hand over ᶠ እግዚአብሔር : Lord g እድ : hand ʰ ገብረ : *G juss 2mpl*, to execute ⁱ ኲኔኔ : judgment ʲ ፈቀደ : *G perf 2mpl*, to desire **95.4** a አሌ ለ- : woe to! ᵇ አውገዘ : *CG impf 2mpl*, to curse ᶜ ግዘት : anathema ᵈ ፈትሐ : *G juss 2mpl*, to loosen ᵉ ፈውስ : medicine, remedy ᶠ ርሑቅ : far g *ኃጢአት : sin **95.5** a አሌ ለ- : woe to! ᵇ ፈደየ : *G impf 2mpl*, to repay ᶜ እኩይ : evil ᵈ ቢጽ : neighbor ᵉ ተፈድየ : *Gt impf 2mpl*, to be repaid ᶠ ምግባር : deed **95.6** a አሌ ለ- : woe to! ᵇ ሰማዕት : witness ᶜ ሐሰት : lie, falsehood ᵈ ደለወ : *G impf 3mpl*, to weigh ᵉ *ዐመፃ : iniquity ᶠ ፍጡን : quickly g *ተሐጕለ / ተሐጕሰ : *Gt impf 2mpl*, to be destroyed (ትትጐለዉ) **95.7** a አሌ ለ- : woe to! ᵇ ኃጥአ : sinner ᶜ ጻድቅ : righteous ᵈ ሰደደ : *G impf 2mpl*, to persecute ᵉ ተመጠወ : *Dt impf 2mpl*, to be handed over ᶠ ተሰደ : *Gt impf 2mpl*, to be persecuted g *ዐመፃ : iniquity ʰ ጸነዐ : *G impf 3ms*, to be heavy ⁱ አርዑት : yoke

96.1 a ተሰፈወ : *Dt impv 2mpl*, to hope ᵇ ጻድቅ : righteous ᶜ ፍጡን : quickly ᵈ *ተሐጕለ / ተሐጕሰ : *Gt impf 3mpl*, to be destroyed (ይትሐጕሉ) ᵉ ኃጥእ : sinner ᶠ ሥልጣን : dominion, authority

1 Enoch 96.1–6

: ይከውንÄ : ለከሙ : ዲቤሆሙ : በከመ : ፈቀድከሙ^h :: 2 ወበዕለተ^a : ምንዳቤሆሙ^b : ለኃጥኣንc : ይትሌዓሉ^d : ወይትነሥኡ^e : ከመ : አንስርት^f : እጐለ : ዚአከሙ : ወፈድፋደ^h : እምነ : አውስትⁱ : ይከውን^j : ምጽላከሙ^k : ተዓርጉ^l : ወተበውኡ^m : በንደላታተⁿ : ምድር^o : ወበንቅዓታተ^p : ኰኵሕ^q : ለዓለም^r : ከመ : ግሔ^s : እምቅድም : አማዕያን^t : ወይነቡኩ^u : ዲቤከሙ : ወይበክዩ^v : ከመ : ጼዴናታት^w :: 3 ወአንትሙስ : ኢትፍርሁ^a : እለ : ሐመምከሙ^b : እስመ : ፈውስ^c : ይከውንከሙ^d : ወብርሃን^e : ብሩህ^f : ያበርህ^g : ለከሙ : ወቃለ^h : ዕረፍትⁱ : ትሰምዑ^j : እምሰማይ^k :: 4 አሌ : ለከሙ^a : ኃጥኣን^b : እስመ : ብዕልከሙ^c : ያመስለከሙ^d : ጻድቃነ : ወልብከሙ^f : ይልብከሙ^g : ከመ : ኃጥኣን^h : አንትሙ : ወዝንቱ : ነገርⁱ : ይከውን^j : ዲቤከሙ : ስምዕተ^k : ለተዝካረ^l : እኪያት^m :: 5 አሌ : ለከሙ^a : እለ : ትበልዑ^b : ስብሐ^c : ስርናይ^d : ወትሰትዩ^e : ኃይለ^f : ሥርወ^g : ነቅዕ^h : ወትከይድዎሙⁱ : ለትሑታን^j : በኃይልከሙ^k :: 6 አሌ : ለከሙ^a : እለ : ትስትዩ^b : ማየ^c : በኩሉ : ጊዜ^d : እስመ : ፍጡነ^e : ትትፈደዩ^f : ወትትዌደኡ^g : ወትየብሱ^h : እስመ : ኃደግሙⁱ : ነቅዓ^j : ሕይወት^k ::

96.1 ^g ከነ : *G impf 3ms, to be* ^h ፈቀደ : *G perf 2mpl, to desire* **96.2** ^a ዕለት : day ^b ምንዳቤ : distress ^c ኃጥእ : sinner ^d ተልዕለ / ተለዐለ / ተላዐለ / ተለአለ : *Dt impf 3mpl, to rise* (ይትሌዐሉ) ^e ተንሥአ : *Gt impf 3mpl, to rise up* ^f ንስር : eagle ^g እጐል : the young of any animal or fowl ^h ፈድፋደ : more ⁱ አውስት : bird of prey ^j ከነ : *G impf 3ms, to be* ^k ምጽላል : nest ^l ዐርገ : *G impf 2mpl, to go up* (ተዐርጉ) ^m ቦአ : *G impf 2mpl, to enter* ⁿ ንድለት : crevice ^o ምድር : earth ^p *ንቅዐት : hole ^q ኰኵሕ : rock ^r ዓለም : eternity ^s ግሔ : rock badger ^t ዐማፂ / አማፂ : wrongdoer ^u ነሀከ / ነዐከ : *G impf 3mpl, to groan* ^v በከየ : *G impf 3mpl, to weep* ^w ጼዴናት : satyr **96.3** ^a ፈርሀ : *G juss 2mpl, to fear* ^b ሐመ / ሐመመ : *G perf 2mpl, to be in pain, afflicted* ^c ፈውስ : medicine, remedy ^d ከነ : *G impf 3ms, to be* ^e ብርሃን : light ^f ብሩህ : bright ^g አብርሀ : *CG impf 3ms, to give light* ^h ቃል : voice ⁱ ዕረፍት : rest ^j ሰምዐ : *G impf 2mpl, to hear* ^k ሰማይ : heaven **96.4** ^a አሌ ል- : woe to! ^b ኃጥእ : sinner ^c ብዕል : riches ^d አምሰለ : *CG impf 3ms, to declare similar* ^e ጻድቅ : righteous ^f ልብ : heart ^g ዘለፈ : *G impf 3ms, to accuse* ^h ኃጥእ : sinner ⁱ ነገር : word ^j ከነ : *G impf 3ms, to be* ^k ስምዕት : testimony ^l ተዝካር : reminder ^m እኪይ : wickedness **96.5** ^a አሌ ል- : woe to! ^b በልዐ : *G impf 2mpl, to devour* ^c ሥብሕ / ስብሕ : fat ^d ሥርናይ / ስርናይ : wheat ^e ሰትየ : *G impf 2mpl, to drink* ^f *ኃይል : strength ^g ሥርው : root ^h ነቅዕ : spring ⁱ ኬደ : *G impf 2mpl, to tread* ^j ትሑት : humble ^k *ኃይል : power **96.6** ^a አሌ ል- : woe to! ^b ሰትየ : *G impf 2mpl, to drink* ^c ማይ : water ^d ጊዜ : time ^e ፍጡነ : quickly ^f ተፈደየ : *Gt impf 2mpl, to be repaid* ^g ተወድአ / ተወድዐ : *Dt impf 2mpl, to be exhausted* ^h የብሰ : *G impf 2mpl, to be dry* ⁱ ኃደገ : *G perf 2mpl, to leave* (ኃደግሙ) ^j ነቅዕ : spring ^k ሕይወት : life

7 አሌ ፡ ለከሙ^a ፡ እለ ፡ ትገብሩ^b ፡ ዓመፃ ፡ ወጐሕሉተ^d ፡ ወጽርፈተ^e ፡ ተዝካሪ^f ፡ ይከውንg ፡ ዲቤክሙ ፡ ለእከይ^h ፡ 8 አሌ ፡ ለከሙ^a ፡ ኃያላን^b ፡ እለ ፡ በኃይልc ፡ ትኵርሁ^d ፡ ለጻድቀ ፡ እስመ ፡ ትመጽእ^f ፡ ዕለተg ፡ ኃጕልክሙ^h ፡ በእማንቱ ፡ መዋዕልⁱ ፡ ይመጽእ^j ፡ ለጻድቃን^k ፡ መዋዕል^l ፡ ብዙኃት^m ፡ ወኔራትⁿ ፡ በዕለተ^o ፡ ኩነኔ^p ፡ ዚአክሙ ።

97

1 ተአምኑ^a ፡ ጸድቃን^b ፡ እስመ ፡ ለጽእለት^c ፡ ይከውኑ^d ፡ ኃጥአን^e ፡ ወይትኃጐሉ^f ፡ በዕለተg ፡ ዓመፃ^h ። 2 አምረ^a ፡ ይከውን^b ፡ ለከሙ ፡ እስመ ፡ ልዑል^c ፡ ይዜከር^d ፡ ሐጕለከሙ^e ፡ ወይትፈሥሑ^f ፡ መላእክት^g ፡ ዲበ ፡ ኃጕል^h ፡ ዚአክሙ ። 3 ምንተ ፡ ትገብሩ^a ፡ ሀለወከሙ^b ፡ ኃጥአን^c ፡ ወአይቴ^d ፡ ትጐይዩ^e ፡ በይእቲ ፡ ዕለት^f ፡ እንተ ፡ ኩነኔg ፡ ሶበ ፡ ትሰምዑ^h ፡ ቃለⁱ ፡ ጸሎቶሙ^j ፡ ለጻድቃን^k ። 4 ወአንትሙ ፡ ኢትከውኑ^a ፡ ከማሆሙ ፡ እለ ፡ ሰማዕት^b ፡ ይከውን^c ፡ ዲቤክሙ ፡ ዝንቱ ፡ ነገር^d ፡ ሱቱፉነ^e ፡ ኮንክሙ^f ፡ ለኃጥአንg ። 5 ወበእማንቱ ፡ መዋዕል^a ፡ ትበጽሕ^b ፡ ጸሎቶሙ^c ፡ ለቅዱሳን^d ፡ ኀበ ፡ እግዚአብሔር^e ፡ ወለክሙ ፡ ይበጽሕ^f ፡ መዋዕለg

---

96.7 ^a አሌ ል- : woe to! ^b ገብረ : G impf 2mpl, to commit ^c *ዐመፃ : iniquity ^d *ጕሕሉት : deceit ^e *ፀርፈት : blasphemy ^f ተዝከር : reminder ^g ኮነ : G impf 3ms, to be ^h እከይ : wickedness **96.8** ^a አሌ ል- : woe to! ^b *ኃያል : powerful ^c *ኃይል : power ^d ኰርሀ : G impf 2mpl, to constrain, force ^e ጻድቅ : righteous ^f መጽአ : G impf 3fs, to come ^g ዕለት : day ^h *ሀጕል / ሐጕል : destruction ⁱ መዓልት : day ^j መጽአ : G impf 3mpl, to come ^k ጻድቅ : righteous ^l መዓልት : day ^m ብዙኅ : many ⁿ ኔር : good ^o ዕለት : day ^p ኩነኔ : judgment

97.1 ^a ተአምነ / ተአመነ : Gt impv 2mpl, to believe ^b ጻድቅ : righteous ^c ጽዕለት / ጽእለት : ignominy, contempt ^d ኮነ : G impf 3mpl, to be ^e ኃጥእ : sinner ^f *ተሀጕለ / ተሐጕለ : *Gt impf 3mpl, to be destroyed (ይትሀጐሉ) ^g ዕለት : day ^h *ዐመፃ : iniquity **97.2** ^a አምር : known ^b ኮነ : G impf 3ms, to be ^c ልዑል : Most High ^d ዘከረ : G impf 3ms, to remember ^e ሀጕል / ሐጕል : destruction ^f ተፈሥሐ : Dt impf 3mpl, to rejoice ^g መልአክ : angel ^h *ሀጕል / ሐጕል : destruction **97.3** ^a ገብረ : G juss 2mpl, to do ^b ሀሎ / ሀለወ : D perf 3ms, to be ^c ኃጥእ : sinner ^d አይቴ : where ^e ጐየ : G impf 2mpl, to flee ^f ዕለት : day ^g ኩነኔ : judgment ^h ሰምዐ : G impf 2mpl, to hear ⁱ ቃል : sound ^j ጸሎት : prayer ^k ጻድቅ : righteous **97.4** ^a ኮነ : G impf 2mpl, to be ^b ሰማዕት : testimony ^c ኮነ : G impf 3ms, to be ^d ነገር : word ^e ሱቱፍ : companion ^f ኮነ : G perf 2mpl, to be ^g ኃጥእ : sinner **97.5** ^a መዓልት : day ^b በጽሐ : G impf 3fs, to reach ^c ጸሎት : prayer ^d ቅዱስ : holy ^e እግዚአብሔር : Lord ^f በጽሐ : G impf 3ms, to arrive ^g መዓልት : day

: ኩኔክሙ^h ። 6 ወይትነብብ^a : ኩሉ : ነገር^b : ዓመፃክሙ^c : ቅድመ : ዓቢይ^d : ወቅዱስ^e : ወይትሐፈር^f : ገጽክሙ^g : ወይትገደፍ^h : ኩሉ : ተግባርⁱ : ዘፀንዓ^j : በዓመፃ^k ። 7 አሌ : ለክሙ^{.a} : ኃጥአን^b : እለ : ማዕከለ : ባሕር^c : ወዲበ : የብስ^d : እለ : ዝክርሙ^{.e} : እኩይ^f : ዲቤክሙ ። 8 አሌ : ለክሙ^{.a} : እለ : ታጠርዩ^b : ብሩረ^c : ወወርቀ^d : ዘኢኮነ^e : በጽድቅ^f : ወትብሉ^g : ብዕልነ^h : ብዕለⁱ : ወኮነ^j : ለነ : ንዋየ^k : ወአጥረይነ^l : ኩሎ : ዘፈቀድነ^m ። 9 ወይእዜ^a : ንግብር^b : ዘሃለይነ^c : እስመ : ብሩረ^d : አስተጋባዕነ^e : ወመላእኸ^f : መዛግብቲነ^g : ወከመ : ማይ^h : ብዙኅⁱ : ሐረስተ^j : አብያቲነ^k ። 10 ወከመ : ማይ^a : ይውኅዝ^b : ሐስትክሙ^c : እስመ : ኢይነብር^d : ለክሙ : ብዕል^e : አላ : ፍጡነ^f : የዓርግ^g : እምኔክሙ : እስመ : ኩሎ : በዓመፃ^h : አጥረይክሙ^{.i} : ወአንትሙ : ለመርገም^j : ዓቢይ^k : ትትወሀቡ^l ።

98

1 ወይእዜኒ^a : አነ : እምሕል^b : ለክሙ : ለጠቢባን^c : ወለአብዳን^d : እስመ : ብዙኅ^e : ትሬእዩ^f : ዲበ : ምድር^g ። 2 እስመ : ስነ^a : ትወድዩ^b : ላዕሌክሙ : አንትሙ : ዕደው^c : ፈድፋደ^d :

97.5 ^h ኩኔኔ : judgment **97.6** ^a ተነብ : *Gt impf 3ms*, to be read ^b ነገር : word ^c *ዐመፃ : iniquity ^d *ዐቢይ : great ^e ቅዱስ : holy ^f *ተነፍረ / ተነፈረ : *Gt impf 3ms*, to be ashamed (ይትነፈር) ^g ገጽ : face ^h ተገድፈ : *Gt impf 3ms*, to be thrown away ⁱ ተግባር : work ^j *ጸንዐ : *G perf 3ms*, to be established (ጸንዐ) ^k *ዐመፃ : iniquity **97.7** ^a አሌ ል- : woe to! ^b ኃጥእ : sinner ^c ባሕር : sea ^d የብስ : dry land ^e ዝክር : memory ^f እኩይ : bad **97.8** ^a አሌ ል- : woe to! ^b አጥረየ : *CG impf 2mpl*, to acquire ^c ብሩር : silver ^d ወርቅ : gold ^e ኮነ : *G perf 3ms*, to be ^f ጽድቅ : righteousness ^g ብህለ : *G impf 2mpl*, to say ^h ብዕለ : *G perf 1cpl*, to become rich ⁱ ብዕል : riches ^j ኮነ : *G perf 3ms*, to be ^k ንዋይ : possessions ^l አጥረየ : *CG perf 1cpl*, to acquire ^m ፈቀደ : *G perf 1cpl*, to desire **97.9** ^a ይእዜ : now ^b ገብረ : *G juss 1cpl*, to do ^c *ኃለየ / ሐለየ : *D perf 1cpl*, to plan (ኃለይነ) ^d ብሩር : silver ^e *አስተጋብአ : *CLt perf 1cpl*, to gather (አስተጋባእነ) ^f መልአ : *G perf 1cpl*, to fill ^g መዝገብ : storehouse ^h ማይ : water ⁱ ብዙኅ : many ^j ሐራሲ : ploughman, farmer ^k ቤት : house **97.10** ^a ማይ : water ^b ውሕዘ / ውኅዘ : *G impf 3ms*, to flow ^c ሐስት : lie ^d ነበረ : *G impf 3ms*, to remain ^e ብዕል : riches ^f ፍጡን : quickly ^g ዐርገ : *G impf 3ms*, to go up (የዐርግ) ^h *ዐመፃ : iniquity ⁱ አጥረየ : *CG perf 2mpl*, to acquire ^j መርገም : curse ^k *ዐቢይ : great ^l ተውህበ : *Gt impf 2mpl*, to be given

98.1 ^a ይእዜ : now ^b መሐለ : *G impf 1cs*, to swear ^c ጠቢብ : wise ^d አብድ : foolish ^e ብዙኅ : many ^f ርእየ : *G impf 2mpl*, to see ^g ምድር : earth **98.2** ^a ሥን / ስን : beauty ^b ወደየ : *G impf 2mpl*, to put ^c ዕድ : man ^d ፈድፋደ : more

አምኣንስተ፡ ወጉበረ፡ ፈድፋደ፡ አምድንግል፡ በመንግሥ፡ በመንግሥት፡ ወዐቢይ፡ ወበሥልጣን፡ ወበብሩር፡ ወወርቅ፡ ወሜላት፡ ወከብር፡ ወመባልዕት፡ ከመ፡ ማይ፡ ይትከዓዉ፡ ። 3 በእንተዝ፡ ትምህርት፡ ወጠበብ፡ አልቦሙ፡ ወቦቱ፡ ይትሃጐሉ፡ ኅቡረ፡ ምስለ፡ ንዋያቲሆሙ፡ ወምስለ፡ ኵሉ፡ ስብሐቶሙ፡ ወክብሮሙ፡ ወበጽእለት፡ ወበቀትል፡ ወበንዴት፡ ዐቢይ፡ ትትወደይ፡ መንፈሶሙ፡ ውስተ፡ ዕቶነ፡ እሳት፡ ። 4 መሐልኩ፡ ለክሙ፡ ኃጥኣን፡ እስመ፡ ኢኮነ፡ ደብር፡ ገብረ፡ ወኢይከውን፡ ወኢወግር፡ ለብእሲት፡ ዓመት፡ ከመዝ፡ ኃጢአትኒ፡ ኢተፈነወት፡ ዲበ፡ ምድር፡ አላ፡ ሰብእ፡ አምርእሶሙ፡ ፈጠርዎ፡ ወለመርገምሂ፡ ዓቢይ፡ ይከውኑ፡ እላ፡ ገብርዎ፡ ። 5 ወምክነት፡ ለብእሲት፡ ኢተውህበት፡ አላ፡ በእንተ፡ ግብረ፡ እደዊሃ፡ ትመውት፡ ዘእንበለ፡ ውሉድ፡ ። 6 መሐልኩ፡ ለክሙ፡ ኃጥኣን፡ በቅዱስ፡ ወዓቢይ፡ እስመ፡ ኵሉ፡ ግብርክሙ፡ እኩይ፡ ከሠት፡ ውእቱ፡ በሰማያት፡ ወአልብክሙ፡ ግብረ፡ ግፍዕ፡ ክዱን፡ ወኢኅቡእ፡ ። 7 ወኢታምስሉ፡ በመንፈስክሙ፡ ወኢትበሉ፡ በልብክሙ፡ እስመ፡ ኢተአምሩ፡

98.2 ᵉ ብእሲት : woman ᶠ ሕብር / ኅብር : color ᵍ ፈድፋደ : more ʰ ድንግል : virgin ⁱ መንግል : adornment ʲ መንግሥት : kingship ᵏ ዕቢይ : majesty ˡ ሥልጣን : dominion, authority ᵐ ብሩር : silver ⁿ ወርቅ : gold ᵒ ሜላት : purple ᵖ ክብር : splendor ᑫ ምብልዕ : food ʳ ማይ : water ˢ ተከዐወ : *Gt impf 3mpl*, to be poured (ይትከዐዉ) **98.3** ᵃ ትምህርት : education ᵇ ጠበብ : wisdom ᶜ *ተሀጕላ / ተሐጕላ : *Gt impf 3mpl*, to be destroyed (ይትሀጕሉ) ᵈ ኅቡረ : together ᵉ ንዋይ : possessions ᶠ ስብሐት : glory ᵍ ክብር : splendor ʰ ጽዕለት / ጽእለት : contempt ⁱ ቀትል : slaughter ʲ ንዴት : poverty ᵏ *ዐቢይ : great ˡ ተወድየ : *Gt impf 3fs*, to be thrown ᵐ መንፈስ : spirit ⁿ *እቶን : furnace ᵒ እሳት : fire **98.4** ᵃ መሐለ : *G perf 1cs*, to swear ᵇ ኃጥእ : sinner ᶜ ኮነ : *G perf 3ms*, to be ᵈ ደብር : mountain ᵉ ገብር : servant ᶠ ኮነ : *G impf 3ms*, to be ᵍ ወግር : hill ʰ ብእሲት : woman ⁱ *አመት : maid ʲ *ኃጢአት : sin ᵏ ተፈነወ : *Dt perf 3fs*, to be sent ˡ ምድር : earth ᵐ ብእሲ : man ⁿ ርእስ : -self ᵒ ፈጠረ : *G perf 3mpl*, to create ᵖ መርገም : curse ᑫ *ዐቢይ : great ʳ ኮነ : *G impf 3mpl*, to be ˢ ገብረ : *G perf 3mpl*, to commit **98.5** ᵃ ምክነት : barrenness ᵇ ብእሲት : woman ᶜ ተውህበ : *Gt perf 3fs*, to be given ᵈ ግብር : deed ᵉ እድ : hand ᶠ ሞተ : *G impf 3fs*, to die ᵍ ወልድ : child **98.6** ᵃ መሐለ : *G perf 1cs*, to swear ᵇ ኃጥእ : sinner ᶜ ቅዱስ : holy ᵈ *ዐቢይ : great ᵉ ግብር : deed ᶠ እኩይ : evil ᵍ ከሠተ : revealed ʰ ሰማይ : heaven ⁱ ግብር : work ʲ ግፍዕ : oppression, violence ᵏ ክዱን : hidden ˡ ኅቡእ : hidden **98.7** ᵃ አምሰለ : *CG juss 2mpl*, to think ᵇ መንፈስ : spirit ᶜ ብህለ : *G juss 2mpl*, to say ᵈ ልብ : heart ᵉ አእመረ : *CG impf 2mpl*, to know

ወኢትሬእይᶠ : ኵሎ : ኃጢአተᵍ : በሰማይʰ : ይጸሐፉⁱ : ሀሎʲ : በኵሉ : ዕለትᵏ : በቅድሜሁ : ለልዑልˡ ። 8 እምይእዜᵃ : ተእምሩᵇ : እስመ : ኵሉ : ግፍዕከሙᶜ : ዘተገፍኡᵈ : ይጸሐፍᵉ : በኵሉ : ዕለትᶠ : እስከ : ዕለተᵍ : ኵነኔከሙʰ ። 9 አሌ : ለከሙᵃ : አብዳንᵇ : እስመ : ትትሀጐሉᶜ : በዕበድከሙᵈ : ወለጠቢባንᵉ : ኢትሰምዑሙᶠ : ወሠናይᵍ : ኢይረክበከሙʰ ። 10 ወይእዜᵃ : አእምሩᵇ : ከመ : ድልዋንᶜ : አንትሙ : ለዕለተᵈ : ኃጉልᵉ : ወኢትሰፈዊᶠ : ከመ : ተሕየዊᵍ : ኃጥአንʰ : አላ : ተሐውሩⁱ : ወትመውቱʲ : እስመ : ኢተአምሩᵏ : ቤዛˡ : እስመ : ተደለውከሙᵐ : ለዕለተⁿ : ኵነኔᵖ : ዓባይ : ወለዕለታᵠ : ምንዳቤʳ : ወኃሣርˢ : ዓቢይᵗ : ለመንፈስከሙᵘ ። 11 አሌ : ለከሙᵃ : ግዙፋነ : ልብᵇ : እለ : ትገብሩᶜ : እኩየᵈ : ወትበልዑᵉ : ደመᶠ : እምአይቴᵍ : አንትሙ : ትበልዑʰ : በሠናይⁱ : ወትሰትዩʲ : ወትጸግቡᵏ : እስመ : እምኵሉ : ሠናይˡ : ዘአድፈደᵐ : እግዚእንⁿ : ልዑል : ዲበ : ምድርᵖ : ወለልብከሙ : ሰላምᵠ ። 12 አሌ : ለከሙᵃ : እለ : ታፈቅርዋᵇ : ለግብረᶜ : ዓመፃᵈ : ለምንት : ለከሙ : ትሴፈውዋᵉ : ለሠናይትᶠ : አእምሩᵍ : ከመ : ሀለውከሙʰ : ትትወሀቡⁱ : በእዴሆሙʲ : ለጻድቃንᵏ

98.7 ᶠርእየ : *G impf 2mpl*, to see ᵍ*ኃጢአት : sin ʰሰማይ : heaven ⁱተጽሕፈ : *Gt impf 3ms*, to be written ʲሀሎ / ሀለወ : *D perf 3ms*, to be ᵏዕለት : day ˡልዑል : Most High **98.8** ᵃይእዜ : now ᵇአእመረ : *CG impf 2mpl*, to know ᶜግፍዕ : oppression, violence ᵈ*ገፍዐ : *G impf 2mpl*, to oppress, harm (ተገፍዑ·) ᵉተጽሕፈ : *Gt impf 3ms*, to be written ᶠዕለት : day ᵍዕለት : day ʰኵነኔ : judgment **98.9** ᵃአሌ ል- : woe to! ᵇአብድ : foolish ᶜ*ተሀጕለ / ተሐጕለ : *Gt impf 2mpl*, to be destroyed (ትትሀጐሉ) ᵈ*አበድ : folly ᵉጠቢብ : wise ᶠሰምዐ : *G impf 2mpl*, to listen ᵍሠናይ : good ʰረከበ : *G impf 3ms*, to find **98.10** ᵃይእዜ : now ᵇአእመረ : *CG impv 2mpl*, to know ᶜድልው : ready ᵈዕለት : day ᵉ*ሀጕል / ሐጕል : destruction ᶠተሰፈወ : *Dt juss 2mpl*, to hope ᵍሐይወ : *G juss 2mpl*, to live ʰኃጥእ : sinner ⁱሐረ : *G impf 2mpl*, to go ʲሞተ : *G impf 2mpl*, to die ᵏአእመረ : *CG impf 2mpl*, to know ˡቤዛ : one who is ransomed ᵐተደለወ : *Dt perf 2mpl*, to be prepared ⁿዕለት : day ᵒኵነኔ : judgment ᵖ*ዐቢይ : great ᵠዕለት : day ʳምንዳቤ : distress ˢ*ኃሣር / ኍሣር : dishonor, wretchedness ᵗ*ዐቢይ : great ᵘመንፈስ : spirit **98.11** ᵃአሌ ል- : woe to! ᵇግዙፍ : ልብ : presumptuous ᶜገብረ : *G impf 3ms*, to do ᵈእኩይ : evil ᵉበልዐ : *G impf 2mpl*, to eat ᶠደም : blood ᵍአይቴ : where ʰበልዐ : *G impf 2mpl*, to eat ⁱሠናይ : good ʲሰትየ : *G impf 2mpl*, to drink ᵏጸግበ : *G impf 2mpl*, to be satisfied ˡሠናይ : good ᵐአድፈደ : *CG perf 3ms*, to give in abundance ⁿእግዚእ : Lord ᵒልዑል : Most High ᵖምድር : earth ᵠሰላም : peace **98.12** ᵃአሌ ል- : woe to! ᵇአፍቀረ : *CG impf 2mpl*, to love ᶜግብር : deed ᵈዐመፃ : iniquity ᵉተሰፈወ : *Dt impf 2mpl*, to hope ᶠ*ሠናይ : good ᵍአእመረ : *CG impv 2mpl*, to know ʰሀሎ / ሀለወ : *D perf 3ms*, to be ⁱተውህበ : *Gt juss 2mpl*, to be given ʲእድ : hand ᵏጻድቅ : righteous

: ወይመትሩ^l : ከሳውዲከሙ^m : ወይቀሱለከሙⁿ : ወኢይምህሩከሙ^o :: 13 አሌ : ለከሙ^a :
እለ : ትትፌሥሑ^b : በምንዳቤሆሙ^c : ለጻድቃን^d : እስመ : መቃብር^e : ኢይትከረይ^f : ለከሙ ::
14 አሌ : ለከሙ^a : እለ : ታበጥሉ^b : ነገረ^c : ጻድቃን^d : እስመ : ኢይከውን^e : ለከሙ : ተስፋ^f :
ሕይወት^g :: 15 አሌ : ለከሙ^a : እለ : ትጽሕፉ^b : ነገረ^c : ሐሰት^d : ወነገረ^e : ረሲዓን^f : እስመ :
ውእቶሙ : ይጽሕፉ^g : ሐሰቶሙ^h : ከመ : ይስምዑዋⁱ : ወኢይርስዑዋ^j : ለዕበድ^k : ወኢይከውን^l
: ሎሙ : ሰላም^m : አላ : ሞተⁿ : ይመውቱ^o : ፍጡነ^p ::

99

1 አሌ : ለከሙ^a : ለእለ : ይገብሩ^b : ርስዐናተ^c : ወለነገረ^d : ሐሰት^e : ይሴብሑ^f : ወያከብሩ^g :
ተጎጕልከሙ^h : ወአልብከሙ : ሕይወትⁱ : ሠናይት^j : 2 አሌ : ለከሙ^a : እለ : ትዌልጥዎን^b :
ለነገራተ^c : ርቱዕ^d : ወሥርዓተ^e : እንተ : ለዓለም^f : የአልዉ^g : ወይሬስዩ^h : ርእሶሙⁱ : ዘኢኮነ^j :
ኃጥአነ^k : ዲበ : ምድር^l : ሀለዉ^m : ይትከየዱⁿ :: 3 በእማንቱ : መዋዕል^a : ተደለዉ^b : ጻድቃን^c

---

^l መተረ : *G impf 3mpl*, to cut off ^m ከሳድ : neck ⁿ ቀተለ : *G impf 3mpl*, to kill
^o *መሐረ / ምሕረ : *G impf 3mpl*, to show mercy (ኢይምህሩከሙ) **98.13** ^a አሌ ል- :
woe to! ^b ተፈሥሐ : *Dt impf 2mpl*, to rejoice ^c ምንዳቤ : distress ^d ጻድቅ : righ-
teous ^e መቅበር : grave ^f ተከርየ : *Gt impf 3ms*, to be dug **98.14** ^a አሌ ል- : woe to!
^b አበጠለ : *CG impf 2mpl*, to declare invalid ^c ነገር : word ^d ጻድቅ : righteous ^e ኮነ
: *G impf 3ms*, to be ^f ተስፋ : hope ^g ሕይወት : life **98.15** ^a አሌ ል- : woe to! ^b ጸሐፈ
: *G impf 2mpl*, to write ^c ነገር : word ^d ሐሰት : lie ^e ነገር : word ^f ረሲዕ : impious
^g ጸሐፈ : *G impf 3mpl*, to write ^h *ሐሰት : lie ⁱ ስምዐ : *G juss 3mpl*, to hear ^j ረስዐ
: *G juss 3mpl*, to forget ^k እበድ : folly ^l ኮነ : *G impf 3ms*, to be ^m ሰላም : peace
ⁿ ሞት : death ^o ሞተ : *G impf 3mpl*, to die ^p ፍጡነ : quickly

99.1 ^a አሌ ል- : woe to! ^b ገብረ : *G impf 3mpl*, to do ^c *ርስዐነት : impiety ^d ነገር
: thing ^e ሐሰት : lie ^f ሰብሐ : *D impf 3mpl*, to praise ^g አከበረ : *CG impf 3mpl*, to
honor ^h *ተሀጕላ / ተሐጕላ : *Gt perf 2mpl*, to be destroyed (ተጎጕልከሙ) ⁱ ሕይወት
: life ^j ሠናይ : good **99.2** ^a አሌ ል- : woe to! ^b ወለጠ : *D impf 2mpl*, to change ^c ነገር
: word ^d ርቱዕ : truth ^e *ሠርዐት : law ^f ዓለም : eternity ^g *አዕለወ : *CG impf 3mpl*, to
distort (የአልዉ) ^h ረስየ : *D impf 3mpl*, to put, declare ⁱ ርእስ : -self ^j ኮነ : *G perf
3mpl*, to be ^k ኃጥእ : sinner ^l ምድር : ground ^m ሀሎ / ሀለወ : *D perf 3mpl*, to be,
ⁿ ተከየደ : *Gt impf 3mpl*, to be trampled **99.3** ^a መዓልት : day ^b ተደለወ : *Dt impv
2mpl*, to be prepared ^c ጻድቅ : righteous

1 Enoch 99.3-8

: ከመ ፡ ትንሥኡd ፡ ጸሎታቲከሙe ፡ በተዝካርf ፡ ወአንብርክምዎሙg ፡ ሰማዕተh ፡ በቅድመ
: መላእክትi ፡ ከመ ፡ ያንብርዎj ፡ ለኃጢአትk ፡ ኃጥአን1 ፡ በቅድመ ፡ ልዑልm ፡ ለተዝካርn ።
4 በእማንቱ ፡ መዋዕላa ፡ ይትሀወኩb ፡ አሕዛብc ፡ ወይትነሥኡd ፡ ዝማዴe ፡ አሕዛብ ፡ በዕለትg
: እንተ ፡ ኀጕልh ። 5 ወበእማንቱ ፡ መዋዕላa ፡ እለ ፡ ይኴንሱb ፡ ይወፅኡc ፡ ወይመሥጡd :
ደቂቆሙe ፡ ወገገድፍዎሙf ፡ ለደቂቆሙg ፡ ወእምኔሆሙ ፡ ይድኅዉh ፡ ውሉዶሙi ፡ ወእንዘ :
ይጠብዉj ፡ ይገድፍዎሙk ፡ ወኢይገብኡl ፡ ኀቤሆሙ ፡ ወኢይምሀርዎሙm ፡ ለፍቁራኒሆሙn ።
6 ወካዕበa ፡ አነ ፡ እምህልb ፡ ለከሙ ፡ ለኃጥአንc ፡ እስመ ፡ ለዕለተd ፡ ደምe ፡ ዘኢያደክፍf
ተደለወትg ፡ ኃጢአትh ። 7 ወይሰግዱa ፡ ለዕብንb ፡ ወለእለ ፡ ይገልፉc ፡ ምስለd ፡ ዘወርቅe :
ወዘብሩርf ፡ ወዘዕፅg ፡ ወዘልሕኵትh ፡ ወለእለ ፡ ይሰግዱi ፡ ለነፍሳትj ፡ ርኩሳንk ፡ ወአጋንንትl
: ወለኰሉ ፡ ጣዖትm ፡ ወበምሕራማትn ፡ ወኰሉ ፡ ረድኤትo ፡ ኢይትረከብp ፡ እምኔሆሙ ።
8 ወይትረስኡa ፡ በእንተ ፡ አበይb ፡ ልቦሙc ፡ ወይጼለዱd ፡ አዕይንቲሆሙe ፡ በፍርሃተf :

99.3 d ነሥእ : *G juss 2mpl*, to lift e ጸሎት : prayer f ተዝካር : reminder g አንበረ : *CG perf 2mpl*, to place h ሰማዕት : testimony i መልአክ : angel j አንበረ : *CG juss 3mpl*, to place k *ኃጢአት : sin l ኃጥእ : sinner m ልዑል : Most High n ተዝካር : reminder **99.4** a መዋዕልት : day b ተሀውከ / ተሀወከ / ተሆከ : *Gt impf 3mpl*, to be disturbed, perturbed c ሕዝብ : nation d ተንሥአ : *Gt impf 3mpl*, to rise up e ዘመድ : family, race f ሕዝብ : nation g ዕለት : day h *ሀጕል / ሐጕል : destruction **99.5** a መዋዕልት : day b ተጸነሰ / ተዐነሰ : *Dt impf 3mpl*, to be in want, lack c ወፅአ : *G impf 3mpl*, to go out d መሠጠ : *G impf 3mpl*, to grab e ደቂቅ : child f ገደፈ : *G impf 3mpl*, to cast away g ደቂቅ : child h ደኅፀ : *G impf 3mpl*, to slip i ወልድ : child j ጠበወ : *G impf 3mpl*, to suck k ገደፈ : *G impf 3mpl*, to cast away l ገብአ : *G impf 3mpl*, to return m *መሐረ / ምሕረ : *G impf 3mpl*, to show mercy (ኢይምሕርዎሙ) n ፍቁር : beloved **99.6** a ካዕበ : again b *መሐለ : *G impf 1cs*, to swear (እምሕል) c ኃጥእ : sinner d ዕለት : day e ደም : blood f ሀድአ / ኀድአ / ሀድዐ : *G impf 3ms*, to abate, subside (ኢያኅድእ) g ተደለወ : *Dt perf 3fs*, to be prepared h *ኃጢአት : sin **99.7** a ሰገደ / ሰግደ : *G impf 3mpl*, to worship b *እብን : stone c ገለፈ : *G impf 3mpl*, to carve d ምስል : image e ወርቅ : gold f ብሩር : silver g ዕፅ : wood h ልሕኵት : clay i ሰገደ / ሰግደ : *G impf 3mpl*, to worship j ነፍስ : spirit k ርኩስ : unclean l ጋኔን : demon m *ጣዖት : idol n ምሕራም : sanctuary, temple o ረድኤት : help p ተረክበ : *Gt impf 3ms*, to be found **99.8** a *ተረስዐ : *Gt impf 3mpl*, to fall into error (ይትረስዑ) b እበይ : folly c ልብ : heart d ተጸለለ : *Dt impf 3fpl*, to be blinded e ዐይን : eye f ፍርሀት : fear

ልቡሙ፡ ወበርእዩʰ፡ አህላሞሙⁱ ። 9 ቦሙ፡ ይረስኡᵃ፡ ወይፈርሁᵇ፡ እስመ፡ ኵሎ፡ ግብሮሙᶜ፡ በሐስትᵈ፡ ገብሩᵉ፡ ወሰገዱᶠ፡ ለአብን፡ ወይትኃጐሉʰ፡ በምዕርⁱ ። 10 ወበዕማንቱ፡ መዋዕልᵃ፡ ብፁዓንᵇ፡ ኵሎሙ፡ እለ፡ ይትሜጠዉᶜ፡ ነገረᵈ፡ ጥበበ፡ ወየአምርዎᶠ፡ ወይገብርዎᵍ፡ ለፍኖዋተʰ፡ ልዑልⁱ፡ ወየሐውሩʲ፡ በፍኖተᵏ፡ ጽድቅˡ፡ ወኢይረስኡᵐ፡ ምስለ፡ እለ፡ ይረስኡⁿ፡ እስመ፡ አሙንቱ፡ ይድኅኑᵒ ። 11 አሌ፡ ለከሙᵃ፡ እለ፡ ትሰፍሕዎᵇ፡ ለእኪትᶜ፡ ለቢጽከሙᵈ፡ እስመ፡ በሲኦልᵉ፡ ትትቀተሉᶠ ። 12 አሌ፡ ለከሙᵃ፡ እለ፡ ትገብርዎᵇ፡ ለመሠረትᶜ፡ ኃጢአትᵈ፡ ወጕሕሉትᵉ፡ ወእለ፡ ያመርሩᶠ፡ ዲበ፡ ምድርᵍ፡ እስመ፡ ቦቱ፡ ይትዌድኡʰ ። 13 አሌ፡ ለከሙᵃ፡ እለ፡ ትነድቁᵇ፡ አብያቲከሙᶜ፡ በፃማᵈ፡ ባዕድᵉ፡ ወኵሉ፡ መንድቅሙᶠ፡ ግንፋልᵍ፡ ወዕብንʰ፡ ኃጢአትⁱ፡ አብለክሙʲ፡ ከመ፡ አልብከሙ፡ ሰላምᵏ ። 14 አሌ፡ ሎሙᵃ፡ ለእለ፡ ይሜንኑᵇ፡ መስፈርትᶜ፡ ወርስተᵈ፡ አበዊሆሙᵉ፡ እንተ፡ ለዓለምᶠ፡ ወያተልዉ፡ ነፍሶሙʰ፡ ድኅረ፡ ጣዖትⁱ፡ እስመ፡ ኢይከውንʲ፡ ሎሙ፡ ዕረፍትᵏ ። 15 አሌ፡ ሎሙᵃ፡ ለእለ፡ ይገብርዎᵇ

99.8 ᵍ ልብ : heart ʰ ርእይ : vision ⁱ *ሕልም : dream **99.9** ᵃ*ረሰ : G impf 3mpl, to become impious (ይረስዉ) ᵇ ፈርሀ : G impf 3mpl, to fear ᶜ ግብር : deed ᵈ ሐስት : lie ᵉ ገብረ : G perf 3mpl, to do ᶠ ሰገደ / ሰግደ : G perf 3mpl, to worship ᵍ እብን : stone ʰ *ተህጕለ / ተሐጕለ : *Gt impf 3mpl, to be destroyed (ይትሀጐሉ) ⁱ ምዕር : moment **99.10** ᵃ መዓልት : day ᵇ ብፁዕ / ብፁዕ : blessed ᶜ ተመጠወ : Dt impf 3mpl, to accept ᵈ ነገር : word ᵉ ጥበብ : wisdom ᶠ አአመረ : CG impf 3mpl, to understand ᵍ ገብረ : G impf 3mpl, to observe ʰ ፍኖት : way ⁱ ልዑል : Most High ʲ ሐረ : G impf 3mpl, to go ᵏ ፍኖት : path ˡ ጽድቅ : righteousness ᵐ *ረሰ : G impf 3mpl, to act impiously (ኢይረስዉ) ⁿ *ረሰ : G impf 3mpl, to act impiously (ይረስዉ) ᵒ ድኅነ : G impf 3mpl, to be saved **99.11** ᵃ አሌ ል- : woe to! ᵇ ሰፍሐ : G impf 2mpl, to extend ᶜ እኪት : wickedness ᵈ ቢጽ : neighbor ᵉ ሲኦል : Sheol ᶠ ተቀተለ : Gt impf 2mpl, to be killed **99.12** ᵃ አሌ ል- : woe to! ᵇ ገብረ : G impf 2mpl, to build ᶜ መሠረት : foundation ᵈ *ኃጢአት : sin ᵉ ጕሕሉት : deceit ᶠ አምረረ : CG impf 3mpl, to embitter ᵍ ምድር : earth ʰ ተወድአ / ተወድዐ : Dt impf 3mpl, to come to an end **99.13** ᵃ አሌ ል- : woe to! ᵇ ነደቀ : G impf 3mpl, to build ᶜ ቤት : house ᵈ *ጻማ : labor, affliction ᵉ ባዕድ : other ᶠ መንድቅ : building material ᵍ ግንፋል : brick ʰ *እብን : stone ⁱ *ኃጢአት : sin ʲ ብሀለ : G impf 1cs, to say ᵏ ሰላም : peace **99.14** ᵃ አሌ ል- : woe to! ᵇ መነነ : D impf 3mpl, to reject ᶜ መስፈርት : measure ᵈ ርስት : inheritance ᵉ አብ : father ᶠ ዓለም : eternity ᵍ አትለወ : CG impf 3mpl, to cause to follow ʰ ነፍስ : soul ⁱ ጣዖት : idol ʲ ከነ : G impf 3ms, to be ᵏ ዕረፍት : rest **99.15** ᵃ አሌ ል- : woe to! ᵇ ገብረ : G impf 3mpl, to commit ᶜ *ዐመፃ : iniquity

: ለዓመፃር : ወይረድእዋd : ለግፍዕe : ወይቀትሉf : ቢጾሙg : እስከ : ዕለተh : ኩኔኔi : ዓባይj :: 16 እስመ : ያወድቅa : ስብሐቲከሙ·b : ወይወዲc : እከየd : ውስተ : ልብከሙe : ወያነሥእf : መንፈሰg : መዓቶh : ከመ : ያጥፉልከሙ·i : ለኩሎከሙ· : በሰይፍj : ወኩሎሙ· : ጻድቃንk : ወቅዱሳን1 : ይዜከሩm : ኃጢአተn : ዚአከሙ·::

100

1 ወበእማንቱ : መዋዕልa : በኔb መካንc : አበዉ·d : ምስለ : ውሉደሙe : ይትጋድኡ·f : ወአኃዉ·g : ምስለ : ቢጾሙ·h : ይወድቁi : በሞትj : እስከ : ይውኅዝk : ከመ : ተከዚl : አምዴሙm : ዚየሆሙ :: 2 እስመ : ብእሲa : ኢይክልእb : እዴሁ·c : እምወሉዱd : ወእምh : ውሉደe : ውሉዱf : ምሕረg : ከመ : ይቅትሎh : ወኃጥእ : ኢይክልእj : እዴሁ·k : እምነ : እኁሁ·l : ክቡርm : እምንኅn : እስከ : ተዓርብo : ፀሐይp : ወይትቃተሉ·q :: 3 ወየሐውርa : ፈረስb : እስከ : እንግድዓሁ·c : ውስተ : ደምd : ኃጥእe : ወሰረገላf : እስከ : መልዕልታg : ትሰጥምh :: 4 ወበእማንቱ : መዋዕልa : መላእክትb : ይወርዱc : ውስተ : ምግባእትd : ወያገብእዎሙ·e :

99.15 d ረድእ : *G impf 3mpl*, to help e ግፍዕ : oppression, violence f ቀተለ : *G impf 3mpl*, to kill g ቢጽ : neighbor h ዕለት : day i ኩኔኔ : judgment j *ዐቢይ : great
99.16 a አውደቀ : *CG impf 3ms*, to throw down b ስብሐት : glory c ወደየ : *G impf 3ms*, to put d እከይ : wickedness e ልብ : heart f አንሥአ : *CG impf 3ms*, to raise g መንፈስ : spirit h መዓት : wrath i *አህጉለ / አሕጉለ : *CG juss 3ms*, to destroy (ያጉልሙ·) j ሰይፍ : sword k ጻድቅ : righteous l ቅዱስ : holy m ዘከረ : *D impf 3mpl*, to remember n *ኃጢአት : sin
100.1 a መዋዕልት : day b ፩ : 1 c መካን : place d አብ : father e ወልድ : son f ተጋድአ : *Lt impf 3mpl*, to strike one another g እኍ· : brother h ቢጽ : neighbor i ወድቀ / ወደቀ : *G impf 3mpl*, to fall j ሞት : death k ውኅዘ / ውዕዘ : *G impf 3ms*, to flow l ተከዚ : river m ደም : blood **100.2** a ብእሲ : man b ክልአ : *G impf 3ms*, to withhold c እድ : hand d ወልድ : son e ወልድ : son f ወልድ : son g መሐረ / ምሕረ : *G inf*, to show mercy h ቀተለ : *G juss 3ms*, to kill i ኃጥእ : sinner j ክልአ : *G impf 3ms*, to withhold k እድ : hand l እኍ· : brother m ክቡር : honored n ነሕ : dawn o *ዐርበ / ዐረበ : *G impf 3fs*, to set (ተዐርብ) p *ፀሐይ : sun q ተቃተለ : *Lt impf 3mpl*, to kill one another **100.3** a ሐረ : *G impf 3ms*, to go b ፈረስ : horse c እንግድዓ : chest d ደም : blood e ኃጥእ : sinner f ሰረገላ : chariot g መልዕልት : height h ተሰጥመ : *Gt impf 3fs*, to sink **100.4** a መዋዕልት : day b መልአክ : angel c ወረደ : *G impf 3mpl*, to go down d ምግባእ : hiding place e አግብአ : *CG impf 3mpl*, to bring back

በጎfመካን፰ : ለኩሎሙ· : እላ : ይረድእዋh : ለኃጢአትi : ወይትነሣእj : ልዑልk : በይእቲ : ዕለትl : ከመ : ይግበርm : ኵነኔn : ዓቢየ° : እምኵሎሙ· : ኃጥአንp ። 5 ወዓቅብተa : ይሁብb : ዲበ : ኵሎሙ· : ጻድቃንc : ወቅዱሳንd : እመላእክተe : ቅዱሳንf : የዓቅብዎሙ፰ : ከመ : ብንተh : ዓይንh : እስከ : ይትዌዳእi : ኵሉ : እከይj : ወኵሉ : ኃጢአትk : ወእመኒl : ይነውሙ·m : ጻድቃንn : ንዋሞ : ነዋኀp : ወአልበሙ· : ዘየርርሖq ። 6 ወእሙ·a : ይሬእዩb : ሰብእc : ጠቢባንd : ወይሌብዉ·e : ውሉደf : ምድርg : ኵሎ : ነገረh : ዛቲ : መጽሐፍi : ወየአምሩj : ከመ : ኢይክልk : ብዕሎሙ·l : አድኅኖቶሙ·m : በሙዳቀn : ኃጢአቶሙ·° ። 7 አሌ : ለከሙ·a : ኃጥአንb : ሰበ : ታመነድብዎሙ·c : ለጻድቃንd : በዕለተ : ጻሕብf : ኃያል፰ : ወታንድድዎሙ·h : በእሳትi : ወትፈደይjj : በከመ : ምግባሪከሙ·k ። 8 አሌ : ለከሙ·a : ግፉኃንb : ልብc : እላ : ትተግሁ·d : ከመ : ትለብዎ·e : ለእኩይf : ወሀለወ፰ : ይርክብከሙ·h : ፍርሃትi : ወአልቦ : ዘየረድአከሙ·j ። 9 አሌ : ለከሙ·a : ኃጥአንb : እስመ : ዲበ : ቃለc : አፉከሙ·d : ወዲበ : ተግባሬe : እደዊከሙ·f

100.4 f፪ : 1 g መካን : place h ረድእ : G impf 3mpl, to help i *ኃጢአት : sin j ተንሥአ : Gt impf 3ms, to rise up k ልዑል : Most High l ዕለት : day m ገብረ : G juss 3ms, to execute n ኵነኔ : judgment ° *ዐቢይ : great p ኃጥእ : sinner **100.5** a ዐቅቢ : guardian b ወሀበ : G impf 3ms, to appoint c ጻድቅ : righteous d ቅዱስ : holy e መልአክ : angel f ቅዱስ : holy g ዐቀበ : *G impf 3mpl, to protect, guard (የዐቅብዎሙ·) h *ብንተ : ዐይን : pupil of the eye i ተወድአ / ተወድዐ : Dt impf 3ms, to come to an end j እከይ : wickedness k *ኃጢአት : sin l እመ : if m ኖመ : G impf 3mpl, to sleep n ጻድቅ : righteous ° ንዋም : sleep p ነዋኅ / ነዊኅ : long q ፈርሀ : G impf 3mpl, to fear **100.6** a እሙን : truly b ርእየ : G impf 3mpl, to see c ብእሲ : man d ጠቢብ : wise e ለበወ : D impf 3mpl, to understand f ወልድ : son g ምድር : earth h ነገር : word i መጽሐፍ : book j አእመረ : CG impf 3mpl, to know k ክህለ : G impf 3ms, to be able l ብዕል : riches m እድኅን : CG inf, to save n ሙዳቅ : ruin ° *ኃጢአት : sin **100.7** a አሌ ል- : woe to! b ኃጥእ : sinner c አመንደበ : CG impf 2mpl, to afflict d ጻድቅ : righteous e ዕለት : day f ጻሕብ : trouble g *ኃያል : severe h አንደደ : CG impf 2mpl, to burn (tr.) i እሳት : fire j ተፈድየ : Gt impf 2mpl, to be repaid k ምግባር : deed **100.8** a አሌ ል- : woe to! b *ግፉኅ : perverse c ልብ : heart d ተገሀ : G impf 2mpl, to apply oneself, be eager e ለበወ : D juss 2mpl, to devise f እኩይ : evil g ሁለ / ሀለወ : D perf 3ms, to be h ረከበ : G juss 3ms, to find i *ፍርሀት : fear j ረድአ : G impf 3ms, to help **100.9** a አሌ ል- : woe to! b ኃጥእ : sinner c ቃል : word d አፍ : mouth e ተግባር : deed f እድ : hand

: አለ ፡ ግብረ፨ ፡ ረሲዕከሙ·ʰ ፡ በዋዕዩⁱ ፡ ላህብʲ ፡ እሳትᵏ ፡ ትውዕዩˡ ። 10 ወይእዜኒª ፡ አአምሩᵇ ፡ ከመ ፡ መላእክትᶜ ፡ ይትኃሠሡᵈ ፡ ምግባሪከሙ·ᵉ ፡ በሰማይᶠ ፡ እምፀሐይ፨ ፡ ወእምወርኅʰ ፡ ወእምከዋክብትⁱ ፡ በእንተ ፡ ኃጢአትᵏʲ ፡ ዚአክሙ· ፡ እስመ ፡ በዲበ ፡ ምድርᵏ ፡ ትገብሩˡ ፡ ኃበ ፡ ጻድቃንᵐ ፡ ኵነኔⁿ ። 11 ወያስምዕªዕ ፡ ላዕሌክሙ· ፡ ኵሎ ፡ ደመናᵇ ፡ ወጊሜᶜ ፡ ወጠልᵈ ፡ ወዝናምᵉ ፡ እስመ ፡ ሀሎዉᶠ ፡ ኵሎሙ· ፡ ይትከልኡ፨ ፡ እምኔክሙ· ፡ ከመ ፡ ኢይረዱʰ ፡ ዲቤክሙ· ፡ ወኢይሕልዩⁱ ፡ ዲበ ፡ ኃጢአትክሙ·ʲ ። 12 ወይእዜኒª ፡ ሀቡᵇ ፡ አምኃᶜ ፡ ለዝናምᵈ ፡ ከመ ፡ ኢይትከላእᵉ ፡ ወሪደᶠ ፡ ዲቤክሙ· ፡ ወጠልᵍ ፡ እመʰ ፡ ተመጠወⁱ ፡ እምኔክሙ· ፡ ወርቅʲ ፡ ወብሩርᵏ ፡ ከመ ፡ ይረድˡ ። 13 ሶበª ፡ ይወድቅ ፡ ዲቤክሙ· ፡ አስሐትያᵇ ፡ ወሐመዳᶜ ፡ ወቁርᵈ ፡ ዚአሆሙ· ፡ ወኵሎ ፡ ነፋሳተᵉ ፡ ሐመዳᶠ ፡ ወኵሎ ፡ ፀዐራተᵍ ፡ ዚአሆሙ· ፡ በእማንቱ ፡ መዋዕልʰ ፡ ኢትክሉⁱ ፡ ቀዊመʲ ፡ ቅድሜሆሙ· ።

101

1 ጠይቅዋª ፡ ለሰማይᵇ ፡ ኵልክሙ· ፡ ዉ·ሉድᶜ ፡ ሰማይᵈ ፡ ወኵሎ ፡ ግብረᵉ ፡ ልዑልᶠ ፡ ወፍርሁ፨ ፡

100.9 ᵍ ግብር : deed ʰ ረስዐ : *G perf 2mpl*, to act impiously ⁱ ዋዕይ : heat ʲ ላህብ : flame ᵏ እሳት : fire ˡ ውዕየ : *G impf 2mpl*, to burn (intr.) **100.10** ª ይእዚ : now ᵇ አእመረ : *CG impv 2mpl*, to know ᶜ መልአክ : angel ᵈ ተኃሠሠ : *Lt impf 2mpl*, to inquire ᵉ ምግባር : deed ᶠ ሰማይ : heaven ᵍ *ፀሐይ : sun ʰ ወርኅ : moon ⁱ ከዋክብ : star ʲ *ኃጢአት : sin ᵏ ምድር : earth ˡ ገብረ : *G impf 2mpl*, to execute ᵐ ጻድቅ : righteous ⁿ ኵነኔ : judgment **100.11** ª አስምዐ : *CG impf 3ms*, to testify ᵇ ደመና : cloud ᶜ ጊሜ : mist ᵈ ጠል : dew ᵉ ዝናም : rain ᶠ ሀሎ / ሀለወ : *D perf 3mpl*, to be ᵍ ተከልአ : *Gt impf 3mpl*, to be withheld (ይትከልኡ) ʰ ወረደ : *G juss 3mpl*, to go down ⁱ ኃለየ / ሐለየ : *D impf 3mpl*, to think ʲ *ኃጢአት : sin **100.12** ª ይእዚ : now ᵇ ወሀበ : *G impv 2mpl*, to give ᶜ አምኃ : gift ᵈ ዝናም : rain ᵉ ተከልአ : *Gt juss 3fs*, to be withheld ᶠ ወረደ : *G inf*, to go down ᵍ ጠል : dew ʰ እመ : if ⁱ ተመጠወ : *Dt perf 3ms*, to accept ʲ ወርቅ : gold ᵏ ብሩር : silver ˡ ወረደ : *G juss 3ms*, to go down **100.13** ª ወድቀ / ወደቀ : *G impf 3ms*, to fall ᵇ አስሐትይ : frost ᶜ ሐመዳ : snow ᵈ ቍር : cold ᵉ ነፋስ : wind ᶠ ሐመዳ : snow ᵍ ጸዐር / ፀዐር : torment ʰ መዓልት : day ⁱ ክህለ : *G impf 2mpl*, to be able ʲ ቆመ : *G inf*, to stand

101.1 ª ጠየቀ : *D impv 2mpl*, to contemplate ᵇ ሰማይ : heaven ᶜ ወልድ : son ᵈ ሰማይ : heaven ᵉ ግብር : work ᶠ ልዑል : Most High ᵍ ፈርሀ : *G impv 2mpl*, to fear

እምኔሁ ፡ ወኢትግበሩ፡ʰ እኩይⁱ ፡ በቅድሜሁ ፨ 2 እማᵃ ፡ አፀወᵇ ፡ መስኮተᶜ ፡ ሰማይᵈ ፡ ወከልአኣᵉ ፡ ዝናመᶠ ፡ ወጠለገ ፡ ከመ ፡ ኢይረድʰ ፡ ዲበ ፡ ምድርⁱ ፡ በእንቲአከሙ ፡ ሚሀለወከሙʲ ፡ ትግበሩᵏ ፨ 3 ወእማᵃ ፡ ፈነወᵇ ፡ መዓቶ ፡ ዲቤከሙ ፡ ወዲበ ፡ ኵሉ ፡ ምግባሪከሙᵈ ፡ አኮ ፡ አንትሙ ፡ አለ ፡ ታስተበቁዕዎᵉ ፡ እስመ ፡ ትትናገሩᶠ ፡ ዲበ ፡ ጽድቁ ፡ ዘአሁ ፡ አቢያተʰ ፡ ወዕኑዓተⁱ ፡ ወአልብከሙ ፡ ሰላምʲ ፨ 4 ወኢትሬአይምኑᵃ ፡ ለነገሥተᵇ ፡ አሕማርᶜ ፡ እፎᵈ ፡ ይትሀወኩᵉ ፡ አሞገድᶠ ፡ ወያንቀለቅሉᵍ ፡ እምነፋሳትʰ ፡ አሕማሮሙⁱ ፡ ወይትመነደቡʲ ፨ 5 ወበእንተ ፡ ዝንቱ ፡ ይፈርሁᵃ ፡ እስመ ፡ ኵሉ ፡ ንዋዮሙᵇ ፡ ሠናይᶜ ፡ ይወፅእᵈ ፡ ውስተ ፡ ባሕረᵉ ፡ ምስሌሆሙ ፡ ወሠናይᶠ ፡ ኢይኄልዩᵍ ፡ በልቡሙʰ ፡ እስመ ፡ ባሕርⁱ ፡ ይውኅጠሙʲ ፡ ወይትጐሉᵏ ፡ ውስቴታ ፨ 6 አኮኑ ፡ ኵሉ ፡ ባሕርᵃ ፡ ወኵሉ ፡ ማያቲሁᵇ ፡ ወኵሉ ፡ ሑስታᶜ ፡ ግብርᵈ ፡ ልዑል ፡ ውእቱ ፡ ወውእቱ ፡ ኵሎ ፡ ግብራታᶠ ፡ ኃተመᵍ ፡ ወአሰረʰ ፡ ኵለንታሃⁱ ፡ በኖፃʲ ፨ 7 ወበተግሣፁᵃ ፡ ትየብስᵇ ፡ ወትፈርህᶜ ፡ ወኵሉ ፡ ዓሣቲሃᵈ ፡ ይመውቱᵉ ፡ ወኵሉ ፡ ዘሀሎᶠ ፡ ውስቴታ ፡ ወአንትሙ ፡ ኃጥአንᵍ ፡ አለ ፡ ውስተ ፡ ምድርʰ ፡ ኢትፈርህዎⁱ ፨ 8 አኮኑ ፡ ውእቱ ፡ ገብረᵃ ፡ ሰማየᵇ ፡

101.1 ʰ ገብረ : G juss 2mpl, to do ⁱ እኩይ : evil **101.2** ᵃ እም : if ᵇ *ዐጸወ / አጸወ : G perf 3ms, to close (አጸወ) ᶜ መስኮት : window ᵈ ሰማይ : heaven ᵉ ከልአ : G perf 3ms, to withhold ᶠ ዝናም : rain ᵍ ጠል : dew ʰ ወረደ : G juss 3ms, to go down ⁱ ምድር : earth ʲ ሀሎ / ሀለወ : D perf 3ms, to be ᵏ ገብረ : G juss 2mpl, to do **101.3** ᵃ እም : if ᵇ ፈነወ : D perf 3ms, to send ᶜ መዐት : wrath ᵈ ምግባር : deed ᵉ አስተበቍዐ : CGt impf 2mpl, to supplicate ᶠ ተናገረ : Lt impf 2mpl, to speak to ᵍ ጽድቅ : righteousness ʰ *ዐቢይ : lofty ⁱ *ጽኑዕ : hard ʲ ሰላም : peace **101.4** ᵃ ርእየ : G impf 2mpl, to see ᵇ ንጉሥ : king ᶜ *ሐመር : ship ᵈ እፎ : how ᵉ ተሀውከ / ተወከ / ተሆከ : Gt impf 3mpl, to be tossed about ᶠ ሞገድ : wave ᵍ አንቀልቀለ : CG impf 3mpl, to shake, vacillate ʰ ነፋስ : wind ⁱ ሐመር : ship ʲ ተመንደበ : Gt impf 3mpl, to be in distress **101.5** ᵃ ፈርሀ : G impf 3mpl, to fear ᵇ ንዋይ : possessions ᶜ ሠናይ : good ᵈ ወፅአ : G impf 3ms, to go out ᵉ ባሕር : sea ᶠ ሠናይ : good ᵍ *ኃለየ / ሐለየ : D impf 3mpl, to think (ኢይኄልዩ) ʰ ልብ : heart ⁱ ባሕር : sea ʲ ውኅጠ / ዋኅጠ : G impf 3ms, to swallow ᵏ *ተሀጕለ / ተሐጕለ : *Gt impf 3mpl, to be destroyed (ይትሀጐሉ) **101.6** ᵃ ባሕር : sea ᵇ ማይ : water ᶜ ሑስት : movement ᵈ ግብር : work ᵉ ልዑል : Most High ᶠ ግብር : deed ᵍ ኃተመ : *G perf 3ms, to seal (ኃተሙ) ʰ አሰረ : G perf 3ms, to bind ⁱ ኵለንታ : totality ʲ ኖፃ / ኖፃ : sand **101.7** ᵃ ተግሣጽ / ተግሣፅ : rebuke ᵇ የብሰ : G impf 3fs, to dry up ᶜ ፈርሀ : G impf 3fs, to fear ᵈ ዓሣ : fish ᵉ ሞተ : G impf 3mpl, to die ᶠ ሀሎ / ሀለወ : D perf 3ms, to be ᵍ ኃጥእ : sinner ʰ ምድር : earth ⁱ ፈርሀ : G impf 3fs, to fear **101.8** ᵃ ገብረ : G perf 3ms, to make ᵇ ሰማይ : heaven

ወምድረᶜ : ወኩሎ : ዘሀሎᵈ : ውስቴቶሙ· : ወመኑ : ወሀቦᵉ : ትምህርተᶠ : ወጥበቡᵍ : ለኩሎሙ·
: እለ : ይትሐወሱʰ : ዲበ : ምድርⁱ : ወእለ : ውስተ : ባሕርʲ :: 9 አኮ : ውእቶሙ· : ነገሥተᵃ
: አኀማርᵇ : ይፈርሁᶜᵖ : ለባሕርᵈ : ወኃጥአንሠᵉ : ለልዑልᶠ : ኢይፈርሁᵍᵖ ::

102

1 በእማንቱ : መዋዕልᵃ : ለእምᵇ : ወደየᶜ : ዲቤክሙ· : ዕጹብᵈ : እሳተᵉ : አይቴᶠ : ትነፍጹᵍ :
ወበአይቴʰ : ትድኅኑⁱ : ወሰበ : ይወዲʲ : ቃሎᵏ : ዲቤክሙ· : አኮ : ትትማህዉˡ : ወትፈርሁᵐ ::
2 ወኩሎሙ· : ብርሃናትᵃ : ይትወክኩᵇ : በፍርሃትᶜ : ዐቢይᵈ : ወኩላ : ምድርᵉ : ትትማህዉᶠ :
ወትርዕድᵍ : ወትጐንዕʰ :: 3 ወኩሎሙ· : መላእክትᵃ : ይፌጽሙᵇ : ትእዛዘሙᶜ : ወይፈቅዱᵈ :
ከመ : ይትኀብኡᵉ : እምቅድመ : ዐቢይᶠ : ስብሐትᵍ : ወይርዕዱʰ : ደቂቀⁱ : ምድርʲ : ወይትሀኩᵏ
: ወአንትሙ· : ኃጥአንˡ : ርጉማንᵐ : ለዓለም : ወአልብክሙ· : ሰላምᵒ : 4 ኢትፍርሁᵃ :
አንትሙ· : ነፍሳተᵇ : ጻድቃንᶜ : ወተሰፈዉᵈ : እለ : ሞትክሙ·ᵉ : በጽድቅᶠ :: 5 ወኢትጎዝኑᵃ

101.8 ᶜ ምድር : earth ᵈ ሀሎ / ሀለወ : D perf 3ms, to be ᵉ ወሀበ : G perf 3ms, to give ᶠ ትምህርት : science ᵍ ጥበብ : wisdom ʰ ተሐውስ / ተሐወስ / ተሐሰ : Gt impf 3mpl, to move (intr.) ⁱ ምድር : ground ʲ ባሕር : sea **101.9** ᵃ ንጉሥ : king ᵇ ሐመር : ship ᶜ ፈርሀ : G impf 3mpl, to fear ᵈ ባሕር : sea ᵉ ኃጥእ : sinner ᶠ ልዑል : Most High ᵍ ፈርሀ : G impf 3mpl, to fear **102.1** ᵃ መዓልት : day ᵇ እም : if ᶜ ወደየ : G perf 3ms, to throw ᵈ ዕጹብ / ዕጽብ : fierce ᵉ እሳት : fire ᶠ አይቴ : where ᵍ ነፍጸ : G impf 2mpl, to escape ʰ አይቴ : where ⁱ ድኅነ : G impf 2mpl, to be safe ʲ ወደየ : G impf 3ms, to throw ᵏ ቃል : voice ˡ ተማህወ : *Lt impf 2mpl, to be terrified (ትትማህዉ) ᵐ ፈርሀ : G impf 2mpl, to fear **102.2** ᵃ ብርሃን : light ᵇ ተዉክ / ተዉከ / ተሀከ : Gt impf 3mpl, to be shaken ᶜ ፍርሀት : fear ᵈ *ዐቢይ : great ᵉ ምድር : earth ᶠ ተማህወ : *Lt impf 3fs, to be terrified (ትትማህወ) ᵍ ርዕደ : G impf 3fs, to tremble ʰ ጐንዐ / ጐንዐ : D impf 3fs, to be restless **102.3** ᵃ መልአክ : angel ᵇ ፈጸመ : D impf 3mpl, to execute ᶜ ትእዛዘ : command ᵈ ፈቀደ : G impf 3mpl, to wish ᵉ *ተኀብአ : Gt impf 3mpl, to be hidden (ይትኀብኡ) ᶠ *ዐቢይ : great ᵍ ስብሐት : glory ʰ ርዕደ : G impf 3mpl, to tremble ⁱ ደቂቅ : child ʲ ምድር : earth ᵏ ተዉክ / ተሀከ / ተሀከ : Gt impf 3mpl, to be shaken ˡ ኃጥእ : sinner ᵐ ርጉም : cursed ⁿ ዓለም : eternity ᵒ ሰላም : peace **102.4** ᵃ ፈርሀ : G juss 2mpl, to fear ᵇ ነፍስ : soul ᶜ ጻድቅ : righteous ᵈ ተሰፈወ : Dt impv 2mpl, to hope ᵉ ሞተ : G perf 2mpl, to die ᶠ ጽድቅ : righteousness **102.5** ᵃ *ሐዘነ : G juss 2mpl, to be sad (ኢትሕዝኑ)

: እስመ፡ ወረደትᵇ፡ ነፍስከሙᶜ፡ ውስተ፡ ዓቢይᵈ፡ ምንዳቤᵉ፡ ወገዓርᶠ፡ ወናዕክᵍ፡ ወውስተ
: ሲኦልʰ፡ በኃዝንⁱ፡ ወኢረከበʲ፡ ሥጋከሙᵏ፡ በሕይወትከሙˡ፡ በከመ፡ ጌሩትከሙᵐ፡ አላ
: እንከⁿ፡ በዕለትᵒ፡ እንተ፡ ባቲ፡ ኮንከሙᵖ፡ ኃጥአነ፡ ወበዕለተʳ፡ መርገምˢ፡ ወመቅሠፍትᵗ ።
6 ወሰበ፡ ትመውቱᵃ፡ ይብሉᵇ፡ በላዕሌከሙ፡ ኃጥአንᶜ፡ ከመ፡ ሞትነᵈ፡ ሞቱ፡ ጻድቃንᶠ፡
ወምንት፡ ኮነᵍ፡ በቀኤቶሙʰ፡ በምግባሮሙⁱ፡ 7 ነዋ፡ ከማነ፡ ሞታ፡ በኃዝን፡ ወበጽልመትᶜ
: ወምንት፡ ፈድፋደሙᵈ፡ አምኔ፡ አምይእዜ፡ ተዓረይነᶠ ። 8 ወምንት፡ ይነሥኡᵃ፡ ወምንት፡
ይሬእይᵇ፡ ለዓለምᶜ፡ እስመ፡ አሙንቱሂ፡ ነዋ፡ ሞቱᵈ፡ ወእምይእዜ፡ ለዓለምᶠ፡ ኢይሬእዩᵍ፡
ብርሃነʰ ። 9 እብለከሙᵃ፡ አንትሙ፡ ኃጥአንᵇ፡ አክሊከሙᶜ፡ በሊዕᵈ፡ ወስትይᵉ፡ ወዐይርቆትᶠ
: ሰብእᵍ፡ ወሐይድʰ፡ ወኃጢአትⁱ፡ ወጥሮየትʲ፡ ንዋይᵏ፡ ወርእየˡ፡ መዋዕልᵐ፡ ሠናይⁿ ።
10 ርኢክሙᵃ፡ ለጻድቃን፡ እፎᶜ፡ ኮነᵈ፡ ተፍጻሜቶሙᵉ፡ ሰላምᶠ፡ እስመ፡ ኩሉ፡ ግፍዕᵍ
: ኢተረከበʰ፡ ላዕሌሆሙ፡ እስከ፡ ዕለተⁱ፡ ሞቶሙʲ ። 11 ወተኃጉሉᵃ፡ ወኮኑᵇ፡ ከመ፡ ዘኢኮኑᶜ
: ወወረዱᵈ፡ ውስተ፡ ሲኦልᵉ፡ ነፍሳቲሆሙᶠ፡ በምንዳቤᵍ ።

102.5 ᵇ ወረደ : G perf 3fs, to go down ᶜ ነፍስ : soul ᵈ *ዐቢይ : great ᵉ ምንዳቤ : distress ᶠ ገዐር / ገዓር / ገአር : cry ᵍ ናእክ / ናዕክ : groaning ʰ ሲኦል : Sheol ⁱ *ሐዘን : sadness, grief ʲ ረከበ : G perf 3ms, to obtain ᵏ ሥጋ : body ˡ ሕይወት : life ᵐ ጌሩት : goodness ⁿ እንከ : then ᵒ ዕለት : day ᵖ ኮነ : G perf 2mpl, to become ᵠ ኃጥእ : sinner ʳ ዕለት : day ˢ መርገም : curse ᵗ መቅሠፍት : punishment **102.6** ᵃ ሞተ : G impf 2mpl, to die ᵇ ብህለ : G impf 3mpl, to say ᶜ ኃጥእ : sinner ᵈ ሞተ : G perf 1cpl, to die ᵉ ሞተ : G perf 3mpl, to die ᶠ ጻድቅ : righteous ᵍ ኮነ : G perf 3ms, to be ʰ በቀዔት : use, profit ⁱ ምግባር : deed **102.7** ᵃ ሞተ : G perf 3mpl, to die ᵇ *ሐዘን : sadness, grief ᶜ ጽልመት : darkness ᵈ ፈድፋድ : advantage ᵉ ይእዜ : now ᶠ ተዓረየ : Lt perf 1cpl, to become equal to one another **102.8** ᵃ ነሥአ : G impf 3mpl, to receive ᵇ ርእየ : G impf 3mpl, to see ᶜ ዓለም : eternity ᵈ ሞተ : G perf 3mpl, to die ᵉ ይእዜ : now ᶠ ዓለም : eternity ᵍ ርእየ : G impf 3mpl, to see ʰ ብርሃን : light **102.9** ᵃ ብህለ : G impf 1cs, to say ᵇ ኃጥእ : sinner ᶜ አክለ : G perf 3ms, to be enough ᵈ በልዐ : G inf, to eat ᵉ ስትየ : G inf, to drink ᶠ አዕረቀ : CG inf, to strip bare ᵍ ብእሲ : man ʰ ሄደ / ሐደ : G inf, to rob ⁱ *ኃጢአት : sin ʲ አጥረየ : CG inf, to acquire ᵏ ንዋይ : possessions ˡ ርእየ : G inf, to see ᵐ መዋዕልት : day ⁿ ሠናይ : good **102.10** ᵃ ርእየ : G perf 2mpl, to see ᵇ ጻድቅ : righteous ᶜ እፎ : how ᵈ ኮነ : G perf 3ms, to be ᵉ ተፍጻሜት : end ᶠ ሰላም : peace ᵍ ግፍዕ : oppression, violence ʰ ተረከበ : Gt perf 3ms, to be found ⁱ ዕለት : day ʲ ሞት : death **102.11** ᵃ *ተሃጉለ / ተሐጉለ : *Gt perf 3mpl, to be destroyed (ተህጉሉ) ᵇ ኮነ : G perf 3mpl, to become ᶜ ኮነ : G perf 3mpl, to be ᵈ ወረደ : G perf 3mpl, to go down ᵉ ሲኦል : Sheol ᶠ ነፍስ : soul ᵍ ምንዳቤ : distress

103

1 ወይእዜኒᵃ ፡ አነ ፡ እምሕልብ ፡ ለክሙ ፡ ለጻድቃንᶜ ፡ በዐቢይᵈ ፡ ስብሐቱᵉ ፡ ወክብሩᶠ ፡ ወክበሩᵍ ፡ መንግሥቱʰ ፡ ወበዐቢዪ ፡ እምሕልʲ ፡ ለክሙ ። 2 እስመ ፡ አነ ፡ አአምርᵃ ፡ ዘንተ ፡ ምሥጢረᵇ ፡ ወአንበብኩᶜ ፡ በጸፍጸፈᵈ ፡ ሰማይᵉ ፡ ወርኢኩᶠ ፡ ጽሕፈተᵍ ፡ ቅዱሳንʰ ፡ ወረከብኩⁱ ፡ ጽሑፈʲ ፡ ውስቴቱ ፡ ወልኩአᵏ ፡ በእንቲአሆሙ ። 3 እስመ ፡ ኵሉ ፡ ሠናይᵃ ፡ ወፍሥሓᵇ ፡ ወክብርᶜ ፡ ተደለወᵈ ፡ ሎሙ ፡ ወተጽሕፈᵉ ፡ ለመናፍስቲሆሙᶠ ፡ ለእለ ፡ ሞቱᵍ ፡ በጽድቅʰ ፡ ወበብዙኅⁱ ፡ ሠናይʲ ፡ ይትወሀብᵏ ፡ ለክሙ ፡ ተክለˡ ፡ ዓማኩሙᵐ ፡ ወክፍልክሙⁿ ፡ ፈድፋደᵒ ፡ እምክፍለᵖ ፡ ሕያዋንᑫ ። 4 ወየሐይዉᵃ ፡ መንፈስክሙᵇ ፡ ለእለ ፡ ሞትክሙᶜ ፡ በጽድቅᵈ ፡ ወይትፌሥሑᵉ ፡ ወይትኃሠዩᶠ ፡ መናፍስቲሆሙᵍ ፡ ወተዝካሮሙʰ ፡ እምቅድመ ፡ ገጹⁱ ፡ ለዐቢይʲ ፡ ለኵሉ ፡ ትውልድᵏ ፡ ዓለምˡ ፡ ወይእዜኒᵐ ፡ ኢትፍርሁⁿ ፡ ለኃሣሮሙᵒ ። 5 አሌ ፡ ለክሙᵃ ፡ ኃጥአንᵇ ፡ ሶበ ፡ ትመውቱᶜ ፡ በኃጢአትክሙᵈ ፡ ወይቤሉᵉ ፡ እሉ ፡ እለ ፡ ከማክሙ ፡ ዲቤክሙ ፡ ብፁዓንᶠ ፡ እሙንቱ ፡ ኃጥአንᵍ ፡ ኵሎሙ ፡ መዋዕሎሙʰ ፡ ርእዩⁱ ። 6 ወይእዜኒᵃ ፡ ሞቱᵇ

103.1 ᵃ ይእዜ : now ᵇ መሐለ : G impf 1cs, to swear ᶜ ጻድቅ : righteous ᵈ *ዐቢይ : great ᵉ ስብሐት : glory ᶠ ክብር : glory ᵍ ክቡር : glorious ʰ መንግሥት : kingdom, dominion ⁱ ዐቢይ : majesty ʲ መሐለ : G impf 1cs, to swear **103.2** ᵃ አእመረ : CG impf 1cs, to understand ᵇ *ምስጢር : mystery ᶜ አንበበ : CG perf 1cs, to read ᵈ ጸፍጸፍ : tablet ᵉ ሰማይ : heaven ᶠ ርእየ : G perf 1cs, to see ᵍ ጽሕፈት : writing ʰ ቅዱስ : holy ⁱ ረከበ : G perf 1cs, to find ʲ ጽሑፍ : written ᵏ ልኩእ / ልኩዕ : inscribed **103.3** ᵃ ሠናይ : good ᵇ ፍሥሓ : joy ᶜ ክብር : glory ᵈ ተደለወ : Dt perf 3ms, to be prepared ᵉ ተጽሕፈ : Gt perf 3ms, to be written ᶠ መንፈስ : spirit ᵍ ሞተ : G perf 3mpl, to die ʰ ጽድቅ : righteousness ⁱ ብዙኅ : much ʲ ሠናይ : good ᵏ ተውህበ : Gt impf 3ms, to be given ˡ ተከለ : in recompense for ᵐ *ጻማ : labor, trouble ⁿ ክፍል : part, portion ᵒ ፈድፋደ : more ᵖ ክፍል : part, portion ᑫ ሕያው : living **103.4** ᵃ ሐይወ : G impf 3ms, to live ᵇ መንፈስ : spirit ᶜ ሞተ : G perf 2mpl, to die ᵈ ጽድቅ : righteousness ᵉ ተፈሥሐ : Dt impf 3mpl, to rejoice ᶠ *ተሐሥየ / ተሐሠየ : Gt impf 3mpl, to exult (ይትሐሠዩ) ᵍ መንፈስ : spirit ʰ ተዝካር : memory ⁱ ገጽ : presence ʲ *ዐቢይ : great ᵏ ትውልድ : generation ˡ ዓለም : eternity ᵐ ይእዜ : now ⁿ ፈርሀ : G juss 2mpl, to fear ᵒ *ኃሳር / ኃሣር : dishonor, wretchedness **103.5** ᵃ አሌ ል- : woe to! ᵇ ኃጥእ : sinner ᶜ ሞተ : G impf 2mpl, to die ᵈ *ኃጢአት : sin ᵉ ብሀለ : G impf 2mpl, to say ᶠ ብጹዕ / ብፁዕ : blessed ᵍ ኃጥእ : sinner ʰ መዋዕል : day ⁱ ርእየ : G perf 3mpl, to see **103.6** ᵃ ይእዜ : now ᵇ ሞተ : G perf 3mpl, to die

: በሠናይ᪦ᶜ : ወብዕልᵈ : ወምንዳቤᵉ : ወቀትለᶠ : ኢርእዩ፰ : በሕይወቶሙʰ : ወበስብሐትⁱ :
ሞቱʲ : ወኮነኬᵏ : ኢተገብረˡ : ሎሙ : በሕይወቶሙᵐ :: 7 ተአምርዎሙ·ᵃ : እስመ : ውስተ :
ሲኦልᵇ : ያወርድዎሙ·ᶜ : ለነፍሳቲሆሙ·ᵈ : ወእኩተᵉ : ይከውንᶠ : ወምንዳቤሆሙ·ᵍ : ዐቢᶜʰ ::
8 ወበጽልመትᵃ : ወበመርበብትᵇ : ወበላህብᶜ : ዘይነድድᵈ : ኀበ : ኩነኔᵉ : ዐቢይᶠ : ትበውእ፰
: መንፈስከሙ·ʰ : ወኩነኔⁱ : ዐባይʲ : ትከውንᵏ : ለኩሉ : ትውልድˡ : እስከ : ለዓለምᵐ : አሌ
: ለከሙ·ⁿ : እስመ : አልበከሙ· : ሰላምᵒ :: 9 ኢትብልዎᵐ·ᵃ : ለጻድቃንᵇ : ወለኄራንᶜ : እለ :
ሀለዉᵈ : ውስተ : ሕይወትᵉ : በመዋዕለᶠ : ሥራሕ፰ : ጸጋʰ : ጸመውነⁱ : ወኮሎ : ሥራኀʲ :
ርኢነᵏ : ወእኪተˡ : ብዙኀᵐ : ረከብነ : ወተዳዕነᵒ : ወኁዳነᵖ : ወንስትፋ : መንፈስነʳ ::
10 ወተኀጐልነᵃ : ወአልቦ : ዘረድአነᵇ : በነገርᶜ : ወበምግባርᵈ : ስእነᵉ : ወኢምንተኒ :
ኢረከብነᶠ : ወተዐርግ፰ : ወተኀጐልነʰ : ወኢተሰፈውነⁱ : ከመ : ንርአይʲ : ሕይወተᵏ : ዕለተˡ
: እምዕለትᵐ :: 11 ወተሰፈውነᵃ : ንኩንᵇ : ርእሰᶜ : ወኮነᵈ : ዘነበ : ጸመውነᶠ : እንዘ :

103.6 ᶜ ሠናይ : good ᵈ ብዕል : wealth ᵉ ምንዳቤ : distress ᶠ ቀትል : slaughter ᵍ ርእየ : *G perf 3mpl*, to see ʰ ሕይወት : life ⁱ ስብሐት : glory ʲ ሞተ : *G perf 3mpl*, to die ᵏ ኮነ : judgment ˡ ተገብረ : *Gt perf 3ms*, to be executed ᵐ ሕይወት : life **103.7** ᵃ አእመረ : *CG impv 2mpl*, to know ᵇ ሲኦል : Sheol ᶜ አውረደ : *CG impf 3mpl*, to make go down ᵈ ነፍስ : soul ᵉ እኩይ : evil ᶠ ኮነ : *G impf 3fpl*, to be ᵍ ምንዳቤ : distress ʰ *ዐቢይ : great **103.8** ᵃ ጽልመት : darkness ᵇ መርበብት : net ᶜ ላህብ : flame ᵈ ነደ / ነደደ : *G impf 3ms*, to burn ᵉ ኮነኔ : judgment ᶠ *ዐቢይ : great ᵍ በአ : *G impf 3fs*, to enter ʰ መንፈስ : spirit ⁱ ኮነኔ : judgment ʲ ዐቢይ : great ᵏ ኮነ : *G impf 3fs*, to be ˡ ትውልድ : generation ᵐ ዓለም : eternity ⁿ አሌ ል- : woe to! ᵒ ሰላም : peace **103.9** ᵃ ብሀለ : *G juss 2mpl*, to say ᵇ ጻድቅ : righteous ᶜ ኄር : good ᵈ ሀለወ / ሀለወ : *D perf 3mpl*, to be ᵉ ሕይወት : life ᶠ መዓልት : day ᵍ *ሥራሕ : labor, sorrow ʰ ጸጋ : labor, trouble ⁱ ጸመወ : *L perf 1cpl*, to toil ʲ *ሥራሕ : labor, sorrow ᵏ ርእየ : *G perf 1cpl*, to see ˡ እኪይ : misfortune, wickedness ᵐ ብዙኀ : much, abundance ⁿ ረከበ : *G perf 1cpl*, to find ᵒ ተወድአ / ተወድዐ : *Dt perf 1cpl*, to be exhausted ᵖ ውኅደ / ውሕደ : *G perf 1cpl*, to become few ᵠ ንእሰ : **G perf 3fs*, to become small (ንእስት) ʳ መንፈስ : spirit **103.10** ᵃ *ተሀጐላ / ተሐጕላ : **Gt perf 1cpl*, to be destroyed (ተሀጐልነ) ᵇ ረድአ : *G perf 3ms*, to help ᶜ ነገር : word ᵈ ምግባር : deed ᵉ ስእነ : *G perf 1cpl*, to be unable ᶠ ረከበ : *G perf 1cpl*, to find ᵍ *ተጸዐረ / ተጸዐረ : *Gt perf 1cpl*, to be tormented (ተጸዐርነ) ʰ *ተሀጐላ / ተሐጕላ : **Gt perf 1cpl*, to be destroyed (ተሀጐልነ) ⁱ ተሰፈወ : *Dt perf 1cpl*, to expect ʲ ርእየ : *G juss 1cpl*, to see ᵏ ሕይወት : life ˡ ዕለት : day ᵐ ዕለት : day **103.11** ᵃ ተሰፈወ : *Dt perf 1cpl*, to hope ᵇ ኮነ : *G juss 1cpl*, to become ᶜ ርእስ : head ᵈ ኮነ : *G perf 1cpl*, to become ᵉ ዘነብ : tail ᶠ ጸመወ : *L perf 1cpl*, to toil

1 Enoch 103.11–15

ንትጌበርᵍ ፡ ወኢሰለጥነʰ ፡ ዲበ ፡ ፃማነⁱ ፡ ወኮነʲ ፡ መባልዕተᵏ ፡ ለኃጥኣንˡ ፡ ወአማዕያንᵐ ፡ አክበዱⁿ ፡ ላዕሌነ ፡ ዓርዑቶᵒ ፡ ዘአሆሙ ፡፡ 12 ወተሰልጡ·ᵃ ፡ ዲቤነ ፡ እለ ፡ ይጸልኡነᵇ ፡ ወእለ ፡ ይደጕጹነᶜ ፡ ወለእለ ፡ ይጸልኡነᵈ ፡ አትሐትነ⁷ ፡ ክሳደነᶠ ፡ ወኢመሐሩነᵍ ፡፡ 13 ወፈቀድነᵃ ፡ ንሐርᵇ ፡ እምኔሆሙ ፡ ከመ ፡ ንንፍጽᶜ ፡ ወናዕርፍᵈ ፡ ወኢረከብነ⁷ ፡ ኀበ ፡ ንጕይይᶠ ፡ ወንድኀንᵍ ፡ እምኔሆሙ ፡፡ 14 ወሰከይናሆሙ·ᵃ ፡ ኀበ ፡ መላእክትᵇ ፡ በምንዳቤነᶜ ፡ ወጸራኅነᵈ ፡ ዲበ ፡ እለ ፡ ይበልዑነ⁷ ፡ ወጽራኃፍ ፡ ዚአን ፡ ኢይሬእዩᵍ ፡ ወኢይፈቅዱʰ ፡ ከመ ፡ ይስምዑⁱ ፡ ቃለነʲ ፡፡ 15 ወይረድእዎሙ·ᵃ ፡ ለእለ ፡ የሐይዱነᵇ ፡ ወይበልዑነᶜ ፡ ወለእለ ፡ አውሐዱነᵈ ፡ ወሐብእᵉ ፡ ግፍዖሙᶠ ፡ ወኢያወዕሉᵍ ፡ እምነ ፡ አርዑቶሙʰ ፡ አላ ፡ ይበልዑᵢ ፡ ወይዘርዝሩነʲ ፡ ወይቀትሉነᵏ ፡ ወይኀብኡˡ ፡ ቀትለነᵐ ፡ ወኢተዘከሩⁿ ፡ ከመ ፡ አንሥኡᵒ ፡ እደዊሆሙᵖ ፡ ላዕሌነ ፡፡

103.11 ᵍ ተገበረ : *Dt impf 1cpl*, to labor ʰ *ሠለጠ : G/D perf 1cpl*, to be master (ኢሠለጥነ) ⁱ ጻማ : labor, trouble ʲ ኮነ : *G perf 1cpl*, to be ᵏ መብልዕ : food ˡ ኃጥእ : sinner ᵐ ዐማፂ / አማፂ : wrongdoer ⁿ አክበደ : *CG perf 3mpl*, to make heavy ᵒ *አርዑት : yoke **103.12** ᵃ *ተሠልጠ : *Gt perf 3mpl*, to exercise authority (ተሠልጡ·) ᵇ ጸልአ : *G impf 3mpl*, to hate ᶜ ደጕጸ : *G impf 3mpl*, to goad ᵈ ጸልአ : *G impf 3mpl*, to hate ᵉ አትሐተ : *CG perf 1cpl*, to subject ᶠ ክሳድ : neck ᵍ መሐረ / ምሕረ : *G perf 3mpl*, to show mercy **103.13** ᵃ ፈቀደ : *G perf 1cpl*, to desire, seek ᵇ ሐረ : *G juss 1cpl*, to go (ንሐር) ᶜ ነፍጸ : *G juss 1cpl*, to escape ᵈ አዕረፈ : *CG juss 1cpl*, to rest ᵉ ረከበ : *G perf 1cpl*, to find ᶠ ጐየ : *G impf 1cpl*, to run away ᵍ ድኅነ : *G impf 1cpl*, to be safe **103.14** ᵃ ሰከየ : *G perf 1cpl*, to complain ᵇ መልአክ : chief ᶜ ምንዳቤ : distress ᵈ ጸርኀ : *G perf 1cpl*, to cry out ᵉ በልዐ : *G impf 3mpl*, to devour ᶠ ጽራኅ : outcry ᵍ ርእየ : *G impf 3mpl*, to see ʰ ፈቀደ : *G impf 3mpl*, to wish ⁱ ስምዐ : *G juss 3mpl*, to listen ʲ ቃል : voice **103.15** ᵃ ረድአ : *G impf 3mpl*, to help ᵇ ሄደ / ሐደ : *G impf 3mpl*, to plunder ᶜ በልዐ : *G impf 3mpl*, to devour ᵈ አውሐደ / አውሐደ : *CG perf 3mpl*, to make few ᵉ *ኀብአ : *G impf 3mpl*, to hide (የኀብኡ) ᶠ ግፍዕ : oppression, violence ᵍ አውዕለ : *CG impf 3mpl*, to remove ʰ አርዑት : yoke ⁱ በልዐ : *G impf 3mpl*, to devour ʲ ዘርዘረ : *G impf 3mpl*, to scatter ᵏ ቀተለ : *G impf 3mpl*, to kill ˡ ኀብአ : *G impf 3mpl*, to hide ᵐ ቀትል : slaughter ⁿ ተዘከረ : *Dt perf 3mpl*, to remember ᵒ አንሥአ : *CG perf 3mpl*, to raise ᵖ እድ : hand

104

1 እምሕላª ፡ ለከሙ ፡ ጻድቃንᵇ ፡ እስመ ፡ በሰማይᶜ ፡ ይዜከሩᵈ ፡ መላዕክትᵉ ፡ በእንቲአክሙ ፡ ለሠናይᶠ ፡ በቅድም ፡ ስብሐቲሁᵍ ፡ ለዓቢይʰ ፡ እስማቲክሙⁱ ፡ ይጻሐፍʲ ፡ በቅድም ፡ ስብሐቲሁᵏ ፡ ለዓቢይˡ ፡፡ 2 ተሰፈዉª ፡ እስመ ፡ በቀዳሚᵇ ፡ ኀሠርክሙᶜ ፡ በእከይᵈ ፡ ወበስራዬ ፡ ወይእዜኒᶠ ፡ ትበርሁᵍ ፡ ከመ ፡ ብርሃናትʰ ፡ ሰማይⁱ ፡ ወትረአዩʲ ፡ ወኆኃተᵏ ፡ ሰማይˡ ፡ ይትረኀዉᵐ ፡ ለክሙ ፡፡ 3 ወጽራኃª ፡ ዚአክሙ ፡ ኩኔᵇ ፡ ጽርሑᶜ ፡ ወያስተርኢᵈ ፡ ለክሙ ፡ እስመ ፡ እምነ ፡ መላእክትᵉ ፡ ይትኃሠሥᶠ ፡ ኩሎ ፡ ምንዳቤክሙᵍ ፡ ወእምኵሎሙ ፡ እለ ፡ አርድአሙʰ ፡ ለእለ ፡ የሐይዱክሙⁱ ፡፡ 4 ተሰፈዉª ፡ ወኢትኅድጉᵇ ፡ ተስፋክሙᶜ ፡ እስመ ፡ ትከውንᵈ ፡ ለክሙ ፡ ፍሥሓᵉ ፡ ዓባይᶠ ፡ ከመ ፡ መላእክተᵍ ፡ ሰማይʰ ፡፡ 5 እንተ ፡ ሀለውክሙª ፡ ትገብሩᵇ ፡ አኮ ፡ ትትኃብኡᶜ ፡ ሀለውክሙᵈ ፡ በዕለተᵉ ፡ ኩኔᶠ ፡ ዓባይᵍ ፡ ወኢትትረከቡʰ ፡ ከመ ፡ ኃጥአንⁱ ፡ ወኩኔʲ ፡ እንተ ፡ ለዓለምᵏ ፡ ትከውን ፡ እምኔክሙ ፡ ለኵሉ ፡ ትውልደᵐ ፡ ዓለምⁿ ፡፡ 6 ወይእዜª ፡ ኢትፍርሁᵇ

104.1 ª መሐለ : G impf 1cs, to swear ᵇ ጻድቅ : righteous ᶜ ሰማይ : heaven ᵈ ተዘከረ : Dt impf 3mpl, to remember ᵉ መልአክ : angel ᶠ ሠናይ : good ᵍ ስብሐት : glory ʰ *ዐቢይ : great ⁱ ስም : name ʲ ተጽሐፈ : Gt impf 3ms, to be written ᵏ ስብሐት : glory ˡ *ዐቢይ : great 104.2 ª ተሰፈወ : Dt impv 2mpl, to hope ᵇ ቀዳሚ : formerly ᶜ ኀሰረ / ኀሥረ : *G perf 2mpl, to be disgraced, humbled (ኀሠርክሙ) ᵈ እከይ : misfortune, wickedness ᵉ *ስራሕ : labor, sorrow ᶠ ይእዜ : now ᵍ በርሀ : G impf 2mpl, to shine ʰ ብርሃን : light ⁱ ሰማይ : heaven ʲ ተርእየ : Gt impf 2mpl, to be seen ᵏ ኆኅት : gate ˡ ሰማይ : heaven ᵐ ተርኅወ : Gt impf 3mpl, to be opened (ይትረኀዉ) 104.3 ª ጽራኅ : outcry ᵇ ኩኔ : judgment ᶜ *ጸርኀ : G impv 2mpl, to cry out (ጽርኁ) ᵈ አስተርአየ : CGt impf 3ms, to appear ᵉ መልአክ : chief ᶠ ተኀሠ / ተኀሠሠ : *Gt impf 3ms, to be sought, scrutinized (ይትኃሠሥ) ᵍ ምንዳቤ : distress ʰ አርድአ : CG perf 3mpl, to help ⁱ ሄደ / ሐየደ : G impf 3mpl, to plunder 104.4 ª ተሰፈወ : Dt impv 2mpl, to hope ᵇ ኀደገ : G juss 2mpl, to abandon ᶜ ተስፋ : hope ᵈ ኮነ : G impf 3fs, to be ᵉ ፍሥሓ : joy ᶠ *ዐቢይ : great ᵍ መልአክ : angel ʰ ሰማይ : heaven 104.5 ª ሀሎ / ሀለወ : D perf 2mpl, to be ᵇ ገብረ : G juss 2mpl, to do ᶜ ተኀብአ : *Gt impf 2mpl, to be hidden (ትትኃብኡ) ᵈ ሀሎ / ሀለወ : D perf 2mpl, to be ᵉ ዕለት : day ᶠ ኩኔ : judgment ᵍ *ዐቢይ : great ʰ ተረክበ : Gt impf 2mpl, to be found ⁱ ኃጥእ : sinner ʲ ኩኔ : judgment ᵏ ዓለም : eternity ˡ ኮነ : G impf 3fs, to be ᵐ ትውልድ : generation ⁿ ዓለም : eternity 104.6 ª ይእዜ : now ᵇ ፈርሀ : G juss 2mpl, to fear

1 Enoch 104.6–11

: ጻድቃንᶜ : ሰበ : ትሬአይዎሙ·ᵈ : ለኃጥአንᵉ : ይጸንዑ·ᶠ : ወይዴለዉ፤ : በፍትወቶሙ·ʰ :
ወኢትኩኑⁱ : ሱቱፋነʲ : ምስሌሆሙ· : አላ : ረሐቁᵏ : እምግፍዓˡ : ዚአሆሙ· : እስመ : ለሐራᵐ
: ሰማይⁿ : ሀለወክሙ·ᵒ : ሱቱፋነᵖ : ትኩኑ፥ ። 7 እስመ : ትብሉᵃ : አንትሙ : ኃጥአንᵇ :
ኢ.ኀሠሡ·ᶜ : ወኢይጻሐፍᵈ : ኩሉ : ኃጢአትነᵉ : ይጽሐፉᶠ : ሀለዉ፤ : ኩሎ : ኃጢአተክሙ·ʰ
: በኩሉ : ዕለትⁱ ። 8 ወይእዜኒᵃ : አነ : አርእየክሙ·ᵇ : እስመ : ብርሃንᶜ : ወጽልመትᵈ : ዕለተᵉ
: ወሌሊትᶠ : ይሬእዩᵍ : ኩሎ : ኃጢአተክሙ·ʰ ። 9 ኢትርስዑᵃ : በልብክሙ·ᵇ : ወኢተሐሱ·ᶜ
: ወኢትሚጥዎᵈ : ለነገረᵉ : ርቱዕᶠ : ወኢታሐስዉ·ʷᵍ : ለነገረʰ : ቅዱስⁱ : ወዐቢይʲ :
ወኢትሰብሕዎᵏ : ለጣዖትክሙ·ˡ : እስመ : ኢኮነትᵐ : ኩላ : ሐስትክሙ·ⁿ ወኩሉ : ርስአንክሙ·ᵒ
: ለጽድቅᵖ : አላ : ለኃጢአትᵠ : ዐቢይʳ : 10 ወይእዜኒᵃ : አነ : አአምሮᵇ : ለዝ : ምሥጢርᶜ :
እስመ : ነገረᵈ : ርቱዕᵉ : ይመይጡ·ᶠ : ወየአልዉ፤ : ብዙኃንʰ : ኃጥአንⁱ : ወይትናገሩ፤ʲ : ነገረተᵏ
: እኩያተˡ : ወይሔስዉ·ᵐ : ወይፈጥሩ·ⁿ : ፍጥረተᵒ : ዐቢያተᵖ : ወመጻሕፍተᵠ : ይጽሐፉʳ :
ዲበ : ነገራቲሆሙ·ˢ ። 11 ወሰበ : ኩሎ : ነገርᵃ : ይጽሐፉ·ᵇ : በርትዕᶜ : ዲበ : ልሳናቲሆሙ·ᵈ

104.6 ᶜ ጻድቅ : righteous ᵈ ርእየ : *G impf 2mpl*, to see ᵉ ኃጥአ : sinner ᶠ ጸንዐ : *G impf 3mpl*, to be strong (ይጸንዑ·) ᵍ ተደለወ : *Dt impf 3mpl*, to prosper ʰ ፍትወት : desire ⁱ ኮነ : *G juss 2mpl*, to be ʲ ሱቱፍ : companion ᵏ ርሕቀ : *G impv 2mpl*, to keep far off ˡ ግፍዕ : oppression, violence ᵐ ሐራ : army ⁿ ሰማይ : heaven ᵒ ሀሎ / ሀለወ : *D perf 3ms*, to be ᵖ ሱቱፍ : companion ᵠ ኮነ : *G juss 2mpl*, to be **104.7** ᵃ ብህለ : *G impf 2mpl*, to say ᵇ ኃጥአ : sinner ᶜ ተኀሠወ / ተኀሥሠ : *Gt impf 3ms*, to be sought, scrutinized (ኢ.ይትኀሠሡ) ᵈ ተጸሐፈ : *Gt impf 3ms*, to be written ᵉ *ኃጢአት : sin ᶠ ጸሐፈ : *G impf 3mpl*, to write ᵍ ሀሎ / ሀለወ : *D perf 3mpl*, to be ʰ *ኃጢአት : sin ⁱ ዕለት : day **104.8** ᵃ ይእዜ : now ᵇ አርአየ : *CG impf 1cs*, to show ᶜ ብርሃን : light ᵈ ጽልመት : darkness ᵉ ዕለት : day ᶠ ሌሊት : night ᵍ ርእየ : *G impf 3mpl*, to see ʰ *ኃጢአት : sin **104.9** ᵃ ረስዐ : *G juss 2mpl*, to be impious ᵇ ልብ : heart ᶜ ሐሰወ : *D juss 2mpl*, to lie (ኢ.ተሐስዉ·) ᵈ ሜጠ : *G juss 2mpl*, to change ᵉ ነገር : word ᶠ ርቱዕ : truth ᵍ አሐሰወ : *CD juss 2mpl*, to declare to be a lie ʰ ነገር : word ⁱ ቅዱስ : holy ʲ *ዐቢይ : great ᵏ ሰብሐ : *D juss 2mpl*, to praise ˡ ጣዖት : idol ᵐ ኮነ : *G perf 3fs*, to be ⁿ ሐስት : lie ᵒ ርስዓን / ርስአን : impiety ᵖ ጽድቅ : righteousness ᵠ *ኃጢአት : sin ʳ *ዐቢይ : great **104.10** ᵃ ይእዜ : now ᵇ አእመረ : *CG impf 1cs*, to know ᶜ *ምስጢር : mystery ᵈ ነገር : word ᵉ ርቱዕ : truth ᶠ ሜጠ : *G impf 3mpl*, to change ᵍ ዐለወ / ዐልወ / አለወ / አልወ : *G impf 3mpl*, to distort ʰ ብዙኅ : many ⁱ ኃጥአ : sinner ʲ ተናገረ : *Lt impf 3mpl*, to speak to ᵏ ነገር : word ˡ እኩይ : evil ᵐ ሐሰወ : *D impf 3mpl*, to lie ⁿ ፈጠረ : *G impf 3mpl*, to devise ᵒ ፍጥረት : fabrication ᵖ *ዐቢይ : great ᵠ መጽሐፍ : book ʳ ጸሐፈ : *G impf 3mpl*, to write ˢ ነገር : word **104.11** ᵃ ነገር : word ᵇ ጸሐፈ : *G impf 3mpl*, to write ᶜ ርቱዕ : truth ᵈ ልሳን : language

፡ ወኢይዌልጡ፡[e] ፡ ወኢየሐፅፁ፡[f] ፡ እምነገራትየ[g] ፡ አላ ፡ ኩሎ ፡ በርትዕ[h] ፡ ይጽሕፉ፡[i] ፡ ኩሎ ፡ ዘቀዳሚ[j] ፡ አስማዕኩ፡[k] ፡ በእንቲአሆሙ ። 12 ወካልአ[a] ፡ ምሥጢረ[b] ፡ አአምር[c] ፡ እስመ ፡ ለጻድቃን[d] ፡ ወለጠቢባን[e] ፡ ይትወሀባ ፡ መጻሕፍታት[g] ፡ ለፍሥሓ[h] ፡ ወለርትዕ[i] ፡ ወለጠበብ[j] ፡ ብዙኅ[k] ። 13 ወሎሙ ፡ ይትወሀባ[a] ፡ መጻሕፍት[b] ፡ ወያአምኑ[c] ፡ ቦሙ ፡ ወይትፌሥሑ[d] ፡ ቦሙ ፡ ወይትኃሠዩ[e] ፡ ኩሎሙ ፡ ጻድቃን[f] ፡ እለ ፡ እምኔሆሙ ፡ አአመሩ[g] ፡ ኩሎ ፡ ፍናዋተ[h] ፡ ርትዕ[i] ።

105

1 ወበእማንቱ ፡ መዋዕል[a] ፡ ይቤ[b] ፡ እግዚእ[c] ፡ ከመ ፡ ይጸውዕ[d] ፡ ወያስምዕ[e] ፡ ለውሉደ[f] ፡ ምድር[g] ፡ በጠበቡሙ[h] ፡ አርእዩ[i] ፡ ሎሙ ፡ እስመ ፡ አንትሙ ፡ መራኅያኒሆሙ[j] ፡ ወዕሴያተ[k] ፡ ዲበ ፡ ኩላ ፡ ምድር[l] ፡ 2 እስመ ፡ አነ ፡ ወወልድየ[a] ፡ ንዴመር[b] ፡ ምስሌሆሙ ፡ ለዓለም[c] ፡ በፍናዋተ[d] ፡ ርትዕ[e] ፡ በሕይወቶሙ[f] ፡ ወሰላም[g] ፡ ይከውን[h] ፡ ለከሙ ፡ ተፈሥሑ[i] ፡ ውሉደ[j] ፡ ርትዕ[k] ፡ በአማን ።

104.11 [e] ወለጠ : D impf 3mpl, to change [f] *አሕጸጸ : CG impf 3mpl, to omit (ኢያሐጽጹ) [g] ነገር : word [h] ርትዕ : truth [i] ጸሐፈ : G impf 3mpl, to write [j] ቀዳሚ : formerly [k] አስምዐ : CG perf 1cs, to testify 104.12 [a] ካልእ : another [b] *ምስጢር : mystery [c] አአመረ : CG impf 1cs, to know [d] ጻድቅ : righteous [e] ጠቢብ : wise [f] ተውህበ : Gt impf 3fpl, to be given [g] መጽሐፍ : book [h] ፍሥሓ : joy [i] ርትዕ : truth [j] ጥበብ : wisdom [k] ብዙኅ : much 104.13 [a] ተውህበ : Gt impf 3fpl, to be given [b] መጽሐፍ : book [c] አምነ : G impf 3mpl, to believe [d] ተፈሥሐ : Dt impf 3mpl, to rejoice [e] *ተሐሠየ / ተሐሠየ : *Gt impf 3mpl, to exult (ይትሐሠዩ) [f] ጻድቅ : righteous [g] አአመረ : CG perf 3mpl, to learn [h] ፍኖት : way [i] ርትዕ : truth

105.1 [a] መዓልት : day [b] ብህለ : G perf 3ms, to say [c] እግዚእ : Lord [d] ጸውዐ : D juss 3mpl, to call [e] አስምዐ : CG juss 3mpl, to testify [f] ወልድ : son [g] ምድር : earth [h] ጥበብ : wisdom [i] አርአየ : CG impv 2mpl, to show [j] *መራሒ : leader [k] ዕስየት : reward [l] ምድር : earth 105.2 [a] ወልድ : son [b] ተደመረ : Dt impf 1cpl, to be joined [c] ዓለም : eternity [d] ፍኖት : path [e] ርትዕ : uprightness [f] ሕይወት : life [g] ሰላም : peace [h] ኮነ : G impf 3ms, to be [i] ተፈሥሐ : Dt impv 2mpl, to rejoice [j] ወልድ : son [k] ርትዕ : uprightness [l] አማን : truly

106

1 ወእምድኅረ ፡ መዋዕልª ፡ ነሥአᵇ ፡ ወልድᶜ ፡ ማቱሳላ ፡ ለወልዱᵈ ፡ ላሜክ ፡ ብእሲተᵉ ፡ ወፀንሰትᶠ ፡ እምኔሁ ፡ ወወለደትጎ ፡ ወልደʰ ። 2 ወኮነª ፡ ሥጋሁᵇ ፡ ፀዓዳ ፡ ከመ ፡ አስሐትያᵈ ፡ ወቀይሕᵉ ፡ ከመ ፡ ጽጌ ፡ ረዳᶠ ፡ ወጸጉረ⁸ ፡ ርእሱʰ ፡ ከመ ፡ ፀምርⁱ ፡ ፀዓዳʲ ፡ ወድምዳማሁᵏ ፡ ወሠናይˡ ፡ አዕይንቲሁᵐ ፡ ወሶበ ፡ ከሠተⁿ ፡ አዕይንቲሁᵒ ፡ አብርሀᵖ ፡ ኵላ ፡ ቤተᵠ ፡ ከመ ፡ ፀሐይʳ ፡ ወፈድፋደˢ ፡ ብርሃᵗ ፡ ኵሉ ፡ ቤትᵘ ። 3 ወሶበ ፡ ተንሥአª ፡ እምእዴሃᵇ ፡ ለመወልዲትᶜ ፡ ከሠተᵈ ፡ አፉሁᵉ ፡ ወተናገረᶠ ፡ ለእግዚአ⁸ ፡ ጽድቅʰ ። 4 ወረርዓª ፡ ላሜክ ፡ አቡሁᵇ ፡ እምኔሁ ፡ ወጐየᶜ ፡ ወመጽአᵈ ፡ ኀበ ፡ አቡሁᵉ ፡ ማቱሳላ ። 5 ወይቤሎª ፡ ነየ ፡ ወለድኩᵇ ፡ ወልደ ፡ ውሉጠᵈ ፡ ኢኮነᵉ ፡ ከመ ፡ ሰብእᶠ ፡ ይመስል⁸ ፡ ደቂቀʰ ፡ መላእክቲⁱ ፡ ሰማይʲ ፡ ወፍጥረቱᵏ ፡ ካልእˡ ፡ ወኢኮነᵐ ፡ ከማነ ፡ ወአዕይንቲሁⁿ ፡ ከመ ፡ አንገሩ ፡ ለፀሐይᵒ ፡ ገጹᵖ ፡ ስቡሕᵠ ። 6 ወይመስለኒª ፡ ከመ ፡ ኢኮነᵇ ፡ እምኔየ ፡ አላ ፡ እመላእክትᶜ ፡ ውእቱ ፡ ወእፈርህᵈ ፡ ከመ ፡ ኢይትገበርᵉ ፡ መንክርᶠ ፡ በመዋዕሊሁ⁸ ፡ ዲበ ፡ ምድርʰ ። 7 ወይአዜª ፡ ሀለውኩᵇ ፡ አቡየ ፡ አስተብቊዐከᵈ ፡ ወእሰዕል

106.1 ᵃ መዓልት : day ᵇ ነሥአ : G perf 3ms, to take ᶜ ወልድ : son ᵈ ወልድ : son ᵉ ብእሲት : wife ᶠ ፀንሰ : G perf 3fs, to become pregnant ᵍ ወለደ : G perf 3fs, to give birth ʰ ወልድ : son **106.2** ᵃ ኮነ : G perf 3ms, to be ᵇ ሥጋ : body ᶜ ጸዓዳ / ጸዐዳ / ፀዓዳ : white ᵈ አስሐትያ : snow ᵉ ቀይሕ : red ᶠ ጽጌ : ረዳ : rose ᵍ ጸጕር : hair ʰ ርእስ : head ⁱ ፀምር : wool ʲ ጸዐዳ / ጸዐዳ / ፀዓዳ : white ᵏ ድምድማ : hair of head, top of head ˡ ሠናይ : beautiful ᵐ ዐይን : eye ⁿ ከሠተ : G perf 3ms, to open ᵒ ዐይን : eye ᵖ አብርሀ : *CG perf 3ms, to illuminate (አብርሀ) ᵠ ቤት : house ʳ *ፀሐይ : sun ˢ ፈድፋደ : exceptionally ᵗ ብርሃ : *G perf 3ms, to shine (ብርሀ) ᵘ ቤት : house **106.3** ᵃ ተንሥአ : Gt perf 3ms, to rise up ᵇ እድ : hand ᶜ መወልዲት : midwife ᵈ ከሠተ : G perf 3ms, to open ᵉ አፍ : mouth ᶠ ተናገረ : Lt perf 3ms, to speak to ᵍ እግዚእ : Lord ʰ ጽድቅ : righteousness **106.4** ᵃ ፈርሀ : *G perf 3ms, to fear (ፈርሀ) ᵇ አብ : father ᶜ ጐየ : G perf 3ms, to run away ᵈ መጽአ : G perf 3ms, to come ᵉ አብ : father **106.5** ᵃ ብህለ : G perf 3ms, to say ᵇ ወለደ : G perf 1cs, to give birth ᶜ ወልድ : son ᵈ ውሉጥ : strange ᵉ ኮነ : G perf 3ms, to be ᶠ ብእሲ : man ᵍ መስለ / መሰለ : G impf 3ms, to be like ʰ ደቂቅ : child ⁱ መልእክ : angel ʲ ሰማይ : heaven ᵏ ፍጥረት : nature ˡ ካልእ : another ᵐ ኮነ : G perf 3ms, to be ⁿ ዐይን : eye ᵒ *እገረ : ፀሐይ : ray of sunlight ᵖ ገጽ : face ᵠ ስቡሕ : glorious **106.6** ᵃ መስለ / መሰለ : G impf 3ms, to seem ᵇ ኮነ : G perf 3ms, to be ᶜ መልእክ : angel ᵈ ፈርሀ : G impf 1cs, to fear ᵉ ተገብረ : Gt juss 3ms, to be done ᶠ መንክር : wonder, miracle ᵍ መዓልት : day ʰ ምድር : earth **106.7** ᵃ ይእዜ : now ᵇ ሀሎ / ሀለው : D perf 1cs, to be ᶜ አብ : father ᵈ አስተብቍዐ : CGt impf 1cs, to supplicate ᵉ *ሰአለ / ስአለ : G impf 1cs, to petition (እስአል)

1 Enoch 106.7–12

፡ እምነቤከ ፡ ከመ ፡ ትሐርf ፡ ኅበ ፡ ሄኖክ ፡ አቡነg ፡ ወትስማዕh ፡ እምኔሁ ፡ አማነi ፡ እስመ ፡ ውእቱ ፡ ምስለ ፡ መላእክትj ፡ ምንባሩk ። 8 ወሰበ ፡ ሰምዓa ፡ ማቱሳላ ፡ ነገረb ፡ ወልዱ ፡ መጽአd ፡ ኅቤየ ፡ ውስተ ፡ አጽናፈe ፡ ምድርf ፡ እስመ ፡ ሰምዓg ፡ ከመ ፡ ህየ ፡ ሀሎኩh ፡ ወጸርሐi ፡ ወሰማዕኩj ፡ ቃሎk ፡ ወመጻእኩl ፡ ኅቤሁ ፡ ወአቤሎm ፡ ናሁ ፡ ሀሎውኩn ፡ ወልድዮ ፡ እስመ ፡ መጻእከp ፡ ኅቤየ ። 9 ወአውሥአኒa ፡ ወይቤb ፡ በእንተ ፡ ነገርc ፡ ዐቢይd ፡ መጻእኩe ፡ ኅቤከ ፡ ወበእንተ ፡ ራእይf ፡ ዕፁብg ፡ በዘቀረብኩh ። 10 ወይእዜa ፡ አቡየb ፡ ስማዕኒc ፡ እስመ ፡ ተወልደd ፡ ለላሜክ ፡ ወልድየe ፡ ወልድf ፡ ዘኢኮነg ፡ አምሳሎh ፡ ወፍጥረቱi ፡ ከመ ፡ ፍጥረተj ፡ ሰብእk ፡ ወጉብእl ፡ ይፃዱm ፡ እምአስሐትያn ፡ ወይቀይሐo ፡ እምጽጌ ፡ ረዳp ፡ ወፀጉረq ርእሱr ፡ ይፃዱs ፡ እምፀምርt ፡ ፀዓዱu ፡ ወአዕይንቲሁv ፡ ከመ ፡ እገሪሁ ፡ ለፀሐይw ፡ ወኵተx አዕይንቲሁy ፡ ወአብርሀz ፡ ኵሎ ፡ ቤተaa ። 11 ወተንሥአa ፡ ውስተ ፡ እዴየb ፡ ለመወልዲትc ፡ ወፈትሐd ፡ አፉሁe ፡ ወባረከf ፡ ለእግዚአg ፡ ሰማይh ። 12 ወፈርሀa ፡ አቡሁb ፡ ላሜክ ፡ ወጕየየc ፡ ኅቤየ ፡ ወኢአምነd ፡ ከመ ፡ እምኔሁ ፡ ውእቱ ፡ አላ ፡ አምሳሎe ፡ እመላእክተf ፡ ሰማይg ፡ ወናሁ

106.7 f ሐረ : *G juss 2ms, to go (ትሐር) g አብ : father h ሰምዐ : G juss 2ms, to hear i አማን : truth j መልአክ : angel k ምንባር : seat **106.8** a ሰምዐ : *G perf 3ms, to hear (ሰምዐ) b ነገር : word c ወልድ : son d መጽአ : G perf 3ms, to come e ጽንፍ : end, extremity f ምድር : earth g ሰምዐ : *G perf 3ms, to hear (ሰምዐ) h ሀሎ / ሀለወ : D perf 1cs, to be i *ጸርኀ : G perf 3ms, to cry out (ጸርኀ) j ሰምዐ : G perf 1cs, to hear k ቃል : voice l መጽአ : G perf 1cs, to come m ብሀለ : G perf 1cs, to say n ሀሎ / ሀለወ : D perf 1cs, to be (ሀሎውኩ / ሀሎኩ) o ወልድ : son p መጽአ : G perf 2ms, to come **106.9** a አውሥአ : CG perf 3ms, to answer b ብሀለ : G perf 3ms, to say c ነገር : matter d *ዐቢይ : great e መጽአ : G perf 1cs, to come f ራእይ : vision g ዕፁብ / ዕውብ : troublesome h ቀርበ / ቀረበ : G perf 1cs, to draw near **106.10** a ይእዜ : now b አብ : father c ሰምዐ : G impv 2ms, to hear d ተወልደ : Gt perf 3ms, to be born e ወልድ : son f ወልድ : son g ኮነ : G perf 3ms, to be h አምሳል : like i ፍጥረት : creation j ፍጥረት : nature k ብእሲ : man l ሕብር / ጕብር : color m *ጸዐደወ / ፀዐደወ : *L impf 3ms, to be white (ይፃዱ) n አስሐትያ : snow o ቀሐ : G impf 3ms, to be red p ጽጌ : ረዳ : rose q *ጸጕረ : hair r ርእስ : head s *ጸዐደወ / ፀዐደወ : *L impf 3ms, to be white (ይፃዱ) t ፀምር : wool u ጸዐዳ / ጸዐዳ / ፀዓዳ : white v ዐይን : eye w *እግር : ፀሐይ : ray of sunlight x ከሥተ : G perf 3ms, to open y ዐይን : eye z አብርሀ : CG perf 3ms, to illuminate (አብርሀ) aa ቤት : house **106.11** a ተንሥአ : Gt perf 3ms, to rise up b እድ : hand c መወልዲት : midwife d ፈትሐ : G perf 3ms, to open e አፍ : mouth f ባረከ : L perf 3ms, to bless g እግዚእ : Lord h ሰማይ : heaven **106.12** a ፈርሀ : G perf 3ms, to fear (ፈርሀ) b አብ : father c ጕየየ : G perf 3ms, to run away d አምነ : G perf 3ms, to believe e አምሳል : aspect f መልአክ : angel g ሰማይ : heaven

1 Enoch 106.12-18

: መጻእኩʰ : ኀቤከ : ከመ : ታይድዓኒⁱ : ጽድቀʲ :: 13 ወአውሣእኩᵃ : አነ : ሄኖክ : ወእቤሎᵇ : ይሬድስᶜ : እግዚእ : ሐዲሳተᵈ : ዲበ : ምድርᶠ : ወዘንተ : ወዳዕኩᵍ : ወርኢኩʰ : በራእይⁱ : ወአይዳእኩʲ : እስመ : በትውልዱᵏ : ለያሬዕ : አቡየˡ : አገለፉᵐ : ነገርⁿ : ለእግዚኦ : አምልዕልተᵖ : ሰማይᵠ : 14 ወነዮሙ : ይገብሩᵃ : ኀጢአተᵇ : ወኀኃሉᶜ : ሥርዓተᵈ : ወምስለ : እንስትᵉ : ተደመሩᶠ : ወምስሌሆን : ይገብሩᵍ : ኀጢአተʰ : ወአውሰቡⁱ : እምኔሁ : ወእምኔሆን : ወለዱʲ : ደቀቅᵏ : 15 ሐጉልᵃ : ዓቢይᵇ : ይከውንᶜ : ዲበ : ኩሉ : ምድርᵈ : ወማየ : አይኅᶠ : ይከውንᵍ : ወኃጉልʰ : ዓቢይⁱ : በ፩ᵍዓመትᵏ : ይከውንˡ :: 16 ዘውእቱ : ወልድᵃ : ዘተወልደᵇ : ለከሙ : ውእቱ : ይተርፍᶜ : ዲበ : ምድርᵈ : ወ፫ᵉደቂቁᶠ : ይድኅኑᵍ : ምስሌሁ : ሶበ : ይመውቱʰ : ኩሉ : ሰብእⁱ : ዘዲበ : ምድርʲ : ይድኅንᵏ : ውእቱ : ወደቂቁˡ :: 17 ይወልዱᵃ : ዲበ : ምድርᵇ : እለ : ያርብሕᶜ : አኮ : ዘመንፈስᵈ : አላ : ዘሥጋᵉ : ወይከውንᶠ : መቅሠፍትᵍ : ዓቢይʰ : ዲበ : ምድርⁱ : ወትትሐፀብʲ : ምድርᵏ : እምኩሉ : ሙስናˡ : 18 ወይእዜኒᵃ :

106.12 ʰ መጻእ : *G perf 1cs, to come* ⁱ አይድዐ : *CG juss 2ms, to tell* ʲ ጽድቅ : truth
106.13 ᵃ አውሥአ : *CG perf 1cs, to answer* ᵇ ብህለ : *G perf 1cs, to say* ᶜ *ሐደሰ : *D impf 3ms, to renew, restore* (ይሔድስ) ᵈ እግዚእ : Lord ᵉ ሐዲስ : new ᶠ ምድር : earth ᵍ ወድአ / ወዶ : *D perf 1cs, to finish* ʰ ርእየ : *G perf 1cs, to see* ⁱ ራእይ : vision ʲ *አይድዐ : *CG perf 1cs, to tell* (አይዳዕኩ-ከ) ᵏ ትውልድ : generation ˡ አብ : father ᵐ አገለፈ : *CG perf 3mpl, to cause to transgress* ⁿ ነገር : word ᵒ እግዚእ : Lord ᵖ መልዕልት : height ᵠ ሰማይ : heaven **106.14** ᵃ ገብረ : *G impf 3mpl, to commit* ᵇ *ኃጢአት : sin ᶜ ኀለፈ : *G impf 3mpl, to transgress* (የኀልፉ) ᵈ *ሠርዐት : law ᵉ ብእሲት : woman ᶠ ተደመረ : *Dt perf 3mpl, to have intercourse* ᵍ ገብረ : *G impf 3mpl, to commit* ʰ *ኃጢአት : sin ⁱ አውሰበ : *CG perf 3mpl, to marry* ʲ ወለደ : *G perf 3mpl, to give birth* ᵏ ደቂቅ : child **106.15** ᵃ ሀጉል / ሐጉል : destruction ᵇ *ዐቢይ : great ᶜ ከነ : *G impf 3ms, to be* ᵈ ምድር : earth ᵉ ማይ : water ᶠ አይኅ : flood ᵍ ከነ : *G impf 3ms, to be* ʰ ሀጉል / ሐጉል : destruction ⁱ *ዐቢይ : great ʲ ፩ : 1 ᵏ ዓመት : year ˡ ከነ : *G impf 3ms, to be* **106.16** ᵃ ወልድ : son ᵇ ተወልደ : *Gt perf 3ms, to be born* ᶜ ተረፈ / ተረፈ : *G impf 3ms, to be left, remain* ᵈ ምድር : earth ᵉ ፫ : 3 ᶠ ደቀቅ : child ᵍ ድኀነ : *G impf 3mpl, to be saved* ʰ ሞተ : *G impf 3mpl, to die* ⁱ ብእሲ : man ʲ ምድር : earth ᵏ ድኀነ : *G impf 3ms, to be saved* ˡ ደቀቅ : child **106.17** ᵃ ወለደ : *G impf 3mpl, to give birth* ᵇ ምድር : earth ᶜ እለ : ያርብሕ : giants ᵈ መንፈስ : spirit ᵉ ሥጋ : flesh ᶠ ከነ : *G impf 3ms, to be* ᵍ መቅሠፍት : wrath ʰ *ዐቢይ : great ⁱ ምድር : earth ʲ ተኀፀበ / ተሐጸበ / ተሐፀበ : *Gt impf 3fs, to be washed* ᵏ ምድር : earth ˡ ሙስና : corruption **106.18** ᵃ ይእዜ : now

አይድዕᵇ : ለወልድከᶜ : ላሜክ : እስመ : ዘተወልደᵈ : ወልዱ፦ : ውእቱ : በጽድቅᶠ : ወጸውዑᵍ : ስሞʰ : ኖኅ : እስመ : ውእቱ : ይከውንⁱ : ለከሙ : ተረፈʲ : ወውእቱ : ወደቂቁᵏ : ይድኅኑˡ : እሙስናᵐ : እንተ : ትመጽእ : ዲበ : ምድርᵒ : እምኲሉ : ኃጢአትᴾ : ወእምኲሉ : ዓመፃᵠ : እንተ : ሀለወትʳ : ትትፌጸምˢ : ዲበ : ምድርᵗ : በመዋዕሊሁᵘ ። 19 ወእምድኅረዝ : ትከውንᵃ : ዓመፃᵇ : ፈድፋድᶜ : እምእንተ : ተረጸመትᵈ : ቀዳሚᵉ : ዲበ : ምድርᶠ : እስመ : አአምርᵍ : ምሥጢራተʰ : ቅዱሳንⁱ : እስመ : ውእቱ : እግዚእʲ : አርአየኒᵏ : ወአይድአኒˡ : ወበጽጻፈᵐ : ሰማይⁿ : አንበብኩᵒ ።

107

1 ወርኢኩᵃ : ጽሑፈᵇ : በላዕሌሆሙ : እስመ : ትውልድᶜ : እምትውልድᵈ : ትኤብስ : እስከ : ትትነሣእᶠ : ትውልደᵍ : ጽድቅʰ : ወአበሳⁱ : ትትኃጕልʲ : ወኃጢአትᵏ : ትትለሐስˡ : እምዲበ : ምድርᵐ : ወኲሉ : ሠናይⁿ : ኢይመጽኦ : ዲቤሃ ። 2 ወይእዜᵃ : ወልድየᵇ : ሑርᶜ : አይድዕᵈ : ለወልድከᵉ : ላሜክ : እስመዝ : ወልድᶠ : ዘተወለደᵍ : ወልድʰ : ዚአሁ : ውእቱ : አማንⁱ :

106.18 ᵇ አይድዕ : *CG impv 2ms*, to tell ᶜ ወልድ : son ᵈ ተወልደ : *Gt perf 3ms*, to be born ᵉ ወልድ : son ᶠ ጽድቅ : righteousness ᵍ *ጸውዑ : *D impv 2ms*, to call (ጸውዕ) ʰ ስም : name ⁱ ከነ : *G impf 3ms*, to be ʲ ተረፍ : remnant ᵏ ደቂቅ : child ˡ ድኅነ : *G impf 3mpl*, to be saved ᵐ ሙስና : devastation ⁿ መጽአ : *G impf 3fs*, to come ᵒ ምድር : earth ᴾ ኃጢአት : sin ᵠ ዐመፃ : iniquity ʳ ሀሎ / ሀለወ : *D perf 3fs*, to be ˢ ተፈጸመ : *Dt impf 3fs*, to be accomplished ᵗ ምድር : earth ᵘ መዓልት : day
106.19 ᵃ ከነ : *G impf 3fs*, to be ᵇ *ዐመፃ : iniquity ᶜ ፈድፋደ : more ᵈ ተፈጸመ : *Dt perf 3fs*, to be carried out ᵉ ቀዳሚ : formerly ᶠ ምድር : earth ᵍ አአመረ : *CG impf 1cs*, to know ʰ *ምስጢር : mystery ⁱ ቅዱስ : holy ʲ እግዚእ : Lord ᵏ አርአየ : *CG perf 3ms*, to show ˡ *አይድዐ : *CG perf 3ms*, to tell (አይድዐኒ) ᵐ ጸፍጸፍ : tablet ⁿ ሰማይ : heaven ᵒ አንበበ : *CG perf 1cs*, to read

107.1 ᵃ ርአየ : *G perf 1cs*, to see ᵇ ጽሑፍ : written ᶜ ትውልድ : generation ᵈ ትውልድ : generation ᵉ አበሰ : *D impf 3fs*, to transgress ᶠ ተንሥአ : *Gt impf 3fs*, to rise up ᵍ ትውልድ : generation ʰ ጽድቅ : righteousness ⁱ አበሳ : transgression ʲ *ተሀጕለ / ተሐጕለ : *Gt impf 3fs*, to be destroyed (ትትህጕል) ᵏ *ኃጢአት : sin ˡ ተልህሰ / ተለሐሰ : *G impf 3fs*, to depart from ᵐ ምድር : earth ⁿ ሠናይ : good ᵒ መጽአ : *G impf 3ms*, to come **107.2** ᵃ ይእዜ : now ᵇ ወልድ : son ᶜ ሐረ : *G impv 2ms*, to go ᵈ አይድዐ : *CG impv 2ms*, to tell ᵉ ወልድ : son ᶠ ወልድ : child ᵍ ተወልደ : *Gt perf 3ms*, to be born ʰ ወልድ : son ⁱ አማን : truly

ወኢኮነ፡ ሐሰትክ ። 3 ወሰበ፡ ሰምዓa፡ ማቱሳላ፡ ነገረb፡ አቡሁc፡ ሄኖክ፡ እስመ፡ ዘኀቡእd፡ አርአዮe፡ ኵሎ፡ ግብረf፡ ወርእዮg፡ ገብአh፡ ወሰመዮi፡ ስምjj፡ ለዝኩ፡ ወልድk፡ ኖኅ፡ እስመ፡ ውእቱ፡ ያስተፌሥሓl፡ ለምድርm፡ እምኵሉ፡ ኃጉልn ።

108

1 ካልእa፡ መጽሐፍb፡ ዘጸሐፈc፡ ሄኖክ፡ ለወልዱd፡ ማቱሳላ፡ ወለእለ፡ ይመጽኡe፡ እምድኀሬሁ፡ ወያዐቁቡf፡ ሥርዓተg፡ በደኃሪh፡ መዋዕልi ። 2 እለ፡ ገበርክሙ·a፡ ወትጸንሑb፡ በእለ፡ መዋዕልc፡ እስከ፡ ይትጸመዱ·d፡ እለ፡ ይገብሩe፡ እኩየf፡ ወይትፈጸምg፡ ኀይሎሙh፡ ለእብሳን·i፡ 3 አንትሙሰ፡ ጸንሑa፡ እስከ፡ ተኃለፍb፡ ኃጢአትc፡ እስመ፡ ሀሎd፡ ስሞሙ·e፡ ይደመስስf፡ እመጻሕፍት፡ ቅዱሳንh፡ ወዘርአሙ·i፡ ይትኃገልj፡ ለዓለምk፡ ወመናፍስቲሆሙl፡ ይትቀተሉ·m፡ ወይጸርሑn፡ ወየአወይዉo፡ በመካነ፡ በድውq፡ ዘያስተርኢ·r፡ ወበእሳትs፡ ነዱt፡ እስመ፡ ኢሀሎu፡ ህየ፡ ምድርv ። 4 ወርኢኩa፡ በህየ፡ ከመ፡ ደመናb፡ ዘኢይትረአይc

---

107.2 ʲኮነ : *G perf 3ms*, to be ᵏሐሰት : lie 107.3 ᵃሰምዐ : *G perf 3ms*, to hear (ሰምዐ) ᵇነገር : word ᶜአብ : father ᵈኀቡእ : hidden, secret ᵉአርአየ : *CG perf 3ms*, to show ᶠግብር : deed ᵍርእየ : *G act part*, to see ʰገብአ : *G perf 3ms*, to return ⁱሰመየ : *G perf 3ms*, to call ʲስም : name ᵏወልድ : son ˡአስተፌሥሓ : *CDt impf 3ms*, to comfort ᵐምድር : earth ⁿሀጉል / ሐጉል : destruction

108.1 ᵃካልእ : another ᵇመጽሐፍ : book ᶜጸሐፈ : *G perf 3ms*, to write ᵈወልድ : son ᵉመጽአ : *G impf 3mpl*, to come ᶠዐቀበ : *G impf 3mpl*, to keep (የዐቅቡ) ᵍ*ሡርዐት* : law ʰደኃሪ : last ⁱመዋዕት : day 108.2 ᵃገበረ : *G perf 2mpl*, to observe ᵇጸንሐ : *G impf 2mpl*, to wait ᶜመዋዕት : day ᵈተፈጸመ : *Dt impf 3mpl*, to be ended ᵉገብር : *G impf 3mpl*, to do ᶠእኩይ : evil ᵍተፈጸም : *Dt impf 3ms*, to be ended ʰ*ኀይል* : power ⁱመአብስ : wrongdoer 108.3 ᵃጸንሐ : *G impv 2mpl*, to wait ᵇኀለፈ : *G impf 3fs*, to pass away (ተኃልፍ) ᶜ*ኀጢአት* : sin ᵈሀሎ / ሀለወ : *D perf 3ms*, to be ᵉስም : name ᶠተደምሰ : *G impf 3ms*, to be erased (ይደመስስ) ᵍመጽሐፍ : book ʰቅዱስ : holy ⁱዘርአ : offspring ʲ*ተሀጉለ / ተሐጉለ* : *Gt impf 3ms*, to be destroyed (ይትሀጉል) ᵏዓለም : eternity ˡመንፈስ : spirit ᵐተቀተለ : *Gt impf 3mpl*, to be killed ⁿ*ጸርኀ* : *G impf 3mpl*, to cry out (ይጸርኁ) ᵒዐወየ / አውየወ : *G impf 3mpl*, to moan ᵖመካን : place ᵠበድው : desert ʳአስተርአየ : *CGt impf 3ms*, to appear ˢእሳት : fire ᵗነደ / ነደደ : *G perf 3mpl*, to burn ᵘሀሎ / ሀለወ : *D perf 3ms*, to be ᵛምድር : earth 108.4 ᵃርእየ : *G perf 1cs*, to see ᵇደመና : cloud ᶜተርእየ : *Gt impf 3ms*, to be discerned

: እስመ ፡ አምዕመቁᵈ ፡ ኢይከህልኩᵉ ፡ ላዕለ ፡ ነጽሮᶠ ፡ ወላህብ⁸ ፡ እሳቴʰ ፡ ርኢኩⁱ ፡ እንዘ ፡
ይነድድʲ ፡ ሰቡሕᵏ ፡ ወይትከበቡˡ ፡ ከመ ፡ አድባርᵐ ፡ ሰቡሓንⁿ ፡ ወይትሆወኩᵒ ፡ ለፌ ፡ ወለፌᵖ ።
5 ወተስእልኩዎᵃ ፡ ለ፩ᵇከመላእክትᶜ ፡ ሰቡሓንᵈ ፡ እለ ፡ ምስሌየ ፡ ወእቤሎᵉ ፡ ምንት ፡ ውእቱ ፡
ዝሰቡሕᶠ ፡ እስመ ፡ ኢኮነ⁸ ፡ ሰማይʰ ፡ አላ ፡ ላህቢⁱ ፡ እሳትʲ ፡ ባሕቲቱ ፡ ዘይነድድᵏ ፡ ወቃለˡ
: ጸራኅᵐ ፡ ወብካይⁿ ፡ ወአውያትᵒ ፡ ወሕማምᵖ ፡ ኃያልᵠ ። 6 ወይቤለኒᵃ ፡ ዝንቱ ፡ መካንᵇ
: ዘተሬእᶜ ፡ በበሆየ ፡ ይትወደይᵈ ፡ መናፍስተᵉ ፡ ኃጥአንᶠ ፡ ወጽሩፋን⁸ ፡ ወእለ ፡ ይገብሩʰ ፡
እኩይⁱ ፡ ወእለ ፡ ይመይጡʲ ፡ ኩሎ ፡ ዘነገረᵏ ፡ እግዚአብሔርˡ ፡ በአፈᵐ ፡ ነቢያትⁿ ፡ እለ
ሀለዉᵒ ፡ ይትገብሩᵖ ። 7 እስመ ፡ ሀለዉᵃ ፡ አምኔሆሙ ፡ ጽሑፋንᵇ ፡ ወልኩአን ፡ ላዕለ ፡
በሰማይᵈ ፡ ከመ ፡ ያንብብዎሙᵉ ፡ መላእክትᶠ ፡ ወያአምሩ⁸ ፡ ዘሀሎʰ ፡ ይብጽሓሙⁱ ፡ ለኃጥአንʲ
: ወለመናፍስትᵏ ፡ ትሑታን¹ ፡ ወእለ ፡ አሕመሙᵐ ፡ ሥጋሆሙⁿ ፡ ወተፈድዮ ፡ ዲበ ፡ አምላክᵖ
: ወእለ ፡ ኃሥሩᵠ ፡ አምእኩያንʳ ፡ ሰብእˢ ፡ 8 እለ ፡ ያፈቅርᵃ ፡ ለአምላክᵇ ፡ ኢወርቀᶜ ፡

108.4 ᵈ ዕመቅ : depth ᵉ ክህለ : G perf 1cs, to be able ᶠ ነጸረ : D inf, to look ⁸ ላህብ : flame ʰ እሳት : fire ⁱ ርእየ : G perf 1cs, to see ʲ ነደ / ነደደ : G impf 3ms, to burn ᵏ ሰቡሕ : glorious ˡ ተከበ / ተከበበ : G impf 3mpl, to be turned around ᵐ ደብር : mountain ⁿ ሰቡሕ : glorious ᵒ ተሁውከ / ተሁወከ / ተሆከ : Gt impf 3mpl, to be shaken ᵖ ለፌ : ወለፌ : this way…and that way, on this side…and on that side 108.5 ᵃ ተስእለ / ተስእለ : Gt perf 1cs, to enquire ᵇ ፩ : 1 ᶜ መልአክ : angel ᵈ ሰቡሕ : glorious ᵉ ብህለ : G perf 1cs, to say ᶠ ሰቡሕ : glorious ⁸ ኮነ : G perf 3ms, to be ʰ ሰማይ : heaven ⁱ ላህብ : flame ʲ እሳት : fire ᵏ ነደ / ነደደ : G impf 3ms, to burn ˡ ቃለ : sound ᵐ ጸራኅ : outcry ⁿ ብካይ : weeping ᵒ ወውያት / አውያት : lamentation ᵖ ሕማም : pain, suffering ᵠ *ኃያል : severe 108.6 ᵃ ብህለ : G perf 3ms, to say ᵇ መካን : place ᶜ ርእየ : G impf 2ms, to see ᵈ ተወድየ : Gt impf 3mpl, to be thrown ᵉ መንፈስ : spirit ᶠ ኃጥአ : sinner ⁸ *ጸሩፍ : blasphemous ʰ ገብረ : G impf 3mpl, to do ⁱ እኩይ : evil ʲ ሜጠ : G impf 3mpl, to change ᵏ ነገረ : G perf 3ms, to tell ˡ እግዚአብሔር : Lord ᵐ አፍ : mouth ⁿ ነቢይ : prophet ᵒ ሀሎ / ሀለወ : D perf 3mpl, to be ᵖ ተገብረ : Gt juss 3mpl, to be done 108.7 ᵃ ሀሎ / ሀለወ : D perf 3mpl, to be ᵇ ጽሑፍ : written ᶜ ልሑአ / ልኩዕ : recorded ᵈ ሰማይ : heaven ᵉ አንበበ : CG juss 3mpl, to read ᶠ መልአክ : angel ⁸ አእመረ : CG juss 3mpl, to know ʰ ሀሎ / ሀለወ : D perf 3ms, to be ⁱ በጽሐ : G juss 3ms, to arrive ʲ ኃጥአ : sinner ᵏ መንፈስ : spirit ˡ ትሑት : humble ᵐ አሕመመ : CG perf 3mpl, to inflict pain ⁿ ሥጋ : body ᵒ ተፈድየ : Gt perf 3mpl, to be repaid ᵖ አምላክ : God ᵠ ኃሰረ / ኃሥረ : *G perf 3mpl, to be disgraced, humiliated (ኃሥሩ) ʳ እኩይ : evil ˢ ብእሲ : man 108.8 ᵃ አፍቀረ : CG impf 3mpl, to love ᵇ አምላክ : God ᶜ ወርቅ : gold

1 Enoch 108.8–12

ወኢብፁሬ^d : ኢያፍቀሩ^e : ወኢከሎ : ሥናየ^f : ዘውስተ : ዓለም^g : እላ : ወሀቡ^h : ሥጋሆሙⁱ : ለፃዕር^j : 9 ወእላ : እምአመ^a : ኮኑ^b : ኢፈተዉ^c : መባልዕተ^d : ዘውስት : ምድር^e : አላ : ረሰዩ^f : ርእሶሙ^g : ከመ : መንፈስ^h : እንተ : ኃላፊትⁱ : ወእንተ : ዐቀበ^j : ወብዙኃ^k : አመከሮሙ^l : እግዚእ : ወተረክቡⁿ : መንፈሳቲሆሙ^o : በንጽሕ^p : ከመ : ይባርክዎ^q : ለስሙ^r :: 10 ወከሎ : በርከቶሙ^a : ነገርኩ^b : በመጽሐፍት^c : ወአሠየምዎሙ^d : ለአርእስቲሆሙ^e : እስመ : እሉ : ተረክቡ^f : ያፈቅርዎ^g : ለሰማይ^h : እምአስትንፋሶሙⁱ : ዘለዓለም^j : ወእንዘ : ይትከየዱ^k : እምእኩያን^l : ሰብእ^m : ወሰምዑⁿ : እምኔሆሙ : ትእይርተ : ወጾረፈተ : ወኃሥራ^q : እንዘ : ይባርኩኒ^r :: 11 ወይእዜ^a : እጼውዕ^b : መናፍስቲሆሙ^c : ለኄራን^d : እምትውልድ^e : እንተ : ብርሃን^f : ወአዌልጦ^g : ለእላ : ተወልዱ^h : በጽልመትⁱ : እላ : በሥጋሆሙ^j : ኢተፈድዩ^k : ክብረ^l : በከመ : ይደሉ^m : ለሃይማኖቶሙⁿ :: 12 ወአወፅአሙ^a : በብሩህ^b : ብርሃን^c : ለእላ : ያፈቅርዎ^d : ለስምየ^e : ቅዱስ^f : ወአነብር^g : ለለ^hውስተ : መንበረⁱ : ክብር^j : ክብር^k :

108.8 ^d ብፁር : silver ^e አፍቀረ : *CG perf 3mpl*, to love ^f ሥናይ : good ^g ዓለም : world ^h ወሀበ : *G perf 3mpl*, to give ⁱ ሥጋ : body ^j ጾዕር / ፃዕር : torment **108.9** ^a አመ : at the time of ^b ኮነ : *G perf 3mpl*, to exist ^c ፈትወ / ፈተወ : *G perf 3mpl*, to desire ^d ሙብልዕ : food ^e ምድር : earth ^f ረሰየ : *D perf 3mpl*, to declare ^g ርእስ : -self ^h መንፈስ : breath ⁱ ኃለፈ : **G perf 3fs*, to pass away (ኃላፊት) ^j ዐቀበ : **G perf 3mpl*, to keep (ዐቀቡ) ^k ብዙኅ : much ^l አመከረ : *CD perf 3ms*, to test ^m እግዚእ : Lord ⁿ ተረክበ : *Gt perf 3mpl*, to be found ^o መንፈስ : spirit ^p ንጽሕ : purity ^q ባረከ : *L juss 3mpl*, to bless ^r ስም : name **108.10** ^a በረከት : blessing ^b ነገረ : *G perf 1cs*, to report ^c መጽሐፍ : book ^d ዐሰየ / ዐሠየ / አሰየ : *G perf 3ms*, to reward ^e ርእስ : head ^f ተረክበ : *Gt perf 3mpl*, to be found ^g አፍቀረ : *CG impf 3mpl*, to love ^h ሰማይ : heaven ⁱ እስትንፋስ : breath ^j ዓለም : world ^k ተከይደ : *Gt impf 3mpl*, to be trampled ^l እኩይ : evil ^m ብእሲ : man ⁿ ሰምዐ : *G perf 3mpl*, to listen ^o *ተዐይርት : abuse ^p *ዕረፈት : blasphemy ^q ኀስረ / ኀሠረ : **G perf 3mpl*, to be disgraced, humbled (ኀሡሩ) ^r ባረከ : *L impf 3mpl*, to bless **108.11** ^a ይእዜ : now ^b ጸውዐ : *D impf 1cs*, to call ^c መንፈስ : spirit ^d ኄር : good ^e ትውልድ : generation ^f ብርሃን : light ^g ወለጠ : *D impf 1cs*, to transform ^h ተወልደ : *Gt perf 3mpl*, to be born ⁱ ጽልመት : darkness ^j ሥጋ : flesh ^k ተፈድየ : *Gt perf 3mpl*, to be recompensed ^l ክብር : honor ^m ደለወ : *G impf 3ms*, to be suitable ⁿ ሃይማኖት : faith **108.12** ^a አውፅአ : *CG impf 1cs*, to bring out ^b ብሩህ : shining ^c ብርሃን : light ^d አፍቀረ : *CG impf 3mpl*, to love ^e ስም : name ^f ቅዱስ : holy ^g ነበረ : *CG impf 1cs*, to set ^h ለለ : each ⁱ መንበር : throne ^j ክብር : honor ^k ክብር : honor

ዚአሁ ፡፡ 13 ወይትወሀዉሁ፡ᵃ ፡ በአዝማንᵇ ፡ ዘአልበ ፡ ኍልቁᶜ ፡ እስመ ፡ ጽድቅᵈ ፡ ኮነሁ፡ᵉ ፡
ለአምላክᶠ ፡ እስመ ፡ ለሙሃይምናንᵍ ፡ ሃይማኖተሁʰ ፡ ይሁብⁱ ፡ በማንደሪʲ ፡ ፍኖትᵏ ፡ ርቱዓትˡ ፡፡
14 ወይሬአይዎሙ፡ᵃ ፡ ለአለ ፡ ተወልዱᵇ ፡ በጽልመትᶜ ፡ ይትወደዩᵈ ፡ በጽልመትᵉ ፡ እንዘ ፡
ይትወሀዉሁᶠ ፡ ጽድቃንᵍ ፡፡ 15 ወይጸርሑᵃ ፡ ወይሬአይዎሙᵇ ፡ ኃጥአንᶜ ፡ እንዘ ፡ ይበርሁᵈ ፡
ወየሐዉሩ፡ᵉ ፡ እሙንቱሂ ፡ በኀበ ፡ ተጽሕፈᶠ ፡ ሎሙ ፡ መዋዕል ፡ ወአዝማንʰ ፡፡

108.13 ᵃ ተዋህዉ : *Gt impf 3mpl, to shine* ᵇ ዘመን : *time* ᶜ ኍልቁ : *number*
ᵈ ጽድቅ : *righteousness* ᵉ ኮነ : *judgment* ᶠ አምላክ : *God* ᵍ *መሃይምን : *faithful*
ʰ ሃይማኖት : *faith* ⁱ ወሀበ : *G impf 3ms, to appoint* ʲ ማኅደር : *dwelling place* ᵏ ፍኖት
: *path* ˡ ርቱዕ : *upright* **108.14** ᵃ ርእየ : *G impf 3mpl, to see* ᵇ ተወልደ : *Gt perf*
3mpl, to be born ᶜ ጽልመት : *darkness* ᵈ ተወድየ : *Gt impf 3mpl, to be thrown*
ᵉ ጽልመት : *darkness* ᶠ ተዋህዉ : *Gt impf 3mpl, to shine* ᵍ *ጻድቅ : *righteous*
108.15 ᵃ *ጸርኀ : *G impf 3mpl, to cry out* (ይጸርኁ) ᵇ ርእየ : *G impf 3mpl, to see*
ᶜ ኃጥእ : *sinner* ᵈ በርሀ : *G impf 3mpl, to shine* ᵉ ሐረ : *G impf 3mpl, to go* ᶠ ተጽሕፈ
: *Gt perf 3ms, to be written* ᵍ መዓልት : *day* ʰ ዘመን : *time*

Lexicon and Concordance

አ

አ.- (*'i-*) : negative particle
2.1 (2x), 2; 3.1; 4.1 (2x); 5.2, 4 (3x), 5, 8 (3x), 9 (4x); 6.3, 4; 9.10; 10.5, 7, 10, 22; 12.5, 6 (3x); 13.1, 2, 5 (2x); 14.4 (2x), 5, 7 (3x), 13, 16, 19, 21 (4x), 22, 23 (2x); 15.1, 6, 7, 11 (3x); 16.3; 18.11 (2x), 12 (4x), 15; 21.2 (2x), 7 (3x); 22.13 (3x); 23.2 (2x); 24.2, 4 (3x); 25.4; 27.2; 29.2; 30.1; 37.3, 4; 38.2, 4 (3x); 39.2, 7 (2x), 12, 13; 40.7; 41.7, 9 (2x); 42.1, 2, 3; 44.1; 45.2 (2x), 5; 46.5 (3x), 6 (2x); 47.2 (2x); 48.1, 4, 8, 9, 10; 49.1; 50.3, 4 (2x), 5; 52.7 (4x), 8 (7x); 53.1, 2, 6, 7; 55.2; 56.4, 7 (3x); 58.6 (2x); 60.4, 8, 14 (5x), 19, 25; 61.12; 62.13, 16 (2x); 63.6 (2x), 7 (3x), 8 (3x), 10; 65.8, 10; 66.2; 67.2, 3, 8, 13 (2x); 68.3 (2x), 4, 5 (3x); 69.10, 11 (2x), 18, 19, 20, 25, 29; 70.3; 71.7, 8, 10, 14, 16 (2x); 72.37 (2x); 74.12 (2x); 75.1 (2x), 8; 80.2, 3, 4, 6; 81.4 (2x), 5; 82.3, 5 (2x); 83.2, 8; 84.3 (6x), 5 (2x), 6; 85.4, 6, 7; 89.3, 6, 17, 18, 20, 25, 31 (2x), 32, 49 (2x), 52, 64 (3x), 67, 72, 73, 74, 75; 90.4 (3x), 7 (2x), 12, 34, 35, 41 (2x); 91.4 (2x), 17, 19; 92.2, 5; 93.11; 94.2, 3 (4x), 5 (3x), 8, 10; 95.3, 4; 96.3; 97.4, 8, 10; 98.4 (4x), 5, 6, 7 (4x), 9 (2x), 10 (2x), 12, 13, 14, 15 (2x); 99.2, 5 (2x), 6, 7, 10, 14; 100.2 (2x), 6, 11 (2x), 12, 13; 101.1, 2, 4, 5, 7, 9; 102.4, 5 (2x), 8, 10, 11; 103.4, 6 (2x), 9, 10 (2x), 11, 12, 13, 14 (2x), 15 (2x); 104.4, 5, 6 (2x), 7 (2x), 9 (6x), 11 (2x); 106.5 (2x), 6 (2x), 10, 12; 107.1, 2; 108.3 (2x), 4 (2x), 5, 8 (4x), 9, 11

አ- (*'o*) : interjection expressing pain, threat, admiration, wonder
9.3; 80.1; 81.1

አአኩተ (*'a'k^wata*) : to praise, sing praise, laud, give glory, glorify, be grateful, thank, give thanks, be thankful, bless
41.7; 47.2; 63.5; 69.24 (2x)

አአመረ (*'a'mara*) : to know (also 'have sexual relations'), understand, comprehend, become aware, learn, be skilled in, be knowledgeable, be an expert, realize, recognize, discern, perceive, take notice of, find out, acknowledge
1.2; 5.1; 9.11 (2x); 12.1; 16.3; 25.1, 2; 32.3, 6 (2x); 39.11; 40.2; 54.10; 56.7; 57.2; 60.10; 62.1, 3; 63.4; 65.6, 10, 11; 81.1, 2, 5; 82.5; 83.11; 84.3; 89.32, 33, 63, 64; 91.5, 18; 93.2, 12, 13, 14; 94.5; 98.7, 8, 10 (2x), 12; 99.10; 100.6, 10; 103.2, 7; 104.10, 12, 13; 106.19; 108.7

ኣአምሮ : አእምሮት (*'ā'məro : 'ā'mərot*) : knowledge, understanding, intelligence, intellect
14.3; 69.11

አአተተ (*'a'tata*) : to remove, take away, put away, put aside, turn away, put off, cast away, dismiss, withdraw, dispel, displace
89.70; 90.12

አዐለወ (*'a'lawa*) : to pervert, corrupt, distort, deviate, translate, copy, transcribe, compile
99.2

አዐረበ (*'a'raba*) : to cause to set
18.4

አዐረገ (*'a'raga*) : to raise, take up, bring up, lead up to, offer (sacrifices, Mass)
13.4; 89.52, 64, 70, 76; 90.14, 31 (2x)

አዐረፈ (*'a'rafa*) : to rest, find rest, come to rest, be at ease, find relief, cease, die, make rest, give rest, give relief, put down
2.3; 23.2; 33.2; 41.7; 53.7; 60.15, 25 (2x); 62.12; 72.37; 89.70; 93.14; 95.1; 103.13

አዐረቀ (*'a'raqa*) : to make naked, strip naked, strip bare, make empty, empty out, uncover, lay bare, deprive
84.5; 102.9

አብ (*'ab*) : father, forefather, ancestor, propagator, possessor, or owner of (e.g., አብ ላህም owner of cattle'), abbot
10.10; 25.6; 32.6; 56.7; 60.24; 70.4; 82.1; 85.2; 91.3; 99.14; 100.1; 106.4 (2x), 7 (2x), 10, 12, 13; 107.3

አብአ : አቦአ (*'aba'a : 'abo'a*) : to cause to enter, cause to penetrate, cause to proceed, cause to frequent, cause to be involved, cause to intermingle, cause to have intercourse, to bring, fetch, lead to, take in, introduce, insert, present, admit, offer
9.3; 25.6

አበድ (*'əbad*) : folly, foolishness, madness, insanity, senselessness, being out of one's senses
98.9, 15; 99.8

አብድ (*'abd*) : fool, foolish, stupid, senseless, ignorant, imprudent, mad, insane
98.1, 9

አብን (*'əbn*) : stone
8.1 (2x); 10.5; 18.6, 7 (4x), 8 (2x); 24.2; 54.5; 71.5; 99.7, 9, 13

አብነ : አስሐትያ (*'əbna 'ashatəyā*) : crystal
71.5

Lexicon and Concordance

አብን ፡ በረድ (*'əbna barad*) : hailstone
14.9, 10 (2x)

አብን ፡ ማእዘንት (*'əbna mā'əzənt*) : cornerstone
18.2

አብቀወ (*'abqawa*) : to stretch asunder, disjoin, open (the mouth), crack open, split
10.4

አብርሀ (*'abrəha*) : to illuminate, emit light, enlighten, give light, make see the light, make clear, explain
14.18; 71.2; 72.4, 5, 37; 73.8; 78.13; 91.16; 96.3; 106.2, 10

አቤራዊት (*'əberāwit*) : old woman
32.6

አበሰ (*'abbasa*) : to sin, transgress, do wrong, act wrongly, commit a crime, be guilty, offend
5.9; 7.5; 84.4; 107.1

አባሲ (*'abbāsi*) : sinner, transgressor
22.13

አበሳ (*'abasā*) : transgression, serious fault, iniquity, offence, sin, crime, guilt
5.8; 13.5; 22.13; 91.6, 7; 107.1

አብጠለ (*'abṭala*) : to declare invalid, invalidate, abolish, refute, prove futile, nullify, restrain, reduce to nothingness, make void, make of no effect, dissolve (marriage), annul, cancel out, divert, bring to naught
98.14

አብዝኀ (*'abzəḫa*) : to multiply, make numerous, increase (tr), augment, produce a lot of, have a lot of
16.3

እድ (*'əd*) : hand, arm, handle, haft, part, side, place, sleeve, (transferred meaning) favor, power, -fold
10.4; 36.4; 38.5; 46.7 (2x); 48.8, 9, 10; 50.2; 53.2; 55.3; 65.9; 66.2; 67.2; 69.7, 15; 71.3; 72.12, 28, 37; 73.3, 5 (3x), 6 (2x), 7 (2x), 8 (2x); 74.3 (2x); 78.6, 7, 8 (4x); 82.1; 84.1; 87.3; 88.1, 3; 89.52, 55 (2x), 56 (2x), 58, 65, 71, 75; 90.1, 18, 31 (2x); 91.12, 15; 95.3; 98.5, 12; 100.2 (2x), 9; 103.15; 106.3, 11

አድግ (*'adg*) : ass, donkey
86.4; 87.4; 88.2; 89.6, 11 (2x), 13 (2x), 16

አድኀነ (*'adḫana*) : to save, keep safe, deliver, rescue, be a guarantor
48.8; 63.8; 89.52, 75; 100.6

አድለቅለቀ (*'adlaqlaqa*) : to shake (intr), be shaken, quake, tremble, cause to quake, cause to tremble
   1.5; 60.1; 86.6; 88.2

አዳም (*'adām*) : pleasant, pleasing, agreeable, fair, delightful, charming, beautiful
   24.5

አድንገፀ (*'adangaḍa*) : to terrify, inspire fear, dismay, strike with terror, alarm, perturb, astonish, amaze
   69.1

አድነነ (*'adnana*) : to cause to stoop down, cause to bow down; to bow down, bend, be tilted, yield, be submissive
   65.1

አድቀቀ (*'adqaqa*) : to grind, pound, crush, make fine, weaken
   15.11; 46.4

አፅምአ : አጽምአ (*'ḍmə'a : 'aṣmə'a*) : to listen, hearken, heed, incline (the ear), give ear
   82.3; 90.7; 91.3

አፍ (*'af*) : mouth, beak, entrance, brim, orifice, border, edge (of a sword)
   5.4; 14.2, 24; 17.8 (2x); 27.2; 39.7; 51.3; 53.1; 56.8; 62.2, 4; 71.12; 83.5; 84.1 (2x); 91.3; 100.9; 106.3, 11; 108.6

አፎ (*'əffo*) : how?, how about?, in what way?, why?, how!, how great!, what!
   2.1; 3.1; 5.1, 3; 21.8; 33.3; 41.1, 3, 5; 44.1; 60.9, 12 (3x); 65.7 (2x); 89.19, 70; 93.13, 14; 101.4; 102.10

አፈደፈደ (*'afadfada*) : to multiply (tr), augment, surpass, make exceed, give in abundance, do in abundance, do more
   98.11

አፍኔን (*'ofənnin*) : ophannin
   61.10; 71.7

አፍቀረ (*'afqara*) : to love, long for, cherish
   91.3; 94.1; 98.12; 108.8 (2x), 10, 12

አፍርሀ (*'afrəha*) : to make afraid, frighten, bring terror, terrify, make revere
   14.9; 89.15

አፍጠነ (*'afṭana*) : to make haste, hasten, accelerate, hurry, move swiftly, (with an inf) hurry, do quickly, do hastily
   62.10

አፈው (*'afaw*) : sweet odor, scent, fragrance, perfume
   31.3; 32.1

Lexicon and Concordance 225

አግዓዝ : አግዓዚ ('ag'āz : 'ag'āzi) : free man, master, Ethiopian
9.4

አግብአ ('agbə'a) : to turn (tr), make return, give back, bring, bring back, take back, return, deliver, hand over, restore, restitute, revoke, put up, set, recompense, recover, give over, betray
51.1 (3x); 60.16; 89.35, 41, 54; 90.34; 95.3; 100.4

አጐጕዐ ('agʷaggʷə'a) : to press, hasten, urge to, confound, disturb, agitate
14.8 (2x); 62.10

አግሀደ ('aghada) : to proclaim publicly, make public, expose, make manifest, declare (speak) openly, reveal, disclose
9.6, 8; 10.2

አጕል ('əgʷl) : the young of any animal or fowl
96.2

አጓለ : አመሕያው ('əgʷāla 'əmahəyāw) : man, men, mankind, mortal
20.6

አጐልት : አጕልት ('əgʷalt : 'əgʷəlt) : calf, heifer
85.6, 8; 86.4

አግመረ ('agmara) : to accomplish, complete, perfect, consummate, bring to an end, contain, comprehend, include completely, hold, encompass, comprise
90.34

አግር ('əgr) : foot, measure
10.4; 52.6; 65.2; 84.2; 88.1, 3; 89.74

አግረ : ፀሐይ ('əgra ḍaḥāy) : ray of sunlight, beams of the sun
75.4; 106.5, 10

አግዚእ ('əgzi') : master, lord, owner, ruler, chief
5.4; 9.4 (2x); 10.4; 12.3; 14.24; 22.14 (3x); 25.3 (2x), 5, 7; 27.3, 5; 36.4; 37.2, 4 (2x); 38.2 (2x), 4, 6; 39.2, 7 (2x), 8, 9 (2x), 12, 13; 40.1, 2, 3, 4, 5, 6, 7; 41.2 (2x), 6, 7, 8; 43.4 (2x); 45.1, 2; 46.3 (2x), 6, 7, 8; 47.1, 2 (2x), 4; 48.2, 3, 5, 7 (2x), 10 (2x); 49.2, 4; 50.2, 3 (2x), 5; 51.3; 52.5, 9; 53.2, 6; 54.5, 6, 7; 55.3, 4; 57.3; 58.4 (2x), 6 (2x); 59.1, 2; 60.6, 8, 25 (2x); 61.3, 5, 8, 9 (2x), 10, 11, 13 (2x); 62.1, 2, 10, 12 (2x), 14, 16 (2x); 63.1, 2 (7x), 4, 7 (2x), 8, 12 (2x); 65.6, 9, 11; 66.2; 67.3, 8, 9, 10; 68.4 (4x); 69.24 (2x), 29; 70.1; 71.2, 17; 72.36; 75.3; 81.3 (2x), 5, 10; 82.7; 83.2, 8, 11; 84.2 (2x), 5, 6 (2x); 89.14, 15, 16 (2x), 18, 20, 22, 24, 26, 28, 29, 30, 31, 33, 36, 42, 45, 50 (2x), 51, 52, 54 (2x), 57, 70, 71, 75, 76; 90.14, 15, 17 (2x), 18, 20 (2x), 21, 29 (2x), 33, 34, 38, 40; 91.7; 98.11; 105.1; 106.3, 11, 13 (2x), 19; 108.9

እግዚአብሔር (’əgzi’abḥer) : Lord
   1.2; 10.9, 11; 13.4; 18.8, 15; 21.6; 27.2; 40.10; 55.3; 60.24 (2x); 61.9, 10; 67.1; 95.3; 97.5; 108.6

አህጐለ : አኅጐለ (’ahgʷala : ’aḫgʷala) : to destroy, lose, make lose, waste, ruin, defraud, put off
   1.9; 5.5; 10.9, 15, 16; 45.6; 55.1; 80.8; 89.43, 60, 61, 62 (2x); 63, 65, 68, 69; 90.17 (2x); 99.16

አሐዱ (’aḥadu) : one (m), only one, same
   24.4; 72.28

አሕመመ (’aḥmama) : to bring suffering, inflict pain, afflict with illness, harm, grieve, make sorrowful, torment, distress, put on pressure, torture
   108.7

አሐሰወ (’aḥassawa) : to cause to lie, consider something to be a lie, declare to be a lie, falsify, accuse of lying, make a liar of, accuse of falsehood, induce to falsehood
   104.9

አሕጸጸ (’aḥṣaṣa) : to decrease, detract, subtract, diminish, reduce, lessen, abate, make less, make few, omit, make inferior, slight, belittle
   104.11

አሐቲ (’aḥatti) : one (f), only one, same
   7.1; 10.19 (2x); 24.2 (2x); 34.3; 57.2; 60.9; 72.25 (2x); 73.6; 74.12; 75.7; 84.3; 85.3; 89.23

አሕየወ (’aḥyawa) : to keep alive, make to live, let live, enliven, vivify, raise up alive, restore to life, cure, heal
   10.7 (2x)

አኅለፈ (’aḫlafa) : to cause to pass (by, away from, through, over), cause to cross over, cause to depart, cause to step aside from, cause to go beyond, cause to transgress, cause to perish; to pass (time)
   69.27; 106.13

አኅለቀ (’aḫlaqa) : to bring to an end, cease (tr), accomplish, finish, destroy, exterminate, spend, lay waste, use up, annihilate, decree, decide
   10.20; 89.15

አኅጥአ (’aḫṭə’a) : bereave, cause to lack, deprive, cause to sin
   20.6

እኅው (’əḫəw) : brother, blood relation, kindred, kinsman, fellow-countryman, friend
   22.7; 56.7; 91.1, 2; 100.1, 2

አኀዘ (*'aḥaza*) : to take, catch, hold, lay hold of, take hold of, obtain, seize, seize upon, grasp, connect, apprehend, possess, control, constrain, restrain, occupy, dominate, take captive, make prisoner, take as a pledge, sustain
  14.13; 17.4; 38.4; 48.8; 56.2; 58.1; 60.3, 8; 62.3, 5, 6; 63.1, 6, 12; 65.9; 67.12; 71.3; 86.2, 4, 5, 6 (2x); 87.1 (2x), 3; 88.1, 2; 89.3, 8, 10, 11, 20 (2x), 23, 28, 32, 35, 42, 43, 44, 51, 55, 57, 65, 69, 72, 73 (2x); 90.2, 6, 8, 31 (2x); 93.1, 3; 94.5

አኁዝ (*'əḥuz*) : captive, kept captive, joined, possessed by a spirit, holding (something), who holds, continuous, contiguous
  56.1

አኮ (*'akko*) : it negates a member in an affirmative sentence, by no means, not
  1.2; 15.2; 30.1; 65.11; 89.51; 93.12 (3x); 101.3, 6, 8, 9; 102.1; 104.5; 106.17

አክበደ (*'akbada*) : to make heavy, lay a burden, burden, be heavy, be burdensome, be a burden, make vehement (violent), harden (the heart)
  103.11

አክበረ (*'akbara*) : to pay honor, glorify, venerate, value
  99.1

አክል (*'əkl*) : food, bread, corn, grain, fodder, bait, produce of the field
  15.11

አከለ (*'akala*) : to be equal, suffice, be enough, be approximately, be about, amount to, have enough; with object suffix pronouns, e.g., አከለኒ it was sufficient for me
  102.9

አኪት (*'əkkit*) : misfortune, evil thing, wickedness, viciousness, vice, wrongdoing, iniquity, malice, calamity
  50.2; 93.4; 99.11

አኰቴት (*'akkʷatet*) : praise, glorification, thankfulness, thanks-offering, thanksgiving, gratitude, Eucharist, bread that is brought to the church and distributed to the people after the Eucharist
  41.7; 69.24

አኩይ (*'əkkuy*) : bad, wicked, villainous, evil, noxious, vile
  1.1; 10.16; 15.8, 9 (3x); 16.3; 69.5, 12, 29; 80.8; 94.3, 5; 95.5; 97.7; 98.6, 11; 100.8; 101.1; 103.7; 104.10; 108.2, 6, 7, 10

አከይ (*'əkay*) : misfortune, evil thing, wickedness, viciousness, vice, wrongdoing, iniquity, malice, calamity
  80.8; 95.2; 96.4, 7; 99.16; 100.5; 103.9; 104.2

አላ (*'allā*) : but, but rather, on the contrary
  1.2; 5.2, 4, 8, 9; 14.6; 18.12; 21.2; 22.13; 23.2; 60.19; 68.5; 69.11; 72.37; 74.12;

89.64; 90.7; 91.4; 94.4; 97.10; 98.4, 5, 10, 15; 102.5; 103.15; 104.6, 9, 11; 106.6, 12, 17; 108.5, 8, 9

እለ (*'əlla*) : relative pronoun who, that, which (cpl)
1.1; 3.1; 9.6, 7, 10; 10.11 (2x); 11.1; 12.4; 14.1, 22, 23; 15.2, 8, 10, 11; 16.2 (2x); 17.7; 18.2, 4 (2x), 15 (2x); 20.1; 21.6; 22.11, 12 (2x), 13 (2x); 27.2; 32.6; 37.2 (2x), 5; 38.2 (3x), 4; 39.12, 13; 40.1, 2, 5, 6, 7, 8, 9; 41.2; 43.4; 45.1, 2 (2x), 3, 5; 46.7 (2x), 8; 47.2; 48.4, 5, 8; 49.3; 52.3; 53.1; 54.6, 7, 9 (2x); 55.1, 2, 4; 56.2; 60.5, 6 (3x), 22; 61.4, 5 (2x), 6, 10, 12 (3x); 62.1, 3, 6, 9; 63.1, 12; 64.2; 65.6 (3x), 10, 11, 12; 66.1 (2x), 2; 67.3, 4, 6, 7 (2x), 8, 12; 69.1, 7, 14, 28; 70.1, 4; 71.7, 8 (2x), 9, 12, 13; 72.1, 2, 3 (2x), 6; 74.5, 17 (2x); 75.1 (3x), 3, 4 (2x), 6, 7 (2x), 8 (2x); 76.1, 3 (2x), 4, 12; 77.4 (2x), 7; 78.15; 80.1 (2x), 6, 7; 81.9; 82.2, 3 (2x), 4 (3x), 8, 9, 10 (2x), 11 (5x), 13 (2x), 14 (5x), 15, 16, 17, 20; 85.10; 87.3; 88.1, 3 (2x); 89.5, 27, 33, 35 (2x), 39 (2x); 90.15, 21, 22, 30, 31 (2x), 33; 91.4, 11 (2x), 12, 17, 19; 92.1 (2x); 93.8, 10; 94.6, 7 (2x); 95.4, 5, 6, 7; 96.3, 5, 6, 7, 8; 97.4, 7 (2x), 8; 98.4, 11, 12, 13, 14, 15; 99.1, 2, 5, 7 (2x), 10 (2x), 11, 12 (2x), 13, 14, 15; 100.4, 8, 9; 101.3, 7, 8 (2x); 102.4; 103.3, 4, 5, 9, 12 (3x), 14, 15 (2x); 104.3 (2x), 13; 106.17; 108.1, 2 (2x), 5, 6 (3x), 7 (2x), 8 (2x), 9, 11 (2x), 12, 14

እለ ፡ ያርብሁ (*'əlla yārbəḥ*) : giants
106.17

እሉ (*'əllu*) : these (mpl)
6.8; 7.3; 18.15; 21.6; 22.9; 32.1; 33.2; 37.3; 40.8, 10; 43.4; 46.2; 52.4, 6, 9; 53.7; 54.4, 5; 60.24, 25; 61.3, 4, 5; 64.2; 65.11; 67.13; 69.3, 16; 71.7; 72.27; 74.5; 75.1; 76.7, 10, 12; 78.3; 79.2; 80.6; 82.1, 10, 13, 14, 16, 17, 19, 20 (2x); 87.4; 88.2; 89.61, 74; 90.22; 91.7; 103.5; 108.2, 10

እላ (*'əllā*) : these (fpl)
22.3; 71.12; 74.12; 89.64

እሌ ለ- (*'alle la-*) : woe to!
94.6, 7, 8; 95.4, 5, 6, 7; 96.4, 5, 6, 7, 8; 97.7, 8; 98.9, 11, 12, 13, 14, 15; 99.1, 2, 11, 12, 13, 14, 15; 100.7, 8, 9; 103.5, 8

አልዐለ : አለዐለ (*'al'ala : 'ala'ala*) : to lift up, raise, elevate, exalt, extol
39.12; 46.5, 6, 7; 61.7, 9 (2x), 11, 12; 62.6; 69.24; 71.11

አልቦ- (*'alb-*) : it represents the negative particle አል (see above) with the preposition ቦ in; with object suffix pronouns it expresses not have, lit., there is not in …, e.g., አልብየ I don't have; with 3rd persons the forms are አልቦ or አልቦቱ (m), አልባ or አልባቲ (f), 3pl አልቦን or አልቦንቱ. Note that the thing possessed is in the accusative, e.g., አልብየ ቤተ I don't have a house, but occasionally in the nominative
9.5, 11; 10.9; 12.1; 14.6, 13, 22; 18.11, 12; 19.3; 21.1; 23.3; 24.4; 25.4; 26.3, 4, 5; 38.6; 39.6, 11; 40.1; 41.2; 45.3; 48.10; 49.2, 4; 54.3; 58.3 (2x); 61.5 (2x); 62.3; 63.3

(2x); 65.11, 12; 67.1, 9; 71.9, 13; 73.5; 78.17; 82.4; 84.3; 89.28, 63; 90.35; 91.17; 94.6; 98.3, 6, 11; 99.1, 13; 100.5, 8; 101.3; 102.3; 103.8, 10; 108.13

አለበወ ('alabbawa) : to instruct, give understanding, make intelligent, inspire
49.3; 69.9

አልፍ ('ǝlf) : one thousand
10.19; 40.1 (2x); 60.1 (2x); 71.8 (3x), 13 (2x); 75.1

አልኩ ('ǝllǝkku) : those, the others (cpl)
9.8; 31.2; 32.2; 36.3; 61.1; 67.6, 11 (2x); 72.6; 74.10; 75.7, 8; 76.4, 5; 86.1, 3, 6; 88.1, 2; 89. 2, 7, 13, 15, 18, 20, 21, 23, 25 (2x), 26, 27, 30, 31, 35 (2x), 40, 42, 46, 47, 49 (2x), 50, 51, 53, 54, 55, 59, 65, 66, 67, 68, 69, 70, 72; 90.2, 4, 6, 8 (2x), 9 (2x), 11, 12, 13, 17, 18, 21 (2x), 25, 26, 27, 30, 31 (2x), 32

አልክቱ ('ǝllǝktu) : those (mpl)
30.3; 32.3; 40.3; 60.9; 66.2; 67.4, 7, 8; 69.2; 72.29; 77.6; 82.14; 88.3; 89.1 (2x), 13, 43, 48, 55, 60, 65

አሎንቱ ('ǝllontu) : these (mpl)
5.1, 8; 9.8; 15.12; 24.3; 30.1, 3; 41.9; 43.3; 52.6; 53.4, 5; 60.23; 61.2; 93.2

አላንቱ ('ǝllāntu) : these (fpl)
22.3; 82.1

ኤልያስ ('elyās) : olive tree, olive fruit, oil
10.19

እም- ('ǝm-) : proclitic particle occurring before a finite verb in the apodosis of unreal conditional clauses
69.11

እም- : እምነ ('ǝm- : 'ǝmǝnna) : from, out of (place), since, henceforth, because of, out of, for (e.g., እምፍርሃቱ for fear of him; እምትዕቢት from pride), of, part of, outside of, among (e.g., blessed art thou [እምአንስት] among women); rather than (e.g., it is better to trust in God [እምተአምኖ] rather than trust in man); than in the comparative and superlative (e.g., the serpent was more subtle [እምኩሎ] than all the beasts); with suffix pronouns the base of እም is እምኔ-. እምዘ + perfect when, after that, since; for እምነበ see ኀበ; for እምይእዜ see ይእዜ
1.2 (2x), 3, 4 (2x), 6; 2.1, 2 (2x); 3.1 (2x); 6.1, 2; 7.5; 8.1 (2x); 9.1, 5, 10; 10.9, 10, 14, 16, 20 (6x), 22 (4x); 12.1 (2x); 13.5 (2x), 7; 14.1, 5, 6, 7, 10, 15, 19, 20 (2x), 21, 22, 23; 15.8, 9 (3x); 16.1 (3x); 18.6, 7 (4x), 8 (2x), 15; 19.3; 20.2, 3, 4, 5, 6, 7; 21.5, 6, 7 (2x), 9; 22.1, 3, 7 (3x), 8, 11, 13; 23.1, 2, 4; 24.1, 2, 4 (2x), 6; 25.5; 26.1 (2x), 5; 27.2; 28.1, 2 (2x), 3 (2x); 29.1; 31.1, 3; 32.1, 2 (2x), 3, 6 (2x); 33.1 (3x), 3; 34.1, 2, 3; 35.1; 36.1 (2x), 2, 3; 37.4 (2x); 38.1, 2, 3, 4, 6; 39.1, 3, 10; 40.1, 2, 8; 41.1, 2 (2x), 3 (2x), 4 (3x), 5 (3x), 7; 42.3; 44.1; 45.6; 46.1, 2, 4 (2x), 5 (3x), 6, 8;

47.1; 48.1, 6, 9 (2x); 50.5; 51.2, 3; 52.1, 6, 9; 53.2 (2x), 6 (2x), 7; 54.6; 55.1, 2, 3; 56.4 (2x), 5 (2x), 7, 8; 57.1 (3x), 2 (3x); 58.5; 59.3; 60.1, 4 (2x), 8, 15, 18, 21, 22 (2x); 61.5 (3x), 12; 62.2, 7, 9, 10, 11, 12, 13, 15; 63.1, 6, 9, 10 (2x), 11 (2x); 64.2; 65.2, 4, 6, 7, 8, 9, 11, 12 (2x); 66.1, 3; 67.2, 6; 68.1, 3 (2x); 69.1, 7 (2x), 9, 14, 17 (2x), 18, 19 (2x), 20 (2x), 21, 22, 27, 28, 29 (2x); 70.1 (2x), 3, 4; 71.1, 3, 4, 5, 6, 9, 12, 15 (2x), 16; 72.3 (4x), 5, 6, 7 (3x), 8, 9 (2x), 10, 11 (2x), 14, 15, 17 (2x), 19, 21, 22 (2x), 23, 25, 28, 30, 31, 34 (2x), 37; 73.3, 5, 8; 74.6 (2x), 7 (2x), 8, 10, 11 (3x), 16, 17 (2x); 75.1, 4 (2x), 6 (3x), 7 (3x), 8; 76.1, 2, 4 (2x), 5 (2x), 6, 7 (2x), 8, 9, 10 (3x), 11 (2x), 12 (2x), 13 (2x); 77.2, 3, 4 (2x), 5 (3x), 6 (2x); 78.4, 8, 10 (2x), 13, 14 (2x); 79.3, 5, 6; 80.5, 7; 81.3, 6; 82.3, 11; 83.2, 4, 5, 9, 10, 11 (3x); 84.3 (3x), 6 (2x); 85.1, 3 (3x), 4, 5, 6, 7, 8 (2x), 9; 86.1, 2, 3, 5, 6; 87.2 (2x), 3 (2x); 88.1 (3x), 2, 3 (2x); 89.1, 7, 9 (4x), 10 (2x), 12, 13, 16 (3x), 17, 18, 19, 20, 21, 24 (2x), 26, 28, 29, 30, 31, 32, 33 (2x), 34, 35 (2x), 38, 39, 42, 43 (2x), 47, 49 (2x), 51, 52 (2x), 54 (2x), 57, 59 (2x), 60, 61 (2x), 65, 67, 68 (3x), 69, 70 (2x), 72 (3x), 75; 90.2, 3, 4 (3x), 6, 8, 9, 15, 17, 18, 19, 21 (2x), 22 (2x), 24, 29 (2x), 31, 35, 41; 91.2, 5, 6, 7, 8 (2x), 9, 10, 11 (2x), 12 (2x), 13, 14 (2x), 15 (3x), 17 (2x); 92.1 (2x), 3, 5; 93.1 (2x), 2 (3x), 3, 4 (2x), 5 (2x), 6, 7, 8 (2x), 9, 10; 94.2 (2x), 5, 7, 8; 95.1, 3, 4; 96.1, 2 (2x), 3; 97.10; 98.2 (2x), 4, 8, 11 (2x); 99.5, 6, 7; 100.1, 2 (4x), 4, 5, 10 (3x), 11, 12; 101.1, 4 (2x); 102.3, 7 (2x), 8; 103.3, 4, 10, 13 (2x), 15; 104.3 (2x), 5, 6, 11, 13; 106.1 (2x), 3, 4, 6 (2x), 7 (2x), 10 (3x), 12 (2x), 13, 14 (2x), 17, 18 (3x), 19 (2x); 107.1 (2x), 3; 108.1, 3, 4, 5, 7 (2x), 9, 10 (3x), 11

አመ ('ama) : at the time of, on, in (preposition, followed by a time word); when, at the time when (conjunction and relative adverb); እስከ አመ as long as, until the time of, until the time (that), until
    5.8; 16.1; 22.4 (2x), 11, 12; 24.4; 25.4 (2x); 78.9; 83.2; 93.3; 108.9

አመ ('əmma) : if, whether, or
    59.2; 62.1; 89.63 (2x), 67; 91.7; 93.12 (3x), 14; 100.5, 12; 101.2, 3; 102.1

እም ('əmm) : mother
    32.6; 56.7; 60.24; 83.2; 85.3; 91.1

አምዐዐ ('amə'ə'a) : to irritate, provoke to anger, provoke, inspire anger, enrage
    68.2; 69.1; 84.6

አሜሃ ('amehā) : when, then, at that time, next
    6.5; 7.6; 9.1; 10.1; 13.3, 6; 56.4; 72.12

እምሐው ('əmmaḥew) : ancestor, grandfather (f grandmother), great-grandfather (f great-grandmother)
    60.8; 65.2, 5, 9; 67.4; 68.1; 83.3, 6

አምኀ (*'amməḫa*) : to kiss, embrace, greet, salute, worship, revere, pay respect to, offer a gift out of respect
71.14

አምኃ (*'amməḫā*) : kiss, salute, salutation, greetings, gift offered out of respect, present
53.1; 100.12

አመከረ (*'amakkara*) : to test, try, tempt, examine, prove, explore
94.5; 108.9

አምላክ (*'amlāk*) : God
1.4, 8 (2x); 2.2; 5.2; 9.4 (2x); 19.1; 46.7; 80.7; 84.1, 2, 5; 108.7, 8, 13

አምለከ (*'amlaka*) : to worship God, worship a deity, worship idols
10.21

አምነ (*'amna*) : to believe, trust, have faith in, have confidence, be true, profess the faith, confess (sins), admit
43.4; 63.5, 7, 8; 67.8, 10, 13; 69.24; 104.13; 106.12

አማን (*'amān*) : truth, true, right, faithful, valid, verily
82.6, 7; 105.2; 106.7; 107.2

አማነ (*'amāna*) : truly, surely, verily, justly, rightly, really
22.11

እሙነ (*'əmuna*) : truly, in truth, confidentially, really, in reality
100.6

አመንደበ (*'amandaba*) : to torment, inflict pain, bring tribulation, afflict, cause trouble, reduce to distress, bring into difficulty, mortify
100.7

እሙንቱ (*'əmuntu*) : they (mpl)
5.7; 6.8; 10.9; 13.3, 5; 15.4 (2x); 18.3 (2x); 22.4; 43.4; 46.7; 51.2; 52.3, 4; 61.3; 64.2; 67.13; 68.5; 69.3, 16, 24; 71.5, 7; 75.2; 78.3; 81.5; 82.6, 12, 20; 87.3; 89.6, 44; 90.22, 25; 99.10; 102.8; 103.5; 108.15

እማንቱ (*'əmāntu*) : they (fpl)
6.1; 7.2; 10.18; 11.1; 47.3; 50.1; 51.1, 3, 4, 5; 52.1, 6, 7; 56.5, 8; 59.1; 61.1; 63.1; 65.1; 67.1, 8; 72.9; 74.10; 80.5; 81.10; 90.20; 91.8; 94.11; 96.8; 97.5; 99.3, 4, 5, 10; 100.1, 4, 13; 102.1; 105.1

ኢምንትኒ (*'imantəni*) : nothing, nothing whatever, not any
103.10

አሞቀ ('amoqa) : to heat, warm
75.7

አመረ ('ammara) : to show, indicate, tell, make a sign, make known, demonstrate, inform, instruct, refer
7.1; 9.6; 69.5

አሙር ('əmur) : known, evident, recognized, famous, notable, manifest, appointed (day), ascertained, determined, distinct, informed, certain
74.4 (2x); 75.4; 78.9; 94.2; 97.2

አምረረ ('amrara) : to embitter, grieve, provoke, affect deeply, exasperate, become embittered, deprive, hold in low esteem
99.12

አምሰለ ('amsala) : to declare similar, declare alike, make believe, regard as, hold as equivalent, consider someone so and so, think, compare, believe
96.4; 98.7

አምሳል ('amsāl) : aspect, form, figure, effigy, image, likeness, like thing, similarity, similitude, model, symbol, analogy, imitation, description, parable, proverb
60.1; 79.6; 87.2; 106.12

አምሳለ : በአምሳለ ('amsāla : ba'amsāla) : like, in the manner of, in the guise of, by way of, kind of
68.4; 106.10

አማሰነ ('amāsana) : to spoil, ruin, corrupt, pervert, subvert, deteriorate, demolish, destroy, lay waste, devastate, make desolate, wipe out
10.7; 69.5, 11, 27

አምጽአ ('amṣə'a) : to bring, offer, cause to happen, bring about, raise up, convey (a thing to a place), put forth
53.1; 54.2; 61.3; 74.12; 89.14; 90.16, 21 (2x), 26, 29

አመት ('amat) : maid
98.4

አመት ('əmat) : cubit, forearm, measure by cubits
7.2

አምጣን ('amṭān) : extent, dimension, measure, size, duration
21.7; 61.3, 4, 5; 72.37; 78.3; 93.13

አነ ('ana) : I
1.2; 6.3; 12.3; 13.4; 14.2 (2x), 4, 24, 25; 19.3 (2x); 25.2; 27.5; 37.5; 45.6; 65.3; 83.6;

Lexicon and Concordance   233

89.57, 59, 60, 69; 90.3, 39; 93.2, 3; 94.10; 98.1; 99.6; 103.1, 2; 104.8, 10; 105.2; 106.5, 13

አንባዕ (*'anbaʿ*) : tear
90.41; 95.1

አንበበ (*'anbaba*) : to utter a sound, read, recite, proclaim, chant, study, meditate
81.1, 2 (2x); 89.63, 71, 76; 103.2; 106.19; 108.7

አንበለ (*'ənbala*) : without, save, before, except for, except (that), excepting, with the exception of, unless (when), but, but also, rather, outside of, besides, apart from, regardless of, so that not
83.2; 85.3; 90.31

አንበልበለ (*'anbalbala*) : to blaze, emit flames, kindle into a blaze, let glitter, flash
21.7; 24.1

አንበረ (*'anbara*) : to cause to dwell, place, put, set, set up, seat, establish, lay, lay down, compose, deposit, settle, put down
22.4; 39.3; 45.4, 5, 6; 61.8; 69.15, 18; 70.3; 75.3; 81.5; 89.52, 71, 73, 77; 90.31; 99.3 (2x)

አንደደ (*'andada*) : to burn (tr), light a fire, kindle a fire, set afire, ignite, inflame
100.7

አንፈረፀ (*'anfarʿaṣa*) : to exult, spring, leap, skip about, prance, dance, frolic
51.4

አንግድአ (*'əngadʾā*) : breast, chest, leather cuirass, breastplate, stole
8.1; 52.8; 60.8; 100.3

አንከ (*'ənka*) : so, then, therefore, wherefore, now then, forthwith, yet, and so
16.4; 62.10; 86.6; 88.3; 92.5; 93.3; 102.5

አናኵዕ (*'anākʷaʿ*) : locust-like grasshopper, cankerworm
76.9, 10, 11

አንከረ (*'ankara*) : to cause to separate, cause to be different, regard as strange, marvel, admire, be bewildered, be amazed, wonder, be surprised, be astonished, astonish, amaze, deny
26.6 (3x)

አንኲርኲረ (*'ankʷarkʷara*) : to roll (tr, intr), roll around, roll along, roll off, revolve, overturn
18.15; 22.2

አንቀልቀለ (*'anqalqala*) : to move, shake, swing, quake, agitate, make tremble, vacillate, totter, stagger
   65.3; 101.4

አንቀልቅሎ (*'anqalqəlo*) : movement
   60.4

አንቀጽ (*'anqaṣ*) : door, gate, portal, narrow pass, vestibule, chapter, section, cycle
   9.2, 10; 82.4

አንሰሳ (*'ansəsā*) : cattle, livestock, animals, beast
   89.6; 90.30

አንሶሰወ (*'ansosawa*) : to move, walk, walk about, go about, take a walk, stroll, go through
   17.6; 51.5

አንስታዊ : አንስታይ : አንስቲያዊ (*'anəstāwi* : *'anəstāy* : *'anəstiyāwi*) : female, feminine
   54.8; 60.7; 85.3, 5, 6

አንስትያ : አንስቲያ (*'anəstəyā* : *'anəstiyā*) : women folk, women, wives
   7.1; 15.5, 7; 19.2

አንሥአ (*'anśə'a*) : to take up, arouse, raise up, cause to rise, elevate, erect, set up, start, set out, stir up, set in motion, awaken, wake up (tr), resuscitate
   13.5; 14.25; 37.2, 5; 46.4; 48.10; 56.7; 60.4 (2x), 6; 62.1; 65.2, 9; 66.2; 71.3; 83.5, 6, 11; 85.3; 87.2, 3; 89.45, 46, 73; 99.16; 103.15

አንጽሐ (*'anṣəḥa*) : to purify, make clean, make clear, cleanse, make pure, keep pure, consider (hold) pure, purge, pronounce clean, hold innocent, hold guiltless
   10.20

አንተ (*'anta*) : you (ms)
   9.5 (2x), 7, 11 (2x); 10.20; 39.13; 60.10; 65.11 (2x); 71.14; 84.3 (3x)

እንተ (*'ənta*) : relative pronoun who, that, which (fs); for እንተ ኀበ see ኀበ
   10.4, 6, 7; 13.7; 16.1; 22.11; 32.2; 36.3; 41.2; 50.1; 54.10; 60.6; 61.9; 62.4; 67.4 (2x), 5, 6, 7, 8, 12; 68.2; 72.5, 6, 7, 8 (2x), 11, 17, 19, 29, 35; 73.4; 74.1, 6 (2x), 8; 76.5, 6, 7, 8, 9, 10, 11 (2x), 12, 13; 78.5 (2x); 79.2; 83.8, 11; 84.1, 2; 89.32; 90.29 (2x); 91.9, 12, 15; 97.3; 99.2, 4, 14; 102.5; 104.5 (2x); 106.18 (2x), 19; 108.9, 11

እንቲአ- (*'ənti'a-*) : that of
   38.6

እንታክቲ (*'əntākti*) : that (f)
   85.6 (2x)

አንትሙ· (*'antəmu*) : you (mpl)
4.1 (2x); 5.4, 5; 14.7; 15.2, 4, 6; 16.3; 58.2; 95.7; 96.3, 4; 97.4, 10; 98.2, 10, 11; 101.3, 7; 102.3, 4, 9; 104.7; 105.1; 108.3

እንዘ (*'ənza*) : while, whereas, when, even as, although, even though, since; also used periphrastically as participle or adjective, e.g., ርእየ ካልአን እንዘ ይቀውሙ· he saw others standing
1.2; 2.2; 9.3; 13.9 (2x); 14.7, 14, 24; 21.3; 22.5, 7; 23.2, 3; 24.2; 25.2, 3; 32.1, 2, 3; 37.5; 39.10, 12; 40.3, 5, 6, 7; 41.2; 52.3, 5; 53.3; 54.1, 3, 4; 56.1, 2; 57.1; 61.2; 62.5; 64.2; 67.12; 68.2; 71.16; 75.8; 81.4, 10 (2x); 83.6; 85.5, 10; 86.1, 5; 87.1; 88.2; 89.1, 15, 16, 21, 22, 24, 28, 58, 72 (2x), 73, 76; 90.27, 31, 40; 99.5; 103.11; 108.4, 10 (2x), 14, 15

አቆመ : አቀመ (*'aqoma : 'aqama*) : to establish, constitute, set up, make stand, set upright, place, erect, fix, raise up, put, lay, station, accomplish, grant (a prayer), perform, confirm, carry out (a project), ratify, stop (tr), cease, bring to a halt
80.2; 84.5, 6; 89.36; 90.29

አቅረበ (*'aqraba*) : to cause to approach, bring near, bring closer, present, offer, administer the Holy Sacrament, give communion
14.25; 81.5; 89.50

አርአየ (*'ar'aya*) : to show, make manifest, make visible, reveal, display
1.2; 8.1; 13.2; 22.1, 12; 24.1; 33.3, 4; 36.4; 40.2, 8; 43.3, 4; 46.2, 7; 50.2; 60.9, 11; 65.11; 66.1; 67.4 (2x); 69.1, 6 (2x), 8 (2x), 12, 13, 14 (2x); 71.4; 72.1 (2x); 74.2 (2x); 75.3, 4; 76.14; 78.10; 79.1, 2, 6; 80.1, 5; 82.7, 8; 83.1, 10; 85.1; 87.3; 89.32, 57, 64, 70, 76 (2x); 90.14, 17; 91.1, 18 (2x); 104.8; 105.1; 106.19; 107.3

አርአያ (*'ar'ayā*) : exemplar, similitude, likeness, example, appearance, spectacle, figure, form, shape, type, image, aspect, norm, pattern, model, standard, copy, transcription; just as, like, as
19.3; 27.3; 72.36; 79.6

አርዑት (*'ar'ut*) : yoke, band for the neck, collar
95.7; 103.11, 15

አርባዕቱ (*'arbā'tu*) : four
71.6

አርድአ (*'ardə'a*) : to help, run to help, assist, report, inform
103.3

አረፍት (*'araft*) : wall, bulwark, partition of boards
14.10, 12

አረጋዊ (*'aragāwi*) : old, old person, full of years, elder, elderly, aged, senior, abbot, name of the principal of the nine saints
32.6

አራኅርኀ (*'arāḫrəḫa*) : to appease, soften, soothe, cause to deal graciously, render mild, render kind, induce to tenderness
68.3

አርኀወ (*'arḫawa*) : to open, unlock, take by assault (a city)
60.21

አርኵሰ (*'ark*ʷ*asa*) : to defile, contaminate, pollute, defame, profane, declare unclean
19.1

አርመመ (*'armama*) : to keep silence, keep silent, be tranquil, be quiet, remain quiet, be at rest, make silent, reduce to silence, astound
85.7; 89.20, 39, 58, 75; 90.11

አርዌ (*'arwe*) : animal, wild animal, beast, wild beast, reptile
7.5; 33.1, 2; 61.5; 69.12 (2x); 89.10, 49 (2x), 55 (2x), 56, 57, 58, 68, 75; 90.18, 19 (2x), 33, 37, 38

አስሐተ (*'asḥata*) : to lead astray, lead into sin, induce into error, tempt to evil, corrupt, seduce, mislead, deceive, delude
19.1, 2; 54.6; 64.2; 67.6, 7; 69.4 (2x), 5, 6, 28

አስሐትያ (*'asḥatəyā*) : snow, frost, hoarfrost, ice, hail
14.18; 34.2; 60.17; 69.23; 76.11, 12; 77.4; 100.13; 106.2, 10

አስከ (*'əska*) : preposition: until, till, unto, as far as, so much so, up to, to the point of, even to, even also, within, for; conjunction: so that, until, until that, to the point that, insomuch as, to the extent that, with the result that; for አስከ አመ see አመ
1.5; 2.2; 3.1; 7.3; 9.2, 10; 10.12 (2x), 14, 17, 22; 13.7; 14.5, 9, 16, 24, 25; 16.1; 17.2, 4 (2x), 5, 6; 18.8, 16; 19.1; 21.1, 6, 7, 10; 22.4 (3x), 5, 7, 11 (3x), 14; 23.1; 25.4 (2x); 27.2; 33.1; 36.4; 37.4; 39.10, 14; 48.6; 55.2; 56.7; 57.1, 2; 60.5, 23; 61.11; 65.2; 69.7, 9 (2x), 16, 17, 18, 19, 20, 21; 72.1 (3x), 9, 22 (2x); 74.2, 7; 77.6, 7; 78.4, 7, 11, 13, 14; 79.4; 81.2, 6; 82.2; 84.4; 85.7; 87.4; 89.3, 5, 7, 8, 15, 16, 21, 23, 26, 27, 36, 37 (2x), 39, 40 (2x), 41, 42, 43, 47, 54, 65, 75; 90.1, 4 (2x), 5, 9 (2x), 11, 13, 14, 15, 17, 18, 19, 20, 28, 29, 34, 38, 41; 91.1, 13, 17; 92.5 (2x); 93.3, 7; 98.8; 99.15; 100.1, 2, 3 (2x), 5; 102.10; 103.8; 107.1; 108.2, 3

አስኩ (*'əsku*) : here is, lo and behold!, finally, at last, so then, I beg you!, o now!, o that!, let me!, please!
65.7

አስከበ ('askaba) : to lay, lay down, lay (on a bed)
90.34

አስካል ('askāl) : grape(s), cluster (of grapes, dates), bunch of fruit
24.4

አስካለ : ወይን ('askāla wayn) : grape
32.4

አስመ ('əsma) : because, since, in that, that is, namely, indeed, in fact; it also serves to introduce a quotation
6.6; 9.4; 10.2, 9, 10, 15; 12.6; 13.5; 14.4; 15.7, 9, 12; 18.15; 19.1; 20.2, 5; 25.7; 38.4, 6; 39.8, 9; 41.7, 8, 9 (2x); 45.6; 46.3, 5, 6; 47.4; 48.7 (3x), 8, 10; 49.1, 2 (2x), 4; 50.3; 51.2, 3, 5; 52.1; 53.3; 58.2, 5, 6; 60.4, 14, 15 (2x), 19, 22 (3x); 61.5, 13; 62.7, 12; 63.7, 8; 65.3, 6, 8, 9, 11 (2x); 66.2; 67.8, 9, 10 (2x), 11, 13; 68.4 (2x), 5; 69.1, 10, 11, 15, 29; 71.15; 74.14, 16; 75.2, 3; 77.1 (2x), 2; 78.12, 17; 79.3; 81.5, 7; 82.5, 6, 7; 83.8, 11; 84.3 (2x); 89.31, 57, 58, 61, 67; 90.3, 33, 41, 42; 91.1, 3, 5, 19; 92.2; 93.11; 94.1, 5, 6, 7, 8 (2x); 95.3, 5, 6, 7 (2x); 96.1, 3, 4, 6 (2x); 8; 97.1, 2, 9, 10 (2x); 98.1, 2, 4, 6, 7, 8, 9, 10 (2x), 11, 13, 14, 15; 99.6, 9, 10, 11, 12, 14, 16; 100.2, 9, 10, 11; 101.3, 5 (2x); 102.5, 8, 10; 103.2, 3, 7, 8; 104.1, 2, 3, 4, 6, 7, 8, 9, 10, 12; 105.1, 2; 106.7, 8 (2x), 10, 13, 18 (2x), 19 (2x); 107.1, 2, 3 (2x); 108.3 (2x), 4, 5, 7, 10, 13 (2x)

አስምዐ ('asmə'a) : to let be heard, make hear, bear witness, bring testimony, testify, attest, call a witness, cause to be a witness
81.6; 89.17, 18, 53, 76; 91.3; 100.11; 104.11; 105.1

አሰረ : አሠረ ('asara : 'aśara) : to tie, tie up, bind, fetter, fasten, imprison, restrain
10.4, 12; 13.1; 14.5; 18.16; 22.11; 88.1, 3; 101.6

አሱር ('əsur) : bound, tied, imprisoned, wrapped, restrained, restricted
21.3; 90.23

አስራብ ('asrāb) : torrents, showers (of rain), cataracts, waterfalls, canals, flood gates, sluices, locks
28.3; 89.2 (2x), 7

አስርገወ ('asargawa) : to adorn, decorate, beautify, embellish
18.1

አስረረ ('asrara) : to cause to fly, cause to fly forth, cause to flee, cause to leap up in the air, cause to leap upon, cause to rush upon, cause to spring forth, cause to assault, cause to cover (of male animal), cause to roam; to stir up, make attack, drive away
14.8

አሰሰለ ('asassala) : to remove, do away with, take away, take off, drive out, dismiss, shake off, lay aside
 1.1

እሳት ('əsāt) : fire
 10.13; 14.9, 10, 11, 12 (2x), 13, 15, 17 (2x), 19, 22 (2x); 17.1, 3 (2x), 4, 5 (2x); 18.9, 11 (2x), 15; 21.3, 7 (2x); 23.2, 4; 24.1; 39.7; 48.9; 52.6; 54.1, 6; 61.6; 67.6, 7, 13; 71.1, 2 (2x), 5, 6 (2x); 72.4; 90.24 (2x), 25, 26 (2x); 91.9 (2x); 93.8; 98.3; 100.7, 9; 102.1; 108.3, 4, 5

አስትዓ ('astə'ā) : donation, gift, present, contribution, tribute
 53.1

አስተብቊዐ ('astabaqʷə'a) : to ask for a favor, request, plead, beseech, supplicate, implore, entreat, intercede, console, encourage, exhort, think fit
 14.7; 39.5; 40.6; 47.2; 62.9; 63.1; 83.2, 8, 10; 84.5; 89.76; 90.30, 37; 101.3; 106.7

አስተብቊዖት ('astabqʷə'ot) : entreaty
 13.6

አስተደለወ : አስተዳለወ ('astadallawa : 'astadālawa) : to make ready, make preparations, prepare, cause to prepare, establish, make worthy, reserve, revere, equalize
 25.7; 53.3, 4, 5; 60.6

አስተፈሥሐ ('astafaśśəḥa) : to gladden, cause to rejoice, delight, comfort, make one enjoy himself, make joyous, make glad
 107.3

አስተጋብአ ('astagābə'a) : to gather, collect, bring into, assemble, compile, cause to be gathered, call up (spirits), bring together, recover, heap up, restore, sum up, bring back, take up, cause (a city) to surrender, take by force of arms
 22.3; 27.2; 82.19; 88.3; 91.1, 2; 97.9

አስተምሐረ ('astamḥara) : implore pity, crave mercy, seek mercy, ask for mercy, be prone to pity, have pity, intercede, be merciful, be compassionate, obtain pardon
 38.6

እስትንፋስ ('əstənfās) : breath, breathing, inspiration
 108.10

አስተርአየ ('astar'aya) : to manifest (tr), become visible, appear, show oneself, reveal oneself, be manifested, be seen, be made visible, become conspicuous, seem, show
 1.4 (2x); 2.2; 3.1; 10.16; 14.4, 8; 17.1; 28.3; 38.1, 2 (2x); 52.9; 53.6; 59.2; 60.8; 73.4; 78.6; 16 (2x), 17; 80.2; 82.16; 93.2; 104.3; 108.3

አስተዋደየ ('astawādaya) : to accuse (from throw something against someone), make accusations, make false charges, slander, abuse, calumniate
40.7

አሠነየ ('aśannaya) : to beautify, adorn, decorate, act well, behave rightly, do good, do well, do a favor, treat well, be gracious, amend, adjust, improve, make proper, make succeed
8.1

አሠር ('aśar) : path, trace, track, sole of foot, footprint, sign, mark
48.9; 56.6; 61.9

አጸዐቀ : አፀዐቀ ('aṣ'aqa : 'aḍ'aqa) : to oppress, torture, confine, press, constrain, importune, press together, compress, cramp, encompass
14.8; 89.46

አጽገበ ('aṣgaba) : to satiate, satisfy, fill
45.6

አጽንዐ ('aṣna'a) : to fortify, strengthen, solidify, fix, set, ratify, steady, consolidate, render steadfast, render firm, confirm, comfort, establish, harden, encourage, support, sustain, prop up, hold fast, do firmly, learn by heart, retain
39.9; 41.8; 54.6; 55.3; 61.4; 65.12 (2x); 67.3; 69.10

አጽነነ ('aṣnana) : to incline (tr, intr), bow, bend, stoop, turn aside (tr), cause to totter, make deviate, reel, go astray
76.5, 10, 11, 12; 85.2

አትሐተ ('atḥata) : to humble, make humble, humiliate, lower, abuse, subject, submit, cast down, depress
62.5, 15; 103.12

አትለወ ('atlawa) : to cause to follow, come behind, succeed, accompany, cling to, adhere, stay close to; to continue, proceed, add
99.14

አቶን ('əton) : oven, furnace
54.6; 98.3

አትረፈ ('atrafa) : to cause to remain, leave behind, abandon, save, spare, reserve, keep something for someone, have too much
84.5

አትሮንስ ('atrons) : throne, seat, tribunal
24.3

አጥፍአ (*'aṭfə'a*) : to extinguish, put out, blot, lose, lay waste, destroy, squander, quench, extirpate
   84.5, 6

አጥረየ (*'aṭraya*) : to possess, take possession, purchase, obtain, acquire
   91.13; 94.7; 97.8 (2x), 10; 102.9

አጥወቀ : አጠቀ : አጠወቀ (*'aṭwaqa : 'aṭaqa : 'aṭawwaqa*) : to oppress, squeeze, compress, constrain, compel, force, gag, harass, trample upon, torment, treat cruelly, afflict, distress, vex, choke
   89.15

አውዐየ (*'aw'aya*) : to burn (tr), burn up (tr), scorch, consume (fire), set on fire, give heat
   72.4; 89.66

አውደቀ (*'awdaqa*) : to let fall, make fall, cast down, drop (tr), fell, depose
   89.47; 90.9; 99.16

አውፅአ (*'awḍə'a*) : to bring out, bring forth, inaugurate, take out, let out, take off, draw forth, lead forth, expel, cast out, send forth, remove, banish, abrogate, drive, drive out, dislodge, produce, cause to spread abroad, spend, cause to pay
   10.9; 60.21; 68.3; 71.3; 82.19; 83.11; 86.4; 90.28 (2x), 29; 91.9; 103.15; 108.12

አውገዘ (*'awgaza*) : to excommunicate, threaten with excommunication, anathematize, lay a ban, repudiate, banish, expel, separate, exorcize, curse
   6.5, 6; 95.4

አውሐዘ : አውኀዘ (*'awḥaza : 'awḫaza*) : to shed, cause to flow, pour (tr), pour out
   89.2

አውኀደ : አውሐደ (*'awḫada : 'awḥada*) : to make few, make small, reduce to a small number, diminish, have something in a small quantity
   103.15

አውለደ (*'awlada*) : to beget, cause to bear, deliver (a child), be a midwife
   15.4

አውረደ (*'awrada*) : to make go down, lower, bring down, take down, send down, lead down, lower
   11.1; 21.7; 69.4; 103.7

አውሰበ (*'awsaba*) : to take a wife, marry (man or woman)
   106.14

አውስት (*'awəst*) : bird of prey
   89.10; 90.2, 11, 13, 16; 96.2

አውሥአ (*'awśə'a*) : to answer, respond, respond in chant, speak, utter, hearken
1.2, 3; 6.4; 15.1; 21.9 (2x); 22.3, 7, 9; 23.4; 24.6; 25.2, 3; 27.2; 32.6; 46.3; 52.5; 67.12; 68.2, 3; 69.21; 80.1; 106.9, 13

አይ (*'ay*) : which?, what?, what kind?, what sort of?, what a!; indefinite whoever, whatever
21.4

አይድዐ (*'aydə'a*) : to make know, inform, tell, declare, announce, proclaim, report, relate
10.7, 11; 12.4; 40.2; 81.5, 7; 93.2; 94.10; 106.12, 13, 18, 19; 107.2

አይኅ (*'ayḫ*) : flood, the deluge
10.2, 22; 106.15

አይቴ (*'ayte*) : where? wither?
38.2 (2x); 41.5 (2x); 46.2, 5; 93.14; 97.3; 98.11; 102.1 (2x)

አዜብ (*'azeb*) : south, south wind
18.6 (2x), 7; 36.1 (2x); 76.3, 5, 7, 10, 13; 77.1

አዝን (*'əzn*) : ear
82.3; 85.2

አዘዘ (*'azzaza*) : to order, command, rule, exercise dominion, instruct (an inferior), prescribe, make a will, bequeath
14.1; 52.4; 54.5; 62.1; 66.2; 72.36; 75.7; 82.7; 89.59, 61, 63; 90.21, 22

ዐ

ዐባር (*'abbāy*) : dryness, bareness, scarcity, drought, famine, penury, sterility
80.5

ዐብየ (*'abya*) : to be great, be big, be large, be important, become famous, be powerful, increase (intr), be promoted, prevail, be raised (voice), become fat, be inflated, swell
14.15; 72.4; 75.9

ዐቢይ (*'abiy*) : big, great, large, long, important, lofty, elder, old, notable, loud (voice), thick
1.3, 5; 5.4; 6.3; 7.2; 8.2; 10.1, 6; 12.3, 4; 13.1; 14.1, 2, 10, 19, 20, 22; 16.1 (2x); 17.5, 6 (2x); 18.10, 13; 19.1; 21.3, 7 (2x); 22.1, 4 (2x), 11 (2x); 25.3, 4; 32.3 (3x); 33.1; 34.1; 36.4 (2x); 54.6; 55.2; 60.1 (2x), 3; 65.4, 12; 67.5; 69.26; 71.11; 72.6, 35, 36; 77.5 (2x), 7, 8 (2x); 78.3; 79.6; 80.5; 83.4, 7, 9; 84.1, 2, 4, 5, 6; 85.9; 86.2; 88.3; 89.1, 3, 33, 37, 38, 50; 90.9, 19, 29 (2x), 32, 33, 36, 37, 38 (2x), 41; 91.5, 7, 13, 15;

92.2; 93.4; 94.9; 97.6, 10; 98.3, 4, 6, 10 (2x); 99.15; 100.4; 101.3; 102.2, 3, 5; 103.1, 4, 7, 8 (2x); 104.1 (2x), 4, 5, 9 (2x), 10; 106.9, 15 (2x), 17

ዐቢይ (ʿəbay) : greatness, size, magnitude, magnificence, majesty, honor, glory
5.4; 14.16 (2x); 21.7; 27.5; 36.4; 60.24; 83.11; 84.2 (2x); 98.2; 103.1

ዐድ (ʿəd) : man, male, husband
98.2

ዐዳ (ʿoda) : to go around, turn around, circle, encircle, encompass, surround, circulate, revolve, turn
14.9; 21.1; 24.3; 48.1; 71.6 (2x), 8; 72.27; 74.6; 75.3, 9; 78.5

ዓዲ (ʿādi) : still, still more, again, once more, moreover, further, furthermore, besides, rather, but also; with a negative (not) yet; also used with suffix pronouns, e.g., ዓዲሁ he still
16.3; 33.4; 89.25

ዕድሜ (ʿədme) : time, appointed time, proper time, opportune time, season, period
22.4 (2x)

ዕፅ (ʿəḍ) : tree, shrub, bush, wood, stick, staff (of spear)
3.1 (2x); 5.1; 7.1; 10.18, 19; 24.3, 4 (2x), 5; 25.1, 2, 4; 26.1, 5; 27.1; 28.2; 29.2 (2x); 30.2; 31.1, 2 (2x); 32.1, 3 (3x), 4, 5, 6; 67.2; 80.3; 82.16 (3x), 19; 83.4; 99.7

ዕፄ (ʿəḍe) : vermin, worm, moth, caterpillar
46.6

ዐፅም (ʿaḍm) : bone
25.6; 90.4 (2x), 27

ዖፍ (ʿof) : fowl, bird
7.5; 18.12; 33.1; 89.10; 90.2 (2x), 3, 18, 19, 30, 33, 37

ዐልዐለ (ʿalʿala) : to raise, elevate
39.9; 69.26; 84.1; 87.3; 89.2

ዓለም (ʿālam) : world, this world, the secular world, universe, mankind, eternity, lifetime, age, time
1.4; 5.1, 5, 6, 9; 8.1; 9.4 (2x), 6; 10.5, 10, 12 (2x), 13 (2x), 16, 22; 11.2 (2x); 12.3, 4, 6; 14.1, 4, 5 (2x); 15.3, 4, 6 (2x); 16.1; 20.4; 21.6, 10; 22.11 (3x); 22.14; 24.4; 25.3, 4, 5, 7; 27.2, 3 (2x); 36.4; 37.4; 39.5 (2x), 6 (2x), 10; 39.11 (2x), 13 (2x); 40.4 (2x), 9; 41.4, 6 (2x); 43.4 (2x); 45.4; 46.3; 47.2; 48.6 (2x), 7; 49.1 (2x), 2 (2x); 53.2 (2x); 55.2; 58.3, 4, 6; 61.3 (2x), 11 (2x), 12 (2x); 62.14 (2x); 63.3 (2x), 6 (2x); 65.11, 12; 67.3 (2x), 9 (2x), 13; 68.5 (4x); 69.7 (2x), 9 (2x), 16 (2x), 17 (2x), 18 (2x), 19 (2x), 20 (2x), 21 (2x), 24 (2x), 28; 70.4; 71.15 (5x), 16 (4x), 17 (2x); 72.1 (3x), 35 (3x); 74.12; 75.2 (3x), 3 (2x), 8, 9; 77.1; 81.2, 3 (3x), 10; 82.1, 2, 5, 6 (2x), 7; 83.10;

84.2 (8x), 5, 6; 91.1, 9, 13, 14 (2x), 15 (2x), 16, 17 (2x), 19; 92.3, 4 (2x), 5 (2x); 93.2, 5, 7, 10; 96.2; 99.2, 14; 102.3, 8 (2x); 103.4, 8; 104.5 (2x); 105.2; 108.3, 8, 10

ዕለት (*ʿəlat*) : day, time, space of time, fate
1.1; 10.6, 12; 16.1; 19.1; 22.4, 11, 13; 43.2; 45.2, 3, 4; 48.8, 10; 50.1; 51.2; 54.6 (2x); 55.3; 56.4 (2x); 57.1, 2; 60.5, 6 (2x), 7, 9; 61.5, 10; 62.3, 8, 13; 63.8; 67.8; 68.2; 69.9; 70.3; 72.9 (2x), 10 (3x), 12 (2x), 14 (4x), 15, 16, 18 (3x), 20, 22 (5x), 24 (2x), 25, 26, 28, 30, 31, 32 (2x), 33 (2x), 34 (2x); 73.4, 6, 7, 8 (2x); 74.11, 12; 78.8 (2x), 12 (2x), 13; 82.4, 15, 18; 84.4; 89.70; 92.5; 94.9 (3x); 96.2, 8 (2x); 97.1, 3; 98.7, 8 (2x), 10 (3x); 99.4, 6, 15; 100.4, 7; 102.5 (2x), 10; 103.10 (2x); 104.5, 7, 8

ዐልዋ (*ʿalwā*) : aloe
31.2

ዐለወ : ዐልወ : አለወ : አልወ (*ʿalawa : ʿalwa : ʾalawa : ʾalwa*) : to deal treacherously, conspire, distort, pervert, act perversely, corrupt, violate (the law), rebel, be rebellious, transgress (laws), depart, desert, reject, be faithless, be an apostate, be heretical, change, change in shape, transform, reflect, reverberate, turn upside down, translate, interpret
104.10

ዕልው (*ʿəlaw*) : crooked, perverse, evil, perfidious, iniquitous, disobedient, rebellious, rebel, apostate, heretic, heretical; copy
93.9

ዕልወት (*ʿəlwat*) : disaster, downfall, perfidy, iniquity, perversity, heresy, apostasy, transgression, violating, revolt, rebellion; copy
91.7; 93.9

ዖም (*ʿom*) : tree, grove, forest, woodland
77.3

ዓም (*ʿām*) : year
5.2, 5, 9; 74.13, 14, 15, 16; 81.6

ዐምድ (*ʿamd*) : column, pillar, post, balustrade, mast, column of a page
18.3, 11 (2x); 21.7; 57.2; 90.24, 28, 29

ዐማጺ : አማጺ (*ʿamāḍi : ʾamāḍi*) : unjust, wrongdoer, oppressive, oppressor, transgressor, lawless, wicked
7.6; 62.2, 13; 96.2; 103.11

ዐመጻ (*ʿamaḍā*) : injustice, violence, oppression, iniquity, crime, lawlessness
9.1, 6, 9, 10; 10.20; 42.3; 46.7 (2x); 48.7; 49.2; 50.4; 54.6, 10; 63.10; 65.10; 67.4; 81.4; 91.5, 6 (2x), 7, 8, 11, 19; 93.4; 94.1, 6, 9; 95.6, 7; 96.7; 97.1, 6 (2x), 10; 98.12; 99.15; 106.18, 19

ዕመቅ (*ʿəmaq*) : depth, deepness
17.3; 18.11; 61.5; 90.26; 108.4

ዕሙቅ (*ʿəmuq*) : deep, secret
18.11; 22.2 (2x); 24.2; 26.3, 4, 5; 53.1 (2x); 54.1; 63.3; 88.1; 90.24

ዓመት (*ʿāmat*) : year, epoch
18.16; 60.1; 72.1, 32; 74.10 (2x), 11, 12 (2x), 13 (2x), 14, 15, 16, 17; 75.1 (2x), 3; 77.4; 78.7; 79.2; 81.6; 82.4, 6, 11 (3x), 13, 14, 15; 106.15

ዐንበር : ዐንበሪ : አምበር : አንበር (*ʿanbar : ʿanbari : ʾambar : ʾanbar*) : amber, whale, sea monster, monster
60.7 (2x), 9, 24

ዐንበሳ (*ʿanbasā*) : lion
56.5; 89.10, 55, 56, 65, 66

ዐቀበ (*ʿaqaba*) : to guard, stand guard, watch, keep watch, keep safe, safeguard, keep, tend (flocks), preserve, take care of, care for, take heed, protect, handle with care, observe (the law, a holiday)
1.8; 41.5; 43.2; 48.7; 62.7; 65.12; 66.2; 67.2; 71.7; 82.1, 10; 100.5; 108.1, 9

ዐቃቢ (*ʿaqqābi*) : guardian, guard, keeper, watchman, protector, official
100.5

ዐርበ : ዐረበ (*ʿarba : ʿaraba*) : to set (sun, heavenly bodies), become evening
2.1; 72.3 (2x), 5, 11 (2x), 13, 15, 17, 19 (2x), 21 (2x), 23 (2x), 25 (2x), 27, 29, 31 (2x); 73.6, 7; 74.5, 9, 17; 75.7, 8; 78.5; 82.9; 100.2

ዐረብ (*ʿarab*) : west, sunset
13.7; 17.4, 5; 23.1, 4; 26.4; 28.3; 35.1; 52.1; 67.4; 70.3; 72.23; 76.3; 77.5; 78.13

ዕርበት (*ʿərbat*) : setting (of the sun)
17.4

ዕረፍት (*ʿəraft*) : rest, peace, quiet, respite, repose, comfort, death
23.3; 41.7; 48.10; 63.1, 5, 6, 8; 96.3; 99.14

ዐርገ (*ʿarga*) : to ascend, go up, climb, mount
9.10; 14.5; 28.3; 45.2; 47.1; 56.6; 60.18; 67.1, 11; 71.1; 72.5; 78.13; 83.11; 86.4; 89.29, 32; 93.8, 12; 96.2; 97.10

ዕሩቅ (*ʿəruq*) : naked, bare, empty, void, stripped, devoid of, destitute; also used with possessive suffix pronouns, as in ዕሩቁ he empty-handed
32.6

ዕራቅ ('ərāq) : emptiness, nakedness; with possessive suffix pronouns (he, she) naked, bare, empty, empty-handed, devoid, alone, merely
9.2; 67.2

ዐረር ('arar) : lead
48.8; 52.2, 6, 8; 65.8

ዐረየ ('arraya : 'araya) : to be equal, be even, be levelled off, be level, be smooth, agree with, concur, be the same; make equal, render equal, make straight
73.3; 89.7

ዕሩይ ('əruy) : equal, identical, the same, equitable, equivalent
72.20; 78.3

ዕሩየ ('əruya) : equally, to the same extent
60.15

ዐሰየ : ዐሠየ : አሰየ ('asaya : 'assaya : 'aśaya : 'asaya) : to repay, reward, recompense, requite (a favor)
108.10

ዐሰየት ('əssəyat) : wages, payment, retribution, recompense, remuneration, compensation, reward
105.1

ዓሣ ('āśā) : fish
7.5; 61.5; 101.7

ዓሥር ('āśər) : tenth
69.2; 78.8; 91.15

ዐሡር ፡ ወኃሙስ ('aśur wa-ḫamus) : fifteen(th)
78.7

ዐሥሩ ፡ ወካልኢ ፡ ዐሥሩ ፡ ወጽ ('aśru wa-kāl'e) : twelve
72.7; 76.1, 14

ዐሡር ፡ ወረቡዕ ('aśur wa-rabu') : fourteen(th)
60.1; 78.6

ዐጸበ ፡ ዐጽበ ('aṣaba : 'aṣba) : to be difficult, be hard, be harsh, be troublesome, be grievous, be serious; with object suffix pronouns to be in difficulty, feel distressed, be under stress, be necessary for (e.g., ዐጽበኒ it is difficult for me, I feel distressed), seem extraordinary, seem astonishing
62.4 (2x)

ዕጹብ : ዐጹብ (ʿaṣub : ʿaḍub) : hard, harsh, difficult, severe, serious, rough, rugged, harassed, oppressed, troublesome, vehement, grievous, fierce, austere, onerous, difficult to perceive, inconceivable, marvellous, astonishing, stupendous
    27.2; 88.1; 102.1; 106.9

ዕጸብ : ዐጸብ (ʿaṣab : ʿaḍab) : harshness, rigor, severity, difficulty, trouble, toil, calamity, necessity, need, want, lack, wonder, marvel
    68.2 (2x)

ዐጸድ : ዐፀድ (ʿaṣad : ʿaḍad) : a circumscribed area (such as courtyard, court), palace, atrium, hall, vestibule, enclosure, pen, stall, sheepfold, plot, territory, farm yard, village, tent, curtain
    89.2, 3 (2x), 4 (2x), 5, 34, 35; 93.6

ዐጽፍ (ʿaṣf) : cloak, mantle, robe, tunic, raiment, sacerdotal vestment (a sort of cape of leather bound at the waist by a girdle)
    14.20; 71.1

ዐጽቅ (ʿaṣq) : bough, branch, branches (also of candlestick), treetop, stem (of candlestick), joint, palm branch, vine branch, cluster (of grapes), bunches, basket (that is, a bundle containing things), cake of figs
    26.1

ዐጸወ : አጸወ (ʿaṣawa : ʾaṣawa) : to close, shut, shut up, lock, bolt, block, confine, stop
    67.4; 101.2

ዕጹው (ʿəṣəw) : locked, closed, enclosed, shut up, bolted
    41.4

ዐውደ (ʿawda) : around
    14.12

ዐውድ- (ʿawd-) : (followed by suffix pronouns) around, round about
    14.22 (2x); 48.1; 60.2; 71.7

ዐውድ (ʿawd) : circle, circuit, cycle, circumference, threshing floor, court, hall, judgment seat, tribunal, court of law, judgment, assembly, council, district, environs, neighborhood, vicinity, area, period of time
    47.3; 71.6

ዐውሎ (ʿawlo) : tempest, whirlwind
    17.2; 39.3

ዐውየወ : አውየወ (ʿawyawa : ʾawyawa) : to wail in mourning, howl, groan, moan, lament, cry, cry out
    83.6; 85.6; 86.2; 89.16, 20, 53, 69; 90.3, 11; 108.3

ዐውያት : አውያት ('*awyāt* : '*awyāt*) : wailing, lamentation, lamenting, cry, howling, cries of woe
85.6; 108.5

ዐይግ : አይግ ('*ayg* : '*ayg*) : lake, pond, pool, marsh
89.23, 24, 25 (2x), 26

ዐይን ('*ayn*) : eye, spring, source, tongue (of a balance), engraving (of a seal)
1.2; 13.5; 21.7; 32.6; 39.5, 6, 10, 13; 41.2, 3; 52.2; 53.1; 54.3; 59.1; 62.1; 68.4; 86.1; 87.2; 89.2, 21, 28, 32, 33, 41 (2x), 44, 54, 74; 90.2, 6, 7, 9, 10, 35; 95.1; 99.8; 106.2 (2x), 5, 10 (2x)

ዐዘዘ ('*azzaza*) : to be strong, be steadfast, be vigorous, be firm
81.6

ዐዚዝ ('*azziz*) : mighty, strong, vigorous, excellent
38.4, 5; 62.1, 3, 6, 9; 63.1, 2, 12; 67.8, 12

በ

በ- (*ba-*) : in, at, into, on, by, through, with (by means of), after (kind and means), by reason of, because of, out of, on account of, according to, concerning, against (contiguity); it is used with suffix pronouns, e.g., ብከ in you; with suffix pronouns it also expresses possession, e.g., ብከ you have; for በከሙ see ከሙ
1.1, 2, 3 (2x), 4 (2x), 9 (2x); 2.2; 4.1 (3x); 5.1 (3x), 2, 4, 5, 6 (2x), 8 (3x), 9 (5x); 6.1, 2, 4, 5 (2x), 6 (2x); 7.2, 5 (4x); 8.4; 9.1 (2x), 2, 6 (2x), 9, 10, 11; 10.2, 4 (2x), 6, 8, 9 (2x), 10, 11, 12, 13 (3x), 16, 17, 18 (2x), 20; 11.1, 2 (2x); 12.2, 4, 5, 6; 13.2 (2x), 6 (2x), 7, 9, 10 (2x); 14.1 (2x), 2 (5x), 4, 5, 6, 7 (2x), 8 (2x), 9, 10 (2x), 12 (2x), 14 (2x), 15 (2x), 16 (4x), 22, 24; 15.1, 2 (4x), 3, 4 (3x), 5 (3x), 7, 8, 9, 10; 16.2 (2x), 3 (4x); 18.1, 11 (2x), 12, 13, 15, 16; 19.1 (3x); 21.2, 3, 4 (2x), 5 (2x), 6, 7 (2x); 22.1, 2 (2x), 4, 8 (3x), 9, 10 (3x), 11 (2x), 12 (2x), 13; 24.4; 25.1, 2 (2x), 3, 6 (5x); 26.1, 5, 6 (2x); 27.1, 2 (2x), 3 (4x), 4 (3x); 28.2; 29.2; 31.1; 32.3; 33.1, 2 (2x), 3 (3x); 34.1 (3x), 2 (3x), 3 (5x); 35.1 (5x); 36.1 (2x), 2, 3 (2x), 4; 37.4 (2x), 5; 38.1, 2 (2x), 5; 39.1, 2, 3, 4, 5 (2x), 6 (2x), 7, 8 (2x), 9 (3x), 10, 11, 12, 13; 40.2, 5, 6, 10; 41.1, 2 (3x), 3 (3x), 4, 5, 6, 7 (4x), 8 (3x), 9; 42.3 (2x); 43.2 (3x), 4; 45.3 (2x), 4 (2x), 6; 46.1, 3 (2x), 7, 8; 47.1, 2 (4x), 3 (3x), 4; 48.1, 2 (2x), 3, 4 (2x), 6, 7 (2x), 8 (2x), 10 (4x); 49.2 (2x), 3 (2x), 4 (3x); 50.1 (2x), 2, 3 (2x), 4 (4x); 51.1, 3, 4 (3x), 5; 52.1 (2x), 2 (2x), 3, 6, 7 (3x), 9; 53.1, 5, 6, 7; 54.1, 3, 5, 6 (2x), 7, 10; 55.2 (2x), 3 (3x), 4 (2x); 56.1, 5, 6, 8; 57.2; 58.3 (2x), 4 (2x), 5, 6 (3x); 59.1 (2x), 2 (3x); 60.1 (4x), 3, 7 (2x), 8 (5x), 9 (3x), 10, 11 (7x), 12 (2x), 13 (2x), 14 (3x), 15 (5x), 16 (3x), 18, 19 (6x), 20 (3x), 21, 22, 25 (2x); 61.1, 5 (2x), 6, 7 (3x), 8 (2x), 9 (4x), 10, 11 (7x), 12, 13 (2x); 62.3 (3x), 4 (2x), 7, 8 (2x), 9 (2x), 12, 13, 16 (2x); 63.1 (3x), 7 (3x), 8 (3x), 9, 11, 12; 64.1; 65.1, 2, 3, 4 (2x), 9, 10, 12 (2x); 67.1, 3 (2x), 4 (2x), 5, 6, 7, 8 (2x), 9 (2x), 10, 11 (3x); 68.1 (2x), 2 (2x), 4 (3x); 69.4, 5, 9,

248   Lexicon and Concordance

10 (2x), 11 (2x), 12 (2x), 13, 14, 15, 16, 17, 18, 19, 20, 21, 23 (2x), 24 (4x), 25, 28 (2x), 29; 70.1 (2x), 2 (2x), 3 (4x), 5 (2x); 71.2, 5 (2x), 8, 11 (3x), 12, 14, 15, 17; 72.1 (2x), 2 (2x), 3 (3x), 5 (2x), 6 (2x), 7 (3x), 8, 9, 10, 11, 13, 14, 17 (3x), 18, 19 (3x), 20, 21 (5x), 22, 23 (4x), 24, 25 (7x), 26, 27 (3x), 28, 30, 31 (4x), 32, 33, 36 (2x), 37; 73.2 (2x), 3, 4 (3x), 6, 7 (4x), 8 (2x); 74.1, 2 (2x), 3 (3x), 4 (2x), 5 (5x), 6 (3x), 7 (2x), 8, 9, 10, 12, 14, 17 (2x); 75.1 (2x), 2 (5x), 3 (4x), 4 (4x), 5 (2x), 6 (2x), 7 (4x), 8 (3x); 76.1, 2 (4x), 3 (3x), 4, 5, 6 (2x), 7 (3x), 8, 9, 11 (2x), 12, 13; 77.2, 3 (6x), 6, 7 (3x), 8 (4x); 78.2, 4 (3x), 6 (3x), 7, 8 (16x), 9 (2x), 11 (2x), 12, 13 (5x), 15 (5x), 16, 17; 79.2 (8x), 3 (2x), 4 (3x), 5 (2x); 80.1, 2 (4x), 3 (3x), 4, 5 (3x), 6; 81.2, 3, 5 (2x), 6 (2x), 10; 82.3, 4 (4x), 5, 6 (6x), 7, 8 (4x), 9 (4x), 10 (6x), 12, 15 (2x), 16 (4x), 19 (2x); 83.1, 3 (2x); 84.1 (5x), 2; 85.3 (2x), 9; 86.1, 3, 5 (2x); 87.2, 3; 88.3 (4x); 89.1, 2, 3 (2x), 5, 7, 15, 16, 18, 19, 21, 23, 24, 25, 32, 36 (2x), 40 (2x), 41 (2x), 46 (2x), 50, 51, 54, 57, 60, 62 (3x), 63 (4x), 64, 65, 68 (4x), 70 (2x), 71 (2x), 74, 76; 90.2, 3, 8, 10, 15, 17, 18 (2x), 20 (2x), 22, 26 (3x), 28 (2x), 30, 31, 33, 34, 35, 37, 38 (2x), 42; 91.1, 3 (2x), 4 (4x), 7 (2x), 8, 9 (4x), 11 (3x), 12, 13, 14 (2x), 15 (2x), 17 (2x), 19 (3x); 92.2, 3 (3x), 4 (2x), 5; 93.2, 3, 4 (4x), 5 (2x), 6 (2x), 7 (2x), 8 (5x), 9, 10, 14 (2x); 94.1, 3 (2x), 4, 5, 7 (3x), 8, 10, 11; 95.3, 5, 7; 96.1, 2 (3x), 5, 6, 8 (3x); 97.1, 3, 5, 6, 8, 10; 98.2 (5x), 3 (4x), 6 (2x), 7 (5x), 8, 9, 11, 12, 13; 99.3 (4x), 4 (2x), 5, 7, 8 (2x), 9 (3x), 10 (2x), 11, 12, 13, 16; 100.1 (3x), 4 (3x), 6, 7 (3x), 9, 10 (2x), 13; 101.1, 5, 6, 7; 102.1 (2x), 2, 4, 5 (6x), 6 (3x), 7 (2x), 11; 103.1 (3x), 2, 3 (2x), 4, 5, 6 (5x), 8 (3x), 9, 10 (2x), 14; 104.1 (3x), 2 (3x), 5, 6, 7, 9, 11 (2x), 13 (2x); 105.1 (2x), 2 (3x); 106.6, 9, 13 (2x), 15, 18 (2x), 19; 107.1; 108.1, 2, 3 (2x), 4, 6 (3x), 7, 9, 10, 11 (3x), 12, 13 (2x), 14 (2x), 15

ቦአ (bo'a) : to enter, penetrate, proceed, frequent, be involved, intermingle, have intercourse
  7.1; 14.9, 10, 13, 21; 40.7; 56.5; 58.6; 67.2; 71.8; 72.5, 13, 15, 27, 29, 37; 74.6, 7; 78.5; 81.10; 82.4 (2x), 10, 11; 89.18, 35, 37, 40, 67, 72; 96.2; 103.8

በአምጣነ (ba'amṭāna) : as long as, as large as, as often as, as many as, as much as, in accordance with, according to, in proportion to, to the extent of, in regard to, like, since
  35.1 (2x); 61.13

በአንጻር (ba'anṣār) : facing each other, opposite
  72.27

በእንተ (ba'ənta) : about, concerning, regarding, with regard to, with respect to, on account of, by reason of, for, on, for the sake of (as in the expression በእንተ ማርያም for Mary's sake [a beggar's cry]), for the purpose of, because of, thanks to, on behalf of
  1.3 (2x), 9; 4.1 (2x); 5.1, 5; 9.11; 10.10; 13.2 (2x), 6 (2x); 14.7 (2x), 16 (2x); 15.2 (3x), 3, 5, 7; 16.2; 21.4 (2x), 5 (2x), 9; 22.8 (3x), 12; 25.1, 2 (2x); 26.6 (2x); 27.1,

2; 39.5, 8; 40.6; 44.1; 46.2 (2x); 47.2; 48.6, 8; 54.6, 10 (2x); 58.1 (2x); 60.5, 18, 22; 63.9; 65.9, 10 (2x); 68.2, 5; 69.9, 26; 72.13, 19, 34; 75.2; 81.3, 9 (2x); 82.5; 83.2; 89.15, 17, 57, 67, 69, 76; 90.42; 93.2 (3x); 95.4; 98.3, 5; 99.8; 100.10; 101.2, 5; 103.2; 104.1, 11; 106.9 (2x)

ብእሲ (bəʾəsi) : man, male, husband, person, someone
1.2; 6.1, 2; 7.3 (2x), 4; 8.1, 4; 9.3, 8; 10.7, 9, 15, 21; 11.1; 12.1, 4; 13.2; 14.2, 3; 15.1, 2 (2x), 3, 4, 12; 16.3; 17.1; 19.1 (2x), 3; 20.3, 5; 22.3, 5, 7, 13; 25.7; 36.4; 39.1, 5; 40.9; 41.1, 8; 42.2; 46.1, 2, 3, 4; 48.2; 56.5, 7; 57.1; 60.8, 10; 64.2 (2x); 68.5; 69.4, 5, 6 (3x), 8, 9, 10, 11, 12, 14, 29 (2x); 71.14; 75.2; 77.3; 78.17; 81.2, 4, 9, 10; 82.5 (2x), 8; 84.1, 4, 5; 87.2; 89.1, 9, 36, 38; 90.14, 17, 22, 41; 91.14; 92.1; 93.4, 5, 8, 11, 13, 14; 94.2, 5; 98.4; 100.2, 6; 102.9; 106.5, 10, 16; 108.7, 10

ብእሲት (bəʾəsit) : woman, wife, female (animal)
6.2; 9.8, 9; 10.11; 12.4 (2x); 15.3 (2x), 4, 12; 16.3 (2x); 19.1; 62.4, 5; 83.2; 98.2, 4, 5; 106.1, 14

ባዕድ (bāʿd) : other, different, strange, alien, outsider, foreign
7.1; 24.4; 89.35; 90.1; 99.13

በዐለ (bəʿla) : to be rich, be wealthy
97.8

በዕል (bəʿl) : wealth, riches
46.7; 94.8 (3x); 96.4; 97.8, 10; 100.6; 103.6

ብዑል (bəʿul) : rich, wealthy, magnificent
41.5

ባዕል (bāʿl) : rich, wealthy, owner, possessor, master, head of family
63.2; 94.8

በዓል (baʿāl) : festival, feast day, feast, banquet
82.7, 9

በበ- (babba-) : (repeated በ-) for the expression of the distributive each, e.g., ወነሥኡ በበዲናር they took a dinar each
2.1; 7.2; 34.2; 43.1; 60.12; 72.1 (5x); 74.3, 11, 12; 75.2; 78.9, 15, 16 (2x), 17; 89.54, 64; 90.1 (3x), 5, 41

በበይነ- : በበይናቲ- : በቤናቲ- (babayna- : babaynāti- : babenāti-) : between, among, to one another
6.2, 4, 5, 6; 7.5; 9.2; 10.9; 43.2; 56.7; 81.7; 89.11

ብድን (badn) : corpse, dead person, dead body, carcass
56.7

በደረ (*badara*) : to be swift, hurry, precede, advance, surpass, be preeminent, arrive first in a race, be early
　65.8; 74.12

በድው (*badw*) : desert, wasteland, wilderness, uncultivated area, desolate place, desolation
　18.12; 21.2; 42.3; 60.8, 9; 61.5; 89.28; 108.3

በግዕ (*baggəʿ*) : sheep, ram
　82.19; 89.12 (3x), 13 (3x), 14 (2x), 15, 16 (4x), 17 (2x), 18 (4x), 19 (2x), 20 (2x), 21 (2x), 22 (2x), 23, 25 (2x), 26, 27, 28 (3x), 29 (2x), 30 (2x), 31 (2x), 32 (3x), 33 (3x), 35 (6x), 36 (3x), 37 (4x), 38 (2x), 39 (2x), 40 (2x), 41, 42 (3x), 44 (3x), 45 (5x), 46 (2x), 48 (4x), 49 (2x), 50 (3x), 51 (5x), 52 (3x), 53 (2x), 54 (3x), 55, 57 (2x), 59 (2x), 60, 61, 65, 66, 67 (2x), 68, 69, 70, 71, 72, 74 (2x), 75 (2x), 76; 90.2, 3 (2x), 4 (2x), 6 (2x), 7, 8, 9, 10, 11 (2x), 14, 15, 16, 17, 18 (2x), 19 (2x), 20 (2x), 22, 26, 27, 29 (2x), 30 (2x), 31, 32, 33, 34 (2x), 38

ብህለ (*bəhla*) : to say, speak, call, announce, command
　1.2, 3; 6.2, 3, 4; 9.2, 3, 4; 10.1, 2, 4, 9, 11; 12.3; 13.1; 14.24; 15.1; 18.14; 19.1; 21.4, 5 (2x), 8, 9, 10; 22.3, 6, 7 (2x), 8, 9, 14; 23.3, 4; 24.5; 25.1, 2, 3, 7; 27.1, 2 (2x); 32.5, 6; 37.2, 3, 5; 39.2, 10, 12, 13; 40.9; 43.4; 46.3; 49.4; 50.5; 52.3, 4, 5; 53.5; 54.4, 5; 55.1, 3; 56.2, 3; 58.1; 60.5, 10, 11, 24; 61.2 (2x), 3, 11; 62.1; 63.2, 5, 10, 12; 64.2; 65.2, 3, 5, 9, 10; 67.1, 12; 68.2, 3, 4; 69.14; 71.14, 15; 77.7; 80.1; 81.1, 4, 5; 83.5, 6, 7; 85.2 (2x); 87.4; 89.59, 61; 90.22 (2x); 91.3, 18; 93.2 (2x), 3; 94.1, 3, 10; 97.8; 98.7; 99.13; 102.6, 9; 103.5, 9; 104.7; 105.1; 106.5, 8, 9, 13; 108.5, 6

ባሕር (*bāḥr*) : sea, lake, ocean, large river; west, northwest, north
　5.3; 17.5; 53.1; 60.7, 9, 16; 61.5; 69.18; 76.10; 77.3, 5, 6 (2x), 7 (3x), 8 (2x); 97.7; 101.5 (2x), 6, 8, 9

ባሕረ ፡ ኤርትራ (*bāḥr ʿerətrā*) : Red Sea
　32.2; 77.6, 7

ባሕርይ (*bāḥrəy*) : pearl, precious stone, essence, element, nature, substance, quality, hypostasis
　18.7

ባሕቲት (*bāḥtit*) : solitude; with suffix pronouns (e.g., ባሕቲቱ and so on) alone, only, merely, sole, solitary, privately, oneself, individually
　6.3; 19.3; 28.1; 60.18, 19; 68.5; 74.14; 89.46; 90.4; 108.5

ባክ (*bakk*) : being void, vacuity, solitude, idleness, emptiness, nothingness; void, empty, single (not married), devoid, useless
　49.4; 62.3; 67.9; 73.5

በከ (*bakka*) : in vain, uselessly, for nothing, fortuitously, without cause, for no purpose, in idleness, by mere chance
55.1; 56.7; 60.6, 24, 25; 78.14

በከየ (*bakaya*) : to weep, mourn, bewail
14.7; 89.69; 90.41, 42; 95.1; 96.2

ብካይ (*bəkāy*) : weeping, lamentation
65.5; 90.41; 108.5

በልዐ (*bal'a*) : to eat, consume, devour; (figurative) to accuse, calumniate
7.3, 4; 15.11; 32.3, 6; 53.2; 62.14; 69.11; 82.3; 86.1, 6; 89.42, 56, 66 (2x), 68, 74; 90.2 (2x), 8, 11; 96.5; 98.11 (2x); 102.9; 103.14, 15 (2x)

በሊኅ (*balliḫ*) : sharp, quick, swift, violent, penetrating, fierce (lion), smart
10.5

በልየ (*balya*) : to be old, grow old, age, be worn-out, be decrepit, be obsolete, be antiquated
62.16

ብሉይ (*bəluy*) : old, ancient, antiquated, decrepit, obsolete, worn-out
3.1; 46.2; 90.28, 29

ብንተ : ዐይን (*bənta 'ayn*) : pupil of the eye
100.5

በቍዐ (*baqʷ'a*) : to be useful, be of use, benefit, be of benefit, be serviceable, serve, be profitable, have advantage, fit, be fit, be suitable, be appropriate, be gratifying, be worthy, be capable of
52.8 (2x)

በቍዔት (*baqʷə'et*) : use, usefulness, benefit, profit, advantage, comfort, efficiency, favor, asking favor, interest on a loan
102.6

በቀል (*baqal*) : revenge, taking (n) revenge, call to vengeance
22.11

በቍለ : በቈለ (*baqʷla : baqʷala*) : to sprout, shoot forth, grow
32.3; 80.3; 90.9; 91.15; 93.4

በቀልት (*baqalt*) : date palm, trunk of a palm tree
24.4

በረድ (*barad*) : hail, snow, hoarfrost, crystal
14.10, 13, 20; 34.2; 41.4; 60.17; 69.23; 71.1

በርሀ (*barha*) : to shine, be bright, be light, light up, be clear
   1.8; 14.20; 51.4; 63.3; 80.5; 104.2; 106.2; 108.15

ብሩህ (*bəruh*) : bright, shining, shiny, brilliant, lit, splendid, clear (voice), cheerful, happy
   17.3; 41.8; 82.18; 96.3; 108.12

ብርሃን (*bərhān*) : light, brightness, glitter, splendor, proof
   1.8; 2.1; 5.7; 10.5; 20.4; 22.9; 23.4; 38.2, 4; 39.7; 41.8 (2x); 43.2; 45.4; 48.4; 50.1; 58.3 (2x), 4, 6 (3x); 59.1, 3; 60.12, 19 (2x); 61.6, 12; 63.6; 69.23; 71.1, 2, 4, 5; 72.1, 2 (2x), 4, 35, 36, 37; 73.1, 2, 3 (2x), 5 (2x), 6 (2x), 7; 74.2, 3, 6, 7; 75.2, 3; 77.2; 78.3, 4, 6 (2x), 7 (2x), 8 (2x), 10, 11 (3x), 12, 14 (3x), 17; 79.3, 6; 80.5; 82.7, 8, 18; 89.8; 92.4; 93.14; 96.3; 102.2, 8; 104.2, 8; 108.11, 12

ባረከ (*bāraka*) : to bless, praise, worship, celebrate, salute, bid farewell, congratulate, offend, calumniate, curse
   1.1; 10.21; 12.3; 22.14; 25.7; 27.3, 4, 5; 36.4 (3x); 39.10, 12 (2x), 13; 40.4, 5; 47.2; 48.5; 61.7, 9, 11, 12 (4x); 62.6; 63.2, 4, 5; 69.26; 71.11; 81.3 (2x), 10; 83.11; 84.1; 90.40; 106.11; 108.9, 10

ቡሩክ (*buruk*) : blessed, praised, consecrated, fortunate, happy, good, excellent, outstanding
   9.4; 22.14; 26.1; 27.1; 39.10, 13 (2x); 61.11; 63.2; 77.1; 84.2

በረከት (*barakat*) : blessing, benediction, praise, gift, gift expressive of a blessing, offering, fortune, good things, blessed object, blessed relic
   1.1; 10.16, 18; 11.1; 39.7, 9 (2x); 41.8; 45.4, 5; 59.1, 2, 3; 71.12; 76.4, 13; 108.10

በረቀ (*baraqa*) : to flash, lighten, scintillate, shine, become shining, sparkle
   59.1, 3; 60.13, 15

ብሩር (*bərur*) : silver, money
   52.2, 6, 7; 65.7; 67.4; 94.7; 97.8, 9; 98.2; 99.7; 100.12; 108.8

ብርት (*bərt*) : copper, brass, bronze
   52.8; 56.1

ብሱል (*bəsul*) : cooked, ripe
   82.19

ቢጽ (*biṣ*) : single, individual, a certain, piece, some, friend, fellow, companion, comrade, equal, neighbor, intimate
   95.5; 99.11, 15; 100.1

ብፁዕ : ብዑዕ (*baṣuʿ* : *baḍuʿ*) : fortunate, blessed, happy
   58.2; 81.4; 82.4 (2x); 99.10; 103.5

በጽሐ (baṣḥa) : to arrive, happen, befall, come to pass, occur, fall to one's lot, appear (in court), reach, amount to, result in, pervade, extend, be accomplished, reach a mature age
   8.4; 17.2, 6; 22.5, 6; 32.4; 45.2; 47.4; 74.10 (2x), 11 (2x), 14; 80.5; 89.16; 91.1; 97.5 (2x); 108.7

ቤት (bet) : house, room, lodging, family, household, generation, tribe
   14.10 (2x), 13, 15; 25.5; 46.8; 53.6; 71.6 (2x), 8 (2x), 9; 81.5; 83.3; 89.36 (2x), 40, 50 (3x), 51, 54, 56, 66, 67 (2x), 72, 76; 90.26, 28 (2x), 29, 33 (2x), 34 (2x), 36; 91.13 (2x); 93.7, 8; 94.7; 97.9; 99.13; 106.2 (2x), 10

ቤተ ፡ ሞቅሕ (beta moqəḥ) : prison
   10.13; 18.14; 21.10

በትር (batr) : branch, shoot, stick, staff, rod, sceptre, stave, tribe, race, offspring
   48.4; 63.7; 90.18

ቤዛ (bezā) : ransom, redemption, propitiation, substitute, expiation; in exchange for, for the sake of
   98.10

በዝኀ (bazḫa) : to be numerous, be abundant, be much, be many, increase (intr)
   5.5, 9; 6.1; 80.8; 89.4, 11, 14, 49

ብዙኅ (bəzuḫ) : many, much, numerous, abundant
   8.2; 9.1; 19.1; 25.6; 28.3; 32.3 (2x); 41.8; 48.1; 50.3; 61.13; 69.9; 71.9; 72.3; 75.7; 80.6; 85.5, 8, 9, 10; 86.3; 89.2, 12, 14, 15, 48, 51, 53, 54, 65, 67, 69; 90.22; 91.17; 93.9; 96.8; 97.9; 98.1; 103.3, 9; 104.10, 12; 108.9

ብዙኅ (bəzuḫ) : much, in large numbers
   67.9

ብዝኅ (bəzḫ) : multitude, large number, large amount
   60.15

ደ

ዲበ (diba) : upon, on, onto, above, over, against, in opposition to, concerning, on account of
   1.4; 7.5; 9.1 (2x), 6, 10; 10.2, 9 (2x), 19 (4x), 20 (2x), 22; 11.1 (3x); 12.4, 5, 6; 13.7, 8; 14.24; 15.4, 5, 8, 9, 10, 11, 12 (2x); 16.3; 18.5, 12, 15; 20.5 (2x), 6, 7 (2x); 22.3, 11; 24.2, 3, 6; 25.6; 30.3; 31.2; 32.2; 34.3; 37.2, 5; 38.2; 40.7, 9 (4x); 41.3; 43.4; 45.1; 46.7 (2x); 48.5, 10; 50.1; 51.3, 5; 52.2, 4, 6; 53.1; 54.6, 7, 9, 10; 55.2 (2x); 56.7; 57.1 (2x); 58.5; 60.2, 5, 21 (3x), 22, 25 (2x); 61.3, 8, 10; 62.2 (2x), 3, 4, 5, 12, 14; 63.4, 7; 64.2; 65.3, 4, 6, 7, 9, 10, 12; 66.1, 2; 67.2, 3 (2x), 7, 8, 10; 68.3 (2x); 69.1, 4, 7 (2x), 17, 25, 27, 29; 70.1; 71.1, 16; 72.27, 29; 74.14; 75.1 (2x), 3 (2x), 4,

5; 76.1, 4 (4x); 77.5; 78.5; 80.2, 7 (2x), 8; 81.1, 2, 3, 4; 82.2, 7, 8, 11, 16, 19; 83.3, 4 (3x), 8, 9 (2x), 11 (2x); 84.4, 6; 85.4; 86.4; 87.3, 4 (3x); 88.2; 89.1, 2, 3 (2x), 4 (2x), 6, 8, 18, 19, 29, 33, 38, 50 (2x), 52, 53, 54, 55, 61, 62, 63, 73, 74, 76; 90.3, 4, 8, 11, 18, 19, 20, 30, 38 (2x), 41; 91.3, 5 (2x), 6, 7 (2x), 14; 92.1; 93.14; 94.8, 10; 95.1; 96.1, 2, 4, 7; 97.2, 4, 7 (2x); 98.1, 4, 11; 99.2, 12; 100.5, 9 (2x), 10, 11 (2x), 12, 13; 101.2, 3 (3x), 8; 102.1 (2x); 103.5, 11, 12, 14; 104.10, 11; 105.1; 106.6, 13, 15, 16 (2x), 17 (2x), 18 (2x), 19; 107.1 (2x); 108.7

ዳቤላ : ደቤላ (*dābelā : dabelā*) : billy goat, bull, male of any animal
90.10, 11, 13, 14, 16, 31

ደብር (*dabr*) : mountain, region where there is a monastery, convent, monastery
1.4, 6; 6.6 (2x); 17.2, 7; 18.6, 9, 13; 21.3; 22.1; 24.1, 2, 3; 25.3; 26.2 (2x), 3 (2x), 4; 28.1; 29.1; 30.1; 31.1, 2 (2x); 32.1 (2x), 2; 51.4; 52.2 (6x), 6 (8x); 53.7; 60.16; 67.4; 69.17; 77.4 (2x); 83.4 (2x); 98.4; 108.4

ደደክ (*dadak*) : frost, cold
60.18; 76.12

ደገመ (*dagama*) : to repeat, do a second time, be again, recite prayers or incantations; ደገመ + verb expresses again, a second time of the action of the verb
5.8, 9; 10.22; 91.6

ዳግመ (*dāgəm*) : twice, for the second time, secondly, again, further, furthermore, once more, moreover
4.1; 72.27; 89.49

ደጐጸ (*dagʷaṣa*) : to prick, puncture, goad, poke, prod, transfix, pierce, sting, smite, punch, wound
103.12

ደህደ (*daḥda*) : to glide, slide, slip, trip, stumble, totter, miscarry
99.5

ድኅነ (*daḫna*) : to be saved, be unharmed, escape safely, be spared, be safe and sound, be released
48.7; 50.3; 51.2; 52.7 (2x); 62.13; 89.16, 52; 93.4; 99.10; 102.1; 103.13; 106.16 (2x), 18

ድኅር (*dəḫr*) : rear, posterior, back, past (time)
76.3

ድኅረ (*dəḫra*) : behind, back, back of, backwards, afterwards, then, finally, at last, after, last (adv), late; with suffix pronouns the base is ድኅሬ-
8.1; 32.1; 40.1, 8; 41.1, 7; 52.1; 53.6; 55.1; 57.1; 58.5; 59.3; 60.25; 63.11; 65.4, 9; 66.1; 68.1; 69.1; 70.1; 71.1; 72.3; 73.1; 76.7, 10, 12; 82.11, 12, 14 (3x), 18; 85.1, 3,

5, 8 (2x), 87.3; 89.25, 31; 91.12, 14, 15, 17; 93.1, 4 (2x), 5 (2x), 6, 7, 8, 9; 99.14; 106.1, 19; 108.1

ደኃሪ (daḫāri) : last, latter, posterior, rear, latest, hindmost
27.3; 37.2, 3; 60.11; 76.13; 90.17; 92.1; 108.1

ደኃሪት (daḫārit) : end, posterity
84.5

ደኃራዊ (daḫārāwi) : last, late, farthest, second
80.2, 3; 89.47 (2x), 48

ድኩም (dəkum) : weak, feeble, tired, exhausted, tender, wretched
52.6

ደለቅለቅ (dələqləq) : shaking, violent agitation, rattling, trembling, quaking, tumult, uproar, commotion, tempest, earthquake
60.1

ደለወ (dalawa) : to weigh
61.8; 95.6

ደለወ (dalawa) : to be suitable, suit, be fitting, befit, be appropriate, be proper, be seemly, be correct, be becoming to, behove, be convenient, be incumbent upon, be necessary, have to, be one's duty, deserve, be useful, be profitable, be agreeable; with object suffix pronouns deserve, be worthy of, be due to, be entitled to, should (e.g., ይደልዎሙ they deserve, they are worthy; ይደሉኒ I should)
27.2, 5; 82.3; 94.1; 108.11

ድልው (dəlləw) : fit, fitting, proper, suitable, worthy, deserving, becoming, appropriate, due, successful, established, ready, prepared
21.2; 60.24; 66.1; 94.9; 98.10

ደም (dam) : blood, sap
7.5; 9.1, 9; 15.4 (3x); 47.1, 2, 4; 89.9; 94.9; 98.11; 99.6; 100.1, 3

ደምደማ (dəmdəmā) : hair of head, long locks, head, top of head
106.2

ደምፅ (dəmḍ) : voice, sound, loud noise, rumbling, rumor, report, noise, whisper
57.2

ደማህ (dəmāh) : head, crown of the head, skull, summit, top
6.6; 18.8; 89.29, 32, 33

ደመና (dammanā) : cloud, mass
2.3; 14.8; 15.11; 18.5; 39.3; 41.3, 4 (2x); 60.20 (2x); 95.1 (2x); 100.11; 108.4

ደመረ (*dammara*) : to insert, add, join, associate, unite, mix, mingle, confound, multiply (in arithmetic)
68.1

ደምሰሰ (*damsasa*) : to abolish, obliterate, erase, destroy, quench, blot out, extinguish, wipe out, efface
76.4; 83.8

ድምሳሴ (*dəmsāse*) : destruction, blotting out, obliteration, perdition, annihilation
76.5, 9, 10, 13

ደንገፀ (*dangaḍa*) : to be terrified, be shocked, be dismayed, be alarmed, be perplexed, be perturbed, be upset, be astonished, be stupefied, be confounded, be amazed, be disturbed in mind, panic, tremble, quake
1.6; 62.5; 86.5

ድንጋፄ (*dəngāḍe*) : terror, dismay, astonishment, amazement, dread, stupor, tumult
21.9

ድንግል (*dəngəl*) : chaste (young man), celibate (monk), virgin
98.2

ደቀቀ (*daqaqa*) : to crush, pound, grind, powder
59.2

ደቂቅ (*daqiq*) : crushed, pounded, ground, slight, thin, minor, small, little, young, child, son, servant, children, little ones (also of animals), offspring, progeny, disciples
39.1; 60.24; 62.11; 69.4, 5, 6; 89.15 (3x); 91.1, 3, 4, 18, 19; 93.2; 94.1; 99.5 (2x); 102.3; 106.5, 14, 16 (2x), 18

ደቀሰ (*daqqasa*) : to be sleepy, fall asleep, slumber
13.7

ድቀት (*dəqat*) : fall, ruin, overthrow, downfall, event
94.10

ድርዕ (*dərʿ*) : coat of mail, breastplate, harness
69.6

ድርዐ : እንግድአ (*dərʿa ʾəngədʾā*) : breastplate
8.1; 52.8

ድሩግ (*dərug*) : connected, joined
60.20

ድርግ (*darg*) : union, connection, conjunction, constellation
33.3

ድሩh (dəruk) : hard, harsh, ferocious, fierce, rough, savage, cruel, stubborn
5.4

ደሴት (dasset) : island
53.1; 77.8

ደወል (dawal) : region, territory, district, area, boundary, border, frontier, limit
60.15

ደይን (dayn) : judgment, damnation, condemnation, doom
54.5

ፀ

ፀአት (ḍa'at) : exit, exodus, going out (n), going forth, departure, exile, rising (of sun, moon), outlet, origin
74.14

ፃዕፃዕ (ḍā'ḍā') : abortion, aborted foetus, stunted, shoots, cost, expenses, troublesome matter, problem
69.12

ፀጋም (ḍagām) : left, left hand, left side
72.3; 75.7; 76.2, 3

ፀሐይ (ḍaḥāy) : sun
4.1 (2x); 14.18, 20; 17.4; 18.4; 41.5, 6, 8; 48.3; 58.3, 5; 69.20; 72.2, 3 (3x), 4, 5, 6, 7, 8, 11, 13, 15 (2x), 17, 19, 21, 23 (2x), 25, 27, 29, 31, 33, 35 (2x); 73.2, 3 (2x), 4 (2x), 6, 7 (2x), 8; 74.5, 6 (3x), 7, 8, 9, 10, 11 (2x), 17; 75.3, 4, 6; 78.1, 4 (2x), 10, 11, 13 (3x); 79.5; 80.1; 82.4, 8, 15, 18; 83.11 (2x); 100.2, 10; 106.2

ፀማድ (ḍamād) : servant, attendant, sectarian, devoted, minister (priest)
89.59, 68

ፀምር (ḍamr) : wool, fleece, woollen garment, mown field, grass
46.1; 71.10; 106.2, 10

ፀንስ (ḍansa) : to become pregnant, conceive
7.2; 82.19; 86.4; 106.1

ፀሩፍ (ḍəruf) : given to blasphemy, blasphemous, slanderer, slanderous, abusive
91.11; 108.6

ፀርፈት (ḍərfat) : blasphemy, abuse
13.2; 91.7, 11; 94.9; 96.7; 108.10

ፈ.

ፈድፈደ (fadfada) : to increase, augment, exceed, excel, become numerous, be copious, become abundant, multiply, surpass, be superior
14.16

ፈድፋድ (fadfād) : excellence, superiority, advantage, excess; superfluous
102.7

ፈድፋደ (fadfāda) : abundantly, exceedingly, extremely, particularly, in particular, greatly, above all, more, in a high degree
25.2; 29.2; 61.12; 77.1; 80.5; 89.19, 61, 69, 74; 90.7 (2x), 17, 36; 96.2; 98.2 (2x); 103.3; 106.2, 19

ፈደየ (fadaya) : to recompense, restore, remunerate, requite, reward, substitute, pay back, repay, pay a penalty, pay a debt, owe a debt
51.1; 95.5

ፈዳይ (fadāy) : guilty, responsible, debtor
6.3

ፍግዕ (fəgʻ) : pleasure, delight, amusement, recreation, satisfaction, life of pleasure
14.13

ፈለግ (falag) : river, brook, valley
5.3; 14.19; 17.5, 6, 8; 67.7; 71.2, 6; 77.3, 5 (2x); 89.37

ፈልሐ (falḥa) : to bubble up, boil (intr), boil forth, be effervescent, foam, flare up, break out, gush out, get angry
89.3

ፈልፈለ (falfala) : to gush out, spring forth, bubble up, break forth, burst out as a fountain, make gush, dispense, shell, pierce
28.2

ፈለጠ (falaṭa) : to separate, put asunder, disjoin, divide, split, segregate, sever, set apart, set aside, diversify, discern, make a distinction, know, distinguish, single out, determine, settle
22.9; 82.11 (2x), 12, 13, 14

ፎንቃስ (fonqās) : phoenix (the fabled bird), eagle
89.10

ፍኖት (fənot) : way, path, road, journey, course, wayside, side, street, passage, entrance, opportunity, mode
2.1; 8.2; 18.5; 36.3; 41.6, 7 (2x), 8; 48.7; 61.9 (2x); 69.22, 25; 71.16, 17; 80.6, 7;

82.4; 83.11; 89.32, 33, 51; 91.4, 14, 18 (2x), 19 (3x); 92.3 (2x); 94.1 (2x), 2, 3 (2x), 4; 99.10 (2x); 104.13; 105.2; 108.13

ፈነወ (fannawa) : to send, send away, dismiss, send off, send forth, see off
10.1, 9, 22; 15.2; 16.2; 60.4; 89.29, 45, 53; 101.3

ፈቀደ (faqada) : to wish, desire, want, be willing, require, seek, request, need, be in need, permit, supervise, consider, regard, value, care for, take care of, look after, survey, review, muster, number, enumerate
6.3; 14.22; 17.1; 25.2; 37.4; 39.8; 42.3; 48.7; 49.4; 55.3; 59.1; 60.10; 89.34, 52; 90.12; 94.4; 95.3; 96.1; 97.8; 102.3; 103.13, 14

ፈቃድ (faqād) : wish, desire, will, intention, liking, volition, consent, pleasure, goodwill, permission
39.9

ፍቅር (fəqr) : love, affection, friendship, amity, friendly way, friendliness, charity
67.1

ፍቁር (fəqur) : loved, beloved, lover, friend
10.12; 12.6; 14.6; 56.3, 4; 91.3; 99.5

ፍሬ (fəre) : fruit, fruit (of land, womb, work, justice), blossom, bud, profit, offering
10.19; 24.4 (2x), 5; 25.5; 31.3; 32.4; 76.6; 80.3 (2x); 82.19 (3x)

ፈርሀ (farha) : to be afraid, fear, revere
1.5; 6.3; 13.3; 15.1; 86.5; 89.30, 31, 34, 35, 49; 90.37; 95.3; 96.3; 99.9; 100.5; 101.1, 5, 7 (2x), 9 (2x); 102.1, 4; 103.4; 104.6; 106.4, 6, 12

ፍርሀት (fərhat) : fear, fright, terror, dread, awe, reverence
1.5; 13.3; 14.13; 21.9; 60.3; 99.8; 100.8; 102.2

ፈረስ (faras) : horse
56.7; 86.4; 88.3; 90.21; 100.3

ፈርየ : ፈረየ (farya : faraya) : to bear fruit, produce fruit, yield fruit, be fruitful, engender
5.1; 82.16

ፍሥሓ (fəśśəḥā) : joy, gladness, happiness, mirth, comfort, consolation
5.7, 9; 10.16; 25.6; 47.4; 51.4; 69.26; 90.33; 103.3; 104.4, 12

ፍሡሕ (fəśśuḥ) : glad, joyful, jubilant, delightful, pleasant, merry, happy, joyous, rejoicing, cheerful
32.5

ፈጸመ (faṣṣama) : to complete, accomplish, finish, consume, end, fulfil, execute, carry out, satisfy, perfect, perform, exhaust, stop
5.3, 9; 10.17; 41.7; 69.20, 21; 72.27; 74.3, 6, 7; 78.6; 81.10; 90.1, 5; 102.3

ፍጹም (fəṣṣum) : accomplished, completed, finished, fulfilled, filled, full, complete, perfect, perfected, whole, unblemished
14.4; 21.7; 22.13

ፍጻሜ (fəṣṣāme) : completion, conclusion, execution, end, consummation, perfection, fullness, consecration
10.2; 93.4

ፈትሐ (fatḥa) : to open, loosen, let loose, untie, unfasten, release, dissolve, disengage, make of no effect, set free, solve, absolve, forgive (sins), give absolution, break a fast, do justice, judge, pass judgment, administer justice, arbitrate, decide, interpret
8.3; 11.1; 46.4; 56.8; 66.1; 90.17, 20; 95.4; 106.11

ፍቱሕ (fətuḥ) : open, unconstrained, discharged, absolved, loosened, untied, unfastened, released, dissolved, disengaged, made of no effect, set free, solved, absolved, forgiven (sins), given absolution, judged, decided, interpreted
34.2

ፍትሕ (fətḥ) : precept, law, suit, lawsuit, justice, judgment, proceeding, decision, verdict, sentence (in court)
1.7, 9; 9.3

ፈተወ : ፈታወ (fatwa : fatawa) : to desire, wish, love, covet, lust for, have a liking for
6.2; 15.4; 39.8; 108.9

ፍትወት (fətwat) : desire, wish, desirable thing, lust, concupiscence, craving, liking (for), being desired, pleasure
104.6

ፍጡን (fəṭuna) : immediately, right away, promptly, speedily, quickly, swiftly, suddenly
60.13; 89.26; 94.1, 6, 7; 95.6; 96.1, 6; 97.10; 98.15

ፈጠረ (faṭara) : to create, fashion, produce, fabricate, devise, invent, feign, contrive, inscribe (or carve) magic letters, make incisions on the flesh
14.3 (2x); 25.7; 41.8; 81.5; 94.10; 98.4; 104.10

ፈጣሪ (faṭāri) : creator
94.10

ፍጥረት (fəṭrat) : creation, creature, nature, fabrication
18.1; 69.17, 18; 71.15; 75.1; 82.7; 84.2; 89.26; 93.10; 104.10; 106.5, 10 (2x)

ፈውስ (*fawwəs*) : medicine, remedy
  18.7; 67.8, 13; 95.4; 96.3

ገ

ግዐረ : ገዐረ (*gəʿra : gaʿara*) : to cry out, cry in a loud voice, clamor, groan, moan, sigh, wail, lament
  12.6

ገዐር : ግዓር : ገኣር (*gaʿar : gaʿār : gaʾar*) : cry, shout, clamor, outcry, groan, groaning, lamentation, wailing, complaint
  9.10; 102.5

ገቦ (*gabo*) : side, flank, rib, loins
  77.7

ገብአ (*gabʾa*) : to return, leave, turn back, come back, enter, be delivered, be restored; combined with another verb it means (to do) again, e.g., ወገብአ ወለአከ he sent again
  41.5; 42.2; 60.4; 61.5; 72.5, 11, 13, 15, 21, 23, 25, 29 (2x); 31, 35 (2x); 74.6, 7, 8; 89.26, 32, 34, 35, 72; 90.33; 99.5; 107.3

ጉቡእ (*gubuʾ*) : who returns, assembled, gathered
  13.9

ግብአት (*gəbʾat*) : entering, return, military inspection, conversion, betrayal
  41.5

ገብረ (*gabra*) : to act, do, work, make, be active, practice, commit, labor, perform, manufacture, produce, yield, bring forth, cause, create, build, fashion, function, carry out, prepare, achieve, execute, procure, enact, keep (ordinances), observe (ordinances, fast)
  1.8, 9 (2x); 5.1, 4; 6.4; 8.1; 9.5, 6; 10.19 (2x); 12.4 (2x); 15.3, 4 (2x), 11; 22.4; 36.4; 41.6; 45.4, 5 (2x); 46.7; 53.2; 54.3, 10; 55.2; 60.8; 61.13; 64.2; 65.6; 67.2; 68.4; 74.1; 78.15 (3x); 81.3, 9; 84.1, 3; 89.46, 54, 59, 61, 63, 70; 91.7, 11; 92.1; 93.4, 12; 94.5, 9; 95.2, 3; 96.7; 97.3, 9; 98.4, 11; 99.1, 9, 10, 12, 15; 100.4, 10; 101.1, 2, 8; 104.5; 106.14 (2x); 108.2 (2x), 6

ግብር (*gəbr*) : affair, matter, thing, act, work, workmanship, manner, mode, action, task, office, duty, event, deed, service, business, function, procedure, charge, activity, occupation, doing of work, situation, product, produce, conduct, tribute, contribution, religious service, magical activity, force, reality, compulsion, constraint, necessity, taxes
  2.1, 2 (2x); 5.3; 6.3, 4; 10.8, 16, 19; 11.1; 12.2; 15.5; 21.2, 7; 36.4 (4x); 61.8, 13; 63.8; 72.1; 75.6; 80.1, 2, 6; 81.3; 84.3; 89.63, 76; 91.6 (2x), 7; 93.12; 98.5, 6 (2x), 12; 99.9; 100.9; 101.1, 6 (2x); 107.3

ገብር (*gabr*) : slave, servant, bondsman, vassal
   84.6; 98.4

ጋዳ (*gādā*) : gift, present, offering, tribute
   53.1

ጐድአ (*gʷad'a*) : to strike, smite, thrust, knock, crush, shake, touch, butt, heave with sobs
   18.8; 85.4; 88.2; 89.44, 49

ገደፈ (*gadafa*) : to throw away, thrust, reject, cast away, discard, cast down, cast aside, retrench, give up, abandon, omit, repudiate, despise, lose, avoid, deduct, forget
   89.15, 59; 99.5 (2x)

ገዳም (*gadām*) : uninhabited place, plain, field, wilderness, forest, desert, monastery
   10.4; 28.1; 82.3, 16; 89.10 (2x), 11 (2x), 12 (2x), 16, 43, 49, 55, 57, 66, 72, 75; 90.16, 19, 33, 37

ገፍዐ (*gafʿa*) : to oppress, repress, press, harm, afflict, treat violently, do violence, wrong, vex, push
   10.15; 15.11; 62.11; 91.12; 98.8

ግፍዕ (*gəfʿ*) : oppression, violence, wrongdoing, wrong, persecution, vexation, injustice
   10.16, 20; 13.2 (2x); 65.6; 91.5, 6, 7, 8, 11, 18, 19; 94.2, 3, 6; 98.6, 8; 99.15; 102.10; 103.15; 104.6

ገፍትአ : ገፍትዐ (*gaftəʾa : gaftəʿa*) : to destroy utterly, pervert, subvert, cast down, overturn, throw down, upset, turn away
   46.5, 6; 94.10

ግፉትአ (*gəftuʾ*) : perverted, subverted, cast down, overturned; perverse, crooked
   100.8

ጐጐአ : ጐጐዐ (*gʷaggʷəʾa : gʷaggʷəʿa*) : to hurry, rush, do rashly, be quick, hasten, carry out hastily, flee, beat fast (heart), be in a state of trepidation, be restless, be assiduous, be zealous, be solicitous, be thoughtful
   102.2

ጕጕአ (*gʷəgʷəʾā*) : tumult, hurry, haste, disquiet, zeal, agitation
   39.2

ጌገየ (*gegaya*) : to err, go astray, go wrong, sin, deal wrongfully, deceive, beguile, go hither and thither, wander about erratically, turn aside
   75.2; 82.5 (2x)

ጌጋይ (*gegāy*) : iniquity, sin, error, transgression, guilt, trespass, offence, crime
45.5; 53.2 (2x); 81.4

ጉሁድ (*gəhud*) : manifest, open, evident, visible, clear, plain, obvious
9.5

ግሔ (*gəḥe*) : rock badger, hyrax
89.10; 96.2

ጎሕ (*goḥ*) : dawn, daybreak
100.2

ጕሕሉት (*gʷəḥlut*) : fraud, deceit, craft, perdition, treachery, ruse, guile
91.8; 93.4; 94.6; 96.7; 99.12

ግልቡብ (*gəlbub*) : veiled, covered, enveloped, wrapped in clothes, blindfolded, smeared, anointed
13.9

ግልባቤ (*gəlbābe*) : covering, cover, veil, wrapper, sacerdotal vestment
14.24

ገለፈ (*galafa*) : to grave, engrave, hew in stone, carve (a statue, an idol), sculpture, chisel, imprint, embroider, mould, form, fashion
99.7

ጊሜ (*gime*) : fog, cloud, dampness, mist, vapor
14.8; 41.4; 60.19, 20; 69.23; 76.11; 77.3; 89.4; 100.11

ገመል (*gamal*) : camel
86.4; 87.4; 88.2; 89.6

ግሙራ (*gəmurā*) : completely, entirely, altogether, utterly, absolutely, definitely, wholly, ever, forever, always; (with a negative verb) not at all, never, by no means
24.4; 89.49; 90.4

ጕንድ (*gʷənd*) : log, trunk, stem of a tree, stalk, log with openings through which a prisoner's legs are placed, lower part of an object, the foot (of a mountain), race, lineage
83.4

ጕንዱያ (*gʷənduya*) : a long time, for a long time
39.10

ግንፋል (*gənfāl*) : brick, baked clay, tile, powder from bricks
99.13

ጋኔን (gānen) : demon, ghost, evil spirit, devil, spectre
19.1; 69.12; 99.7

ገነት (gannat) : garden, the garden of Eden, paradise
20.7; 32.3, 6; 60.8, 23; 61.12; 77.3

ገነየ (ganaya) : to bow down, be submissive, thank, give thanks, render humble thanks, praise, do homage, serve, humble oneself, acknowledge humbly, attest, beg, prostrate oneself
5.8; 10.17; 46.5

ገራህት (garāht) : field, arable land, farm, estate
82.19

ገረመ (garama) : to be frightful, be awesome, be fear-inspiring, be terrible, become formidable, become admirable, be amazed; also used impersonally with object suffix pronouns, e.g., ይገርሞሙ· they will be amazed
21.7

ግሩም (gərum) : terrible, dreadful, terrifying, awesome, awful, fearful, wondrous, amazing, marvellous, majestic, august, venerable, tremendous, terrible thing, terror
18.12; 21.2 (2x), 7, 8, 9; 89.22, 30

ገሰሰ : ገሠሠ (gasasa : gaśaśa) : to touch, feel, handle
25.4, 6; 69.11; 89.17, 18

ገጽ (gaṣṣ) : face, countenance, aspect, appearance, presence, figure, person (of Christ), each member of the Trinity, hypostasis, surface, direction, side, front row (of army), cardinal point, front (of house), passage (of Scripture), page, point of view, chapter (of a book)
9.10; 10.5, 16; 13.9; 14.14, 21, 24, 25; 21.9; 22.7; 24.2, 5; 33.1; 38.1, 2, 3, 4 (2x); 39.3, 14; 40.2, 3, 8; 45.6; 46.1 (2x), 6; 48.8, 9 (2x); 51.4; 52.6, 9 (2x); 53.2 (2x), 7; 54.1; 56.8; 60.3; 61.9; 62.2, 5, 9, 10 (3x), 13, 15; 63.8, 9, 11 (3x); 64.1; 65.4, 6; 66.3; 67.3 (2x); 69.27, 28, 29; 71.1, 2, 4, 11; 72.5; 75.3; 76.2; 78.5; 83.11; 84.3, 6; 85.6; 89.22, 24, 26, 30, 34, 35, 47; 90.15, 19, 34; 97.6; 103.4; 106.5

ጐየ : ጐየየ (gʷayya : gʷayaya) : to run, run away, flee, escape, desert
52.7; 89.26; 97.3; 103.13; 106.4, 12

ጊዜ (gize) : time, a time, season, hour, moment, period
18.15, 16; 21.4, 8, 9; 22.3, 6, 8, 14; 23.4; 24.5, 6; 25.2, 6, 7; 27.1, 2, 5; 33.3; 36.4; 38.5; 39.3; 60.15 (3x), 21; 65.4; 69.7, 18; 78.9; 81.4; 82.10; 85.7; 89.64, 65, 68; 90.1 (3x), 5 (2x), 26, 37; 96.6

ግዙፈ ፡ ልብ (gəzufa ləbb) : presumptuous
98.11

ግዘት (gəzat) : anathema, excommunication, penalty of excommunication
95.4

ሀ

-ሂ (-hi) : also, and, further, even, the very, for one's part
5.8; 14.21 (2x); 24.4; 27.2; 33.1 (2x); 37.3; 83.2; 89.6, 74; 102.8; 108.15

ሆባይ (hobāy) : kind of hawk, kite, ape
89.10; 90.2, 4, 11, 13, 16

ሐደ ፡ ሐደ (head : ḥeda) : to rob, take by force, plunder, spoil, break (the law), carry away by force, wrest, snatch away, confiscate, seize, wrong, outrage, (figurative) ravish, bewitch
102.9; 103.15; 104.3

ሀድአ ፡ ኀድአ ፡ ሀድዐ (had'a : ḫad'a : had'a) : to be tranquil, be quiet, quiet oneself, be at peace, be appeased, abate, subside
99.6

ሀፍ ፡ ሐፍ (haf : ḥaf) : heat, sweat, dampness, moisture
82.16

ሀጉለ ፡ ሐጉለ (hagʷla : ḫagʷla) : to be lost, be destroyed, perish, be deprived of
94.3

ሀጉል ፡ ሐጉል (hagʷl : ḫagʷl) : destruction, perdition, loss, waste, corruption, perfidy, havoc, ruin, end; place of perdition (that is, abode of the dead)
10.12; 12.6; 14.6; 51.1; 56.8; 65.1; 66.1; 76.5, 13; 83.7, 9; 84.5; 89.62 (2x), 63, 64, 70, 74; 90.17; 91.14; 94.10; 96.8; 97.2 (2x); 98.10; 99.4; 106.15 (2x); 107.3

ሀጉላት ፡ ሐጉላት (hagʷlat : ḫagʷlat) : destruction, loss, perdition
8.4; 22.12

ሀገር (hagar) : city, town, village, province, district, country, homeland, inhabited region
56.7

ሆከ (hoka) : to stir, stir up, move, disturb, agitate, excite, toss about, perturb, unsettle, trouble, vex, molest
56.5; 67.6

ሁከት (hukat) : movement, motion, trouble, turmoil, disturbance, tumult, perturbation, commotion, uproar, turbulence, agitation, disorder, riot
60.1

ሀሎ : ሀለወ (hallo : hallawa) : to be, exist, be present, be extant, there is, be available, abide, live
1.1; 10.2 (2x), 4; 12.1; 13.9; 14.24; 16.2, 3; 17.1; 18.9; 21.9; 22.3, 6; 23.4; 24.4, 6; 27.2; 32.6 (2x); 33.3; 42.1; 52.2, 9; 55.4; 60.5 (2x), 24; 63.1; 66.2; 72.1 (2x); 74.2; 76.4; 82.6, 16, 19; 83.7, 9; 89.31; 97.3; 98.7, 12; 99.2; 100.8, 11; 101.2, 7, 8; 103.9; 104.5 (2x), 6, 7; 106.7, 8 (2x), 18; 108.3 (2x), 6, 7 (2x)

ሀላዌ (həllāwe) : substance, essence, nature, existence, hypostasis, being, state, presence, position, condition, dwelling, residence
91.5

ሀወክ (hawk) : movement, motion, trouble, turmoil, disturbance, tumult, perturbation, commotion, uproar, turbulence, agitation, disorder, riot
39.2; 56.5; 57.2; 60.4; 65.4, 9; 67.5, 6

ህየ (həyya) : there, thither, in that place
1.4; 10.4, 5; 17.1; 18.10 (2x), 13; 21.2, 3, 7 (2x), 10; 22.1, 11; 23.1; 24.1; 26.1, 2; 28.1, 3; 29.2; 32.2, 3; 33.1, 2; 34.1 (2x), 2; 35.1 (2x); 36.1 (3x), 2 (2x); 38.6; 39.4, 5, 8 (2x), 13; 41.2 (3x), 3 (3x), 4; 46.1; 52.2; 53.1; 54.1, 3; 56.1; 59.2; 65.2; 69.23 (2x); 70.4; 71.5, 15; 77.1 (2x), 2, 7; 78.14; 89.36; 91.17; 106.8; 108.3, 4, 6

ሃይማኖት (hāymānot) : belief, creed, faith, religion
39.6; 41.5; 43.2; 46.7; 55.2; 58.5; 61.4, 11; 69.10; 108.11, 13

ህየንተ (həyyanta) : instead of, in place of, in return for, in substitution for, by reason of, because of, in compensation, like
89.37, 45, 48

ሐ

ሐብል (ḥabl) : string, cord, rope, snare, plait, spoils, booty (taken by snare), relationship (from 'bind')
61.1, 2; 70.3

ሕብር : ኅብር (ḥəbr : ḫəbr) : color, ink, complexion, beauty, appearance, kind, spot, scurf (which turns the skin white), skin rash
18.7; 98.2; 106.10

ሐባይ (ḥabāy) : chief, prefect, governor, warrantor
6.8

ሐደሰ (ḥaddasa) : to renew, restore, renovate, repair, inaugurate
106.13

ሐዲስ (ḥaddis) : new, recent, junior, the New Testament
3.1; 72.1; 90.29 (3x); 91.16; 106.13

ሐጋይ (ḥagāy) : summer, dry season (January–March)
2.3; 4.1; 60.19, 20

ሐሊብ (ḥalib) : milk, curds, juice, milky juice
51.4

ሕልም (ḥəlm) : dream, vision
13.8; 83.7; 85.1, 2; 90.42; 99.8

ሐመዳ (ḥamadā) : snow, hoarfrost, frost, damage to grain because of frost
34.2; 60.18; 76.11, 12; 100.13 (2x)

ሐመልማል (ḥamalmāl) : green color, green thing, verdure, herbage, herbs
5.1

ሐመ : ሐመመ (ḥamma : ḥamama) : to be in pain, suffer illness, be ill, have labor pains, be afflicted, suffer distress, have a fever
48.4; 96.3

ሕማም (ḥəmām) : illness, disease, pain, suffering, grief, distress, affliction, tribulation, passion, passion (of Christ), Passion Week
21.8, 9; 25.6; 40.9; 55.3; 62.4, 5; 108.5

ሐመር (ḥamar) : ship, small boat, (figuratively) church, ark
101.4 (2x), 9

ሐመረ : ጸረዐ (homara ṣərāʿ) : carob tree, carob fruit
32.4

ሐመየ (ḥamaya) : to speak ill against someone, disparage, revile, calumniate, blame, slander, defame, bring an accusation, curse
5.4

ሐነጸ : ሐነደ (ḥanaṣa : ḥanaḍa) : to build, build up, construct, repair, erect
89.36, 72, 73; 94.6, 7

ሕኑጽ (ḥənuṣ) : built, constructed
14.9, 10, 15

ሕንጸ : ሕንደ (ḥənṣā : ḥənḍā) : structure, building, construction, rule
91.5

ሐቁ (ḥaqʷe) : hip, loin, thighbone
60.3

ሐቅል (ḥaql) : field, plain, desert, wilderness, countryside, district
89.42

ሐረ (ḥora) : to go, go forth, proceed, depart, follow a way of life, behave, have sexual intercourse
9.8; 10.9, 11; 12.4; 13.3, 7; 15.2; 17.6; 21.7; 22.1; 23.1; 24.1, 2; 26.1, 3; 28.1; 29.1; 32.2, 4; 33.1; 34.1; 35.1; 36.1, 2, 3; 40.8; 43.3; 46.2 (2x); 51.5; 52.3; 53.3, 4; 54.4; 56.1, 2 (2x); 60.11, 14; 61.1, 2 (2x), 3; 65.2, 9; 69.29; 71.16; 72.5, 17; 74.4; 77.4; 78.11; 82.4 (2x); 83.11; 89.1, 18 (2x), 22, 25, 28, 44, 46, 51; 90.24; 91.2, 3, 4, 19 (3x); 92.4; 94.1, 2, 3, 4; 98.10; 99.10; 100.3; 103.13; 106.7; 107.2; 108.15

ሐራ (ḥarā) : army, troops, hosts, soldiers, soldiery, captains, officers
104.6

ሐርጌ (ḥarge) : ram, male of sheep or goats, kid (of goats)
51.4; 89.42, 43, 44, 45, 46, 47 (4x), 48 (3x), 49

ሐሩር (ḥarur) : intense heat, ardor, fervor
4.1; 82.19

ሐራሲ (ḥarāsi) : ploughman, farmer
97.9

ሐራውያ (ḥarāwəyā) : pig, wild boar
89.10, 12 (3x), 42, 43, 49, 66, 72

ሐሰ (ḥosa) : to move (intr), shake (intr), wag, agitate, mix
56.6

ሐስ : ኀስ (ḥis : ḫis) : reproof, reproach, vituperation, blame, scolding
65.11; 67.1

ሐሰበ (ḥasaba) : to think, believe, impute, consider, reckon, estimate, esteem, appreciate, regard, deem worthy, take into consideration, have regard for
82.5

ሐሳብ (ḥassāb) : account, accounting, reckoning, evaluation, calculation, computation, chronology, quantity, price, portion, proportion, share
40.1; 63.3; 75.1 (2x); 82.5, 6, 7

ሑሰት (ḥusat) : movement, motion, moving, agitation
101.6

ሐሰት (ḥassat) : lie, falsehood, error
95.6; 97.10; 98.15 (2x); 99.1, 9; 104.9; 107.2

ሐሰወ (ḥassawa) : to lie, tell a lie, utter a falsehood, falsify, deny, belie, deceive, be deceitful, be false, bring false witness, twist
104.9, 10

ሐሤት (ḥaśśet) : joy, gladness, happiness
5.9; 10.19

ሐጽ (ḥaṣṣ) : arrow, dart
17.3

ሐጸ : ሐጸጸ (ḥaṣṣa : ḥaṣaṣa) : to be deficient, subside, wane, decrease (intr), be wanting, be less, be subtracted, diminish (intr), be inferior (in quality), be short of, be the least, be little, be imperfect
41.5; 72.16, 18, 32, 37; 74.11, 14, 16; 77.2; 78.8 (14x), 14; 79.5; 94.1, 5

ሕጹጽ (ḥəṣuṣ) : diminished, minor, less, insufficient, lacking in fullness, wanting, deficient, inferior, low, the least, small, short, imperfect, dwarf
87.3

ሕጸጽ (ḥəṣaṣ) : lack, deficiency, decrease, subtraction, scarcity, shortage, loss, waning, inferiority, diminution, reduction, want, imperfection
74.16; 78.8; 79.3

ሐተታ (ḥatatā) : searching, scrutiny, question, judicial investigation, request, inquiry, inquisition, trial, commentary
60.6

ሐወጸ (ḥawwaṣa) : to glance, look on, look after, peep, visit, pay a visit, watch, observe, explore, inspect, oversee, take care of, be solicitous, spy
9.1; 25.3

ሐዋዝ (ḥawāz) : pleasant, pleasing, delightful, agreeable, suave, sweet; pleasure, delight
89.40 (2x); 90.20

ሐይወ (ḥaywa) : to live, be alive, come back to life, revive (intr), be well, be healed, be cured, recover, be restored, be saved
5.8; 10.10; 25.6 (2x); 94.4; 98.10; 103.4

ሕያው (ḥəyāw) : alive, living, healed, whole (unharmed), safe and sound; with suffix pronouns ሕያዋኒሆሙ they (who are) alive
5.1; 10.17; 15.4, 6; 47.3; 70.1; 71.5, 6; 103.3

ሕይወት (ḥəywat) : life, lifetime, healing, good health, salvation, restoration, state, situation
5.5, 9 (4x); 10.7, 10 (2x); 14.13; 15.4, 6; 17.4; 22.10; 25.5, 6; 37.4; 38.6; 40.9; 48.7;

56.4; 58.3 (2x); 60.1; 61.7, 12; 62.15, 16; 67.2; 76.8, 11; 94.4; 96.6; 98.14; 99.1; 102.5; 103.6 (2x), 9, 10; 105.2

ሕዝብ (ḥazb) : nation, people, tribe, sect, multitude, crowd, kind, type, species; partisans, gentiles, pagans, heathens
10.21; 20.5; 48.4; 72.1; 89.10; 91.9; 99.4 (2x)

ሐዘነ (ḥazana) : to be sad, be sorrowful, be grieved, be in mourning, have compassion, be sorry for, sympathize
89.67; 92.2; 102.5

ሐዘን (ḥazan) : sadness, grief, sorrow, mourning, affliction, melancholy, care
15.11; 25.6; 82.16; 95.1; 102.5, 7

ኀ

ኀበ (ḫaba) : toward, near to, near, to, by, at, in, with (place), in the presence of, in reference to, in comparison with; with suffix pronouns the base is ኀቤ-. እምኀበ from, from the presence of, from before, from where, by means of; እንተ ኀበ wheresoever, the same way, by which
1.2 (2x); 7.1; 9.3, 8; 10.1; 13.4, 9; 14.9, 10, 22, 23; 12.1 (2x); 16.1; 17.1, 3, 6; 18.6; 21.1; 22.4; 25.3; 33.2; 38.6; 40.7; 41.3; 42.1; 45.6; 48.2; 52.1; 56.5; 58.4 (2x); 60.8 (2x), 22; 62.9, 16; 63.1; 65.5 (2x), 6; 67.1 (2x), 4, 7; 70.1 (2x), 3; 71.3, 4, 14; 72.3 (2x), 5 (2x); 73.2; 76.8; 78.10, 14; 81.6, 10; 83.6; 85.7; 86.3; 89.1, 15, 16 (2x), 18, 20, 28, 29, 33, 35, 37, 41 (2x), 45, 46, 51, 52, 53, 64, 67, 76, 77; 90.6, 10, 15, 18; 91.2, 4; 92.2; 94.3; 97.5; 99.5; 100.10, 11; 103.8, 13, 14; 106.4, 7 (3x), 8 (3x), 9, 12 (2x); 108.10, 15

ኀብአ (ḫab'a) : to hide, conceal
10.2; 103.15 (2x)

ኀቡእ (ḫabu') : hidden, concealed, secret
9.6; 16.3; 38.3; 40.2, 8; 41.1, 3 (3x), 7; 43.3; 46.2, 3; 48.6; 49.2, 4; 51.3; 52.1, 2, 3, 5; 58.5; 59.1, 2, 3; 60.10, 11; 61.5, 9; 62.6, 7; 63.3 (2x); 64.1, 2; 65.6 (2x), 11 (2x); 68.1, 2, 5; 69.8, 14 (3x), 16, 17; 71.3 (2x), 4; 83.7; 98.6; 107.3

ኀብረ : ኀበረ (ḫabra : ḫabara) : to be connected (with), be associated (with), associate (with), coincide, join, participate, ally oneself, collaborate, consent, agree (with), be in accord with, share something (with), have in common, conspire (against); with another verb (in the gerund) it means do jointly, do together
10.11; 47.2; 91.4

ኀቡር (ḫabur) : associated, joined, conjoined, united, connected
60.20

ኀቡረ (ḫəbura) : together, jointly, all together, at the same time, in unison
5.3, 6; 6.5; 9.7, 8; 10.14; 13.3; 21.3; 89.18; 90.16; 98.3

ኀብር (ḫəbr) : incantation, enchantment, witchcraft
8.1; 65.6

ኀብረት (ḫəbrat) : unison, union, joining, community, association, group, agreement, consensus, accord, harmony, collection
69.22; 89.10

ኀብስት (ḫəbəst) : bread, piece of bread, loaf of bread, the consecrated bread
89.73

ኀደገ (ḫadaga) : to abandon, leave, leave behind, leave off, leave out, omit, give up, let go, desist, cease, do away with, quit, desert, dispense, neglect, dismiss, depose, reject, ignore, repudiate, renounce, divorce, forgive, forsake, let, allow, permit, commit something to someone, be a representative (denominative from ጐዱግ)
12.4; 15.3; 40.7; 44.1; 50.2; 60.18; 62.15; 71.14, 16; 81.6; 89.44, 45, 51, 54, 55, 56, 58, 65; 90.4; 96.6; 104.4

ኀድገት (ḫədgat) : release, remission (of sins or debt), immunity, forgiveness, pardon
12.5; 13.4

ኀደረ (ḫadara) : to reside, dwell, lodge, abide, inhabit, halt, stay overnight
10.5; 37.2, 5; 38.2; 39.8; 40.6, 7; 41.4; 42.1, 2, 3; 43.4; 46.3, 7; 48.5; 49.3; 50.1; 51.5; 53.1; 54.6, 9 (2x); 55.3, 4; 60.5, 7, 22; 61.4, 12; 62.1, 14 (2x); 63.11; 65.6, 10, 12; 66.1; 67.3, 7, 8; 69.1, 7, 13; 70.1, 4; 71.14; 76.4; 89.14; 92.1

ኀፍረት (ḫafrat) : shame, blush, turpitude, ignominy, impropriety, disgrace, dishonor
13.5; 46.6; 62.10; 63.11; 86.4; 88.3 (2x); 90.21 (2x)

ኆኅት (ḫoḫt) : door, doorway, gate, portal, leaf of door
14.12, 15, 25; 33.2, 3; 34.2, 3 (2x); 35.1 (2x); 36.1, 2 (2x), 3; 72.2 (2x), 3 (4x), 5, 6 (2x), 7, 8 (2x), 11 (4x), 13 (2x), 15, 17 (3x), 19 (3x), 21 (3x), 23 (4x), 25 (4x), 27, 29, 31 (2x); 73.4; 74.5 (2x), 6 (2x), 7 (3x), 8, 17; 75.2 (2x), 4, 6, 7, 8; 76.1, 5 (2x), 6 (2x), 7 (2x), 8, 9, 10, 11 (2x), 12, 13 (2x), 14 (2x); 78.5 (2x), 15; 79.3 (2x), 4; 81.5; 82.6; 104.2

ኀለፈ (ḫalafa) : to pass, pass by, pass away (from), pass through, pass over, cross over, depart, step aside from, go beyond, transgress, perish, die
13.1; 18.6, 15; 21.6; 32.2 (2x); 36.3; 41.5; 49.2; 58.5; 63.6, 9; 69.20, 28, 29; 77.4; 78.4, 14; 84.3; 89.9, 16, 28, 39; 91.5, 16; 92.3; 106.14; 108.3, 9

ኅሊና : ሕሊና (ḥəllinā : ḥəllinā) : thinking, faculty of thinking, mind, thought, understanding, intelligence, intellect, reasoning, reason, device, imagination, intention, conscience, proposal, opinion, thought
    51.3; 80.7; 82.2; 93.11; 94.5

ኀልቀ : ሐልቀ (ḫalqa : ḥalqa) : to be consumed, be wasted, perish, cease, disappear, come to an end, be accomplished, be terminated, be finished, be destroyed, fail, dwindle away, be spent, die, be decided upon, be determined
    10.16; 39.7 (2x); 49.1; 53.2; 62.16

ኀልቀት (ḫəlqat) : end, consummation, dwindling, completion, performance, execution, death
    65.6

ኈለቈ (ḫʷallaqʷa) : to count, number, enumerate, take account, review, impute, consider
    33.3

ኍልቍ : ኈልቍ : ጐልቍ (ḫʷalqʷ : ḫʷalqʷ : ḫolq) : number, calculation, enumeration, sum
    5.9; 18.11; 21.6; 33.3; 39.6; 40.1; 43.2; 45.3; 47.4; 56.7; 58.3, 6; 63.3; 65.12; 69.13; 71.9, 13; 75.7; 82.4; 89.60, 63, 68; 91.17; 93.14; 108.13

ኀለየ : ሐለየ (ḥallaya : ḥallaya) : to consider, think, ponder, keep in mind, meditate, look after someone, take care of, watch, reason, reflect upon, turn over in one's mind, perceive, decide, devise, plan, imagine
    37.4; 91.11; 93.11, 12; 97.9; 100.11; 101.5

ኃምስ (ḥāməs) : fifth
    69.2, 12; 72.11 (2x), 17 (2x), 19 (2x); 74.7; 78.8; 93.7

ኀሙስ (ḥamus) : five, fifth
    79.5

ኀምስቱ (ḥamməstu) : five
    74.13; 78.8

ኀንዘር (ḥanzar) : pig, wild boar
    89.10

ኄር (ḥer) : good, excellent, good thing
    60.17; 65.11; 81.4, 7 (2x); 90.33; 91.4; 96.8; 103.9; 108.11

ኂሩት (ḥirut) : goodness
    61.11; 91.17; 92.3, 4; 102.5

ኀርየ : ኀረየ (ḫarya : ḫaraya) : to choose, discern, elect, select
 6.2; 7.1; 45.3; 46.3; 51.2; 94.4

ኅሩይ (ḫəruy) : chosen, elect, selected, excellent, pleasing, acceptable, preferable, arbiter, mediator
 1.1, 3, 8; 5.7, 8; 8.1; 25.5; 38.2 (2x), 3, 4; 39.1, 6 (2x), 7; 40.5 (2x); 41.2; 45.3 (3x), 4, 5; 48.1, 6, 9; 49.2, 4; 50.1; 51.3, 5 (2x); 52.6, 9; 53.6; 55.4; 56.3, 4, 6 (2x), 8; 58.1, 2, 3; 60.6, 8; 61.4 (2x), 5, 8, 10, 12, 13; 62.1, 7, 8 (2x), 11, 13, 15; 70.3; 93.2, 8, 10; 94.4

ኀስረ : ኀሥረ (ḫasra : ḫaśra) : to be disgraced, suffer disgrace, be wretched, be miserable, be reduced to poverty, be dishonored, be confounded, be vilified, endure hardship, be humbled, be brought low, be abased, be despised, languish, be wasted (corn), be depleted (land)
 104.2; 108.7, 10

ኀሳር : ኀሣር (ḫasār : ḫaśār) : dishonor, wretchedness, abominable thing, disgrace, misery, ignominy, humiliation, infamy, contempt, abasement
 98.10; 103.4

ኀሠሠ (ḫaśaśa) : to seek, seek out, look for, search, explore, desire, wish, inquire, demand, entreat, scrutinize, investigate, pursue
 58.4, 5; 65.10; 85.6 (2x); 89.38

ሖጻ : ሖፃ (ḫoṣā : ḫoḍā) : sand, gravel
 60.15; 69.18; 101.6

ኀጺን (ḫaṣin) : iron, sword, weapon, breastplate, iron tool (axe, razor, nail)
 52.2, 6, 8; 54.3; 56.1; 67.4

ኀጸረ : ኀፀረ (ḫaṣara : ḫaḍara) : to be short, shortened, brief
 72.9, 12, 14, 15, 22, 28, 30; 80.2

ኀጸር : ኀፀር (ḫəṣar : ḫəḍar) : shortness, shortage
 72.33

ኀተመ (ḫatama) : to seal, seal up, stamp, impress, engrave, mark, sign, coin (money), tattoo, prick, anoint with holy oil, sanction with a seal, shut, close (and seal), end
 89.71; 90.34; 101.6

ኅቱም (ḫətum) : sealed, stamped, coined, signed, marked, shut
 90.20

ኃጥእ (ḫāṭəʾ) : sinner, sinful, wicked
 1.9; 5.6 (2x); 22.10, 12, 13; 38.1, 2, 3; 41.2, 8; 45.2, 6; 46.4; 50.2; 53.2 (2x), 7; 56.8; 60.6; 62.2, 13; 69.27; 80.2, 7; 81.8 (2x); 82.4; 90.24, 25, 26; 91.11, 12; 93.4; 94.5,

11; 95.2, 3, 7; 96.1, 2, 4 (2x); 97.1, 3, 4, 7; 98.4, 6, 10; 99.2, 3, 6; 100.2, 3, 4, 7, 9; 101.7, 9; 102.3, 5, 6, 9; 103.5 (2x), 11; 104.5, 6, 7, 10; 108.6, 7, 15

ኀጢአት (ḫaṭi'at) : lack, fault, offence, sin, trespass
6.3; 9.8; 10.8, 20, 22; 12.5; 13.2; 18.16; 21.4, 6; 38.1; 45.5; 63.1, 9; 64.2; 82.4; 83.7; 91.7, 17; 92.5; 94.7; 95.4; 98.4, 7; 99.3, 6, 12, 13, 16; 100.4, 5, 6, 10, 11; 102.9; 103.5; 104.7 (2x), 8, 9; 106.14 (2x), 18; 107.1; 108.3

ኀየለ (ḫayyala) : to become strong, exert strength, overcome, overpower, prevail over, be superior to, give power
83.7

ኀይል (ḫayl) : power, strength, might, force, host, valor, virtue, severity, firmness
1.4 ; 18.14; 34.3 (2x); 36.4; 40.9; 46.7; 47.3; 49.2, 3; 60.1, 4, 6, 9, 12 (3x), 15, 16; 18; 61.6, 10 (4x), 12, 13; 62.7; 63.3; 65.6 (4x); 66.1, 2; 68.2; 69.11, 15, 24; 71.11; 82.7; 89.16, 19, 21, 57; 91.16; 96.5 (2x), 8; 108.2

ኀያል (ḫayyāl) : strong, powerful, mighty, prevailing, champion, active, valiant, violent, severe
46.4; 49.2; 53.5; 54.2; 55.4; 69.15; 84.2; 89.30; 90.7; 91.9; 96.8; 100.7; 108.5

ኀየሰ (ḫayyasa) : to be better, be suitable; with object suffix pronouns ይኄይሳ he is better than she, ትኄይስኪ she is better for you
31.3; 37.3; 38.2

ከ

-ከ (-ke) : now, then, so then, thus, therefore, of course, indeed, accordingly, to be sure, in fact, and yet, even, as for
9.1

ካዕበ (kāʿba) : secondly, another time, a second time, twice, two (followed by a measure), again, once more, furthermore, besides, moreover
10.4; 68.3; 72.17; 74.6, 7, 8; 78.14; 81.6; 86.1, 3; 87.1, 2; 89.2, 3, 7, 13, 51 (2x), 73 (2x); 91.6, 18; 95.3; 99.6

ካዕበት (kāʿbat) : doubling, double, double amount
72.14, 26

ካዕበተ (kāʿbata) : doubly, twofold, twofold more, repeatedly, twice, double portion, -fold (with any number)
72.10; 91.6

ከዐወ (kaʿawa) : to pour, pour out, spill, spread, disperse
77.5, 6; 89.4; 95.1

ከዐወት (kəʿwat) : overflow, outpouring
    94.9

ከበብ (kəbab) : circuit, roundness, circumference, disk, orbit, wheel, ball, circlet, firmament, total
    14.18; 18.4; 72.4 (2x); 73.2 (2x), 5; 75.4; 78.3 (2x), 4, 14; 82.8

ከበድ (kəbad) : heaviness, burden, load, weight, seriousness
    63.10

ከበረ (kabra) : to be honored, be glorious, be magnificent, be great, be famous, be illustrious, be precious
    41.5

ከብር (kəbr) : honor, glory, reverence, prestige, splendor, pomp, magnificence
    14.16; 50.1, 3; 98.2, 3; 103.1, 3; 108.11, 12

ከቡር (kəbur) : honored, honorable, glorious, magnificent, famous, illustrious, noble, precious
    8.1; 14.21; 18.6; 24.2 (3x), 6; 89.22; 100.2; 103.1

ከበተ (kabata) : to hide, conceal, keep secret, take away by hiding
    71.5

ኬደ (keda) : to tread, tread down, trample, trample down, thresh (by treading)
    1.4; 45.5; 46.7; 56.6; 71.1; 89.44, 74; 96.5

ከደነ (kadana) : to cover, wrap, clothe, hide, veil, close, protect, forgive (sins)
    10.5 (2x); 14.13; 54.5; 89.26

ክዱን (kədun) : covered, hidden, protected
    98.6

ከፈለ (kafala) : to distribute, divide, separate, distinguish, allot, assign, apportion, give a share, grant, bestow, impart, make someone a participant
    27.4; 41.8; 60.15

ክፍል (kəfl) : part, portion, share, lot, division, fraction, category, chapter, section, verse
    37.4; 39.8; 45.2; 46.3; 48.7; 58.2, 5; 60.12 (2x), 13; 67.1 (3x); 71.16; 72.10 (2x), 12 (2x), 14 (2x), 16 (3x), 18 (3x), 20 (2x), 22 (2x), 24 (2x), 26 (2x), 28 (3x), 30 (2x), 32 (2x); 77.3 (2x); 78.4 (2x), 8 (8x); 82.4, 11, 14; 90.41; 103.3 (2x)

ክህለ (kəhla) : to be able, can do things, prevail (against), overcome, master, have power to do things, avail (against); with object suffixes to be able to endure, be possible for one
    4.1; 9.10; 13.5; 14.16, 19, 21 (2x); 21.7; 38.4; 41.9; 44.1; 49.4; 52.7; 60.4; 61.5, 12;

62.1; 68.2; 85.4; 89.6, 31, 49, 67, 72; 90.12, 41; 93.11 (3x), 12 (2x), 13, 14; 100.6, 13; 108.4

ከሐደ (*kəḥda*) : to deny, abjure, denounce, repudiate, renounce, reject, rebel, be perfidious, be treacherous, disown, be disobedient, turn aside, apostatize
  38.2; 41.2; 45.1, 2; 46.7; 48.10; 60.6; 67.8, 10

ከሐከ (*kaḥaka*) : there, back there, yonder, on that side, onwards, beyond, above, (and) upwards
  32.3

ከከብ (*kokab*) : star
  8.3 (2x); 14.8, 11, 17; 18.4, 13, 14, 15; 21.3, 6; 33.3; 36.3; 43.1; 44.1; 46.7; 48.3; 60.12; 69.21; 71.4; 72.3; 74.11 (2x); 75.1, 3, 6, 7, 8; 79.1, 5; 80.1, 6, 7; 82.4, 8, 9; 83.11; 86.1, 3 (2x); 87.4; 88.1, 3; 90.21 (3x), 24; 93.14; 100.10

ኰኵሕ (*kʷakʷəḥ*) : stone, rock, stony ground
  4.1; 22.1; 26.5, 6; 89.29, 32, 33; 96.2

ኵሉ- (*kʷəll-*) : all, every, each
  1.1, 2, 5, 7 (2x), 8 (2x), 9 (2x); 2.1 (3x), 2, 3; 3.1 (2x); 5.1 (2x), 2 (2x), 6, 8, 9 (2x); 6.4 (2x), 5 (2x), 6; 7.1 (2x), 3; 8.1 (2x), 2, 3; 9.1, 4 (2x), 6, 9, 11; 10.2 (2x), 3, 7 (2x), 8 (2x), 10, 11, 12, 15, 16 (2x), 17 (2x), 18, 19 (2x), 20 (5x), 21 (3x), 22 (4x); 11.2 (2x); 12.1, 2; 13.2, 3 (2x), 9, 10; 14.4, 5 (2x), 15, 16, 20; 15.6; 17.3, 4, 6 (2x), 7, 8; 18.1 (2x), 4, 9; 19.3; 22.3, 8, 14; 23.4; 24.2 (2x), 3, 4; 25.2, 4; 26.5; 27.2, 3; 31.3; 33.3, 4; 34.1; 36.4 (2x); 39.7, 13; 40.2, 8, 9 (3x); 41.1, 2, 9 (2x); 42.1; 46.2, 3 (2x), 7; 47.3; 48.1, 5, 7; 49.2; 51.3, 4; 52.1, 2, 4, 5, 6, 9; 53.1, 2, 3; 54.5, 7, 8, 9; 55.1, 2, 4 (2x); 57.3; 59.3; 60.12, 13, 16, 21 (3x), 23; 61.5, 6, 8, 9, 10 (4x), 11, 12 (5x), 13 (2x); 62.2 (2x), 3, 6 (2x), 8, 9; 63.3 (2x), 4, 7, 8 (2x), 9; 65.6 (5x); 66.1 (2x); 67.6, 8; 68.1; 69.4, 6 (2x), 8, 11, 12, 14, 22 (2x), 24 (3x), 28, 29; 71.3, 4 (3x), 11, 16; 72.1 (2x), 3; 73.3, 5; 74.2 (2x), 3 (2x), 6, 7, 10, 12, 16; 75.1 (3x), 3 (3x), 6, 9 (2x); 76.1, 4 (3x), 14 (3x); 77.2, 4, 5; 78.6, 8 (2x), 11 (2x), 13, 14; 79.1 (2x), 2 (7x), 6; 80.1 (3x), 2, 7 (2x), 8; 81.1, 2 (6x), 3, 4, 5 (3x); 6; 82.1 (2x), 4 (3x), 5, 7, 8, 15, 16 (3x), 18, 19 (2x); 83.1, 7 (2x), 8, 9, 10, 11 (2x); 84.2 (5x), 3 (3x), 5; 85.1; 86.2, 4 (2x), 5, 6; 87.3, 4 (2x); 88.2, 3 (2x); 89.3, 5, 6 (2x), 10, 16, 19, 21, 22, 27, 30, 31, 36, 37, 38, 39, 41, 43, 46, 49 (2x), 54, 55, 56 (2x), 57 (2x), 58, 59 (2x), 61, 62 (2x), 63, 64 (2x), 68 (3x), 70 (5x), 72, 73, 74, 75, 76 (2x); 90.1 (2x), 2 (2x), 10, 11, 14, 15 (2x), 16 (3x), 18, 19 (2x), 20, 21, 23 (2x), 26, 28 (2x), 29, 30 (4x), 32, 33 (4x), 34, 35, 37 (3x), 38 (3x), 39, 41 (2x); 91.1 (3x), 2, 3 (2x), 5 (2x), 6, 7 (2x), 9 (2x), 11, 14 (4x), 16, 19; 92.1 (4x), 2, 3; 93.8 (3x), 9, 10, 11 (2x), 12, 13 (2x), 14 (2x); 94.5 (2x), 7; 96.6; 97.6 (2x), 8, 10; 98.3, 6, 7 (2x), 8 (2x), 11; 99.7 (2x), 9, 10, 13, 16 (2x); 100.4 (2x), 5 (3x), 6, 11, 13 (2x); 101.1 (2x), 3, 5, 6 (4x), 7 (2x), 8 (2x); 102.2 (2x), 3, 10; 103.3, 4, 5, 8, 9; 104.3 (2x), 5, 7 (3x), 8, 9 (2x), 11 (3x), 13 (2x); 105.1; 106.2 (2x), 10, 15, 16, 17, 18 (2x); 107.1, 3 (2x); 108.6, 8, 10

ከልአ (kal'a) : to hinder, prohibit, forbid, prevent, keep back, hold back, deprive, restrain, impede, decline, reject, refuse
37.3; 41.9 (2x); 63.10; 89.72; 100.2 (2x); 101.2

ከልኤ (kəl'e) : two, both, double, twofold; with suffix pronouns both of ..., two of ...
34.3; 70.3; 72.37; 77.8; 78.3 (2x); 89.18

ካልእ (kālə') : other, another, anyone else, second, successor, companion, friend, neighbor
10.11; 14.15; 21.7; 22.1; 23.1; 24.1; 26.3, 4 (2x); 29.1; 30.1; 31.1, 2; 33.1 (2x); 37.1; 39.4; 40.2, 5, 9; 41.5 (2x), 7; 43.1; 44.1; 45.1; 46.1; 50.2; 54.1; 56.7; 57.1, 3; 60.4, 9, 11, 20; 61.10; 64.1; 69.2, 5; 72.3, 23 (2x), 25 (2x), 29, 31; 73.1; 74.1; 76.6; 77.1, 3; 78.1, 2, 10, 17; 81.6; 82.17, 18; 83.2 (2x); 85.1, 3, 8, 10; 86.2; 87.1 (2x); 88.2; 89.7, 11, 18, 31, 41, 42, 45, 53, 61, 68 (2x); 91.12; 93.4; 104.12; 106.5; 108.1

ከልኤቱ (kəl'ettu) : two
71.2

ከልብ (kalb) : dog
89.10, 42, 43, 46, 47, 49; 90.4

ከልባኔን (kalbānen) : galbanum (a resinous soap)
31.1

ኵለሄ (kʷəllahe) : everywhere, in every direction
28.3

ኵልንታ (kʷəllantā) : totality, entirety, the whole person; with suffix pronouns all together, the whole of, wholly, e.g., ኵልንታሁ (also ኵሉንታሁ) he wholly, the whole of him, all of it; also with a noun ኵልንታሃ ሌሊት the whole night, ኵልንታሁ ሥጋከ the whole of thy body
10.18; 27.1; 60.3; 72.4; 101.6

ኵሊት (kʷəlit) : kidney
68.3

ከመ (kama) : (adv, prep, conj) as, just as, even as, like, as if, such; also used occasionally as an exclamation (e.g., ከመ ሠናይ ርእየቱ how fair is his appearance!) and as an introduction to a statement; with suffix pronouns the base is ከማ- (e.g., ከማከሙ· like you); note especially ከማሁ· like him, but also such a one, such a thing, thus, likewise, similarly, so, for ከማሁ·ሙ see -ሙ; በከመ according to, in accordance with, as, like, likewise, how; ዘከመ, አንተ ከመ as, even as, just as, according to, how, such as
1.1, 6, 9; 2.1, 2, 3; 3.1 (2x); 4.1; 5.1, 2 (2x); 6.4; 9.6; 10.3, 5, 6, 7, 10, 11, 22; 11.1; 12.4; 13.4 (3x), 6; 14.1, 3, 4, 8, 10, 11, 13 (2x), 18 (2x); 15.3, 4, 5 (3x); 16.1; 17.1 (2x), 5; 18.1, 3, 8, 13 (2x); 19.1 (2x), 2, 3; 21.3 (2x), 9; 22.2, 3, 6, 9 (2x), 10 (2x),

278   Lexicon and Concordance

12, 13 (2x); 23.2; 24.3, 4 (2x); 25.1, 4, 6, 7 (2x); 26.3; 27.4, 5; 28.3 (2x); 30.1, 2; 31.1, 2; 32.4, 5, 6; 33.3; 35.1; 36.4 (3x); 37.4 (2x); 39.5 (3x), 7, 8, 9; 40.7; 41.1, 3; 42.2, 3 (2x); 43.1, 2; 45.2 (2x), 6; 46.1 (3x), 6; 47.2 (2x); 48.4, 9 (3x); 49.1, 2, 4; 50.2; 51.2, 4 (2x); 52.4, 6 (2x); 53.5, 7 (2x); 54.5 (2x), 6; 55.2 (2x), 3, 4; 56.3, 5 (2x); 58.5 (2x); 59.1; 60.1, 5, 7, 9, 12, 13 (2x), 15 (2x), 16 (2x), 18, 24, 25; 61.2, 3, 5, 6, 9; 62.1; 3, 4, 10, 11; 63.1 (2x), 4, 5, 12; 64.2; 65.1 (2x), 3, 6, 8, 10; 66.1 (2x), 2; 67.2, 8, 9 (2x), 13; 68.3, 4; 69.5, 10, 11 (2x), 12, 14 (3x), 22; 70.3; 71.1 (2x), 2, 5, 10, 15, 17; 72.1 (3x), 4, 5 (2x), 6, 15, 23, 36, 37; 73.2, 3 (2x); 74.2 (2x), 9 (2x), 12, 13, 15, 17; 75.1, 3, 4, 7 (3x); 78.1, 3, 17 (2x); 79.6; 80.8; 81.3, 5, 6; 82.1, 2, 3, 4, 8; 83.4, 6 (2x), 7, 8; 84.1 (2x), 5 (2x); 85.9; 86.4; 87.2; 88.3; 89.9, 14, 17 (2x), 18, 26 (2x), 34, 45, 51, 54, 56 (3x), 59, 63 (3x), 68, 70, 73, 74; 90.1 (4x), 8, 13 (2x), 16, 17, 19, 21 (2x), 26 (2x), 36, 37; 91.1, 5, 7, 12, 18; 93.11, 12 (2x); 94.3, 4, 5 (2x), 10 (2x); 95.1 (2x), 2, 3 (2x), 4, 5; 96.1, 2 (3x); 4; 97.4, 9, 10; 98.2, 4, 10 (2x), 12, 15; 99.3 (2x), 13, 16; 100.1, 2, 4, 5, 6, 7, 8, 10, 11, 12 (2x); 101.2; 102.3, 5, 6, 7, 11; 103.5, 10, 13, 14, 15; 104.2, 4, 5; 105.1; 106.2 (4x), 5 (3x), 6 (2x), 7, 8, 10 (2x), 12 (2x); 108.4 (2x), 7, 9 (2x), 11

ኮነ (kona) : to be, become, there is, there was, exist, happen, occur, come into being, come to pass, take place, be done, be permissible
1.1, 7, 8 (2x); 4.1; 5.2, 4, 5, 7 (2x); 6.1, 3, 6; 8.2; 9.11; 10.10, 16, 17, 21 (2x); 11.2; 12.1, 3, 5, 6; 13.1, 2, 4, 6; 14.4 (2x), 7; 15.6, 8, 9 (2x), 10; 16.1; 18.14; 19.1, 2; 22.10, 13 (2x); 24.4; 27.3; 32.2; 34.3; 37.5; 38.4; 39.1 (2x), 2, 6, 8, 11; 44.1; 45.2; 46.2, 3, 6 (2x), 7 (2x); 47.2; 48.4 (2x), 6, 7, 8, 10; 50.1, 3; 51.4; 52.2, 4, 6 (2x), 7, 8; 53.7 (2x); 54.6; 55.2; 56.6, 7 (3x); 57.1, 2; 58.3, 6; 60.22, 25; 62.7, 16; 63.7; 65.4, 6, 7; 66.1; 67.1, 2, 8, 13; 68.4 (2x); 69.12, 26, 29; 70.1; 71.1, 12, 15 (2x), 16 (2x), 17 (2x); 72.10 (2x), 12 (2x), 14 (3x), 16, 18, 20 (2x), 22, 24, 26 (2x), 28, 30, 32 (3x); 73.3 (2x), 4, 6; 74.10, 13, 15 (2x); 75.3; 78.6, 7 (2x), 9; 79.3; 80.2, 3; 82.2, 19; 83.3, 9; 84.4, 5; 85.3 (2x), 9; 86.3; 87.3; 89.1, 8, 9 (2x), 10, 14, 26, 31, 36, 38, 45, 48 (3x), 50 (2x), 63, 73; 90.24 (2x), 25, 26 (2x), 31, 32, 33, 36, 38 (3x); 91.4, 7, 12, 17; 92.4; 93.1, 4, 8; 94.9, 10, 11; 95.1; 96.1, 2, 3, 4, 7; 97.1, 2, 4 (3x), 8 (2x); 98.4 (3x), 14, 15; 99.2, 14; 102.5, 6, 10, 11 (2x); 103.7, 8, 11 (3x); 104.4, 5, 6 (2x), 9; 105.2; 106.2, 5 (2x), 6, 10, 15 (3x), 17, 18, 19; 107.2; 108.5, 9

ክንፍ (kǝnf) : wing, fin (offish), branch of tree, border (of garment, land), side
30.3; 39.7; 40.2; 61.1; 93.12

ክንፈር (kanfar) : lip, language, brim, edge, hem
39.7

ኰነነ (kʷannana) : to regulate, rule over, have dominion, govern, judge, pass judgment, pass sentence, plead, convict, condemn, punish, avenge, torture, vex, chastise, exercise power
9.7; 41.9; 46.7; 49.4; 55.4; 61.8, 9

ኵነኔ (kʷənnāne) : rule, domain, sentence, judgment, trial, law, ordinance, damnation, condemnation, doom, punishment, torment, torture
    10.6, 12 (2x); 13.1; 14.4; 16.1; 19.1; 22.4 (2x), 8, 10, 11, 13; 25.4; 27.3, 4; 29.2; 45.6; 47.2; 50.4 (2x); 59.1; 60.6 (3x), 25; 61.9, 11; 63.8 (2x), 12; 65.10; 66.1; 67.8 (2x), 10, 12, 13; 68.2 (3x), 3, 5 (2x); 69.1, 27; 83.11; 84.4; 90.2(2x), 31; 91.7, 9 (2x), 12, 14, 15; 93.3, 5; 94.7, 9; 95.2, 3; 96.8; 97.3, 5; 98.8, 10; 99.15; 100.4, 10; 103.6, 8 (2x); 104.3, 5 (2x); 108.13

ኵነት (kʷənat) : being, coming about, origin, essence, mode, situation, station
    43.2

ከርቤ (karbe) : myrrh
    29.2

ኪሩብ (kirub) : cherub
    14.11, 18; 20.7; 61.10; 71.7

ኰርሀ (kʷarha) : to compel, constrain, force
    96.8

ከርካዕ (karkāʿ) : almond, walnut, almond tree, nut, citrus tree
    31.2

ከረምት (kəramt) : rainy season, rains (June–July to September), winter, year
    2.3; 3.1; 10.10; 17.7; 60.19, 20; 80.2; 82.7, 16

ከርታስ (kərtās) : leaf of a book, scroll, roll, letter, slate, parchment, paper, leaf of paper
    69.9

ከረየ (karaya) : to dig, make holes, dig up, excavate, peck (the eyes), make cuts or incisions
    89.66; 90.2

ከሳድ (kəsād) : neck
    98.12; 103.12

ከሠተ (kaśata) : to uncover, disclose, lay bare, expose, reveal, make manifest, divulge, discover, open (eyes, mouth, box)
    46.3; 48.7; 61.5, 13; 62.1, 7; 64.2; 80.1; 89.28; 90.6; 106.2, 3, 10

ከሡት (kaśut) : revealed, uncovered, bare, manifest, obvious, clear, evident, public, open (eye), visible
    1.2; 9.5; 41.7; 98.6

ከተማ (katamā) : extremity, utmost, tip, top, summit; camp, military camp
    17.2

ኪያ- (kiyā-) : with nominal suffix pronouns expresses the personal pronoun as direct object; it is used for special emphasis, e.g., ኪያየ me, ኪያሁ him, it, the very same; it is also followed by a noun in the accusative, e.g., ኪያሃ ምድረ even it, the land, that is, the land itself; at times it takes the place of a demonstrative pronoun, e.g., በኪያሁም መዋዕል in those days, ኪያሃ ሌሊተ on that night; the direct object may also be expressed with the object suffix pronouns attached to the verb and with ኪያ-, e.g., ኪያከ ተሣሀለከ he was gracious to you (possibly with emphasis)
  5.6; 6.2; 10.21; 14.21; 22.7; 46.3; 60.4; 67.11; 89.60, 70, 77

ከይሲ (kaysi) : serpent, dragon
  20.7

ለ

ለ (la-) : to, toward, for, to the advantage of, with regards to, according to, of (as in ቤተ ለንጉሥ the king's house, lit. his-house of-(or to)-the-king); it also serves for the expression of the direct complement; ለ- prefixed to the jussive expresses a wish, a command, or an injunction, e.g., ለይኩን ብርሃን let there be light!
  1.1, 2 (2x), 8 (4x), 9; 2.2 (2x), 3 (2x); 4.1; 5.1 (3x), 2, 5, 6 (3x), 7 (3x), 8, 9; 6.1, 2 (2x), 3, 4 (3x), 6 (2x), 7, 8; 7.1, 4, 6; 8.1; 9.3 (2x), 4 (4x), 8; 10.1, 2, 3, 4 (3x), 5 (2x), 7 (5x), 8, 9 (5x), 10 (2x), 11 (3x), 12 (3x), 13, 15 (4x), 16 (2x), 19, 20, 21, 22 (2x); 11.1; 12.3 (4x), 4 (3x), 5, 6 (2x); 13.1, 2, 3, 4, 8, 10; 14.2, 3 (3x), 8, 21, 24; 15.2 (2x), 3 (2x), 4, 6 (2x), 7; 16.1, 2, 3 (2x); 17.8 (2x); 18.1, 2 (2x), 3, 4 (2x), 8 (2x), 10, 11, 14 (4x); 19.1 (3x); 20.1, 4 (2x), 5; 21.8, 9, 10 (2x); 22.2, 3 (2x), 6, 9 (2x), 10, 11 (4x), 12 (3x), 13 (2x), 14 (2x); 24.2, 4, 5 (2x); 25.1, 3 (3x), 4 (3x), 5 (3x), 6, 7 (3x); 26.3, 4 (2x); 27.2 (2x), 3 (3x), 5 (3x), 28.1; 29.1; 30.3; 31.3; 32.1, 2 (3x), 3 (2x), 4, 6; 33.2, 4 (2x); 34.1; 36.3, 4 (5x); 37.2 (2x), 3, 4, 5; 38.2 (5x), 3, 4 (3x); 39.3, 4 (2x), 5, 6, 7, 8, 9 (2x), 10, 11, 13 (2x); 40.2, 3, 4 (2x), 5 (2x), 6, 7 (2x), 8, 9 (2x), 10; 41.1, 2 (3x), 6, 7 (3x), 8 (8x), 9; 43.1, 2, 3, 4 (3x); 45.1 (2x), 2 (2x), 3, 4 (3x), 5 (3x), 6 (2x); 46.1, 2, 3 (2x), 4 (3x), 5 (2x), 6, 7 (2x), 8 (2x); 47.2 (6x), 3, 4 (3x); 48.1, 4 (2x), 5 (2x), 6, 7 (6x), 8, 9 (2x), 10 (3x); 49.1, 2 (2x); 50.1 (3x), 2 (2x), 3; 52.3, 4, 5, 6, 8 (2x); 9; 53.1, 2 (4x), 3 (2x), 4 (2x), 5 (2x), 6; 54.2 (2x), 4 (2x), 5, 6 (2x), 7, 10; 55.1, 2 (2x), 4 (5x); 56.2 (2x), 3 (2x), 5 (3x), 6, 7 (5x), 8; 57.3; 58.3 (3x), 4 (2x), 5, 6; 59.1 (2x), 2 (3x), 3 (5x); 60.1 (2x), 3, 6 (7x), 8 (2x), 9 (2x), 12 (2x), 13, 14 (2x), 20, 21, 22 (3x), 24, 25 (2x); 61.1 (2x), 2 (2x), 3 (2x), 4, 5, 7, 8 (2x), 9 (2x), 11 (3x), 12 (3x), 13 (4x); 62.1 (6x), 3, 5 (2x), 6 (2x), 7, 9 (2x), 11 (2x), 12 (2x), 13 (2x), 14; 63.1, 2 (3x), 3 (2x), 4 (2x), 6, 7 (2x), 10, 12 (5x); 64.2 (3x); 65.2, 5, 6 (3x), 9, 11 (2x), 12 (5x); 66.1 (3x); 67.2, 3 (4x), 4 (2x), 5, 7, 8 (6x), 9 (2x), 11, 12 (4x), 13 (4x); 68.1 (2x), 2 (5x), 3, 4 (2x), 5 (2x); 69.1, 2, 3, 4, 5, 6 (5x), 7 (2x), 8, 9 (2x), 10, 12 (2x), 13 (2x), 14 (3x), 15 (3x), 16 (2x), 17, 18 (3x), 19, 20, 21, 22 (3x), 23 (2x), 24 (2x), 26 (2x), 27 (4x), 28, 29; 70.1, 3 (3x); 71.1 (2x), 4, 5, 6 (3x), 8, 14 (2x), 15 (5x), 16 (3x), 17 (3x); 72.1 (2x), 3 (2x),

Lexicon and Concordance   281

13, 15, 26, 33 (3x), 35 (4x), 37; 73.1 (2x), 2, 4, 7; 74.1, 2, 10 (2x), 11 (2x), 12 (2x), 13 (3x), 14 (4x), 15 (3x), 16; 75.1, 3 (7x), 4, 5 (2x), 8, 9 (2x); 76.1, 3, 4 (3x), 5, 7, 11, 12; 77.1 (3x), 2, 3 (2x); 78.1, 2, 3, 7, 9, 14; 79.2; 80.1 (6x), 6 (2x), 7, 8 (2x); 81.2 (2x), 3 (4x), 5 (2x), 6 (4x), 7, 9, 10; 82.1 (5x), 2 (8x), 3 (2x), 4 (2x), 6, 7 (6x), 10 (2x), 11 (4x), 13, 14 (2x), 17 (2x), 20 (2x); 83.2, 4, 6, 8 (2x), 10, 11 (5x); 84.1 (3x), 2 (6x), 5 (4x), 6 (2x); 85.2 (3x), 3, 4 (2x), 6, 10; 86.3, 6; 87.1 (2x); 88.1, 2 (2x), 3; 89.1, 3, 4, 9, 13 (4x), 14, 16 (4x), 17 (2x), 18 (3x), 19, 20 (2x), 21 (2x), 22, 23, 25 (2x), 26 (3x), 27, 28, 29 (2x), 30, 31 (2x), 33 (2x), 34, 35, 36 (2x), 37 (2x), 39 (3x), 41, 42, 43, 44, 45 (3x), 46 (3x), 47 (2x), 48 (2x), 50 (2x), 51 (4x), 52, 53, 54 (2x), 55, 56 (3x), 57, 58, 59 (4x), 60, 61, 63 (4x), 64, 66 (3x), 67 (2x), 68 (4x), 70 (3x), 73, 74 (3x); 90.2 (3x), 3, 4, 8 (2x), 9 (3x), 10 (2x), 11, 13 (3x), 14 (3x), 16, 17 (2x), 18, 19, 20, 21 (3x), 22 (2x), 26 (2x), 27, 28 (3x), 30 (2x), 31 (2x), 33, 34 (3x), 35, 40 (2x), 41, 42; 91.1 (3x), 2 (2x), 3 (2x), 4, 9, 10, 11 (2x), 12 (2x), 13 (3x), 14 (3x), 15 (3x), 16, 17 (2x), 19; 92.1 (2x), 2, 4 (4x), 5 (2x); 93.4, 5 (2x), 6 (2x), 7, 8, 10 (3x), 11 (2x), 13 (2x), 14 (2x); 94.1, 2, 3 (2x), 4, 5 (2x), 6 (5x), 7 (4x), 8 (2x), 9 (5x), 11 (2x); 95.2, 4, 5 (2x), 6 (4x), 7 (2x); 96.1, 2 (2x), 3, 4 (2x), 5 (2x), 6, 7 (2x), 8 (3x); 97.1, 2, 3, 4, 5 (2x), 7, 8 (2x), 10 (2x); 98.1 (3x), 4 (3x), 5, 6, 7, 9 (2x), 10 (4x), 11, 12 (6x), 13 (3x), 14 (2x), 15 (3x); 99.1 (3x), 2 (3x), 3 (2x), 5 (2x), 6 (3x), 7 (5x), 9, 10, 11 (3x), 12 (2x), 13, 14 (4x), 15 (4x), 16; 100.4 (2x), 7 (2x), 8 (2x), 9, 12; 101.1, 4, 8 (2x), 9 (2x); 102.1, 3, 8 (2x), 10; 103.1 (3x), 3 (4x), 4 (4x), 5, 6, 7, 8 (3x), 9 (2x), 11, 12, 15 (2x); 104.1 (4x), 2, 3 (2x), 4, 5 (2x), 6 (2x), 9 (5x), 10, 12 (5x), 13; 105.1 (2x), 2 (2x); 106.1, 3 (2x), 5, 10 (2x), 11 (2x), 13 (2x), 16, 18 (2x); 107.2, 3 (2x); 108.1 (2x), 2, 3, 4 (2x), 5, 7 (2x), 8 (2x), 9, 10 (3x), 11 (3x), 12 (2x), 13 (2x), 14, 15

ለአከ (*la'aka*) : to send, commission
89.51

ላእከ (*lā'k*) : messenger, servant, attendant, deacon, minister, apostle
53.6

ላዕለ (*lā'la*) : above, against, on, upon, over, about, concerning; with suffix pronouns the form is ላዕሌ-
1.7, 8 (2x), 9 (2x); 2.2, 3; 4.1; 5.4; 7.4; 10.5, 8; 13.1; 14.4, 8, 20; 15.5 (2x); 18.12 (2x); 21.3; 22.4, 9, 10; 26.5; 27.2, 3; 28.2 (2x); 30.1 (3x); 36.2; 38.2; 41.4; 50.2; 52.6; 55.3; 56.5; 60.5, 24; 68.5; 71.14; 78.12; 80.7, 8; 81.4; 83.8, 9 (2x); 89.1, 17; 91.1; 95.3, 7; 98.2; 100.11; 102.6, 10; 103.11, 15; 107.1; 108.4, 7

ላዕሉ (*lā'lu*) : above, upward
60.11

ልዑል (*lə'ul*) : high, lofty, elevated, superior, Most High, exalted
9.3; 10.1; 12.4; 14.18; 15.3; 21.2, 6; 38.4; 39.1; 40.10; 46.7; 60.1, 22; 61.9; 62.1,

3, 7, 9; 63.12; 69.13; 77.1; 89.2, 7, 16; 90.29; 94.8; 97.2; 98.7, 11; 99.3, 10; 100.4; 101.1, 6, 9

ለዐልና (*ləʿələnnā*) : height, exaltation, high rank
18.3; 93.14

ልብ (*ləbb*) : heart, mind, understanding, intellect, consciousness, ideas; middle (as in ልብ ባሕር heart of the sea, middle of the sea)
5.4; 14.2; 16.3; 47.4; 48.4; 68.3; 81.7; 91.4 (2x); 93.8; 94.5 (2x); 95.1; 96.4; 98.7; 99.8 (2x), 16; 100.8; 101.5; 104.9

ለብሰ (*labsa*) : to clothe oneself, put on clothes, wear, be dressed, to clothe
62.15; 90.31

ልብስ (*ləbs*) : clothes, garment, apparel, tunic, curtain (of court), silk veil of oblation in the church
52.8; 62.15, 16 (2x); 71.1, 10

ለበወ (*labbawa*) : to possess understanding, understand, comprehend, perceive, be clever, be mindful, devise, take heed, beware
2.2; 5.1; 14.2, 3; 82.3; 89.61; 93.2; 100.6, 8

ለፈ : ወለፈ (*la-fe wa-la-fe*) : this way ... and that way, on this side ... and on that side, here ... and there
108.4

ልጓም (*ləgʷām*) : bridle, rein, halter, band, tie
46.4; 60.15, 16

ልጐት (*ləgʷat*) : abyss, depth, pool of water, whirlpool
60.7, 9

ለህበ : ለሀበ (*ləhba : lahaba*) : to burn (intr), blaze, flame, be warm, perspire
90.24

ላህብ (*lāhb*) : flame, heat, glow, warmth, perspiration
1.6; 63.10; 71.1; 72.7; 100.9; 103.8; 108.4, 5

ላህም (*lāhm*) : ox, bull, bullock, cow
85.3 (2x), 5, 6, 7, 8 (2x), 9, 10; 86.1, 2, 3, 4, 5, 6; 87.4; 89.1 (3x), 5, 6, 9 (5x), 10, 11 (2x), 12; 90.37, 38 (2x)

ለህቀ (*ləhqa*) : to grow, grow up, reach manhood, grow old
5.9; 85.5, 9; 89.13 (2x), 49; 91.7 (2x); 93.4

ልሕኩት (*ləḥakʷt*) : formed, fashioned; form, formation, creation, work, handiwork, earthenware, clay, vase
99.7

ላሐወ (*lāḥawa*) : to mourn for, lament, bewail, weep, grieve, groan, sigh
13.9

ላሕይ (*lāḥəy*) : beautiful, handsome; beauty, splendor, brightness
6.1; 69.17

ልኩእ : ልኩዕ (*ləku' : ləkuʻ*) : inscribed, impressed, imprinted, marked, set down in writing, composed, coined (money)
82.6, 7; 103.2; 108.7

ለለ (*lalla-*) : (repeated ለ) expresses the distributive, (at, for) every, each, e.g., ለለ በዓል at every feast; with suffix pronouns the base is ለሊ-, ለል-, e.g., ለልየ for my part, ለሊሁ he himself, he alone, and so on
5.2; 7.1; 10.9; 13.6; 33.3; 89.62, 64

ሌሊት (*lelit*) : night
14.23; 18.6; 23.2; 24.1; 41.7; 72.9 (2x), 10 (2x), 12, 14 (3x), 15, 16, 18, 20 (2x), 22 (2x), 24, 26 (2x), 28, 30 (2x), 32 (2x), 33 (2x), 34 (2x), 37; 73.7 (2x); 75.3; 78.13 (2x), 17; 82.8; 90.42; 104.8

ሌለየ (*lelaya*) : to separate, disjoin, divide, distinguish, make a difference (between), segregate
82.4, 11 (2x)

ልሙጽ : smooth, slippery, soft, polished, bald, hard, rough
22.2 (2x)

ልሳን (*ləssān*) : tongue, language
14.2, 9, 10, 15; 71.5; 84.1 (2x); 104.11

መ

-መ (*-mma*) : it emphasizes the word to which it is attached, with such meanings as precisely, quite, then, e.g., ከማሁመ precisely in that way, the very same
23.2

ሚ- (*mi-*) : what?
101.2

ሞአ (*moʼa*) : to conquer, vanquish, overcome, prevail, defeat, subdue, surpass in power
46.3; 50.2

መአብስ (*maʼabbəs*) : sinner, wrongdoer, criminal, transgressor, guilty
108.2

ማእድ ፡ ማዕድ (mā'ədd : mā'ədd) : table, food, banquet, meal, dish (food), Eucharistic offering
89.50, 73

ማእከለ (ma'əkala) : in the midst of, in the middle of, among (the suffix pronouns are added to the base ማእከሊ-)
13.9; 14.11; 18.3; 24.3; 26.1, 3, 4; 27.1; 28.1; 39.5; 41.8 (2x); 42.2; 45.3, 4; 55.2 (2x); 56.5; 60.15; 63.11; 65.12; 70.2, 3 (3x); 71.5 (2x); 74.5; 81.6; 82.4, 12; 86.1, 3 (2x); 89.10, 11, 13, 14, 24 (2x), 25, 31, 40, 44, 49; 90.26, 29, 31, 35, 38, 39; 91.15; 97.7

ማእከላይ (ma'əkalāy) : middle (adj), of middle age, moderate, mediatory, intermediary
18.8; 76.6, 8, 11, 13

ማእረር (mā'ərar) : harvest, what is harvested (produce, fruit), vintage, summer, autumn
82.16

ማእስ ፡ ማዕስ (mā's : mā's) : skin, hide, leather, headcover
90.4

ማእሰር ፡ ማእሰር ፡ ማእሰርት (mā'əsar : mā'əsər : mā'əsart) : string, rope, bond, chain, bundle, knot, snare, obligation, vow (spiritual bond), connection, joint, a joining of boards
54.3, 4; 61.3

ምእያም (mə'əyām) : stall, pen, sheepfold, resting place of cattle during the heat of the day
86.2

ማዕዶት (mā'ədot) : the opposite side, passage, bank (of river, sea), ford, ferry boat
18.10

መዓልት (ma'ālt) : day, daytime, noontime
4.1; 5.5, 6, 9 (3x); 6.1; 10.9, 17, 18; 11.1, 2; 12.2; 14.4, 5, 23; 16.1; 18.6; 21.6; 22.12; 23.2; 24.1; 25.6; 27.3 (2x), 4; 39.1, 2, 6 (2x), 9, 10; 41.7; 46.1, 2; 47.1, 2, 3 (2x); 48.1, 2, 8; 50.1 (2x); 51.1, 3, 4, 5; 52.1, 7; 54.7; 55.1, 2; 56.5, 8; 58.3 (2x), 6; 59.1; 60.2; 61.1; 63.1; 65.1; 67.1, 8, 11 (2x); 71.12, 13, 14, 17; 72.9, 16, 20 (2x), 22, 26 (2x), 28, 30, 32 (2x), 37; 73.3 (2x); 74.2, 6 (2x), 7 (3x), 8, 10 (4x), 11 (2x), 12, 13 (3x), 14 (4x), 15 (3x), 16 (3x), 17; 75.1, 3 (2x); 77.4; 78.9, 11, 14, 15 (3x), 16 (2x), 17; 79.2, 4 (2x), 5; 80.1, 2, 5; 81.10; 82.4 (2x), 6, 7, 8, 11, 15, 16 (2x), 17, 18, 19 (2x), 20; 91.8; 92.2; 94.8, 11; 96.8 (2x); 97.5 (2x); 99.3, 4, 5, 10; 100.1, 4, 13; 102.1, 9; 103.5, 9; 105.1; 106.1, 6, 18; 108.1, 2, 15

ማዕመቅ : መዕመቅ : ማዕመቅት (mā'əməq : ma'əmaq : mā'əməqt) : deep place, the deep, depth, abyss, pit, valley, ravine
56.3; 60.11; 88.1 (2x); 89.7; 90.25, 26 (2x)

ማዕቀፍ : ማዕቅፍ : ማዕቅፍት (mā'əqaf : mā'əqəf : mā'əqəft) : stumbling block, hindrance, offense, cause of offense, scandal, insult
56.7

ምዕር (mə'r) : moment, time
99.9

መዓረ : ገራ (ma'āra gərā) : wax
1.6; 52.6

መዐርዔር (ma'ar'er) : sweet, sweet-tasting, honey-sweet
69.8

ምዕራብ (mə'rāb) : west, setting (of the sun)
22.1; 36.3; 57.1; 72.2 (2x), 3, 8, 17 (3x), 19 (2x), 21 (2x), 23, 25 (2x), 27, 31 (2x); 74.3, 4; 75.6; 76.2, 9, 11, 12; 77.2; 78.5; 80.5; 83.11

ምዕራፍ (mə'rāf) : resting place, quiet place, site, residence, support; also a measure of length, chapter of a book, section of a book, common antiphonary, collection of hymns and chants, punctuation mark
38.2; 45.3; 60.14

መዓት (ma'āt) : anger, wrath, rage, indignation, irksomeness, calamity, scourge, great number
5.9; 39.2; 40.9; 55.3 (2x); 60.5; 61.13; 62.12; 69.18; 84.4; 89.33; 90.15, 18; 91.7, 9; 99.16; 101.3

ምዐዘ : መዐዘ (mə'za : ma'aza) : to smell sweet, smell, be fragrant, emit a good odor
24.4

መዐዛ (ma'azā) : scent, savor, sweet odor, perfume, smell, fragrance
24.3, 4; 25.1, 4, 6; 29.2; 30.2, 3; 32.1; 76.8

ሙባእ (mubā') : entrance, place of entering, act of entering, admission, entry, coming, setting of sun or moon, beginning
73.3

መብዕል : መብዐል (mab'əl : mab'al) : iron tool, axe
53.3, 4; 54.3, 4

መብልዕ (mabla') : food, dish (food), provisions, alimentation, fodder
82.3; 89.58; 98.2; 103.11; 108.9

መብረቅ (*mabraq*) : lightning, thunderbolt, bright light
14.8, 11, 17; 17.3; 41.3; 43.1, 2 (2x); 44.1 (2x); 59.1, 3; 60.13, 14, 15; 69.23

ምብጻሕ (*məbṣāḥ*) : place of arrival, destination, result (in arithmetic)
74.11

መብዝኅት (*mabzəḫt*) : major part, majority of, most of, the most, large part, the greatest part, multitude
89.33, 66

ሜድ (*med*) : Median
56.5

መድበራ (*madbarā*) : wilderness
28.1; 29.1; 77.7

መድሎት (*madlot*) : weight, measure, balance, scales, price, value, proportion
41.1; 43.2; 54.3; 61.8

ሙዳቅ (*mudāq*) : place of falling, ruin
60.13; 100.6

ምድር (*mədr*) : earth, ground, soil, field, country, land, territory, district, region, floor (of a house), bottom (of a pit)
1.5, 7 (2x); 2.2, 3; 4.1 (2x); 5.7; 7.6; 9.1 (2x), 2, 6, 9, 10; 10.2 (2x), 3, 7 (3x), 8; 10.12, 16, 18, 20 (3x), 22; 11.1; 12.4, 5; 14.5, 10, 17; 15.3, 5, 8 (2x), 9, 10 (3x), 11; 16.3; 17.8; 18.1, 2 (2x), 3, 5 (2x), 10, 11, 12, 14; 21.2; 22.7, 10; 23.1; 24.1; 25.3, 6; 26.1; 27.1; 33.1, 2; 34.1 (2x), 3; 35.1; 36.1; 38.4; 39.3, 5, 12; 41.3 (2x), 4; 42.3; 45.2, 6; 47.1; 48.8, 10; 51.1, 5; 52.2, 4, 9; 53.2, 5, 7; 54.1, 7, 8, 10; 55.2; 56.6 (2x); 57.2 (2x); 60.15, 16; 61.5; 62.1, 3, 6, 15; 64.2; 65.1, 2, 3 (2x), 4, 6, 7 (2x), 8, 9, 10; 66.1; 67.3, 6; 69.17, 27, 28; 75.3, 4, 6; 76.1 (2x), 4; 77.4, 5, 8 (2x); 80.2 (2x), 3, 7; 81.2, 5; 82.16, 19 (2x); 83.3, 4 (2x), 5, 7, 8 (2x), 9 (2x), 11; 84.2, 5 (2x), 6; 85.3, 4; 86.6; 87.1, 3 (2x); 88.2, 3; 89.3 (3x), 4, 6, 7, 8 (2x), 40 (2x); 90.4, 18 (3x), 20, 26, 28, 30; 91.5 (2x), 6, 7, 9, 14; 92.1 (2x); 93.13; 96.2; 98.1, 4, 11; 99.2, 12; 100.6, 10; 101.2, 7, 8 (2x); 102.2, 3; 105.1 (2x); 106.6, 8, 13, 15, 16 (2x), 17 (3x), 18 (2x), 19; 107.1, 3; 108.3, 9

ሙዓእ (*muḍāʾ*) : place of exit, going out, way to escape, source, end
33.3; 72.2; 73.3; 78.16; 79.2; 80.1

ሙዓእት (*muḍāʾt*) : exit, outlet, boundary, end
35.1

ሙፋር (*mufār*) : farmland, pasture, village
80.2

Lexicon and Concordance 287

መፍትው (maftəw) : lust, wish, (it is) fitting, suitable, fit, becoming, convenient, seemly, proper, (it is) necessary, obligatory, that gives pleasure, pleasant, pleasing, delightful, precious, desirable, desired; enticement
9.11; 15.2

ምግባእ (məgbā') : returning, return, recurring, gathering place, refuge
65.11; 72.35

ምግባር (məgbār) : action, mode of action, feat, achievement, workmanship, function, practice, occupation, work, deed, operation, conduct, behavior, duty, business, negotiation, activity, office, charge, practice, magical activity, liturgy, divine service
5.2 (2x); 8.1; 10.16; 13.2, 6; 33.4; 45.3; 48.7, 8; 50.2; 61.8; 63.9; 69.28; 81.2, 9 (2x); 90.41; 93.9 (2x), 11; 95.5; 100.7, 10; 101.3; 102.6; 103.10

ሞገድ (mogad) : wave, flood, tempest
101.4

ምጕንጻ (məgʷənpā) : quiver, cover for a spearhead
17.3

ሞገስ (mogas) : favor, grace, graciousness, charm, loveliness, benevolence, dignity
24.5

ምህረ : መህረ (məhra : mahara) : to teach, instruct, educate, train, discipline
7.1; 8.1, 3 (3x); 9.6; 10.3, 7, 13; 13.2; 81.6; 89.1

መሀይምን (mahayyəmn) : believer, faithful (in the religious sense), trusty, trustworthy, coreligionist
46.8; 63.8; 83.8; 108.13

መሐለ (maḥala) : to swear, take an oath
6.4, 5, 6; 55.2; 98.1, 4, 6; 99.6; 103.1 (2x); 104.1

መሐላ (maḥalā) : oath, adjuration, treaty, covenant
6.4; 41.5; 60.6; 69.13, 14 (2x), 15 (2x), 16 (2x), 18, 19, 20, 21, 25; 71.10

ማሕምም (māḥməm) : grievous, afflicting with grief or pain, who suffers, that causes pain, labor pains, woman in labor
62.4

ምሕረ : መሕረ (məḥra : maḥara) : to have compassion, be compassionate, show mercy, have mercy, have pity, pardon
50.3, 5; 98.12; 99.5; 100.2; 103.12

መሐሪ (maḥāri) : merciful, compassionate, gracious, one who has pity
27.3; 40.9; 60.5

ምሕራም (məḥrām) : sanctuary, shrine, temple, chapel, temple of the pagans
99.7

ምሕረት (məḥrat) : compassion, pardon, mercy, pity, clemency, affection
12.6; 13.2; 27.4; 39.2, 5; 50.3; 60.5, 25; 61.11, 13; 62.9; 71.3; 94.10

ማሕስዕ : መሐስዕ (māḥsəʿ : maḥasəʿ) : kid, lamb, young goat
51.4; 90.6, 8 (2x), 9

ምሕዋር (məḥwār) : space, course, path, orbit, distance of travelling, journey, itinerary, march, day's march
41.5 (3x), 7; 60.19, 20; 69.20, 21, 25; 72.33, 34, 35; 74.1 (2x), 4; 92.3

ምኅባእ (məḫbāʾ) : hiding place, hidden place, secret place, receptacle
100.4

ማኅበር (māḫbar) : association, society, company, choir, community, assembly, multitude, crowd, congregation, gathering, council, convent, monastery
38.1; 55.4; 62.8; 69.28; 89.18

ማኅደር (māḫdar) : place of habitation, dwelling, habitation, lodging, abode, resting place, residence, room, tabernacle, tent, leather case for keeping a book, case, box, lunar station
1.3; 15.7, 8, 10 (2x); 38.2; 39.4, 5, 7, 8; 41.2; 42.1, 2; 45.1; 46.6; 48.1; 59.2; 60.20; 71.16; 77.3; 108.13

ማሕፀን (māḥḍan) : bosom, womb, mother's lap, uterus
62.4; 69.12

ማሕፀንት : ማኅፀንት (māḥəḍant : māḫəḍant) : trust, deposit, pledge, custody
51.1 (2x)

ማኅፈድ (maḫəfad) : tower, fort, fortress, citadel, temple, obelisk, statue; sign of Scorpion (zodiac)
87.3; 89.50 (3x), 54, 56, 66, 67, 73 (3x); 91.9

ማኅለቅት (maḫəlaqt) : ceasing, end, conclusion, ruin, loss, death
39.11; 58.3

ምክዕቢተ (məkʿəbita) : twofold, doubly, a second time, twice, -fold (with any number)
91.16; 93.10

ምክዓው (məkʿāw) : place where something is poured out
17.7

መክፈልት (makfalt) : part, portion, share, lot, diversity
68.5; 82.11, 13

መካን (makān) : place, space, room, occasion
  17.1, 2, 3; 18.10, 12 (2x), 14; 21.1, 2, 7, 8, 9, 10; 22.1, 2, 3, 4; 23.1; 24.1; 25.5; 26.1; 29.1; 30.1; 39.6, 10; 41.3, 7; 42.1, 2; 43.2; 52.1; 64.1; 67.6; 69.19; 70.3, 4; 79.5; 82.9; 87.2, 3; 89.40, 54; 90.24, 28, 29; 91.11; 94.5; 100.1, 4; 108.3, 6

መኩንን (mak^wənnən) : ruler, prince, governor, magistrate, officer, high official, headman, leader, prefect, judge, noble, nobleman, dignitary
  41.9; 69.3 (3x); 89.46, 48; 92.1

ምኩናን (mək^wənnān) : court of justice, hall of judgement, judgement seat, office, place of punishment, tribunal, jurisdiction, judgement, dominion, government, governorship, authority, territory subjected to the jurisdiction of
  27.2

ምክነት (məknat) : barrenness, sterility, bereavement, childlessness
  98.5

መከረ (makkara) : to tempt, try, test, put to the test, examine, choose by testing
  67.3

መከራ (makarā) : trial, testing, examination, temptation, tribulation, distress, ordeal
  94.5

ምክር (məkr) : plan, design, counsel, advice, consideration, deliberation, consultation, device, opinion, purpose, point of view, decision, understanding, judgement, conspiracy, intrigue, plot
  6.4 (2x); 14.22; 69.5

መካይድ (makayad) : footstool, stool, step, platform, footprint, base (of a column or of an altar), sole of foot, foot (as measure), shoe
  84.2

ምክያድ (məkyād) : tramping-ground, trampled ground, threshold, threshing floor, winepress, oil press, footprint, foot (as measure)
  10.19; 56.6; 82.19

መልአ (mal'a) : to fill, fill up, complete, multiply (tr, intr), be full, be filled, overflow, swell up, be fulfilled, be completed, be abundant, abound, come to an end
  2.3; 9.9; 10.18; 39.7, 12; 46.6; 47.4; 53.1; 56.4; 62.10; 63.11; 67.8; 89.26; 97.9

ምሉእ (məlu') : full, filled, abundant, copious, replenished, complete
  27.1; 28.2; 31.2; 32.1; 46.1; 71.6; 72.4; 89.50; 90.24 (2x), 26, 36

መልአክ (mal'ak) : messenger, angel, governor, prefect, prince, chief, captain, ruler, commander
  1.2; 6.2, 3, 7 (2x), 8; 10.7; 14.21; 18.5, 14; 19.1, 2; 20.1, 2, 3, 4, 5, 6, 7; 21.5, 9, 10;

22.3, 6; 23.4; 24.6; 27.2; 32.2, 6; 33.3; 36.4; 39.5; 40.2, 8, 10; 41.9; 42.2; 43.2, 3; 46.1, 2; 51.4; 52.3, 5; 53.3, 4; 54.4; 55.3; 56.1, 2, 5; 60.1, 2, 4 (2x), 9, 11, 17 (2x), 19, 21, 22, 24; 61.1, 2, 3, 10 (2x); 62.11; 63.1; 64.2 (2x); 65.6, 8 (2x); 66.1, 2 (2x); 67.2 (2x), 4, 6, 7, 11 (2x), 12, 13; 68.2, 5; 69.2, 3, 4, 5, 11; 70.3; 71.1, 3 (2x), 8 (2x), 9, 13, 14; 72.1; 74.2; 75.3; 79.6; 84.4; 91.15; 93.2; 97.2; 99.3; 100.4, 5, 10; 102.3; 103.14; 104.1, 3, 4; 106.5, 6, 7, 12; 108.5, 7

መልዕልት (*mal'ǝlt*) : upper part of everything, height, high place, higher part, top, above
15.9; 18.11; 32.1, 2 (2x); 47.2, 3; 54.7, 8 (2x); 59.2; 60.7; 61.6, 8, 10, 12; 71.8; 75.8; 86.1; 89.4 (3x); 100.3; 106.13

መልዕልተ (*mal'ǝlta*) : on, above, over, upward, on top of; with suffix pronouns the base of መልዕልተ is መልዕልቴ-
14.17; 18.5

ሙላዳት (*mulādāt*) : origin
72.1

መልኅ : መልሐ (*malḫa : malḫa*) : to tear out, pluck out, pull out, eradicate, eliminate, take off, weed, draw (a sword), drag forth, throw away
88.2

መለከ (*malaka*) : to own (property), possess, have dominion, dominate, become master, take possession of, occupy, rule, reign, have authority; መለከ be established as owner, be subjected (to)
22.14; 62.6, 9; 75.3; 82.15 (2x); 84.3

መለኮት (*malakot*) : lordship, kingdom, domination
84.2

ሜላት (*melāt*) : purple, scarlet, fine linen, pure linen, white silk
98.2

መልታሕት (*maltāḥt*) : cheek, jaw
54.5

መምተርት (*mamtart*) : cleft, segment, piece
21.7

ሚመጠን : ሚመጠነ (*mi-maṭan : mi-maṭana*) : how much?, how much more?, how great?, how large?, how long?, how many?, how often?, how much!, how great!
89.62 (2x), 63 (2x), 68; 93.14

መኑ (*mannu*) : who?
21.5 (2x); 22.6; 40.8; 46.2; 53.4; 54.4; 56.2; 63.5; 68.2, 3; 93.11 (3x), 13 (2x); 95.1, 2; 101.8

Lexicon and Concordance

መንበር (*manbar*) : seat, chair, base, socle, residence, dwelling, high place, pulpit, throne, see (of bishop), altar on which the ark (ታቦት) rests, session, office, function, state, position, station
    9.4; 14.18, 19; 18.8 (2x); 24.3; 25.3 (2x); 45.3; 46.4, 5; 47.3; 51.3; 55.4; 56.5; 57.2; 60.2; 61.8; 62.2, 3, 5; 63.7; 69.27, 29; 71.7; 74.17 (2x); 75.2; 84.2, 3; 90.20; 108.12

ምንባር (*mənbār*) : seat, throne, abode, dwelling, position, base, place where something is put, place of residence, station
    33.3; 63.6; 74.2, 9, 12; 75.1, 2; 84.3; 106.7

ምንዳቤ (*mandābe*) : tribulation, distress, affliction, anguish, calamity, adversity, torment, hardship, difficulty, misery
    1.1; 45.2; 55.3; 63.8; 96.2; 98.10, 13; 102.5, 11; 103.6, 7, 14; 104.3

መንደቅ (*mandəq*) : wall, building material, brickwork
    99.13

መንገለ (*mangala*) : toward, to, by (place), in the direction of, by the side of, with regards to
    17.5; 18.6 (3x), 7 (2x), 11 (2x); 23.1, 4; 24.2 (3x); 25.5 (2x); 26.2 (2x), 3 (2x), 4 (2x); 28.1, 3 (2x); 29.1; 30.3 (2x); 34.1; 35.1; 36.1, 2 (2x); 61.1; 72.2, 6; 73.4; 76.3 (3x), 5, 6, 7 (2x), 9, 10 (3x), 11, 12 (2x), 13; 89.2

መንክር (*mankər*) : wonder, miracle, marvellous thing, stranger, marvellous, wondrous, wonderful, admirable
    34.1; 106.6

መንፈቅ (*manfaq*) : half, faction, part, sect, halfway point
    57.1; 62.5 (2x); 73.5, 6 (2x), 7; 78.6, 7, 8

መንፈስ (*manfas*) : spirit, breath, spirit of God, wind, breeze, a spirit (demon, angel), essence, spiritual body, person
    13.6; 14.2; 15.8, 9 (2x), 10 (2x), 11; 16.1; 18.13; 19.1; 20.3, 6 (2x); 22.3, 5, 6, 7, 9; 37.2, 4 (2x); 38.2 (2x), 4, 6; 39.2, 7 (2x), 8, 9 (2x), 12 (2x); 40.1, 2, 4, 5, 6, 7; 41.2 (2x), 6, 7, 8 (2x); 43.4 (2x); 45.1, 2, 3; 46.3 (2x), 6, 7, 8; 47.1, 2 (2x), 4; 48.2, 3, 5, 7 (2x), 10 (2x); 49.2, 3 (4x), 4; 50.2, 3 (2x), 5; 51.3; 52.5, 9; 53.2, 6; 54.5, 6, 7; 55.3, 4; 56.5; 57.3; 58.4, 6 (2x); 59.1, 2; 60.4, 6, 8, 12 (2x), 14, 15 (2x), 16, 17 (2x), 18 (2x), 19, 20, 21, 25 (2x); 61.3, 5, 7, 8, 9 (2x), 11 (6x), 12, 13 (2x); 62.2 (2x), 10, 12 (2x), 14, 16 (2x); 63.1, 2 (2x), 12 (2x); 65.9, 11; 66.2; 67.8 (3x), 9 (2x), 10; 68.2, 4 (2x); 69.22 (2x), 24 (2x), 29; 70.1, 2, 3; 71.1, 2, 5, 6, 11 (2x), 17; 75.5; 84.1 (2x); 91.1; 92.2; 93.12; 98.3, 7, 10; 99.16; 103.3, 4 (2x), 8, 9; 106.17; 108.3, 6, 7, 9 (2x), 11

መንፈሳዊ (*manfasāwi*) : spiritual, of the spirit, hermit
    15.4, 6, 7

መንግል (*mangəl*) : that which is visible, adornment
98.2

መንግሥት (*mangəśt*) : kingdom, kingship, government, reign, majesty, realm, royalty, dominion
41.1; 46.5 (2x); 63.7; 84.2; 93.7, 8; 98.2; 103.1

መነነ (*mannana*) : to despise, disdain, reject, repudiate, renounce, repel, cast aside, hold in contempt, belittle
48.7; 99.14

ምኑን (*mənnun*) : rejected, despised, reprobate, renounced, repudiated, despicable, abominable, ignoble, contemptible, repulsed, vile, worthless, useless
10.9; 16.3

ምንት (*mənt*) : what?
9.11; 12.1; 14.7; 15.3, 11; 21.4, 9; 22.8; 23.3; 25.1; 27.1; 39.11; 43.3; 46.2; 52.3; 60.5; 61.2; 65.3, 5; 83.6 (2x); 93.12, 14; 97.3; 98.12; 102.6, 7, 8 (2x); 108.5

ምንትኒ (*məntəni*) : any, anything, whatever, something
78.17; 89.49

መንዚር (*manzir*) : bastard, dissolute, who squanders
10.9

ሞቅ (*moq*) : warmth, heat
75.4, 7; 76.5, 7; 82.16

መቃብር (*maqbar*) : grave, tomb, burial ground, sepulchre
98.13

መቅደመ (*maqdəma*) : first [adv], beforehand, in the first place, before, above all
48.2; 61.7

መቅሠፍት (*maqśaft*) : punishment, whipping, beating, stroke, chastisement, divine punishment, torment, infliction, calamity, scourge, plague, wrath, anger, fury, whip, lash
5.9; 10.22; 13.8; 22.11; 25.6; 41.2; 53.3; 54.7; 55.3 (2x); 56.1, 7; 60.6, 24, 25 (2x); 62.11; 63.1; 66.1; 76.4, 14; 80.8; 91.5, 7 (2x); 102.5; 106.17

ሙቀት (*muqat*) : heat, warmth, fervor
4.1

ምቅዋም (*məqwām*) : place where one stands, pedestal, location, place, position, chapter, stand, stay, place where one steps, foundation, rank, function
12.4; 49.2; 82.10, 12, 14

መርዔት (mar‘et) : cattle, flock, herd, pasture, sheepfold
56.5; 89.37, 54

መርዐይ (mar‘ay) : cattle, flock, herd, pasture, sheepfold
89.14

ምርዓይ (mər‘āy) : pasture
86.2

መርበብት (marbabt) : net, fisherman's net, trap, snare, fishhook
103.8

መርገም (margam) : execration, malediction, curse
5.5; 41.8; 59.1; 97.10; 98.4; 102.5

መርሐ (marḥa) : to lead, guide, show (the way), prove
21.5; 72.3; 80.1; 82.4, 10, 14; 89.22, 24, 28, 32, 37, 38, 39 (2x), 41, 42, 45, 48; 90.2; 91.4

መራሒ (marāḥi) : who leads, guide, leader, catechist, leader of a choir
72.1, 3; 74.2; 75.1, 3; 79.6; 82.11 (3x), 12 (2x), 13, 14 (3x), 17, 18, 20; 89.46, 48; 105.1

መሪር (marir) : bitter, something bitter, embittered, ferocious, provoking, sorrowful, grievous
65.2, 5; 69.8

ምርዋጽ (mərwāṣ) : course, track, race, contest, arena, distance run, orbit
14.17; 41.8

መስዕ (mas‘) : north, north wind, southwest wind, southeast
25.5; 28.3; 32.1; 34.1, 2; 61.1; 70.3; 72.5; 76.3, 6, 10, 11, 12; 77.3, 6, 7; 78.5

መሳብዒ (masābə‘) : one who casts spells, wizard, magician, exorcist
8.3

መስፈርት (masfart) : measure, measurement, measuring line, means of measuring (such as bowl, cup, basket), dimension
10.19 (2x); 60.22; 73.2; 78.4; 99.14

መሲሕ (masiḥ) : anointed one, Messiah, Christ
48.10; 52.4

ምስካብ (məskāb) : resting place to lie down, couch, bed
39.4, 5; 41.2; 46.4, 6 (2x); 56.5; 85.3

መስኮት (maskot) : window
72.3, 7; 75.7 (2x); 83.11; 101.2

መስለ ፡ መሰለ (*masla : masala*) : to be like, look like, be likened to, resemble, appear, seem; with object suffix pronouns it means it seems to someone (ከመ 'that'), think, suppose
  25.3; 32.4; 80.7; 85.5, 9, 10; 89.9; 106.5, 6

ምስለ (*məsla*) : with, in the company of, in addition to; also used with verbs expressing reciprocity; according to the context it also has the meanings of other prepositions, e.g., ተሴለዩ አሐዱ ምስለ ካልኡ they were separated each from his brother (friend, another), አኮ ከመ ትካት ገጹ ምስሌሁ his countenance was not toward him as before; with suffix pronouns the base is ምስሌ-
  5.6; 7.1 (2x); 9.5, 7, 8 (2x); 10.11 (3x), 14; 12.2 (2x), 4; 15.3 (2x); 19.1; 21.5, 9; 22.3, 6, 13; 23.4; 24.6; 27.2; 32.6; 33.3; 39.1, 5 (2x); 40.2, 8; 43.3; 46.1, 2 (2x), 3; 48.1; 52.3; 53.4; 54.4, 8; 56.2; 60.11, 19, 20, 21 (2x), 24 (3x); 61.3, 4; 62.14; 65.3; 67.3, 6; 71.10, 13, 16 (2x), 17; 72.1, 3, 20, 32; 73.4, 6, 7 (2x); 74.5; 75.1; 81.7, 8 (2x), 10; 82.4 (3x), 11, 20; 83.2; 85.3, 5; 86.2, 3; 87.2; 89.1, 9, 11 (2x), 14 (2x), 18, 22, 31, 35, 66, 75; 90.11, 12, 13 (2x), 16, 28; 91.4, 8; 98.3 (2x); 99.10; 100.1 (2x); 101.5; 104.6; 105.2; 106.7, 11, 14 (2x), 16; 108.5

ምስል (*məsl*) : likeness, similarity, representation, form, figure, image, statue, parable, proverb
  1.3; 43.4; 44.1; 91.9; 99.7

ምሳሌ (*məssāle*) : similitude, comparison, parable, proverb, example
  37.5; 38.1; 45.1; 57.3; 58.1; 68.1 (2x); 69.29

ማሰነ (*māsana*) : to decay, be spoiled, be corrupt, deteriorate, become rotten, be made desolate, be laid waste, be ruined, be abolished, be destroyed, perish
  8.2; 10.8, 11, 14; 12.4 (2x); 15.11; 16.1 (2x); 22.7; 69.25, 29

ሙስና (*musənnā*) : spoiling (n), rotting (n), corruption, perdition, ruin, desolation, devastation, destruction, depravity, perversion
  10.22; 12.4; 16.1; 69.28; 106.17, 18

መስቀር (*masqar*) : ship, Noah's ark (that is, 'hollowed out'), window, slab on which the Ten Commandments are inscribed
  89.1 (2x), 6, 8, 9

ምስትጉቡእ ፡ ምስትግቡእ (*məstəgubu' : məstəgbu'*) : gathered, collected, meeting place, place of gathering, place of contracting (shrinking)
  46.8; 53.6

ምስጢር (*məsṭir*) : mystery, secret, sacrament, Eucharist
  10.7; 16.3 (2x); 18.16; 89.1; 103.2; 104.10, 12; 106.19

መሥገርት (*maśgart*) : snare, trap, fishhook, net, network, trellis, fetters, ambush
  56.1

ምሥራቅ (maśrāq) : east, the Orient
35.1; 56.5; 57.1; 60.8; 72.5, 6, 17, 23 (2x), 25, 29, 31; 73.8; 74.3; 75.6; 76.7, 10; 77.6; 78.5, 13; 83.11 (2x)

መሠረት (maśarat) : foundation
15.9; 18.1, 12; 60.11; 69.18; 94.7; 99.12

መሠጠ : መሰጠ (maśaṭa : masaṭa) : tear to pieces, tear away, cut up, dismember, carry off, carry away, grab, seize and carry off by force, snatch away, kidnap, strip, seize violently, ravish, enrapture, entrance
39.3; 68.2; 89.49, 55, 56; 90.11; 99.5

መጽአ (maṣ'a) : to come, happen, occur, come upon, arise; (with the acc) to overtake
1.2, 9; 3.1; 10.2 (2x); 13.8, 9; 17.5; 18.15; 32.3; 40.2; 57.1; 60.6, 21, 25; 62.4 (2x); 65.5; 66.1; 67.10; 68.5; 69.17; 71.13, 14; 77.5, 6; 80.8; 85.5, 7; 87.4; 89.20, 33, 72; 90.2, 13 (2x), 14, 15, 16, 18, 41; 91.18; 93.5; 96.8 (2x); 106.4, 8 (3x), 9, 12, 18; 107.1; 108.1

መጽሐፍ (maṣḥaf) : book, Scripture, written document, treatise, volume, written deed, writing, written characters, art of writing, letter, epistle, table, inscription
14.1, 7; 39.2 (2x); 47.3; 68.1 (2x); 69.9; 72.1 (2x); 81.1, 2, 4; 82.1 (2x); 83.2; 89.68 (2x), 70, 71 (2x), 76, 77; 90.17 (2x), 20 (2x); 93.1, 3; 100.6; 104.10, 12, 13; 108.1, 3, 10

ምጽላል (maṣlāl) : shady place, shelter, booth, shed, tabernacle, nest
4.1; 96.2

ሞተ (mota) : to die
5.9; 9.10; 15.4, 6; 16.1; 22.10; 81.4, 8, 9; 98.5, 10, 15; 101.7; 102.4, 6 (3x), 7, 8; 103.3, 4, 5, 6 (2x); 106.16

ሞት (mot) : death, destruction
56.7; 67.13; 69.6 (2x), 11; 94.2, 3; 98.15; 100.1; 102.10

መትሕት (matḥət) : low, lower part, abyss, inferior part, bottom, the infernal regions
10.13; 54.5

መትሕተ (matḥəta) : under, below, beneath; with suffix pronouns the base is መትሕቴ-
10.12; 14.19; 26.2; 39.7; 54. 7 (2x), 8, 9; 66.1; 67.6; 82.17, 20

መተረ (matara) : to cut, cut off, cut up, cut asunder, break up, interrupt, shut off, depose, remove (from office), excommunicate, exterminate, decree, decide, determine
7.1; 98.12

መታሪ (matāri) : one who cuts off, exterminates
8.3

ሜጠ (meṭa) : to turn, turn aside (tr, intr), turn away, turn back, divert, avert, convert, transform, alter, change, restore, return, repel, frustrate, revoke, refute, pervert, deliver up, recall
2.1; 6.4; 18.4; 80.1, 6; 104.9, 10; 108.6

መጥባሕት (maṭbāḥt) : sword, dagger, knife, sacrificial knife, hatchet
8.1; 62.12; 91.11

መጠነ (maṭṭana) : to measure, measure out, estimate
61.2

መጠነ (maṭana) : (construct state and the accusative used adverbially) during, according to, about, at a distance (of), as long as, as large as, as often as, for the space of (a certain time), of the size of, as much as, as great as, so great, to such a degree
55.2

ሚጠት (miṭat) : turning (n), turning away, returning, return, answer, change, transformation, conversion, revolution (going around)
43.2 (2x); 50.1; 72.1

መጠወ (maṭṭawa) : to hand over, deliver, give over, grant, surrender, consign, present, transmit
89.13 (2x), 60 (2x), 63 (2x), 68, 70, 74; 90.22

ምጡው (məṭṭəw) : handed over, delivered, given over, granted, surrendered, consigned, presented, transmitted
63.1

መወልዲት (mawaldit) : midwife
106.3, 11

ሙውቅ (məwwəq) : warm, hot, burning, ardent, fervent
14.13

ሙውት (məwwət) : dead, deceased
22.3, 5, 9

ማይ (māy) : water, liquid
2.3; 10.2; 13.7; 14.11; 17.4, 5, 7; 18.10, 12; 22.9; 26.2, 3; 28.2, 3; 30.1; 31.1; 39.5; 48.9; 49.1; 52.6; 53.7; 54.7, 8 (4x); 60.7, 21 (2x), 22; 61.10; 66.1, 2; 67.5, 6, 8, 11 (3x), 13 (2x); 69.17 (2x), 22; 76.4 (2x); 77.3, 5, 6; 89.2, 3 (2x), 4 (3x), 5, 6, 8, 15, 23, 24 (2x), 25 (2x), 26 (2x), 28 (3x), 37, 39; 95.1 (2x); 96.6; 97.9, 10; 98.2; 101.6; 106.15

ማየ : ሐመት (māya ḥəmmat) : ink
69.9, 10

ምዩጥ (məyyuṭ) : turned (aside, away, back), diverted, averted, converted, transformed, altered, changed, restored, returned, repelled, frustrated, revoked, refuted, perverted, delivered up, recalled; apostate
81.8 (2x)

ምያጤ (məyyāṭe) : alteration, transformation, confusion, change, changing, revolution (of stars)
41.8

መዝገብ (mazgab) : treasure, treasury, wealth, chamber, storehouse, storeroom, magazine, granary, barn, container (for measuring wine)
11.1; 18.1; 41.4 (4x), 5; 42.3; 46.3; 54.7; 60.12, 15, 19 (3x), 20, 21 (2x); 69.23 (4x); 71.4; 97.9

ነ

ነ- (na-) : with suffix pronouns it serves to emphasize the pronominal element, rendered by behold!, as for; the element ነ- is not used with the 2nd person
106.14

-ኒ (-ni) : too, also, even, even so, the very, likewise, again, as for, for one's part
4.1; 9.3, 9, 10; 10.3, 11, 17; 14.3, 7 (3x), 13, 17; 15.8, 11; 16.1, 2, 3; 18.7; 19.2; 24.4, 5; 25.4; 26.3; 27.5; 28.3 (2x); 51.4; 62.16; 63.6; 67.2; 71.1; 72.27; 78.17; 79.1; 82.1; 83.1, 8; 84.4, 5, 6; 89.49, 74; 90.4; 91.1, 7, 18 (2x), 19; 94.1, 3; 97.9; 98.1, 4, 10; 100.5, 10, 12; 103.1, 4, 6, 10; 104.2, 6, 8, 10; 106.7, 10, 18; 107.2; 108.11

-ኑ (-nu) : interrogative particle
101.4, 6, 8, 9; 102.1

ነአከ : ነዐከ (nəʾka : nəʿka) : to groan, sigh, pant, worry, be displeased, be under stress
96.2

ናእክ : ናዕክ (nāʾk : nāʿk) : groan, groaning, sigh, panting, lamentation
102.5

ናእክ : ናዕክ (nāʾk : nāʿk) : lead, tin, alloy, plumb line, mixture, blend, stain, spot
52.8; 65.8; 67.4

ነአሰ (nəʾsa) : to be small, be little, be few, be young, be diminished, suffer penury
90.4; 103.9

ነኡስ (nəʾus) : small, little, lesser, younger, minor, low (voice)
36.2, 3; 73.1; 89.37, 48 (2x); 90.6

ንዑ (nəʿu) : come!, come now!, up! (mpl)
6.2

ነበበ (nababa) : to talk, speak, proclaim, pronounce, tell, declare, murmur, utter a sound, resound, be talkative, be endowed with speech, be eloquent
13.7

ነበረ (nabara) : to sit, sit down, be situated, settle, remain, stay, continue, last, endure, abide, persist, live, reside, inhabit, dwell, be
10.3; 13.7, 9; 14.20; 25.3; 26.1; 41.5; 45.3; 47.2, 3; 51.3; 55.1, 2, 4; 60.2, 8; 62.2, 3, 5; 66.1; 67.2; 68.2; 69.11, 27, 29; 72.1; 78.14; 80.7; 84.2; 87.4; 89.1 (2x), 8, 63; 90.20; 97.10; 108.12

ነቢይ (nabiyy) : prophet, one who predicts
108.6

ነደ : ነደደ (nadda : nadada) : to burn (fire, anger), blaze, flame, become aflame, be inflamed, be on fire, burn up
14.12, 17, 19, 22; 17.1; 18.6, 9, 13; 21.3, 7; 23.2, 4; 54.1, 6; 67.4, 6, 13; 91.9; 103.8; 108.3, 4, 5

ነደቀ (nadaqa) : to build, build up, erect, construct, make a wall, wall up
99.13

ንድለት (nədlat) : crevice, cleft, cave
96.2

ንዴት (nədet) : poverty, indigence, want
98.3

ነፍኀ : ነፍሐ : ነፍሀ (nafḫa : nafḥa : nafha) : to blow, blow upon, breathe on, inflate, sound (an instrument), blow (a horn, trumpet)
34.2, 3 (4x); 41.3; 72.5; 73.2; 82.7

ንፍቅ (nəfq) : half, middle, semi-
73.7

ነፍሰ (nafsa) : to blow (wind, spirit)
76.1

ነፍስ (nafs) : soul, spirit, breath, a person, life, self (with suffix pronouns, e.g., ነፍሱ 'he himself')
9.3, 10; 10.15; 14.8; 15.9, 12; 22.3 (2x), 9, 11 (2x), 12, 13 (2x); 36.4; 39.8; 48.8; 63.10; 67.8; 69.12 (2x), 22; 93.12; 99.7, 14; 102.4, 5, 11; 103.7

ነፋስ (*nafās*) : wind, air, spirit
18.1, 2, 3, 4, 5; 34.2; 36.1; 39.3; 41.3, 4; 52.1; 57.1; 60.12 (2x); 69.22; 72.5; 73.2; 75.5; 76.1 (2x), 4 (2x), 5, 7 (2x), 10, 12; 77.1, 2, 3; 100.13; 101.4

ነፍስት (*nafəst*) : body, genitals, person, penis
15.8; 16.1

ነፍጸ (*nafṣa*) : to flee, escape, be scattered, vanish (water)
10.3; 86.6; 89.16, 47, 49; 90.15, 19; 102.1; 103.13

ነጌ (*nage*) : elephant
86.4; 87.4; 88.2; 89.6

ነጐድጓድ (*nagʷadgʷād*) : thunder (n), clap of thunder, striking, noise
17.3; 41.3; 59.2 (2x); 60.13, 14 (2x), 15; 69.23

ንጉፍ (*nəguf*) : shaken, shaken off, shaken out, knocked off, jolted, dispelled, brushed away, cut off, lain away, thrown down, cast, stripped, carried away
3.1

ነገረ (*nagara*) : to say, tell, speak, talk, relate, recite, proclaim, declare, report, announce, indicate, inform
9.11; 13.3, 8; 14.2; 27.5; 37.2; 65.3; 69.29; 82.1; 83.1, 7; 84.1; 89.60; 90.7; 91.3; 93.12; 108.6, 10

ነገር (*nagar*) : speech, talk, word, language, saying, pronouncement, discourse, statement, thing, affair, subject, account, matter, situation
12.1; 37.2 (2x); 49.4; 61.7, 9; 62.2, 3; 67.9; 68.1; 82.7; 83.5; 85.2; 90.38 (2x); 91.3; 94.5; 96.4; 97.4, 6; 98.14, 15 (2x); 99.1, 2, 10; 100.6; 103.10; 104.9 (2x), 10 (3x), 11 (2x); 106.8, 9, 13; 107.3

ነግሠ (*nagśa*) : to become king, become ruler, rule, reign
63.4

ንጉሥ (*nəguś*) : king, ruler, leader
9.4 (3x); 12.3; 25.3, 5, 7; 27.3; 38.5; 46.4, 5; 48.8; 53.5; 54.2; 55.4; 56.5; 62.1, 3, 6, 9; 63.1, 2, 4 (2x), 7, 12; 65.12; 67.8, 12; 81.3; 84.2 (3x), 5; 91.13; 101.4, 9

ናሁ (*nāhu*) : behold!, now that, here, now! (3ms)
1.9; 9.10; 12.3; 14.8, 15; 67.1; 85.3; 86.2; 89.72; 90.23; 106.8, 12

ናሕስ (*nāḥs*) : roof, rooftop, masonry wall, watchtower, balcony, terrace; fringe of robe
89.2, 7

ኖኀ (*noḫa*) : to be high, be tall, be long, be lofty, be of long duration, be distant, be extended, be far off, be stretched out, repose, linger
26.3; 72.9, 10, 12, 14, 15, 22, 26, 34; 77.4

ኑኅ (*nuḫ*) : length, height, tallness, extent
10.9; 24.3; 26.4; 71.17; 72.28, 30, 33; 93.13, 14

ኑኀት (*nuḫat*) : length, patience, forbearance
13.6

ነኰርኰር : ነኰርኳር (*nakʷarkʷər : nakʷarkʷār*) : rotation, rolling, whirlpool
52.1

ኖላዊ (*nolāwi*) : shepherd, herder, custodian, pastor
89.59 (2x), 61, 62 (2x), 63, 64, 65, 68, 70, 72, 74 (2x), 76 (2x); 90.1 (2x), 3, 5, 13, 14, 17, 22, 25

ኖመ (*noma*) : to sleep, fall asleep, take a rest, die
39.13; 49.3; 61.12; 71.7; 82.3; 86.1; 100.5

ነምር (*namr*) : leopard
89.10, 55, 66

ነቅዕ (*naqʿ*) : fountain, spring, split, crack
22.9; 48.1 (2x); 53.7; 54.7; 60.7, 12; 65.8, 12; 67.11 (2x); 89.3; 96.5, 6

ንቅዐት (*nəqʿat*) : crack, fissure, crevice, chasm, abyss, hole
18.11, 12; 56.3; 88.3; 89.7; 96.2

ነቅሀ (*naqha*) : to wake up (intr), keep awake, be watchful, watch over, be alert, be attentive, be vigilant, apply oneself, convalesce, recuperate
13.9; 90.39, 40

ኔቀጥር (*neqeṭro*) : kind of flower, perfume of a flower
31.1

ነስሐ (*nassəḥa*) : to repent, do penance, regret, sigh, be sorry
50.2, 4; 55.1

ንስሐ (*nəssəḥā*) : penitence, repentance, penance, regret, guilt offering
40.9

ንስከት (*nəskat*) : bite, biting
69.12

ንስር (*nəsr*) : eagle, vulture, hawk
90.2 (2x), 4, 11, 13, 16; 96.2

ንስቲት (nəstit) : a little, for a little while
52.5; 63.1, 6

ነሥአ (naśʼa) : to take, partake, receive, accept, capture, occupy, grasp, seize, catch, pick up, take up, raise, lift, set up, carry off, take away, fetch, take as wife
1.5; 7.1; 12.4; 13.3; 14.8; 15.3; 17.1, 4; 31.3; 37.4; 39.2; 60.3; 61.1, 2, 6, 11; 63.8; 70.3; 73.6, 7; 81.6; 83.2 (2x); 85.2; 88.3; 89.35, 71, 77; 90.18, 20, 22 (2x); 99.3; 102.8; 106.1

ነጽሐ (naṣḥa) : to be pure, be clean, be purified, be purged, be cleansed, be guiltless
10.22

ነጹሕ (naṣuḥ) : pure, clean, clear, spotless, absolved (of an oath), serene, cleansed, chaste, without blemish, innocent, blameless, guiltless, uncorrupted, sincere
65.11; 69.11; 71.10; 89.73; 90.32

ነጽሕ (naṣḥ) : purity, pureness, purification, temperance, sincerity, chastity, innocence, integrity
108.9

ነጸረ (naṣṣara) : to look, look at, look up to, look on, look toward, view, watch, regard, glance at, be on the watch, observe, consider, perceive, behold, examine, survey, turn the eyes to
14.18, 25; 21.7 (2x), 8; 22.2; 32.1; 39.14; 41.7; 54.1; 81.1, 2; 86.3, 4; 89.31; 90.35; 91.14; 93.11; 108.4

ነትገ : ነተገ (natga : nataga) : to cease, stop, desist from, become less, fail, decrease, abate, omit, repeal, abrogate, remove, take off, take away, subtract
23.2

ንቱግ (nətug) : wanting, waning, imperfect, defective, removed
77.2

ነጠብጣብ (naṭabṭāb) : drop, dripping moisture, soft metal
52.2, 6; 65.7; 67.4, 6

ነዋ (nawā) : behold (3fs)
24.5; 69.2; 80.1; 86.1, 3, 4, 6; 87.2; 88.3; 89.3; 102.7, 8

ነዋኅ : ነዊኅ (nawwāḫ : nawwiḫ) : long, high, elevated, tall, lofty, extended, extensive, far away, far off, distant
1.6 (2x); 22.1; 25.3; 32.4; 61.1, 2; 77.4; 83.4; 87.3 (2x); 89.29, 50 (2x), 73; 100.5

ነዋም (nawām) : sleep (n), also euphemism for death
13.10; 14.2; 85.9; 90.3; 91.10; 92.3; 100.5

ንዋይ (nəwāy) : vessel, utensil, instrument, implement, object, furniture, estate, property, possessions, goods, wealth, fortune, money, male genitals
    63.10; 69.6 (2x); 97.8; 98.3; 101.5; 102.9

ንዮሙ (nayomu) : behold (3mpl)
    106.14

ነዘረ (nazara) : to bite, tear to pieces, pierce, crunch, hit
    86.5

T

ጴካ (pekā) : white marble, alabaster, antimony
    18.8

ጠጠሬ (papare) : red pepper
    32.1

ጸ

ጸርቴ (parte) : Parthian
    56.5

ቀ

ቋዕ ($q^wā'$) : raven, crow
    89.10; 90.2, 8, 9, 11, 12, 13, 16

ቆባር (qobār) : darkness, blackness, fog, mist, darkness due to clouds, gloom, gloominess, dust
    17.7

ቀደመ (qadama) : to go before, come before, precede, begin, have priority, be first, be ahead of, surpass; with another verb it means to do first what is expressed by the verb, e.g., ቀደመ አውረደ he lowered first
    32.6; 90.21

ቀድም (qədm) : beginning, front, façade, start, precedence
    22.11; 62.7

ቀድመ (qədma) : (prep, adv) before, in front, in the presence of, formerly, at first, first of all, previously, beforehand, in advance, eastward; the suffix pronouns are attached to the base ቀድሜ-
    4.1; 5.2; 9.5, 10; 12.1; 13.10; 14.6 (2x), 15, 22 (2x); 18.15; 21.9; 27.3; 37.2, 4; 39.5, 6, 7 (3x), 8 (2x), 11, 12, 13; 40.1, 3; 41.4, 6, 7, 9; 45.6; 47.1, 2, 3 (2x), 4; 48.3, 5, 6 (2x), 9 (2x), 10; 49.1, 2, 4 (2x); 50.3, 4 (2x); 52.6 (2x), 9; 53.7; 55.3; 56.6, 8; 58.6

(2x); 61.5; 62.3 (2x), 7, 8, 9, 10, 16; 63.1 (2x), 5, 6, 7, 11 (3x), 12; 65.10; 66.3; 67.3, 9; 68.2, 4; 69.24, 28, 29 (2x); 71.2, 12; 73.7; 78.11, 13 (2x); 81.5 (2x); 82.15; 83.1; 85.6; 89.24, 26, 30, 31, 34, 47, 50, 63, 71, 73, 76; 90.14, 15, 17 (2x), 19, 20, 21 (3x), 22, 23, 24, 34; 96.1, 2; 97.6; 98.7; 99.3 (2x); 100.13; 101.1; 102.3; 103.4; 104.1 (2x)

ቀዳሚ (qadāmi) : first, previous, ancient, original, prior, former, earlier, antecedent, predecessor, beginning, firstling (e.g., ቀዳሚ ፍሬ 'first fruit'), in the first place, at first, in the beginning, firstly, formerly, before, once, previously
    2.2; 15.6, 9; 37.3; 38.1; 58.6; 60.8, 11; 65.8; 67.4; 72.4; 74.7; 75.2; 76.3, 5, 7 (2x), 12; 78.8, 12; 79.4; 82.6, 11; 83.11; 85.6; 88.1 (2x); 89.73; 90.29 (2x), 31; 93.3, 4; 104.2, 11; 106.19

ቀዳሚት (qadāmit) : beginning, precedence, priority
    15.9

ቀዳማዊ (qadāmāwi) : ancient, first, former, primary, eastern
    40.4, 9; 69.4; 72.2, 6, 7; 77.1 (2x); 78.15 (2x); 82.15; 85.6, 7; 86.3; 89.47 (2x); 90.1, 21 (3x), 38, 42

ቀዳማይ (qadāmāy) : first
    69.2; 76.5; 83.2; 90.29; 91.16

ቀደምት (qaddamt) : forefathers, ancients, ancestors, men of old, nobles
    37.2; 70.4

ቀዲሙ (qadimu) : first, at the beginning, earlier, previously, formerly
    16.2; 90.31

ቀደሰ (qaddasa) : to sanctify, declare holy, make holy, hallow, consecrate, dedicate, ordain, perform sacred offices, celebrate Mass, recite the ቅዱስ 'holy' in the liturgy
    61.12

ቅዱስ (qəddus) : holy, saint, sacred, sanctified, consecrated, dedicated
    1.2, 3, 9; 9.3, 4; 10.1; 12.2, 4; 14.1, 23 (2x), 24; 15.3, 4, 9; 20.1, 2, 3, 4, 5, 6, 7; 21.5, 9; 22.3; 23.4; 24.6; 25.3, 5, 6; 26.2; 27.2; 32.6; 37.2; 38.4 (2x), 5; 39.1, 4, 5, 12 (3x); 40.9 (2x); 41.2; 45.1, 3; 46.1, 2; 47.2, 4; 48.1, 4, 7, 9; 50.1 (2x); 51.2; 57.2; 58.3, 5; 60.4 (3x), 5; 61.8, 10, 12 (2x); 62.8; 65.12 (2x); 67.12; 68.2, 3, 4; 69.4, 5, 13, 14, 15; 71.1, 4, 8, 9; 72.1; 74.2; 81.5; 84.1; 91.7; 92.2; 93.2, 6, 11; 97.5, 6; 98.6; 99.16; 100.5 (2x); 103.2; 104.9; 106.19; 108.3, 12

ቅድው (qədəw) : pure, clear, neat, tidy, delicate, dainty, good-looking, excellent, precious, choicest, that has a good smell, sweet-smelling, fragrant
    32.1

ቄሕ (*qeḥa*) : to be red
106.10

ቃል (*qāl*) : voice, word, saying, speech, statement, discourse, command, order, sound, noise, expression, maxim, thing
1.1; 5.4; 8.4; 9.2; 13.10; 14.1, 3, 7, 18, 24; 15.1 (2x); 22.5, 6; 27.2; 33.1; 40.3, 4, 5, 6, 7, 8, 10; 47.2; 57.2; 59.2 (3x); 60.14, 15; 61.4, 6, 7, 9, 11 (2x); 64.2; 65.2, 4; 67.1; 68.3; 69.23; 71.11, 14; 89.16, 18; 90.17, 30; 91.1, 3; 93.2, 11; 96.3; 97.3; 100.9; 102.1; 103.14; 106.8; 108.5

ቄላ (*q^wallā*) : valley, lowland, low place, river
24.2; 26.3, 4 (2x), 5, 6; 27.1, 2; 30.1, 3; 53.1 (2x); 54.1, 2; 56.3, 4; 67.4, 5, 6, 7

ቀለም (*qalam*) : ink, color, inkstand, pen, reed, stalk, letter, words, knowledge derived from books
69.10

ቀላይ (*qalāy*) : depth (of river, sea), ocean, gulf, abyss, pit, ravine, gully, underworld, lower regions, pool, pond
17.7, 8; 21.7; 69.19; 77.3; 83.4 (2x), 7; 89.6

ቆመ (*qoma*) : to stand, stay, be present, remain, rise, arise, be in charge of (e.g., a priest who is in charge of singing various prayers at night or in the daytime), be set up, be established, have effect, abide, persevere, be valid, last, endure, halt, stop, be stopped, cease, be barred
14.22; 18.3; 19.1; 39.12, 13; 40.1, 2; 41.2; 44.1; 47.3; 49.2; 50.4; 60.2; 62.3, 8; 65.5, 8; 68.4; 69.19; 89.4, 24 (2x), 30, 39, 50; 90.4, 23, 28, 41; 93.4; 100.13

ቆም (*qom*) : height, growth, stature
7.2

ቅንአት : ቀንአት : ቅንዐት (*qən'at : qan'at : qən'at*) : jealousy, envy, emulation, rivalry, ardor, indignation
39.2

ቀናንሞን : ቀናንሞስ (*qanānəmon : qanānəmos*) : cinnamon
30.1, 3

ቀነጸ (*qanaṣa*) : to leap, spring away
89.52

ቀ*ንጸል (*q^wənṣəl*) : fox, jackal
89.10, 42, 43, 49, 55

ቅንየት (*qənyat*) : domination, dominion, subjection, service, slavery, servitude, bondage
75.3

ቄረ : ቄረረ (qʷarra : qʷarara) : to be cold, be cool, cool down (anger), subside (fire)
67.11

ቍር (qʷərr) : cold (n), coldness, hell, depth
34.2; 76.6, 12; 100.13

ቀርበ : ቀረበ (qarba : qaraba) : to draw near, be near, approach, come close, be connected, be akin, be presented, be celebrated (Mass)
14.9, 10, 22, 23, 24; 15.1; 29.1; 30.3; 45.6; 51.2; 72.34; 89.37; 91.4; 94.3; 106.9

ቅሩብ (qərub) : near, adjacent, close, related, immediate, recent; proximity, vicinity
65.1

ቀርን (qarn) : horn, trumpet, tip, point, symbol of power, might
62.1; 86.5; 90.9 (3x), 12, 13, 16, 37, 38

ቅርንብ (qərnəb) : eyelash, eyelid, top of an ear of corn
8.1

ቄሪር (qʷarir) : cold, cool
14.13

ቍስል (qʷəsl) : wound, sore, ulcer, pain
40.9

ቄስቄስ (qʷasqʷas) : vessel, furniture, household goods
29.2

ቀስት (qast) : bow; name of the index finger and of the middle finger in a guessing game
17.3

ቍጽል (qʷaṣl) : leaf, foliage, leaf of a book, metal plate (by extension)
3.1; 5.1; 24.4, 5; 82.16

ቀተለ (qatala) : to kill, put to death, slay, murder, execute, slaughter, attack, engage in battle, combat, fight, wage war
10.7; 22.7; 62.2; 89.35, 49, 51, 52, 65, 69; 90.19, 22, 98.12; 99.15; 100.2; 103.15

ቀትል (qətl) : murder, killing, slaughter, massacre, battle, combat, fighting, war, strife
10.9; 12.6; 16.1; 56.7; 69.6; 89.54 (2x); 98.3; 103.6, 15

ቀትር (qatr) : midday, noon, noonday heat
69.12

ቀጥቀጠ (*qaṭqaṭa*) : to smash, crush, break to pieces, break open, burst asunder, shatter, bruise, pound, grind
   90.8, 13, 16

ቀይሕ (*qayyəḥ*) : red, ruddy, fair (complexion)
   18.7; 85.3, 4 (2x), 6; 89.9; 106.2

ረ

ርእስ (*rə's*) : head, top, summit, chief (thing), chief (leader), beginning, capital (of column), principal (money), number, sum, chapter, title (of a book); with suffix pronouns self, e.g., ርእሱ he himself, አአምር ርእስየ I know myself; also own with a noun in a construct state + ርእስ- with suffix pronouns, e.g., ቤተ ርእሱ his own house
   7.1; 10.2; 17.2; 25.3; 32.2; 37.2, 3; 46.1 (2x); 47.3; 48.2; 55.1; 56.5; 60.2; 69.3, 13, 27; 71.3, 10 (2x), 12, 13, 14; 72.27 (2x), 29; 73.4 (2x), 7; 75.1; 79.3; 80.6; 82.4, 11, 12, 17, 20 (2x); 89.62, 63; 90.38; 98.4; 99.2; 103.11; 106.2, 10; 108.9, 10

ርእየ (*rə'ya*) : to see, observe, look, look at, look on, regard, contemplate, consider, watch, have a vision, take notice of, notice, behold, perceive, explore
   1.2 (2x); 2.2, 3; 3.1; 5.3; 6.2; 9.1, 5, 6; 10.5, 12; 12.6; 13.8, 10; 14.2, 6, 14, 18, 19, 21; 17.3, 6, 7, 8; 18.1 (2x), 2 (2x), 3, 4, 5 (3x), 9, 10, 11 (2x), 12, 13; 19.3 (3x); 21.2, 3, 7; 22.5; 23.2, 4; 24.2; 25.3; 26.1, 2, 3; 28.1; 29.2; 30.1, 2, 3; 31.1, 2; 32.1, 3; 33.1, 2, 3; 34.1, 2; 35.1 (2x); 36.1, 2, 4 (2x); 37.1 (2x), 2; 38.4; 39.4, 5, 6, 7, 10, 13; 40.1, 2 (2x), 8; 41.1, 2 (2x), 3 (2x), 4, 5, 9; 43.1 (2x), 2; 44.1; 45.3, 6; 46.1, 4; 47.3; 48.1; 52.1, 2, 3, 4, 5, 6; 53.1, 3; 54.1, 3; 55.4; 56.1; 57.1; 59.1, 2; 60.1, 2, 23; 61.1; 62.3, 5 (2x), 13; 64.1; 65.1; 67.5, 8, 13; 69.14; 70.4; 71.1, 2, 5, 6, 8; 72.3; 73.1; 74.1, 9; 75.6, 8; 76.1; 77.4, 5, 8; 79.5; 80.1; 83.1, 2 (2x), 3, 4, 7 (2x), 11; 84.3 (2x); 85.1, 3, 4, 5, 7, 9; 86.1 (2x), 2, 3 (2x), 4; 87.1, 2, 4; 88.1, 3; 89.2, 3 (2x), 4, 5, 6, 7, 16 (2x), 19, 21, 25, 26, 27, 28 (2x), 30 (2x), 34, 36, 37 (2x), 39, 40 (2x), 44, 47, 51, 54 (2x), 56, 58, 61, 63, 65, 67, 70, 72, 74; 90.1, 2, 4, 5, 6, 8, 9 (2x), 10 (2x), 13, 14, 15 (2x), 17, 18, 19, 20, 23, 26, 27, 28, 29, 30, 34, 35, 36, 37, 38, 39, 40, 41 (2x), 42; 93.12 (2x); 98.1, 7; 100.6; 101.4; 102.8 (2x), 9, 10; 103.2, 5, 6, 9, 10, 14; 104.6, 8; 106.13; 107.1, 3; 108.4 (2x), 6, 14, 15

ረአዪ (*ra'āyi*) : seer, observer, diviner, prophet
   8.3

ራእይ (*ra'əy*) : vision, gaze, face, image, likeness, countenance, form, aspect, sight, revelation, appearance, apocalypse
   1.2; 13.8 (2x), 10; 14.2, 4, 8 (3x), 14, 18, 21; 19.1; 24.2; 37.1 (2x); 39.4; 52.1; 60.4, 5; 83.1, 2 (2x), 3, 7; 85.3; 86.3; 87.2; 88.3; 89.7, 22, 30, 36, 70; 90.2, 8, 40, 42; 93.2, 6; 106.9, 13

ርእይ (rə'əy) : appearance, seeing, sight, vision
8.3; 24.5 (2x); 74.2; 83.7; 85.2; 99.8

ርእየት (rə'yat) : appearance, appearing (n), vision, shape, image, countenance, looks, sight, spectacle
32.5; 46.1

ርዓም (rə'ām) : shouting, thunderclap, noise, roar
20.2

ርዕደ (rə'da) : to tremble, quake, shudder, shake
14.14, 24; 69.14; 86.6; 89.1, 31, 34; 102.2, 3

ርዓድ : ረዓድ (ra'ād : ra'ad) : trembling, tremor
1.5; 13.3; 20.2; 60.3

ርዕየ : ረዓየ (rə'ya : ra'aya) : to herd, tend (animals or people), feed (a flock), graze (tr, intr), pasture (tr, intr), take care of cattle, shepherd
89.28, 59 (2x), 65, 72; 90.1 (2x), 3, 5

ረዓዪ (ra'āyi) : giant
7.2, 4; 9.9; 14.13; 15.3, 8, 11; 16.1

ረበ : ረበበ (rabba : rababa) : to stretch, stretch out, expand, extend, spread out, scatter, hover (that is, fly with spread wings)
18.3

ራብዕ (rāba') : fourth
40.7, 9; 69.2, 8; 72.6, 7, 8 (2x), 11 (2x), 19; 74.5, 7 (2x), 8; 77.3; 78.1, 2, 8; 82.6; 93.6

ረድአ (rad'a) : to give help, aid, come to rescue, assist, protect, become a disciple
90.14; 99.15; 100.4, 8; 103.10, 15

ረድኤት (rad'et) : help, aid, assistance; helper, assistant, fellow worker
90.13, 14; 99.7

ረገመ (ragama) : to curse, insult, execrate, excommunicate
5.5, 6; 22.11; 59.2

ርጉም (rəgum) : cursed, execrated
27.1, 2 (2x); 102.3

ርግመት (rəgmat) : execration, malediction, curse
5.6, 7

ርሕብ (rəḥib) : broad, wide, large, spacious, extensive
22.2; 89.50; 90.36

ረሐብ (raḥab) : breadth, width, spaciousness, amplitude, plain (field)
26.3, 5; 43.2

ራሕብ (rāḥb) : breadth, width, spaciousness, amplitude, plain (field)
93.13

ርሐቀ (rəḥqa) : to be far off, be distant, go some distance (from), go far, keep away, be remote, depart, abstain, desist (from), withdraw, recoil
14.23; 94.2; 104.6

ርሑቅ (rəḥuq) : far, far away, distant, remote, one who keeps away
1.2; 30.1; 32.2 (2x); 61.13; 73.5; 95.4

ርሑቅ ፡ መዓት (rəḥuqa maʿāt) : long-suffering, slow to anger
40.9; 60.5; 61.13

ርኁብ (rəḫub) : hungry, starving, famished
56.5

ርኁው (rəḫəw) : open, obvious
14.15; 33.2; 35.1; 36.1, 2; 53.1; 72.7; 75.4, 5, 7; 76.1, 2

ረከበ (rakaba) : to find, get, acquire, obtain, attain, receive, gain, reach, take possession of, possess, overtake, apprehend, invent, find out, discover, perceive, suppose; with indirect object suffixes, come upon, fall upon, befall, occur, come to pass, happen, be becoming, proper
42.1, 2, 3; 58.4; 63.6, 8; 85.6; 89.33; 95.2; 98.9; 100.8; 102.5; 103.2, 9, 10, 13

ረኵሰ (rakʷsa) : to be unclean, be impure, be polluted, be contaminated, be defiled, be profaned
9.8; 15.3, 4

ርኵስ (rəkʷs) : filth, impurity, defilement, uncleanness, pollution, abomination, anything unclean or vile
10.11, 20; 91.7

ርኩስ (rəkus) : unclean, polluted, impure, defiled, profane, abominable, corrupt, foul
5.4; 89.73; 99.7

ረስዐ (rasʿa) : to forget, overlook, be negligent, neglect, err, act impiously, become godless, be wicked
98.15; 99.9, 10 (2x); 100.9; 104.9

ርስዕ (rəsʿ) : forgetfulness, godlessness, ungodliness
5.8

ራሲዕ (rasiʿ) : godless, ungodly, impious, wicked, wrongful, sinful
1.1, 9 (2x); 5.7; 10.20; 16.1; 38.3; 81.9; 91.14; 94.11; 98.15

ርስዓን : ርስአን (rəsʿān : rəsʾān) : forgetfulness, negligence, impiety
104.9

ርስዕነት (rəsʿənnat) : forgetfulness, negligence, impiety
99.1

ርስዐት (rəsʿat) : forgetfulness, negligence, impiety
8.2

ርሱን (rəsun) : red-hot, glowing, heated, fiery, tried (a metal, with fire), ripe
82.19

ርስት (rəst) : inheritance, heritage, estate, property, succession
99.14

ረሰየ (rassaya) : to put, place, set, set up, establish, institute, constitute, do, make, convert (into), arrange, treat, bestow, appoint, prepare, esteem, consider, declare, impute, regard something as, clothe, arm, equip, decorate, adorn
1.9, 9.11; 15.7; 99.2; 108.9

ሮጸ (roṣa) : to run, run about
23.2; 72.37; 75.8; 89.25; 90.10

ሩጸት (ruṣat) : running, run, track, pathway, course, contest
8.3; 14.8, 11; 23.2, 4

ርትዕ (rətʿ) : uprightness, rectitude, righteousness, justice, integrity, equity (in judgement), honesty, truth, truthfulness
10.16 (2x); 11.2; 39.7; 46.3; 58.6; 67.1; 76.6; 84.6; 91.3, 4, 14; 92.1, 4; 93.2; 99.2; 104.9, 10, 11 (2x), 12, 13; 105.2 (2x)

ርቱዕ (rətuʿ) : upright, straight, just, right, righteous, honest, true, correct, proper, level, even, orthodox; followed by the subjunctive it means it is seemly (proper, appropriate)
71.17; 72.3; 76.11; 108.13

ርቱዓ (rətuʿa) : uprightly, straightforward, rightly, correctly, truly, in truth, with uprightness, straightway; also በርቱዓ
72.8; 91.3

ሰ

-ሰ (-ssa) : particle of emphasis or contrast but, however, on the other hand, as for
1.8; 4.1 (2x); 5.4, 7 (2x); 7.2; 14.17, 20, 22, 25; 15.4, 6, 7; 16.3, 4; 18.7 (2x), 8; 22.13; 24.3, 4; 25.2; 50.5; 54.8; 89.23, 28, 50; 90.6, 11; 96.3; 101.9; 104.11; 108.3

ሲኦል (si'ol) : realm of the dead, hell, Sheol
51.1; 56.8 (2x); 63.10; 99.11; 102.5, 11; 103.7

ሰአለ : ሰአለ (sə'la : sa'ala) : to ask, enquire, make a request, petition, invoke, beseech, intercede, pray, beg
10.10; 12.6; 13.6; 15.2 (2x); 16.2; 21.5; 39.5; 40.6; 62.9; 84.5; 89.16, 76; 106.7

ሰአለት (sə'lat) : request, petition, entreaty, question, demand
13.2, 4 (2x), 6, 7; 14.4 (2x), 7; 84.5, 6

ሰአነ (sə'na) : to be unable, not find, be powerless, be impotent, fail, be in need of; with indirect object suffixes be impossible, not be possible
7.3; 21.7; 39.14; 89.6; 103.10

ሰዓት (sa'āt) : hour, time, moment, season
48.2; 89.72

ሶበ (soba) : when, at that time, then
10.12 (2x); 17.1; 22.7, 10; 25.3; 31.3; 34.3; 36.4; 38.1, 2 (2x), 3; 45.3; 47.3; 52.9; 55.3; 57.2; 59.2; 60.4, 6, 15, 21 (3x), 25; 61.9; 62.4, 5; 67.2, 6, 11 (2x); 68.4; 69.13; 72.7, 8, 16, 35; 73.3, 7; 74.7; 75.4, 5; 76.4; 78.6, 10, 11; 79.5; 83.4, 11; 88.3; 89.13, 26, 34, 54, 65; 90.41; 97.3; 100.7, 13; 102.1, 6; 103.5; 104.6, 11; 106.2, 3, 8, 16; 107.3

ሰብዓ (sab'ā) : seventy
10.12; 90.22

ሳብዕ (sābə') : seventh
24.3; 60.1, 8; 69.2; 73.5; 78.4, 6, 7, 8; 93.3, 9

ሰቡዕ (sabu') : seven(th)
74.6, 7 (2x), 8; 77.8

ሰብዐቱ (sab'attu) : seven
72.37

ሰብዐት (səb'at) : bewitching, witchcraft, sorcery, spell, enchantment, incantation
7.1; 8.3; 9.7

ሳብዓይ (sābə'āy) : seventh
73.3, 6; 76.10

ሶቤሃ (sobehā) : at that time, then, instantly, immediately, forthwith, thereupon, right away
10.14; 60.2; 81.3; 85.4, 6; 89.20

ሰብሐ (*sabbəḥa*) : to praise, extol, laud, glorify, sing a hymn, magnify, honor
36.4 (2x); 39.7, 9, 10, 12; 40.3; 41.2, 7; 46.5; 47.2; 48.5; 51.3; 61.7, 9, 11, 12 (2x); 62.6; 63.2, 4, 5, 7 (2x); 65.3; 69.24 (2x), 26; 71.11; 81.3; 99.1; 104.9

ስቡሕ (*səbuḥ*) : praised, glorified, celebrated, honored, glorious, full of glory, illustrious
9.4 (2x); 14.21; 24.2; 32.3; 34.1; 41.5; 45.3; 58.2; 89.22, 40; 92.1; 106.5; 108.4 (2x), 5 (2x)

ስብሐት (*səbḥat*) : glory, glorification, praise, hymn, majesty, splendor
9.4; 14.16 (2x), 20; 22.14 (2x); 25.3, 7; 27.2, 3, 5; 36.4 (2x); 39.9 (2x), 12; 40.1, 3; 45.3; 47.3; 49.1, 2; 50.1, 4; 55.4; 60.2, 19; 61.8; 62.2, 3, 5, 16; 63.2, 3, 5, 7; 65.12; 69.13, 27, 29; 71.7; 75.3; 81.3; 83.8; 89.44, 45; 90.40; 91.13; 93.7; 98.3; 99.16; 102.3; 103.1, 6; 104.1 (2x)

ሰበከ (*sabaka : sabbaka*) : to smelt, melt down, cast molten images, make (an idol)
65.6

ስብኮ (*səbko*) : casting, smelting, smelted metal, molten metal, molten image, molten statue
65.6

ሰደደ (*sadada*) : to banish, exile, drive forth, drive out, chase away, pursue, persecute, repel, cast out, cast forth, expel, exclude, reject, repudiate, excommunicate, depose
40.7; 89.47; 95.7

ሳድስ (*sādəs*) : sixth
69.2; 72.13 (2x), 15, 17; 74.6; 75.2; 78.8; 79.3 (2x); 82.6; 93.8

ሰፍሐ (*safḥa*) : to stretch forth (tr, intr), stretch out, extend, spread out, expand, lay open, make broad, enlarge, widen, be cured, be successful
99.11

ሰፈረ (*safara*) : to measure, measure out, mete out
70.3

ሰግደ : ሰገደ (*sagda : sagada*) : to bow, bow down, prostrate oneself, pay homage, adore, worship, worship by prostration
10.21; 48.5; 57.3; 60.6; 62.9; 63.1; 90.30; 99.7 (2x), 9

ስሕተ (*səḥta*) : to make a mistake, err, sin, do wrong, go astray, miss (a target, an aim), lose (the way), get lost, be misled, be seduced, be deceived
8.2; 69.9; 80.6, 7 (2x); 89.32, 33, 35 (2x), 51, 54

ስሕተት (*səḥtat*) : error, transgression, going astray, mistake, seduction
56.4

ሰኂን (səḫin) : incense, frankincense
29.2

ሰከበ : ሰከበ (sakba : sakaba) : to lie, lie down, be asleep, lie (with a woman)
9.8; 15.3; 62.14; 83.6; 89.37, 38, 39, 48; 90.39, 40

ሰኩብ (səkub) : lying, lying down
83.3

ሰኪኖን (sakinon) : mastic tree, peach
30.2

ሰክረ (sakra) : to be drunk, intoxicated
62.12

ሰከየ (sakaya) : to lay an accusation, accuse, appeal, complain of, charge (with a crime), claim
7.6; 9.3, 10; 22.5, 6, 7, 12; 45.3; 89.15; 103.14

ሰላም (salām) : peace, salutation, safety, prosperity, benefit
1.8; 5.4, 6, 7, 9 (2x); 10.17; 11.2; 12.5, 6; 13.1, 8; 14.4; 16.4; 40.8; 45.6; 52.5; 53.4; 54.4; 56.2; 58.4; 59.2; 60.24; 61.11; 71.15 (2x), 17; 76.4, 6, 8, 11, 13, 14; 92.1; 94.4, 6; 98.11, 15; 99.13; 101.3; 102.3, 10; 103.8; 105.2

ሰላማዊ (salāmāwi) : peaceful, who likes peace, who seeks peace, peace-making, friend
19.2

ስም (səm) : name, fame, reputation, renown
6.7; 9.4; 10.2; 20.1; 31.1; 33.3, 4; 39.7, 9, 13; 40.2 (2x), 6; 41.2, 6, 8 (2x); 43.1, 4 (2x); 45.1, 2, 3; 46.6, 7, 8; 47.2; 48.2, 3, 5, 7 (2x), 10; 50.2, 3; 53.6; 55.2, 4; 60.6, 7, 8 (2x), 12, 18; 61.3, 9 (2x), 11, 12 (2x), 13; 63.7; 65.12; 67.3, 8; 69.2 (2x), 3, 4, 5, 6, 8, 12 (2x), 13, 14 (3x), 21, 24, 26; 70.1, 2; 71.15, 17; 72.1, 4; 73.1; 76.5, 10; 77.2, 3; 78.1, 2 (2x); 82.10, 13, 14, 15, 17 (2x), 18, 20 (2x); 90.14; 104.1; 106.18; 107.3; 108.3, 9, 12

ሰምዐ (samʿa) : to hear, hear of, heed, give heed, obey, be obedient, listen, hearken, perceive, understand, bear witness, testify
1.2; 15.1 (2x); 37.2; 40.3, 5, 6, 7, 8, 10; 43.1; 60.13; 64.2; 65.2 (3x); 67.12; 84.3; 85.2; 90.30; 91.3, 19; 93.11; 96.3; 97.3; 98.9, 15; 103.14; 106.7, 8 (3x), 10; 107.3; 108.10

ስምዕ (səmaʿ) : rumor, news, testimony, evidence, witness, martyrdom
89.63

ሰማዕት (samāʿt) : witness, testimony, martyr
67.12; 95.6; 96.4; 97.4; 99.3

Lexicon and Concordance 313

ሳምን (sāmn) : eighth
69.2; 78.8; 91.12

ሰሙን (samun) : eighth day
74.6, 7

ሰሜን (samen) : south, north, north wind
24.2; 26.2

ሰመንቱ (sammantu) : eight
76.4

ሰማይ (samāy) : sky, heaven
1.2, 4; 2.1 (2x); 6.2; 8.4; 9.1, 2, 3, 6, 10; 11.1; 12.4 (2x); 13.4, 5, 10; 14.3, 5, 8, 11; 15.2, 3, 7, 10 (2x); 16.2, 3; 17.2; 18.3 (3x), 4, 5, 8, 11 (2x), 14 (3x); 19.2; 21.2, 3; 22.5; 23.4; 33.2 (2x), 3; 34.2 (2x); 36.1, 2 (2x), 3; 39.1, 3; 41.1; 42.1; 43.1; 45.2, 4; 46.7; 47.2, 3; 48.3; 51.4; 52.2; 54.7 (2x), 8 (2x), 9; 55.2 (2x); 57.2 (2x); 58.5; 59.2; 60.1 (2x), 4, 11 (3x), 20, 22; 61.6, 8, 10, 12 (2x); 64.2; 65.4; 69.16; 71.1, 4, 5 (2x), 8; 72.1, 2 (2x), 4, 5 (2x), 8 (2x), 23, 31; 75.3 (4x), 4, 5, 6 (2x), 8; 76.2 (2x), 14; 77.2; 78.3, 5, 6, 11 (2x), 17; 79.1; 80.1, 2, 5; 81.1, 2; 82.4, 7, 8 (2x); 83.3, 9, 11 (2x); 84.2 (2x), 4; 86.1 (2x), 3 (2x); 87.2 (2x); 88.1, 3; 89.2; 90.2, 18, 19, 30, 33, 37; 91.7, 8, 15, 16 (3x); 93.2 (2x), 11, 12, 14; 96.3; 98.6, 7; 100.10; 101.1 (2x), 2, 8; 103.2; 104.1, 2 (2x), 4, 6; 106.5, 11, 12, 13, 19; 108.5, 7, 10

ሰመየ (samaya) : to call, name, give a name, give a surname, address, pray, invoke, appeal to
107.3

ስን (sənn) : tooth
46.4; 86.5

ስንባልት (sanbalt) : aromatic plant, spikenard
32.1

ስንበት (sanbat) : Sabbath, Sunday, week
10.16; 79.2, 4; 91.12, 14, 15, 17; 93.3, 4, 5, 6, 7, 8, 9

ስንፔር (sanper) : sapphire
18.8

ስንሰል (sansal) : chain
69.28

ሳነይ (sānəy) : second, the next day, the day after
78.8

ሰቁል (səqul) : hung up, hung upon, hanging, suspended, crucified, dependent, who clings to, who climbs
40.5; 46.8

ሰቁል (səqul) : weighed
38.2

ሶር (sor) : ox, bull
85.9 (2x)

ሰረበ (saraba) : to flood
28.3

ሱራፈን : ሱራፈል : ሱራፊም : ሱራፌም (surāfen : surāfel : surāfim : surāfem) : seraphim
61.10; 71.7

ሰርጉ (sarg^w) : ornament, adornment, trap pings, beautification, beauty
8.1

ሰረገላ (saragallā) : wagon, chariot, cart, carriage, wheel, beam
57.1, 2; 70.2; 72.5, 37; 73.2; 75.3, 4, 8; 80.5; 100.3

ሰርሐ : ሠርሐ : ሠርኀ (sarḥa : śarḥa : śarḫa) : to toil, be exhausted, weary oneself, be fatigued, be troubled, be anxious
65.3

ሰራኅ (sərāḫ) : labor, fatigue, exhaustion, trouble, hard work, sorrow, bother, affliction
45.2; 63.8; 103.9 (2x); 104.2

ሰረረ (sarara) : to fly, fly forth, flee, leap up in the air, leap upon, rush upon, spring forth, assault, cover (of male animal), roam
61.1; 90.8, 11

ሰራራ (sarārā) : styrax, black flower
31.1

ሰርየት (səryat) : remission of sins, forgiveness, atonement, absolution, pardon
13.6

ስሱ (səssu) : six
72.3 (2x); 74.11 (2x)

ሰሰለ (sassala) : to withdraw (intr), recoil, recede, pass away, be removed, depart, be separated
89.7

ሲሲት (sisit) : falcon
89.10

ሴሰየ (sesaya) : to feed, procure food, nourish, sustain, provide for, support, maintain
7.3

ሲሳይ (sisāy) : food, victuals, nourishment, sustenance, maintenance, stipend
60.22; 69.24

ሱቱፍ (sutuf) : companion, partaker, partner, participator, accomplice, associate, one who shares
11.2; 97.4; 104.6 (2x)

ሱታፌ (sutāfe) : companion, associate, consort, partner; participation, partnership, communion, participation in the holy sacrament
91.4

ሰትየ (satya) : to drink
7.5; 48.1; 96.5, 6; 98.11; 102.9

ሰወረ (sawwara) : to hide, conceal, cover over, shield, screen, protect
84.6

ሰይፍ (sayf) : sword
8.1; 14.6; 17.3; 63.11; 69.6; 88.2; 90.19, 34; 91.11, 12; 94.7; 99.16

ሰይጣን (sayṭān) : Satan, devil, demon, adversary
40.7; 53.3; 54.6; 65.6

ሠ

ሣዕር (śāʿr) : herb, herbage, grass, vegetation, straw, meadow, grassland, pasture
48.9; 89.28 (2x)

ሥብሕ : ስብሕ (śəbḥ : səbḥ) : fat (n), fatness, obesity
96.5

ሥጋ (śagā) : flesh, meat, the flesh as opposed to the spirit, body, corpse
1.9; 7.5; 14.2, 21; 15.4 (2x), 8, 9; 16.1; 17.6; 25.4; 61.12; 67.8 (2x), 9, 10, 13 (2x); 69.5; 71.11; 81.2, 5; 84.1 (2x), 4, 5, 6 (2x); 90.2, 3, 4; 102.5; 106.2, 17; 108.7, 8, 11

ሣህል (śāhl) : grace, compassion, clemency, favor, mercy, pardon, kindness, gentleness
1.8; 5.5; 92.3

ሳሕት (śāḫt) : rest, comfort, relaxation, tranquility, alleviation, relief, opportunity, good occasion
    13.1

ሣልስ (śāləs) : third
    40.6, 9; 58.1; 69.2, 6; 72.21 (2x), 23 (2x), 31; 74.5; 76.6, 9, 11; 77.3; 78.2, 8; 82.6; 93.5

ሥልስ (śəlsa) : thrice, three times
    65.2

ሠለስት (śalast) : three
    26.4

ሠለጠ (śallaṭa) : to gain dominion, have power, have authority, exercise authority, become master, reign, rule
    103.11

ሥልጣን (śəlṭān) : dominion, authority, jurisdiction, power
    9.5, 7; 25.4; 41.9; 52.4; 72.1; 79.2; 82.8 (2x), 10, 15, 16, 17, 19, 20; 84.2; 92.4; 96.1; 98.2

ሥሙር (śəmur) : pleasant, pleasing, pleased, accepted, acceptable, approved, willing, granted, delightful, beautiful, nice, munificent
    71.12

ሥን : ስን (śən : sən) : beauty, charm (of speech), grace, goodness, excellence, virtue
    32.3; 33.1; 90.28, 29; 98.2

ሠናይ (śannāy) : beautiful, good, fair, delightful, agreeable, glad (tidings), pleasing, proper, right, virtuous, prosperous, suitable; beauty, goodness, favor
    6.1; 20.5; 22.2, 3; 24.2 (2x), 4, 5 (2x); 25.3, 4; 30.2; 32.3, 4, 5 (2x); 34.3; 76.8; 82.3; 89.40; 98.9, 11 (2x), 12; 99.1; 101.5 (2x); 102.9; 103.3 (2x), 6; 104.1; 106.2; 107.1; 108.8

ሠናየ (śannāya) : well, finely, duly
    90.35

ሠርዐ (śarʿa) : to set, set forth, set in order, set (the table), establish, establish order, arrange, institute, enact, prepare, ordain, decree, stipulate, legislate, promulgate, prescribe, make regulations, regulate, make a covenant, make a testament, administer (the Eucharist)
    5.2

ሠርዐ (śarʿu) : set, set forth, set in order, set (the table), established, arranged, instituted, enacted, prepared, ordained, decreed, stipulated, legislated, promulgated, prescribed, regulated
2.1; 82.13

ሥርዐት (śarʿat) : ordinance, ordering, order, arrangement, ordered rank, procession, ceremony, rite, ritual, rule, regulation, manner, precept, prescription, charge, disposition, service, assignment, constitution, provision, administration, institution, testament, pact, custom, habit, tradition, covenant, decree, edict, statute, law, canon
63.12; 74.9; 78.10; 79.1, 2, 4, 5; 80.4, 5, 7; 82.4, 9, 10, 11, 14 (2x), 20; 89.69; 93.4, 6; 99.2; 106.14; 108.1

ሠርሐ (śaraḥa) : to prosper, make prosper, bring success, make successful
1.8

ሠርናይ : ስርናይ (śərnāy : sərnāy) : wheat
82.16; 96.5

ሠረቀ (śaraqa) : to rise (stars, sun, new moon), arise, shine forth, spring forth, begin (month, year)
2.1; 58.5; 72.3, 8, 15, 17, 19, 29, 31; 73.3, 7 (2x), 8; 74.9, 17 (2x); 78.13; 82.15; 83.11

ሠርቅ (śarq) : rising (of stars, sun, new moon), day of a new moon, beginning of a month, the Orient
78.12

ሠረረ : ሰረረ (śārara : sārara) : to lay a foundation, found, establish, build, construct
94.6

ሡሩር (śurur) : founded, set, established, creature
21.2

ሠረጸ : ሠርጸ : ሠረፀ (śaraṣa : śarṣa : śaraḍa) : to germinate, blossom, shoot forth, sprout, burgeon, bud, proceed (Holy Ghost from the Father), arise, conceive, think out
26.1

ሥርው (śərw) : sinew, tendon, nerve, muscle, basis, root, origin, stock, tribe, belief
7.1; 8.3; 90.4; 91.5, 8 (2x), 11; 93.8; 96.5

ሥራይ (śərāy) : incantation, magic, charm, witchcraft, sorcery, enchantment, spell, poison, healing, medicine, cure, bandage
7.1; 65.6

ሦዐ : ሠውዐ (śoʻa : śawʻa : śawwəʻa) : to sacrifice, offer a sacrifice, bring a whole-burnt offering, slaughter
19.1

ጸ

ጾዕብ (ṣəʻb) : rapacious animal, hyena, animal that unearths animals (and eats them)
89.10, 55

ጸዐዳ : ጸዓዳ : ፀዓዳ (ṣāʻdā : ṣaʻadā : ḍaʻādā) : white, bright
46.1; 71.1, 10; 85.3, 8, 9 (3x); 10; 87.2; 89.1, 9 (3x), 10, 11 (2x), 12; 90.6, 21, 22, 31, 32, 37, 38; 106.2 (2x), 10

ጸዐደወ : ፀደወ (ṣāʻdawa : ḍāʻdawa) : to be white, be bright
14.20; 106.10 (2x)

ጾዐለት : ጾእለት (ṣəʻlat : ṣəʼlat) : reproach, ignominy, disgrace, outrage, insolence, pride, violence, contempt
94.11; 97.1; 98.3

ጸዐቅ : ፀዐቅ (ṣāʻq : ḍāʻq) : pressure, oppression, anguish, distress, press, throng, crowd, crowding, confinement, narrow pass
48.8

ጸዐር : ፀዐር (ṣāʻr : ḍāʻr) : anguish, torment, trouble, pain, labor pains, affliction, sorrow, vexation
10.13, 22; 22.11 (2x); 34.3; 100.13; 108.8

ጸብእ (ṣabʼ) : warfare, battle, combat, campaign, strife, attack, army
52.8

ጸቢብ (ṣabib) : narrow, straitened, confined
88.1

ጸባሕ (ṣəbāḥ) : morning, early morning, daybreak, day, east
18.6, 7, 15; 24.2; 26.2, 3; 28.1; 29.1; 30.1, 3; 32.2; 33.2; 36.2 (2x); 72.2, 3, 8, 9, 11 (2x), 13 (2x), 15 (2x), 16, 17, 19, 21 (2x), 22, 23, 25, 27, 29, 31; 73.4 (3x), 7; 76.3, 5

ጸባሐዊ (ṣəbāḥāwi) : early, of early morning, eastern
77.1

ጸባሐይ (ṣəbāḥāy) : early, of early morning, eastern
76.5

ጸበል (ṣabal) : dust, powder
41.3; 65.7

ጸበየ (ṣabaya) : to swim, float, be spilled
89.6

ኤዴናት (ṣedenāt) : demon of the field and forest, monster, satyr, siren, angel of death
96.2

ጸድቀ (ṣadqa) : to be just, be justified, be righteous, be true, speak the truth, be certain, be faithful, be honest, be innocent
81.5

ጽድቅ (ṣədq) : justice, righteousness, truth, uprightness, innocence, deliverance, salvation, justification, holiness, pious deed
  10.16 (2x), 18; 12.4; 13.10; 14.1; 15.1; 22.14; 27.3; 32.3; 39.5, 6 (2x), 7; 41.8; 43.2; 46.3 (2x); 47.4; 48.1; 49.2, 3; 58.4, 5; 60.6 (2x), 12; 61.4, 9; 62.2, 3; 63.3, 8, 9; 65.12; 71.3, 14 (3x), 16; 74.12, 17; 75.2; 77.3; 81.7, 9; 82.4; 84.1, 6; 90.40; 91.3, 4 (2x), 12 (2x), 13, 14, 17, 18 (2x), 19; 92.3, 4; 93.2 (2x), 3, 5 (2x), 10; 94.1 (2x), 4; 97.8; 99.10; 101.3; 102.4; 103.3, 4; 104.9; 106.3, 12, 18; 107.1; 108.13

ጻድቅ (ṣādəq) : just, righteous, true, truthful, reliable, innocent, saint
  1.1, 2, 8 (2x); 5.6; 10.17, 21; 15.1; 22.9, 13; 25.4, 7; 27.3; 38.1, 2 (3x), 3 (2x), 4, 5; 39.4, 6, 7; 41.8 (2x); 43.4; 45.6; 47.1 (2x), 2 (2x), 4 (2x); 48.1, 4, 7 (2x), 9; 50.2, 4; 51.2, 5; 53.6, 7; 56.7; 58.1, 2, 3, 4; 60.2, 8, 23; 61.3 (2x), 13; 62.3, 13, 15; 65.12; 69.11; 70.3, 4; 71.17 (2x); 81.4, 7 (2x); 82.4; 91.10, 12; 92.3, 4; 93.6, 10; 94.3, 11; 95.3, 7; 96.1, 4, 8 (2x); 97.1, 3; 98.12, 13, 14; 99.3, 16; 100.5 (2x), 7, 10; 102.4, 6, 10; 103.1, 9; 104.1, 6, 12, 13; 108.14

ጸፍጸፍ (ṣafṣaf) : pavement, paving, floor, tablet, square table, layer, coating, veranda
  81.1, 2; 93.2; 103.2; 106.19

ጸፍጸፈ ፡ ሰሌዳ (ṣafṣafe saledā) : mosaic
  14.10

ጸጋ (ṣaggā) : grace, favor, kindness, gift, gracious gift
  46.1

ጽጌ (ṣəge) : flower, bloom
  24.4; 82.16

ጽጌ ፡ ረዳ (ṣəge radā) : rose
  82.16; 106.2, 10

ጸግበ (ṣagba) : to be satiated, be satisfied, be saturated, be filled, feel nauseated from overeating
    41.3; 63.10; 89.40; 98.11

ጽጉብ (ṣəgub) : satiated, sated, full, having enough of
    51.4

ጽጋብ (ṣəgāb) : satiety, abundance, plenty, gluttony
    10.19; 59.3; 89.62

ጸጉር (ṣagʷr) : hair, fur, feathers, fleece, fiber (of palm)
    90.32; 106.2, 10

ጸገየ (ṣagaya : ṣaggaya) : to bloom, blossom, flower, burst open
    82.16

ጸሀቀ : ጸሐቀ (ṣəhqa : ṣəḥqa) : to desire eagerly, wish, long, yearn, covet, be in want of, pursue diligently, have diligence, make an effort, be eager for, be intent on, be anxious, be concerned, be solicitous, care for, take care of, concern oneself with, apply oneself, be prompt, strive
    21.5

ጸሐብ (ṣāḥb) : affliction, trouble, importuning, molestation, worry, weariness, inconvenience, care
    48.8, 10; 50.1; 100.7

ጸሐፈ (ṣaḥafa) : to write, write down, inscribe, describe, register
    10.8; 13.4, 6; 14.4, 7; 33.3, 4 (2x); 40.8; 74.2 (2x); 81.6; 82.1; 83.10; 89.62 (2x), 64, 68, 70 (2x), 76; 90.14, 17, 22; 98.15 (2x); 104.7, 10, 11 (2x); 108.1

ጽሑፍ (ṣəḥuf) : written, inscribed
    81.1, 2 (2x). 103.2; 107.1; 108.7

ጸሐፊ (ṣaḥāfi) : writer, scribe, secretary, copyist, learned person
    12.3, 4; 15.1; 92.1

ጽሕፈት (ṣəḥfat) : writing, writing down, description, inscription
    103.2

ጸልአ (ṣal'a) : to hate, abhor, be hostile toward, not want
    48.7 (2x); 103.12 (2x)

ጽልእ (ṣəl') : hatred, hate, hostility, enmity, strife, quarrel, feud
    95.2

ጽሉል (ṣəlul) : shaded, overshadowed, darkened, obscured, blinded, deaf, stupid
    89.33, 74; 90.26; 93.8

Lexicon and Concordance 321

ጽላሎት (ṣəlālot) : shadow, shade, protection, darkness, roof, shelter, tabernacle, image, likeness (like a shadow)
4.1; 49.2; 90.15

ጸልመ : ጸለመ (ṣalma : ṣalama) : to grow dark, be darkened, be black, be enveloped in mist, grow blind (eyes), be obscured (face)
73.7

ጸሊም (ṣalim) : black, dark, gloomy
85.3, 4, 5, 8; 86.2; 89.9, 12; 90.38

ጽልመት (ṣəlmat) : darkness, darkening, eclipse
10.4, 5; 17.6; 22.2; 41.8 (2x); 46.6; 58.5, 6; 60.19; 62.10; 63.6, 11; 74.3; 77.3; 88.1; 89.4, 8; 92.5; 94.9; 102.7; 103.8; 104.8; 108.11, 14 (2x)

ጸሎት (ṣalot) : prayer, vow, intercession
47.1, 2, 4; 83.10; 97.3, 5; 99.3

ጸለየ (ṣalaya) : to pray, make a vow, supplicate, plead, intercede
39.5; 40.6; 47.2; 83.10

ጻማ (ṣāmā) : toil, labor, strife, hardship, trouble, effort, fatigue, exhaustion, exertion, anxiety, affliction, mortification
7.3; 11.1; 25.6; 53.7; 99.13; 103.3, 9, 11

ጸምአ (ṣam'a) : to be thirsty, thirst
15.11

ጽሙእ (ṣəmu') : thirsty, parched (ground)
42.3; 48.1

ጸምሀየ (ṣamhaya) : to fade away, wither, decay, faint, languish, become sluggish, pine away, be flabby, be gloomy, grow melancholy, dry up, be perplexed
24.4

ጸመወ (ṣāmawa) : to toil, labor, take the trouble, endure hardship, be wearied, be in straits, be tormented, be vexed
53.2; 103.9, 11

ጸነ : ጸነነ (ṣanna : ṣanana) : to bend (intr), incline (intr), be ready to fall, recede, turn aside, lean, waver
73.8; 74.6, 7; 76.7

ጼና (ṣenā) : smell, odor (good or bad), perfume
32.3, 4; 67.6

ጸንዐ (ṣan'a) : be strong, be strengthened, be powerful, be steadfast, be firm, be solid, be hard, be heavy, be sure, be valid, be confirmed, be ratified, have effect,

be secured, be established, be severe (pain), become worse (disease), be harsh, endure, persist, persevere, prevail, abide, remain, be lasting
39.8; 41.6; 45.3; 56.7; 58.6 (2x); 69.16, 19, 25, 29; 81.7; 84.3; 89.19; 91.5; 93.14; 95.7; 97.6; 104.6

ጽኑዕ (ṣanuʿ) : strong, firm, steadfast, mighty, powerful, hard, solid, brave, robust, vigorous, secure, fortified, strict, severe, vehement, rigid, serious (illness), sure
22.1; 24.2; 26.5; 31.2; 46.4 (2x), 6; 48.8; 60.16; 69.15; 83.2, 7; 101.3

ጽንዕ (ṣanʿ) : strength, power, force, vehemence, severity, intensity, fortitude, steadfastness, firmness, solidity, hardness (of heart), cruelty (of heart), stubbornness, virtue
1.4; 16.3; 18.5

ጽንዐት (ṣanʿat) : strength, power, force, vehemence, severity, intensity, fortitude, steadfastness, firmness, solidity, hardness (of heart), cruelty (of heart), stubbornness, virtue
60.16

ጽንዐ : ሰማይ (ṣanʿa samāy) : firmament
18.2, 12

ጽንፍ (ṣanf) : rim, border, edge, fringe, margin, hem, end, side, extremity, outskirts, confines
1.5; 17.3; 18.5; 19.3; 23.1; 26.4; 33.1, 2; 34.1 (2x); 35.1; 36.1, 2; 39.3; 54.9; 57.2 (2x); 60.11, 20; 65.2; 71.4, 6; 75.5, 6; 76.1; 80.5; 106.8

ጸንሐ (ṣanḥa) : to wait, await, watch for, be on the lookout, lie in ambush, expect, observe, remain, persevere, be imminent
3.1; 52.5; 108.2, 3

ጼነወ (ṣenawa) : to be fragrant, smell (intr), emit an odor
24.4

ጾረ (ṣora) : to bear, carry, wear (clothes), support (old parents), tolerate, bear up
18.2, 5

ጸረበ (ṣaraba) : to hew, act as a carpenter, do carpentry
89.1

ጸርኀ : ጸርሐ (ṣarḫa : ṣarḥa) : to cry, cry out, shout
8.4; 9.2, 10; 65.2, 5; 71.11; 83.5, 6; 85.7; 87.1; 89.15, 16, 19, 20, 31, 38, 52, 57; 90.3 (2x), 6, 7, 10, 11, 13 (2x); 103.14; 104.3; 106.8; 108.3, 15

ጽራኅ (ṣarāḫ) : outcry, shout, cry, crying aloud
9.2; 65.5; 89.38, 39; 103.14; 104.3; 108.5

ጽርኅ : ጽርሕ (ṣərəḫ : ṣərəḫ) : outcry, shout
89.16 (2x)

ጻሪቅ (ṣariq) : tiny coin, brass coin
52.2, 6

ጸውዐ (ṣawwəʿa) : to call, call upon, call out, invite, invoke, summon, convoke, convene, proclaim, shout, cry out
6.6; 12.3; 14.8 (2x), 24; 43.1; 61.10; 69.21; 71.15; 77.1 (2x); 82.18; 89.17, 51, 54, 57, 59, 61; 90.21; 91.1 (2x), 2; 105.1; 106.18; 108.11

ተ

ተአኅዘ (taʾəḫza) : to be taken, caught, held, taken hold of, seized, seized upon, grasped, connected, apprehended, possessed, controlled, constrained, restrained, occupied, dominated, taken captive, made prisoner, taken as a pledge, sustained; to be taken as a pledge, be liable or responsible (for a debt)
21.10; 60.15; 91.6

ትአልፊት (təʾəlfit) : a vast number, ten thousand, ten thousandfold, in the thousands, myriads
1.9; 14.22 (2x); 21.6; 40.1 (2x); 60.1 (2x); 71.8, 13

ተአምኀ (taʾāmməḫa) : exchange salutations, kiss in greeting, salute, hail, show respect
81.7

ተአምነ : ተአመነ (taʾamna : taʾamana) : to be believed, be entrusted, be trusted, be persuaded, be faithful, believe, trust, confide, rely, have confidence, be confident, live in confidence, be safe, be in security, feel secure, be of good courage, confess (sins), profess the faith
63.1; 81.7; 97.1

ተአምርት (taʾəmərt) : sign, signal, mark, notice, feature, document, indication, explanation, demonstration, token, miracle, wonder, omen, passage (in a book)
8.3; 36.4; 48.3; 55.2; 68.1; 72.13, 19; 75.3; 78.7; 82.16, 19

ተአስረ (taʾasra) : to be tied, tied up, bound, fettered, fastened, imprisoned, restrained, tie oneself
10.14; 21.4, 6; 69.28

ተአተተ (taʾatata : taʾattata) : to disappear, absent oneself, depart from, recede
14.23

ተአዘዘ (taʾazzaza) : to be ordered, commanded, ruled, instructed (an inferior), prescribed, bequeathed; to obey, be under someone's authority
80.6

ትእዛዝ (taʾəzzāz) : commandment, decree, command, edict, law, ordinance, order, precept, prescription, will, provision
    2.1; 5.4; 18.15; 21.6; 33.4; 41.6; 55.3; 61.6; 65.6; 69.20; 72.2, 35; 73.1 (2x); 74.1 (2x); 76.14; 79.2; 80.6; 89.62, 63, 65; 102.3

ተአዛዚ (taʾazzāzi) : commanded, ordered, obedient, submissive
    20.5

ትዕቢት (təʿəbit) : haughtiness, pride, arrogance, insolence, conceit, boasting
    5.8

ተዐደወ : ተዐድወ (taʿadawa : taʿadwa) : to go beyond, step over, pass over, pass by, surpass, exceed, encroach, transgress, deviate, rebel
    2.1; 5.4

ተዐገሠ (taʿaggaśa) : to bear patiently, be tolerant, forbear, endure, persevere, put up with, restrain oneself (from), practice restraint, abstain, refrain from, hold a secret
    5.4; 60.4; 68.2; 90.41; 93.3

ትዕግሥት (təʿəgəśt) : patience, patient endurance, perseverance, temperance, continence, tolerance, asceticism
    47.2; 60.14, 25; 61.11; 81.3

ተዐቅበ : ተዐቀበ (taʿaqba : taʿaqaba) : to be watched, be cared for, be kept, be preserved, watch oneself, be watchful, watch out (not to do something), wait, beware of, be on one's guard, take heed, be careful, take care, observe
    45.2; 69.23 (2x), 25 (2x)

ተዐረየ (taʿarraya) : to be equal, the same
    72.20, 32

ተዓረየ (taʿāraya) : to become equal to one another, be in agreement with one another
    102.7

ተዐጽወ : ተአጽወ (taʿaṣwa : taʾaṣwa) : to be closed, shut, shut up, locked, bolted, blocked, confined, stopped, enclosed
    10.14; 69.28; 80.7; 90.34

ተዐውቀ (taʿawqa) : to be known (with object suffix pronouns 'be known to', e.g., ይትዐወቆ 'it is known to him'), be made known, be revealed, be recognized, become evident, be identified, be noticed, be made manifest, be understood
    15.11

ትዕይንት (təʿəyyənt) : camp, tabernacle, tent, army, hosts, troops, company, assembly, congregation, choir
    1.4; 54.5; 55.4; 56.1; 57.1; 60.13

ትዕይርት (taʿəyyərt) : reproach, aspersion, offence, disgrace, dishonor, infamy, derision, mockery, insult, abuse, insolence, arrogance, subject of reproach, disgrace
108.10

ተበአሰ (tabaʾasa) : to fight with one another, struggle, use force, do violence, attack, act fiercely, wrangle, quarrel, contend, strive, compete, exert oneself, be in conflict with one another, be antagonistic toward
15.11; 90.12, 13 (2x)

ተባዕ (tabbāʿ) : male, manly, masculine, headstrong, determined, courageous
69.12

ተባዕታይ (tabāʿtāy) : male, masculine
54.8; 60.8, 16

ተብህለ (tabəhla) : to be spoken (of), said, mentioned, named
58.5; 62.3; 91.17

ተበልዐ (tabalʿa) : to be eaten, consumed
61.5; 89.57, 58; 90.3, 4

ተባልዐ (tabālʿa) : to devour one another
7.5

ተበቀለ (tabaqqala) : to punish, take vengeance, seek vengeance, avenge, vindicate, plead, be avenged
20.4; 25.4; 54.6

ተባረከ (tabāraka) : to be blessed, praised, saluted, bidden farewell, congratulated, offended, calumniated, cursed, receive benediction, bless one another, ask for benediction
1.8; 39.10; 48.10; 61.11; 67.3

ተበዝኀ (tabazḫa) : to increase, multiply (intr)
67.3

ተደኀረ : ተደሐረ (tadəḫra : tadaḥara) : to remain behind, be behind, stay away, tarry, draw back, loiter, linger, be delayed, be late, come at a late hour
74.12

ተድላ (tadlā) : pleasure, enjoyment, delight, rapture, luxury, charm, affluence, dignity, glory, suitability, propriety, appropriateness, preparation
89.44

ተደልወ : ተደለወ (tadalwa : tadalawa) : to be weighed
41.1; 43.2; 60.12

ተደለወ (*tadallawa*) : to be prepared, get ready, be found worthy, enjoy oneself, live in luxury, enjoy pleasure, be fortunate, have in abundance, prosper
54.4, 5; 60.6; 94.4; 98.10; 99.3, 6; 103.3; 104.6

ተደመረ (*tadammara*) : to be inserted, added, joined, associated, united, mixed, mingled, confounded, multiplied (in arithmetic); to ally oneself, have intercourse
7.1; 19.1; 54.8; 89.75; 105.2; 106.14

ተደምሰሰ (*tadamsasa*) : to be abolished, obliterated, erased, destroyed, quenched, blotted out, extinguished, wiped out, effaced
54.9; 94.5; 108.3

ተደርዐ (*taḍarʿa*) : to be lacking, be idle, cease, recede, abolish, be repealed, be neglected, be in vain, miss
47.2

ተፈድየ (*tafadya*) : to be recompensed, restored, remunerated, requited, rewarded, substituted, paid back, repaid; to exact payment, demand payment, receive something in compensation, obtain indemnity, receive payment, receive a due award, suffer vengeance, take revenge, avenge, receive punishment, bear punishment
62.11; 95.5; 96.6; 100.7; 108.7, 11

ተፈለጠ (*tafalṭa*) : to be separated, put asunder, disjoined, divided, split, segregated, severed, set apart, set aside, diversified, discerned, known, distinguished, singled out, determined, settled; to be distinct, divorce
22.8, 9, 11, 12

ተፈነወ (*tafannawa*) : to be sent, sent away, dismissed, sent off, sent forth, seen off
10.6; 76.4; 98.4

ተፈቅደ (*tafaqda*) : to be wanted, be desired, be required, be needed, be necessary, be numbered, be enumerated, be mustered
47.4; 52.8

ተፈሥሐ (*tafaśśaḥa*) : to rejoice, be glad, be cheerful, be merry, enjoy oneself, be comforted
12.6; 25.6; 51.5; 62.12; 81.7; 89.58; 90.33, 38; 94.10; 97.2; 98.13; 103.4; 104.13; 105.2

ተፈጸመ (*tafaṣṣama*) : to be filled, completed, accomplished, finished, consumed, ended, fulfilled, executed, carried out, satisfied, perfected, performed, exhausted, stopped; to die right away, be effected, worship idols, be consecrated
10.12; 16.1; 19.1; 21.6; 25.4; 65.10; 72.16; 74.2, 17; 75.2; 76.14; 78.7, 11 (2x), 13; 79.1, 3, 4, 5; 82.6, 17, 20; 90.41; 91.5 (2x), 6; 93.4; 106.18, 19; 108.2 (2x)

Lexicon and Concordance   327

ተፈጸመት (*tafṣāmet*) : completion, fulfilment, consummation, end, performance, perfection
    2.2; 10.12, 14; 16.1; 18.14, 16; 57.3; 91.13; 93.5, 6, 7, 8, 10; 102.10

ተፈትሐ (*tafatḥa*) : to be loosened, let loose, untied, unfastened, released, dissolved, disengaged, made of no effect, set free, solved, absolved, forgiven (sins), given absolution, judged, arbitrated, decided, interpreted; to relax
    32.6; 60.3; 89.7, 44; 90.10

ተፈጥረ (*tafaṭra*) : to be created, fashioned, produced, fabricated, devised, invented, feigned, contrived, inscribed or carved (magic letters)
    15.9; 22.3, 10, 13; 39.11; 48.3, 6; 69.11, 16, 18

ተጋብአ (*tagābə'a*) : to be collected, be compiled, be gathered, gather together (intr), assemble (intr), be assembled, be united with one another, be circumscribed, come together, come to an agreement
    18.10; 22.3; 27.2; 56.5; 81.9; 89.5, 26; 90.16, 33

ተገብረ (*tagabra*) : to be acted, done, worked, made, practiced, labored, performed, manufactured, produced, brought forth, created, built, fashioned, functioned, carried out, prepared, achieved, executed, procured, enacted, kept (ordinances), observed (ordinances, fast), happen
    2.2; 5.2; 6.3; 9.1, 6, 10; 10.18, 20; 15.5; 21.1; 22.9; 47.2; 48.3; 65.3; 67.6; 68.2; 72.1; 79.3, 4; 89.62; 91.12, 15; 93.6; 103.6; 106.6; 108.6

ተገብረ (*tagabbara*) : to work, toil, labor, conduct business, trade, till land, cultivate
    103.11

ተግባር (*tagbār*) : work, workmanship, performance, occupation, deed, labor, farming, business, task, activity, job, trade, trading, affair, assignment
    36.4; 38.2; 41.1; 46.7 (2x); 63.7; 91.14; 97.6; 100.9

ተጓድአ (*tagʷādə'a*) : to strike one another, clap one against the other, be entangled, clash
    100.1

ተገድፈ (*tagadfa*) : to be thrown away, thrusted, rejected, cast away, discarded, cast down, cast aside, retrenched, given up, abandoned, omitted, repudiated, despised, lost, avoided, deducted, forgotten; to stray, go astray
    21.4; 83.4; 86.3; 91.9; 97.6

ተጋደለ (*tagādala*) : to wrestle, struggle, strive, contend, fight, battle, combat, fight a spiritual fight
    90.12

ተግሀ (*tagha*) : to be watchful, be vigilant, keep watch, be on the watch, keep vigil, be wakeful, exert oneself, apply oneself, be diligent, be eager, be attentive
20.1; 100.8

ትጉህ (*təguh*) : watchful, watcher (also referring to angels), wakeful, attentive, vigilant, diligent
1.5; 10.7, 9, 15; 12.2, 3, 4; 13.10; 14.1, 3; 15.2, 9; 16.1, 2; 91.15

ተግሕሠ : ተግሀሠ : ተግሣሠ (*tagəḥśa : tagəhśa : tagəḥśa*) : to withdraw, retreat, retire, step aside, be set aside, be detached, turn away, turn aside, abstain, avoid, depart, refrain, separate oneself (from), be rejected, recede, swerve, cease
89.8

ተግሣጽ : ተግሣፅ (*tagśāṣ : tagśāḍ*) : rebuke, reproach, reproof, discipline, admonition, exhortation, correction, instruction, chastening, chastisement, punishment
101.7

ተገዘመ (*tagazma*) : to be cut (down, off), retrenched, torn up, rent, hewn (wood); to despise, hold in contempt
83.4; 91.5, 8, 11 (2x)

ተሀጒለ : ተሐጒለ (*tahagʷla : taḥagʷla*) : to perish, be destroyed, be ruined, be lost, fail, die
1.7; 10.2 (2x), 7; 15.4; 22.7; 38.5; 50.4; 52.9; 53.2, 5; 54.10; 58.6; 61.5 (3x); 62.2; 65.3, 10; 69.11; 83.5, 7; 89.5, 6, 27, 37, 60, 70; 90.33; 91.8, 9, 11 (2x), 19; 92.5; 94.1, 7; 95.6; 96.1; 97.1; 98.3, 9; 99.1, 9; 101.5; 102.11; 103.10 (2x); 107.1; 108.3

ተሃጐለ : ተሐጐለ (*tahāgʷala : taḥāgʷala*) : to destroy one another, ruin one another
10.9

ተሀውከ : ተሀወከ : ተሆከ (*tahawka : tahawaka : tahoka*) : to be stirred, stirred up, moved, disturbed, agitated, excited, tossed about, perturbed, unsettled, troubled, vexed, molested; to move about, shake, quake, rebel
14.14; 38.1, 3; 60.1, 5; 68.3; 90.42; 93.11; 99.4; 101.4; 102.2, 3; 108.4

ተሀውኮ (*tahawko*) : tumult, disorder, perturbation, unrest, agitation
67.5

ተሀይደ : ተሐይደ (*tahayda : taḥayda*) : to be robbed, taken by force, plundered, spoiled, broken (the law), carried away by force, wrested, snatched away, confiscated, seized, wronged, outraged, (figurative) ravished, bewitched
83.3; 89.58

ተሐንጸ : ተሐንፀ (*taḥanṣa : taḥanḍa*) : to be built, erected
89.50; 90.20; 91.13; 93.7

Lexicon and Concordance   329

ተሐሰበ (taḥasaba) : to be computed; to give an account, settle an account, ask for an account
70.3; 75.1

ተሐሥየ : ተሐሠየ (taḥaśya : taḥaśaya) : to rejoice, enjoy oneself, be joyful, exult, be glad
25.6; 103.4; 104.13

ታሕጸጺት (tāḥṣaṣit) : decrease, deficiency, inferior condition, diminution, waning
78.15; 79.4

ታሕተ (tāḥta) : (prep, adv) below, under, beneath, underneath
14.25; 18.12; 26.4; 52.6; 83.11; 91.8

ትሑት (taḥut) : lowered, low, humble, humiliated, lowly, downcast, submissive, modest, abused, inferior, rejected, ignoble, contemptible
25.4; 48.8; 96.5; 108.7

ተሐወሰ : ተሐወሰ : ተሐሰ (taḥawsa : taḥawasa : taḥosa) : to be wagged, agitated, mixed; to move (intr), creep
7.5; 57.2; 60.21; 69.19; 101.8

ተኀብአ (taḥab'a) : to be hidden, concealed; to hide (intr)
9.5; 84.3; 102.3; 104.5

ተኀብረ (taḥabra) : to be associated (with), be connected (with)
60.19, 21 (2x); 67.6

ተኀፍረ : ተኀፈረ (taḥafra : taḥafara) : to be put to shame, be covered with shame, blush with shame, be ashamed, be confounded, be disgraced, be offended, be humiliated
97.6

ተኍለቈ (taḥʷallaqʷa) : to be counted, numbered, enumerated, taken into account, reviewed, imputed, considered, regarded as
48.1; 52.8; 56.4; 58.6; 60.12; 63.9; 65.10; 71.8

ተኀርየ (taḥarya) : to be chosen, discerned, elected, selected
93.5, 10

ተኀሠ : ተኀሠሠ (taḥaśśa : taḥaśaśa) : to be sought, looked for, searched, explored, desired, wished, inquired, demanded, entreated, scrutinized, investigated, pursued; to dispute, debate, demand
104.3, 7

ተኃሠሠ (taḫāśaśa) : to inquire collectively, discuss with one another, seek one another, have a controversy with one another, provoke one another, object, claim, reclaim, request, require
    4.1; 100.10

ተኃፀበ : ተሐጸበ : ተሐፀበ (taḫaḍba : taḥaṣba : taḥaḍba) : to bathe, wash oneself, wash the body, be washed
    106.17

ተኀጥአ (taḫaṭ'a) : to lack, be wanting, be missing, be deprived (of), withdraw, escape, flee, vanish, be absent, be lost, disappear, withdraw, shun
    89.17

ተኀየለ (taḫayyala) : to become strong, be strengthened, be powerful, have power, get the upper hand, force (one's way), gain mastery, do by force, take by force, use violence, be violent, overcome by violence, tyrannize, oppress, dominate, be empowered, make an effort, strive
    52.4

ተክዐወ (takə'wa) : to be poured, poured out, spilled, spread, dispersed; to spread (intr)
    9.1; 17.5; 47.2; 49.1; 62.2; 91.1; 98.2

ተከበ : ተከበበ (takabba : takababa) : to be encircled, be turned around, be surrounded
    108.4

ተከብተ (takabta) : to be hidden, concealed, kept secret, taken away by hiding; to disappear
    12.1 (2x); 71.1

ተከድነ : ተከደነ (takadna : takadana) : to be covered, cover oneself, be clothed, clothe oneself, be protected
    5.1; 89.1, 3; 90.18

ተከፍለ (takafla) : to be distributed, divided, separated, distinguished, allotted, assigned, apportioned, given a share, granted, bestowed, imparted, made a participant
    41.1, 3, 4; 60.12 (2x), 13; 77.3

ተካፈለ (takāfala) : to share among themselves, divide up among themselves, become a partner, participate
    60.7

ተክህለ (takəhla) : to be possible (also used with object suffixes), gain power over
    9.5

ተከሕደ (*takəhda*) : to be denied, abjured, denounced, repudiated, renounced, rejected
52.9

ተከዕሐለ : ተከዋሐለ (*tak^wəhla : tak^wahala*) : paint the eyelid (with antimony)
8.1

ተከለ (*takala*) : to plant, fix, fasten, implant, drive in, set up, establish, pitch (a tent), drive a stake into the ground
10.19 (2x); 52.5

ተከል (*takl*) : plant, tree, plantation
10.16; 84.6; 90.28; 93.2, 5 (2x), 10

ተከለ (*takla*) : in place of, in recompense for
89.39; 103.3

ተከልአ (*takal'a*) : to be hindered, prohibited, forbidden, prevented, kept back, held back, deprived, restrained, impeded, declined, rejected, refused; to abstain, restrain oneself, hold oneself back, refrain, withdraw
53.6; 80.2, 3; 100.11, 12

ተከዐነ (*tak^wannana*) : to be regulated, ruled over, governed, judged, convicted, condemned, punished, avenged, tortured, vexed, chastised, executed, subject to power, to serve
5.9; 13.5; 19.1; 38.1, 3; 62.3; 65.11; 67.7, 8, 11, 12; 90.24, 25, 26

ተከርየ (*takarya*) : to be dug, excavated
89.67; 98.13

ተከሥተ (*takaśta*) : to be uncovered, disclosed, laid bare, exposed, revealed, made manifest, divulged, discovered, opened (eyes, mouth, box); to be visible, appear, uncover oneself
16.3; 38.3; 47.3; 52.5; 69.26; 89.8, 41 (2x); 90.9, 35; 91.14; 94.2

ተከየደ (*takayda*) : to trodden, trampled, threshed
99.2; 108.10

ተከዚ (*takkazi*) : river
100.1

ተልዕለ : ተለዐለ : ተላዐለ : ተለአለ (*talə'la : tala'ala : talā'ala : tala'ala*) : to rise, rise up, raise oneself, be raised, be lifted, ascend, be superior, be exalted, be extolled
70.1, 2; 86.1; 89.4, 26, 50; 96.2

ተልህሰ : ተለሐሰ (*talahsa : talahasa*) : to vanish, disappear, depart from, to be sent away, be dispersed
107.1

ተላሐየ (*talaḥaya*) : to be resplendent, adorn oneself, attire oneself
39.7

ተሌለየ (*talelaya*) : to be separated, disjoined, divided, distinguished, segregated
60.9, 14 (2x); 71.16; 72.33; 75.1; 89.38

ተለወ (*talawa*) : to follow, pursue, come behind, succeed, accompany, cling to, adhere, stay close to
82.14 (3x); 85.4, 5, 10; 89.21, 22, 23, 25, 27; 94.2

ተምዕዐ : ተምዐ (*taməʿa* : *tamməʿa*) : to be angry, rage, be enraged, be indignant, be irritated
18.16; 68.4; 89.33

ተማህከወ (*tamāhkawa*) : to be frightened, fear
102.1, 2

ተመህረ : ተምህረ (*tamahara* : *taməhra*) : to be taught, be instructed; to learn, be skilled, be versed in, be disciplined
82.3; 83.2

ትምህርት (*taməhərt*) : teaching, study, learning, education, erudition, doctrine, dogma, method, discipline, science, ability, skill
10.8; 49.3; 92.1; 93.10; 98.3; 101.8

ተመልአ (*tamalʾa*) : to become full, be filled, completed
48.1; 74.10

ቴማኒ (*temāni*) : southern
82.15

ተመንደበ (*tamandaba*) : to be tormented, afflicted, troubled, distressed, mortified; to suffer tribulation, be anguished, be in distress, be in danger, be in jeopardy
101.4

ተመነየ (*tamannaya*) : to wish, desire, be eager for
63.6

ተመርጐዘ (*tamargʷaza*) : to lean upon a staff, lean on (a person), rely
48.4; 61.3, 5

ተመርሐ (*tamarḥa*) : to be guided, led
72.5

ተመራሒ (*tamarāḥi*) : who is guided, who follows a leader
82.12

ተማሰለ (tamāsala) : to resemble one another, be compared to one another, be made equal to one another, be equal to one another, be like one another, resemble
24.3; 29.2; 83.2

ተመስወ (tamasawa) : to be melted, liquefied, dissolved, to waste away, dwindle, fail, pine away, to be enfeebled, consumed
1.6; 60.3; 68.2; 71.11

ተመሥጠ : ተመሠጠ (tamaśṭa : tamaśaṭa) : to be torn to pieces, torn away, cut up, dismembered, carried off, carried away, grabbed, seized and carried off by force, snatched away, kidnapped, stripped, seized violently, ravished, enraptured; to withdraw oneself
52.1

ተመትረ (tamatra) : to be cut, cut off, cut up, cut asunder, broken up, interrupted, shut off, deposed, removed (from office), excommunicated, exterminated, decreed, decided, determined
26.1

ተመጠወ (tamaṭṭawa) : to be handed over, delivered, given over, granted, surrendered, consigned, presented, transmitted; to receive, accept, partake of, take, take hold of
48.10; 51.1; 54.5; 60.8; 60.22; 62.11; 68.5 (2x); 89.68; 90.1; 95.7; 99.10; 100.12

ተመይጠ : ተሜጠ (tamayṭa : tameṭa) : to be turned, turned aside, turned away, turned back, diverted, averted, converted, transformed, altered, changed, restored, returned, repelled, frustrated, revoked, refuted, perverted, delivered up, recalled, to face about, return (intr), go back, turn (intr), turn to, turn back, turn away (intr)
2.2; 5.2; 7.4; 50.1; 54.1; 60.15; 67.13; 75.8; 80.2, 7; 82.8; 84.3, 91.12

ተነበ (tanabba) : to be spoken, read, recited; to resound
89.71; 97.6

ተነድአ (tanad'a) : to be driven, driven away, led, led off, urged on, spurred, impelled
60.15, 16

ተነድቀ (tanadqa) : to be built, built up, erected, constructed, walled up
71.5

ተነዐገ : ተነጸሐ (tanadḫa : tanaṣḥa) : to be struck, broken, smitten, crushed, torn to pieces, dashed to pieces, destroyed, shattered, knocked down, overthrown, thrown down, thrown to the ground, cast down, trampled; to collapse, sink down, tumble to the ground, be prostrate, be stretched out, throw oneself down
83.3

ተነግፈ (tanagfa) : to be shaken, shaken off, shaken out, knocked off, jolted, dispelled, brushed away, cut off, lain away, thrown down, cast, tripped, carried away, to fall off, lose leaves
3.1

ተነግረ (tanagra) : to be said, told, spoken, talked, related, recited, proclaimed, declared, reported, announced, indicated, informed
14.5; 17.4

ተናገረ (tanāgara) : to speak to one another, converse, talk together, exchange words, communicate, talk with, speak to, speak with, speak (a language)
10.1; 13.5, 10 (2x); 14.2, 7; 27.2; 37.2; 61.9; 67.9; 81.10; 84.1 (2x); 89.17, 18, 46; 91.3; 93.1, 3; 101.3; 104.10; 106.3

ተናሰከ (tanāsaka) : to bite one another
89.11

ተንሥአ (tanśa'a) : to rise from the dead, rise up, rise against, set out, be set up
15.12; 22.13; 46.6; 48.10; 51.5; 62.14, 15; 72.15; 78.6, 12; 83.8, 10; 89.3, 37, 41, 42, 47, 48; 91.10 (2x); 92.3 (2x); 93.9; 96.2; 99.4; 100.4; 106.3, 11; 107.1

ተነሥተ (tanaśta) : to be destroyed, demolished, abolished, ruined, overturned, extirpated, removed, pulled down, torn down, torn asunder, overthrown, violated, frustrated, abrogated, annulled, dismissed
94.6, 7

ተቀብረ (taqabra) : to be buried
22.10

ተቀንየ (taqanya) : to be acquired, bought, subjugated, dominated, ruled, subdued, tamed, trained, made serve, made toil, reduced to servitude, brought into bondage, forced to work, created, to render service, serve, attend, minister to (a person), worship, perform religious services, till (the land), be in bondage, subject to, servile, to submit, pay allegiance
5.2; 75.1, 2

ተቃረበ (taqāraba) : to approach one another, come close together, adjoin, be neighboring, have sexual intercourse
24.2

ተቀጸዐ : ተቀፀዐ (taqaṣ'a : taqaḍ'a) : to be humiliated, subjected, bended, overthrown, punished, cut out, levelled the ground, swept, paved, trampled on, crushed; to be pressed down, be overcome with awe; to stoop, bow down, bend (intr), fall in ruins, collapse, faint, sink to the ground, be overwhelmed with terror, be chopped up
60.3

ተቀትለ (taqatla) : to killed, put to death, slain, murdered, executed, slaughtered, attacked, fought
  22.12, 13; 60.24; 89.52; 99.11; 108.3

ተቃተለ (taqātala) : to kill one another, fight with one another, fight together, make war
  90.13; 100.2

ተቀውመ (taqawma) : to be placed, be constituted
  53.2

ተርእየ (tarə'ya) : to be seen, be discerned, be shown; to appear, seem
  36.3; 38.4; 59.3; 69.29; 75.3; 78.13; 80.4, 5, 6; 83.11; 90.41; 91.16; 92.5; 93.6, 13; 104.2; 108.4

ተርዕየ : ተረዐየ (tarə'ya : tara'aya) : to be tended, pasture (intr), graze (intr)
  86.1, 3; 89.14

ተራድአ (tarādə'a) : to help one another, render mutual help, ask for help, help
  90.16

ተርፈ : ተረፈ (tarfa : tarafa) : to be left, be left behind, be left over, be abandoned, remain, survive, be spared, be in plenty, abound, be in excess, be superfluous, be excellent, be distinguished
  77.7; 78.8; 83.8; 90.30; 106.16

ተርፍ (tarf) : remainder, remnant, abundance, abundant, superfluous, uttermost, surplus
  73.8; 106.18

ትራፍ (tərrāf) : remainder, rest, residue, reserves, abundance, surplus, overflow, excellence
  83.8

ተራገዘ (tarāgaza) : to pierce, slaughter one another
  10.12

ተርኅወ (tarəḫwa) : to be opened, open (intr), be taken by assault (a city)
  54.7; 72.7; 75.4, 5; 89.3; 90.26; 104.2

ተራከበ (tarākaba) : to meet one another, hold a meeting, have an interview, go to meet someone, agree with one another, be together, come together, congregate, have intercourse; with indirect object suffixes to come upon, happen, occur
  89.18, 23, 37

ተረክበ (tarakba) : to be found, acquired, obtained, attained, received, gained, reached, possessed, overtaken, apprehended, invented, found out, discovered, perceived, supposed; to exist, be available
48.9; 81.4; 94.5; 99.7; 102.10; 104.5; 108.9, 10

ተረስዐ (taras'a) : to be forgotten, overlooked, neglected; to fall into error, fall into impiety, escape one's notice, be ignorant
93.8; 99.8

ተሰአለ : ተስእለ (tasa'ala : tasə'la) : to be asked, enquired, petitioned, invoked, interceded, prayed, begged; to enquire, demand, ask
13.4; 18.13; 21.5; 22.6, 8; 23.3; 25.1; 40.8; 43.3; 46.2; 52.3; 53.4; 54.4; 56.2; 60.9; 61.2; 65.9; 108.5

ታስዕ (tāsə') : ninth
69.2; 78.8; 91.14

ተሰደ (tasadda) : to be banished, exiled, driven forth, driven out, chased away, pursued, persecuted, repelled, cast out, cast forth, expelled, excluded, rejected, repudiated, excommunicated, deposed
32.6; 41.2; 46.8; 63.6, 11; 95.7

ተስፋ (tasfā) : hope, expectation, promise
40.9; 48.4; 63.7; 98.14; 104.4

ተሰፈወ (tasaffawa) : to hope, hope for, set hope (upon), have confidence, look for, look forward, await, wait, expect
10.10; 46.6; 62.9; 96.1; 98.10, 12; 102.4; 103.10, 11; 104.2, 4

ተሰምዐ (tasam'a) : to be heard, heard of, heeded, obeyed, listened, hearkened, perceived, understood, testified; to come to one's ears, spread (fame)
47.4; 57.2 (2x); 59.2; 65.4

ተሰምየ (tasamya) : to be named, be called
15.8, 9; 72.35, 36; 78.12; 82.15; 89.73

ተሰቅለ (tasaqla) : to be suspended, hung, hung up, crucified; to be in suspense, depend, adhere, cling to, be devoted
69.16; 83.4

ተሴሰየ (tasesaya) : to be fed, nourished, sustained, supported, to nourish oneself
60.24

ተሰጠ : ተሰውጠ (tasoṭa : tasawṭa) : to be poured, be poured out, be emptied (into), be spread
77.7

Lexicon and Concordance 337

ተሰጥመ (tasaṭma) : to be submerged, immersed, inundated, sunk, plunged, drowned, flooded, covered, swallowed, absorbed, destroyed, to sink
   1.7; 48.9; 56.8; 81.8; 83.4 (2x), 7; 89.5, 6 (2x), 27; 90.18; 100.3

ተሠሀለ (taśahala) : to be gracious, have mercy, show oneself merciful, be compassionate, show oneself propitious, be lenient, show compassion, forgive, pardon, have pity, be forgiving
   92.4

ተሠልጠ (taśallaṭa) : make oneself master, acquire power, exercise authority, have authority, gain mastery (over), rule (over), dominate, become powerful, prevail
   103.12

ተሣረረ : ተሰረረ (taśārara) : to be founded, established, built, constructed
   69.17

ተሠጠ (taśaṭṭa) : to be torn apart, split, rent, cleft asunder, ripped up, scraped
   89.24; 90.18

ተጸዕነ : ተደዕነ (taṣaʿna : tadaʿna) : to be loaded, be harnessed; to mount an animal, ride, embark
   42.2; 57.1; 73.2

ተጸዐረ : ተጸዐረ (taṣaʾra : taṣaʿara) : to be tormented, be tortured, be weary, suffer agony, suffer pain, be vexed
   103.10

ተጸሕፈ (taṣəḥfa) : to be written, written down, inscribed, described, registered
   81.4; 91.14; 92.1; 98.7, 8; 103.3; 104.1, 7; 108.15

ተጸለለ (taṣallala) : to be shaded, be shadowed, be clouded over, be blinded, be dark, be screened from view, be covered
   89.21, 32, 41, 54; 90.7; 99.8

ተጸመመ (taṣamama) : to be made deaf, become deaf, feign deafness, become dumb, be quiet, keep silent, not listen, not answer, disregard, neglect
   90.7

ተጸነሰ / ተደነሰ (taṣannasa / tadannasa) : to be in want, lack
   99.5

ተጸውዐ (taṣawwəʿa) : to be called, called upon, called out, invited, invoked, summoned, convoked, convened, proclaimed, shouted, cried out
   48.2, 3

ተትሕተ : ተትሕተ (*tatəḫta : tataḫata*) : to be made low, be low, lower oneself, be made humble, humble oneself, be abused, be humiliated, be submissive, be subject, be inferior, be lowly
    1.6; 26.4; 89.50

ተተክለ (*tatakla*) : to be planted, fixed, fastened, implanted, driven in, set up, established, pitched (tent), driven into the ground (stake)
    10.16, 18, 19; 25.5; 26.5

ተታለወ (*tatālawa*) : to follow each other, go in pairs
    82.19

ተተርጐመ (*tatargʷama*) : to be interpreted, translated, expounded, commented on
    71.10

ተጠበበ : ተጠበ (*taṭababa : taṭabba*) : to acquire wisdom, be taught wisdom, grow wise, act wisely, be instructed, display wisdom, show off with wisdom, play the wise man, be cunning, be crafty, deal craftily, beguile
    61.7

ተጠብለለ (*taṭablala*) : to be folded up, rolled up, winded, enveloped, wrapped, swathed; to coil oneself around
    90.29

ተጠውመ (*taṭawma*) : to be folded up, rolled up, wrapped together
    90.28

ተወድአ : ተወድዐ (*tawaddəʾa : tawaddəʿa*) : to come to an end, fail (that is, be finished), be exhausted
    30.1; 38.6; 56.4; 78.8, 14; 96.6; 99.12; 100.5; 103.9

ተወድየ (*tawadya*) : to be put, put in, added, put on (adornments), put under, laid, placed, set, thrown, cast
    56.3; 60.9; 78.4, 7, 10 (2x); 90.25, 26; 98.3; 108.6, 14

ተዋገዘ (*tawāgaza*) : to bind each other by imprecation or curse, alienate oneself from, turn away, avert
    6.4

ተውህበ (*tawəhba*) : to be given, granted, conferred upon, offered, bestowed, consigned, delivered, transmitted, allowed, permitted
    5.8; 25.4, 5; 37.4 (2x); 38.5; 46.5; 60.14; 61.1, 4; 68.1; 69.27; 73.2; 90.19, 34; 91.9, 10, 12; 93.10; 97.10; 98.5, 12; 103.3; 104.12, 13

ተዋህወሀ (*tawāhwaha*) : to be resplendent, shine, be bright, be cheerful, be glad
    108.13, 14

ተወሕጠ (*tawəḥṭa*) : to be gulped down, devoured, swallowed
83.4; 89.5, 58

ተወክፈ (*tawakfa*) : to accept, receive, entertain (guests), admit, take up, be accepted, be received
94.1

ተወከለ (*tawakkala*) : to confide, have confidence, trust, put trust, rely, have faith
94.8

ተወልደ (*tawalda*) : to be born, be conceived, arise, come forth
6.1; 15.5, 8, 10; 38.2; 65.7, 8; 67.6; 69.10; 71.14; 89.1, 10, 11, 12; 90.6, 37; 93.3; 106.10, 16, 18; 107.2; 108.11, 14

ትውልድ (*təwlədd*) : race, tribe, family, species, offspring, generation, consanguinity
1.2 (2x); 9.4 (2x); 10.12, 14 (2x), 22 (2x); 11.2; 15.6; 39.11 (2x); 49.2 (2x); 63.3 (2x); 81.2; 82.1, 2 (2x); 83.10; 84.2 (2x); 87.3; 92.1; 93.6 (2x), 9; 94.2; 103.4, 8; 104.5; 106.13; 107.1 (3x); 108.11

ተወለጠ (*tawallaṭa*) : to be changed, exchanged, altered, transformed, transfigured, modified, substituted, reversed, bartered, transcribed, registered
24.2; 33.1 (3x); 39.14; 67.11; 71.11; 73.3; 90.38

ተዋለጠ (*tawālaṭa*) : to exchange with each other, acquire something by an exchange, be diverse
67.11

ተውላጥ (*tawlāṭ*) : exchange, barter, change, alteration, restitution, substitution, proxy, compensation, ransom, price, diverse things, contrary
8.1; 67.2, 9, 11

ተውኔት (*tawnet*) : game, play, toy, entertainment, making merry, music, folly, laughing stock, orgy, lust
10.15; 67.8, 10

ተዋቀሠ (*tawāqaśa*) : to contend, contradict, dispute, argue a case, defend a case, make intercession, have a controversy, discuss, refute, plead, reprove, reject, bring to judgement, be brought to judgement, accuse each other, go to court
1.9

ተወሰከ (*tawassaka*) : to add, join to, augment, supplement, increase; to increase (intr)
62.10; 74.10, 14; 75.1; 78.4; 82.4, 11, 12, 17, 20

ተይ (*tay*) : sulfur, brimstone
67.6

340   Lexicon and Concordance

ተዘግበ (*tazagba*) : to be collected, gathered, stored, hidden, hoarded, accumulated, heaped up
    50.2

ተዘከረ (*tazakkara*) : to remember, bear in mind, recollect, recall, be mindful of
    90.42; 94.8; 103.15; 104.1

ተዝካር (*tazkār*) : remembrance, memorial service, memorial day, reminder, commemoration, memento, record, memorandum, notation
    13.4 (2x), 6, 7; 96.4, 7; 99.3 (2x); 103.4

ተዛለፈ (*tazālafa*) : to quarrel, have an altercation, wrangle, blame, reprove continually, reprimand, reproach, rebuke, accuse, convict, plead, argue, refute, chastise
    13.8; 14.3

ተዘርአ (*tazar'a*) : to be sown, scattered; to bear seeds, spring up
    10.19; 60.16, 21; 62.8

ተዘርወ (*tazarwa*) : to be scattered, spread around, dissipated, dispersed, wasted, squandered, lavished, distributed, divided; to spread (intr), extend itself
    93.8

ተዘርዘረ (*tazarzara*) : to be dispersed, scattered, torn apart, lacerated, crushed, dishevelled (hair), shattered, smashed, dissolved, brought to naught; to disperse (intr), dissolve (intr), be unnerved, lose vigor
    89.75; 90.33

ጠ

ጣዕወ (*ṭāʿawā*) : suckling, fatted calf, young of a flock, young animal (calf, heifer, lamb)
    85.3 (2x), 4 (2x), 5 (2x), 6; 86.2, 3

ጣዖት (*ṭāʿot*) : idol, ungodliness
    99.7, 14; 104.9

ጥበብ (*ṭəbab*) : wisdom, knowledge, science, prudence, skill, experience, intelligence, cunning, ruse, ability
    5.8 (2x); 32.3 (2x), 6 (2x); 37.1, 2, 3, 4; 42.1, 2 (2x); 48.1 (2x), 7; 49.1, 3; 51.3; 61.7, 11; 63.2; 69.8; 82.2 (2x), 3; 84.3; 91.10; 92.1; 93.8; 94.5; 98.3; 99.10; 101.8; 104.12; 105.1

ጠቢብ (*ṭabib*) : wise, wise man, scholar, clever, prudent, expert, skilled, craftsman, artisan, sober, philosopher, magician
    98.1, 9; 100.6; 104.12

ጠበወ (ṭabawa) : to suck (the breast), suck milk
99.5

ጠፈር (ṭafar) : vault, roof, ceiling, covering, wooden floor, firmament
14.11, 17

ጠል (ṭall) : dew, moisture, humidity, fatness
2.3; 28.3; 34.2; 36.1, 39.5; 41.3; 42.3; 60.20; 69.23; 75.5, 6; 76.8, 9, 10, 11 (2x), 12, 13; 100.11, 12; 101.2

ጥሉል (ṭəlul) : watered, covered with dew, moist, fruitful, fertile, fat (food), prosperous, full of freshness
26.1

ጠመ : ጠወመ (ṭoma : ṭawama) : to fold up, roll up, wrap together
90.28

ጥምዐት (ṭəm'at) : tincture, paint, dye, painting, dyeing
8.1

ጥንቃቄ (ṭənqāqe) : carefulness, minuteness, precision, accuracy, diligence, fitness, perfect harmony
75.2

ጥንቁቅ (ṭənquq) : accurate, exact, careful, precise, perfect, excellent
82.7

ጥንቁቀ (ṭənquqa) : exactly, accurately
72.10, 16, 22, 26, 32; 73.8; 74.12 (2x); 78.13; 79.5; 82.5

ጥቀ (ṭəqqa) : exactly, precisely, accurately, certainly, surely, completely, greatly, exceedingly, extremely, very, very much, even, indeed, more, how much, how much more
22.2; 24.5; 26.6; 32.4; 89.67, 69

ጥቅም (ṭəqm) : wall, fortification wall, hedge, fortress, bulwark, castle
14.9

ጥራይ (ṭərāy) : possessions
14.6

ጢስ (ṭis) : smoke
60.18

ጠዋይ (ṭawāy) : distorted, twisted, bent, winding, crooked, curved, jagged, rugged, depraved, perverse, villain
10.5; 24.2; 54.5

ጠየቀ (ṭayyaqa) : to observe, look at, contemplate, perceive, beware, recognize, consider closely, examine, investigate strictly, know exactly, understand, be certain, make sure of, ascertain, inquire, inform oneself, ponder well, be aware, acknowledge, explore
   2.1; 3.1; 4.1; 5.1; 21.5; 25.1; 101.1

ወ

ወ- (wa-) : and, but, then

ወኢመኑሂ (wa'imannuhi) : no one at all
   14.21 (2x)

ወኢምንትኒ (wa'iməntəni) : nothing whatsoever
   14.7, 13; 15.11

ውእቱ (wə'ətu) : he, this, that, that same, such, that one, the, he himself, he is; also used as copula with the 1st and 2nd persons, e.g., አነ ውእቱ I am, አንተ ውእቱ you are
   5.6; 6.3, 6, 7; 10.13; 13.10; 14.10, 13, 22; 17.4; 18.12 (2x), 14; 20.1; 21.4, 5, 8, 9 (2x); 22.3, 4, 6, 7, 8, 9, 11, 14 (2x); 23.3, 4 (2x); 24.5, 6 (2x); 25.2, 3, 6, 7; 27.1, 2, 5; 29.1; 31.2, 3; 32.2, 4, 6; 38.5; 39.2, 3, 5, 6, 8, 9, 10 (2x), 11 (2x); 40.8, 9 (4x); 41.3, 7 (2x), 9; 46.2 (2x), 3 (2x); 47.1; 48.1, 4 (3x), 8; 49.2, 4 (3x); 50.4; 52.1, 3, 5; 54.6, 7, 8; 55.3; 56.4; 57.3; 60.1, 8, 15, 16, 17 (2x), 18, 19, 20, 22; 61.7; 62.10, 16; 63.2, 3, 8, 12; 64.1; 65.3, 4, 6, 8 (2x); 67.2, 6 (2x), 11; 68.2, 3; 69.2, 6 (3x), 9, 13, 14 (2x), 15, 18, 19, 20, 21, 26, 29 (3x); 70.1, 4; 71.6 (3x), 8 (2x), 9, 13, 14 (2x), 17; 72.1 (2x), 2, 27, 28, 33, 35 (2x), 36; 74.1, 2, 6; 75.9; 77.1; 79.6; 80.1, 3; 81.5; 85.6; 87.2; 89.1, 3 (3x), 4 (2x), 5 (2x), 6, 8, 9 (2x), 12 (3x), 18, 24, 35, 36 (2x), 37, 40, 44, 46, 49, 50, 58, 66, 67, 72, 73; 90.3, 13, 14, 17, 22, 26, 28, 31, 33, 34 (2x), 36, 38, 40, 42; 93.2, 11, 12, 13 (2x), 14 (2x); 98.6; 101.6 (2x), 8; 106.6, 7, 12, 16 (3x), 18 (3x), 19; 107.2, 3; 108.5

ውእቶሙ (wə'ətomu) : they (m), these (m)
   18.3, 15; 21.6; 22.5; 40.8; 54.6; 98.15; 101.9

ውእቶን (wə'əton) : they (f), these (f)
   39.9; 40.10; 72.3

ውዕየ (wə'ya) : to burn (intr), burn up, be burnt, be consumed by fire, be scorched, be on fire, blaze
   4.1; 10.14; 14.12; 48.9; 67.9; 78.11; 90.26, 27 (2x); 93.8; 100.9

ዋዕይ (wā'əy) : heat, burning heat, conflagration
   4.1 (2x); 10.6; 67.11; 76.13; 100.9

ወባሕቱ (*wabāḥəttu*) : only, but, however, yet, nevertheless, other than, but rather, on the contrary, moreover
28.2

ወድአ : ወድዐ (*waddə'a : waddə'a*) : to finish, complete, bring to a conclusion, make an end, consume
106.13

ወድቀ : ወደቀ (*wadqa : wadaqa*) : to fall, fall down, fall off, be deposed, fall in, collapse, go to ruin, sink, become decayed, throw oneself (into), attack
13.8; 14.6, 14; 15.11; 48.4, 5, 10; 57.3; 60.3; 62.9; 63.1; 65.4; 69.12; 71.2, 11; 83.3, 4, 5; 86.1; 88.1; 89.72; 90.4, 15, 18, 21, 30; 94.7; 100.1, 13

ወደሰ (*waddasa*) : to praise, commend, eulogize
61.9, 11

ወደየ (*wadaya*) : to put, put in, add, put on (adornments), put under, lay, place, set, throw, cast
10.4 (2x), 5; 48.9; 54.2, 5, 6; 55.2; 56.5; 67.2; 78.11; 88.1, 3; 89.56; 90.24, 28; 98.2; 99.16; 102.1 (2x)

ወፅአ (*waḍ'a*) : to go out, go forth, come out, come forth, depart, exceed, emerge, leave, pass away, escape, dissent, differ (እም), spring from, break out, rise (sun), originate in, be spread (news); እንተ ይሁበኒ, እንተ አምወሀበኒ would that! May God give me! I wish that
1.3; 9.10; 13.1; 14.19; 15.9, 12; 16.1; 22.7; 31.1 (2x); 33.3 (2x); 34.2; 36.1; 41.2, 3, 5, 6; 42.2, 3; 51.3; 54.7; 56.5; 62.10; 65.6, 12; 66.2, 3; 67.2, 7; 68.3; 69.7; 70.2; 71.4, 8, 9, 12, 15; 72.3, 4, 6 (2x), 7 (2x), 8, 11 (2x), 13, 17, 19, 21 (2x), 23 (2x), 25, 31, 35, 36, 37; 73.4 (2x), 8; 74.6 (3x), 7 (3x), 8; 75.4 (2x), 6, 7; 76.1, 4 (2x), 5 (2x), 6 (3x), 7 (2x), 8, 9, 10, 11 (2x), 12, 13 (2x); 77.4, 7; 78.5, 14; 82.4, 16; 83.11 (2x); 85.3 (3x), 5, 6, 9; 87.2 (2x), 3; 88.1, 3; 89.6, 9, 21 (2x), 28, 77; 90.9, 19; 91.7, 14, 16; 94.8; 99.5; 101.5

ወግአ (*wag'a*) : to pierce, prick, butt, gore, beat, hit, strike, make turbid, purify, refine (e.g., oil by beating)
86.5; 87.1; 89.43

ወገረ (*wagara : waggara*) : to throw, stone, cast, shoot, fire, hit, strike
88.3

ወግር (*wagr*) : heap, mound, hill, mountain, high place (of worship), altar
1.6; 10.12; 51.4; 53.7; 83.4 (2x); 87.3; 98.4

ወሀበ (wahaba) : to give, grant, confer upon, offer, bestow, ascribe, appoint, consign, deliver, transmit, allow, permit
    5.6; 9.7; 14.2, 3 (2x); 15.5; 25.7; 51.3; 60.15, 20; 63.1, 5; 68.1; 82.1 (2x), 2 (2x), 19; 83.11; 84.1; 88.2; 89.28; 90.40; 92.4 (2x); 95.1, 2; 100.5, 12; 101.8; 108.8, 13

ውሕዘ : ወኀዘ (wəḥza : waḫza) : to flow (stream, water), flow out, flow with (acc), run down, pour down (tears)
    17.5; 39.5; 97.10; 100.1

ውሒዝ : ውኂዝ (wəḥiz : wəḫiz) : flowing, river, brook, stream, torrent, current
    89.15, 39

ውሕዘት (wəḥzat) : flowing, flow
    26.2

ውኀደ : ውሐደ (waḫda : waḥda) : to be (become) few, be little, be small, diminish, be diminished, be inferior
    103.9

ውኁድ : ውሑድ (wəḫud : wəḥud) : small in number, a little bit, few in number, less, scanty
    83.11

ውኅጠ : ወኀጠ (wəḫṭa : waḥaṭa) : to gulp down, devour, swallow
    56.8; 86.5; 87.1; 89.66; 101.5

ወለደ (walada) : to give birth, beget, bear (a child), conceive, bring forth
    6.2; 7.2; 9.9; 10.17; 15.3; 43.2; 62.4 (2x); 65.8; 85.8 (2x), 10; 86.4; 89.10, 11, 12 (3x), 48; 106.1, 5, 14, 17

ወልድ (wald) : son, boy, child, young one, disciple, servant; also serves for the expression of age (e.g., ከዊኖ ወልደ ከላኤ ዓማት 'he being two years old')
    6.1, 2 (3x); 10.1, 7 (2x), 9 (3x), 12, 15, 21; 11.1; 12.1, 4, 6 (2x); 13.2, 8; 14.3, 6; 15.3 (2x), 5, 12; 22.3, 5; 37.1 (6x); 39.1, 5; 40.9; 42.2; 46.2, 3, 4; 48.2; 56.7; 60.10, 24; 62.4, 5; 64.2 (2x); 65.11; 69.6 (2x), 8, 12 (2x), 14, 29 (2x); 71.1, 14; 76.14; 79.1; 81.2, 3, 5 (2x), 6 (3x); 82.1 (2x), 2 (3x); 83.1, 6, 7, 8, 9, 10, 19; 84.1; 85.1, 2 (2x); 86.6; 91.1, 3; 92.1; 93.2, 11, 98.5; 99.5; 100.1, 2 (3x), 6; 101.1; 105.1, 2 (2x); 106.1 (3x), 5, 8 (2x), 10 (2x), 16, 18 (2x); 107.2 (4x), 3; 108.1

ወልደ : እጓለ : እመሕያው (walda ʾəgʷāla ʾəmahəyāw) : Son of Man
    62.7, 9, 14; 63.11; 69.26, 27; 70.1; 71.17

ወለት (walatt) : daughter, girl, maidservant; serves also for the expression of age (see ወልድ above)
    6.1; 9.8; 15.3; 69.4, 5

ወልታ (waltā) : shield, carrier of a shield, protection, arms, hand
8.1; 69.6

ወለጠ (wallaṭa) : to change, exchange, alter, transform, transfigure, modify, substitute, reverse, barter, transcribe, register
45.4, 5; 74.4, 12; 80.4; 86.2; 99.2; 104.11; 108.11

ውሉጥ (wəlluṭ) : changed, exchanged, altered, transformed, transfigured, modified, substituted, reversed, bartered, transcribed, registered; deviated, strange, diverse, different
106.5

ወቅፅ (waqf) : bracelet, armlet
8.1

ወረደ (warada) : to descend, go down, come down
6.6; 18.11; 25.3; 39.1; 52.6; 63.10; 64.2; 72.8; 77.1 (2x), 2; 78.13; 83.11; 86.3; 89.8, 16, 33; 90.14, 41; 100.4, 11, 12 (2x); 101.2; 102.5, 11

ወርኅ (warḫ) : moon, month
8.3; 33.3; 41.5, 7, 8; 60.1 (2x), 12; 65.10; 69.20; 72.1, 3, 6, 7, 37; 73.1, 3, 4, 7 (3x); 74.1, 2, 4 (2x), 5, 9, 11, 12, 14, 15; 75.3, 6; 78.2, 4, 6, 7, 9 (2x), 10, 11, 13 (2x), 14 (2x), 15 (2x), 16 (2x); 79.2, 3 (2x); 80.1, 4; 82.7, 8, 9, 10, 11; 83.11; 100.10

ወርቅ (warq) : gold, gold coin
52.2, 6, 7; 67.4; 94.7; 97.8; 98.2; 99.7; 100.12; 108.8

ወረሰ (warasa) : to inherit, confiscate (governmental authority)
5.7; 40.9

ውርዙት (wərzut) : youth, adolescence, manhood, maturity
10.17

ወሰደ (wasada) : to take, lead, lead away, carry away, carry forth, conduct, bring
17.2; 52.1

ወሰከ (wassaka) : to add, join to, augment, supplement, increase
41.5

ወሰን (wasan) : boundary, limit, border
21.7

ውስተ (wəsta) : in, into, inside, upon, on, to, at, toward, among
1.7; 2.1 (2x); 5.9; 6.6; 9.4 (2x); 10.2, 4, 6, 13; 13.5; 14.4, 5 (2x), 7, 8, 10, 13 (2x); 15.7, 8, 10 (2x), 18; 17.1, 2 (2x), 3, 5; 18.5, 9, 11; 22.2, 10; 24.4 (2x); 25.5, 6; 29.1; 31.1, 2; 32.3; 38.5; 39.3, 5; 40.6; 42.1, 2 (2x), 3; 45.5 (2x); 46.7 (2x); 48.9 (3x); 51.5; 52.1; 54.2, 6; 55.1, 4; 56.3, 8; 60.11 (2x), 19; 61.10, 12 (2x); 62.4; 65.6, 8;

67.3, 4; 68.4; 71.1, 5; 72.11 (2x), 13, 15, 23 (2x), 29; 77.4, 5; 78.5, 7, 10, 11 (2x), 13; 81.2, 5; 82.8, 19; 83.4 (2x), 5, 7; 84.5; 87.2; 88.1; 89.6 (2x), 8, 16, 18, 28, 35, 37, 40, 51, 55 (2x), 56 (2x), 58, 61, 65; 90.1, 15, 24, 25, 26, 29, 33, 34, 38; 93.8; 95.3; 98.3; 99.16; 100.3, 4; 101.5 (2x), 7 (2x), 8 (2x); 102.5 (2x), 11; 103.2, 7, 9; 106.8, 11; 108.8, 9, 12

ወጠነ (waṭana : waṭṭana) : to begin, commence, set forth
7.1, 5; 13.10; 14.9; 61.4; 85.10; 89.15 (2x)

ወይን (wayn) : vine, wine, grapes
10.19 (2x); 82.19

የ

ይአቲ (yəʾəti) : she, this, that, same, the
13.7; 14.1; 22.6; 45.3, 4; 48.2; 54.6, 8; 60.6, 7; 61.10; 62.3, 8, 13; 67.4, 5, 6 (2x), 12; 68.2; 69.7, 24; 70.3; 72.6, 7, 8, 10, 11, 14, 17, 18, 19, 20, 21, 22, 23, 24, 25 (2x), 26, 28, 30, 31 (2x), 32; 73.4, 7 (2x), 8; 78.12; 81.4; 82.9; 85.7; 89.1; 90.42; 91.4; 92.5; 97.3; 100.4

ይእዜ (yəʾəze) : now, just now, at the moment, at present, still; with negation not yet, no longer; እምይእዜ from this time forward, from now/then on, henceforth
9.3, 10; 10.3, 14, 17; 13.5; 14.2, 5; 15.8; 16.2, 3; 37.4; 38.4; 50.5; 53.6; 55.2; 56.4; 62.13; 63.4, 6, 10; 67.2; 69.29; 79.1; 82.1; 83.1, 8; 84.4, 5, 6; 89.18, 59; 90.11; 91.1, 18, 19; 94.1, 3; 97.9; 98.1, 8, 10; 100.10, 12; 102.7, 8; 103.1, 4, 6; 104.2, 6, 8, 10; 106.7, 10, 18; 107.2; 108.11

የብሰ (yabsa) : to be dry, be arid, dry up, be withered (hand)
82.16, 19; 96.6; 101.7

ይቡስ : dry, arid, withered, paralyzed
3.1; 5.4; 26.4

የብስ (yabs) : dry land, dry ground, earth, continent
37.2, 5; 38.1, 2; 40.6, 7; 43.4; 45.5; 46.7; 48.5, 8; 53.1; 54.6, 9; 55.1, 2, 4; 58.5; 59.2; 60.5, 9, 11, 21 (3x), 22 (2x); 61.10; 62.9; 63.1, 12; 65.6, 12; 66.1; 67.2, 3 (2x), 7, 8, 12; 69.1, 4, 7; 70.1; 76.4, 5, 6, 13; 82.19; 97.7

ዮጊ (yogi) : perhaps, possibly, by chance, perchance, peradventure, lest
6.3; 65.3

ያክንት (yākənt) : hycinth
71.2

ዮም (yom) : today, this day, nowadays
60.5

የማን (*yamān*) : right (n), right side, right hand, south
13.7; 56.7; 71.3; 72.3; 75.7; 76.2; 90.26, 28

ሐ

ዘ- (*za-*) : relative pronoun who, that, which (ms); for እምዘ see እም-; for ዘከመ see ከመ
1.1 (2x), 2 (5x), 3, 7, 8, 9 (2x); 2.1 (2x), 2; 3.1 (2x); 5.1, 2, 4, 5, 6, 8, 9; 6.1, 3, 6, 7; 7.5; 8.1; 9.1 (2x), 5, 6 (2x), 7, 10, 11 (3x); 10.2 (2x), 7, 10, 12, 19 (2x), 20; 12.1, 4 (2x); 13.2 (2x), 5, 6, 9, 10; 14.2 (3x), 7, 9, 10 (2x), 11, 12, 15, 17, 18, 19, 20, 21, 22 (2x); 15.3, 4, 6 (2x), 11; 16.1 (2x); 17.1, 2 (2x), 4 (2x), 5 (2x), 6, 7; 18.5 (3x), 6, 7 (4x), 8 (2x), 9 (2x), 11 (2x), 13 (2x); 19.1, 3; 20.2 (2x), 3, 4, 6 (2x), 7 (3x); 21.1, 2, 3, 5, 7 (3x), 9; 22.2 (2x), 3, 6 (3x), 7 (2x), 14; 23.2, 3, 4 (4x); 24.1, 4 (2x), 6 (2x); 25.3 (3x), 4, 5, 7; 26.1 (3x), 2, 3; 27.2 (3x), 3 (2x), 5; 28.3; 29.2; 30.1, 2, 3 (2x); 31.1 (2x), 2 (2x); 32.3, 6 (2x); 33.3 (2x); 36.4; 37.1 (2x), 2, 4 (3x); 38.6; 39.6 (2x), 11; 40.2 (2x), 8 (4x), 9 (5x); 41.7 (3x), 8; 42.3; 43.3 (3x), 4; 45.4; 46.1 (2x), 2 (2x), 3 (3x), 4; 47.2, 3; 48.7, 10; 49.3, 4 (2x); 50.4; 51.1 (2x); 52.1, 2, 3, 4, 5 (2x), 6 (3x); 53.2, 4, 5; 54.3 (2x), 4, 6 (2x), 7 (2x), 8 (4x); 56.1, 2, 3; 58.3, 6; 59.2; 60.5, 7, 8 (4x), 10, 11 (4x), 13, 15, 18, 21 (2x), 22, 24 (2x); 61.3, 5 (2x), 9, 10, 12 (3x); 62.3, 6 (2x), 11; 63.4; 64.2; 65.3, 8 (2x), 9, 10, 11 (2x); 66.1; 67.1, 6, 9, 11, 13; 68.1 (2x), 2, 3 (2x), 5; 69.4, 6, 11, 12 (4x), 13, 14, 26, 28, 29 (2x); 71.3, 5, 6, 10, 14, 15; 72.1 (4x), 2 (2x), 4 (3x), 7, 35 (3x), 36 (2x), 37; 73.1, 4, 5; 74.1, 2, 16; 75.3 (2x), 4, 7; 76.4 (2x), 5 (2x), 10 (3x), 14; 77.2, 3; 78.4, 8, 11; 79.2, 3, 4, 5 (2x), 6 (2x); 80.2; 81.1 (2x), 2 (4x), 3, 4 (2x), 5; 82.4, 7 (2x), 11, 14, 15 (2x), 17, 18 (2x), 19, 20; 83.1, 7, 11; 84.3; 85.5; 87.4; 88.1; 89.9, 10, 11, 12, 14, 16, 17, 30, 31 (2x), 32, 33, 37 (2x), 38 (2x), 42, 44 (2x), 45, 59, 60, 61 (2x), 62, 63 (2x), 67, 70 (5x), 72, 73, 76; 90.3, 7, 14, 17 (2x), 21 (2x), 22 (3x), 26, 30, 34, 35, 40, 41; 91.1, 15 (2x), 18; 92.1, 3 (2x), 4 (2x); 93.2, 10, 11 (3x), 12, 13, 14; 94.10; 97.6, 8 (2x), 9; 98.8, 11; 99.2, 6, 7 (4x); 100.5, 8; 101.8; 102.11; 103.8, 10; 104.11; 106.9, 10, 16 (2x), 17 (2x), 18; 107.2, 3; 108.1, 3, 4, 5, 6 (2x), 7, 8, 9, 10, 13

ዝ- (*zə-*) : this (ms), used as adjective and pronoun
1.2; 5.2; 9.9; 14.1, 4, 8; 15.5, 7; 18.14; 21.7, 9 (3x), 10; 22.6, 9 (2x), 12, 13; 25.1, 2, 7 (2x); 26.3, 4; 32.5, 6; 37.2; 39.5, 8; 40.1, 8, 9; 41.1, 7; 45.1, 2 (2x); 48.6, 9; 54.10 (2x); 55.1, 2, 3 (2x); 57.1, 2; 58.5; 59.3; 60.5, 15, 16, 22; 62.1; 63.11, 12; 65.3, 9 (2x), 11; 66.1; 67.9; 68.1, 3, 4, 5; 69.1, 6, 9, 10 (2x), 11, 15 (2x), 16, 22, 25, 29; 70.1; 71.1, 15, 17; 72.6, 23, 28, 35, 37; 73.1, 3; 74.9; 75.4; 78.1; 79.5, 6; 80.1 (2x); 81.3; 82.4, 17; 83.6 (2x), 9; 85.1, 8, 9; 86.2; 89.30, 35, 46, 70; 90.1, 2, 11; 91.12, 14, 17; 92.1; 93.1, 5, 6, 7, 8, 9; 94.10; 98.3, 4; 104.10; 106.16, 19; 107.2; 108.5

ዛ- (*zā-*) : this (fs), used as adjective and pronoun
27.1; 82.2, 3

ዚአ- (*ziʾa-*) : form of ዘ- with suffix pronouns; it serves for the expression of a possessive adjective or pronoun modifying the possessed ms, e.g., we saw ከከበ ዚአሁ his star (note ከከበ in the construct state), or ከከብ ዘዚአሁ; a pronoun, as in ዚአከ ይአቲ መንግሥት thine is the kingdom
    5.4 (2x), 6; 9.11; 10.2, 11, 17; 12.2; 25.5; 27.2; 41.4, 5, 8; 43.4; 45.3, 4, 5; 46.8; 47.3; 48.7, 9, 10; 53.2, 6; 55.4 (3x); 56.3 (2x), 4, 5, 6 (2x), 7; 60.14, 17, 18, 19 (2x), 20 (2x), 21; 61.9; 62.11; 63.3 (2x); 67.7; 68.5; 69.2, 3 (3x); 71.7; 72.7, 13, 19, 36, 37; 73.2, 5 (2x), 7; 74.17; 75.7; 77.7; 78.7, 8 (2x), 11, 15 (2x), 17; 79.3, 4; 80.2, 3, 4, 6; 82.10, 15, 16, 20; 84.2; 89.34, 51, 56; 90.29, 32; 91.2, 13; 93.10; 94.11; 95.4, 7; 96.2, 8; 97.2; 99.16; 100.1, 10, 13 (2x); 101.3; 103.11, 14; 104.3, 6; 107.2; 108.12

ዘእብ (*zəʾb*) : wolf, hyena
    56.5; 89.10, 13 (2x), 14, 15, 16, 17 (2x), 18 (2x), 19, 20 (2x), 21 (3x), 23, 24, 25 (3x), 26, 27, 55

ዘእንበለ (*zaʾənbala*) : without, save, before, except for, except (that), excepting, with the exception of, unless (when), but, but also, rather, outside of, besides, apart from, regardless of, so that not
    3.1; 9.11; 16.1; 39.11; 48.3 (2x); 69.11, 16; 73.5; 78.14, 17; 83.2; 89.44; 98.5

ዘበጠ (*zabaṭa*) : to strike, smite, plague, beat, pluck (a musical instrument), beat (the drum), whip, scourge, chastise, shake, agitate, cut off, cast
    89.20; 90.18

ዘብጠት (*zəbṭat*) : beating, whipping, punishment, plague, blow, stroke, scourge, beating or plucking (of a musical instrument)
    69.6, 12 (4x)

ዘፈነ (*zafana*) : to dance
    51.4

ዝኩ (*zəkku*) : that (adj, pron), the (person) concerned, the (point) in question (m)
    14.15; 25.4; 46.2; 48.2; 53.1; 54.2; 60.4, 9; 62.5, 9, 14; 63.11; 67.11; 71.2, 5, 12; 72.3, 5, 7; 85.3, 4 (2x), 5, 6, 7, 9; 86.3; 88.1 (2x); 89.4, 7, 9 (4x), 11, 13 (2x), 16, 17, 25 (2x), 26, 28, 28, 29 (2x), 31, 32 (3x), 33, 35, 37, 38, 39 (2x), 43, 44, 45, 47 (2x), 48 (2x), 50 (3x), 51, 54, 56, 66, 67, 70, 76; 90.13, 14 (2x), 15, 16, 17, 22, 25, 26 (2x), 28, 29, 41; 107.3

ዘከረ (*zakara : zakkara*) : to remember, recollect, be mindful of, mention, remind, bring to memory
    27.5; 69.14; 97.2; 99.16

ዝክር (*zəkr*) : record, memorial, commemoration, remembrance, memory, mention (n), renown, fame
    97.7

ዘልፈ (*zalfa*) : frequently, often, perpetually, usually
5.6

ዘለፈ (*zalafa*) : to rebuke, blame, reprove, revile, vilify, reprehend, reproach, admonish, convict, accuse, argue, wrangle, chastise, refute, disprove
13.10; 89.64; 96.4

ዘለፋ (*zalafā*) : reproof, reproach, reprimand, refutation, reprehension, pleading, correction, admonition, conviction
14.1

ዘማ (*zammā*) : harlot, prostitute, adulteress
10.9 (2x)

ዘመድ (*zamad*) : kin, family, kinsman, related, relative, race, tribe, kind, sort, species
90.38; 91.2; 93.8; 99.4

ዘመን (*zaman*) : time, period, season, year
2.1; 72.1, 7; 75.3, 4, 5, 7; 77.4; 78.11, 15 (2x), 16; 79.2, 4, 5; 80.1, 2, 3 (3x), 4, 6; 82.9, 10; 90.1, 5; 92.2; 108.13, 15

ዘመረ (*zammara*) : to sing, recite psalms, play a musical instrument, celebrate with song, praise or glorify in song
48.5

ዘምዎ (*zamməwo*) : fornication
8.2

ዘንብ (*zanab*) : tail, anus
103.11

ዝናም (*zənām*) : rain, rainy season
2.3; 34.2; 36.1; 42.3; 60.20, 21, 22; 69.23; 76.6, 8, 9, 10, 11 (2x), 12, 13; 80.2; 100.11, 12; 101.2

ዝንቱ (*zəntu*) : this, this one (ms)
6.3, 7; 9.11 (2x); 14.6, 24; 16.3 (2x); 18.14; 20.1; 21.8; 22.7; 23.3, 4; 24.5; 25.3, 4; 28.2; 39.1; 46.3, 4; 48.7; 53.5, 6; 57.3; 63.12; 67.6; 69.1, 2, 4, 5, 8, 11, 12, 13, 14, 15; 72.2, 36; 89.63; 90.26, 40; 91.15; 96.4; 97.4; 101.5; 103.2; 106.13; 108.6, 9

ዜነወ (*zenawa*) : to inform, tell, announce, bring tidings, declare, narrate, proclaim, relate, report, make known, make inquiries, describe
14.16; 16.3

ዘርአ (*zar'a*) : to seed, sow, scatter seed
15.5; 67.3

ዘርእ (*zar'*) : seed, seedling, plantation, sperm, offspring, progeny, race, lineage
10.3, 19; 22.7 (3x); 28.2; 39.1; 65.12 (2x); 67.2, 3; 80.2; 84.6; 108.3

ዘርዘረ (*zarzara*) : to disperse, scatter, tear apart, lacerate, crush, dishevel (hair), shatter, smash, dissolve, bring to naught
103.15

ዛቲ (*zātti*) : this, this one (fs)
6.3, 4 (2x); 22.11; 27.1; 67.12; 68.3; 69.9; 79.3; 82.9; 85.5; 100.6

ዘውግ (*zawg*) : pair, coequal, associate, companion, twofold
72.37

ዝየ (*zəyya*) : here
14.24; 15.1; 19.1; 21.4, 6; 22.3, 11, 13; 27.2 (3x), 3; 60.10; 87.4; 89.24 (2x), 43 (2x)

ዘይት (*zayt*) : olive, olive tree, olive oil
10.19

Proper Nouns

አቤል : Abel
22.7

እብላ : Ebla
78.2

ኡብልስያኤል : Ubelseyael
13.9

አዳም : Adam
37.1; 60.8

ኤድና : Edna
85.3

አድናርኤል : Adnarel
82.14

አካዕ : Akae
69.15

ኤራዕ : Era'e
78.2

አናንኤ : Ananel
6.7; 69.2

አርዲስ : Ardis
6.6

ኡራኪበ : Urakiba
6.7

አርሜን : Armen
69.2

አርሞን : Hermon
6.6 (2x); 13.7

አርሞርስ : አርማሮስ : አርምርስ : Armaros
6.7; 8.3; 69.2

አርስጢቂፋ : Artaqifa
69.2

አርስየላልዩር : Arsyalalyur
10.1

ኡርያን : ኡርኤል : Uriel
9.1; 19.1; 20.2; 21.5, 9; 33.3; 72.1; 74.2; 75.3, 4; 78.10; 79.6; 80.1; 82.7

አርያሬስ : Oryares
78.1

አራዝያል : ኢዘዜኤል : Arazial
6.7; 69.2

አሳኤል : አዛዝኤል : Asael : Azazel
6.7; 8.1; 9.6; 10.4, 8; 13.1; 54.5; 55.4; 69.2

አስብኤል : Asbeel
69.5

አስፋኤል : Asfael
82.20

አሶንያ : Asonya
78.2

ኢይሉሚኤል : Iylumiel
82.14

ኢየሱሳኤል : Iyasusael
82.14

ኤዜቄኤል : ኑቃኤል : Ezeqiel : Nuqael
6.7; 69.2

ብሔሞት : Behemot
60.8

ብናሴ : Benase
78.2

ቤቃ : Beqa
69.13

ብርከኤል : Berkeel
82.17

በረቃዓል : ሰራቁያል : በራቅያል : Baraqial : Saraqial
6.7; 8.3; 69.2

በሰሳኤል : Basasael
69.2

በጥረኤል : በጠርያል : Batriel
6.7; 69.2

ዱዳኤል : Dudael
10.4

ዳን : Dan
13.7 (2x)

ዳንኤል : ዳንየል : Danel
6.7; 69.2

ደንደይን : Dandayn
60.8

ፋኑኤል :: Phanuel
40.9; 54.6; 71.8, 9, 13

ገብርኤል : Gabriel
9.1; 10.9; 20.7; 40.9; 54.6; 71.8, 9, 13

ጌዳኤያል : Gedaeyal
82.20

ጋድርኤል : Gadreel
69.6

Lexicon and Concordance 353

ዔኤል : Heel
82.20

ህልአምሜሊh : Helemmelek
82.13, 18

ዔሎያሴፍ : Heloyaseph
82.17

ሄኖh : Enoch
1.1, 2; 12.1, 3 (2x), 4; 13.1; 14.24; 15.1; 19.3; 21.5, 9; 25.1, 2; 37.1; 39.2; 60.1; 65.2, 5, 9; 66.3; 67.4; 68.1; 69.29; 71.5; 80.1; 81.1; 85.2; 92.1; 93.1, 2 (2x), 3; 106.7, 13; 107.2; 108.1

ሄኖስ : Enosh
37.1

ሔዋን : Eve
39.6

ኬኤል : Keel
82.20

ኮhብኢል : ኮhባኤል : አኪቤኤል : Kokabiel : Akibeel
6.7; 8.3; 69.2

ከሰብኤል : Kesbeel
69.13

ከስድያእ : Kasdeyae
69.12

ሉባኖስ : Lebanon
13.9

ላሜh : Lamech
10.1; 106.1, 4, 10, 12, 18; 107.2

ሌዋታን : Leviathan
60.7

ሚካኤል : Michael
9.1; 10.11; 20.5; 24.6; 40.9; 54.6; 60.4, 5; 67.12; 68.2, 3, 4; 69.14, 15; 71.3, 8, 9, 13

ሜልኤየል : Meleyal
82.13

ምልከኤል : Melkiel
82.13, 15

መላልኤል : Malalel
37.1; 83.3, 6

ማቱሳላ : Methuselah
76.14; 79.1; 81.5; 82.1 (2x); 83.1, 10; 85.2; 91.1, 2; 106.1, 4, 8; 107.2; 108.1

ኖኅ : Noah
65.1, 2; 67.1; 106.18; 107.2

ናሬል : Narel
82.13

ፔኔሙኤ : Penemue
69.8

ቃየን : Cain
22.7

ቃይናን : Cainan
37.1

ሩፋኤል : Raphael
10.4; 20.3; 22.3, 6; 27.2; 32.6; 40.9; 54.6; 68.2, 3, 4; 71.8, 9, 13

ራጉኤል : Raguel
20.4; 23.4

ራሜኤል : ሩምያል : Rameel
6.7; 69.2

ራሙኤል : Ramuel
6.7

ሰምሳፔኤል : ሲማፒሴኤል : Samsiel
6.7; 69.2

ሰምያዛ : ሰምያዛ : አሜዛራክ : Semyaza : Amezarak
6.3, 7; 8.3; 9.7; 10.11; 69.2

ሲና : Sinai
1.4

ሴኔሴር : Senir
13.9

ሰራቃኤል : Saraqael
20.6

ሰርተኤል : አስራድኤል : ይተርኤል : Sartael
6.7; 8.3; 69.2

ሱርያል : Suriel
9.1

ሴት : Seth
37.1

ጣሚኤል : ጥምኤል : ጡርኤል : Tamiel
6.7; 8.3; 69.2

ቱማኤል : Tumiel
69.2

ቶማስ : Tomases
78.1

ጡርኤል : Turiel
6.7; 69.2

ጡርያል : Turiel
69.2

ዮምያኤል : ሩማኤል : Yomiel
6.7; 69.2

ይቁን : Yequn
69.4

ያሬድ : Yared
37.1; 106.13

ዜልብሳኤል : Zelebsael
82.17

ዘቂቤ : Zaqebe
6.7

ዞጡኤል : Zotiel
32.2

Numerical Signs

δ : 1
13.6; 17.1; 18.7 (2x); 20.2, 3, 4, 5, 6, 7; 21.5, 9; 22.3, 8 (2x); 23.4; 24.2 (6x), 6; 25.4; 27.2; 33.1 (2x); 34.2; 36.3; 39.1; 41.5 (2x), 7; 46.1, 2; 47.2; 60.4, 9 (2x), 14, 20; 61.6 (2x), 9, 11 (2x); 71.3; 72.16, 28, 30; 73.5; 74.3, 10; 75.2 (2x), 9; 77.3, 5;

78.1, 2; 79.5; 81.6; 82.6 (4x), 12, 14; 83.2; 84.3; 85.3 (2x), 10; 86.1, 2; 87.1 (2x), 2; 88.1, 2 (2x), 3; 89.1, 2, 9 (3x), 11, 13, 42, 52, 70; 90.8, 9 (2x), 22, 26, 28, 35, 37; 100.1, 4; 106.15; 108.5

ኁኁ : each and every one
10.10; 33.2; 56.3; 60.15; 72.1 (3x), 3; 74.4; 81.1; 89.59, 62, 64, 68 (2x), 69, 70; 108.12

፪ : ክ፪ : ፪ኪ : 2, both, double, twofold
3.1; 60.7, 14, 24; 72.12, 18; 74.5 (2x), 14; 77.6, 7; 78.8; 79.4; 83.2; 91.4 (2x)

፫ : 3
3.1; 18.6 (2x); 22.9; 24.2 (2x); 34.2; 35.1; 36.1, 2; 37.5; 74.13, 14; 76.2 (4x), 3 (4x), 7, 10; 77.3; 78.8, 15 (2x), 16 (2x); 81.5; 82.14 (2x); 87.2, 3; 89.1, 9 (2x), 72; 90.31; 106.16

፬ : 4
18.2; 22.2; 40.2 (2x), 3, 8, 10 (2x); 75.1 (2x); 76.4, 12, 14; 77.7; 78.2, 8; 82.4 (3x), 11 (4x), 13, 14; 88.1, 3; 89.1

፭ : 5
74.10 (2x), 11, 14, 15; 77.8

፮ : 6
72.3 (2x), 6, 14, 26; 73.7, 8; 78.8

፯ : 7
18.6, 13; 21.3; 24.2; 32.1; 72.12, 16, 24, 28; 73.5, 6 (2x), 7, 8 (2x); 74.3 (4x); 77.4, 5; 78.4, 8 (2x); 89.2; 90.21, 22; 91.15, 16; 93.10

፰ : 8
72.10, 18, 22, 30; 74.13, 14, 15, 16 (2x); 78.8

፱ : 9
72.20 (2x), 32 (2x); 78.8

፲ : 10
10.19; 69.3; 72.10, 18, 22, 30; 78.8

፲፩ : ፲ወ፩ : 11(th)
69.2; 72.12, 16, 24, 28; 78.8 (2x); 89.14

፲ወ፪ : 12(th)
69.2; 72.14, 26; 75.4, 6; 78.8 (2x); 82.11; 89.12, 13, 72; 90.17

፲ወ፫ : 13(th)
69.2; 78.8 (2x)

Lexicon and Concordance   357

ፐወዐ : 14(th)
   3.1; 69.2; 73.5; 78.8 (2x), 11

ፐወ፩ : ፫ትንምስቱ : 15(th)
   69.2; 74.2; 78.7 (2x), 8

ፐወ፮ : 16(th)
   69.2

ፐወ፯ : 17(th)
   69.2

ፐወ፰ : 18(th)
   69.2

ፐወ፱ : 19(th)
   69.2

፳ : 20(th)
   69.2; 78.17

፳መ፩ : 21(st)
   69.2

፳መ፫ : 23(rd)
   90.5

፳መ፭ : 25(th)
   79.4

፳መ፰ : 28(th)
   78.9

፳መ፱ : 29(th)
   78.9, 15, 16

፴ : 30(th)
   72.8, 9, 11, 15, 16, 17, 21, 22 (2x), 23, 27, 29; 73.4 (2x); 74.10, 11 (2x), 17; 78.15, 16; 82.4

፴መ፩ : 31(st)
   72.13, 19, 25, 31

፴መ፯ : 37(th)
   90.1

፶ : 50(th)
   69.3; 74.14

ሃመጁ : 58(th)
    90.5

ጁ : 60(th)
    72.35

ጁመ፪ : 62(nd)
    74.14

ፚ : 70(th)
    89.59; 90.25

ፐ : 80(th)
    74.16 (2x)

ፃመ፩ : 91(st)
    82.15, 18

፻ : 100
    69.3

፻መጁመ፺ : ፻ጁመ፺ : 177
    78.15; 79.4

፪፻ : 200
    6.6, 8

፫፻መጁመ፬ : ፫፻ጁመረቡዕ : ፫፻መጁመረቡዕ : ፫፻ : መጁመረቡዕ : 364(th)
    72.32; 74.10, 12; 75.2; 82.6, 11

፭፻ : 500
    10.10; 60.1

፲፻ : 1000
    10.17; 82.4, 11, 12, 17, 20 (2x)

፲፻፷ጁመ፪ : 1062
    74.14

፲፻መሃመ፪ : 1092
    74.13

፲፯መ፸መ፸ : 1770
    74.15

፲፰መጁመጁ : 1820
    74.13

ꡐꡦꡏꡐꡦꡏꡣꡏꡠ : 2832
    74.15

ꡐꡏꡱꡲꡏꡡꡏꡠ : 2912
    74.13

ꡣꡦ : 3000
    7.2

www.ingramcontent.com/pod-product-compliance
Lightning Source LLC
Chambersburg PA
CBHW021931290426
44108CB00012B/801